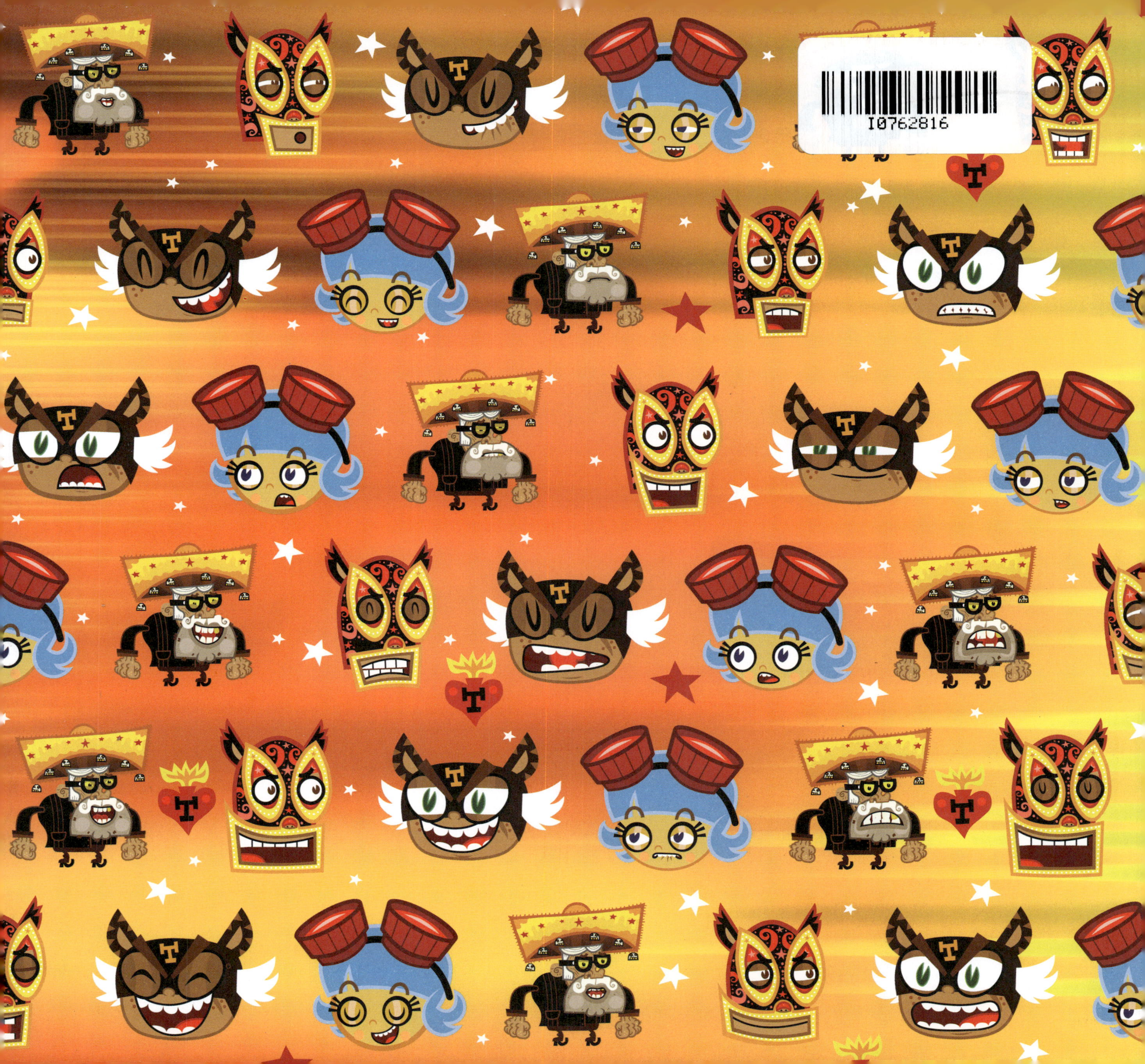
I0762816

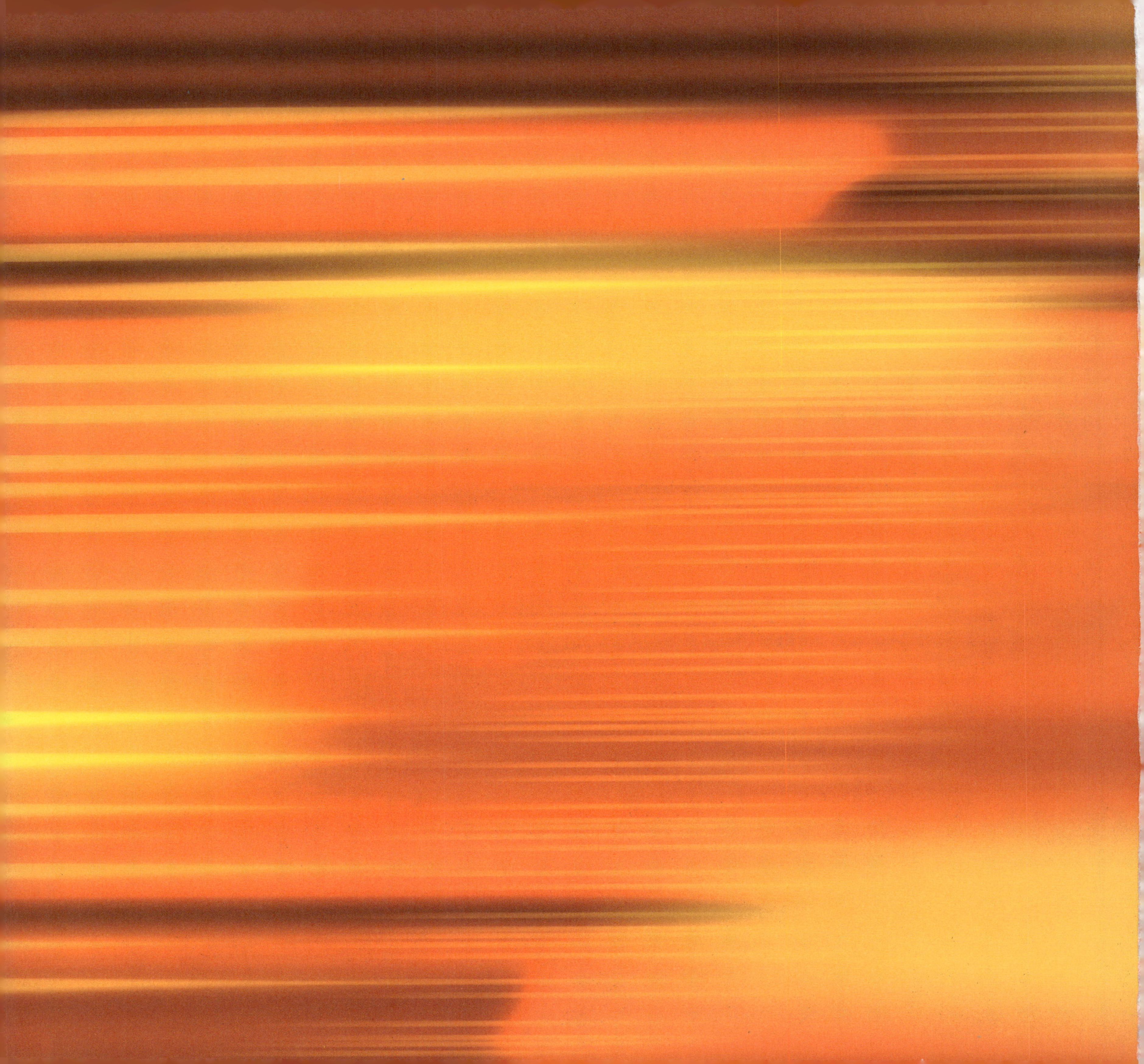

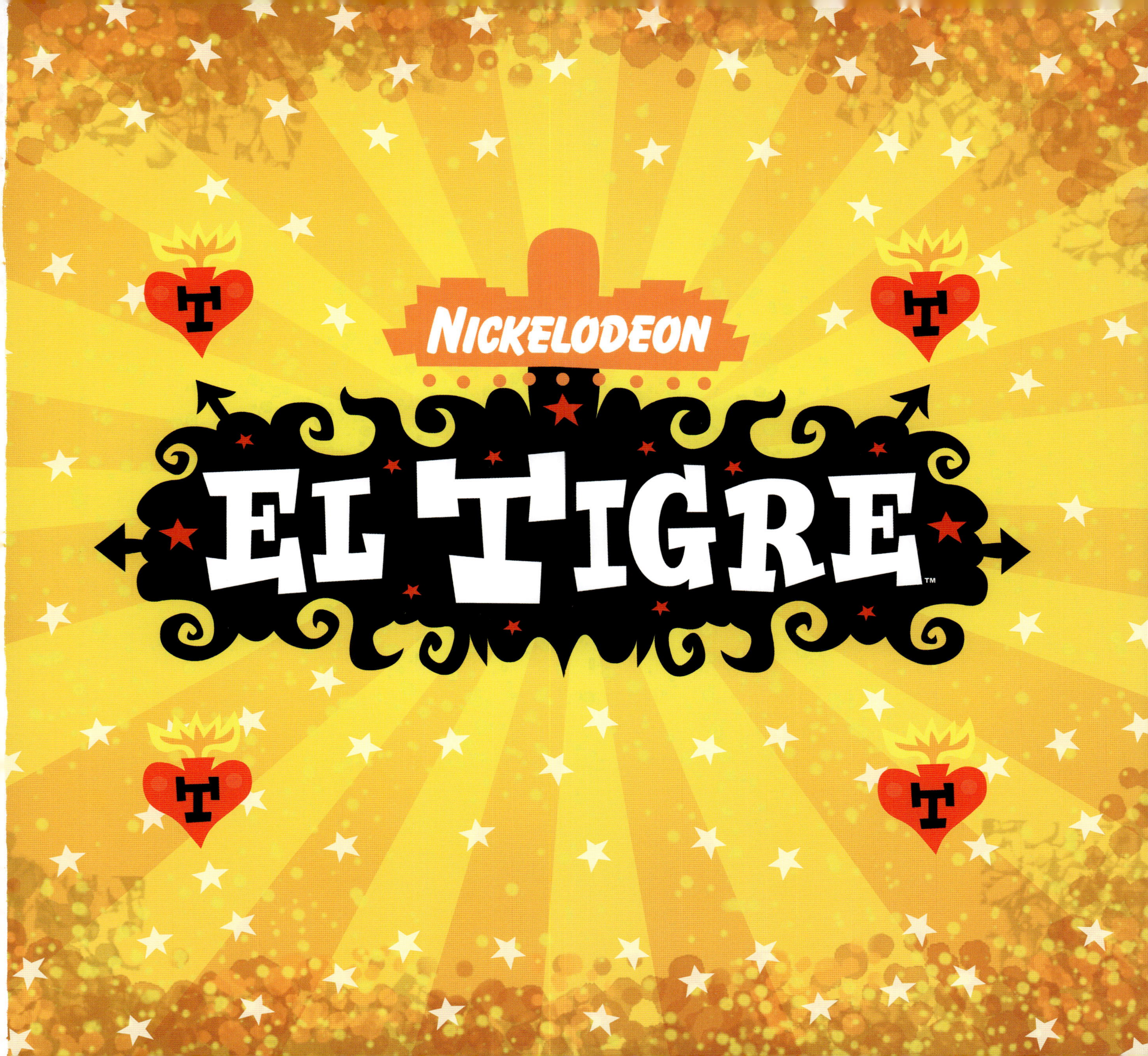
NICKELODEON
EL TIGRE™

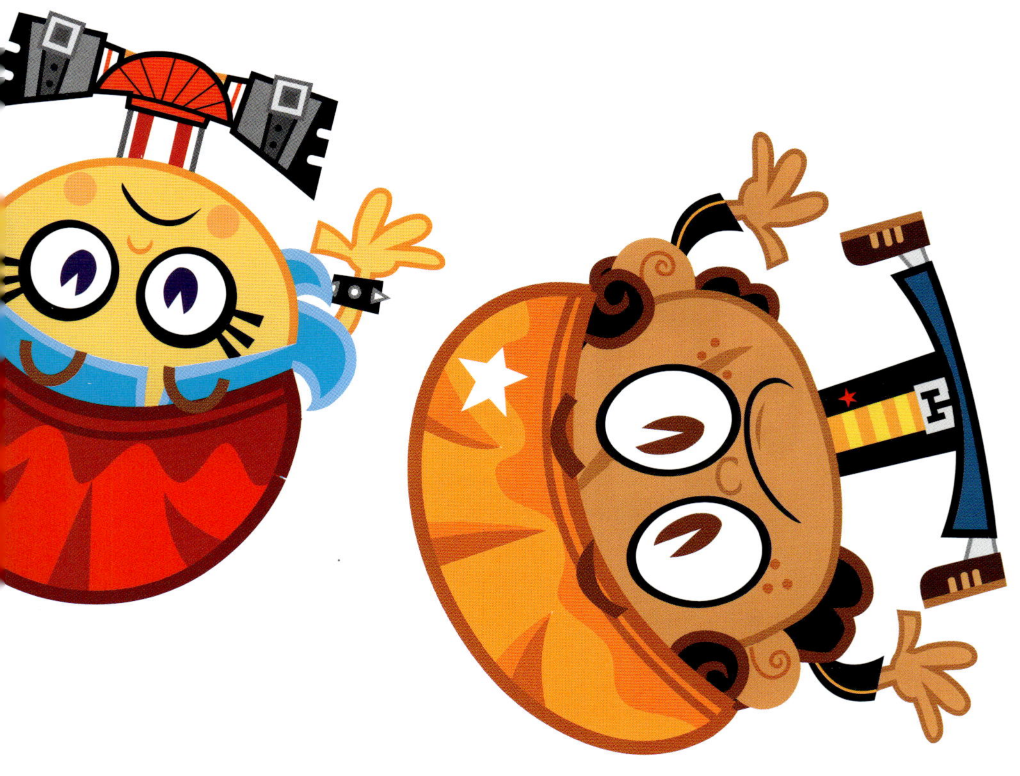
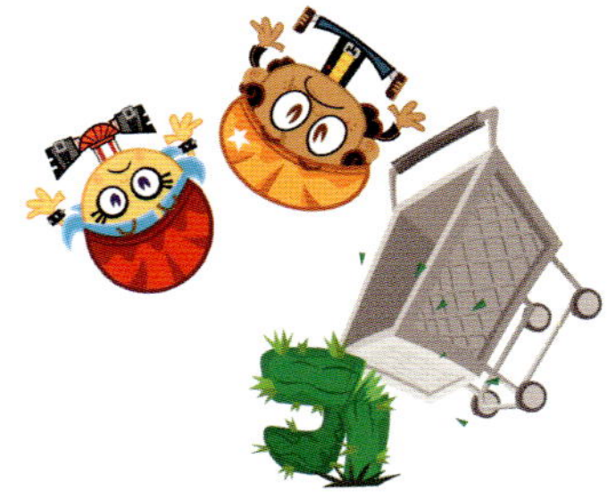
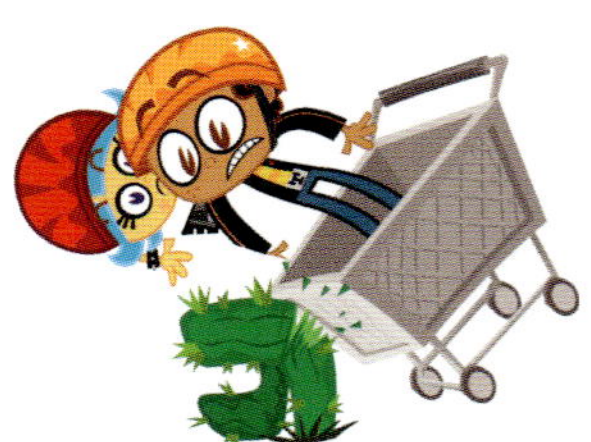

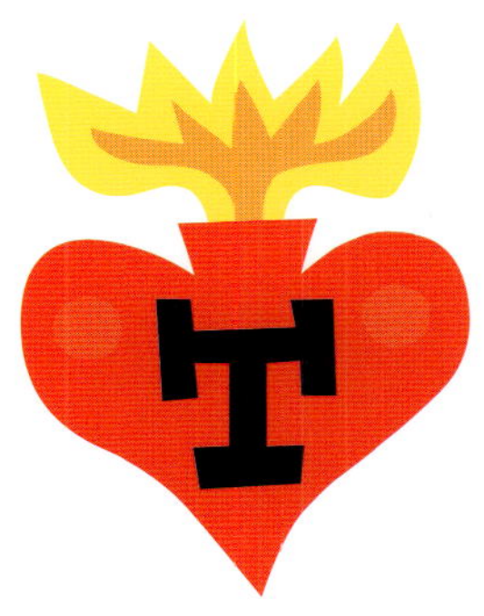

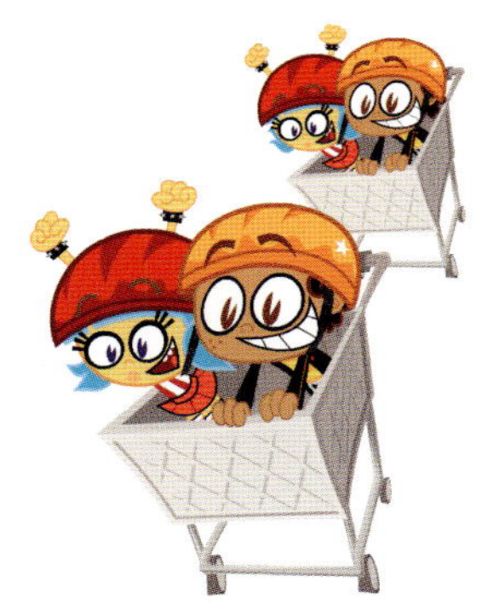

The Art of/El arte de

EL TIGRE

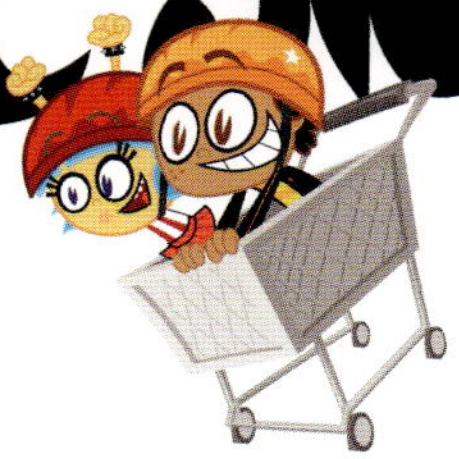

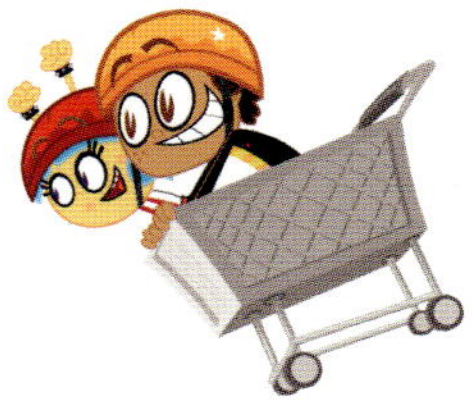

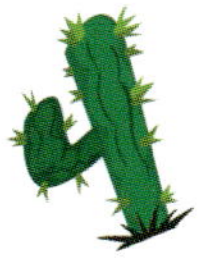

The Adventures of Manny Rivera
Las aventuras de Manny Rivera

Written by/Escrito por
Chris McDonnell
Foreword by/Prólogo de
Jorge R. Gutiérrez
Afterword by/Epílogo de
Sandra Equihua

Abrams, New York/Nueva York

nickelodeon

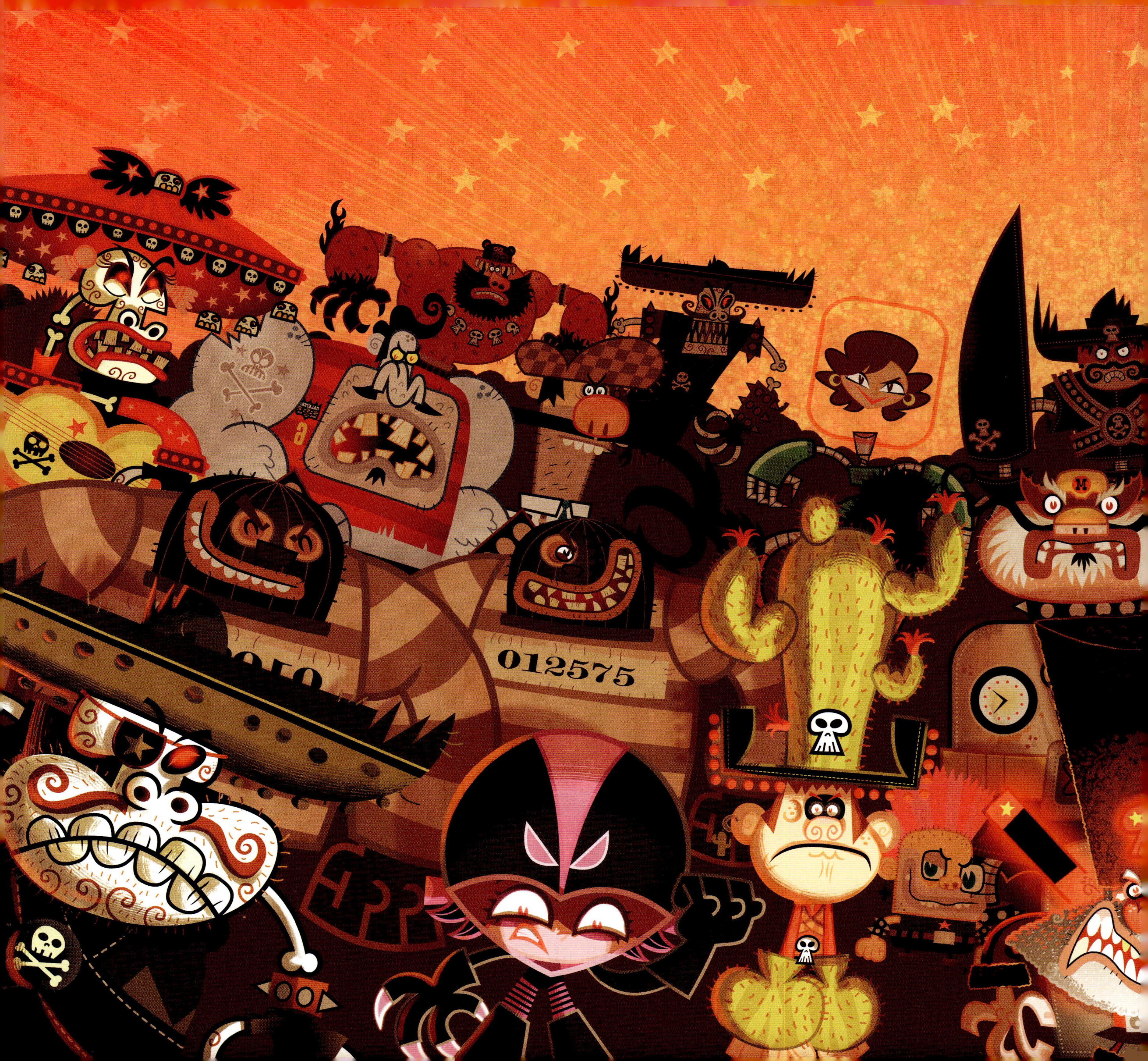
012575

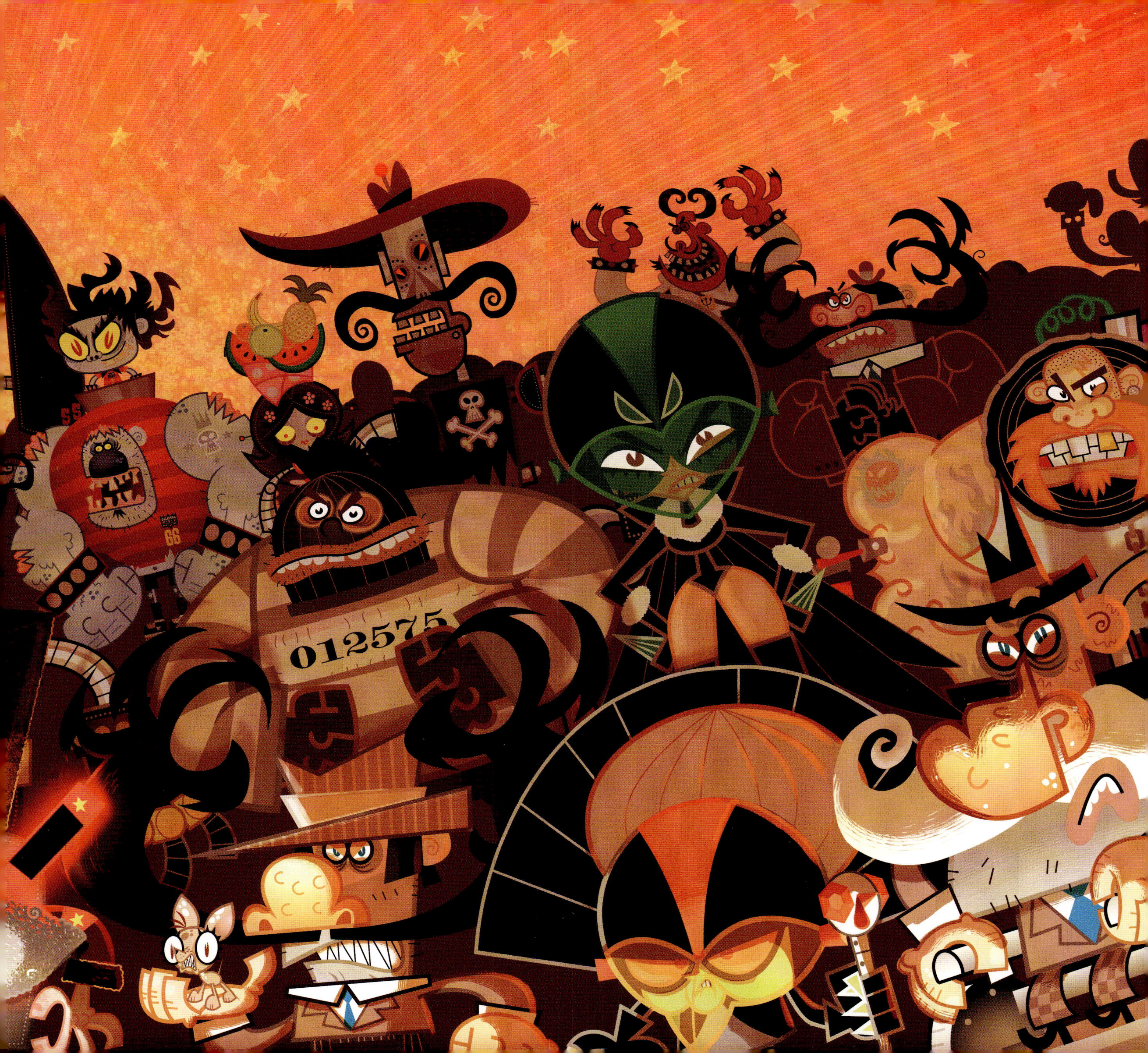
012575

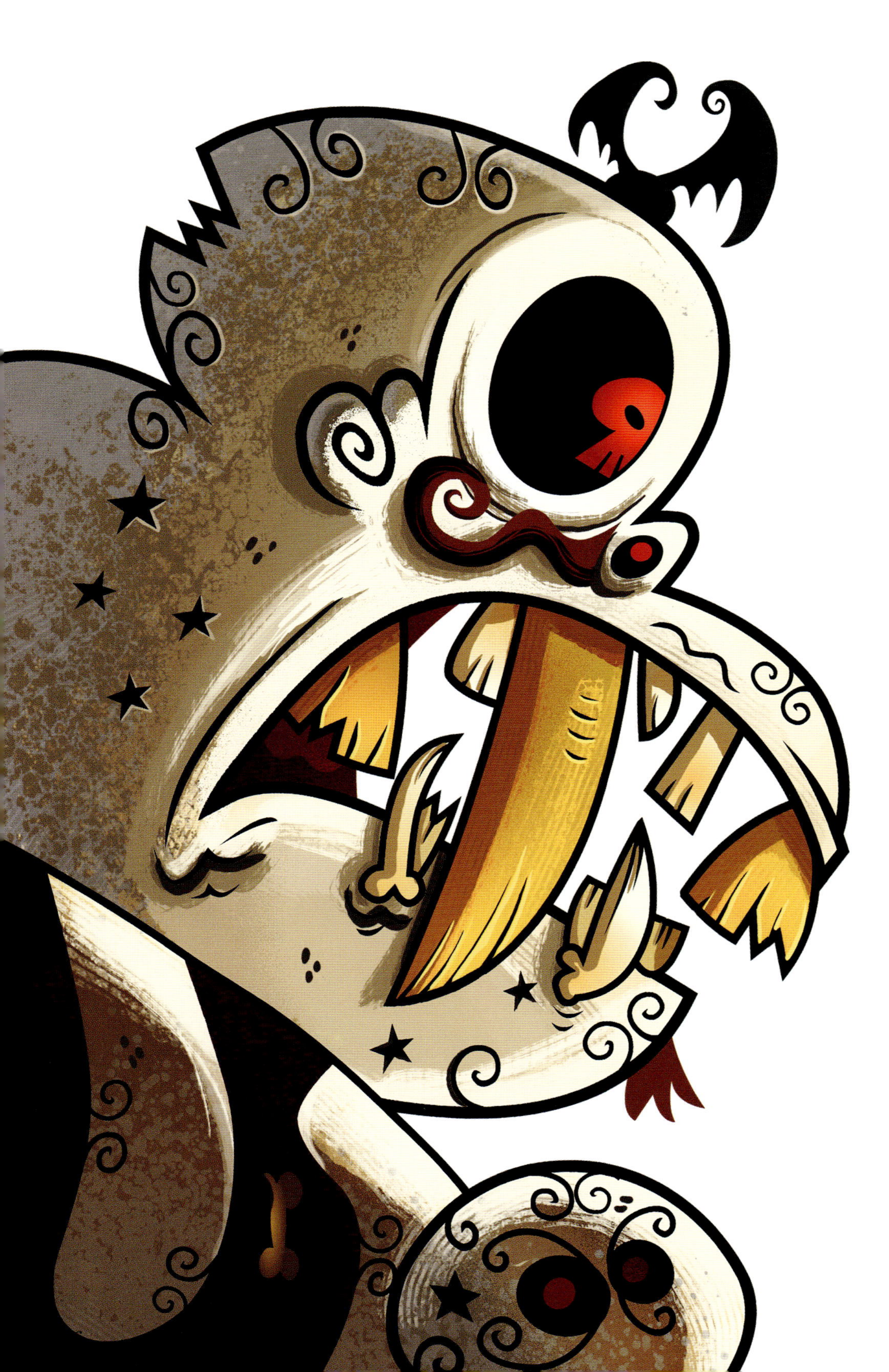

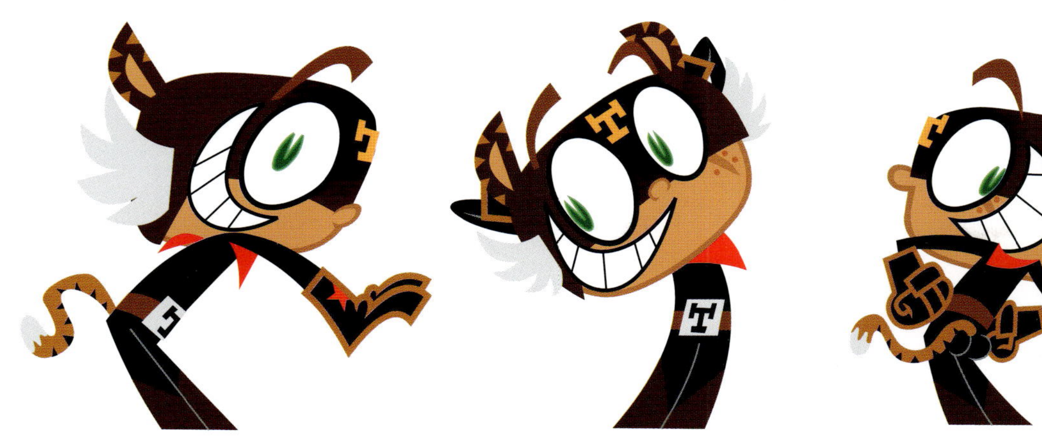
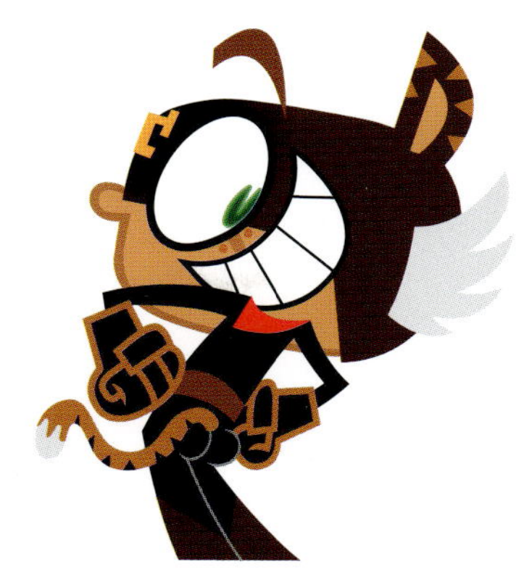
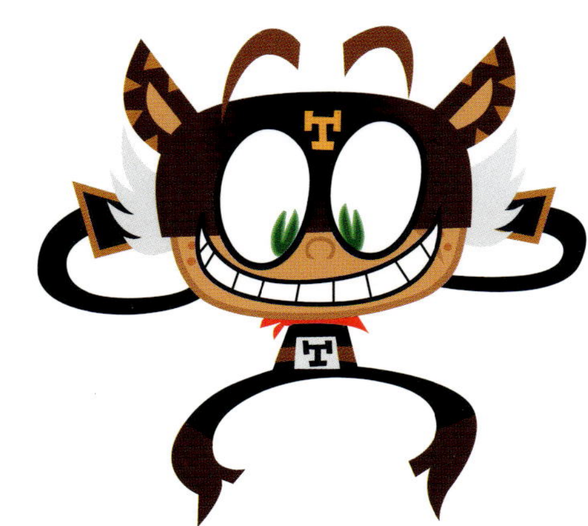

Contents

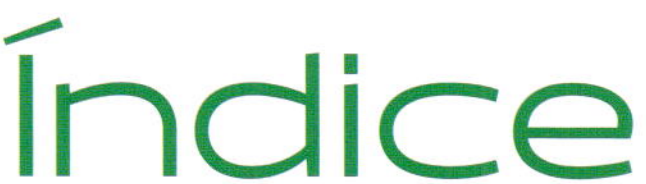

Foreword/Prólogo 9

1: The Legend Begins/Empieza la leyenda 15
2: Hero or Villain?/¿Héroe o villano? 61
Jorge's Commentary/Comentarios de Jorge 86
Main Characters/Personajes principales 86
Rogues' Gallery/La galería de los canallas 102
3: A Spicy Cesspool/Una cloaca picante 131
Jorge's Commentary/Comentarios de Jorge 146
Main Locations/Ubicaciones principales 146
4: Epic Stories/Relatos épicos 175
Jorge's Commentary/Comentarios de Jorge 216
Episodes/Episodios 216

Afterword/Epílogo 235

Contributors and Crew/Colaboradores y equipo 238

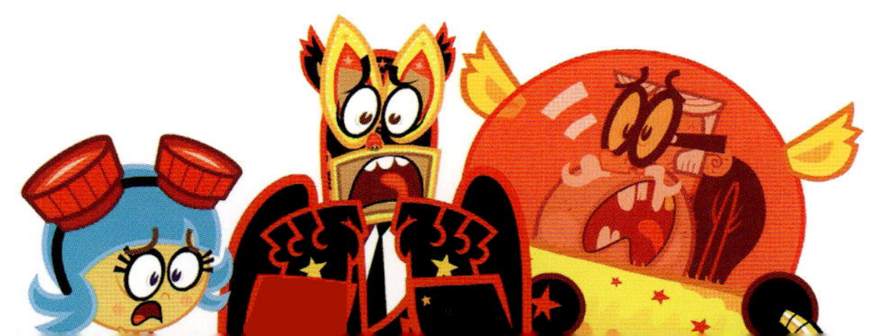

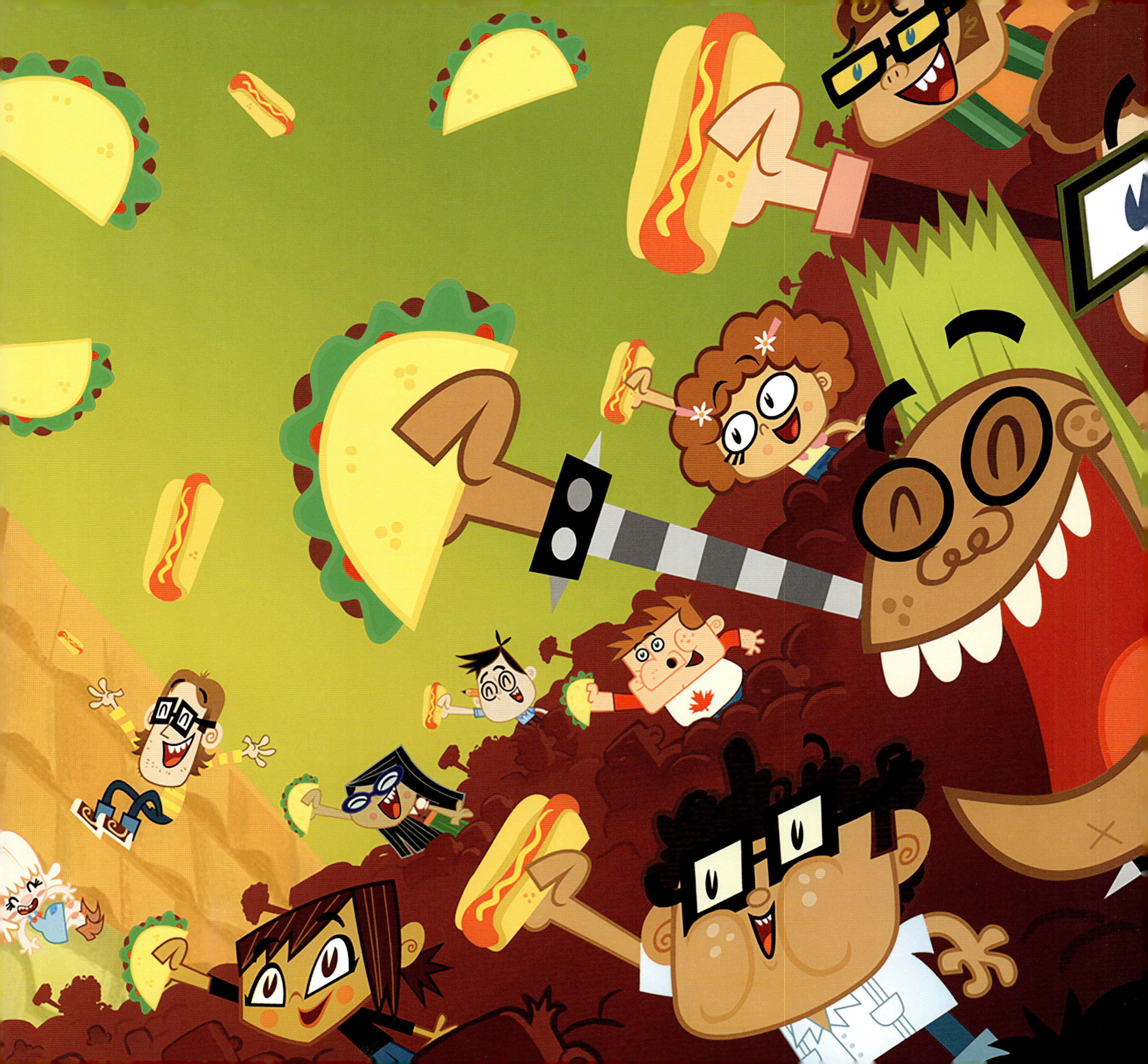

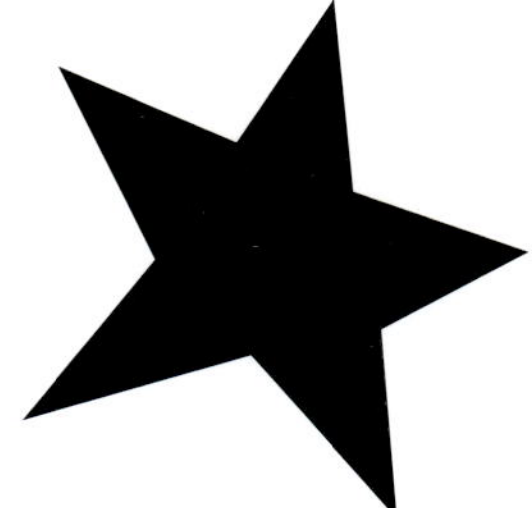

Foreword

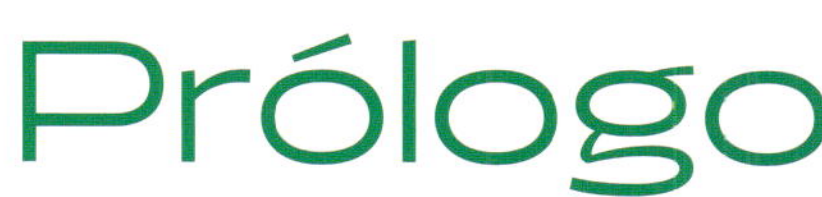

In this art from the pilot episode, you can see little-kid versions of Jorge, Sandra, and most of the crew.

En este arte del piloto de la serie puedes ver distintas versiones de Jorge de pequeño, de Sandra y de gran parte del equipo.

by Jorge R. Gutiérrez

WHAT A TIME TO BE ALIVE! The year was 2003. It all began in a taco stand in Tijuana, Mexico. Or maybe it was a cantina bar. Yeah, that sounds more accurate. And as my grandfather Luis, the inspiration for Granpapi, used to say, "Jorgito, don't ever let the truth get in the way of a good story."

That morally questionable but very Mexican and charming philosophy is where *El Tigre* came from. Tijuana legend Sandra Equihua, aka "the Muse," and I agreed that the show would be born from our crazy and personal love stories growing up in the beautifully chaotic Mexico City (where I was born and lived until I was nine years old) and Tijuana (where she grew up and where we met at a punk-rock concert in high school). But more on that in a later chapter, *mijos*.

At that time, as we were coming up with the idea for what would become the show, we realized there was a pattern that all our favorite "first" art shows, albums, books, and films had in common: They were all about where the artists, writers, filmmakers, or bands came from. And their beloved and vibrant "first" work, well, it felt like a window into their unique lives and authentic cultures. So we swore to do the same with our little spaghetti western Mexploitation superhero cartoon!

Por Jorge R. Gutiérrez

¡PERO QUÉ GRANDES TIEMPOS PARA ESTAR VIVOS! Era el año 2003. Todo empezó en un puesto de tacos en Tijuana, México. O tal vez era una cantina. Sí, eso suena más apropiado. Como mi abuelo Luis, la inspiración para Granpapi, solía decir: "*Jorgito*, nunca dejes que la verdad arruine una buena historia".

De esta filosofía moralmente cuestionable, pero tan mexicana y encantadora, nace *El Tigre*. La leyenda de Tijuana Sandra Equihua, alias "la Musa" y yo estábamos de acuerdo en que el show iba a nacer de nuestras alocadas y personales historias de amor mientras crecíamos entre la tan bella como caótica Ciudad de México (yo nací y viví allí hasta mis nueve años) y Tijuana (donde nació ella y donde nos encontramos en un concierto de punk-rock en una feria). Pero ya seguiremos con eso más adelante, *mijos*.

Por aquel entonces, mientras elaborábamos la idea de lo que sería el show nos dimos cuenta de que había un patrón entre nuestros shows, álbumes, libros y películas favoritas, algo que tenían en común. Todas trataban sobre los orígenes de los artistas, escritores, directores o grupos. Y el "primer" trabajo de cada uno era como una ventana hacia sus singulares vidas y sus culturas auténticas. Por eso nos juramos hacer lo mismo con nuestro pequeño espagueti wéstern, que tendría un héroe de dibujos animados de mexplotación!

We pitched our little show to various studios all over Hollywood. At one that shall not be named, the development exec played his PS2 during the whole pitch, then took us out to lunch as if this were normal. At another place, they asked if the main kid could not be a "little tiger" and could he please not have a supervillain grandfather. And also, why is the little blue-haired girl so chaotic? So we or they passed. Our cartoon was homeless.

But then we pitched it at Nickelodeon. And they got it! All of it. Our sensibilities. The loving family chaos, the weird funny, the wonky Baroque art, the insane action, and most importantly, the giant mustachioed heart. And the rest, as they say, is history. We were home!

Because of Nick's unwavering belief *and* support, we went nuts on the pilot. This was our third pilot; the two other pilots at other big studios had not moved forward, and I felt like this might be our last chance if it didn't go to series at Nick. It was all or nothing for us! Time to honor the ancestors, both living and passed. Time to put on our lucha masks and jump into the ring! Time to prove all those who believed in us right. And if you have seen our career, when the world is all against us, that's kinda when we do our best. Mexicans are awesome. Resilience is our superpower, *mijos*.

With a now-legendary crew, which you will see all over this amazing art book, our little show began to develop and grow. The pilot turned out to be amazing and tested fantastically! And so we went to series. The vision the Muse and I had began to explode with endless collaborations and creative contributions from all our spectacular crew members. To have that many brilliant young and prolific artists in one crew and watch them inspire and push each other was something I will never forget. They made the Herculean task of making the show a sight to behold. And, plot twist: We were all friends and stayed friends until the end!

The stories for the episodes began to come from the entire crew. We even designed characters based on crew members. It started getting hilariously and heartbreakingly autobiographical for all of us. It was glorious! People started dating, and many eventually married. It was a crew full of couples! Just like me and the Muse.

Hicimos el *pitch* de nuestra pequeña serie a varios estudios de Hollywood. En uno de ellos, que no podemos nombrar, el ejecutivo estuvo jugando con su PS2 durante todo el *pitch*, después nos llevó a comer, como si esto fuera normal. En otro nos preguntaron si el niño protagonista pudiera no ser un "tigre pequeño" y si por favor pudiera no tener un abuelo supervillano. También cosas tipo: "¿Por qué la chica del pelo azúl es tan caótica?". Así que, o ellos o nosotros, lo descartábamos. Nuestro dibujo animado estaba huérfano.

Pero entonces llegó el *pitch* a Nickelodeon. ¡Y lo entendieron! Todo. Nuestra forma de sentir. El encantador caos familiar, lo raro, lo divertido, el arte barroco y retro, la acción de locos y lo más importante, el corazón bigotudo gigante. El resto, como dicen, ya es historia. ¡Estábamos en casa!

Gracias a lo mucho que Nick creyó en el proyecto, y a su apoyo incondicional, pudimos volvernos locos con el piloto. Este era nuestro tercer piloto, los otros dos que hicimos en otros grandes estudios, no habían salido adelante. Sentíamos que si no conseguíamos encajar la serie en Nick, esta podría ser nuestra última oportunidad. ¡Era todo o nada! Era el momento de honrar a nuestros ancestros, los vivos y los muertos. ¡El momento de ponernos la máscara de lucha y saltar al ring! El momento de demostrarle a los que creían en nosotros que tenían razón. Y, como pueden ver a lo largo de nuestra carrera, cuando el mundo está en contra nuestra, ahí es cuando mejor lo hacemos. Los mexicanos son magníficos. La resiliencia es nuestro super poder, *mijos*.

Con un equipo que ahora es legendario, y que conocerán a lo largo de este maravilloso libro de arte, empezamos a desarrollar y a hacer crecer nuestro pequeño show. ¡El piloto y su resultado fueron magníficos! Y nos lanzamos a desarrollar la serie. La visión que la Musa y yo tuvimos empezó a explotar, con las inmensas colaboraciones y contribuciones creativas de los miembros de nuestro impresionante equipo. Tener un equipo formado por tantísimos artistas jóvenes y prolíficos, ver su inspiración y apoyo, es algo que nunca olvidaré. Consiguieron una labor titánica: hicieron una serie digna de admiración. Y… giro de guion: ¡éramos amigos y seguimos siéndolo al terminar!

Las historias empezaron a brotar de todo el equipo. Hasta diseñamos personajes basados en miembros del equipo. Las cosas empezaban a volverse autobiográficamente hilarantes y desgarradoras para todos nosotros. ¡Era una maravilla! Algunos empezaron a salir entre ellos, y bastantes se casaron más adelante. ¡Era un equipo de parejas! Igual que yo y la Musa.

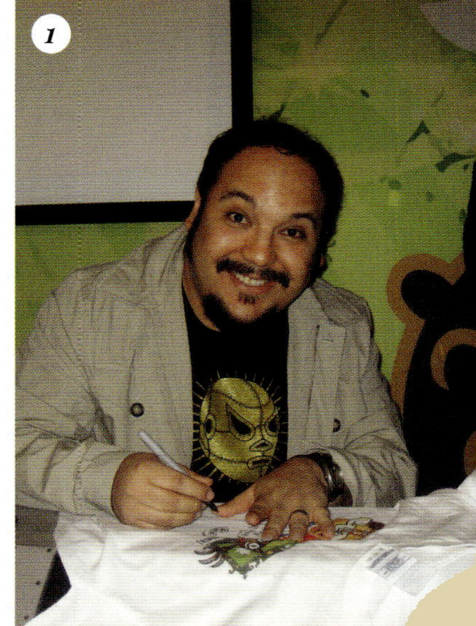

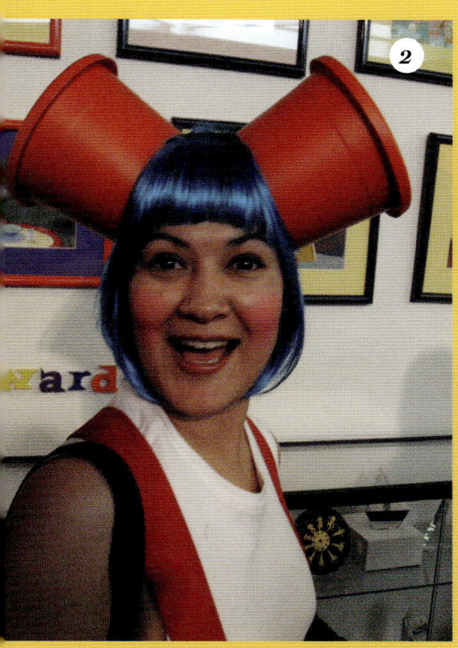

2

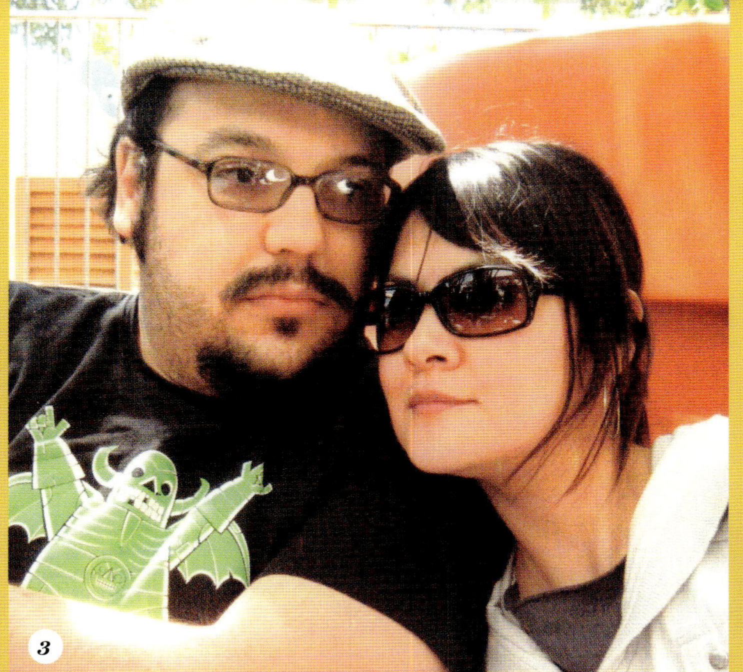

3

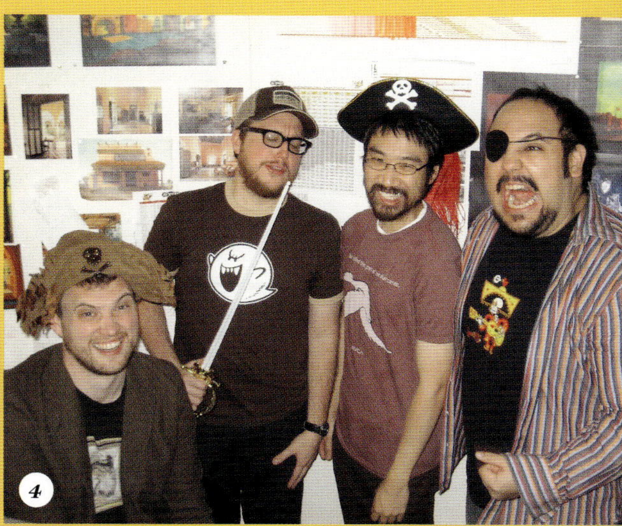

4

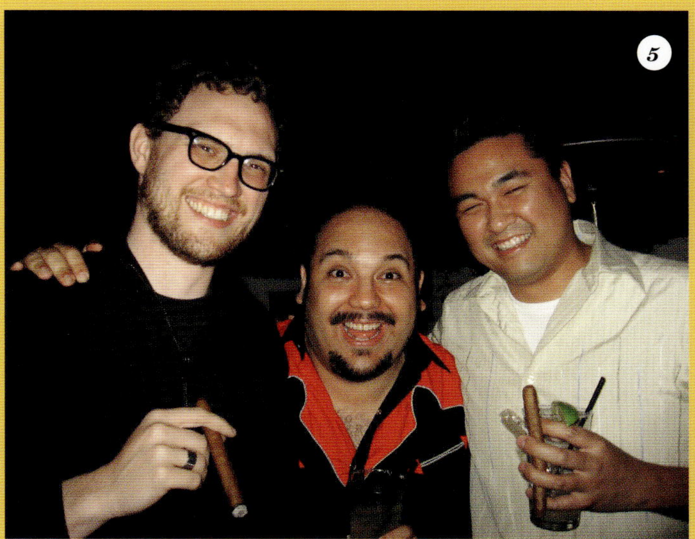

5

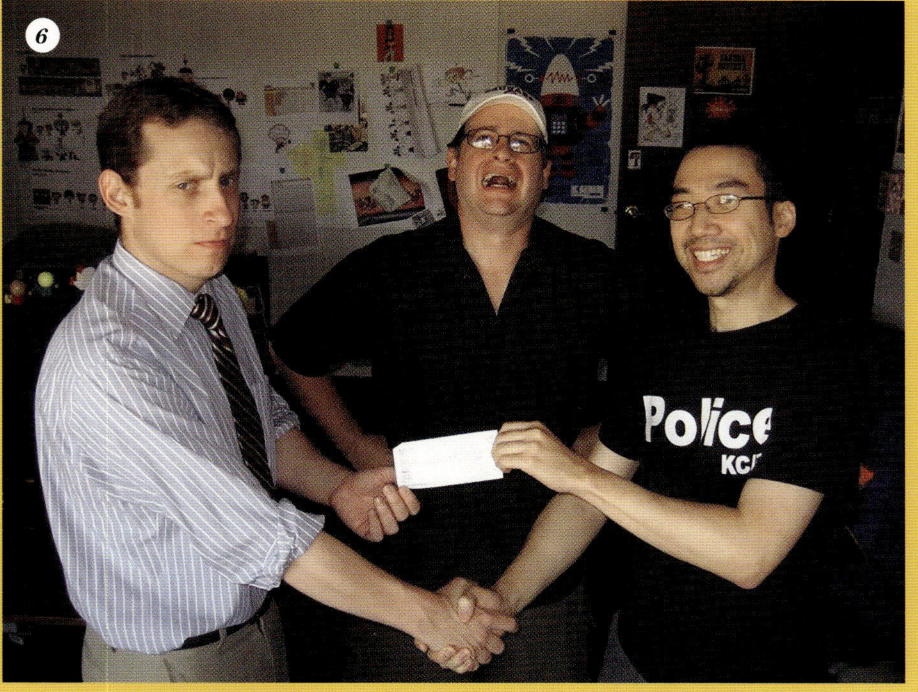

6

★ ***1:** Jorge R. Gutiérrez; **2:** Sandra Equihua; **3:** Jorge and Sandra the day they started the El Tigre pilot; **4:** Roman Laney, Gabe Swarr, Tim Yoon, Jorge; **5:** Roman Laney, Jorge, Gerald de Jesus at the wrap party; **6:** Scott M. Gimple, Scott Kreamer, Tim Yoon*

★ ***1:** Jorge R. Gutiérrez; **2:** Sandra Equihua; **3:** Jorge y Sandra el día que empezaron con el piloto de El Tigre; **4:** Roman Laney, Gabe Swarr, Tim Yoon, Jorge; **5:** Roman Laney, Jorge, Gerald de Jesus en la fiesta de clausura de la serie; **6:** Scott M. Gimple, Scott Kreamer, Tim Yoon*

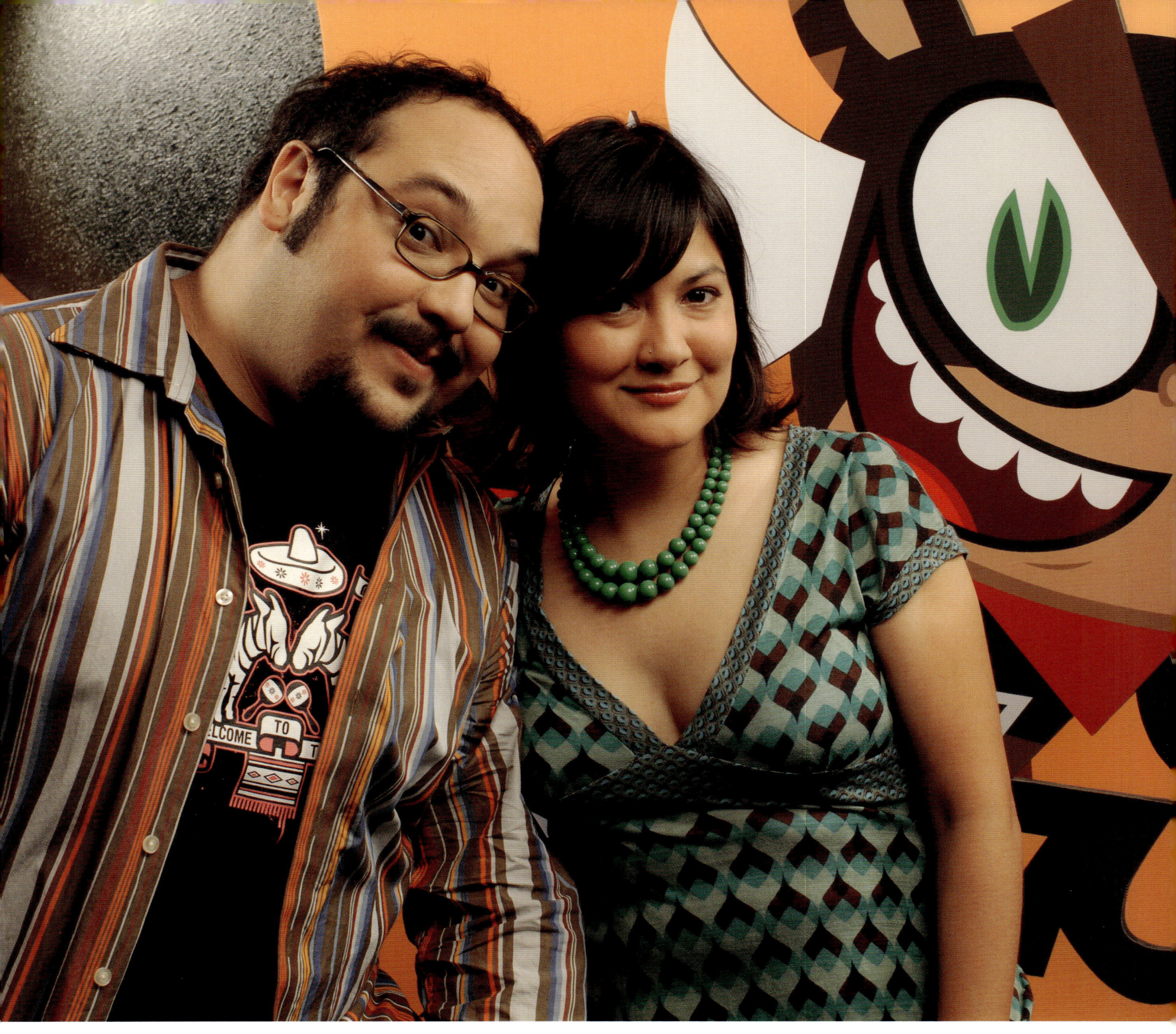
TO

By the time the show came out, we were all drunk with pride about our collective and hard-earned work. Who cared if the world liked it, we liked it! But then the world actually embraced the show! Especially in Latin America and our beloved Mexico! And we could not have been happier. We felt that we had made it. All our dreams had come true!

But our ratings were just not enough. And so the series was canceled after one season.

And then the awards started coming. Six Annie Award nominations (including animation, music, writing) with two wins for character design and best show. And the most for any series in a single season, five Emmy Award wins for character design, art direction, storyboarding, directing, and voice directing.

While it was more than bittersweet at the time, as they say (how are "they" so freaking wise?!?!), time heals all wounds. We can now look back fondly at that uniquely magical and ridiculously creative time and smile with the biggest of grins. I know I do every single time.

Everyone on the *El Tigre* crew went on to do amazing and spectacular things in their careers. I just feel so lucky we got to work with them during this magical time. This show had many fathers and mothers!

And our little show, well, with time and the internet, it kinda just grew its audience. A lot. A LOT. All over the planet. To this day, we still get cosplay photos, letters, drawings, and art from all over the world. From little kids, animation fans, and adults who are now in animation school, or who are parents and are now sharing the show with their kids. It melts our hearts every single time. So as much as we love all those shiny Emmys and Annies, this was and is the *real* reward.

This is why we made the show. To connect with everyone everywhere. To lovingly and hilariously showcase our culture. We wanted El Tigre and Frida to hug the world. And the world hugged them back.

Sit back and behold the funny, gorgeous, and spectacular *El Tigre* art in your hands. It took a crazy talented crew to make it just for you. And they had a blast! So ladies and gentlemen, amigos y amigas, welcome to Miracle City! You are home. THIS I SWEAR!

Mi casa es su casa.

Cuando se emitió la serie, estábamos todos borrachos de orgullo por nuestro trabajo colectivo y bien ganado. A quién le importaba si al mundo le gustaba, ¡a nosotros nos encantaba! Pero entonces, ¡el mundo también empezó a acoger la serie! ¡Sobre todo en Latinoamérica y en nuestro querido México! Era imposible ser más felices. Lo habíamos logrado. ¡Nuestros sueños se volvieron realidad!

Pero los índices de audiencia no eran suficientes. Y al cabo de una temporada, cancelaron la serie.

Y entonces empezaron a llegar los premios. Seis nominaciones a los premios Annie (incluyendo animación, música y escritura), de los que ganamos dos, al diseño de personajes y al mejor show. Y el mayor logro para una serie de una única temporada: cinco premios Emmy al diseño de personajes, dirección de arte, storyboard, dirección y dirección de voces.

En aquel momento todo era agridulce. Pero como bien dicen (¡¿cómo saben tanto "esos" que dicen cosas!?), el tiempo lo cura todo. Ahora podemos recordar con cariño a toda esa época mágica y ridículamente creativa, y sonreír de oreja a oreja.

A todos los miembros de *El Tigre* les ha ido estupendamente y han hecho cosas maravillosas a lo largo de sus carreras. Me siento súper afortunado de haber podido trabajar juntos durante esa época mágica. ¡Esta serie tuvo muchos padres y muchas madres!

Y nuestra pequeña serie, pues, con el tiempo e internet, fue haciéndose de su propio público. Muchísimo. MUCHÍSIMO. Por todo el mundo. A día de hoy, seguimos recibiendo fotos de cosplay, cartas, dibujos y arte de todo el mundo. Desde niños pequeños a fans de la animación y adultos que ahora están estudiando animación, o que son padres y le muestran la serie a sus hijos. Se nos derrite el corazón cada vez. Por mucho que amemos esos brillantes premios Emmy y Annie, esto fue y es la recompensa *real*.

Por esto hicimos la serie. Para conectar con todo el mundo, allá donde estén. Para dar a conocer nuestra cultura de manera tierna y divertida. Queríamos que El Tigre y Frida abrazaran al mundo. Y el mundo los abrazó a ellos.

Siéntate, ponte cómodo y contempla el divertidísimo, maravilloso y espectacular arte de *El Tigre* entre tus manos. Fue necesario un equipo con un talento de locos para crearlo para ti. ¡Y se lo pasaron en grande! Entonces, señores y señoras, amigos y amigas, ¡bienvenidos a la Ciudad Milagro! Están en casa. ESTO ¡LO JURO!

Mi casa es su casa.

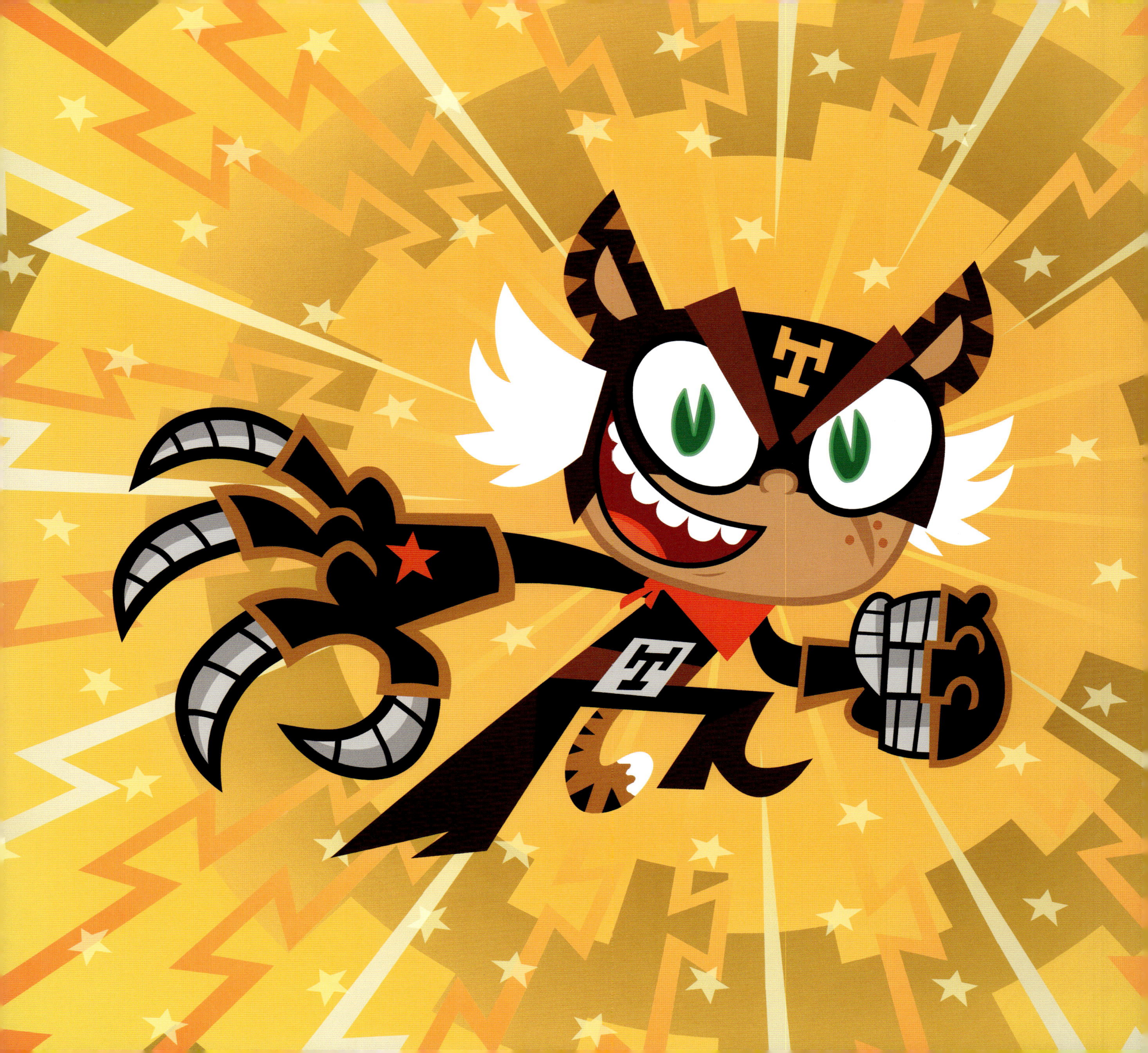

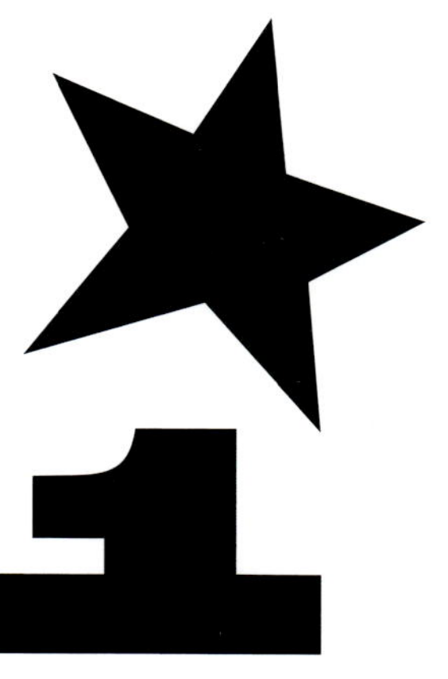

The Legend Begins

Empieza la leyenda

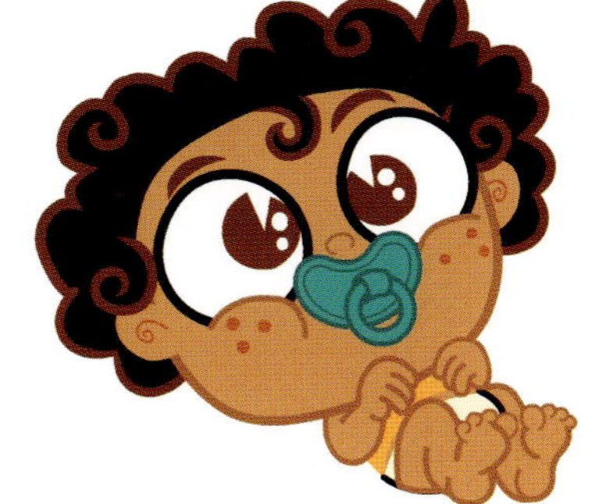

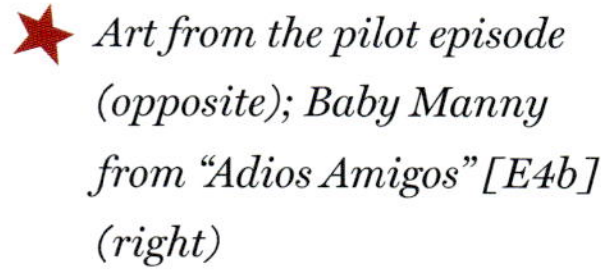

Art from the pilot episode (opposite); Baby Manny from "Adios Amigos" [E4b] (right)

El arte del piloto (página opuesta); Manny Bebé en "Adiós amigos" [E4b] (derecha)

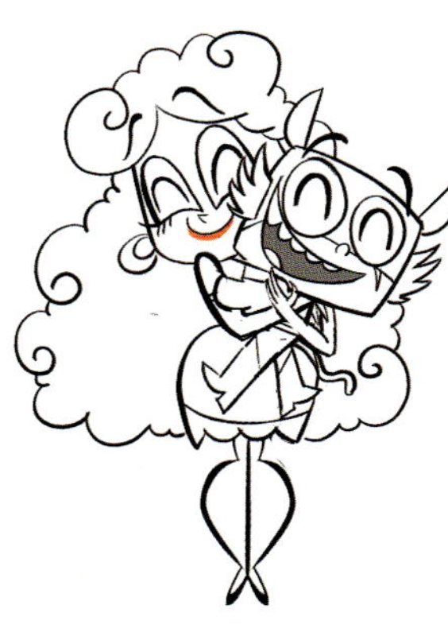

In a gray wasteland, a costumed teenager scales a treacherous rock face. To save his family name, Rivera, from disgrace, El Tigre climbs the craggy mountain fortress of the largest, most dangerous villain in the world, El Mal Verde, devourer of heroes. Tortured by the thought that his heroic father, White Pantera, had previously chickened out when facing El Mal Verde, El Tigre is driven to prove that the Riveras are not cowards. Reaching the skull-strewn vista, facing almost certain death, El Tigre proclaims, "I'll show this guy what the Riveras are really made of!"

"I hope it's *chocolate*!" quips the off-screen threat.

"I really like artists who love their own work. People who genuinely enjoy and love their work really motivate me," explains Jorge R. Gutiérrez, cocreator with Sandra Equihua of *El Tigre: The Adventures of Manny Rivera*. As this book is printed and distributed around the world, it will be approaching two decades since the original debut of Manny Rivera, Frida Suárez, and *familia* in the animated series, a show that burned bright for fifty individual stories for one season and subsequently won the ASIFA-Hollywood Annie Award for best series and five Emmys from the Academy of Television Arts & Sciences. Even as time has passed, Sandra and Jorge's love for the world of *El Tigre* remains as fiery as Miracle City's lava-belching volcano.

En un páramo gris, un adolescente disfrazado escala una pared rocosa muy peligrosa. Para salvar de la desgracia el nombre de su familia, los Rivera, El Tigre escala la escarpadísima fortaleza de montaña del villano más grande y peligroso del mundo, El Mal Verde, el devorador de héroes. Torturado por el pensamiento de que su heroico padre, White Pantera, se echó atrás al enfrentarse a El Mal Verde, El Tigre se lanza a demostrar que los Rivera no son unos cobardes. Ante el paisaje repleto de calaveras, con una muerte casi segura, El Tigre proclama: "¡Le enseñaré a este hombre de qué están hechos realmente los Rivera!".

"¡Espero que sean de *chocolate*!", bromean fuera de cámara.

"Me gustan mucho los artistas que aman su trabajo. La gente que genuinamente disfruta y ama su trabajo, me motiva a mí", explica Jorge R. Gutiérrez, el cocreador junto a Sandra Equihua de *El Tigre: Las aventuras de Manny Rivera*. Como este libro se imprime y distribuye en todo el mundo, su publicación llegará dos décadas después del debut original de Manny Rivera, Frida Suárez y *la familia*, en la serie de animación que hizo resplandecer cincuenta historias individuales en una temporada, ganando por ello el ASIFA-Hollywood Annie a la mejor serie y cinco premios Emmy de la Academia de Artes y Ciencias de la Televisión. Aun con el paso del tiempo, el amor de Jorge y Sandra por *El Tigre* sigue rabiosamente presente, como el volcán de Ciudad Milagro en plena erupción. La

The rare experience of creating a television series inspired by one's own childhood and culture remains a cherished one: "This show means the world to us."

Originally airing from 2007–08 on Nickelodeon, *El Tigre: The Adventures of Manny Rivera* is an animated comedy series that stars best friends Manny and Frida, thirteen-year-olds seeking out mischief and adventure in the "spicy cesspool of crime and villainy" that is Miracle City, a crime-ridden metropolis full of outrageous villains and delectable vice. Yet, among the danger and temptation, virtuous men and women stand tall and fight for what is right—most of the time. Central to *El Tigre*'s conceit is the gray area of morality that exists in all of us, and the fallible nature of even the most ideologically devout—whether villain or hero.

Manny's paternal family lineage is an epic pattern: hero, villain, hero, villain, through the generations. Manny himself lives with his divorced hero father, White Pantera, and his retired-but-still-active villain Granpapi, Puma Loco, and must struggle with these dueling influences daily. Manny's mother, Maria, adds a separate influence of empathy, book learning, and a secret superhero past. To add chaos, Manny's best friend and coconspirator, Frida, is there to amplify all of Manny's inclinations to the max while bringing her own brand of rebellion to the mix.

Origins

Manny and Frida's world is inspired. The 1990s Mexican border-city Tijuana was the scene that witnessed Jorge and Sandra's own origin story of mosh pits, dangerous amusement rides, and youthful artistic ambition, beginning with their first encounter as teenagers.

Jorge: I had become friends with Sandra's sister Gaby, and Gaby thought I was a weirdo. And so she said, "I have a sister who is also a weirdo; you two should meet." There was this local punk band playing that I liked called Tijuana No, and they were the opening act that night for a bigger band from Mexico City, and we all were going with friends. Sandra was supposed to meet us at the concert but was two hours late. By the time she arrived, I didn't think she was going to show up at all.

Sandra: There was a reason why I was late. It was because I wasn't there to see Tijuana No, I was there to see La Lupita, who was the headliner. So *you* were early; I was not late!

experiencia, tan singular, de crear una serie de televisión inspirada en tu propia infancia y cultura, es preciosa: "Este show es todo para nosotros".

Emitida por primera vez en 2007–2008, en Nickelodeon, *El Tigre: Las aventuras de Manny Rivera*, es una serie cómica de animación en la que Manny y Frida, mejores amigos, buscan aventuras y travesuras en Ciudad Milagro, "el pozo negro del crimen y la maldad", una metrópolis regida por el crimen, llena de terribles villanos y un vicio exquisito. A pesar de todo, entre el peligro y la tentación, hombres y mujeres virtuosos plantan cara y luchan por el bien... la mayor parte del tiempo. Bajo la idea original de *El Tigre* está esa zona gris de la moral en todos nosotros, y cómo la naturaleza puede tornarse débil, hasta en aquellos con las ideologías más firmes, tanto en héroes como en villanos.

El linaje paterno de Manny sigue un patrón épico, generación tras generación: héroe, villano, héroe, villano. El propio Manny convive con su padre, el héroe divorciado White Pantera, y su abuelo, ya jubilado pero aún activo, el villano Granpapi, Puma Loco, y ha de lidiar con estas influencias antagónicas todos los días. La madre de Manny, María, es una influencia distinta: le transmite empatía, amor por la lectura y un pasado secreto de superhéroe. Para añadir un poco de caos, la mejor amiga y cómplice de Manny, Frida, lleva todas las inclinaciones de Manny al límite, añadiendo a la mezcla su marca rebelde.

Origen

El mundo de Manny y Frida está inspirado en la Tijuana de los años noventa. Esta ciudad fronteriza mexicana fue el escenario de la propia historia de Jorge y Sandra, llena de *mosh pits*, atracciones peligrosas y la ambición artística de la juventud. Todo empieza cuando se conocen de adolescentes.

Jorge: Yo era el mejor amigo de la hermana de Sandra, Gaby, y ella pensaba que yo era un bicho raro. Un día me dijo: "Mi hermana también es un bicho raro, deberían conocerse". Había un grupo de punk local que me gustaba, se llamaban Tijuana No, y abrían esa noche a un grupo más conocido de la Ciudad de México. Un grupo de amigos íbamos a ir. Sandra tenía que encontrarse con nosotros allí, pero llegó dos horas tarde. Para cuando llegó, yo ya estaba convencido de que no vendría.

Sandra: Tenía un motivo para llegar tarde. Yo no iba a ver a Tijuana No. Yo iba a ver a La Lupita, el grupo estelar. *Tú* llegaste pronto, ¡yo no llegué tarde!

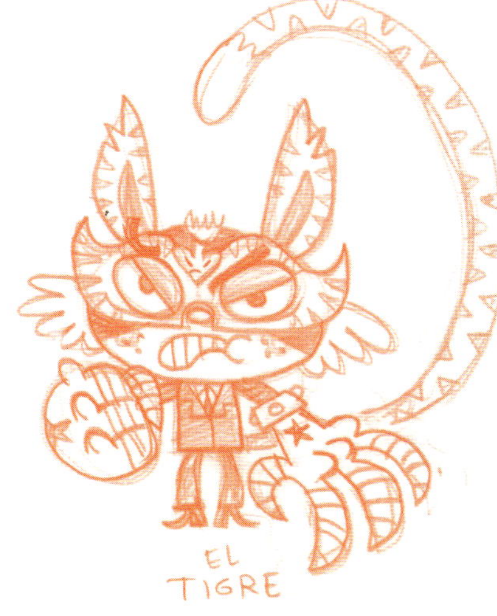

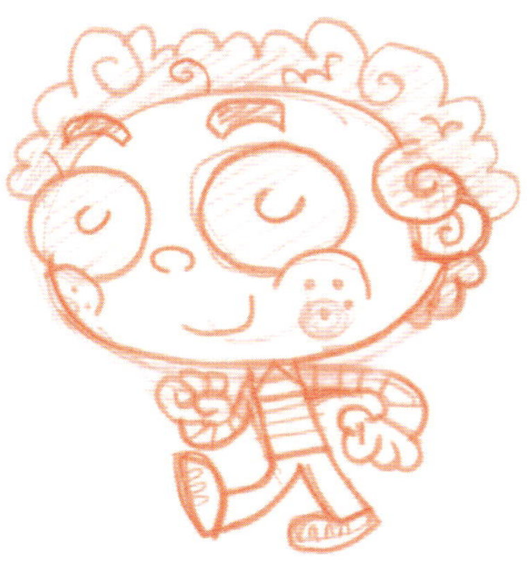

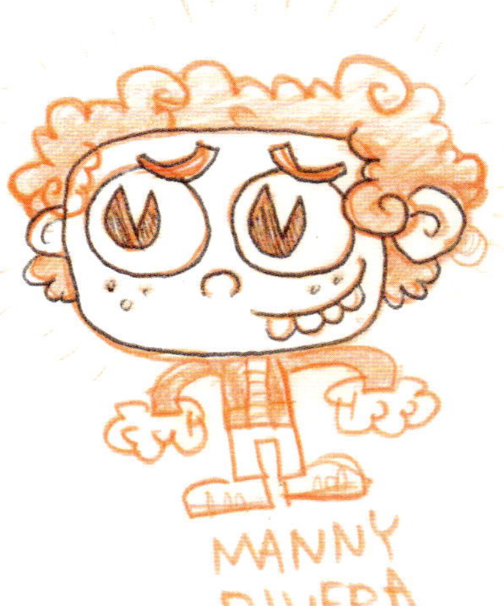

Jorge: This is 1993, so there were mosh pits, and in Tijuana, the venue's floor was just dirt. When the mosh pits happened, you got covered in filth. So when she finally showed up, our friends yell at me, "She's here!" and I come out of the mosh pit, I'm drenched in sweat, I have giant Afro hair, and I'm bleeding because I got punched in the face. I look up and I see the most beautiful, tiny girl, and like a movie, time stops, with the bottles and teeth flying overhead, and I think to myself, *That's her. That's the girl I'm going to marry!* It was one of those moments.

Sandra: [*laughs*]

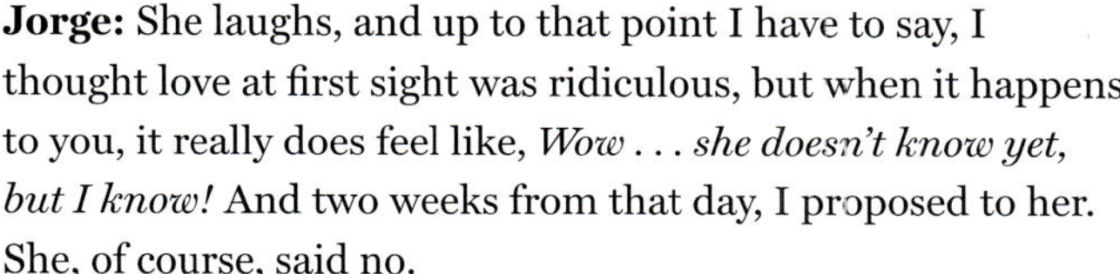

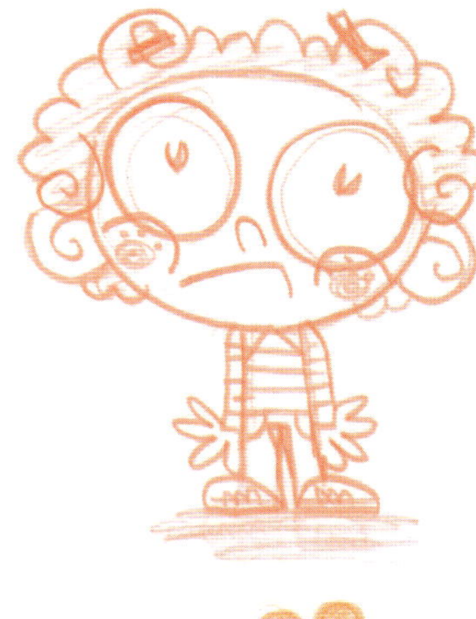

Jorge: She laughs, and up to that point I have to say, I thought love at first sight was ridiculous, but when it happens to you, it really does feel like, *Wow . . . she doesn't know yet, but I know!* And two weeks from that day, I proposed to her. She, of course, said no.

Sandra: Yeah, no. Come on. Back then, the popular style for girls was long hair and the puffed-up bangs and fake perms and a lot of perfume and looking pretty. There weren't a lot of girls who were artists. I mean, there were, but not a lot who *looked* like artists; I guess it wasn't acceptable.

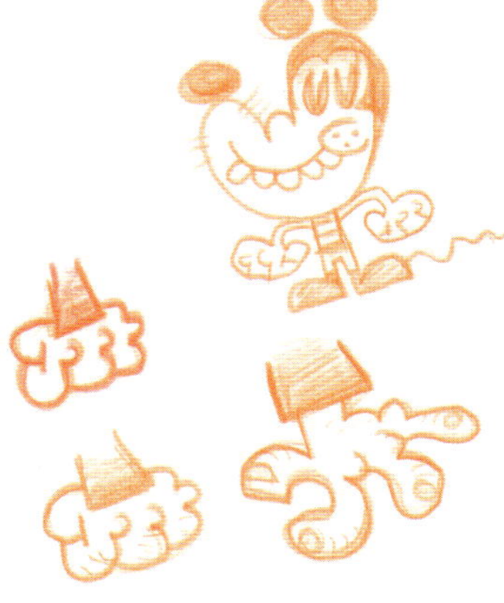

Jorge: It was like *The Real Housewives of Tijuana*. In my world, that was basically the type of people that were around. And because I love the arts and I wanted to be an artist, I didn't fit in that world. I went to an all-boys' Catholic school, which felt like a prison: brutal. And Sandra went to my dream high school. There was a Tijuana high school called Lázaro Cárdenas, where whenever you got kicked out of other schools, that's where you would go. So that's where all the artists went, all the criminals, all the forty-year-old sophomores.

Sandra: I was seventeen, and I'd have schoolmates who would look questionably like they were forty. It'd be like, "What's up with Lorenzo, why does he look like a forty-year-old?" So anyway, when I showed up to meet Jorge at the show, I was wearing my hair short with a buzzed back, and I was wearing a green jean jacket and Doc Martens.

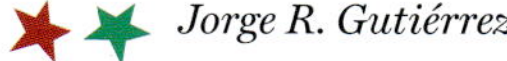

Jorge R. Gutiérrez

Jorge: So, for me, she was the movie character that I wanted to see a movie about.

Jorge: Esto era 1993. Había muchos *mosh pits* y en Tijuana el suelo del local estaba sucísimo. Cuando empezaban a hacerse el slam, acababas cubierto de suciedad. Entonces, cuando por fin apareció ella, nuestros amigos me gritaron: "¡Está aquí!". Yo aparezco de entre los *mosh pits*, lleno de sudor, con un pelo afro gigantesco, y sangrando porque me habían golpeado en la cara. Miro hacia arriba y veo a la chica más bonita, pequeñita, y como en una película, el tiempo se para, botellas y dientes volaban sobre mi cabeza, y yo pensaba: *Es ella, ¡ella es la mujer con la que me voy a casar!* Fue uno de esos momentos.

Sandra: [*ríe*]

Jorge: Ella se ríe, y hasta ese momento yo hubiera dicho que el amor a primera vista era algo absurdo. Pero cuando te pasa a ti, realmente sientes como, *¡wow... ella aún no lo sabe, pero yo sí!* Dos semanas más tarde, le pedí matrimonio. Por supuesto, ella me rechazó.

Sandra: No. Venga ya. Por aquél entonces entre las chicas estaba de moda el pelo largo con flequillo hinchado con rulos, mucho perfume y estar muy bonita. No había muchas chicas artistas. Quiero decir, claro que había, pero no muchas que se vistieran como artistas. Supongo que no era algo aceptado.

Jorge: Era como en la serie *The Real Housewives*, pero *de Tijuana*. Esa era el tipo de gente que me rodeaba. Y como yo amaba el arte, y quería ser artista, no encajaba. Fui a un colegio católico, sólo de chicos. Me sentí como en la carcel, era muy impactante. Y Sandra fue a la preparatoria de mis sueños. Había una preparatoria en Tijuana llamada Lázaro Cárdenas, a la que ibas cuando te habían echado de otras. Ahí te mandaban. Allí es donde fueron todos los artistas, todos los criminales, todos los repetidores de cuarenta años.

Sandra: Yo tenía diecisiete años. Algunos de mis compañeros de clase realmente parecían tener cuarenta. Era en plan "¿qué le pasa a Lorenzo, por qué parece que tiene cuarenta?" El caso es, que cuando me presenté en el show para encontrarme con Jorge, yo llevaba el pelo corto con el flequillo hacia atrás, una chaqueta vaquera verde y mis Dr. Martens.

Jorge: Para mi ella era como el personaje de cine sobre el que querría ver una película.

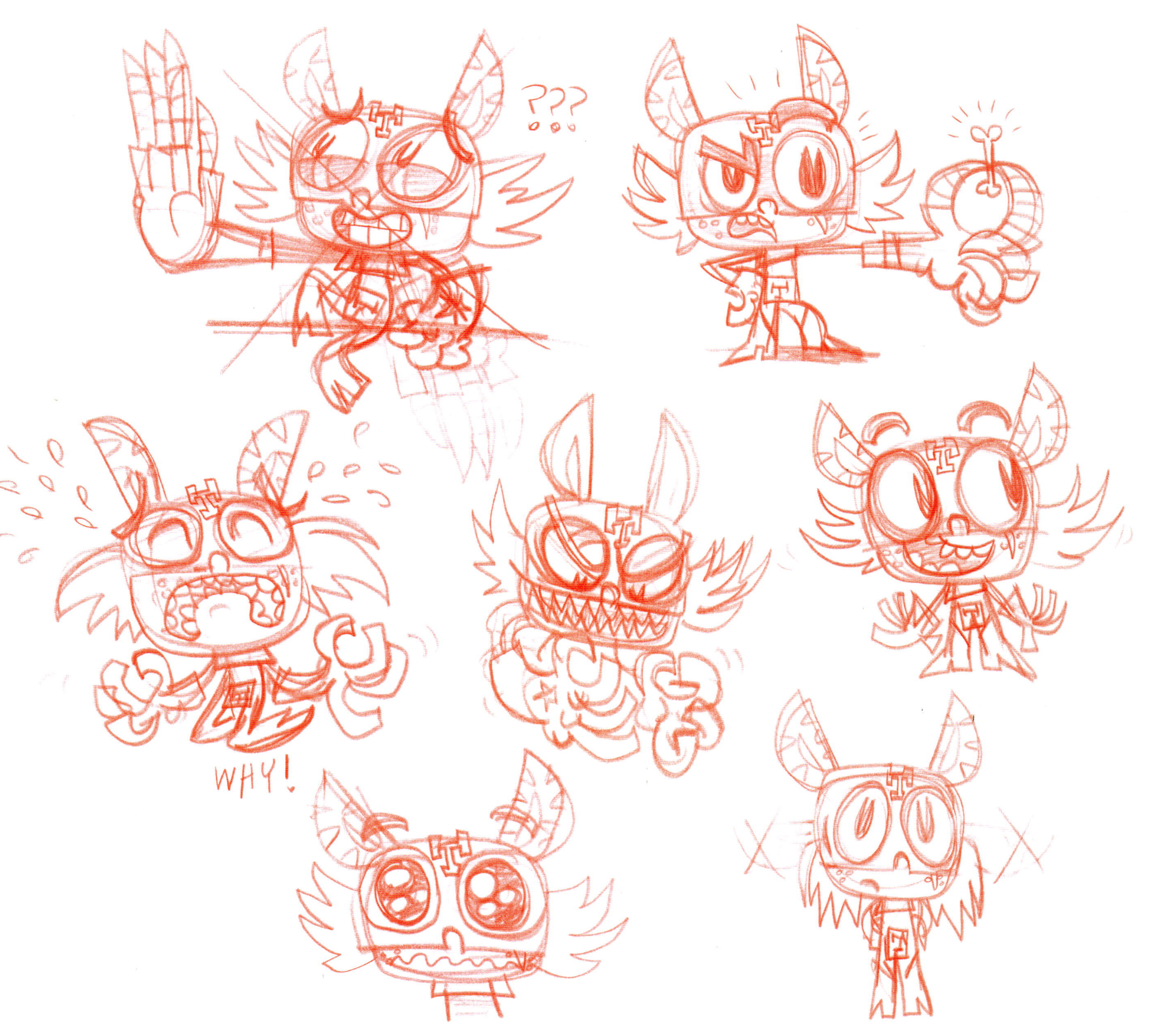
???
WHY!

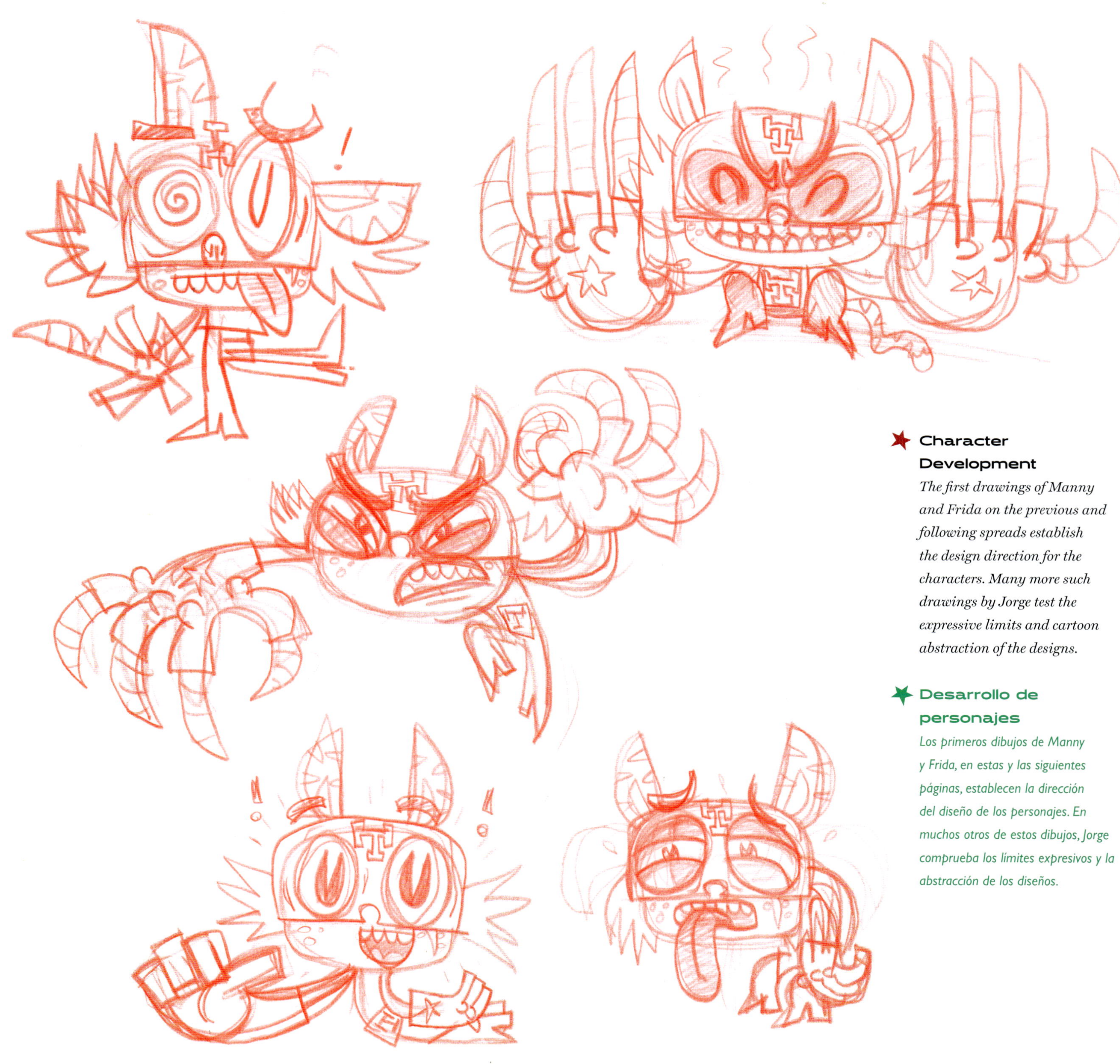

Character Development

The first drawings of Manny and Frida on the previous and following spreads establish the design direction for the characters. Many more such drawings by Jorge test the expressive limits and cartoon abstraction of the designs.

Desarrollo de personajes

Los primeros dibujos de Manny y Frida, en estas y las siguientes páginas, establecen la dirección del diseño de los personajes. En muchos otros de estos dibujos, Jorge comprueba los límites expresivos y la abstracción de los diseños.

Sandra: My sister Gaby had not described Jorge physically, but instead she had said, "He looks just like you." So when she said he was just like me, I thought, *Oh OK, so he's short, he has short hair and wears Doc Martens. All right, I could see that, I could ride that wave*, you know, and when he came out of the mosh pit he was wearing this really tight purple shirt with fluorescent orange pants, like raver pants. Later I asked him, "Where in the world did you do your shopping?"

Jorge: It was the early nineties!

Sandra: And he had this Afro that was in this rectangular shape, because he couldn't grow it circular. It was like a mushroom. It was like a little umbrella! And he was wearing steel-toe boots. And he came out of the pit all jaunty, and he was smiling like, "Man, that was awesome," and he was a really happy-looking guy. But I was thinking, *Who is this man?* Because he was really tall, in my eyes.

The concert was doing an in-between bands thing, it was a fair called La Ferias de las Californias, and it was connected, as all fairs we grew up with were, with a rickety old carnival, the kind where you're riding a ride and all of a sudden there are screws coming loose and falling off.

Jorge was walking with his buddy and I was walking with my sister, and I could hear him having a normal conversation with his friend, and he was naturally saying funny things, and I wasn't used to that. I had only just started attending Lázaro, and prior to that I had been attending St. Charles Catholic School, which was in San Diego, so I hadn't been around much Mexican humor from my peers. The Mexican sense of humor is very different from the United States; they're way funnier, and I was like, *This guy's hilarious!* And he still is. I mean, come on.

I was thinking, *I want to hang out with him a little more, but he's a man, he's like a forty-year-old man or something! I'm going to just keep on listening* . . . So we got on the Hammer amusement ride, and all I could hear was Jorge going, "WHHOOOOOOOOOAOAOOOOOOAO!"

After that we just walked around a little more, and it got kind of late. I never got to see my group of friends as Jorge stuck around. And when I finally left, my sister was like, "Hey, so you want to go out with him again?" And I was like, "No." I mean, he was great, he was funny, but you know . . . and then he kept calling the house.

Sandra: Mi hermana Gaby no me había descrito a Jorge físicamente. Sólo me dijo "es igualito a ti". Así que, como dijo que era igual que yo, pensé: *Bueno, será bajito, con pelo corto y Dr. Martens, pues, podría gustarme*. Me lo encontré saliendo del slam, con una camiseta morada súper apretada y pantalones naranjas fosforescentes. Más adelante le pregunté: "¿Pero dónde demonios compraste aquella la ropa?".

Jorge: ¡Estábamos a principio de los noventa!

Sandra: Y tenía pelo afro rectangular, porque no le crecía redondo. Como un champiñón. ¡Como un paraguas! Llevaba botas de punta de acero. Salió de entre la masa contentísimo, sonriendo en plan "estuvo padrísimo". Se le veía un chico feliz. Pero yo pensaba: *¿Y este hombre quién es?* Porque a mi me parecía muy alto.

Los grupos tocaban en Las Ferias de Las Californias, donde se juntan, con unas atracciones super chafas, de esas que te subes y de golpe escuchas como se desajustan y se caen los tornillos.

Jorge caminaba con su amigo y yo con mi hermana. Lo escuchaba tener conversaciones normales con sus amigos, decía cosas divertidas, muy natural. Yo no estaba acostumbrada a eso. Acababa de empezar en el Lázaro. Previamente había ido al St. Charles Catholic School, que estaba en San Diego. No estaba muy acostumbrada al humor mexicano. Es muy diferente del estadounidense. Los mexicanos son mucho más divertidos. Yo estaba en plan ¡este *dude es divertidísimo!* Y sigue siéndolo. Míralo, es genial.

Yo pensaba: *Quiero estar un rato más con él, pero es un hombre, ¡debe de tener unos cuarenta o algo por el estilo! Simplemente lo voy a escuchar*... Llegamos a la atracción que es como un martillo doble. Y sólo escuchaba a Jorge gritar: "*UUUUUUOOOOOOOOOOO*".

Después caminamos un rato más y ya empezó a hacerse tarde. No llegué a ver a mis amigas porque Jorge se quedó. Cuando al fin me fui, mi hermana me dijo: "Bueno, qué, ¿lo vas a volver a ver?" Y yo le dije: "No". O sea, era genial, era divertido, pero no sé... Y entonces empezó a llamar a casa.

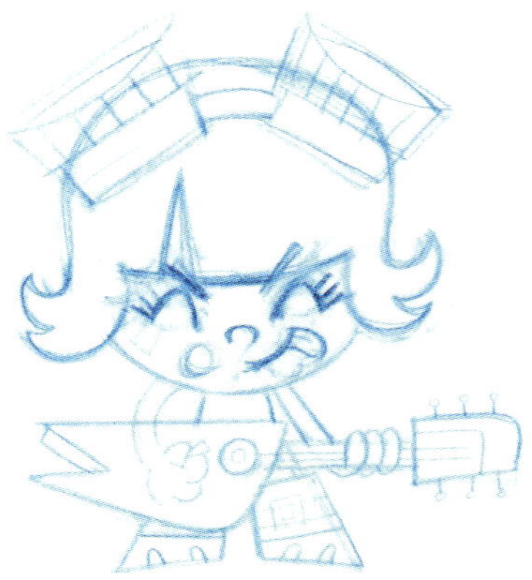

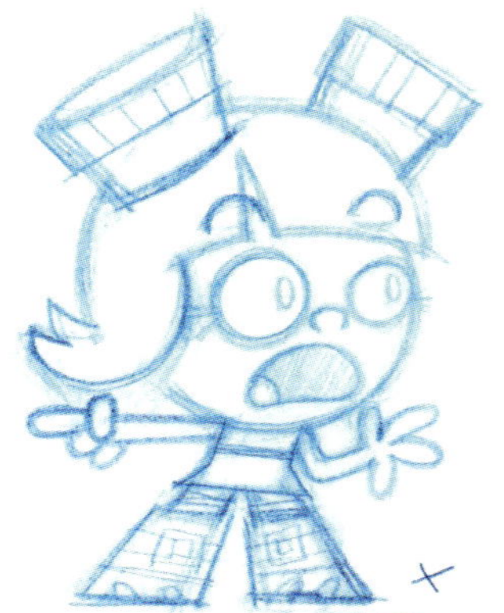

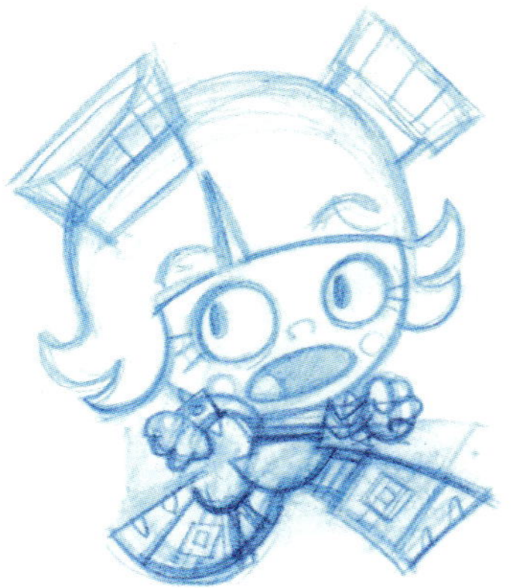

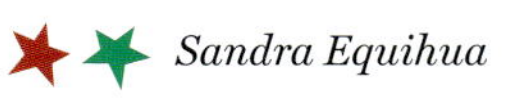

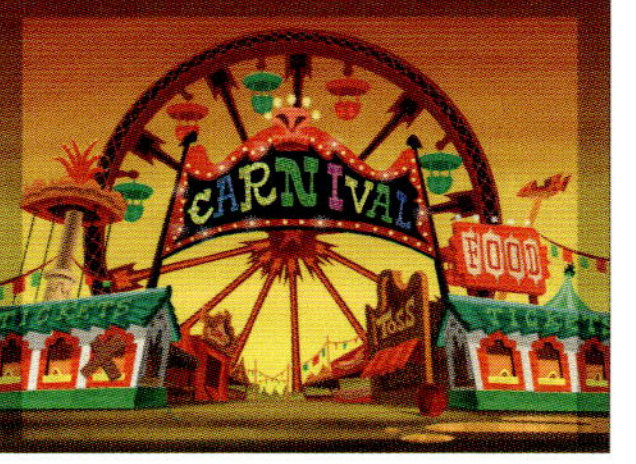

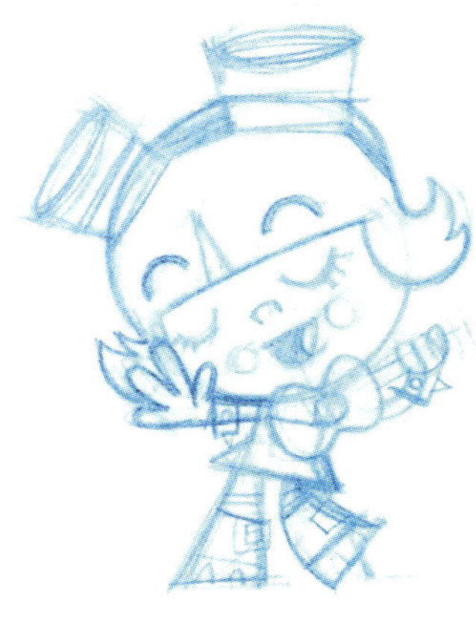

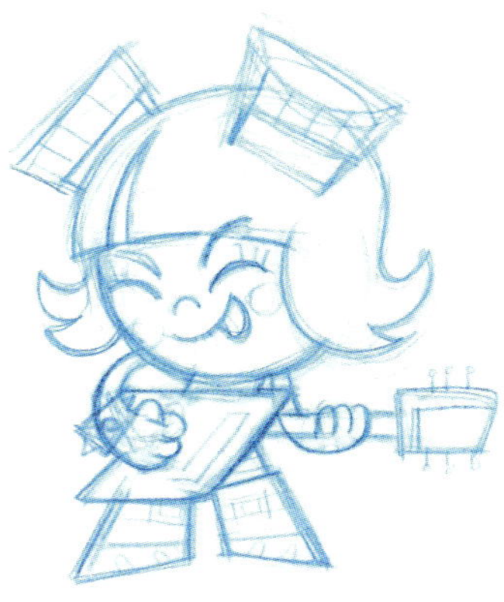

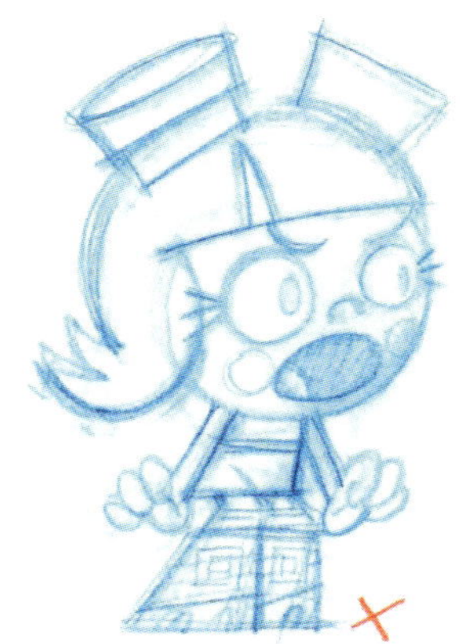

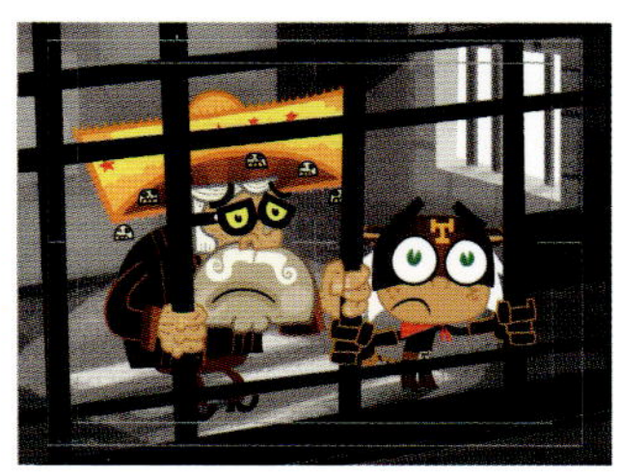

It was a landline, and I would always pick up the phone, and before he could say, "Hey, can I talk to you?" I'd be like, "Hang on, I'll get you Gaby," because he was Gaby's friend. And he'd be like, "Hey, wait—oop," and I'd be yelling, "GABY!" And she'd get on the line and then they'd make plans and do something else. Eventually, one day, Gaby wasn't home.

I said, "Hello, Gaby's not here," and he's like, "Oh, it's OK. I just wanted to know what you're doing for lunch," and I said, "My mom's really strict and doesn't let me go out when she already has lunch prepared," and he said, "Just give it a shot, ask your mom, OK? And call me back. This is my number," and I was like, "OK, fine." So I asked my mom, and she said, "Yeah, sure, whatever."

I call him back, and he said, "I'll be there in ten minutes!" And *zoom,* he got there in his little beat-up Jeep Cherokee. His all-boys high school required them to be dressed in a tie every Friday, and he had taken the tie off, but he was still wearing a nice dress shirt and nice pants.

Jorge: It was our first date!

Sandra: In his eyes it was our first date, and I didn't even know. I was wearing this ratty T-shirt from grade school, Class of 1990 or whatever, with the student names on it, and mine was so old and had mustard stains on it. I had just been sweeping the patio because that was my chore, so I was dusty but was like, "I'm ready." And he was like, "OK!" He didn't judge.

Jorge: I was like, *Ooh! Cinderella!*

Sandra: He took me to a restaurant in the chichi part of town; well, for adults. It was probably just a coffee shop, but for teenagers it was fancy. So we get there, we're eating, and he's cracking me up and making me laugh. I hadn't realized that he was also a really good storyteller. The next time, we went out to see a movie at an IMAX theater, and my sister made me sit next to him. Then we went shopping for books, and I thought, *Wow, he really likes books*, and little by little, I noticed that he was a cool guy. And then he proposed to me and I thought, *Ooh . . . creepy.* [*laughs*]

Jorge: And she was like, "No, it's alright," and so we kept going out.

Era un teléfono fijo y yo ya tenía la costumbre de que fuera para Gaby. Así que antes de que le diera tiempo a decir "Hey, ¿podemos hablar?" yo ya estaba diciendo "un momento, ya te paso a Gaby". Porque él era el amigo de ella. Y entonces él empezó a decir: "Hey, espera, hey…". Y yo gritaba: "¡GABY!". Ella se ponía al teléfono y se organizaban para hacer algo. Pero llegó el día en el que Gaby no estaba en casa.

Dije: "Hola, Gaby no está". Y él "OK. Sólo quería saber qué planes tienes para comer". Le dije: "Mi madre es muy estricta y no me deja salir cuando ya ha preparado la comida". Jorge dijo: "Prueba una vez, ándale, pregúntale a tu madre, ¿sí? Y llámame luego. Este es mi número". Y yo le respondí, "Bueno, está bien". Le pregunté a mi madre y me dijo: "Sí, claro, no hay problema".

Lo llamé y me dijo: "Llego en diez minutos". Y *boom*, llegó en su pequeño Jeep Cherokee desvencijado. En su preparatoria de sólo chicos los obligaban a llevar corbata los viernes. Él se la había quitado, pero tenía la camisa y los pantalones, bien bonitos

Jorge: ¡Era nuestra primera cita!

Sandra: Para él era nuestra primera cita, yo ni siquiera lo sabía. Yo llevaba una camiseta del colegio, andrajosa, clase de 1990 o lo que fuera, con los nombres de los estudiantes, vieja y llena de manchas de mostaza. Acababa de limpiar el patio, me tocaba ese día, y estaba súper sucia, pero dije: "Estoy lista". Él dijo: "¡OK!" No me juzgó.

Jorge: Para mí era como *¡Ooh, Cenicienta!*

Sandra: Me llevó a un restaurante de una zona exclusiva de la ciudad, bueno, para adultos. Seguro que sólo era un café normal, pero a los adolescentes nos parecía sofisticado. Pues llegamos, empezamos a comer y él hace que me muera de la risa. No me había dado cuenta de que también es un gran narrador de historias.

La vez siguiente, fuimos a ver una película a un cine IMAX, y mi hermana me hizo sentarme al lado de él. Después fuimos a comprar libros, y yo pensé, *Wow, sí que le gustan los libros*, y poco a poco, me fui dando cuenta de que era muy buen tipo. Y ahí me pidió matrimonio y pensé: *Uff, qué raro*. [*risas*]

Jorge: Ella dijo: "No, así está bien", y seguimos saliendo.

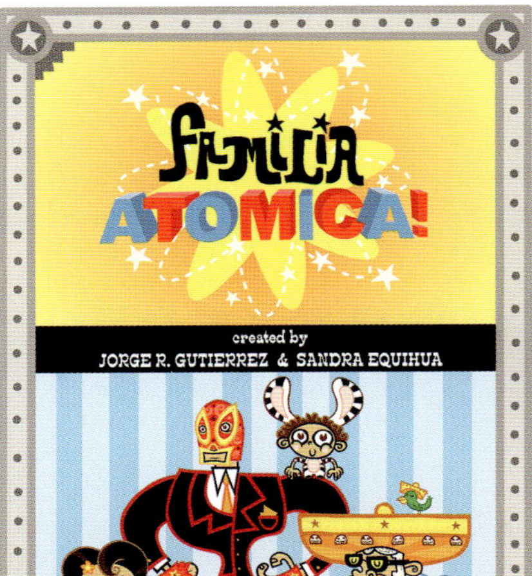

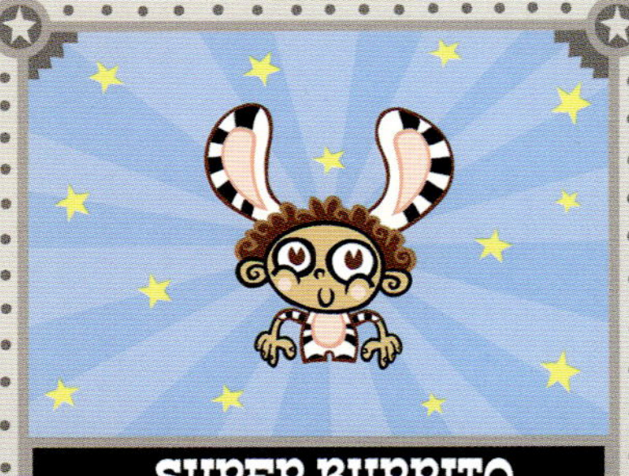

SUPER BURRITO

The baby of the family. A 5-year-old kid who idolizes GRAN PAPI, his grand father, because he used to be a notorious Mexican wrestling champion, Super Muerto, who was a huge bad-■■■ super villain back in the day.

Super Burrito wears a donkey suit that is painted like a zebra in honor of his hometown of Tijuana. He's obsessed with kung fu movies and thinks he's a master martial artist from just watching. Burrito tends to accidentally outsmart the villains but would much rather fight them "mano a mano'. He does not relate to his father, El Super Super, and considers him a sell out for retiring from wrestling to become a suite. Most kids in school think he's insane...

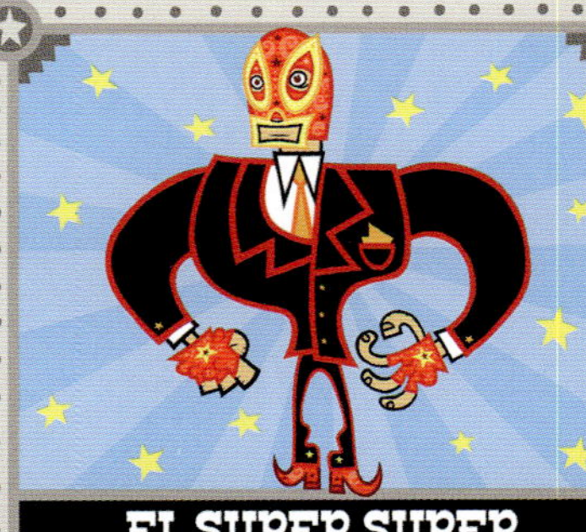

EL SUPER SUPER

Confused masked father of Super Burrito and son of Gran Papi. Young Super Super was horrified when he his father, who he idolized, became a super villain. When the heroic champion Super-Macho defeated and unmasked his father, young Super Super was traumatized. He turned his back on the family and decided to never wear his father's mask. He became El Super Super, the greatest vice president of accounting at Mr. Tacos Inc. A champion in the board room, he will not wrestle, even knowing he's has the genes of a champion. Alienated by his son and father for turning his back on wrestling, El Super Super is always the odd man out in the family. His only wish is to show his son he can be a champion outside the ring.

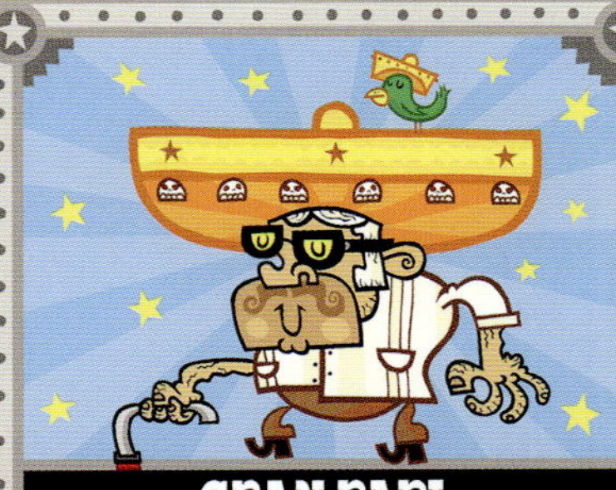

GRAN PAPI

The sweetest 100-year-old man you'll ever meet. But this grandpa has a dark past. He was once known as the notorious Super Muerto, a bad-ass super villain. Drunk with power, Super Muerto tore his opponents apart in and outside the ring. When he was at the peak of his evil reign, a champion known as Super-Macho fought him and unmasked him. Realizing his evil ways, Super Muerto retired and turned his back on his nefarious past. Grand Papi eventually opened a piñata store. He spends his afternoons playing dominos with his old time villain friends at a local taco cantina. He loves nothing more than hanging out with his grandkid, Super Burrito. Grand Papi cannot hear very well and has to rely on his scrappy parrot, Fernandito, to repeat things to him.

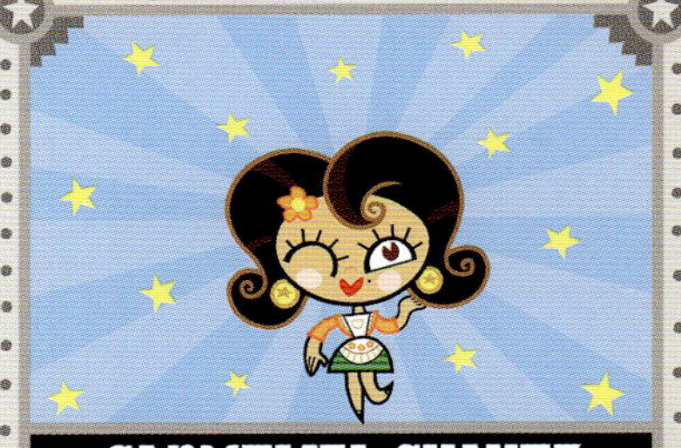

CARMELITA CHAVEZ

The real brains behind the team, Carmelita is a sweet and loving wife and mother. Originally, Carmelita came from a family of masked wrestlers, learning the best of both worlds from her parents- strength, honor and intelligence. It was through her father, a great wrestler named Super Macho, that she met el Super Super and the rest is wedded and blissful history. Carmelita not only maintains her family and house in tip top shape, she can kick robot and monster butt on the side! When hope seems to be lost on the battleground, the men in her family can always count on her to be there to back them up both in brains and in brawn (which is most of the time!) Although being the perfect wife and saving the day take up most of her time, she always manages to tuck her dear little Super Burrito into bed at the end of the day.

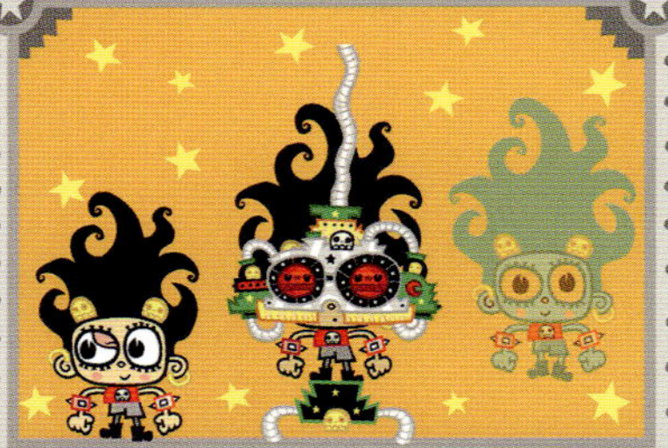

FRIDA LOPEZ

Frida is a 9-year-old girl who happens to be the next door neighbor of the Chavez family. She's also Super Burrito's best friend. A technology prodigy, she has become the Atomic Familia's giant robot mechanic. Without her help, Super Macho Robot would surely fall apart. Frida has also built a special hologram machine that let's her go inside the giant robot in order to fix him. This comes in very handy in the middle of the rumbles between Super Macho Robot and his giant monster enemies. Frida has become an "unofficial" family member.

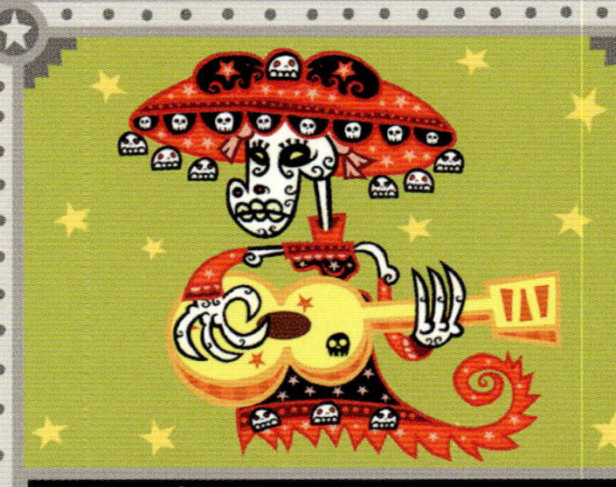

SEÑORA CALAVERA

MUERTO MONSTER

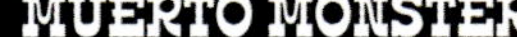

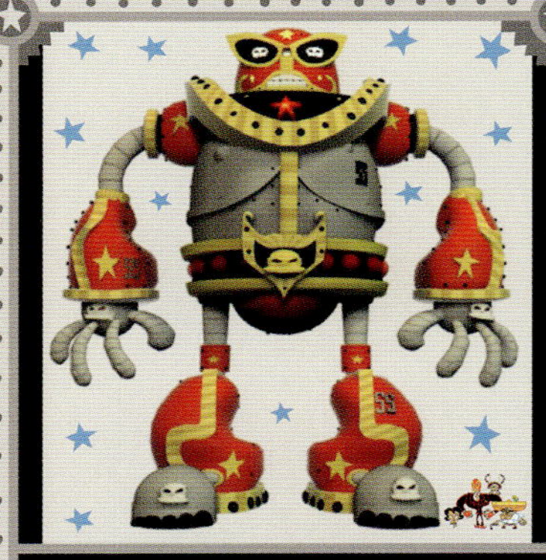

SUPER MACHO ROBOT

The Chavez family accidentally discovers a Mexican wrestling Giant Robot. Together they must learn how to deal with each other as they use the robot to defend the City of Gold from various villains (who used to be compadres of Gran Papi when he was a villain).

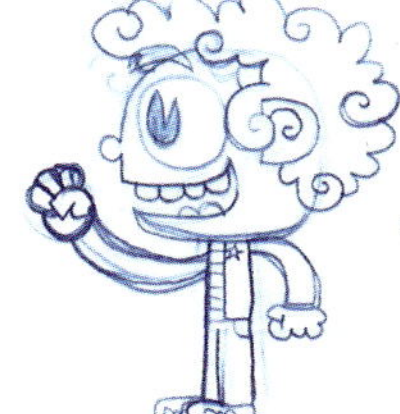
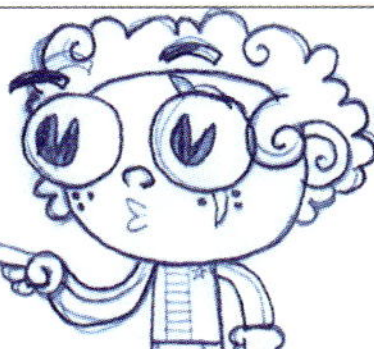
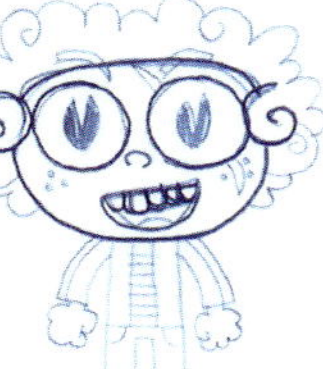
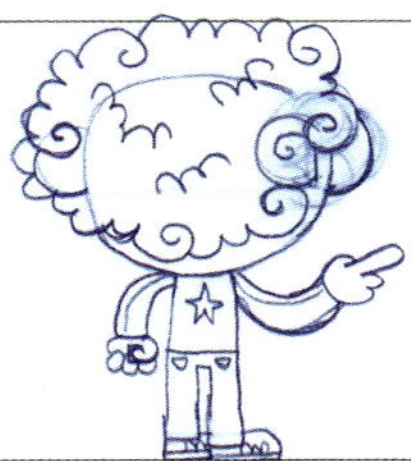
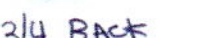

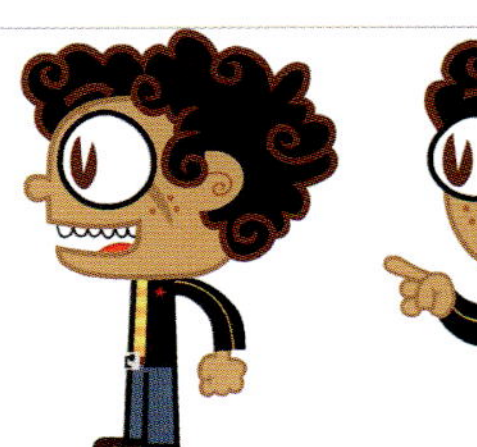
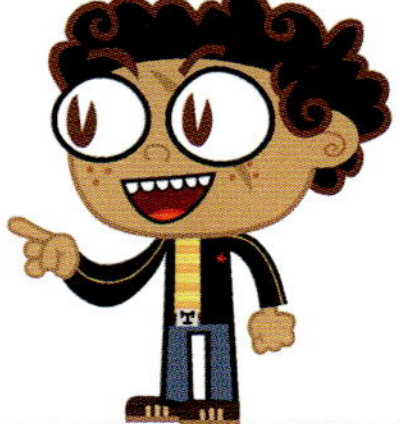
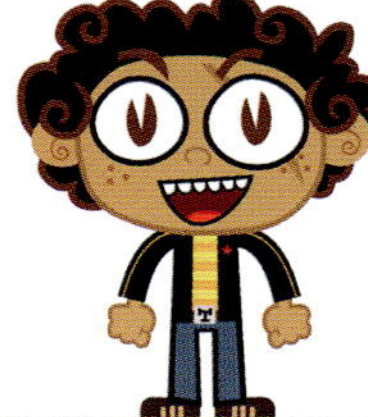
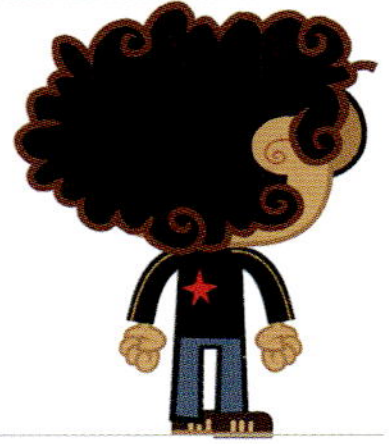

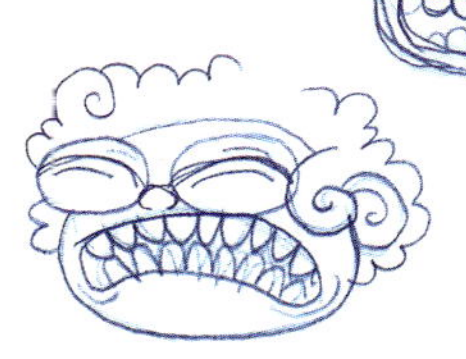
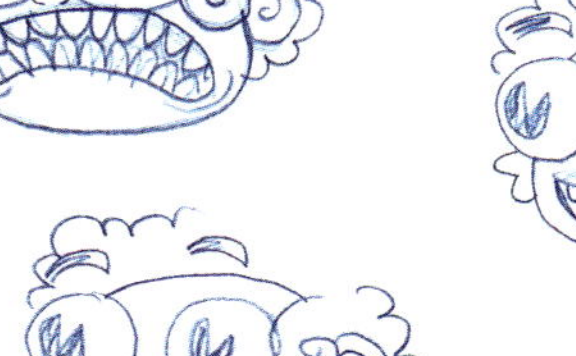
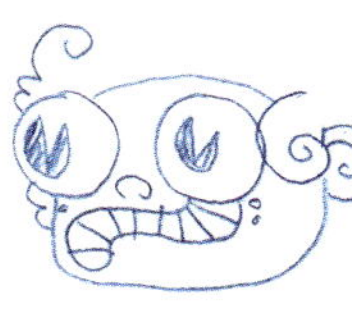
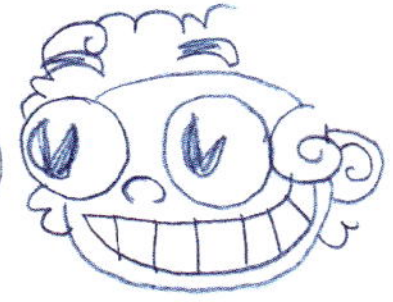

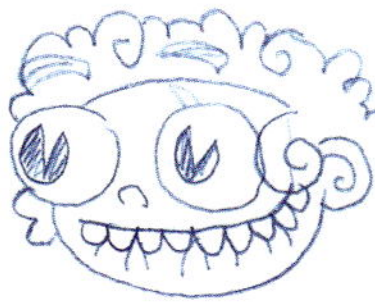
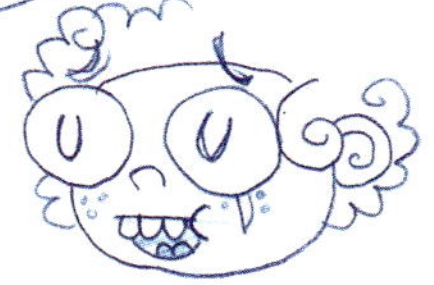

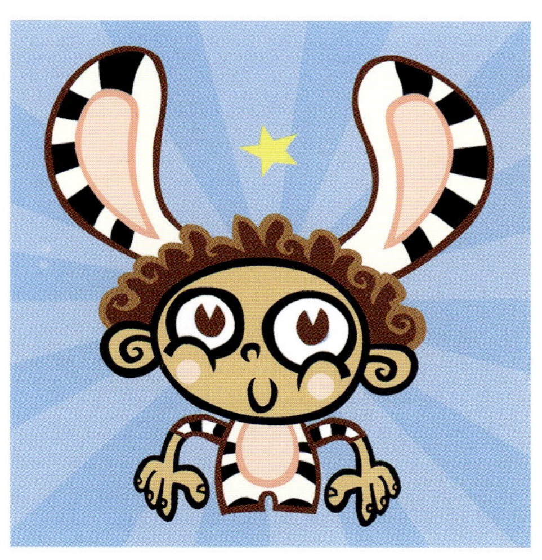

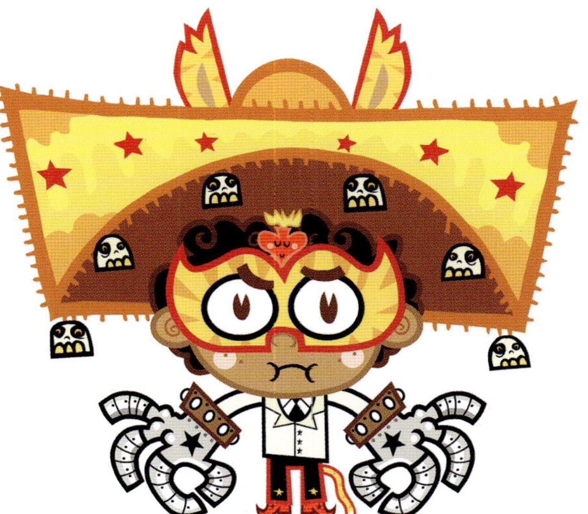

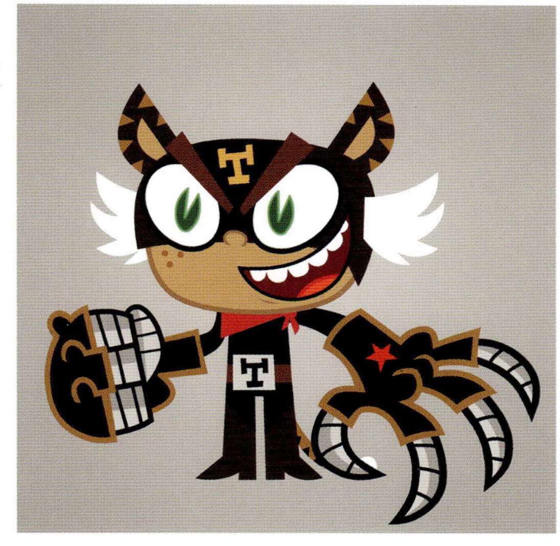

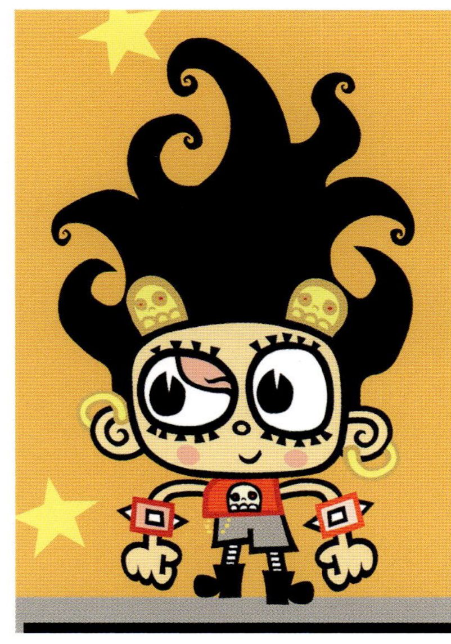

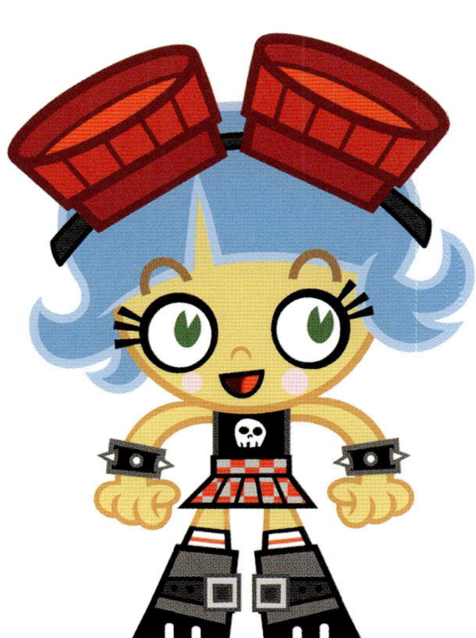

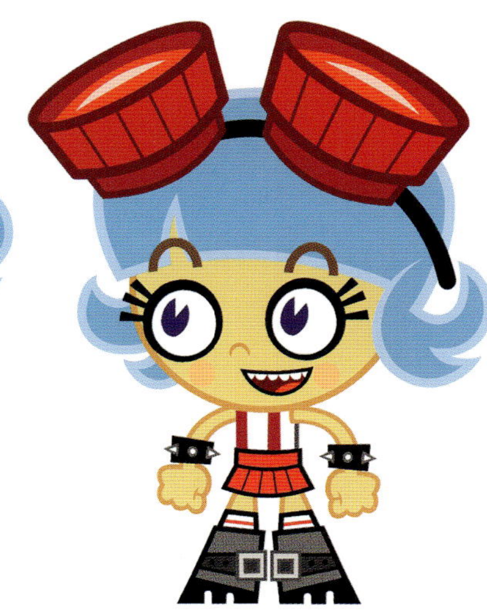

Evolution

Before El Tigre, *there was* Familia Atomica! *(see page 40), which evolved into the concept for* El Tigre, *as seen in these early Jorge and Sandra designs.*

Evolución

¡Familia Atómica! *(ver página 40) evolucionó hacia el concepto de* El Tigre, *como vemos en estos primeros diseños de Jorge y Sandra.*

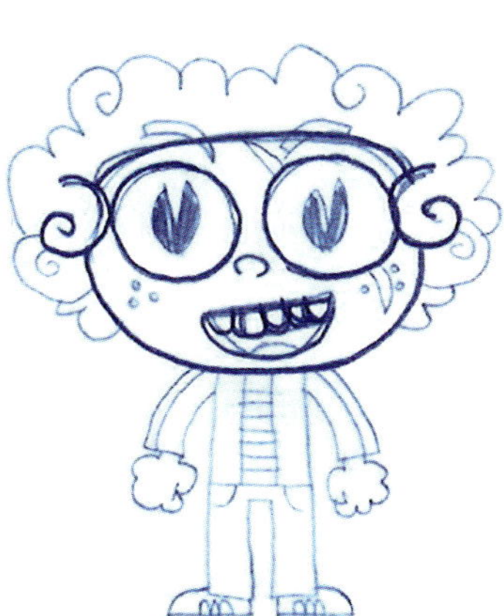

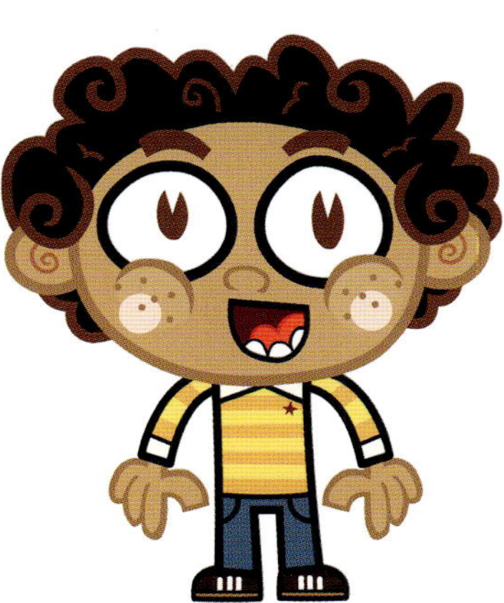

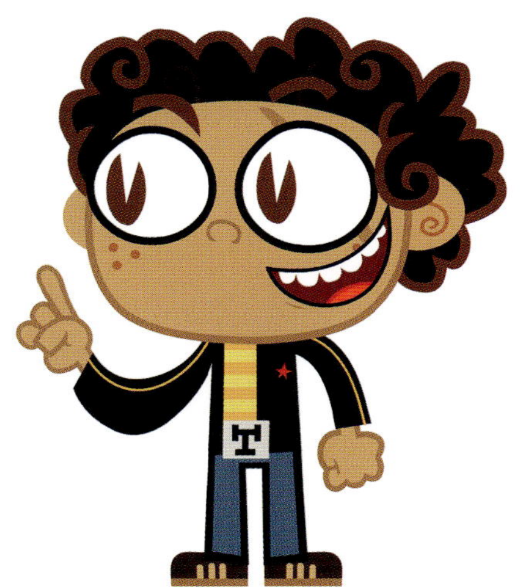

Early Influences

Jorge: Being in Tijuana in the early mid-nineties, it was a wild era. The cartel craziness was happening. Bands from the US and UK would play in Tijuana basically because American eighteen-year-olds could legally drink, so all the bands liked that, but it also meant that Mexican kids like us could go see those bands too. So if you're drinking legally at eighteen, it means you start drinking when you're fifteen, with a fake ID.

There was a legendary three-story Tijuana bar, Iguanas, that shut down. So many bands like the Ramones, Red Hot Chili Peppers, Nine Inch Nails, Smashing Pumpkins, and Nirvana played there, and all the local artists went there. The painters, writers, actors . . . we would all hang out pretending it was like Paris in the thirties, except horribly dangerous.

Sandra: I think that was just Jorge pretending that.

Jorge: You'd go to the bathroom and there'd be someone unconscious on the floor.

Sandra: After Iguanas shut down, the bands would play in bull-fighting arenas, mariscos restaurants, or the municipal park.

Jorge: This is where the arts community was, especially the young people, and many of us wanted to be writers, filmmakers, and painters. And something happened back then, in the early nineties, where Latin American youth didn't reject US or UK music, but there was an embrace of local Latin bands, who would use the folk and popular music sound of their countries and mix it with electronica and punk and hip-hop—basically renationalizing their music. A lot of nineties Mexican bands like Café Tacvba, Caifanes, and Maldita Vecindad were doing that, and for us, when we were starting out, we said that's what we wanted to do *visually*. We wanted to recognize the folklore and popular culture of Mexico and mix it with anime and with American cartoons like the Fleischer Studios, and in a weird way, that nineties era, that era of rediscovering your roots in Latin America really affected me. It was one of those moments where we realized that no cartoon does this, so that's gonna be our thing.

Having that relationship with both sides of the US and Mexican border, seeing the chaos of a city like Tijuana that constantly wants to both please and kill you—that was the inspiration for *El Tigre*. Every story, every episode of it is based

Primeras influencias

Jorge: Tijuana al principio de los mediados de los noventa, era salvaje. Estábamos en pleno estallido de la locura de los cárteles de droga. Grupos estadounidenses y británicos venían a tocar a Tijuana, básicamente porque allí los estadounidenses de dieciocho años podían beber legalmente, y claro los grupos estaban encantados. Pero eso también quería decir que los niños mexicanos, como nosotros, también podíamos ir a ver a esos grupos. Si la edad legal para beber son los dieciocho, empiezas a los quince con un documento de identificación falso.

Había un bar de tres plantas súper mítico, Iguanas, que ya ha cerrado. Allí iban grupos como los Ramones, Red Hot Chili Peppers, Nine Inch Nails, Smashing Pumpkins y Nirvana, y también los artistas locales. Pintores, escritores y actores, andábamos por allí como si aquello fuera el París de los años treinta, sólo que era terríblemente peligroso.

Sandra: Diría que eso se lo inventa Jorge.

Jorge: Ibas al baño y había alguien inconsciente en el suelo.

Sandra: Después de que cerraran Iguanas, los grupos se fueron a tocar a plazas de toros, restaurantes de mariscos e incluso al parque municipal.

Jorge: Aquí se juntaba toda la comunidad artística, especialmente la gente joven. Muchos de nosotros queríamos ser escritores, directores de cine y pintores. Algo pasó en aquél momento de principios de los noventa. Los jóvenes latinoamericanos no rechazaban la música estadounidense o británica, sino que la hacían suya, mezclando la música folk y popular de sus países, con electrónica, punk y hip-hop. Renacionalizaron su música. Muchos de los grupos de los noventa, como Café Tacvba, Caifanes y Maldita Vecindad, hacían esto, y nosotros, cuando estábamos empezando, vimos cómo eso era lo que queríamos hacer a nivel *visual*. Queríamos homenajear el folklore y la cultura popular mexicana y mezclarla con animación y dibujos animados estadounidenses como los de los Estudios Fleisher. De alguna extraña manera, esa época de los noventa, esa época de redescubrir nuestras raices latinoamericanas, me afectó profundamente. Ningún dibujo animado hacía eso, así que lo íbamos a hacer nosotros.

En esta relación con ambos lados de la frontera entre Estados Unidos y México, en el caos de una ciudad como Tijuana, que siempre trata de complacerte o de matarte, encontramos la inspiración para *El Tigre*. Cada historia y cada episodio se basan

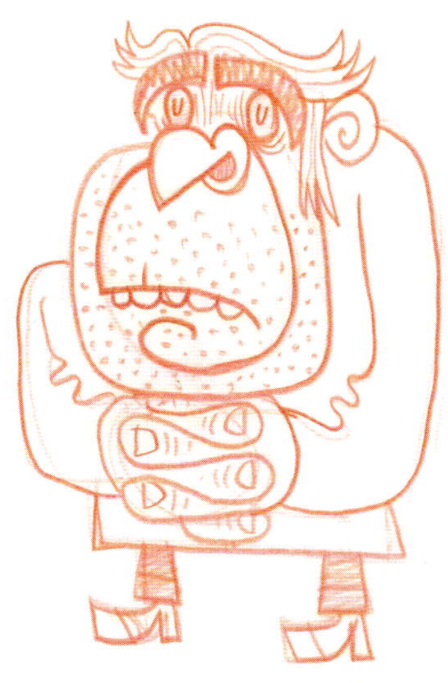

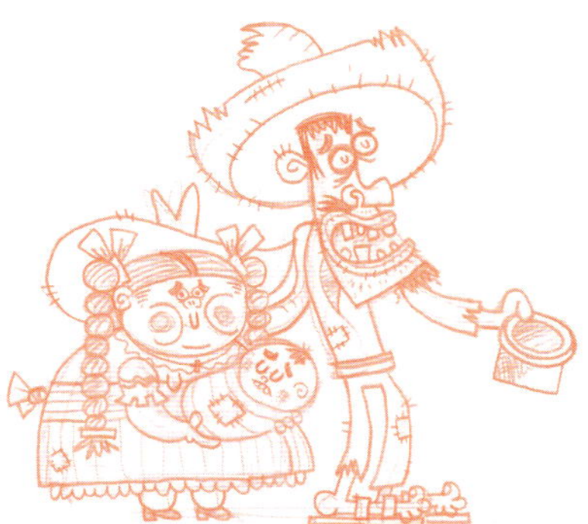

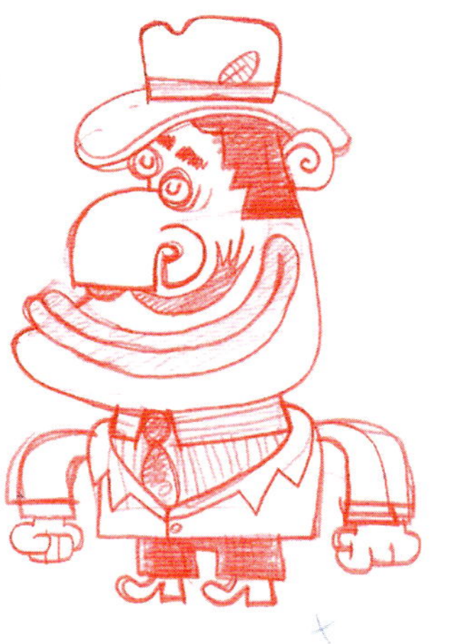

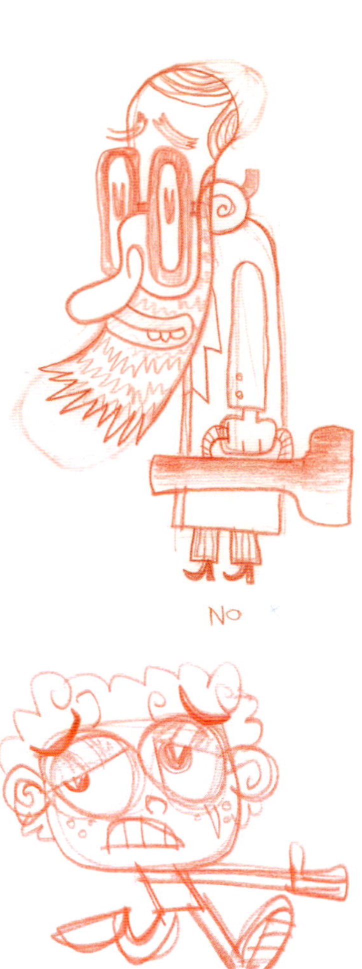

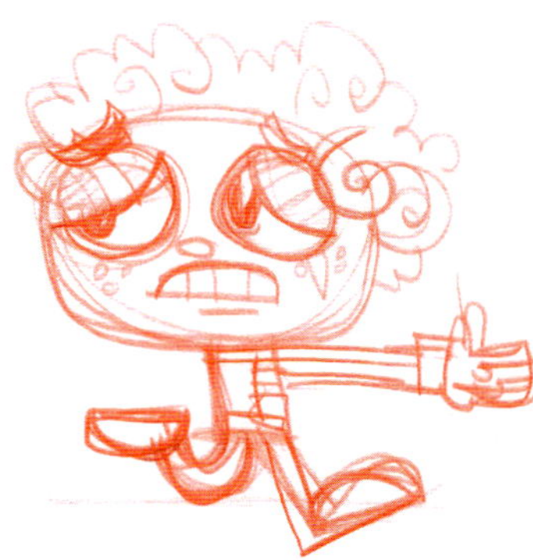

Jorge R. Gutiérrez

on something that happened to us. Obviously, it's the kid's version, but it's all "inspired by real events!"

One of Jorge's early influences was the work of Mexican cartoonist Sergio Aragonés, famous for his work in *MAD* magazine and for his own comics series, *Groo the Wanderer*, among other work. Importantly, Aragonés's work and its very existence helped Jorge envision his own potential.

Jorge: *MAD* magazine was a huge influence, and it was the *MAD Marginals* at first, because I didn't speak English very well, so when I read *MAD* magazine, I would just look at the art. And when I would look at *Spy vs. Spy* and the Don Martin stuff, they were my favorites, because they didn't have a lot of words and I could understand them better. And Sergio's were the best to me because he was the master of no words at all. So I went from there to *Groo the Wanderer*, and in a weird way, that taught me storytelling, because I would buy them for the drawings and then start reading them and get really into the stories. *Groo* was a huge influence. Amazingly, my father had gone to UNAM [National Autonomous University of Mexico] with Sergio in Mexico City for architecture.

When I was twelve and wanted to make comics, my dad took me to the San Diego Comic-Con and said, "I'm going to take you to meet my friend Sergio." So we go across the border, we get to the Con, we do the line, and I'm getting nervous, and it's one of those *Bicycle Thief* moments, with a child and their father and a horrible truth that will be revealed, and I'm like, "Papa, it's OK, we don't have to do this if you don't actually know Sergio, it's cool." So we're getting closer and closer, and then again, the world is like a movie, the world changes forever for twelve-year-old Jorge . . . Sergio turns around with his beautiful mustache—swinging complete with follow-through action—and—my father's name is Jorge, just like mine—Sergio says, "Jorge!" and my father goes "Sergio!" and I heard romantic music, and Sergio gets out of the booth and they hug. My little brain just went *boom*. Like, Santa Claus is real! Every lie I thought my father had told me is reeeeal!

Imagine meeting your hero, and not only that, but it turns out that your dad knows your hero, and it turns out your hero, though born in Spain, grew up in Mexico. That made that world and that career seem attainable. Because otherwise, I would see American comic book artists and Japanese comic book artists and think, *Well, no one looks like me.*

en algo que nos ocurrió a nosotros. Obviamente, es la versión para niños, pero todo está "¡basado en hechos reales!".

Uno de los primeros artistas que inspiraron a Jorge fue el caricaturista Sergio Aragonés, famoso por su trabajo en la revista *MAD* y por sus propia serie de cómics *Groo el Errante*, entre otros. El trabajo y la presencia de Aragonés ayudaron muchísimo a que Jorge visualizara su propio potencial.

Jorge: La revista *MAD* fue súper importante para mí. Al principio yo sólo miraba los dibujos de márgenes, era lo único que podía entender porque no hablaba muy bien inglés. Cuando ví *Spy vs Spy* y *Don Martin*, me encantaron, porque tenían muy poco texto y los podía entender. Los de Sergio eran los que más me gustaban, él era el experto en no utilizar palabras. De ahí pasé a *Groo el Errante*, y de alguna extraña manera, me enseñó a contar historias, porque las encontraba en los dibujos, y de ahí las desarrollaba en historias. *Groo* me marcó muchísimo. Para mi sorpresa, resulta que mi padre y Sergio habían sido compañeros de universidad, en la facultad de arquitectura de la UNAM (Universidad Autónoma de México) en la Ciudad de México.

Cuando tenía doce años quería hacer cómics y mi padre me llevó a la Comic-Con de San Diego. Me dijo: "Te voy a presentar a mi amigo Sergio". Pasamos la frontera, llegamos a la convención, hicimos la cola y empecé a ponerme nervioso. Era un momento de esos como en *El ladrón de bicicletas*, donde un niño y su padre van a descubrir una verdad horripilante. Le dije: "Papá, no tenemos porqué hacer esto, si no conoces a Sergio, no pasa nada". Nos fuimos acercando y acercando, y entonces, el mundo se ransformó en una película, el mundo entero cambió para el Jorge de doce años… Sergio se dio la vuelta, con su maravilloso bigote—mi padre se llama Jorge igual que yo—, y dijo: "¡Jorge!", y mi padre: "¡Sergio!", y yo escuché música romántica. Sergio salió de su puesto y se abrazaron. Mi cerebro hizo *boom*. ¡Santa Claus existe! ¡Todo lo que pensaba que eran mentiras de mi padre, era reeaaal!

Imagina no sólo conocer a tu héroe, sino también descubrir que tu padre lo conoce y que nació en España, pero creció en México. Esto hizo que esa carrera, que ese mundo, me pareciera alcanzable. Sino lo que habría pasado es que habría visto a los dibujantes y artistas de cómics estadounidenses y japoneses, y habría pensado: *Bueno, ninguno se parece a mi.*

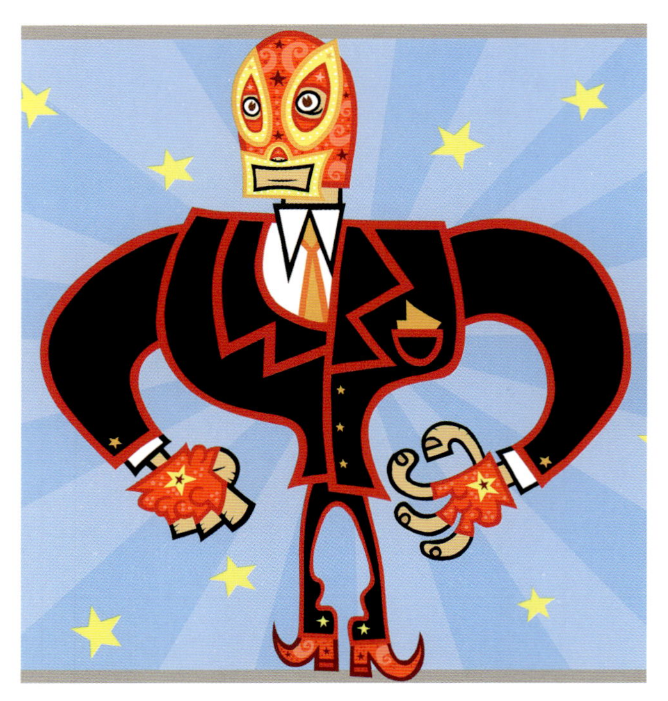

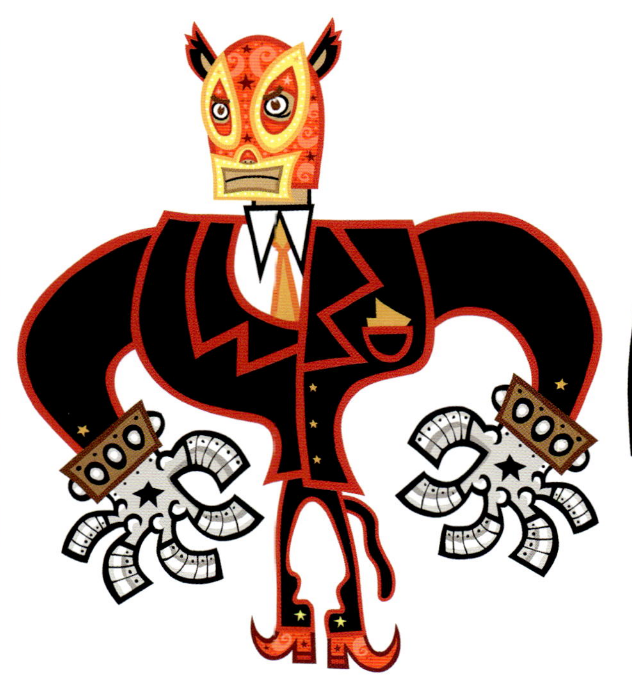

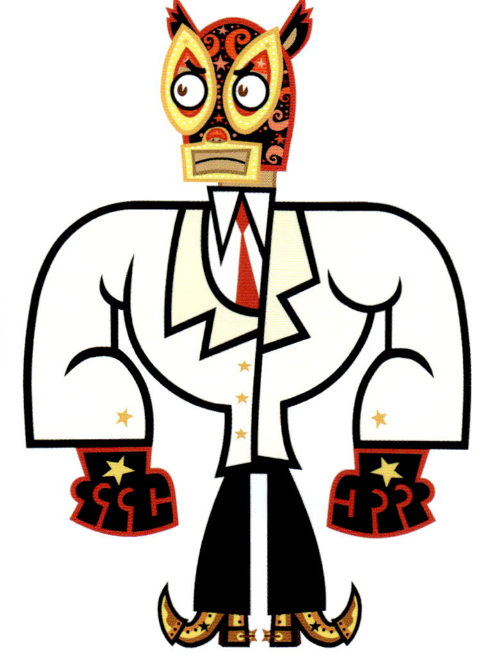

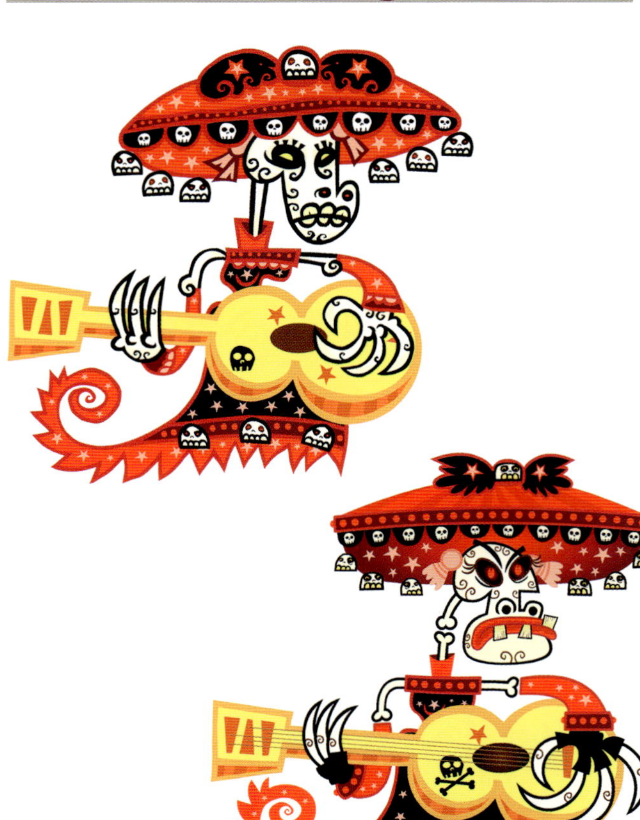

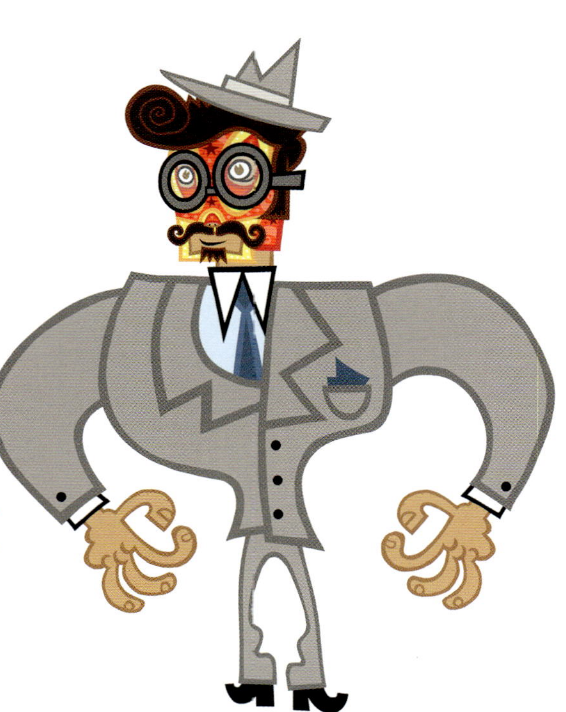

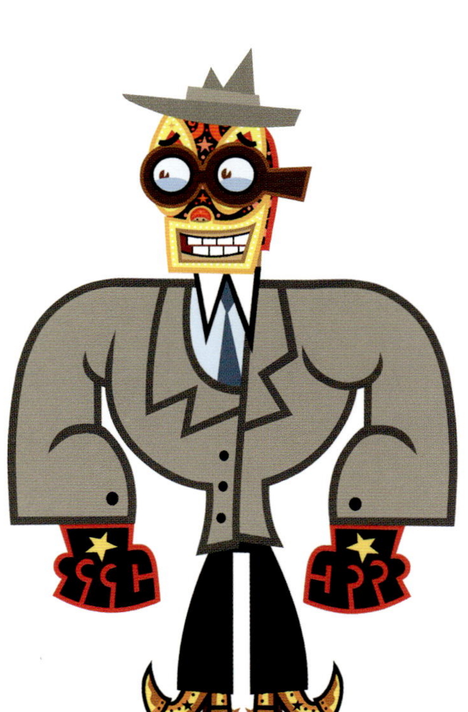

Development

Continued evolution of character designs by Jorge, from pre-pitch Familia Atomica! *to* El Tigre *series*

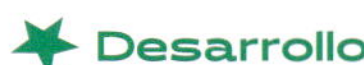

Desarrollo

La evolución continua del diseño de los personajes de Jorge, desde antes del pitch hasta el piloto

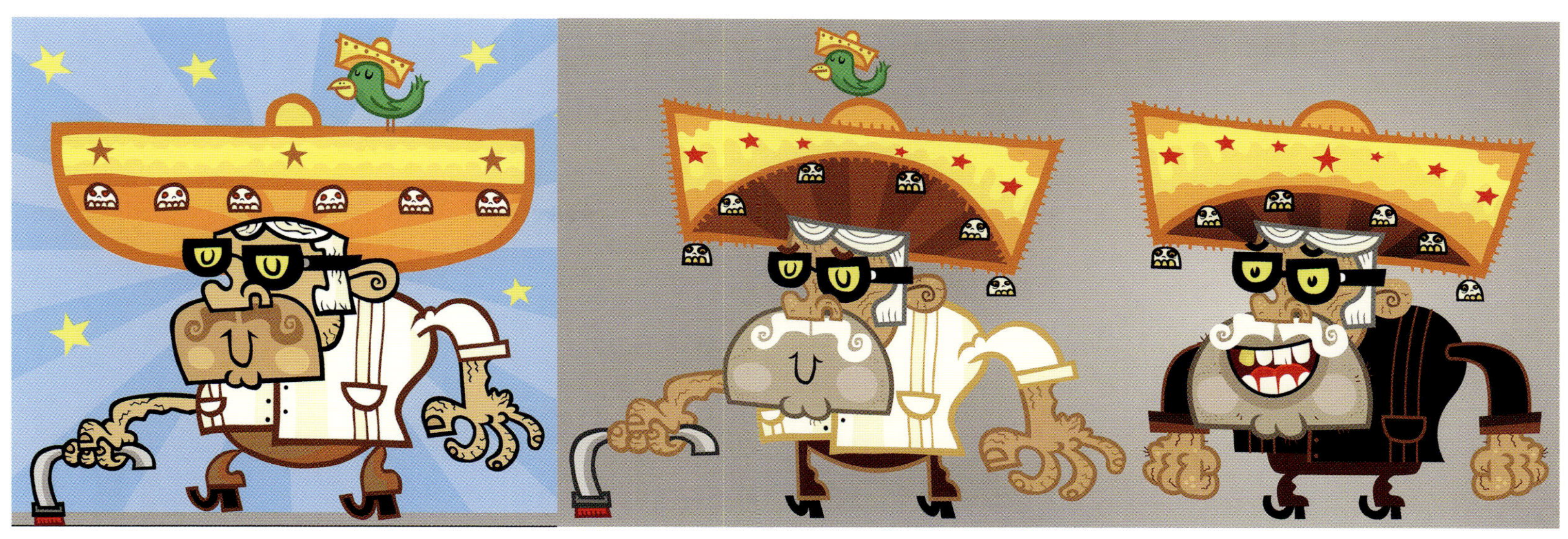

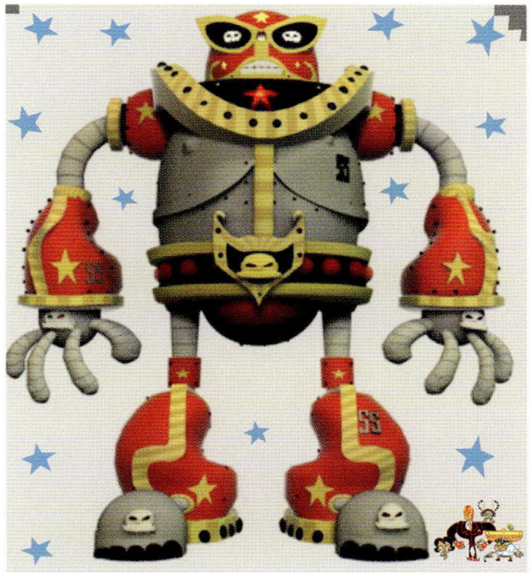

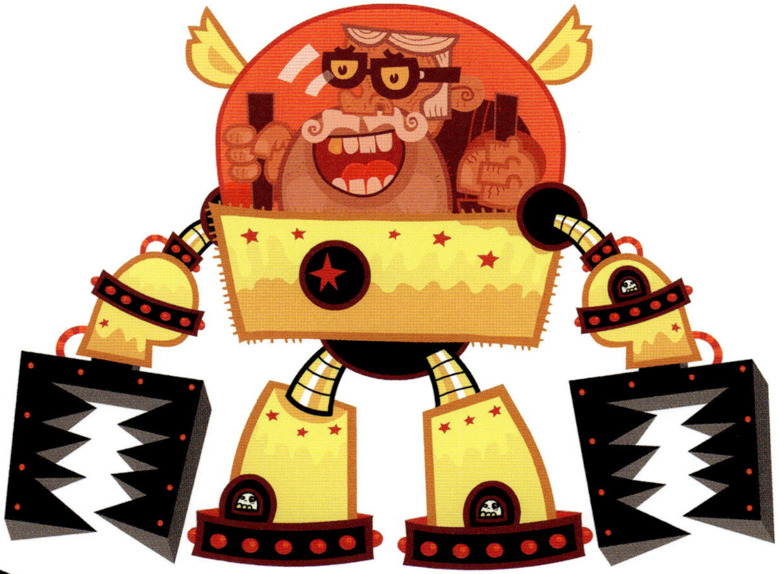

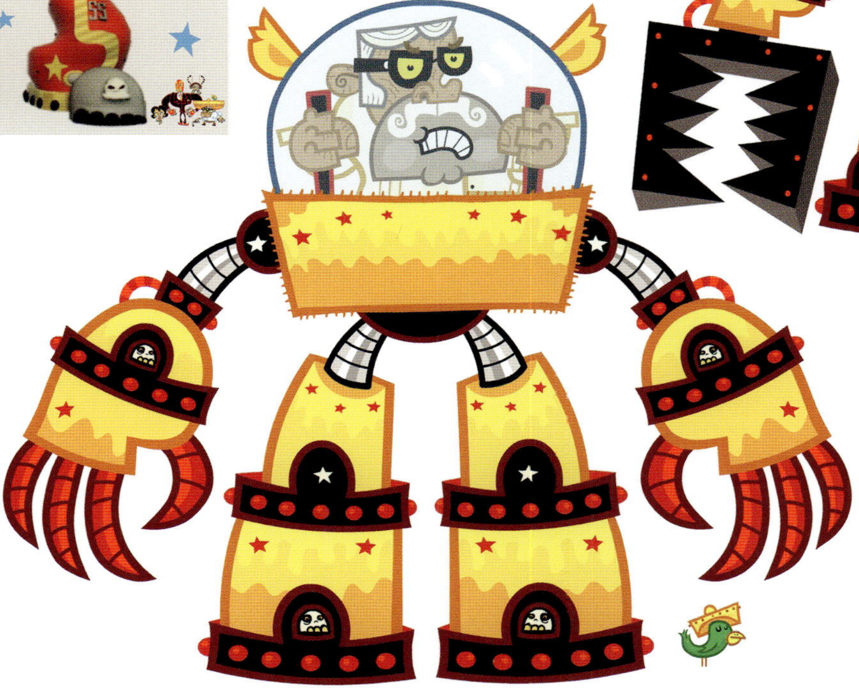

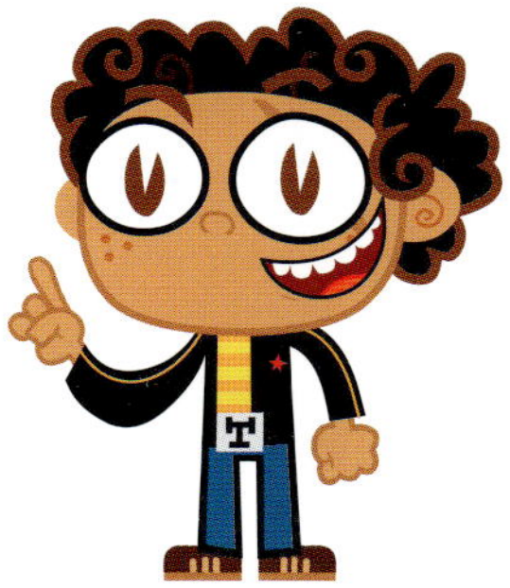

Higher Education

The year Sandra and Jorge started dating (1993) was the same year that Jorge got into the Experimental Animation program headed by renowned artist Jules Engel at the California Institute of the Arts (CalArts) and embarked on six years of education (BFA 1997, MFA 2000) at the prestigious greater–Los Angeles area institution. Jorge intentionally treated each assignment as an opportunity to explore new territory, and made films using live action, stop-motion, 2D, and 3D techniques. Important friendships and connections were made. One of Jorge's influential experiences was working under legendary background designer Maurice Noble on Chuck Jones's final cartoon series, *Timberwolf*, which was released online in 2000.

While Jorge studied in the US, Sandra attended college for graphic design in Tijuana, and they maintained their relationship over the border, back and forth, as many people are forced to do in regions where life doesn't just end at the national divide.

Fear

Schooling was a temporary pass for Jorge in the States, but the pressure to succeed and the high stakes of failure were ever present.

Sandra: When you grow up straddling the border, there's a lot of stress and a lot of fear every time you cross, because at any time officials could say, "Nope, sorry." Or they could take your passport or visa away. Imagine driving your car around in the US and your license is Mexican. We got pulled over a lot, and it would be really unnerving.

Jorge: The fear for us and, especially, for me, was that after having gotten a bachelor's and a master's, and a ton of scholarships, a ton of support—the Mexican government basically funded my master's degree via the Mexican Arts Council—to receive all that and to graduate and not make it in the US and get sent back to Mexico would basically be six years down the drain, because there was no animation industry in Tijuana. And what little animation industry existed was in Mexico City, and that was just commercial houses. So, for me, not making it in the US was a death sentence; it would be all this effort, all this energy, wasted.

During and after college, all my friends in the US would work at grocery stores or restaurants or bars before they broke

Educación superior

El año en que Sandra y Jorge empezaron a salir juntos (1993) es el mismo en el que Jorge fue admitido en el programa de animación experimental fundado por el renombrado artista Jules Engel en el Instituto de las Artes de California (CalArts) e inició seis años de estudios (Licenciatura en 1997, Máster en 2000) en esta prestigiosa institución de Los Ángeles. Jorge se tomaba cada tarea como una oportunidad para explorar nuevos territorios. Hizo películas con técnicas de live action, stop-motion, 2D y 3D. Hizo buenos amigos y contactos. Una experiencia que le marcó mucho fue trabajar con el legendario diseñador de fondos Maurice Noble en la serie de dibujos animados *Timberwolf* (Lobo de madera) de Chuck Jones, que se estrenó en el año 2000.

Mientras Jorge estudiaba en Estados Unidos, Sandra estudiaba diseño gráfico en la universidad IBERO de Tijuana y mantuvieron su relación a distancia, a pesar de la frontera, con viajes de ida y de vuelta, como tanta gente de esas zonas se ve obligada a hacer, porque la vida no se termina donde se dividen las naciones.

Miedo

Los estudios le daban una visa estudiantil a Jorge. Pero la presión de triunfar y las altas probabilidades de no conseguirlo estaban siempre presentes.

Sandra: Cuando has crecido en torno a una frontera, hay mucho estrés y miedo cada vez que la cruzas, porque en cualquier momento los de inmigración te pueden decir: "No, lo siento". O te pueden quitar el pasaporte o la visa. Imagínate conduciendo un coche por Estados Unidos con una matrícula mexicana. Nos paraban mucho y era bastante molesto.

Jorge: Nuestro miedo, en especial el mío, era que, después de graduarme y obtener una licenciatura y un máster con muchas becas y mucho apoyo —el gobierno de México financió mis estudios de máster a través del Consejo Nacional para la Cultura y las Artes—, no me fuera bien en Estados Unidos y tuviera que volverme a México. Eso equivaldría a seis años perdidos, porque en Tijuana no existía la industria de la animación. La poca animación que se hacía era en la Ciudad de México, y era todo publicidad. Así que, si no me iba bien en Estados Unidos, estaba condenado a muerte… todo ese esfuerzo y toda esa energía, desperdiciados.

Mientras estábamos en la universidad, y en los años siguientes, la mayoría de mis amigos en Estados Unidos trabajaban en

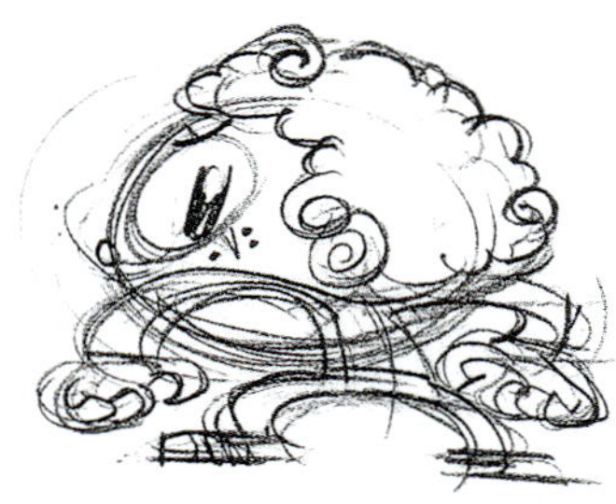

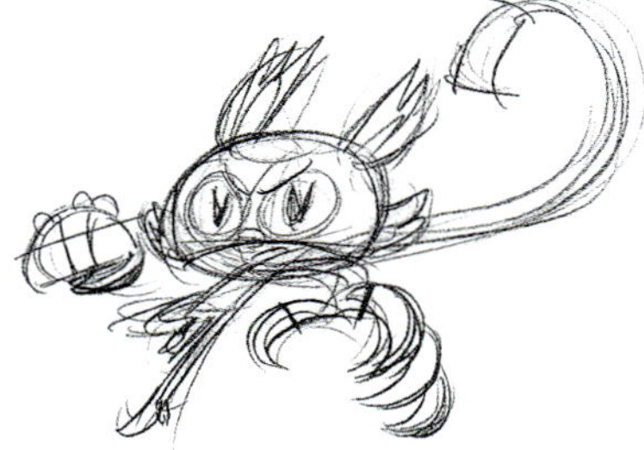

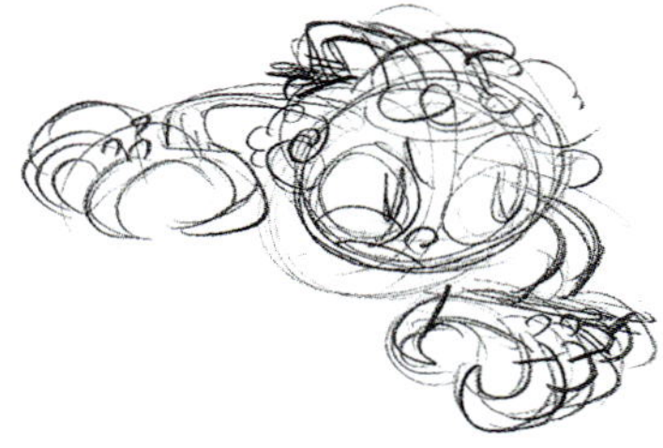

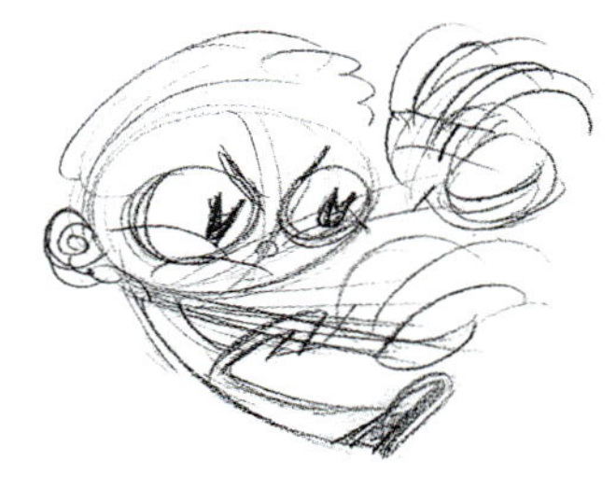

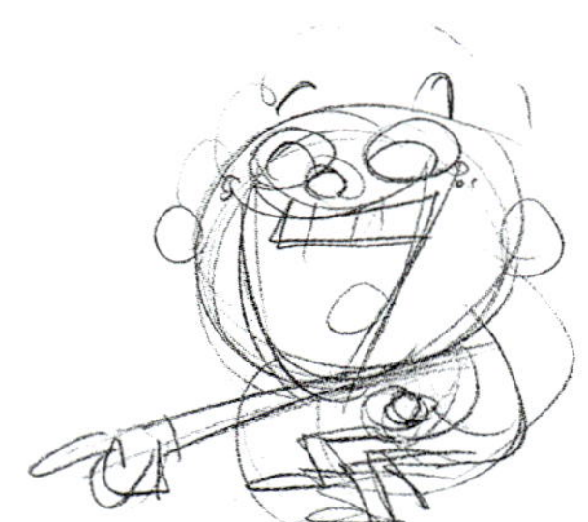

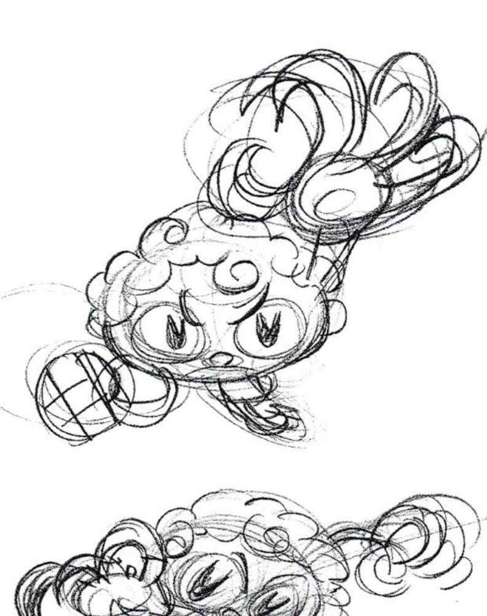

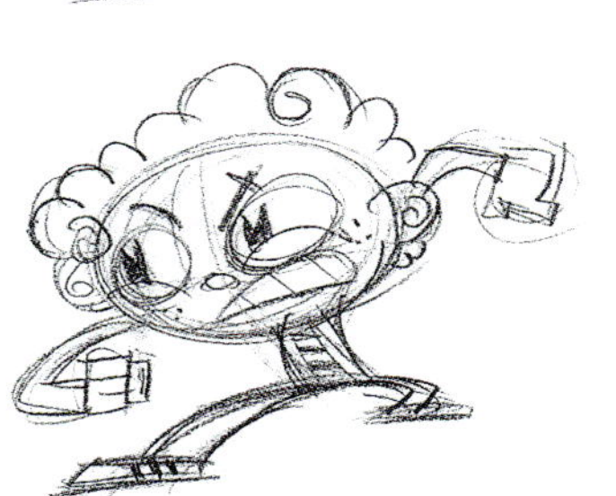

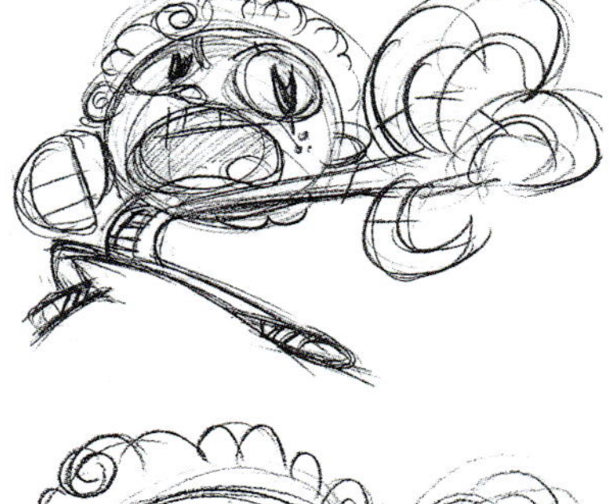

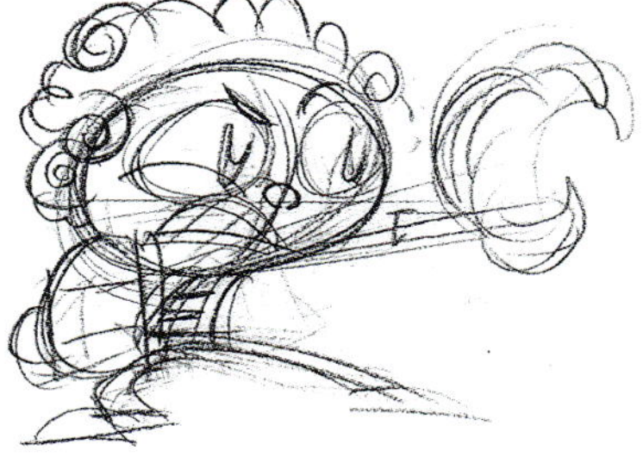

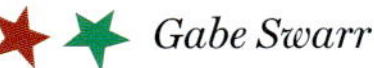

Gabe Swarr

into animation. I didn't have that option, as I wasn't legally allowed to do those things, so the stakes were very different for us. And once we were married, I also had to make sure I was not a crappy husband, and that I provided for us at the same time. Looking at all the belief my family had in me—the belief of my teachers, all the people who rooted for me—I couldn't let anybody down.

I think there are two types of artists: Those who chase the carrot of success and those who are running away from failure, and I'm definitely the second type. I'm never chasing success; I'm running away from being homeless and getting deported!

Collaboration

Jorge and Sandra were married in 2001 and pivoted to face life post-college together in greater Los Angeles, where a high-stakes existence continued only as long as the next work visa deadline would allow.

Jorge: We had never lived together before we got married. Sandra was previously living at home, which is a very traditional Mexican thing, and so when we moved in together, everybody warned us: Do not work together. Your marriage will be strained. So we immediately started working together.

Leaning on recent filmmaking experience from animation school where students typically create individual short films, it was natural for Jorge to continue in the author's role: creating, writing, designing, and directing entire projects. In the frenzy of the internet investment bubble inflating at the turn of the century, animation creators found a window of opportunity to feed the studios' new demand for entertaining "web cartoons" as their entertainment "portals" each jostled for dominance in this new digital medium.

Jorge: One of my first jobs was working on this little internet cartoon I created, *El Macho*, for Sony Pictures. I was on a work visa, but Sandra didn't have one. We lived right near the studio in Culver City, so I could see her during the day.

Sandra: We could have lunches and dinners and all that.

supermercados, restaurantes o bares, hasta que entraban en la animación. Eso no era una opción para mí, no tenía la visa legal para ello. Nuestras cartas eran distintas. Y cuando nos casamos, tenía que procurar no ser un marido desastre y mantenernos al mismo tiempo. Con todas las esperanzas que mi familia había puesto en mí, las de mis profesores y las de toda la gente que me había apoyado, no podía defraudarlos.

Pienso que hay dos tipos de artistas. Los que persiguen la zanahoria del éxito y los que huyen del fracaso. Yo soy totalmente del segundo tipo. Nunca busco el éxito, ¡huyo de quedarme sin hogar y de que me deporten!

Colaboración

Jorge y Sandra se casaron en 2001, y se enfrentaron a la vida posterior a la universidad juntos, en Los Ángeles, donde sus altas expectativas vitales sólo podrían continuar hasta su próxima visa de trabajo.

Jorge: No habíamos vivido juntos nunca antes de casarnos. Sandra venía de su casa de toda la vida, lo habitual en México. Cuando nos mudamos, todos nos advirtieron: no trabajen juntos. Se les va a estropear el matrimonio. Así que, de inmediato, nos pusimos a trabajar juntos.

Apoyándose en toda su experiencia en animación, que Jorge tenía muy fresca porque acababa de terminar sus estudios, donde había hecho muchos cortometrajes, le salió de una manera natural seguir siendo autor: crear, escribir, diseñar y dirigir proyectos enteros. Con el estallido de la burbuja de internet y el cambio de siglo, los creadores de animación encontraron una ventana de oportunidades para abastecer las crecientes necesidades de los estudios, que necesitaban entretenimiento, "dibujos animados para la web". Todos ellos luchaban por dominar estos nuevos medios digitales.

Jorge: Uno de mis primeros trabajos fue una pequeña serie animada que creé para internet, *El Macho*, para Sony Pictures. Yo tenía una visa de trabajo, pero Sandra no. Vivíamos cerca del estudio en Culver City, así que podía verla durante el día.

Sandra: Comíamos y cenábamos juntos, esas cosas.

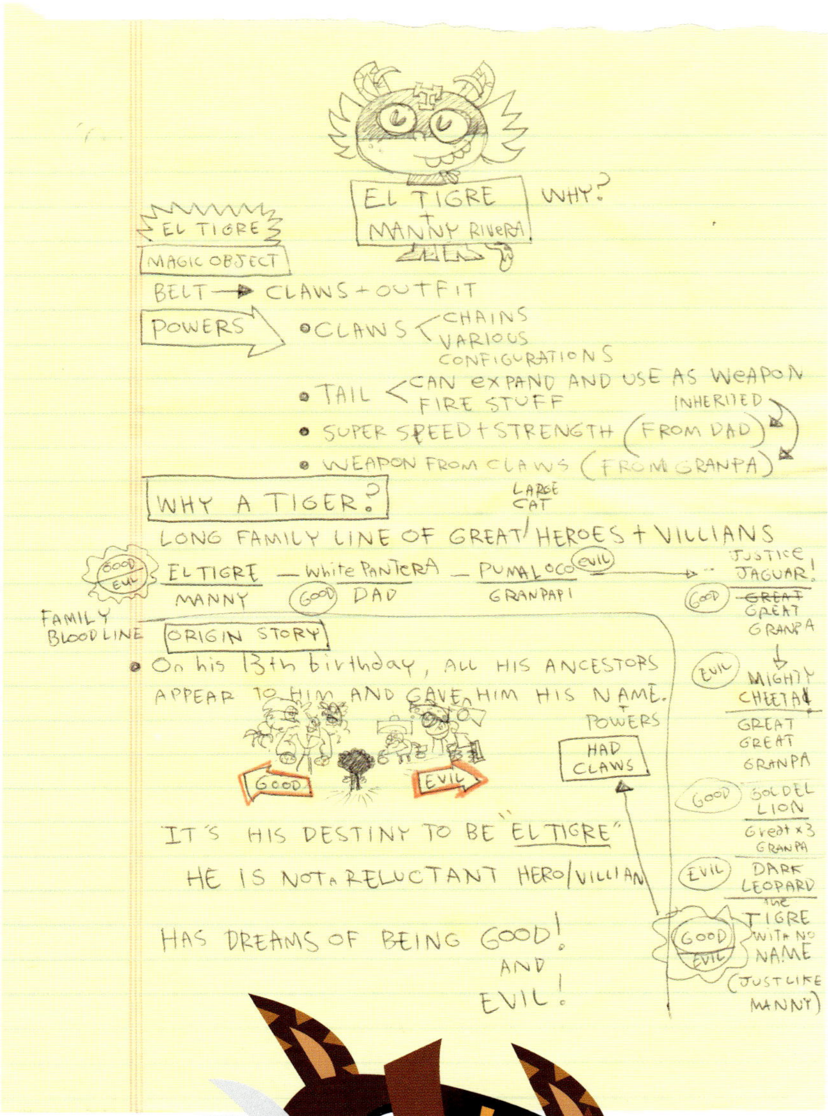

EL TIGRE
MANNY RIVERA
WHY?

EL TIGRE

MAGIC OBJECT
BELT → CLAWS + OUTFIT

POWERS
- CLAWS < CHAINS, VARIOUS CONFIGURATIONS
- TAIL < CAN EXPAND AND USE AS WEAPON, FIRE STUFF
- SUPER SPEED + STRENGTH (FROM DAD) INHERITED
- WEAPON FROM CLAWS (FROM GRANPA)

WHY A TIGER?
LONG FAMILY LINE OF GREAT HEROES + VILLIANS (LARGE CAT)

FAMILY BLOODLINE
GOOD/EVIL EL TIGRE — MANNY — GOOD White PANTERA — DAD — PUMA LOCO EVIL — GRANPAPI → JUSTICE JAGUAR! GOOD GREAT GRANPA
EVIL MIGHTY CHEETAH GREAT GREAT GRANPA
GOOD SOL DEL LION Great x3 GRANPA
EVIL DARK LEOPARD
GOOD/EVIL THE TIGRE WITH NO NAME (JUST LIKE MANNY)

ORIGIN STORY
- On his 13th birthday, ALL HIS ANCESTORS APPEAR TO HIM AND GAVE HIM HIS NAME. POWERS
GOOD EVIL
HAD CLAWS

IT'S HIS DESTINY TO BE "EL TIGRE"
HE IS NOT A RELUCTANT HERO/VILLIAN
HAS DREAMS OF BEING GOOD! AND EVIL!

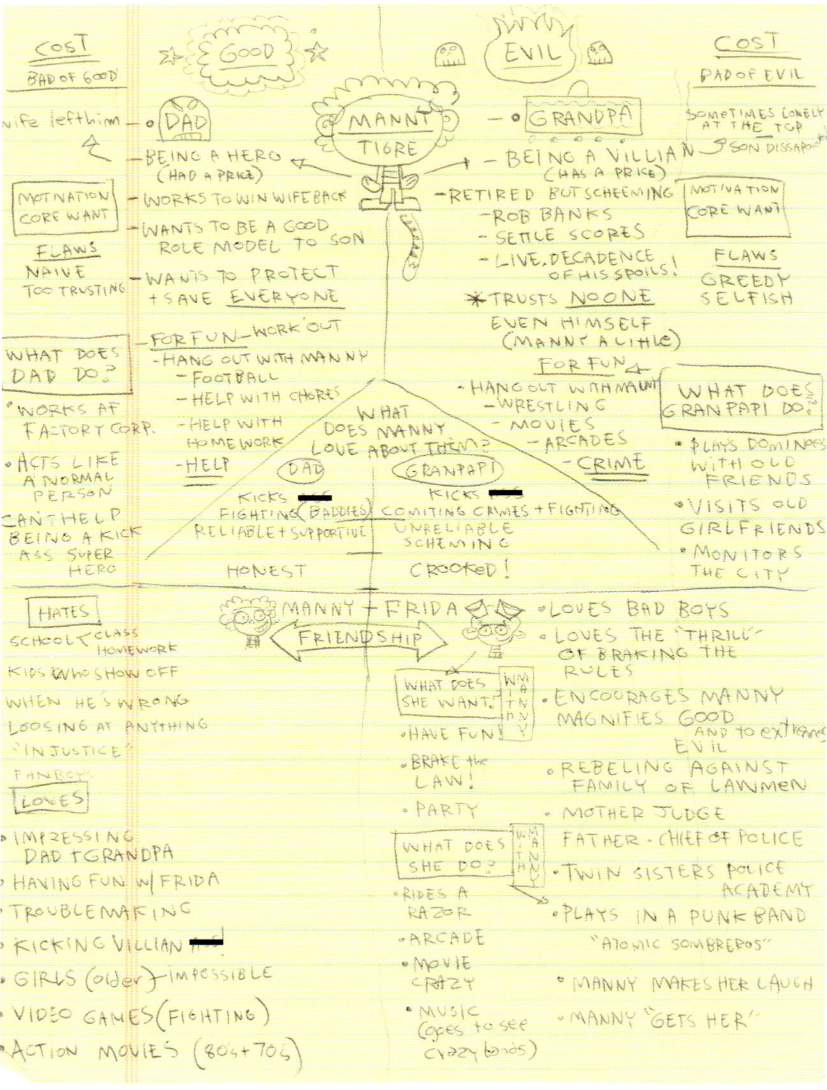
COST — BAD OF GOOD
GOOD
EVIL
COST — BAD OF EVIL

MANNY TIGRE

DAD
wife left him
- BEING A HERO (HAD A PRICE)
MOTIVATION CORE WANT
- WORKS TO WIN WIFE BACK
- WANTS TO BE A GOOD ROLE MODEL TO SON
FLAWS
NAIVE
TOO TRUSTING
- WANTS TO PROTECT + SAVE EVERYONE
- FOR FUN — WORK OUT
- HANG OUT WITH MANNY
- FOOTBALL
- HELP WITH CHORES
- HELP WITH HOMEWORK
- HELP
WHAT DOES DAD DO?
- WORKS AT FACTORY CORP.
- ACTS LIKE A NORMAL PERSON
CAN'T HELP BEING A KICK ASS SUPER HERO

GRANDPA
SOMETIMES LONELY AT THE TOP — SON DISSAPOINTS
- BEING A VILLIAN (HAS A PRICE)
MOTIVATION CORE WANT
- RETIRED BUT SCHEEMING
- ROB BANKS
- SETTLE SCORES
- LIVE DECADENCE OF HIS SPOILS!
FLAWS
GREEDY
SELFISH
* TRUSTS NO ONE
EVEN HIMSELF (MANNY A LITTLE)
FOR FUN
- HANG OUT WITH MANNY
- WRESTLING
- MOVIES
- ARCADES
- CRIME
WHAT DOES GRANPAPI DO?
- PLAYS DOMINOES WITH OLD FRIENDS
- VISITS OLD GIRLFRIENDS
- MONITORS THE CITY

WHAT DOES MANNY LOVE ABOUT THEM?
DAD — KICKS ▬ FIGHTING (BADDIES) RELIABLE + SUPPORTIVE — HONEST
GRANPAPI — KICKS ▬ COMITING CRIMES + FIGHTING UNRELIABLE SCHEMING — CROOKED!

MANNY + FRIDA
FRIENDSHIP

HATES
SCHOOL < CLASS, HOMEWORK
KIDS WHO SHOW OFF
WHEN HE'S WRONG
LOOSING AT ANYTHING
"INJUSTICE"
FANBOYS

LOVES
- IMPRESSING DAD + GRANDPA
- HAVING FUN w/ FRIDA
- TROUBLEMAKING
- KICKING VILLIAN ▬
- GIRLS (older) — impossible
- VIDEO GAMES (FIGHTING)
- ACTION MOVIES (80s + 70s)

- LOVES BAD BOYS
- LOVES THE "THRILL" OF BRAKING THE RULES
WHAT DOES SHE WANT? — WHAT MANNY
- HAVE FUN!
- BRAKE the LAW!
- PARTY
- ENCOURAGES MANNY MAGNIFIES GOOD AND to extremes EVIL
- REBELING AGAINST FAMILY OF LAWMEN
- MOTHER JUDGE
- FATHER - CHIEF OF POLICE
- TWIN SISTERS POLICE ACADEMY
WHAT DOES SHE DO? — WHAT MANNY
- RIDES A RAZOR
- ARCADE
- MOVIE CRAZY
- MUSIC (goes to see crazy bands)
- PLAYS IN A PUNK BAND "ATOMIC SOMBREROS"
- MANNY MAKES HER LAUGH
- MANNY "GETS HER"

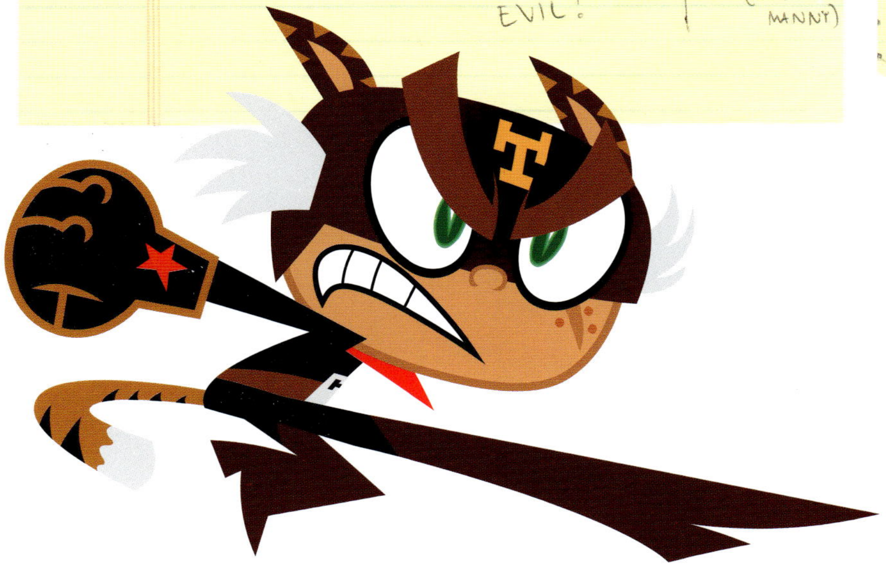

Character Development

Pages from Jorge's development of Manny's background and the world that he inhabits map out what the series would become, with very few substantial changes.

Desarrollo de personajes

Páginas del desarrollo de Jorge de los fondos de Manny y el mundo en el que vive, que esbozan en lo que se convertiría la serie, con muy pocos cambios significativos.

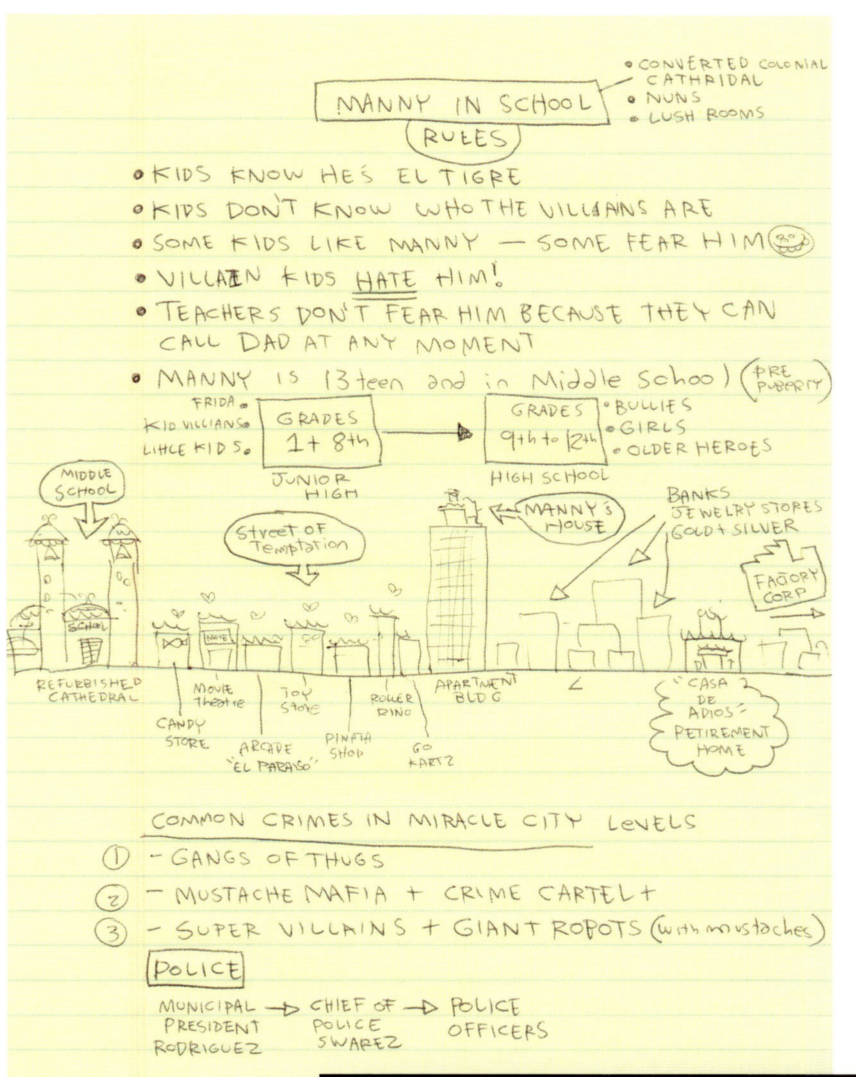

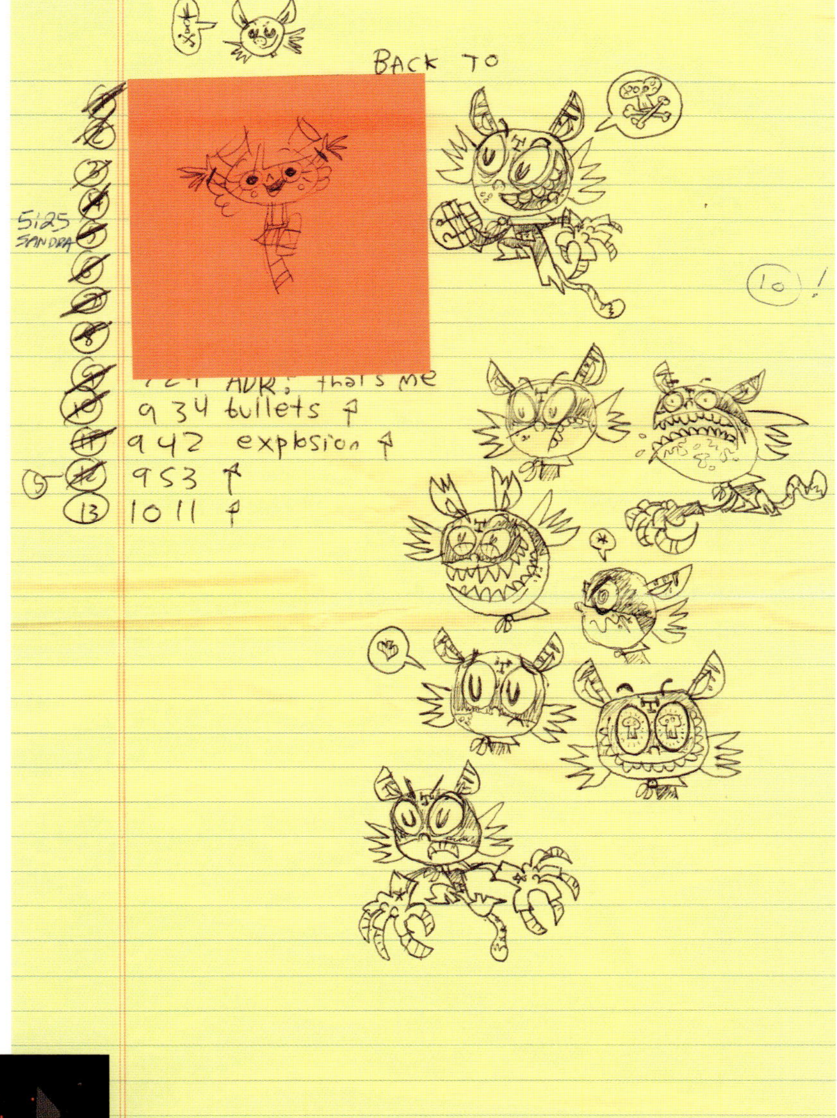

★ World-Building

A study in precise and economic development, Jorge lays out enough locations and elements on one page to support an entire series of stories.

★ Construcción de mundos

En un estudio sobre el desarrollo preciso y económico, en una página, Jorge plantea suficientes lugares y elementos para sostener las historias de una serie entera.

Jorge: Sandra started working on the internet cartoon too. She was the voice of Mary the orphan, the little girl colead, and she started designing all the flashback visuals, all the Aztec motifs; she painted a bunch of things, and that's when our collaboration began. At CalArts, I had been drowning in animation nerd culture and the history of animation, and Sandra was coming from a completely different place with graphic design, so her stuff seemed so unique and brave to me. Anytime I would see a drawing at school I'd think, *Oh look, there's a Mary Blair, Milt Kahl, or Freddie Moore reference, or there's this other reference*. Sandra wasn't referencing any of those animation things.

In the beginning, our art didn't mix as well, so that's why we started to use her stuff as flashbacks or fantasy sequences, which were supposed to be set apart visually. They were so different! [*laughs*] And then, over time, we both came to terms with, "Hey, you're really good at female character designs and cute, clean things, and I'm really into monsters and macho crazy dudes. Why don't we just focus on each of us doing the thing we love and enjoy?"

Sandra: It wasn't as smooth as people imagine it to be. A lot of the time Jorge would be spearheading the project, and I would come in with ideas that had a lot of my style in them, and he might be like, "That's not exactly what I was looking for." So we would get into it.

Jorge: Sony had an internet entertainment portal, screenblast.com, and Fred Armisen from *Saturday Night Live* [and later *Portlandia*] was one of the people making things there. It was really strange. Working on *El Macho,* I had one crew member, Roman Laney [who'd go on to be the art director on *El Tigre*]. We had attended CalArts together; he had literally dropped out of CalArts to come work on the show. I had a work visa valid for nine months, and Sandra was working from home across the street.

At that point [the terrorist attacks of] 9/11 happened, and then Sandra and I got married that November. So, of course, that is when Sony killed the show; they killed the whole entertainment division. They called in everybody and told us, "Go to your desks; at three P.M. we're deleting all the hard drives. Take everything home that you think you deserve."

Jorge: Sandra también empezó a trabajar en animación para internet. Ella era la voz de Mary la huérfana, una niña pequeña con coletas, y empezó a diseñar todos los flashbacks visuales, todos los motivos aztecas. Dibujó muchísimo. Y allí empezamos a colaborar. En CalArts, yo había estado dibujando animación moderna y muy loca. Sandra venía de un entorno muy distinto en el diseño gráfico. Su material me parecía único y arriesgado. Cada vez que la veía dibujando pensaba: *Mira una referencia a Mary Blair, otra a Milt Kahl, aquí Freddie Moore, otra referencia más*. En realidad Sandra no hacía referencia a ninguno de ellos.

Al principio, nuestro arte no encajaba del todo, y por eso empezamos a usar su material como flashbacks o secuencias de fantasía en distintos lugares visuales. ¡Éramos tan diferentes! [*risas*]. Con el tiempo, nos volvimos muy buenos en "Ey, se te da muy bien diseñar personajes femeninos, las cosas bonitas y limpias; a mí se me dan bien los tipos machos, feos y locos. ¿Por qué no nos centramos cada uno en lo que más queremos y disfrutamos?"

Sandra: No fue tan sencillo como la gente se lo imagina. Muchas veces, Jorge estaba dirigiendo el proyecto, yo tenía ideas muy marcadas con mi estilo y él diría: "Vamos a darle otra vuelta". Y lo hacíamos.

Jorge: Sony tenía un portal de entretenimiento web, screenblast.com. Fred Armisen, de *Saturday Night Live* [y después *Portlandia*] era una de las personas que trabajaban en este proyecto. En *El Macho* trabajaba conmigo Roman Lanely [quien terminó siendo el director de arte de *El Tigre*]. Habíamos sido compañeros en CalArts. De hecho, él acababa, literalmente, de salir de allí cuando empezó a trabajar en el show. Yo tenía una visa de trabajo válida durante nueve meses, Sandra trabajaba desde casa, al cruzar la calle.

Entonces fueron los atentados del 11 de septiembre. Sandra y yo nos casamos en noviembre. En ese momento, Sony decidió cancelar el show, terminaron con toda la sección de entretenimiento digital. Nos llamaron a todos y nos dijeron: "Vayan a sus escritorios, a las tres de la tarde vamos a borrar todos los discos duros. Llévense a casa todo lo que crean que se merecen".

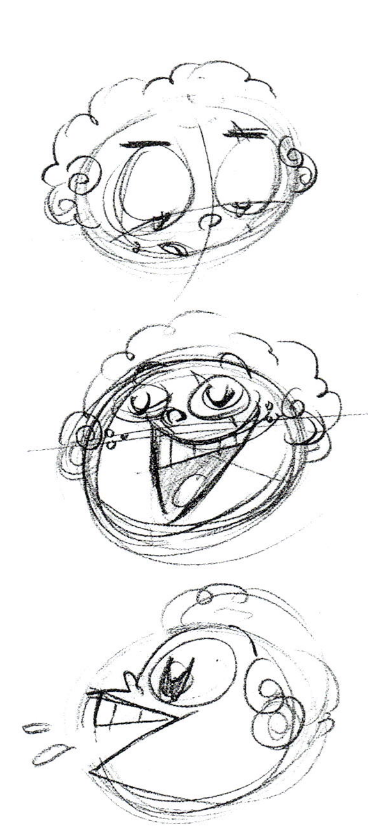

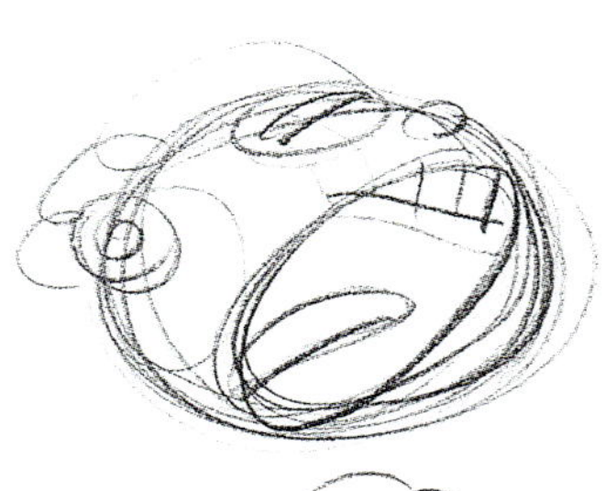

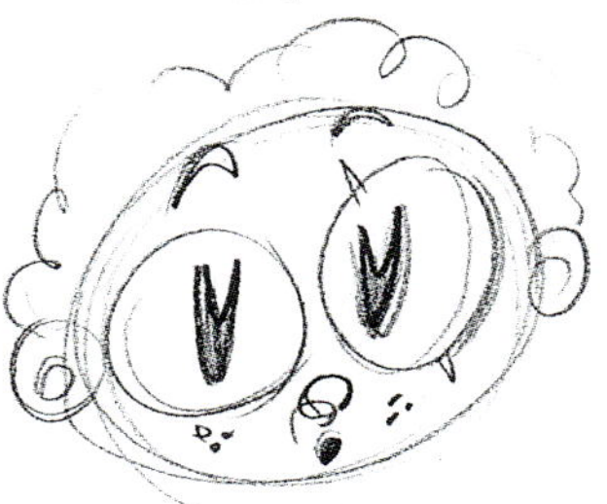

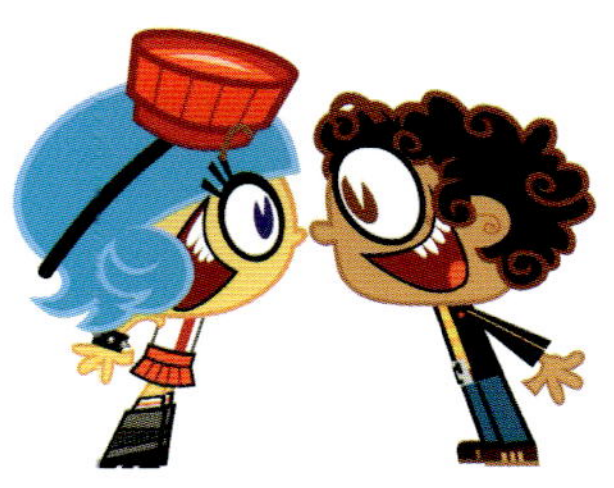

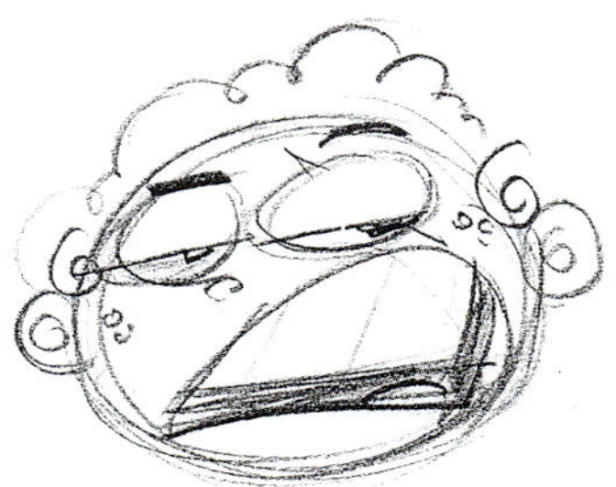
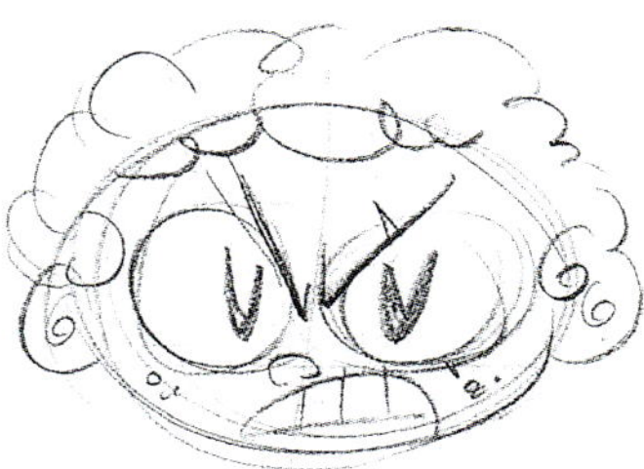
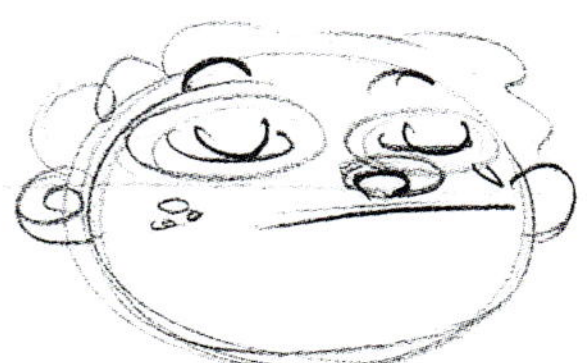
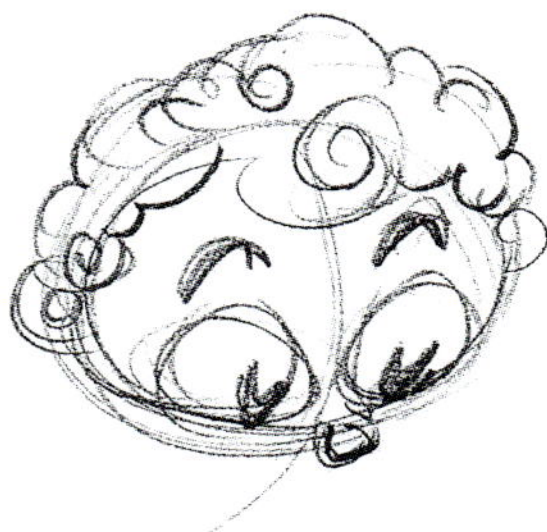
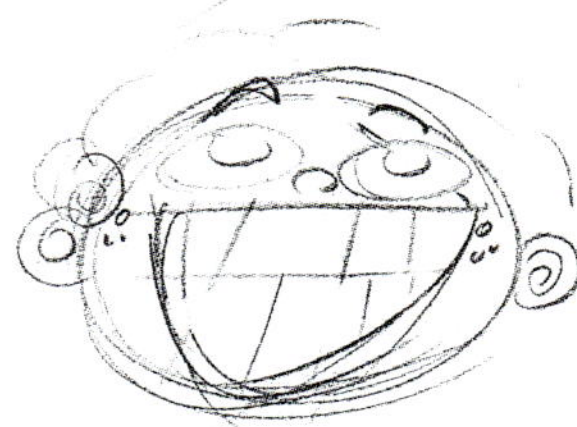
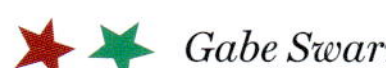
Gabe Swarr

Which is how Jorge and Sandra ended up with a shopping cart worth of computer technology to launch their home studio and production company, dubbed Mexopolis.

Sandra: It was a really scary time because we had just moved in together and I remember Jorge's glasses had broken. For Christmas, I wanted to get him glasses. But Jorge was barely making money, and I was barely making nickels and dimes, so I was like, "Jorge, I really would like to buy you some glasses for Christmas," and he practically threw the couch. He was like, "Are you crazy? We can't afford glasses right now!" [*laughs*] It was so scary. It was like, "What did I get myself into? Oh my God! We can't afford glasses!"

Jorge: Because of the *El Macho* show ending, I was already talking to the people making *¡Mucha Lucha!*

¡Mucha Lucha! was an animated series about a Southern California town where almost everyone is a costumed luchador wrestler with a special move—even the kids—and was created by Australian animation artists Eddie Mort and Lili Chin. The show was produced by Warner Bros. and aired on Kids' WB (2002–2005) in the US and was the first fully Flash-animated show produced for American TV.

Sandra: Jorge didn't stop doing freelance. He went through this crazy time; it was his Scarlett O'Hara phase, like "As God is my witness, I'll never be hungry again!" [*laughs*]

Jorge: So I got work on *¡Mucha Lucha!* and Sandra started freelancing too. Once the gig was stable, we opened our company, Mexopolis Inc., and they would pay the company, which was incorporated in Tijuana, Mexico. And so technically we were in the States for "meetings."

Behind the Scenes

Jorge: Because we had previously done *El Macho,* Disney reached out asking us for pitches. For a magic period, Disney was trying to figure out why Nickelodeon's *SpongeBob SquarePants* was such a success, and they deduced that it was because it was an artist/creator-driven, storyboard-driven, wacky cartoon.

Y así es como Jorge y Sandra terminaron con un carrito de supermercado lleno de material para arrancar su propia productora y su estudio desde casa, al que llamaron Mexópolis.

Sandra: Yo tenía bastante miedo. Acabábamos de mudarnos juntos, y me acuerdo de cómo a Jorge se le habían roto las gafas. Yo quería comprarle otras para Navidad, pero él casi no ganaba dinero, y yo muy poco. Le dije: "Jorge, me encantaría regalarte unas gafas para Navidad", y casi le da algo. Me contestó: "¿Estás loca? ¡Ahora no es el momento de comprar unas gafas!" [*risas*]. Yo me decía a mí misma: "Madre mía, ¡dónde me he metido que no podemos permitirnos unas gafas!".

Jorge: Como *El Macho* se iba a terminar, yo ya estaba hablando con la gente que hacía *¡Mucha Lucha!*

¡Mucha Lucha! Fue una serie de animación creada por los artistas australianos Eddie Mort y Lili Chin. Trata sobre un pueblo del sur de California, donde casi todos son luchadores, van vestidos con trajes de lucha libre, niños incluidos, y cada uno tiene una técnica especial. Lo produjo Warner Bros. y se emitió de 2002 a 2005 en Kids WB en Estados Unidos. Fue el primer show totalmente animado en Flash, producido para la televisión estadounidense.

Sandra: Jorge no paraba de trabajar en otros proyectos. Fue una locura, era su fase Scarlett O'Hara, en plan "¡a dios pongo por testigo, que jamás volveré a pasar hambre". [*risas*]

Jorge: Conseguí trabajo en *¡Mucha Lucha!* y Sandrá también empezó a trabajar en otros proyectos. Cuando mi situación en el show se estabilizó, lanzamos Mexópolis Inc., y ellos pagaban a la empresa, con base en Tijuana, México. Así que técnicamente estábamos en Estados Unidos para "reuniones".

Detás de las cámaras

Jorge: Como ya habíamos hecho *El Macho*, Disney nos contactó para que les presentáramos *pitches*. Durante un periodo mágico, Disney estaba intentando averiguar porqué *Bob Esponja*, de Nickelodeon, triunfaba tantísimo. Dedujeron que era porque es un dibujo chiflado impulsado por un artista-creador de CalArts y sus storyboards.

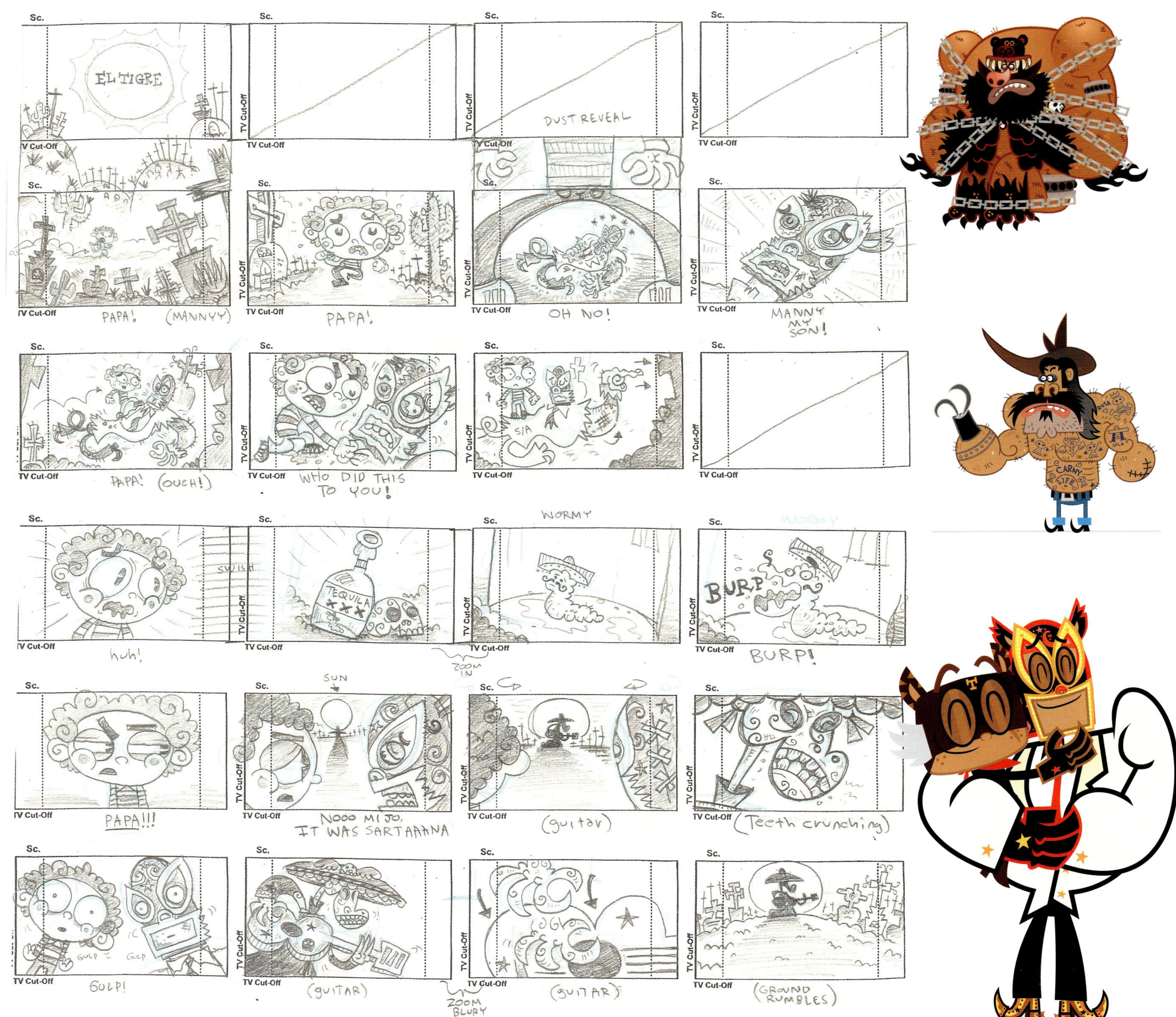
EL TIGRE
DUST REVEAL
PAPA! (MANNY)
PAPA!
OH NO!
MANNY MY SON!
PAPA! (OUCH!)
WHO DID THIS TO YOU!
WORMY
SWISH
TEQUILA
BURP
huh!
ZOOM IN
BURP!
SUN
PAPA!!!
NOOO MI JO, IT WAS SARTAAANA
(guitar)
(Teeth crunching)
GULP!
(GUITAR)
ZOOM BLURY
(GUITAR)
(GROUND RUMBLES)

Thumbnail Storyboards

The first El Tigre *storyboards showed Jorge exploring earlier versions of Manny's relationship with his father and his mystical objects of power.*

Storyboards en miniatura

Los primeros storyboards de El Tigre muestran a Jorge explorando versiones anteriores de la relación de Manny con su padre y sus objetos místicos de poder.

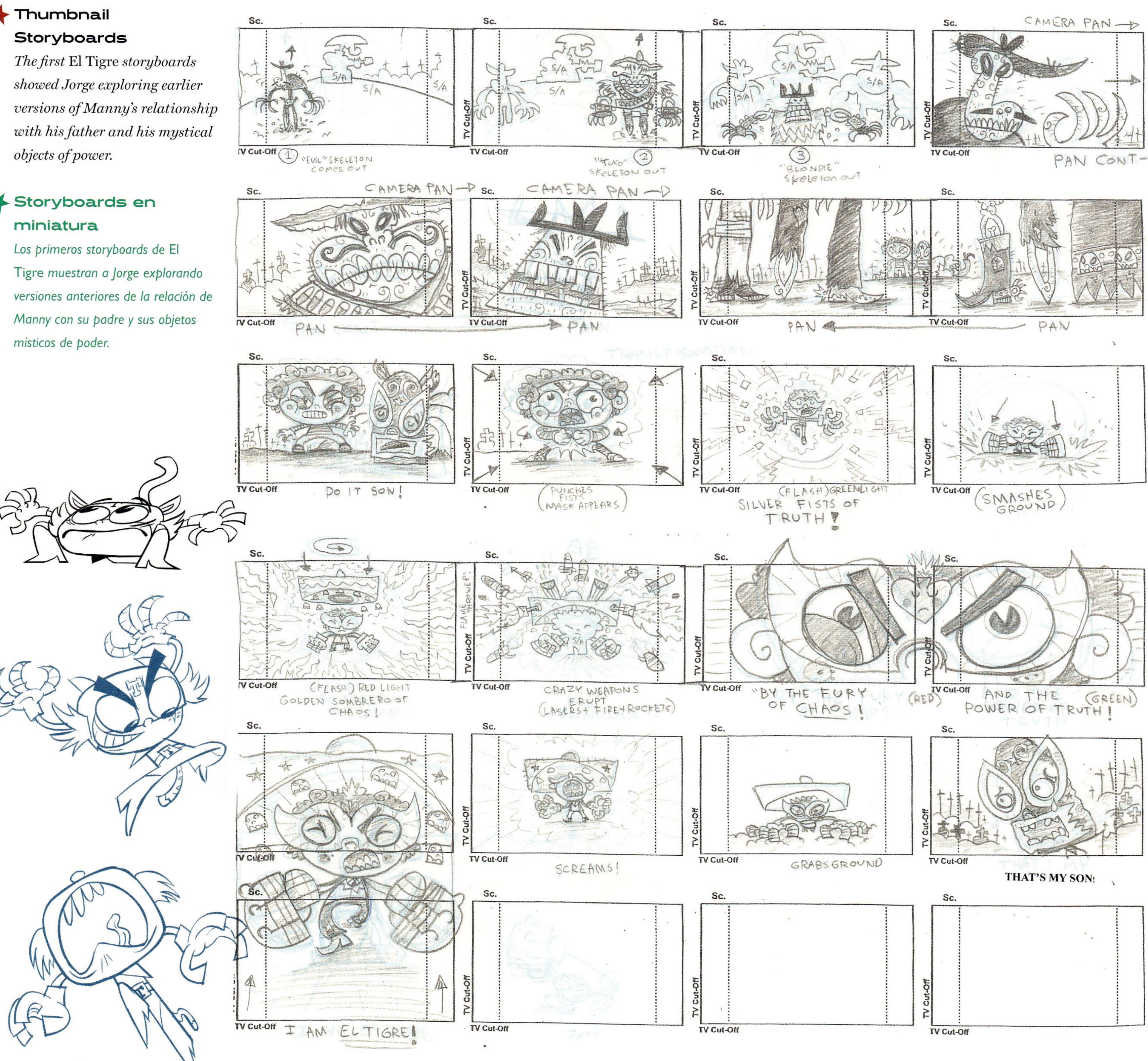

Sandra: More than anything, wacky is what they wanted. They wanted something that was outside of the mold of Disney. We were like, "Let's just think outside the box for this one and see what comes out."

Disney rounded up a group of artist-creators eager to pitch projects from a position of wackiness (and certainly from the outside of any boxes).

Jorge: We came in to develop pitches along with a few other creators. It was Gabe Swarr, us, and Dave Wasson. We didn't write scripts, we boarded everything; we were doing all these crazy pilots, and that was the first time Sandra and I were cocreating a project. Our series was called *Pepe the Bull*.

Sandra: When we did the storyboards, we slept there in the building, because we were still living in Culver City and were doing our boards at Disney in Burbank. We worked so hard; it was like being back in college again. We would just wake up and work. We filled the room with so many storyboards that they continued into the hallway like a train.

Jorge used some of his very modest development fees to hire an additional team of seasoned and funny artists to board on *Pepe*'s pilot. Matt Danner, Ricky Garduno, Ben Jones, Gabe Swarr, plus Sandra and Jorge all worked on the pilot.

Jorge: Gabe and I knew Flash because he had worked at Spümcø [a studio most famous for *The Ren & Stimpy Show*, which had also produced one of the earliest Web cartoons, *The Goddamn George Liquor Program* (1997)], and I had done *El Macho*, so we were the first two Flash pilots at Disney. And Disney execs freaked out; they were like, "What, you guys are moving and animating things in color, what is this?"

The 2D digital animation style achievable with Flash was akin to utilizing a 2D paper puppet under a camera with stop-motion animation. In a similar way, the puppet pieces could be fully finished art, colored and detailed, and then moved to create animation. Also similar to 2D puppet animation, reusable replacement parts are swapped in during the process to create head turns, mouth movements, and different expressions and special poses. In theory, this could be a more economical process than traditional animation, wherein each

Sandra: Lo que más querían eran cosas de chiflados. Querían algo diferente, no lo habitual en Disney. Nos pusimos en modo "vamos a pensar de manera diferente esta vez y ver qué pasa".

Disney reunió a un grupo de artistas-creadores con ganas de hacerles un pitch de sus proyectos más peculiares (y sin duda fuera de todo lo común).

Jorge: Nos pusimos a desarrollar proyectos con otros creadores. Éramos Gabe Swarr, nosotros dos y Dave Wasson. No escribíamos guiones, sino que lo bocetábamos todo, inmersos en un montón de pilotos de locura, y esa fue la primera vez que Sandra y yo creamos un proyecto juntos. Nuestra serie se llamaba *Pepe el Toro*.

Sandra: Cuando hicimos los storyboards, dormíamos ahí en el edificio porque seguíamos viviendo en Culver City pero hacíamos los bocetos para Disney en Burbank. Trabajamos durísimo… era como estar en la universidad de nuevo. Nos levantábamos y a trabajar. Llenamos la sala con tantos storyboards que seguían hasta el pasillo como si fueran un tren.

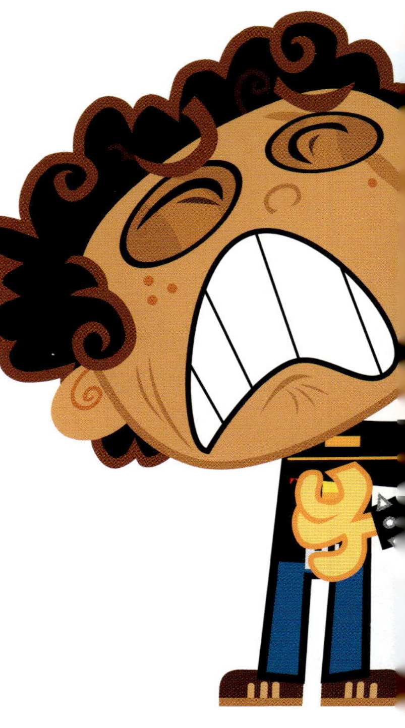

Jorge utilizó parte de su pequeño salario como desarrollador para contratar a más equipo, artistas expertos y divertidos para seguir trabajando en el piloto de *Pepe*. Matt Danner, Ricky Garduno, Ben Jonesy Gabe Swarr y Sandra y Jorge trabajaron en el piloto.

Jorge: Gabe y yo sabíamos de Flash porque él había trabajado en Spümcø [un estudio conocido sobre todo por *El show de Ren y Stimpy*, y que también produjeron uno de series web de dibujos animados *El maldito programa de George Licor* (1997) y yo había hecho *El Macho*. Éramos los primeros en presentar pilotos en Flash en Disney. Los directivos de Disney se asustaron, decían: "¿Qué? ¿Están animando y moviendo cosas en color? ¿Qué es esto?".

El estilo de animación digital en 2D que conseguimos con Flash era similar a utilizar una marioneta de papel con una cámara en stop-motion. De la misma forma, las distintas partes de la marioneta se podían pulir, colorear y detallar, y entonces darles movimiento para crear la animación. Al igual que en la animación de marionetas 2D, distintas partes reutilizables se intercambian durante el proceso para crear giros de cabezas, movimientos de bocas, distintas expresiones faciales y poses especiales. En principio este proceso podía ser más económico que la animación tradicional, en la que las posturas de

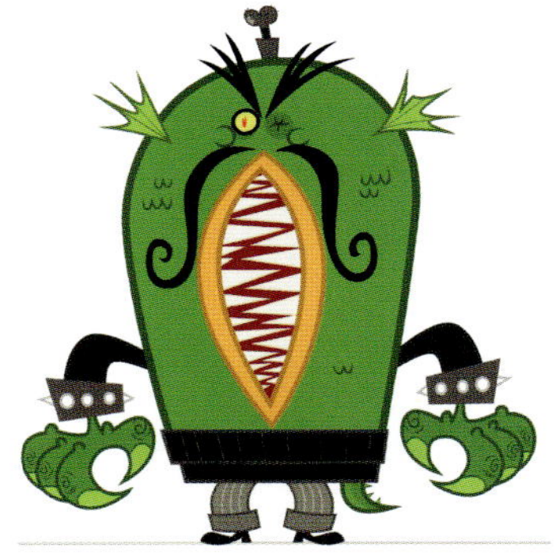

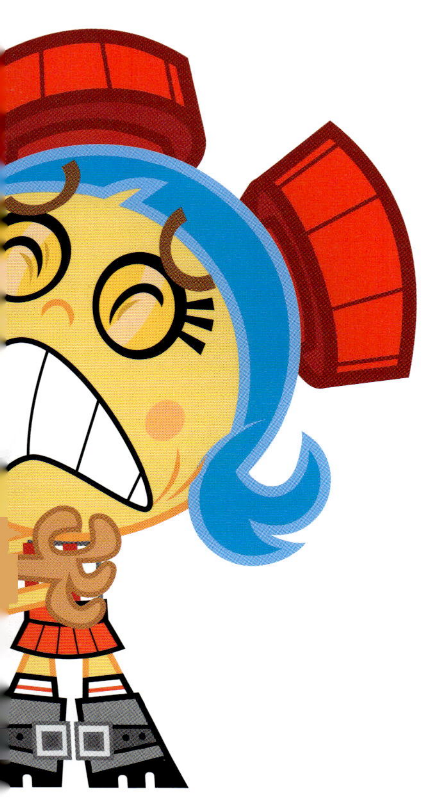

pose of a character and all of the in-between drawings are hand-drawn to create animated movement. For executives who knew the traditional 2D cartoon animation pipeline, this ability to see fully realized color work with final characters produced in-house at the studio (as opposed to shipping the preproduction work overseas for final animation) was new.

Jorge: Ultimately they greenlit the Dave Wasson–directed show, *The Buzz on Maggie* [created by writer Dave Polsky], and Wasson said, "You guys know Flash, I'm gonna hire all your crews, and we're going to make this new show in Flash."

So at that point, we had one failed pilot that tested great, we had a Web show, we had a WBTV pilot that didn't go, so we thought, *Let's keep making more*. What's the worst thing that can happen? When their pilots die, a lot of people never get over it. It's like their baby.

Sandra: If I were Jorge, I would have been like, "WAAAAAAAAHHH!" But Jorge was like, "NEVERRRRR!"

Jorge: I was thinking, *Thank you for spending millions of dollars on my idea. Can we do another one?* What had happened was that when we first started pitching the *Pepe the Bull* concept before Disney grabbed it, we went around town and had pitched it to WB, Cartoon Network, Nickelodeon, and Disney. Cartoon Network passed on it; Nick and Disney both wanted it. Disney won; they gave us a better offer, which was how we had made the pilot at Disney, but then our executive producer moved from an executive position at Disney to Nick. So after acquiring our show at Disney, and now at Nick, he said to us, "Pitch me another show!"

Sandra: They told us to come up with something new: "We want something that came from Nickelodeon, we don't want the idea to have been born somewhere else."

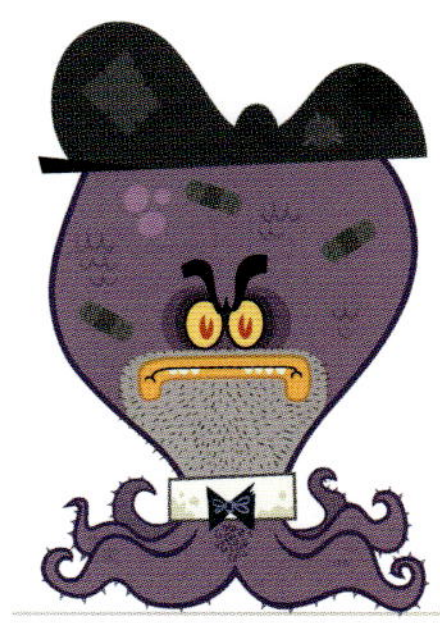

Dave Thomas [supervising producer]: The energy at Nickelodeon Animation Studios was phenomenal at the time. *Ren & Stimpy* had revolutionized television animation and made it cool again. *SpongeBob* and *The Fairly OddParents* were routinely in the top ten of the cable ratings. They were getting astronomical numbers rivaling *Monday Night Football* some weeks. Their success brought a financial windfall, earned the creators trust from the executives, and

todos los personajes y todos los dibujos intermedios se hacen a mano, animando el movimiento. Los ejecutivos que venían de la animación tradicional en 2D, no conocían esta técnica para mostrar colores vibrantes, con los personajes ya terminados directamente en el estudio (en lugar de tener que enviar el trabajo de producción al extranjero para la animación final).

Jorge: Cuando arrancó el show *The Buzz on Maggie*, dirigido por Dave Wasson y creado por el escritor Dave Polsky, Wasson nos dijo: "Ustedes saben de Flash, los contrato a todos y vamos a hacer este show en Flash".

Por aquel entonces teníamos un piloto que había dado muy buenos resultados, un show web, y un piloto en WBTV que no había salido adelante, así que pensamos: Sigamos haciendo más. ¿Qué es lo peor que puede pasar? Hay mucha gente que cuando sus pilotos se estrellan, no lo superan. Son como sus bebés.

Sandra: Si yo hubiera sido Jorge estaría en plan "¡AAAAAHHHH-HHHH!" Pero Jorge decía: "¡JAMÁAASSS!".

Jorge: Yo pensaba: *Gracias por gastar millones de dólares en mi idea.* ¿Podemos hacer otra? Lo que pasó fue que cuando empezamos a mover el concepto de *Pepe el Toro*, antes de que Disney lo comprara, fuimos a varios estudios de la ciudad, les hicimos el pitch a WB, Cartoon Network, Nickelodeon y Disney. Cartoon Network lo rechazó. Tanto Nick como Disney lo querían. Ganó Disney. Nos hicieron una oferta mejor y gracias a eso pudimos hacer el piloto en Disney. Pero el ejecutivo de desarrollo se cambió de un puesto en Disney a uno en Nick. Así que cuando Disney nos compró el proyecto, este mismo productor nos dijo: "¡Preséntenme otro show!"

Sandra: Nos pidieron crear algo nuevo. "Queremos algo que sea de Nickelodeon, no queremos que la idea haya sido concebida en Disney".

Dave Thomas [jefe de producción]: LLa energía en los Estudios de Animación de Nickelodeon era magnífica. *Ren y Stimpy* habían revolucionado la animación televisiva, la pusieron de moda de nuevo. *Bob Esponja* y *Los padrinos mágicos* estaban repetidamente en el top diez de los índices de audiencia. Estaban haciendo cifras astronómicas, algunas semanas incluso compitiendo con *Monday Night Football*. Su éxito les trajo dinero, hizo que los creadores se ganaran la confianza de los ejecutivos e incentivó

Concept designs of Sartana's skeleton monster by Jorge

Diseños de Jorge del concepto del monstruo esqueleto de Sartana

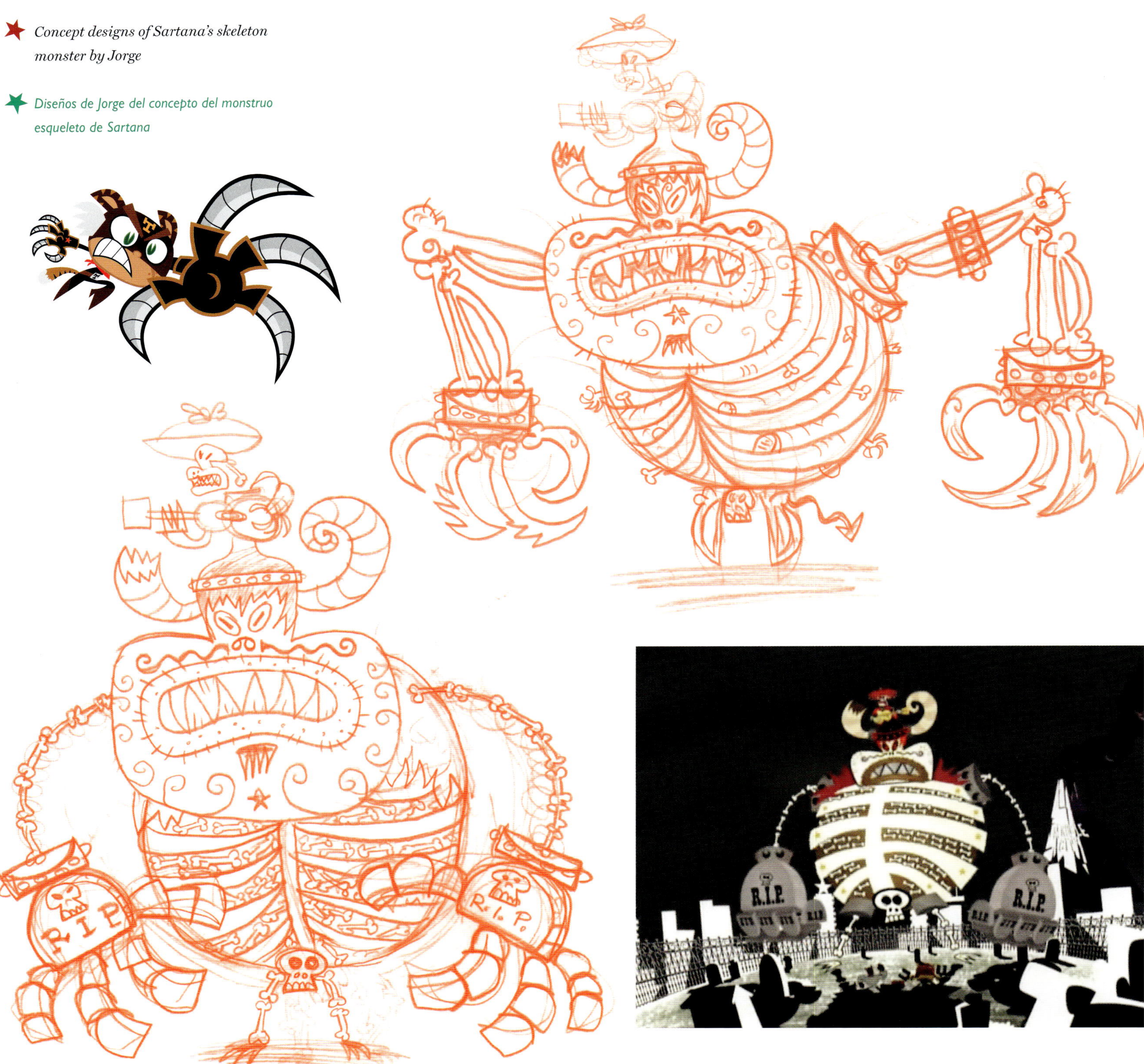

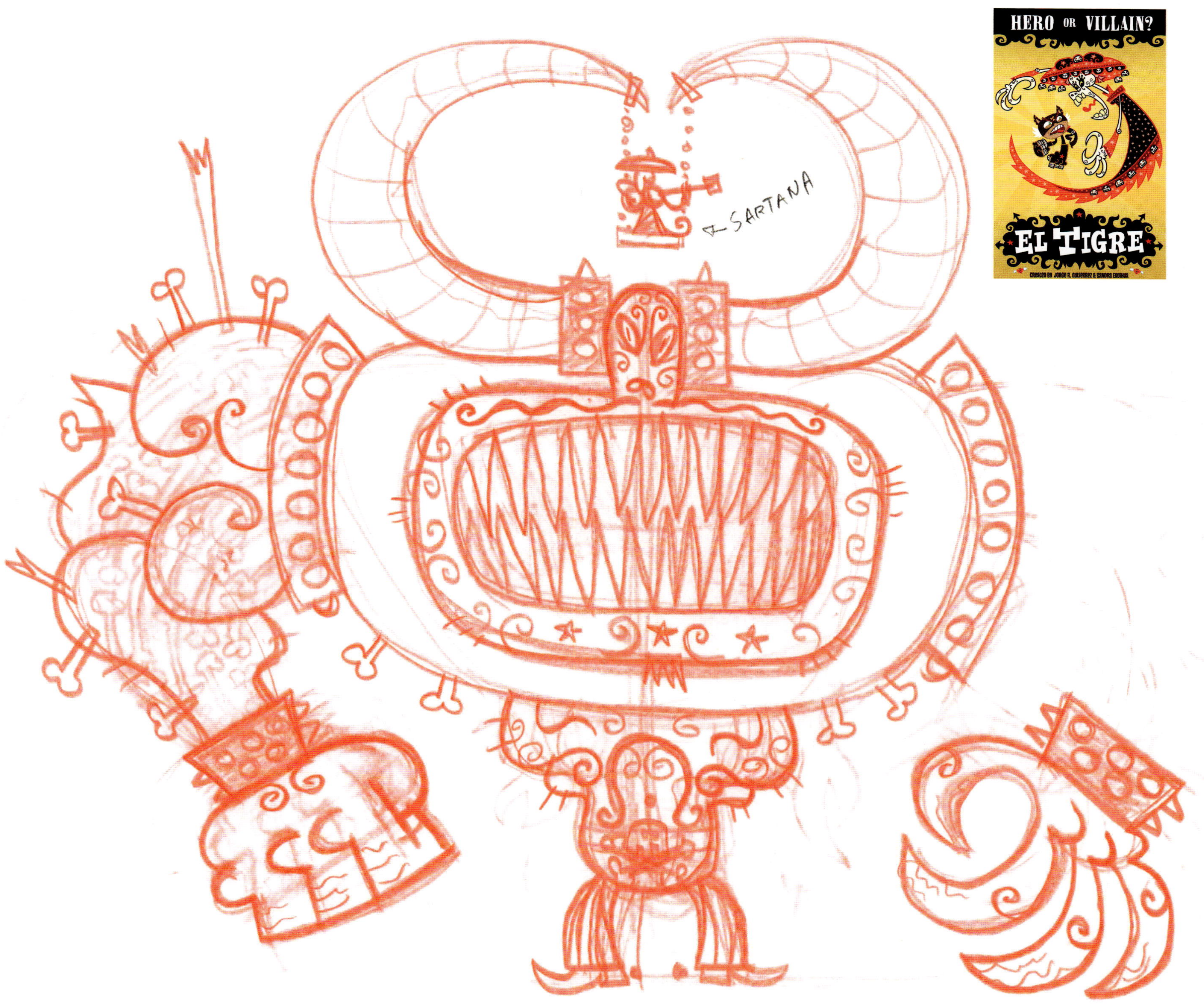
SARTANA
HERO OR VILLAIN?
EL TIGRE
CREATED BY JORGE R. GUTIERREZ & SANDRA EQUIHUA

emboldened the studio to take risks. Nickelodeon was the perfect environment for Jorge and Sandra.

Jorge: Nickelodeon was like, "We're just basically optioning the next thing from you guys, and you'll learn a ton and then you can apply it here." So the first iteration of *El Tigre* was part of the deal, I think it was called "Untitled Jorge Gutiérrez/ Sandra Equihua Cartoon." That's how vague it was. It's almost like they optioned the idea before we actually came up with it.

The Concept

Jorge: With the first iteration, I told Sandra that we're going to break down the nuclear Mexican family. We're going to do a Mexican reconceptualizing of that idea, and it's gonna be called *Familia Atómica* (*Atomic Family*). They're going to have a giant luchador robot, and each family member had their own thing and came together like Voltron; and the core of the idea is that there's the kid whose dad is a superhero and grandpa was a supervillain. Back then, Frida was the mechanic of the giant robot, which is why she had the little goggles.

Roman Laney [art director]: At the time, I was working at Disney with Jorge. He was always fine-tuning the idea and pitching it to his friends while he developed it. I have a hazy memory of a weekend where Jorge, Sandra, and I met in an unused conference room at Disney where he essentially launched me on all the locations he needed for the pitch bible. Jorge always had these grand descriptions of his environments, so I just tried to keep up and match his vision. We doodled ideas, and I remember I did a rough of Leone Middle School that was essentially what I cleaned up for the final. Most of what we did ended up in the show. Jorge was always good about not wasting effort.

It was exciting. He was saying I could be art director if the show went forward, which I'd never been before, and felt very high on the org chart for a twenty-seven-year-old. It was pretty unique to know the show runner and watch it all take shape from such an early stage.

Jorge: At some point, we learned in development that a story is always better when it's painful, and by that I mean, it is better when it's based on something from our own lives. When we connect on a personal level, the pot of inspiration and what I call the "story truth" is endless. With *El Tigre*, this idea

al estudio a tomar riesgos. Nickelodeon era el sitio perfecto para Jorge y Sandra.

Jorge: Nickelodeon nos decía: "Estamos valorando qué es lo siguiente que harán. Aprendieron mucho y ahora podrán aplicarlo aquí". Por ello, la primera versión de *El Tigre* era parte de ese acuerdo. Creo que lo llamaron "Dibujo animado sin título de Jorge Gutiérrez y Sandra Equihua". Así de difuso. Parece como que vieron nuestra idea antes de que nosotros la tuviéramos.

El concepto

Jorge: En la primera iteración le dije a Sandra que íbamos a romper con el concepto de la familia nuclear mexicana. Vamos a reconceptualizar esa idea y se va a llamar *Familia Atómica*. Van a tener un luchador gigante robot, cada miembro de la familia tendrá sus propios rasgos y se unirán como Voltron. El centro de la idea es un niño cuyo padre es un superhéroe y su abuelo un supervillano. Por aquel entonces, Frida era la mecánica del robot gigante, por eso llevaba unas pequeñas gafas de protección.

Roman Laney [director de arte]: Por aquel entonces yo trabajaba en Disney con Jorge. Él siempre estaba puliendo la idea y contándosela a sus amigos mientras la desarrollaba. Recuerdo vagamente como un fin de semana Jorge, Sandra y yo nos encontramos en una sala de conferencias vacía en Disney, y él me contó todas las localizaciones que necesitaba para la biblia del pitch. Jorge hacía grandísimas descripciones de los lugares, y yo intentaba ir a su ritmo y mantener su visión. Esbozamos ciertas ideas y recuerdo haber hecho un borrador de la Escuela Leone que pulí un poco y acabó quedándose en el arte final. La mayoría de lo que hicimos entró en el show. Jorge era bueno en no malgastar esfuerzos.

Era muy emocionante. Me dijo que, si la serie salía adelante, yo sería el director de arte. Yo nunca lo había sido y me apetecía muchísimo, era una gran oportunidad para alguien de veintisiete años. Conocer al director y observar todo el proceso era algo único.

Jorge: En un momento dado nos dimos cuenta de que las historias son mejores cuando son dolorosas, y con eso quiero decir que tenían que venir de algo auténtico de nuestras vidas. Cuando conectas a nivel personal, la fuente de inspiración y lo que yo llamo la "verdad de la historia" es infinita. Mi padre era arquitecto y mi abuelo general en el ejército militar. De niño,

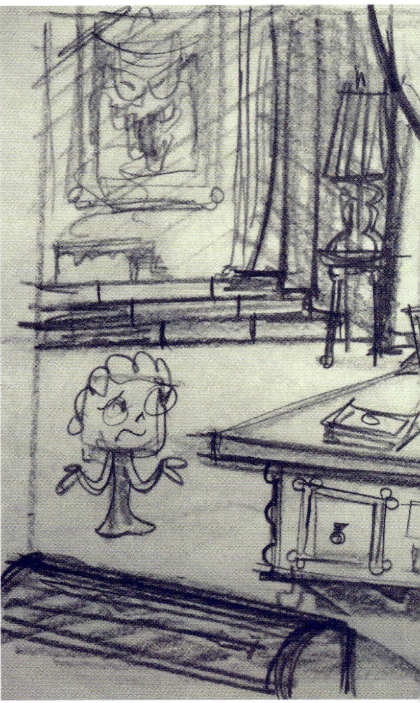

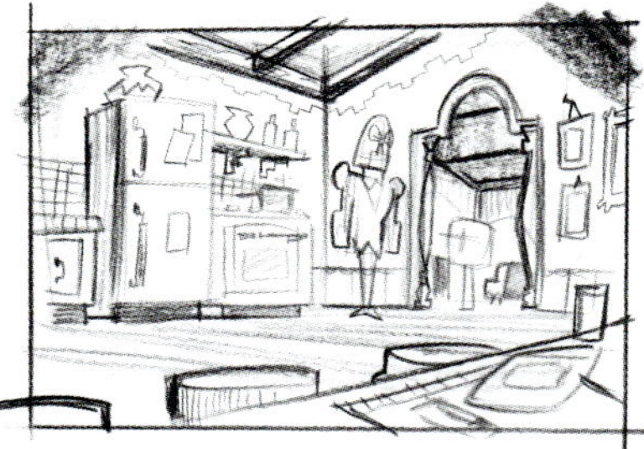

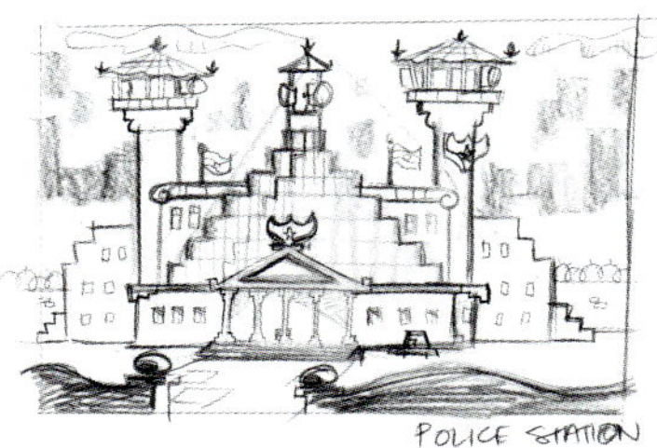

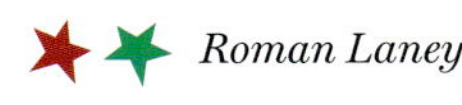
Roman Laney

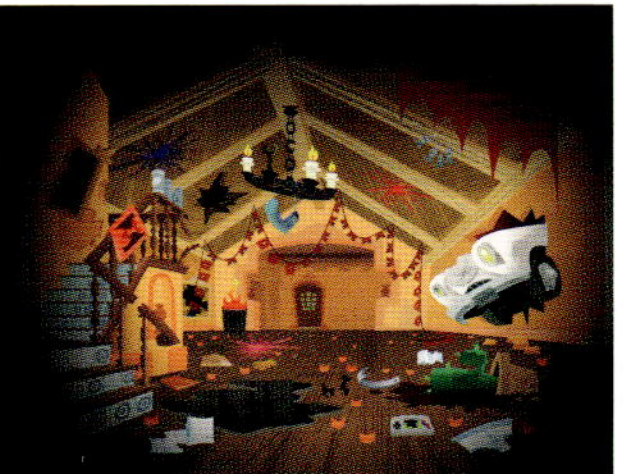

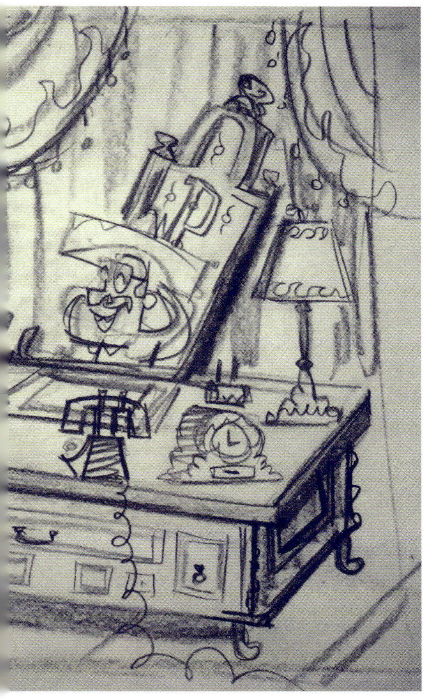

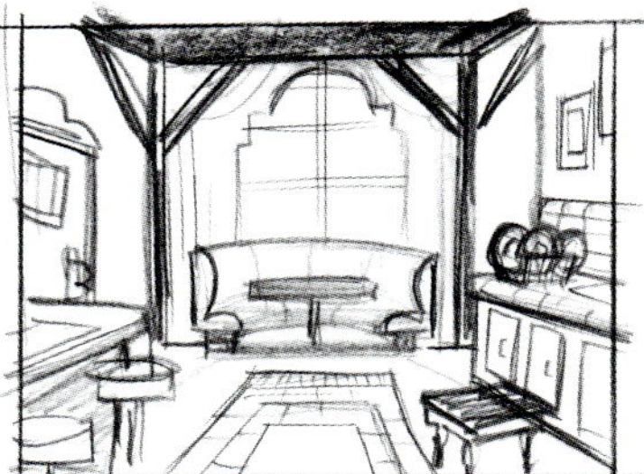

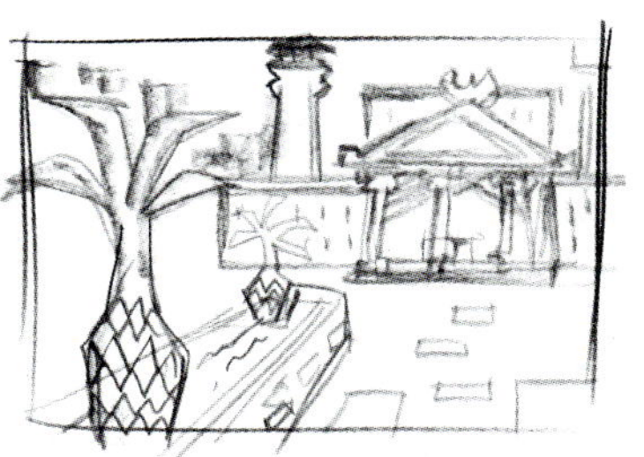

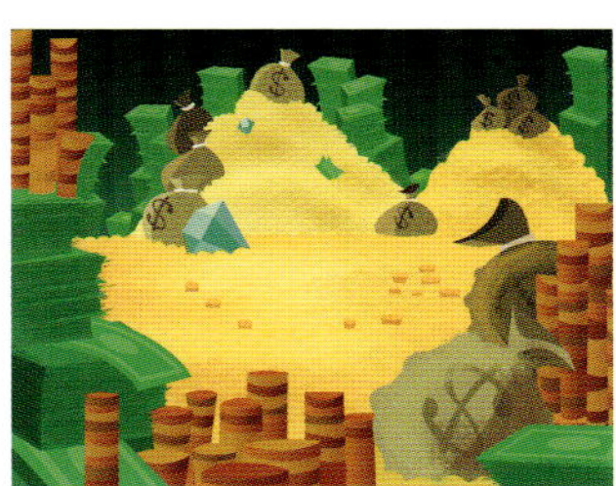

was that my dad was an architect, my grandpa was a big general in the Mexican military, and when I was growing up, they were my two heroes. They literally were the greatest things in my life, and I would go visit my father as a little kid in his office, which was all-natural wood, with lots of light. Everything was drawn on paper on these huge drafting tables. When I visited him, he would be drawing, and I would ask, "Papa, can you draw me a dinosaur, can you draw me a robot?" and he would be drawing plans for a house, but on a separate piece of paper draw me a dinosaur or robot and give it to me and then keep drawing. And it would mean nothing to him, but it made me feel like my dad had superpowers because he could draw. I would study those drawings. And when I would go visit my grandfather in his crazy mansion in Mexico City, he had this office that was really dark, and the carpet was red, the walls were black, and though guns are illegal in Mexico, he had guns everywhere. They looked like gold guns that had been seized from a cartel, and they were trophies to him.

Sandra: It was something that you would see in a 007 movie. It was like a dungeon in there.

Jorge: He had a red phone, and when I would go visit him, he was either yelling at somebody on the phone or he was talking sweet sweetness to ladies who were not my grandma. And he would disappear for stretches of time; people wouldn't know where he was for days.

Sandra: And nobody would question him.

Jorge: Yeah, so I was like, *Oh my God, I think my grandpa is a supervillain*. My aunts would grab me by the cheeks as a little chubby kid and go, "Jorgito, you love them both, what are you gonna do when you grow up? Are you going to be an architect like your dad? Or are you going into the military like your grandpa?"

And I could never answer that question because they were basically asking me, "Who do you love more?" I couldn't choose between them. And that is the core of *El Tigre*: Manny's dad is a superhero, and his grandpa is a supervillain, and he adores both of them and is torn between them.

ellos eran mis héroes. Y esto se ve en *El Tigre*. Ellos eran las figuras más importantes de mi vida. De niño yo iba a visitar a mi padre a su oficina, de madera natural, muy luminosa. Todo se dibujaba en papel en mesas de dibujo enormes. Siempre que iba a verlo, estaba dibujando, y yo le preguntaba: "Papá, ¿puedes dibujarme un dinosaurio? ¿Puedes dibujarme un robot?". Y mientras hacía los planos de una casa, tomaba otro papel y me dibujaba un dinosaurio, o un robot, me lo daba y seguía dibujado. Para él era algo sencillo, pero para mí era como si mi padre tuviera superpoderes porque sabía dibujar. Yo estudiaba esos dibujos. Y cuando iba a visitar a mi abuelo en su impresionante mansión de la Ciudad de México, donde tenía su oficina, un lugar muy oscuro, con alfombra roja, paredes negras y aunque las pistolas son ilegales en México, él las tenía por todos lados. Parecían pistolas de oro que acababan de ser robadas de un cartel. Eran como sus trofeos.

Sandra: Era como una película de 007. Parecía un supervillano.

Jorge: Tenía un teléfono rojo. Cuando iba a visitarlo, siempre estaba gritándole a alguien por el teléfono o hablando dulcemente con señoritas que no eran mi abuela. Y, en algunas épocas, desaparecía. Nadie sabía dónde estaba durante días.

Sandra: Y nadie se lo iba a reprochar.

Jorge: Sí, así que pensé: *Ay dios, creo que mi abuelo es un supervillano*. Mis tías me agarraban de los cachetes y me decían: "Jorgito, tú quieres a los dos muchísimo, ¿qué vas a hacer cuando seas grande? ¿Vas a ser arquitecto como tu papá? ¿O vas a ser militar como tu abuelo?".

Yo nunca respondía esa pregunta, porque básicamente me estaban preguntando: "¿A cuál quieres más?". Yo no podía escoger. Ese es el punto central de *El Tigre*: el padre de Manny es un superhéroe, y su abuelo es un supervillano, él adora a ambos y se encuentra dividido entre los dos.

THE LEGEND BEGINS...

In a time calling for heroes and in a land rife with villainy, there was one name that meant justice to the people of Miracle City - **White Pantera**! He was truly a hero's hero, a man who stood for all that was good, right, and just - in other words, he was a bit of a square and seldom invited to parties. White Pantera's **Bronze Boots of Truth** (amazing steel footwear with impressive spurs) granted him super-speed and awesome kicking power in his battle for good. Anyone caught under his mighty heel was forced to tell the truth - probably another reason Pantera's social life was limited, who wants a boot in their face?

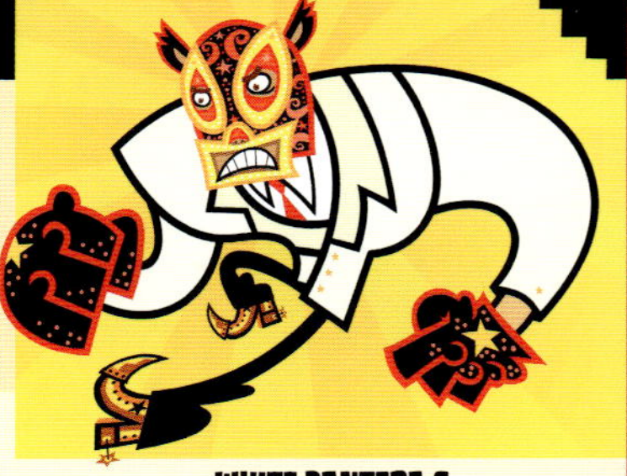

WHITE PANTERA & THE BRONZE BOOTS OF TRUTH

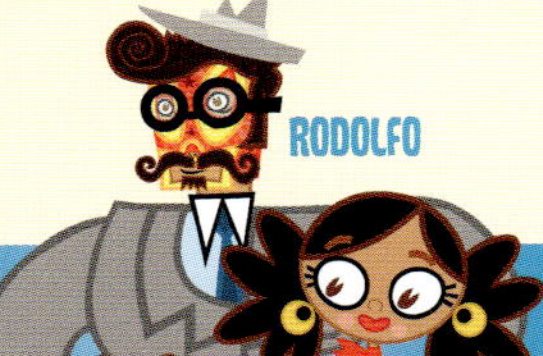

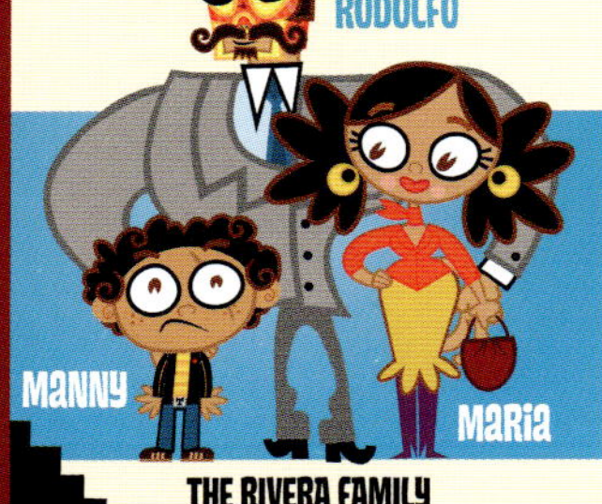

THE RIVERA FAMILY

During his off hours, White Pantera lived as his alter ego **Rodolfo Rivera** and worked at raising his family with his wife **Maria** and their young son, **Manny**. Sadly, Rodolfo's role as White Pantera took its toll on his marriage and Maria left him, she wanted a husband at home, not a hero to the world. They parted, sharing custody of Manny. But the real blow to White Pantera came after battling his ultimate foe, **Puma Loco**, the most treacherous supervillain the world had ever seen - and seriously, the world had seen a lot by then!

03

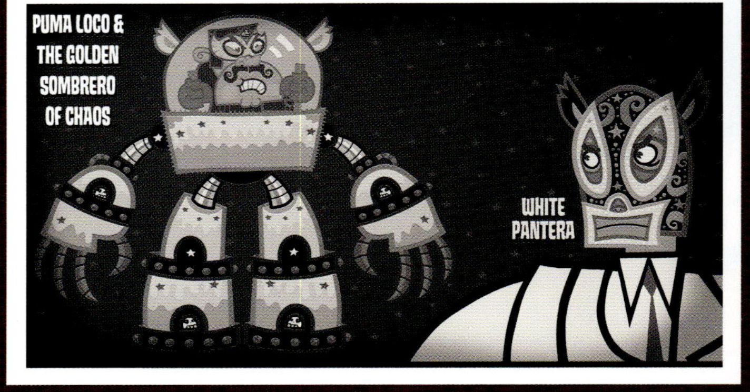

Puma Loco was a villain whose **Golden Sombrero of Chaos** brought him unlimited evil power. This ain't no throw down on the ground and dance around it hat. The Golden Sombrero of Chaos can generate any number of mechanical tentacles, robots, machines, spinning blades, etc. Pantera and Puma's epic battle raged throughout **Miracle City** for days, disrupting traffic, upsetting local wrestling schedules, and causing many an innocent bystander to spill whatever drink they were holding at the time. In the end good was triumphant and Puma Loco was defeated! A great cheer was heard throughout the city. A weary and victorious Pantera unmasked his evil adversary, only to discover to his horror that Puma Loco was none other than... **Granpapi Rivera**, his own FATHER! A great gasp was heard throughout the city, and many more drinks spilled that day. As Granpapi was hauled away to prison, a shaken White Pantera made a solemn choice, to cast off the Bronze Boots of Truth and give up his role as a superhero. He wanted to rebuild his family, and get Maria back.

04

The years passed, Rodolfo now works for the huge global conglomerate, Factory Corp. on the 34th floor in cubicle #366b. His life is cozy, ordered, and stable - just what an honest family man needs. Granpapi Pantera, now out of prison and retired, still has evil designs on the world - but he's mostly talk these days, besides he's got a bum hip that slows him down a bit. Maria is a successful Mariachi singer, who has yet to decide if she's going to return to Rodolfo. But what of Manny? Rodolfo and Maria's son has just turned 13 and is looking for his own destiny as a superhero. As his alter ego, El Tigre, Manny has inherited the power that runs through his family. Manny's at a difficult age and has some tough choices to make - he wants to be good, but let's face it, sometimes being bad is fun. His situation is made all the tougher by the fact that his father's a washed-up superhero and his grandfather's a retired supervillian. Manny's stuck in the middle, how will it all turn out?...
For good, or evil?

THE 3 GENERETIONS OF RIVERAS...

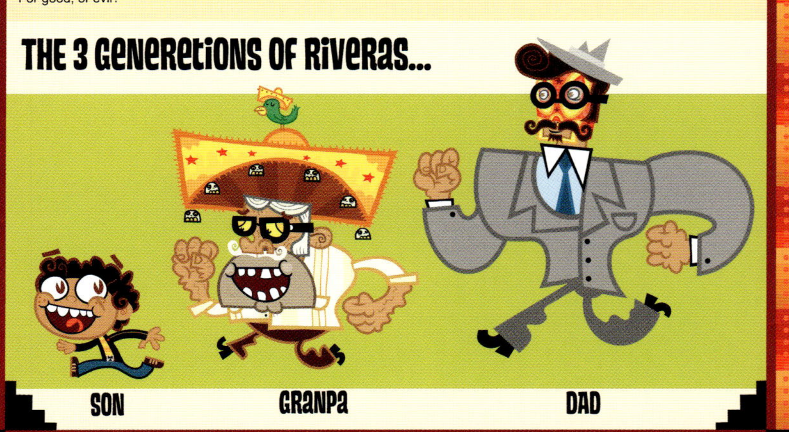

SON GRANPA DAD

05

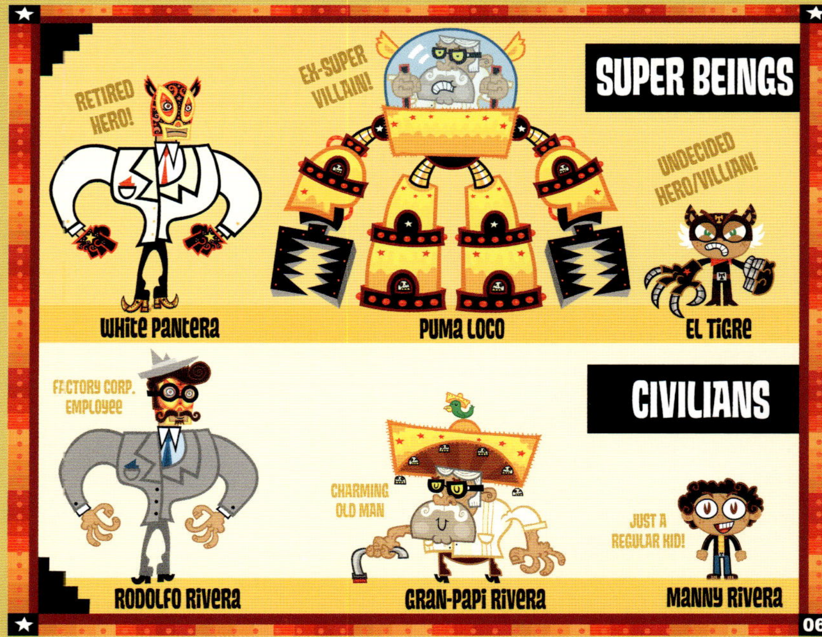

06

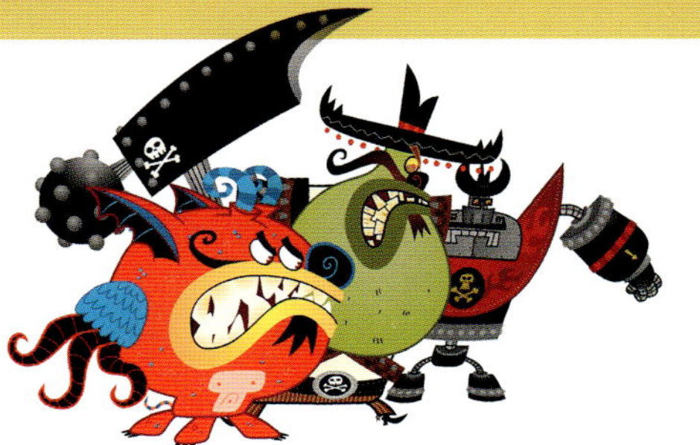

Pitch Bible

The El Tigre *pitch bible was fifty pages long, meticulously designed, and full of substantial character, world, and story development. This was not a typical pitch document.*

Biblia del pitch

La biblia del pitch de El Tigre *tenía cincuenta páginas meticulosamente diseñadas, llenas de personajes complejos y mundos e historias desarrolladas. No era el documento de un pitch habitual.*

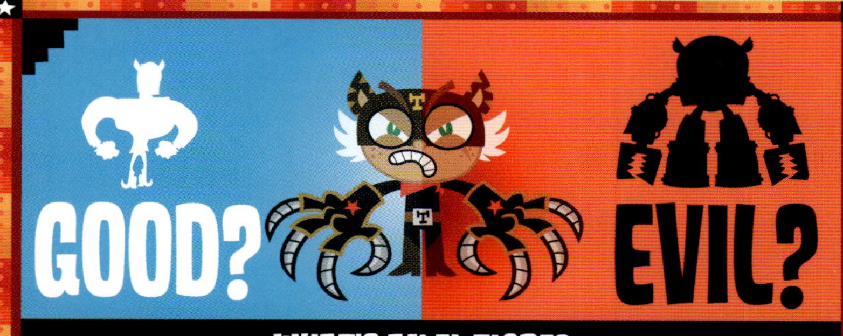

WHAT'S AN EL TIGRE?

Part superhero, part supervillain but mostly a hyper-active 13-year-old-boy named **Manny Rivera**. Manny's a likeable kid who throws himself entirely into whatever he's focused on at the moment, whether it's old Kung Fu and Mexican wrestling movies or working to keep up his macho exterior and just make it through the day.

Manny idolizes his sweet Granpapi and loves hearing his many stories of world conquest and super-villainy. Ah those were the days - when a 50 foot atomic robot told the world you meant business. Manny is drawn to the legend that was Puma Loco and Granpapi's dark past. Like a kid poking a stick into a mound of fire-ants, Manny can't wait to hear what Granpapi will tell him next. Manny's father, Rodolfo is none too pleased when he finds his son enjoying Granpapi's tales of evil-doing and he does his best to balance Manny's perspective on the world. But Manny thinks his father's a total 'sell out' for giving up an awesome career as a superhero to work some nameless job at Factory Corp. It doesn't help that Granpapi agrees with Manny and keeps reminding him of that. Manny of course loves his father, but like most teens he finds his parents at times to be embarrassing - especially when Rodolfo tries to be cool and talk to Manny 'hombre to hombre'.

07

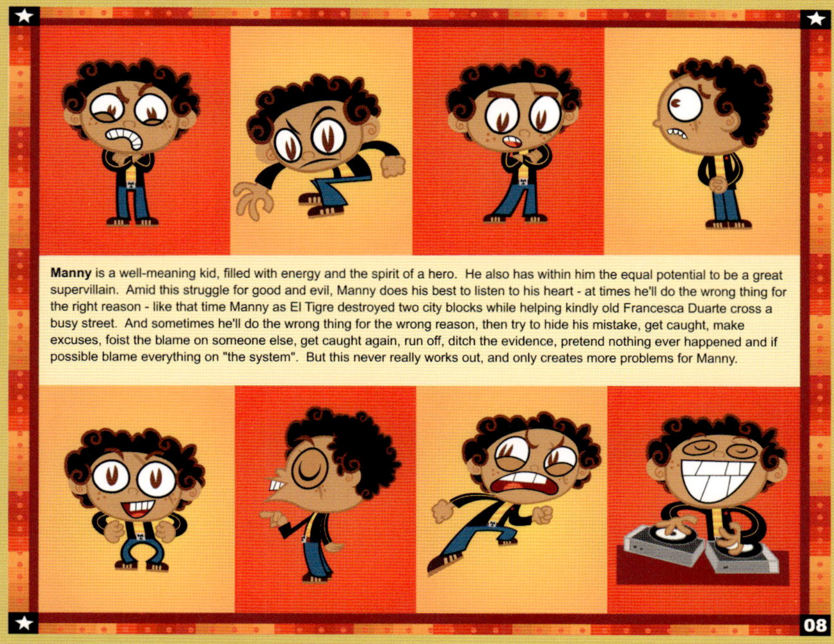

Manny is a well-meaning kid, filled with energy and the spirit of a hero. He also has within him the equal potential to be a great supervillain. Amid this struggle for good and evil, Manny does his best to listen to his heart - at times he'll do the wrong thing for the right reason - like that time Manny as El Tigre destroyed two city blocks while helping kindly old Francesca Duarte cross a busy street. And sometimes he'll do the wrong thing for the wrong reason, then try to hide his mistake, get caught, make excuses, foist the blame on someone else, get caught again, run off, ditch the evidence, pretend nothing ever happened and if possible blame everything on "the system". But this never really works out, and only creates more problems for Manny.

08

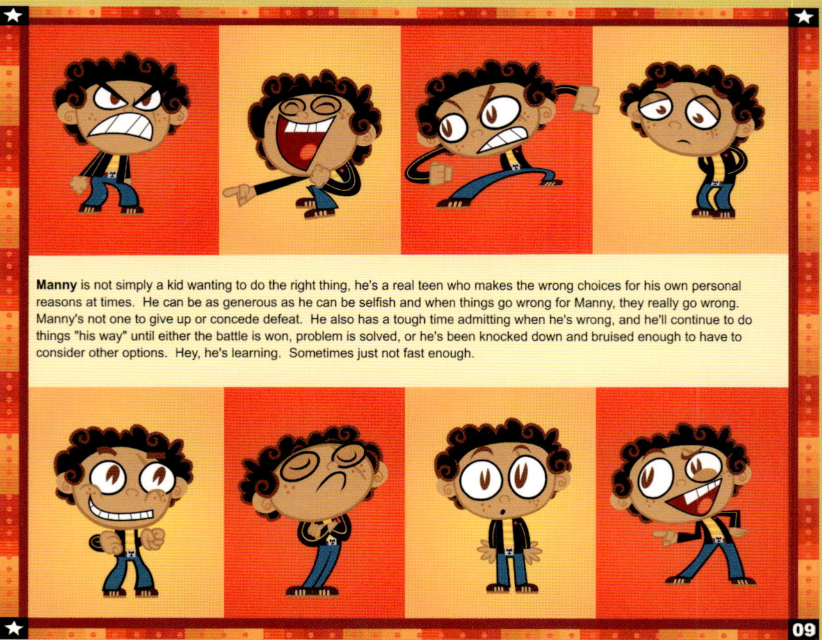

Manny is not simply a kid wanting to do the right thing, he's a real teen who makes the wrong choices for his own personal reasons at times. He can be as generous as he can be selfish and when things go wrong for Manny, they really go wrong. Manny's not one to give up or concede defeat. He also has a tough time admitting when he's wrong, and he'll continue to do things "his way" until either the battle is won, problem is solved, or he's been knocked down and bruised enough to have to consider other options. Hey, he's learning. Sometimes just not fast enough.

09

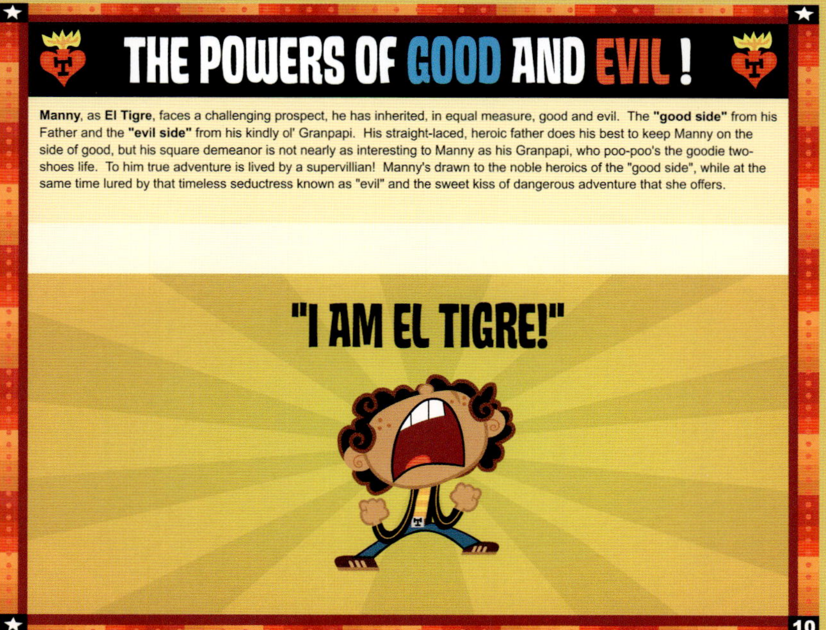

THE POWERS OF GOOD AND EVIL!

Manny, as **El Tigre**, faces a challenging prospect, he has inherited, in equal measure, good and evil. The **"good side"** from his Father and the **"evil side"** from his kindly ol' Granpapi. His straight-laced, heroic father does his best to keep Manny on the side of good, but his square demeanor is not nearly as interesting to Manny as his Granpapi, who poo-poo's the goodie two-shoes life. To him true adventure is lived by a supervillian! Manny's drawn to the noble heroics of the "good side", while at the same time lured by that timeless seductress known as "evil" and the sweet kiss of dangerous adventure that she offers.

"I AM EL TIGRE!"

10

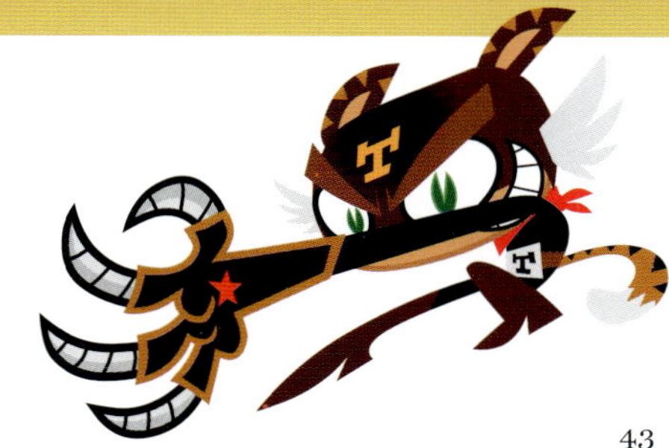

Sandra: After you told me that I thought, *Wow, you've actually summed up your family in a really cool way*, Jorge being the storyteller that he is. I mean, I can't top his grandpa, nobody can top him. I met him. For the longest time we thought that he had a glass eye. He would tell everyone it was a glass eye and he couldn't see through it. But it turns out, it was just cataracts. But nobody questioned him because he was *the general*!

My dad was a doctor; he was one of the founding doctors of Tijuana. He was well known and very strict, and he married my mom, and they had a twenty-year age gap between them. My mom was a teacher; she was very beautiful, and she was also very strict. All three of my sisters went into medicine. Two of them became doctors, they followed my father's steps, and the youngest one decided to go into veterinary medicine, which still falls into that category. I'm the only one that went into the arts.

Jorge: You can imagine with a doctor father and three sisters in medicine that I seemed like a teenage hoodlum to some extent, saying we're going to be artists and we are going to make cartoons and we're going to be the Frida Kahlo and Diego Rivera of animation! To her father and mother, if she was the black sheep of her family, then I was the satanic sheep.

That's where the idea for Frida came from: Her dad is the chief of police, her mom is a judge, her two sisters are police cadets, and she wants to be a rock star. She's a naturally rebellious troublemaker, and so Manny and Frida get together, and it gets more chaotic. We talked about her being the opposite of Jiminy Cricket; she's the charming devil on Manny's shoulder, the instigator. And subconsciously, I like to believe that that's why her goggles are red. It's basically an homage to Hellboy.

Sandra: What was really cool with the characters along the way is that they got crazier. In the beginning, you could guess what Frida was going to say before she said it, but later on, she was just a loose cannon.

Jorge: People kept asking, "What's her character trait; what's the thing that defines Frida?" and in the end it was rebellion—she was rebellion personified. The idea was that if Manny steals a car, Frida would be like, "Let's blow it up." And that was their dynamic, and basically that's our dynamic. [*laughs*]

Sandra: Cuando me dijiste eso, pensé: *Wow, has resumido a tu familia de un modo increíble*. Jorge, el gran narrador de historias. Lo que quiero decir es que yo no puedo superar a su abuelo. Nadie podría. Durante mucho tiempo pensamos que tenía un ojo de cristal y que veía a través de él. Pero resulta que sólo eran cataratas. Pero nadie le cuestionó porque él era ¡el General!

Mi padre era médico, fue uno de los primeros en Tijuana. Era muy conocido y estricto. Se casó con mi madre y se llevaban veinte años entre ellos. Mi madre era profesora, era muy bella y también muy estricta. Mis tres hermanas estudiaron medicina. Dos de ellas son doctoras, siguieron los pasos de mi padre, y la más joven decidió estudiar veterinaria, que está dentro de la misma categoría. Yo soy la única que estudió arte

Jorge: Uno se puede imaginar, con un padre doctor y tres hermanas estudiando medicina, yo parecía un maleate adolescente, diciendo que íbamos a ser artistas y que íbamos a hacer dibujos animados, ¡que seríamos los Frida Kahlo y Diego Rivera de la animación! Para su padre y su madre, si ella era la oveja negra de la familia, yo era la oveja satánica.

Y de allí salió el personaje de Frida. Su padre es el jefe de la policía, su madre es juez, sus dos hermanas son cadetes de policía, y ella quiere ser estrella del rock. Es rebelde por naturaleza, le gusta meterse en problemas, por eso en cuanto Manny y Frida se juntan, todo se vuelve más caótico. Ella podía ser un Pepito Grillo antagonista. Ella es el demonio encantador detrás de Manny, la instigadora. Inconscientemente, me gusta pensar que por eso sus gafas de protección son rojas. Es como un homenaje a Hellboy.

Sandra: Una cosa genial de los personajes es que se volvían más locos con el tiempo. Al principio, podías intentar predecir lo que iba a decir Frida antes de que lo hiciera, pero más adelante, era totalmente incontrolable.

Jorge: La gente no paraba de preguntarme: "¿Qué tipo de personaje es? Qué la define?". Y al final, era la rebelión… ella era la rebelión personificada. La idea era que, si Manny robaba un coche, Frida le diría: "Explotémoslo por los aires". Esa era básicamente su dinámica, y esa es nuestra dinámica. [*risas*]

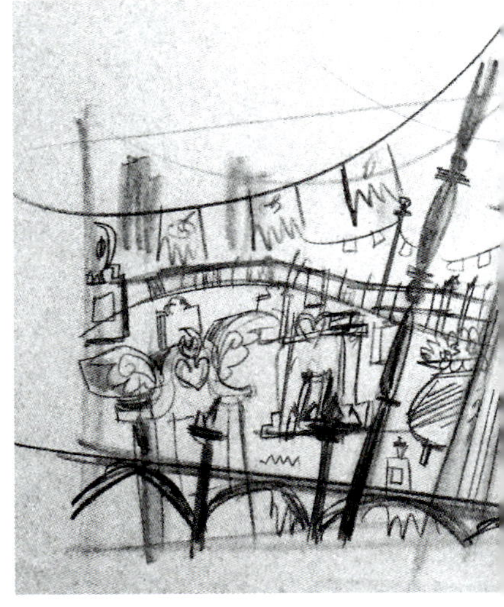

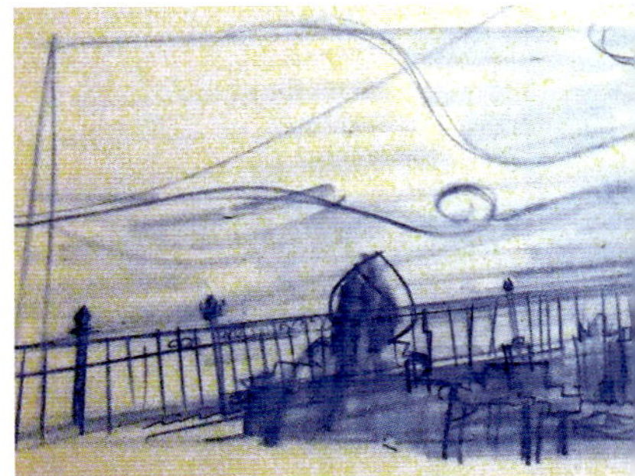

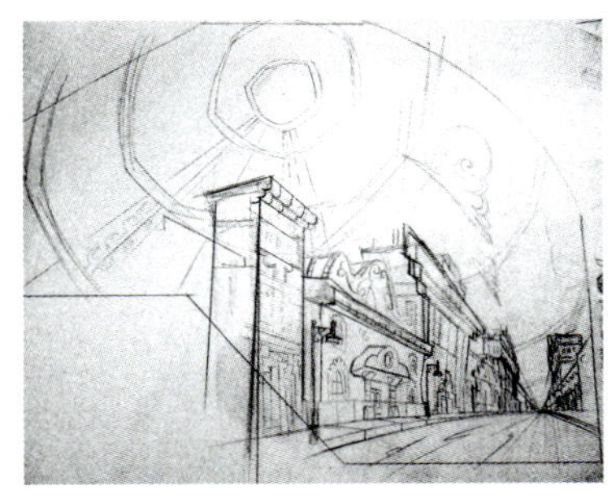

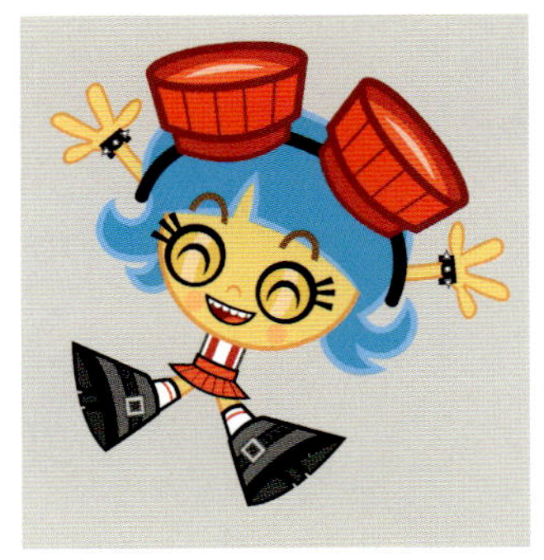

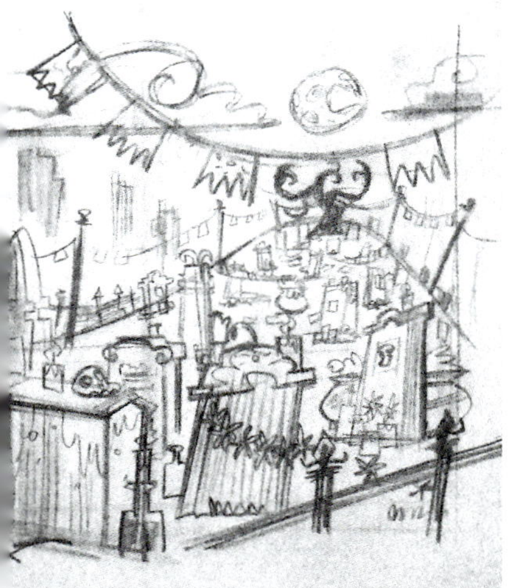

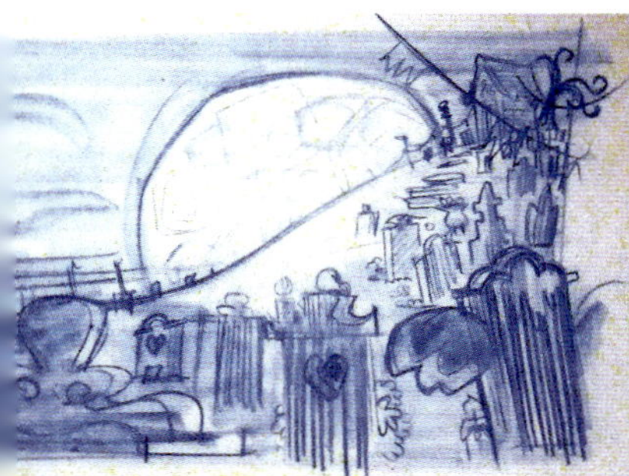

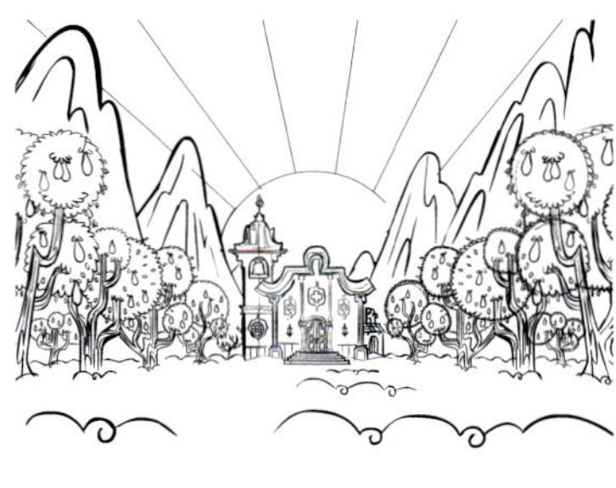

Roman Laney

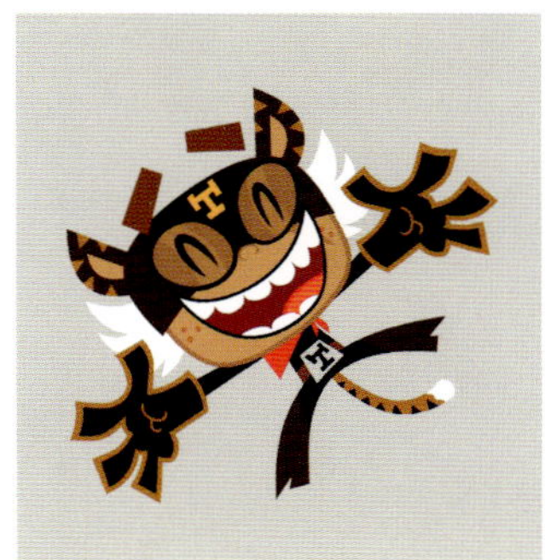

The Pitch

Jorge: So now imagine you're a Nickelodeon executive waiting to hear us pitch our series, and you're hearing us tell you about Tijuana and mosh pits and our crazy families and all this insanity—because when we pitch, we would start with, "this is what inspired this," and then we tell them, "but *this* is the show." Over the years, we learned that when presenting to tell the personal story first, and then we were already pitching the idea. And the way it worked back then, which I don't know if it's still the case, is that they weren't buying the idea so much as they were buying the creators. If their story was interesting and they were interesting, then the show being good was almost an afterthought.

The first *El Tigre* bible was made before the pilot so that they could greenlight the pilot. At the time we were told, "This is the biggest bible we've seen." The fear is that even if you made a really funny pilot, is it good because it is a good short film, or does it really open the possibilities of a series? That's the big dilemma with a pilot. We had to hint at what the series would feel like and make it seem like a stand-alone episode, and by the way, here's everything in his world. Everything's been figured out, all the locations, all the buildings, all the people who help him and are against him. We couldn't take any chances.

We were also being told, "You're not leaving anything to the imagination." So if you turn this in and they don't like it, that's it. The flip side was that if you turn this in and the pilot goes well, then they'll look at the bible and see that it's already been figured out and they'll say, "Let's make that." So it was a huge risk. But I'm always of the belief that if I'm gonna fall on a sword, it's got to be my own sword. It can't be their sword.

We also were pitching at a time when other artists seemed to be less focused on the writing. With me being obsessed with story in addition to us being artists, it worked to our advantage. I have seen a lot of friends make the mistake to pitch a show about the world and forget about the characters. Or they would make the pitch about the characters, but the characters were not living in a unique world. Our pitch was both!

The work and the risk paid off. The bible impressed, and Nickelodeon wanted to proceed to a pilot.

El pitch

Jorge: Imagina que eres un ejecutivo de Nickelodeon esperando escuchar el pitch de nuestra serie, y nos escuchas hablar de Tijuana, conciertos punk, nuestras familias locas y toda esta demencia —porque cuando hacíamos el pitch, comenzábamos explicando que esas eran nuestras fuentes de inspiración y que "así sería el show"—. Con los años aprendimos que es mejor contar primero la historia personal y después vender la idea. Por aquel entonces, no sé si sigue siendo así, no compraban tanto la idea como a los creadores. Si su historia era interesante y ellos eran interesantes, entonces el show sería bueno.

La primera biblia de *El Tigre* se hizo antes que el piloto, para que pudieran darle luz verde. Nos decían: "Esta es la biblia más grande que hemos visto". El miedo es que, aunque hagas un piloto brillante, sea bueno porque es una pieza corta, ¿pero realmente da para una serie? Ese es el gran dilema con los pilotos. Teníamos la intuición de lo que podría ser la serie y lo que podría ser un episodio y, por cierto, aquí tienen, este es todo su mundo. Habíamos pensado absolutamente todo, localizaciones, edificios, toda la gente que lo ayudaría, sus enemigos. No podíamos correr ningún riesgo.

También nos dijeron: "No están dejando nada a la imaginación". Si lo presentas y no les gusta, se acabó tu oportunidad. El otro lado de la moneda es que, si al piloto le va bien, leen la biblia y ven que todo ya está pensado, dirán: "Hagámoslo". Era un gran riesgo. Pero a mí me gusta pensar que si me voy a caer sobre una espada, será sobre mi propia espada. No puede ser la de ellos.

También estábamos haciendo el pitch en un momento en el que los demás artistas estaban menos centrados en escribir. Nosotros éramos artistas y yo estaba obsesionado con la historia y con que siguiéramos siendo artistas. Todo esto nos ayudó. He visto a muchos amigos cometer el error de vender un show con el mundo de la serie pero sin los personajes. O con un pitch muy detallado pero sin un mundo preciso. ¡Nuestro pitch tenía las dos cosa!

El trabajo y el riesgo dieron sus frutos. La biblia los impresionó. Nickelodeon quería lanzarse a hacer el piloto.

Dave Thomas: Five minutes after I received the bible, I was yelling, "This is the greatest bible I've ever read!" And it really was. Not only was the concept fantastic and relatable and funny and cool, but the bible itself was just stunningly beautiful.

Gabe Swarr [assistant director]: I knew Dave Thomas back in the day from a show called *Poochini's Yard* and later when I worked on *The Fairly OddParents* with him. Jorge kept asking me about who I knew at Nick, so I set up a lunch with the three of us at the Burbank Town Center mall food court. This was the first time Dave met Jorge. Dave is very reserved kind of guy, and Jorge is a very big personality. Jorge was looking for an established Nick director to work on *Tigre*. I remember the lunch starting pretty normally, but Jorge immediately jumped straight to "I'm ready to ride into hell with you, Dave Thomas! Let's do this!" Needless to say, Dave didn't know how to react. This spoke volumes about their working relationship through the whole series! Jorge was the passion and drama; Dave was the logic and math.

Dave Thomas: I felt even stronger about the show after meeting Jorge and Sandra. Their energy was so positive, and they had me laughing so hard I was buzzing for hours after.

To complicate the creative matters that every creator must handle on their road to selling a series, the process of pitching, selling, and producing a pilot is not a lucrative one, or even a sustainable way to earn a living, when considering the effort and time involved from start to finish.

Jorge: You know, back then, they paid us ten thousand dollars to work on the pilot.

Sandra: OK, when Jorge's given a certain amount of money, he can do magic with it. He will try his darndest.

Tim Yoon [line producer]: I always felt like Jorge's goal was to take the studio's money and make it look like they spent more. I think the crew did a great job of accomplishing that. It was a young, scrappy, and talented bunch.

Dave Thomas: Cinco minutos después de leer la biblia, yo estaba gritando: "¡Esta es la mejor biblia que he leído nunca!". Y realmente lo era. No sólo el concepto era absolutamente fantástico, sino que te podías relacionar con él, era divertido y fresco. Pero es que además la biblia era impresionantemente bonita.

Gabe Swarr [ayudante de dirección]: Por aquel entonces, yo conocía a Dave Thomas de un show que se llamaba *Poochini's Yard*, y más tarde trabajé con él en *Los padrinos mágicos*. Jorge no paraba de preguntarme a quién conocía en Nick, así que organicé una comida para nosotros tres en el centro comercial de Burbank. Esta era la primera vez que Dave conocía a Jorge. Dave es un tipo muy reservado y Jorge tiene una personalidad enorme. Jorge buscaba un director de Nick establecido para que trabajara en *Tigre*. Recuerdo que el almuerzo comenzó con bastante normalidad, pero Jorge saltó directo a "¡Dave Thomas, me voy al infierno contigo, conduzco yo! ¡Hagamos esto!". Obviamente Dave no sabía cómo reaccionar. ¡Esto se repite varias veces a lo largo de su serie! Jorge era la pasión y el drama. Dave era la lógica y las matemáticas.

Dave Thomas: Después de conocer a Jorge y a Sandra me sentí más seguro aún sobre la serie. Su energía era muy positiva, me hacían reír tanto que me dejaban entusiasmado durante horas después.

Para complicar el proceso creativo, los creadores tienen que manejar como puedan el hecho de que vender una serie, el proceso de hacer el pitch y producir el piloto no es lucrativo, ni siquiera sostenible. No da para ganarse la vida, y es algo para tener en cuenta a la hora de valorar el tiempo y el esfuerzo que se le dedica, desde el principio hasta el final.

Jorge: En ese entonces nos pagaban diez mil dólares para trabajar en el piloto.

Sandra: Jorge puede hacer magia con el dinero. Hará lo imposible y más.

Tim Yoon [productor en línea]: Siempre me pareció que la idea de Jorge era tomar el dinero del estudio y hacer como que se habían gastado más. Creo que el equipo hizo un gran trabajo con esto. Eran un equipo de jóvenes luchadores y llenos de talento.

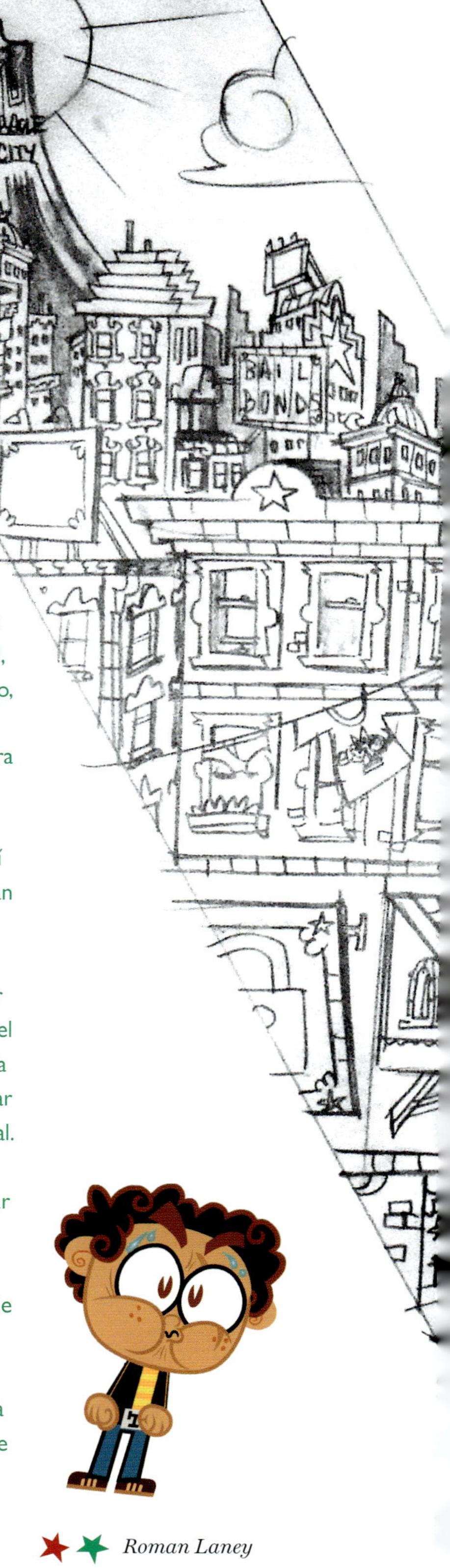

Roman Laney

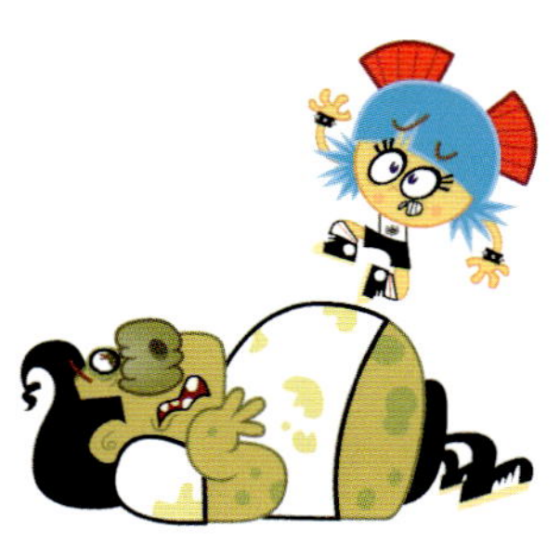

Jorge: Ten thousand dollars to do a pilot and it would take about two years. Unless you're selling drugs or your body on the streets, it's really tough to live. Most pilots happen while you have a full-time animation job working on another show. The studios think that when making a pilot, if you can't pull it off while you have a full-time job, you probably can't pull off your own show. And we're not going to give you a lot of money because, if you think you're going to get rich from a pilot, then you're not in it for the right reasons. At least, that's what I like to believe they think.

When we started doing the *El Tigre* pilot I made a humongous decision that, looking back, I owe all to Sandra. What ended up happening was *¡Mucha Lucha!* was ending, I was doing Disney freelance for *Yin Yang Yo!* and Sandra was working on *Wow! Wow! Wubbzy!* And then I got fired from *Yin Yang Yo!*

Sandra: [*laughs*] Bob Boyle is the creator of *Yin Yang Yo!* and the nicest guy, and it's funny to think that the first person who fires Jorge, the *only* person who has ever fired Jorge, was really sweet Bob Boyle.

Jorge: And he was absolutely right to. I was working forty—let's say back then, we were working probably sixty hours a week, and I was probably spending fifty hours on *El Tigre* and ten hours on *Yin Yang Yo!* as my full-time job, so the stuff was not very good, and after a few weeks, they fired me. It was one of those moments, like an episode of *Saved by the Bell*, where everything stopped and I realized, *All right, moving forward, I have a choice to make. I can either get another full-time job and do a crappy job earning a living while I kill myself on the* El Tigre *pilot, or I can just focus on the pilot and basically not get paid and spend all the money they're going to pay me on other people to help me make it better. And Sandra has a full-time job on* Wubbzy *and will support me for a year.*

Sandra: He said, "Support me for a year and I will pay you back tenfold! A million-fold! And in children!"

Jorge: Basically, Sandra supported us for a year, and there's no bigger motivation than knowing that the person you love is paying for you to do this thing. So I killed myself on that pilot; we had an incredible crew.

Jorge: Diez mil dólares para hacer un piloto, que lleva dos años de trabajo. A no ser que vendieras drogas o tu cuerpo, era muy difícil vivir con eso. La mayoría de los pilotos se hacen cuando tienes un trabajo a tiempo completo en otro show. Los estudios piensan que cuando estás haciendo un piloto, si no puedes sacarlo adelante con un trabajo a tiempo completo, probablemente tampoco podrás sacar adelante tu show. Y no te dan mucho dinero, porque si piensas que te vas a hacer rico con un piloto, entonces no estás aquí por los motivos adecuados. Al menos así es como yo creo que piensan.

Cuando empezamos con el piloto de *El Tigre* yo tomé una decisión gigantesca que, si lo pienso ahora, le tengo que agradecer a Sandra. Lo que pasó fue que, cuando *¡Mucha Lucha!* se terminaba, yo estaba trabajando como diseñador de personajes para Disney en *Yin Yang Yo!* y Sandra estaba trabajando en *Wow, Wow, Wubbzy!* ¡Y entonces me despidieron de *Yin Yang Yo!*

Sandra: [*risas*] Bob Boyle es el creador de Yin Yang Yo! y un hombre adorable. Es gracioso que la primera persona que ha despedido a Jorge, la única persona que ha despedido a Jorge, fue el dulce Bob Boyle.

Jorge: Y tenía toda la razón para hacerlo. Yo estaba trabajando cuarenta, o digamos unas sesenta horas por semana, y estaba dedicando alrededor de cincuenta horas a *El Tigre*, y unas diez a *Yin Yang Yo!*, que era mi trabajo a tiempo completo. Por lo tanto, mis diseños no eran tan buenos y, después de algunas semanas, me despidieron. Fue un momento de esos a lo Salvado por la campana, donde todo se para y me dije: *Bueno, de ahora en adelante tengo que tomar una decisión. O tomo otro trabajo a tiempo parcial y hago un trabajo a medias para ganarme la vida mientras me mato en el piloto de El Tigre o me centro en el piloto y básicamente no cobro, me gasto todo el dinero que me den en contratar a otras personas para ayudarme a hacerlo mejor. Y Sandra tiene un trabajo a tiempo completo en Wubbzy y me mantendrá durante un año.*

Sandra: Me dijo: "¡Mantenme durante un año y te daré diez veces más de vuelta! ¡Un millón más! ¡Y con niños!".

Jorge: Sandra nos mantuvo a los dos durante un año. No hay mayor motivación que saber que la persona que amas te paga para que hagas esto. Me maté por ese piloto. Teníamos un equipo impresionante.

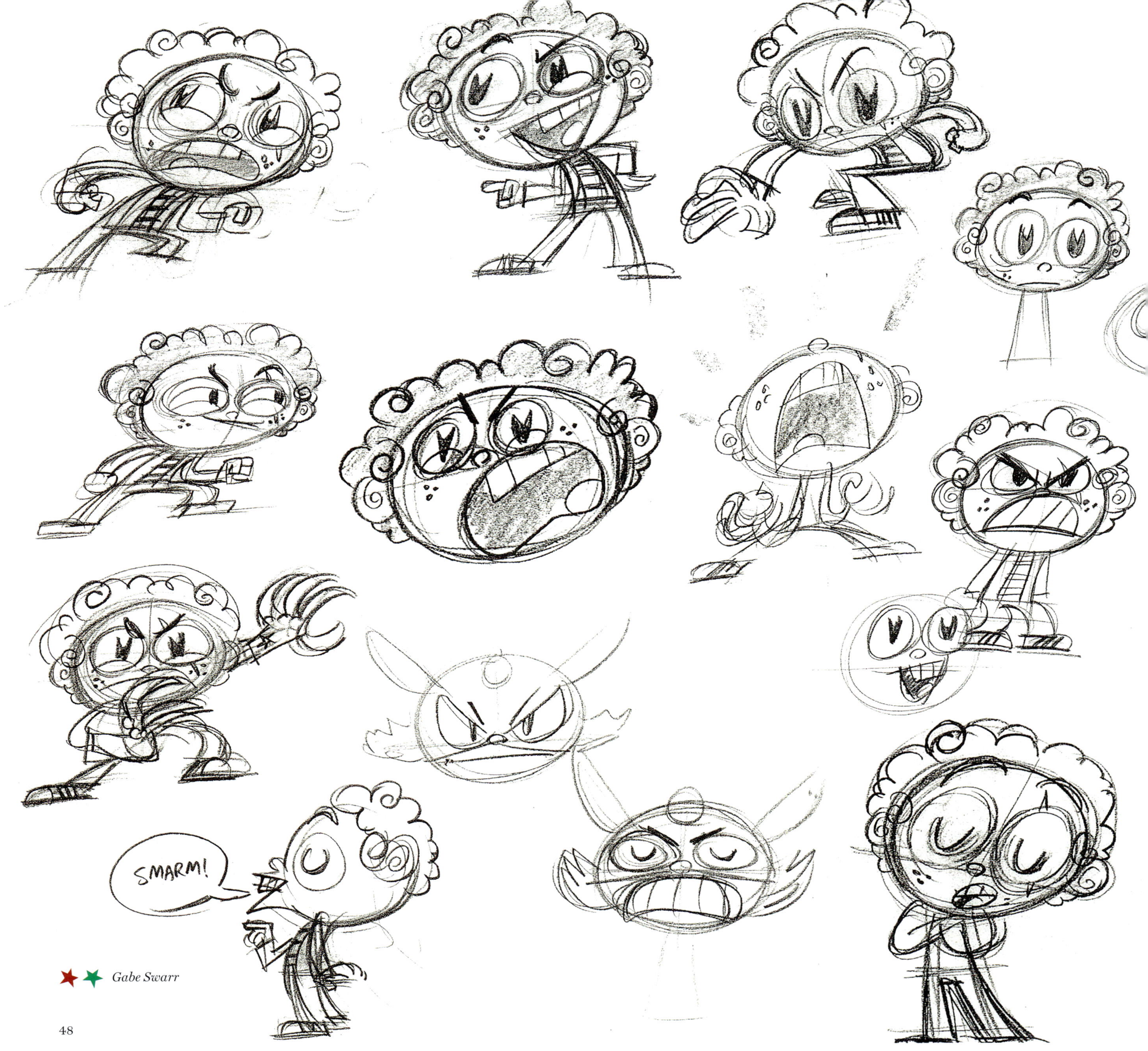

Gabe Swarr

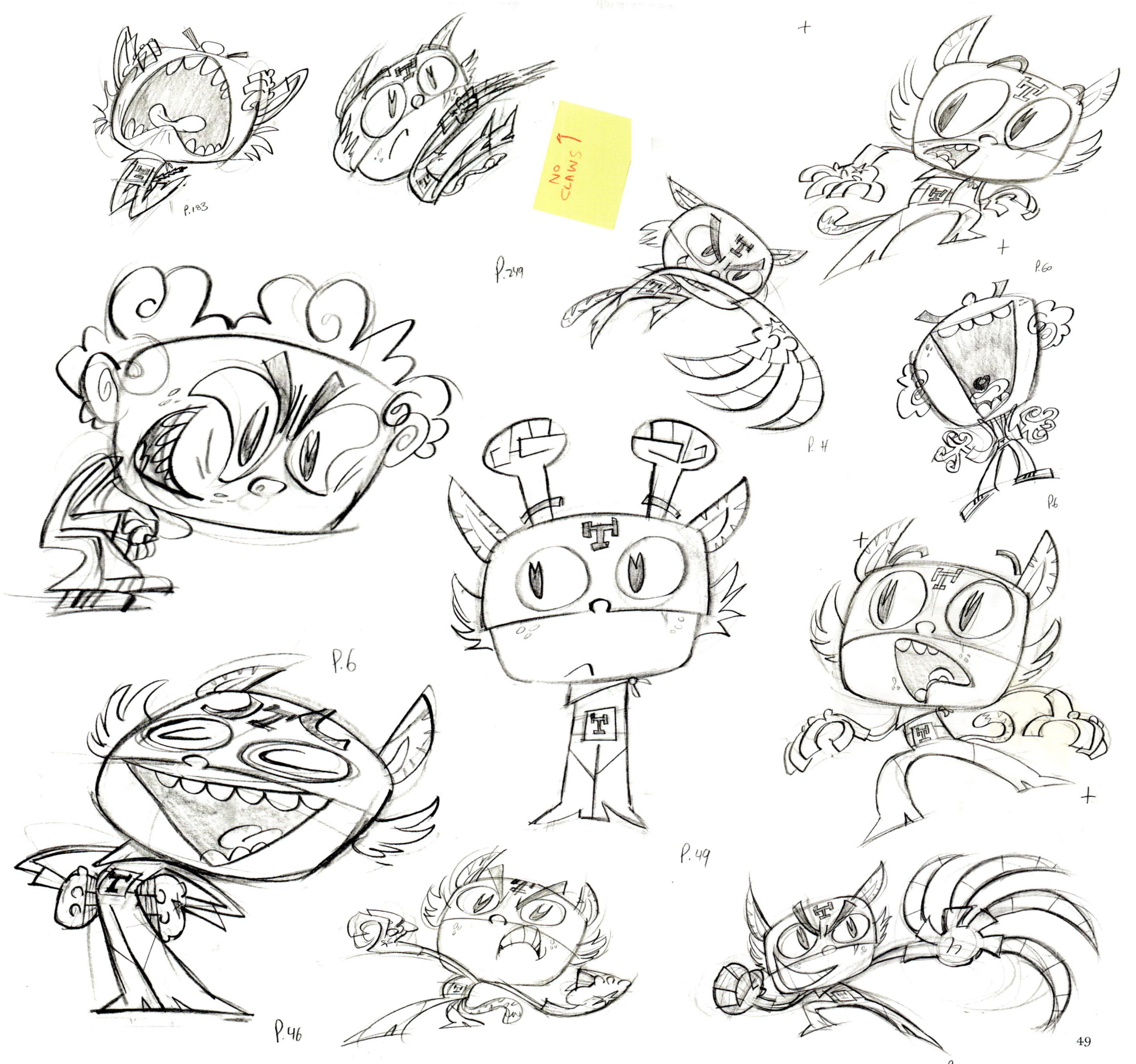
P.183
NO CLAWS
P.249
P.60
P.4
P.6
P.6
P.49
P.46

Gabe Swarr: I worked on the pilot and did all the specialty poses and cut the animatic with Dave and Jorge. It was a ton of fun and exciting to dream that this could actually be a show.

Dave Thomas: Nickelodeon was bursting at the seams, and there was no room for us in the main studio building. They rented space for us in an abandoned orthodontist's office, and we made the pilot there. It was a sort of out-of-sight-out-of-mind situation, and we definitely benefited from "benign neglect." By the time they remembered we were there, we had almost finished the pilot!

Fred Osmond [storyboard artist]: Working on the pilot was such an exciting time! It felt like we were a ragtag group of cartoonists stuffed into this dilapidated old building and left to our own devices. There were some real "Termite Terrace" vibes happening in that little building.

Gabe Swarr: We knew we were doing the first Flash show at Nick, so we had a lot to prove. This show was everything we learned from working on the first Flash shows at WB (*¡Mucha Lucha!*) and Disney (*The Buzz on Maggie*).

Jorge: We were not only the first Flash show at Nickelodeon, but we were the first show to do storyboards all digitally there.

Dave Thomas: Mark Taylor, who was the head of production for Nickelodeon, loved the series and saw it as a way to advance technology in the production of animation. Shows made in Flash up until that point had largely been low budget. Mark asked, "What would it look like if we gave a Flash show a full budget?"

I remember Mark sitting patiently through my thirty-minute tirade about the folly of replacing a one-cent piece of paper with a three-thousand-dollar computer monitor. However, fifteen minutes after the Cintiq showed up in my office, I bought one for myself.

Jorge: All the other crews, I think, resented us. They were like, "Look at these young digital nerds who are trying to change things. We do cartoons this way, and how dare you."

Sandra: That pilot rattled some cages over there. For how young we were, we were still kind of experienced, because

Gabe Swarr: Yo trabajé en el piloto, hice todas las poses especiales y corté el animatic para Dave y Jorge. Pensar que esto podría realmente volverse una realidad, un show de verdad, era enormemente emocionante y divertido.

Dave Thomas: Nickelodeon estaba a reventar de gente y no quedaba sitio en el edificio principal. Alquilaron un espacio para nosotros en una clínica dental abandonada, y allí hicimos el piloto. Era difícil de ver y de creer, nos benefició mucho no caber en el edificio. Para cuando vinieron por nosotros, ¡casi habíamos terminado el piloto!

Fred Osmond: ¡Trabajar en el piloto fue súper emocionante! Recuerdo que éramos como un grupo de dibujantes de dibujos animados chiflados, apelotonados en un viejo edificio destruido, perdidos a nuestra suerte. Me recordaba a Termite Terrace.

Gabe Swarr: Sabíamos que estábamos haciendo el primer show en Flash de Nickelodeon y teníamos que estar a la altura. En este show aplicamos todo lo que aprendimos al trabajar en Flash en WB (*¡Mucha Lucha!*) y Disney (*La Mosca Maggie*).

Jorge: No sólo éramos el primer equipo en trabajar con Flash en Nickelodeon, sino también el primero en hacer storyboards digitales allí.

Dave Thomas: Mark Taylor, que era jefe de producción en Nickelodeon, adoraba la serie y la veía como un avance en la producción de animación. Los shows que se habían hecho hasta el momento en Flash eran de bajo presupuesto. Mark se preguntó: "¿Cómo quedaría si le diésemos un presupuesto en condiciones?".

Recuerdo a Mark sentado pacientemente escuchando mi diatriba de media hora sobre lo loco que era cambiar el papel, que costaba un centavo, por un monitor de dibujos digitales que costaba tres mil dólares. Sin embargo, a los quince minutos de tener al Cintiq en mi oficina, me compré uno.

Jorge: Yo creo que otros equipos nos tenían envidia. Era como que pensaban: *Miren a estos mocosos digitales intentando cambiarlo todo. Los dibujos se hacen así, en papel.*

Sandra: El piloto despertó algunas hostilidades allí. Para lo jóvenes que éramos, no teníamos demasiada experiencia,

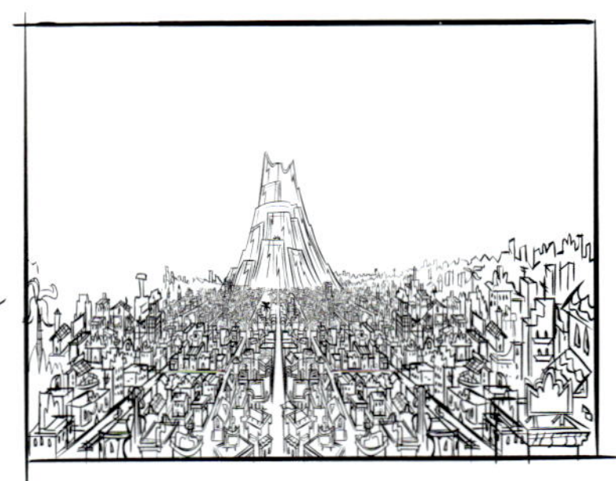

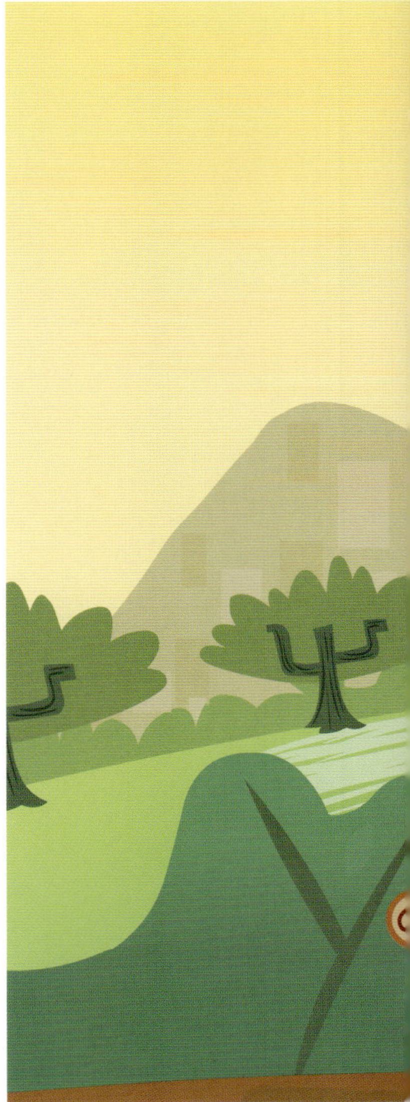

★ Visual Development

Early background development art did not yet have the distinctive look achieved by adding the additional layer of artistic textures and brush strokes on top of the vector art base.

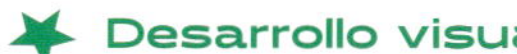

Desarrollo visual

El arte de los primeros desarrollos de fondos no tenía esa apariencia tan distinguida que logramos añadiendo capas de texturas artísticas y toques de pincel sobre el arte de la base vectorial.

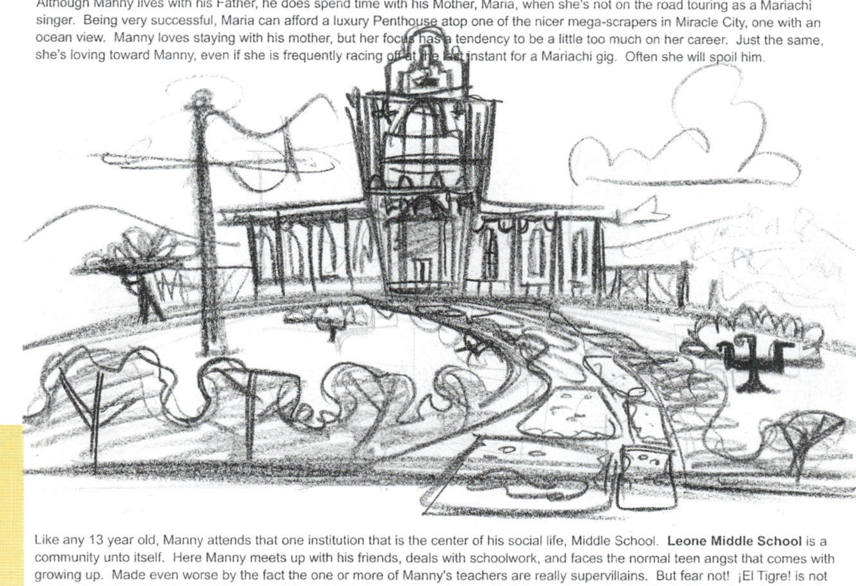

Although Manny lives with his Father, he does spend time with his Mother, Maria, when she's not on the road touring as a Mariachi singer. Being very successful, Maria can afford a luxury Penthouse atop one of the nicer mega-scrapers in Miracle City, one with an ocean view. Manny loves staying with his mother, but her focus has a tendency to be a little too much on her career. Just the same, she's loving toward Manny, even if she is frequently racing off at the last instant for a Mariachi gig. Often she will spoil him.

Like any 13 year old, Manny attends that one institution that is the center of his social life, Middle School. **Leone Middle School** is a community unto itself. Here Manny meets up with his friends, deals with schoolwork, and faces the normal teen angst that comes with growing up. Made even worse by the fact the one or more of Manny's teachers are really supervillains. But fear not! ¡El Tigre! is not about a teenage boy and his hallway exploits and classroom capers, far from it, this is only one destination in the vast world that belongs

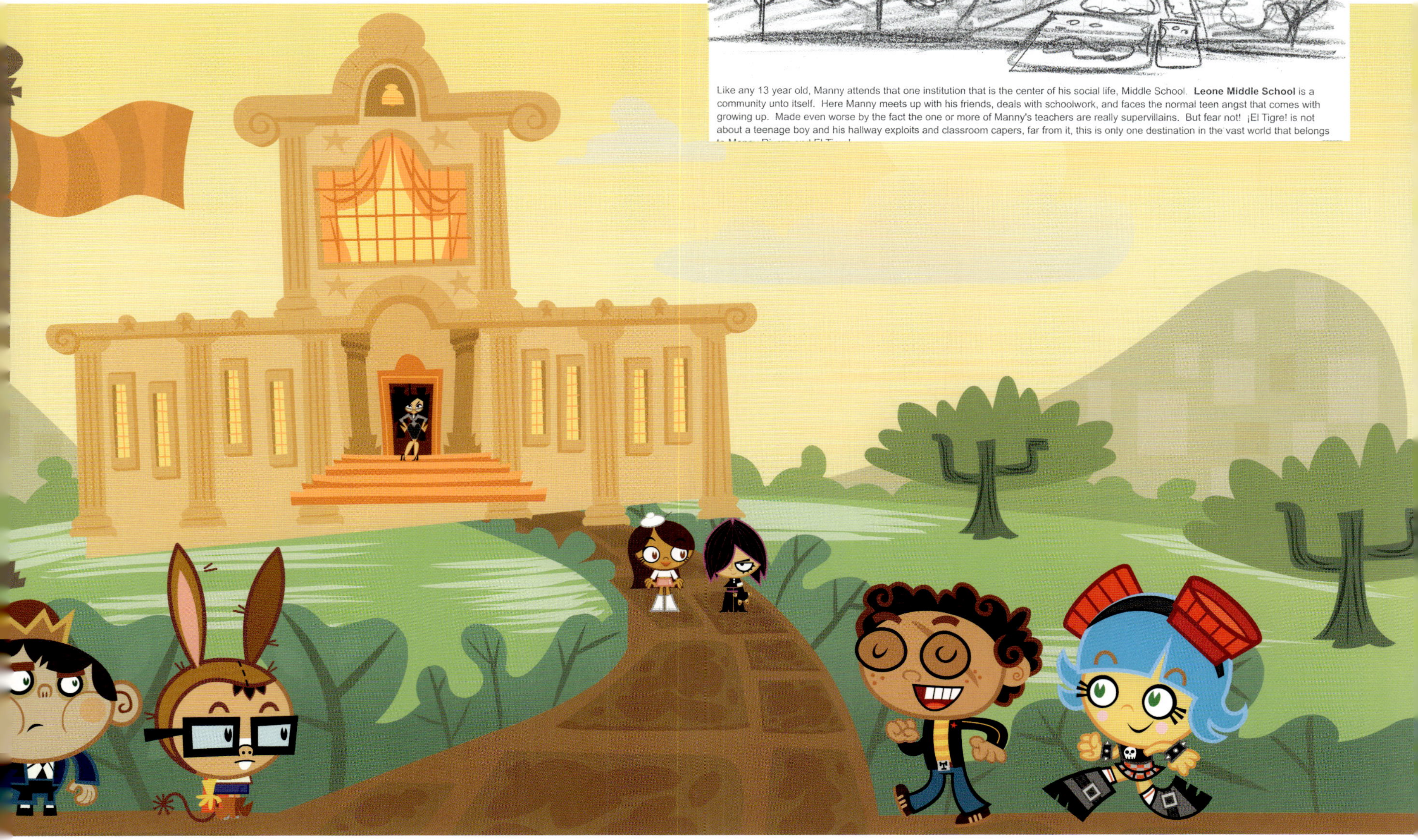

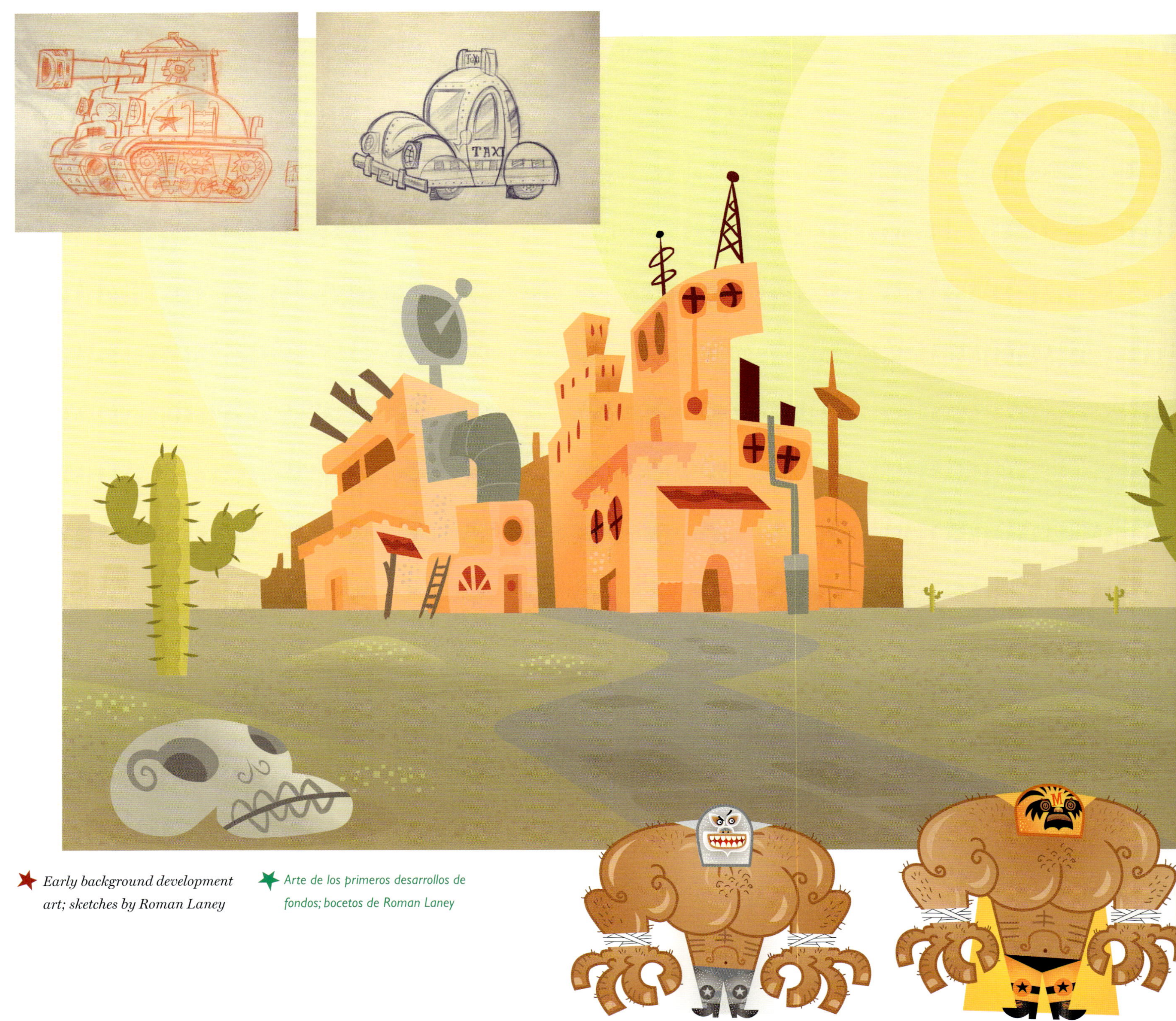

Early background development art; sketches by Roman Laney

Arte de los primeros desarrollos de fondos; bocetos de Roman Laney

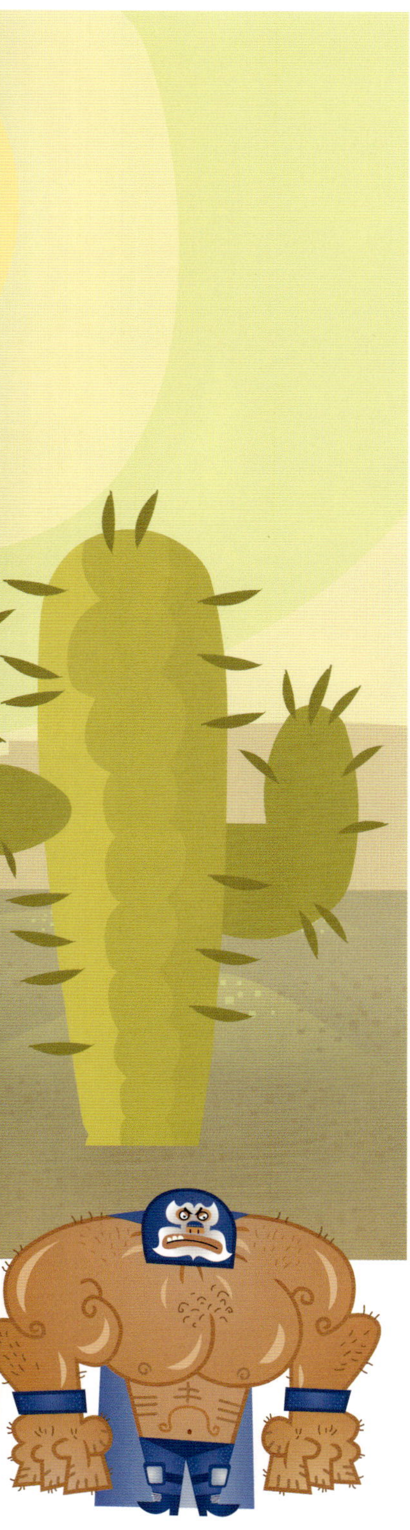

we had a lot of people coming in from other battles, like Tim Yoon, our line producer, who is still with us to this day. He was the producer of *Maya and the Three.*

Jorge: We were like Manny and Frida; we were drunk with ambition. It was like we were not competing with anybody else; we were competing only with ourselves.

Roman Laney: We had a youthful exuberance that we could try things a bit differently, adjust the process a little and get more good-looking work on screen. Jorge really supported it. If you could make a good case for how to streamline making the show, he'd give you his blessing.

Sandra: We couldn't have asked for a better experience; all of us had really good chemistry, everybody knew each other really well, and everybody spoke to each other. I mean, that really helped a lot.

Jorge: Once the pilot had been figured out, then you had to do another series bible to define what the series is. The pilot is where you learn a ton, and then you say, let's make the series everything that worked from the pilot, but now let's expand things and open things up . . . What is an episode like, and what is a season like?

For series bible reference, they made the mistake of giving us the *Avatar: The Last Airbender* bible, which was the size of a literal bible, leatherbound, with all the histories of the realms, and I was really overwhelmed. I decided to treat this as if someone had to describe an iconic superhero character's world that lives in a city: What is Spider-Man's world like? What is Batman's world like? That was my intent to describe *El Tigre's* Latino superhero world. All these other superheroes have these really amazing rogues' galleries, and their city really defines them.

Miracle City is Mexico City. Calavera is basically Tijuana. We really tried to get specific but universal. We wanted to depict the subjectivity in "good and evil." You could be a really good, nurturing villain, or you could be a really horrible hero. This was Mexico. You had these horrible cartel people funding hospitals for children and schools, and then you have the politicians and the police who are supposed to be the good guys, and many are super corrupt and kidnapping people. We wanted to design a gray morality for everything in the city.

porque veníamos de batallas distintas, como Tim Yoon, nuestro productor, que sigue siéndolo hoy en día. Él fue el productor de *Maya y los tres.*

Jorge: Éramos como Manny y Frida, estábamos borrachos de ambición. No competíamos contra nadie más, competíamos contra nosotros mismos.

Roman Laney: Teníamos el entusiasmo juvenil de poder probar cosas diferentes, ajustar un poco el proceso y lograr un mejor resultado en cámara. Jorge nos apoyó. Si tenías una idea para agilizar un proceso, te daba luz verde.

Sandra: No había experiencia mejor. La química entre todos nosotros era fantástica. Todo el mundo conocía a todo el mundo, y hablábamos entre nosotros. Esto ayudaba muchísimo.

Jorge: Una vez que tienes el piloto, tienes que hacer otra biblia de la serie, para definirla. Con el piloto aprendes mucho, y luego te dices, hagamos en la serie todo lo que ha funcionado en el piloto, pero ahora ampliémoslo, abramos la experiencia... ¿Cómo es un episodio? ¿Cómo es una temporada?

Cometieron el error de darnos la biblia de *Avatar: la leyenda de Aang* como referencia para hacer la nuestra. Esa biblia tiene el tamaño de una biblia de verdad, con tapa de cuero, y contiene las historias de todos los reinos. Era algo abrumador. Decidí interpretarlo como si alguien tuviera que describir el mundo de un superhéroe muy importante que vive en una ciudad: ¿Cómo es el mundo de Superman? ¿Cómo es el mundo de Batman? Pensando de esta manera, describí el mundo de los superhéroes latinos de *El Tigre*. Todos ellos tienen una galería increíble de villanos, y la ciudad lo describe.

Ciudad Milagro es la Ciudad de México. Calavera es básicamente Tijuana. Queríamos ser concretos y universales. Buscábamos mostrar la subjetividad en "el bien y el mal". Podías ser un villano bueno y cuidadoso, o un héroe horrible. Eso era México. Tenías a gente de cárteles horribles, fundando hospitales para niños y escuelas, y luego políticos y policías, los que se supone que son los buenos, muchos de ellos corruptos y secuestrando a gente. Queríamos diseñar una moral gris para toda la ciudad.

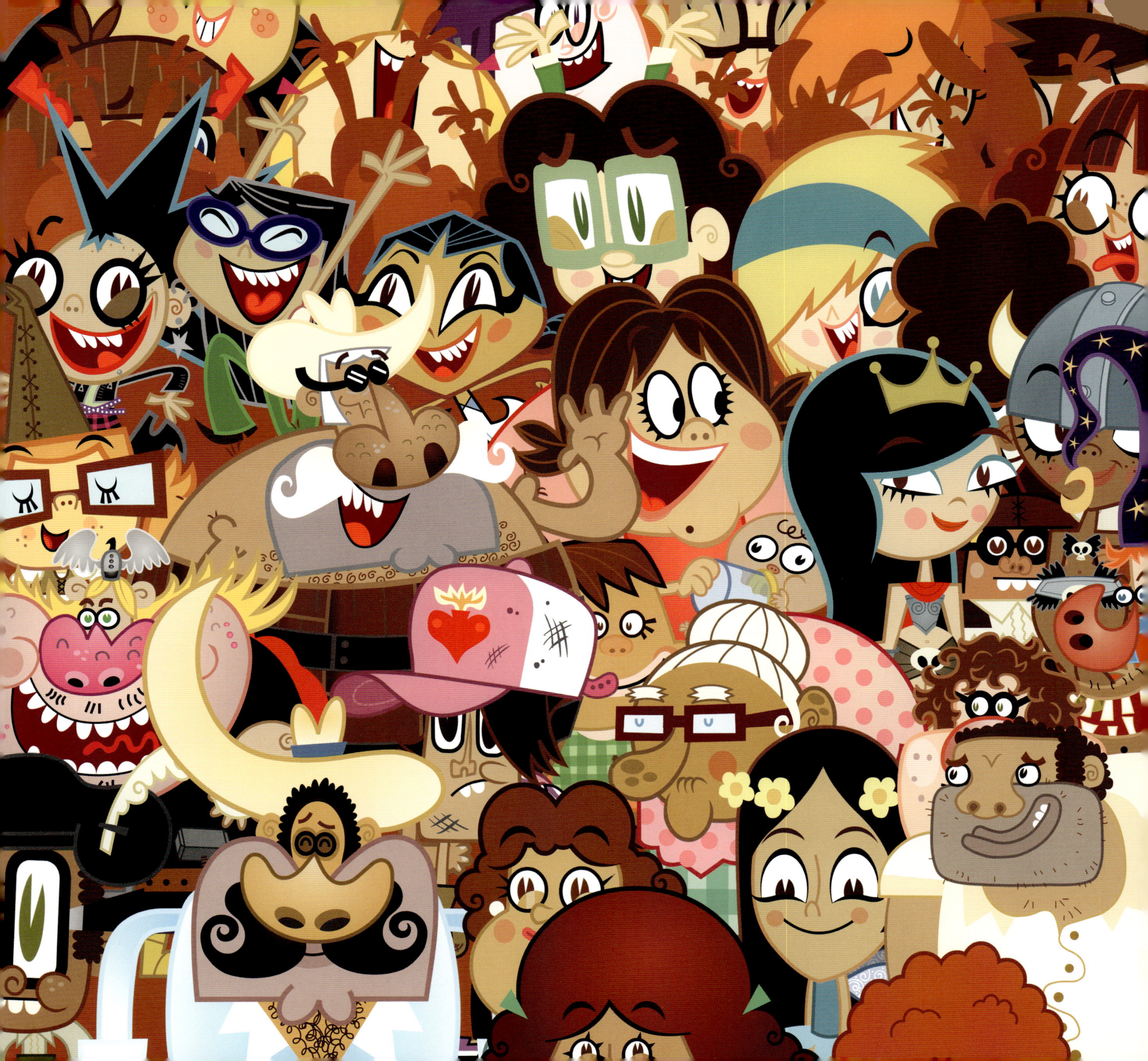

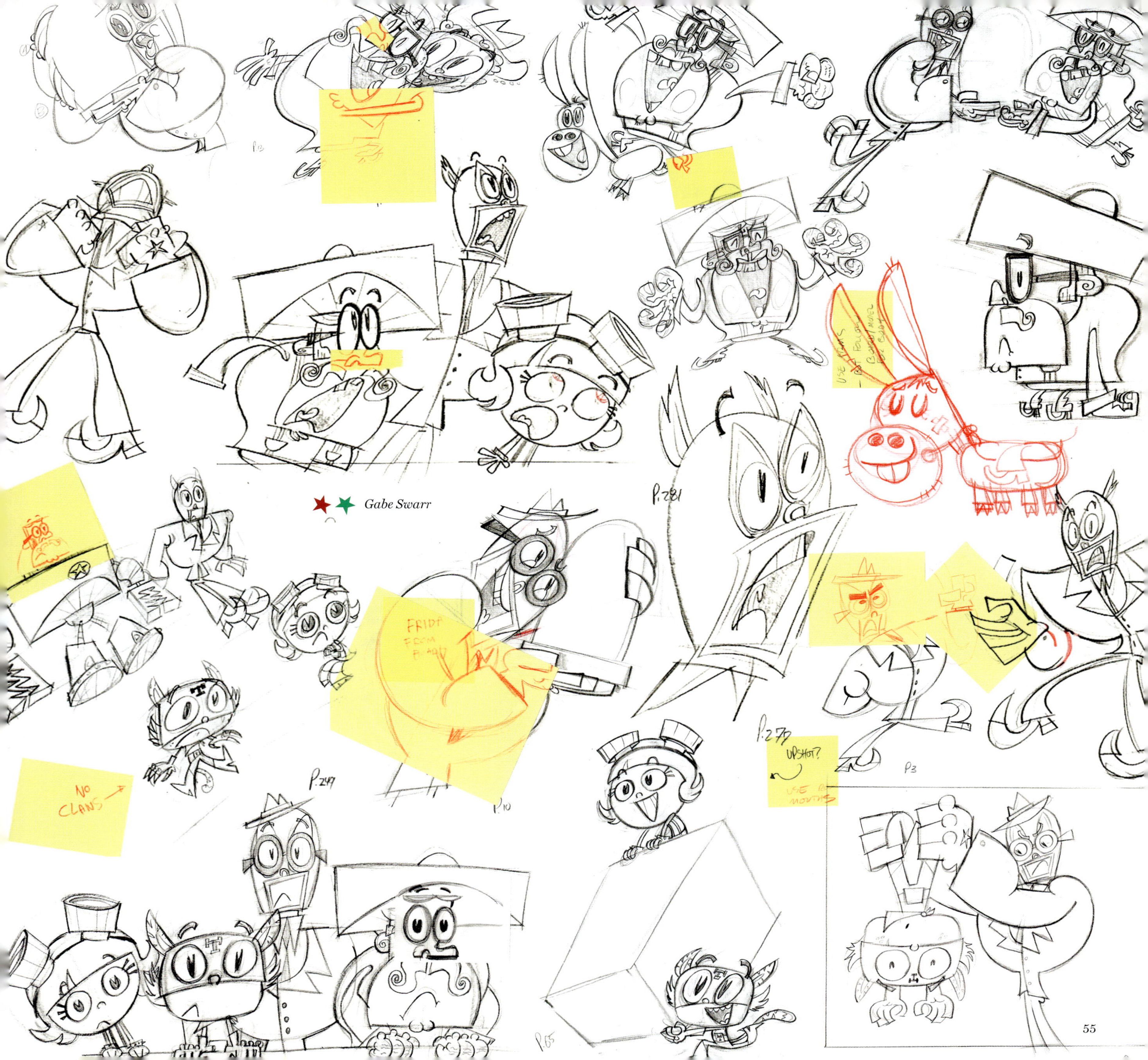

Gabe Swarr

The Beginning

The series was greenlit and moved into production. Through an intense and brief period, the crew brought this fresh series to life on the televisions of audiences who had been waiting for something like it their whole lives.

Katie Rice [storyboard revisionist]: I remember everything being exciting. Sandra and Jorge were kind of famous as these artists who were making things no one had really seen yet, and I think we all wanted to be close to that. Plus, the show was all about good-natured trouble, and I think the crew that came together reflected that. I felt a lot of pride being on the *El Tigre* crew.

Fred Osmond: Despite it feeling small, I'll always remember the way Jorge and Sandra made me feel. Like it was a big deal that they got me to work on their cartoon. I don't usually use sports analogies, but it felt like I was one of their top draft picks, and when someone treats you like they're lucky to have you, the last thing you want to do is let those people down. So you work harder and with more passion than maybe you ever have before.

The funny thing is, I wasn't a big deal. I'd had a few animation jobs before but really wasn't all that established. If anything, I was lucky to have them.

Fast-forward some amount of time, the pilot was a success, the show was greenlit, and we were moved into a much larger (though still somewhat dilapidated) building. And as more and more people started coming onto the show, I realized Jorge and Sandra were treating everyone the same way that they had treated me on the pilot. Like they were lucky to get them. "Hey, can you believe we got so and so?!" And they were completely sincere about it.

By lifting us all up individually, it helped the crew adopt this sense of gratitude that Jorge and Sandra fostered, and so we all lifted each other up that much more.

Jorge: During *El Tigre*, because we are bilingual, we did a ton of press for Latin America. For them to be able to promote the show, they were like, "These creators are from your continent, and they're from your country, and look! They speak your language!" And then in the US, the promo was like, "Oh, you love tacos? Well, here's animation tacos!" [*laughs*]

El comienzo

La serie recibió luz verde y empezamos a producirla. A lo largo de un periodo intenso y breve, el equipo dio vida a una serie resplandeciente en las televisiones de un público que llevaba esperando algo así toda su vida.

Katie Rice [supervisora de storyboard]: Recuerdo que todo era muy emocionante. Sandra y Jorge eran famosos por ser los artistas que hacían lo que nadie había visto hasta ahora, y creo que todos queríamos estar cerca de eso. El show trata el peligro desde la bondad, y el equipo que se formó lo reflejaba. Me sentí muy orgullosa de formar parte del equipo de *El Tigre*.

Fred Osmond: Siempre recordaré cómo Jorge y Sandra me hacían sentir. Como si para ellos fuera algo grande que yo trabajara en su serie. No suelo hacer comparaciones deportivas, pero me sentía como si fuera uno de sus mayores fichajes, y cuando alguien te muestra que es afortunado por tenerte, lo último que quieres hacer es defraudarles. Así que trabajas más y con más pasión de lo que has hecho nunca.

Lo divertido está en que yo no era tan importante. Había hecho alguna otra animación antes, pero no estaba tan establecido. Yo era el afortunado de tenerlos.

Viajando un poco más adelante en el tiempo: el piloto fue un éxito, dieron luz verde para el show y nos movimos a un edificio mucho más grande, aunque también destartalado. Más y más gente vino a trabajar en el show, y me di cuenta de que Jorge y Sandra trataban a todos de la misma manera que a mí en el piloto. Como si fueran afortunados de tenerlos. "¡¿Sabias que hemos conseguido a tal y tal?!". Y estaban siendo totalmente sinceros.

Jorge y Sandra iban levantándose uno a uno, crearon un sentimiento de gratitud en todo el equipo, que luego nosotros extendíamos entre nosotros.

Jorge: Como somos bilingües, pudimos hacer mucha promoción en Latinoamérica. Los periodistas decían: "Ey, tenemos a estos creadores de nuestro continente, ¡y hablan nuestro idioma!". Y en Estados Unidos la promo era algo así como: "¿Te gustan los tacos? ¡Mira, tacos animados!" [*risas*]

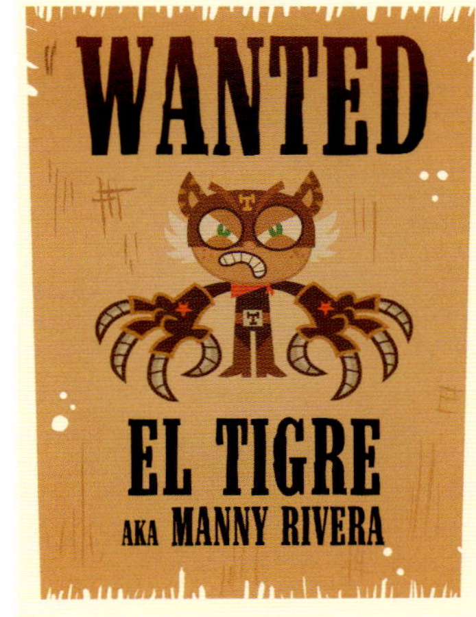

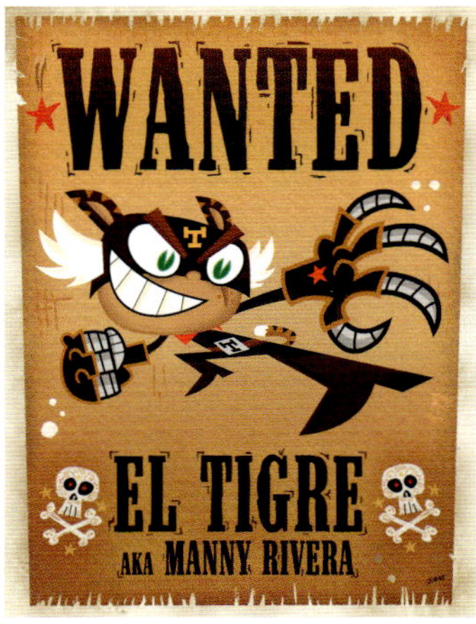

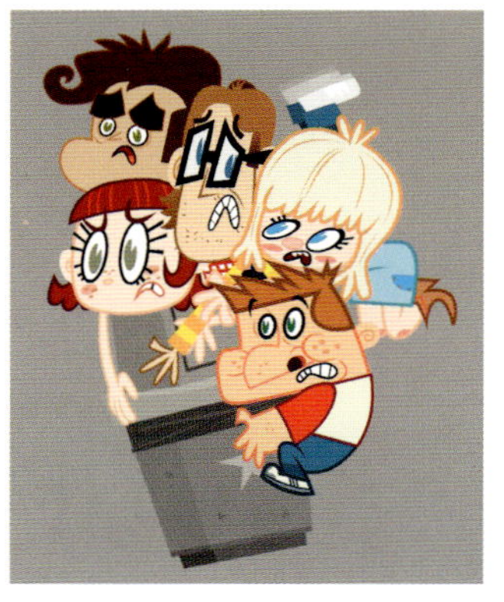

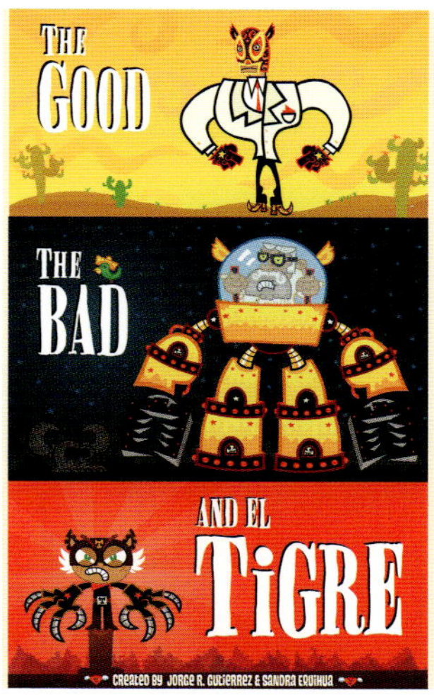

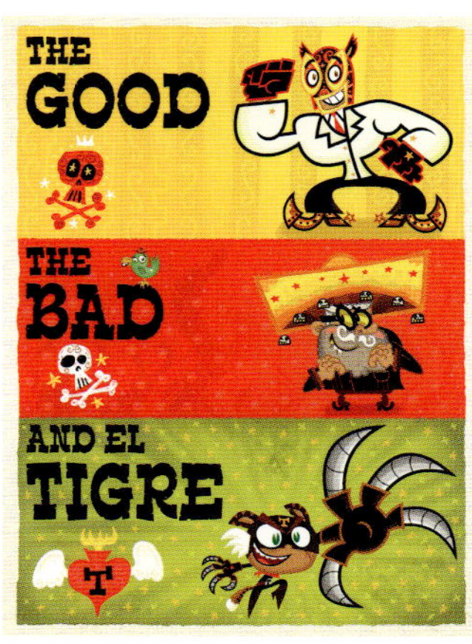

★ *Promotional images from the pitch bible (top), with revised versions (above) from the series in production*

★ *Imágenes de promoción de la biblia del pitch (arriba) con versiones revisadas (abajo) de la serie durante la producción*

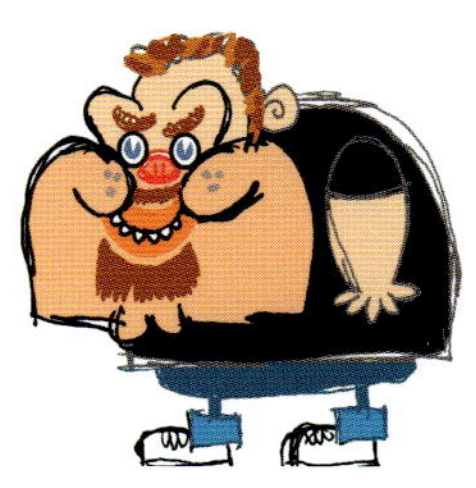

The End

Jorge: As happens every few years, it was a transitional period at the studio. There are always regime changes with the executives, and allies get fired and then the new class would come in and go, "Well, this isn't my show. If I support this and it becomes a success, I can't be credited for that, because it's not my baby." So we had to learn to navigate through all those things, and when the show got picked up, we were in Disneyland with my parents when we got the call from Margie Cohn that the show was picked up for only twelve episodes. They were unsure we could pull it off. We were first-time creators, we were a young crew; I think they were really nervous that we could pull it off once the show got going. I think we got canceled around eighteen episodes in, so for the last chunk, we already knew we were canceled and were able to sort of go crazy.

And then the show won five Emmys. It was really bittersweet. It also won an Annie for best show and one for character design. It kept getting nominated and winning awards.

Sandra: I think we found out that we were canceled by mistake, at a wedding. We were toasting with a friend, and they said, "So sorry about your show, it was a really good show," and we were like, "Whaaaat . . . ?"

Jorge: It was the crew from *The Mighty B!*

Sandra: And our friend, who we will not name, to this day, they do feel terrible about that.

Dave Thomas: The entire crew held itself to a high artistic standard, delivered the series on time, on budget, and enjoyed the process as well. So many friendships were forged on that series. It's really a testament to Jorge and Sandra. The family tree of *El Tigre* is remarkable as well. So many showrunners and creators came out of that crew, and I think it's due to the lessons we learned from each other.

Jorge: When we got canceled, Sandra and I had very different reactions.

Sandra: I didn't get sad, I got mad. I got really pissed off.

Jorge: For me it was different. It was like, "thank you." And now I can't wait to see what we do next. I always thought about this,

El final

Jorge: Como es habitual cada ciertos años, el estudio estaba en etapa de cambios. Siempre hay cambios entre los ejecutivos, despiden a los aliados, entra la nueva generación y dicen "¡Este no es mi show! Si lo apoyo y triunfa, no seré el responsable". Tuvimos que aprender a navegar todas esas cosas. Cuando nos dijeron que habían seleccionado el show, yo estaba en Disneylandia con mis padres, y recibí una llamada de Margie Cohn diciéndome que sólo lo habían seleccionado para doce episodios. No estaban seguros de que pudiéramos sacarlo adelante. Era nuestra primera creación, y éramos jóvenes. Creo que lo que los tenía muy nerviosos era si podríamos seguir con ello una vez que el show estuviera en marcha. Creo que nos cancelaron el show después de haber hecho unos dieciocho episodios, así que para el último tramo, sabiendo que nos cancelaron, pudimos volvernos un poco más locos.

Y de ahí ganamos cinco premios Emmy. Era agridulce. También ganamos un Annie al mejor show y otro al mejor diseño de personajes. No paraba de recibir premios y nominaciones.

Sandra: Creo que descubrimos que nos cancelaban de casualidad, en una boda. Estábamos brindando con un amigo y dijo: "Siento mucho lo de su show, era muy bueno". Y nosotros le contestamos: "¿¡Quéeee!?".

Jorge: Eran del equipo *de ¡La súper abeja!*

Sandra: Nuestro amigo, cuyo nombre no diré, se sintió súper mal.

Dave Thomas: El equipo entero mantuvo unos estándares artísticos altísimos, entregaron la serie a tiempo, dentro del presupuesto, y además disfrutaron mucho. Durante aquella serie se forjaron muchas amistades. En realidad es un testamento para Jorge y Sandra. El árbol genealógico de *El Tigre* es inolvidable. Muchos directores y creadores famosos fueron miembros del equipo, y creo que es por las lecciones que todos aprendimos entre todos.

Jorge: Cuando nos enteramos de la cancelación, las reacciones de Sandra y mía fueron muy distintas.

Sandra: Yo no me puse triste. Me enfadé. Me enfadé muchísimo.

Jorge: Para mí fue diferente. Era como que "gracias". Y ahora no puedo esperar a ver qué es lo siguiente que haremos. Siempre

if *El Tigre* had not been canceled and it kept going, I don't think we would have ever made *The Book of Life*, because [Pixar's] *Coco* would have come out first and then people would have been like, "you're trying to rip off *Coco*." Thanks to *El Tigre* getting canceled, *The Book of Life* happened, and happened first.

When I pitched *The Book of Life* to Guillermo del Toro personally at his home, it was a famously bad pitch. It was a disastrous pitch. At the end, when I was apologizing and telling him I was sorry, he said, "Jorge, I have two daughters, and every Saturday we would watch *El Tigre*. I know your sense of humor, I know your art, I know how much you love our culture. Of course I want to produce your movie." So without *El Tigre*, there would be no *The Book of Life*.

El Tigre was something we adored and changed our lives, but I'm happy it existed at that moment in time and that it didn't keep going forever. I'm happy I'm not on *El Tigre* season twelve.

Sandra: *El Tigre* is like a dead tree that keeps giving fruit.

pienso que si *El Tigre* no hubiera sido cancelado, si hubiera continuado, no habríamos hecho *El libro de la vida*, porque Coco de Pixar habría salido antes, y la gente nos habría dicho: "Ey, están intentando copiar a *Coco*". Gracias a la cancelación de *El Tigre*, hicimos *El libro de la vida*, y lo hicimos antes.

Cuando le hice el pitch de *El libro de la vida* a Guillermo del Toro, en persona, en su casa, fue terrible, y lo recuerdo por eso. Fue desastroso. Al final, mientras le pedía disculpas, me dijo: "Jorge, tengo dos hijas, y cada sábado veíamos *El Tigre*. Conozco tu sentido del humor, conozco tu arte, sé cuánto amas nuestra cultura. Claro que quiero producir tu película". Así que sin *El Tigre* no habría habido *El libro de la vida*.

El Tigre fue algo que amamos y que cambió nuestras vidas. Estoy contento de que haya existido en aquel momento y también de que no continuará para siempre. Estoy feliz de no estar haciendo la temporada doce de *El Tigre*.

Sandra: *El Tigre* es como un árbol fallecido que sigue dando fruta.

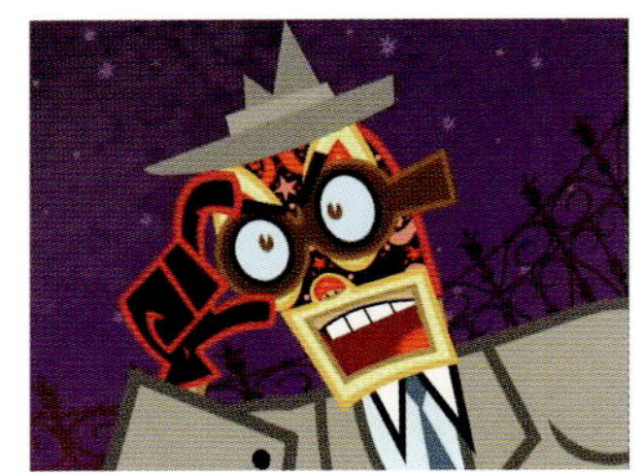

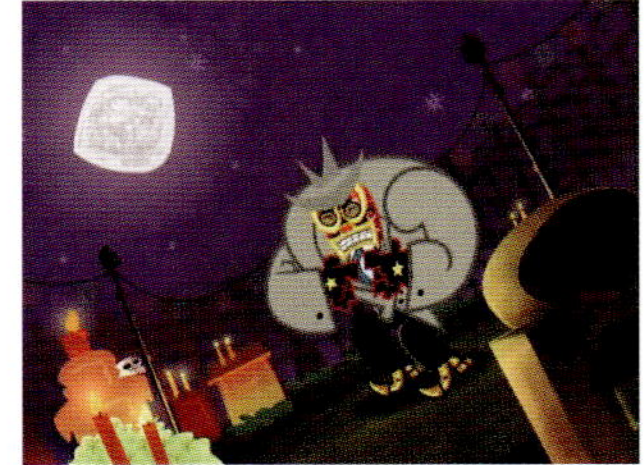

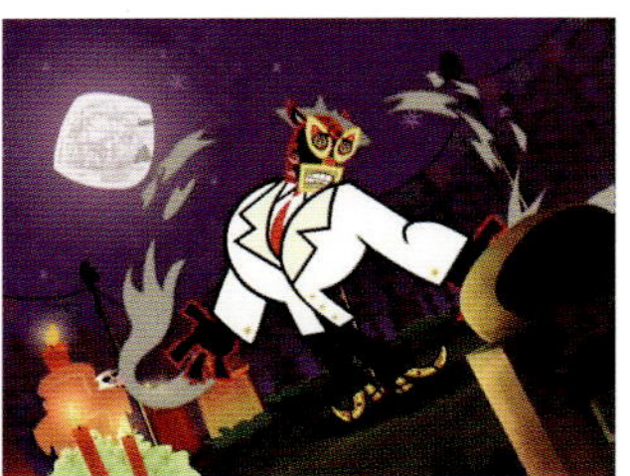

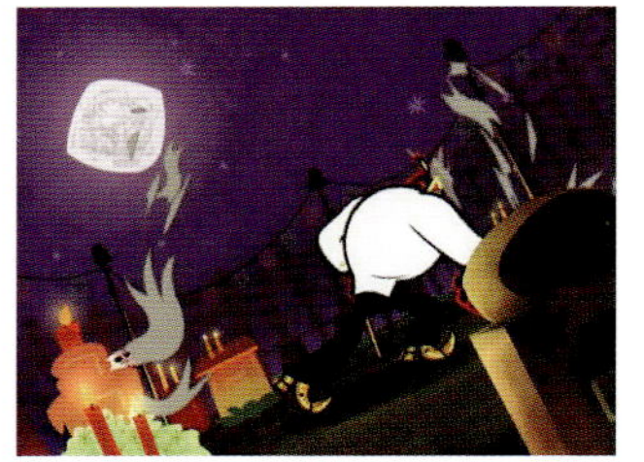

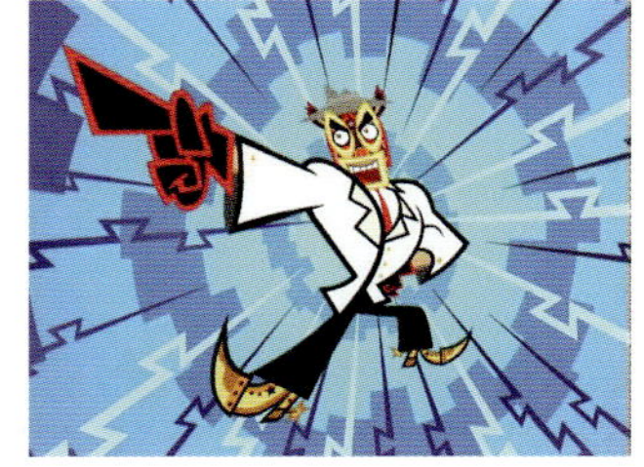

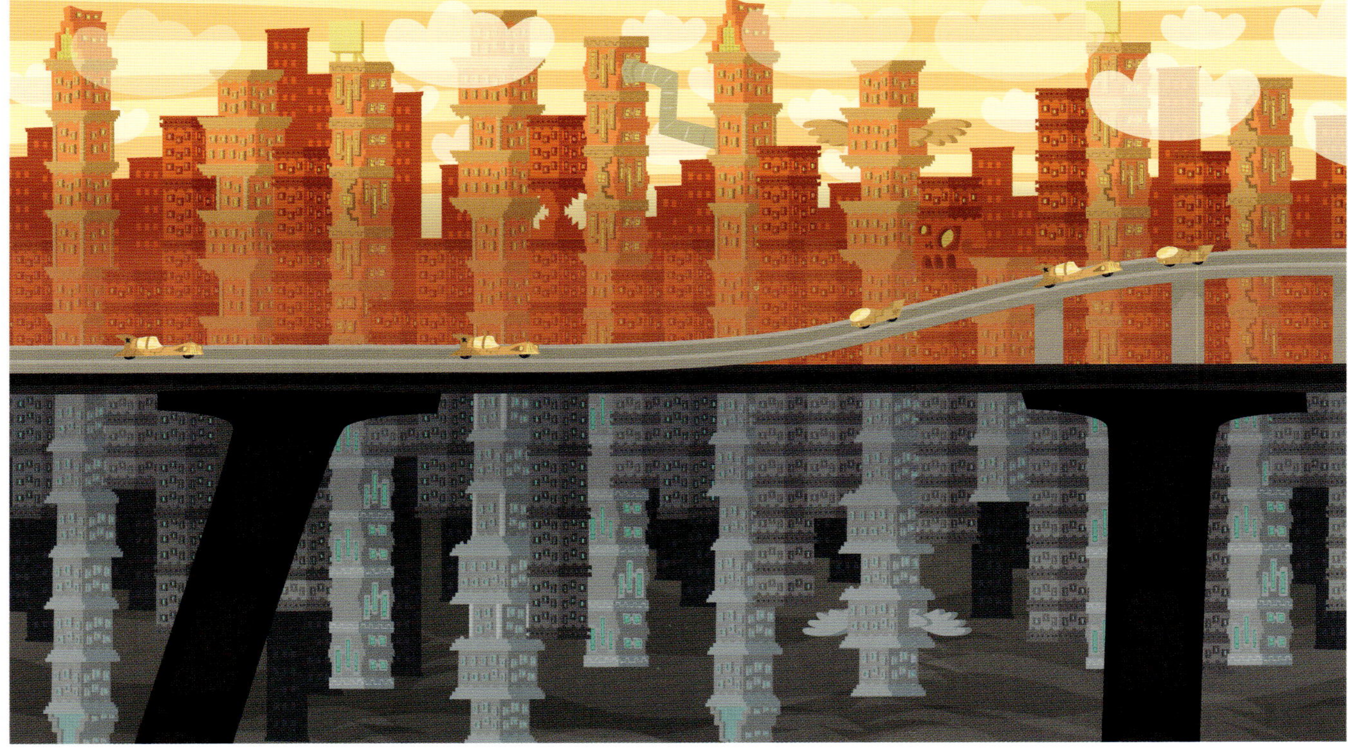

Early background development art

Arte de los primeros desarrollos de fondos

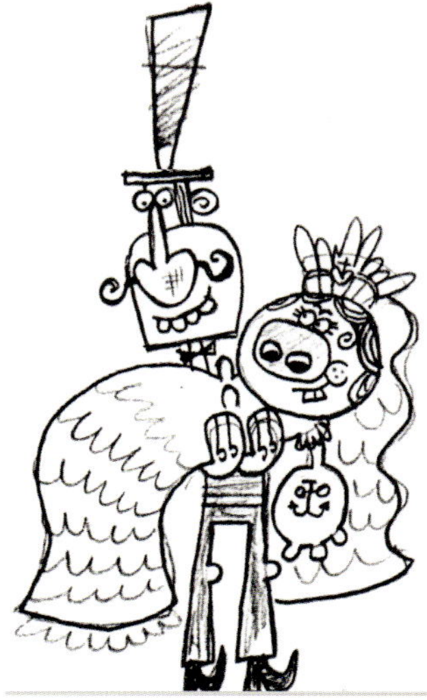

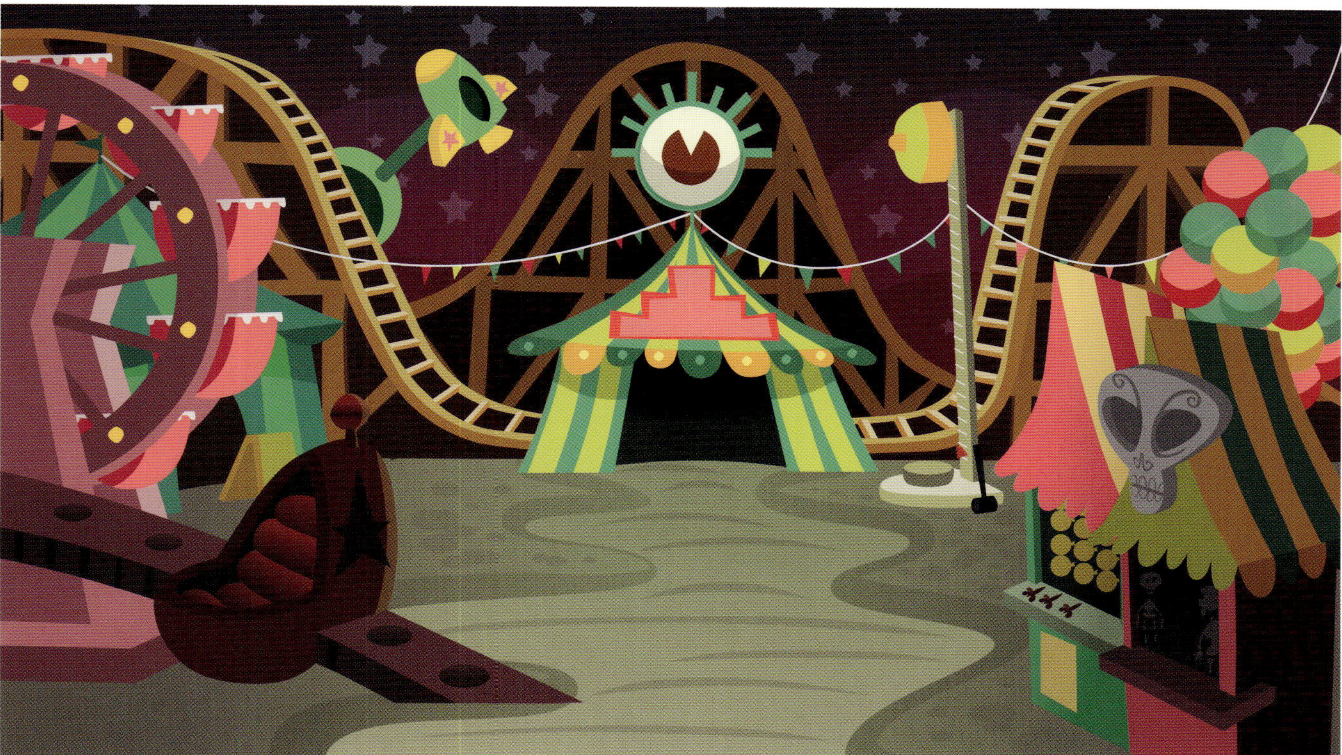

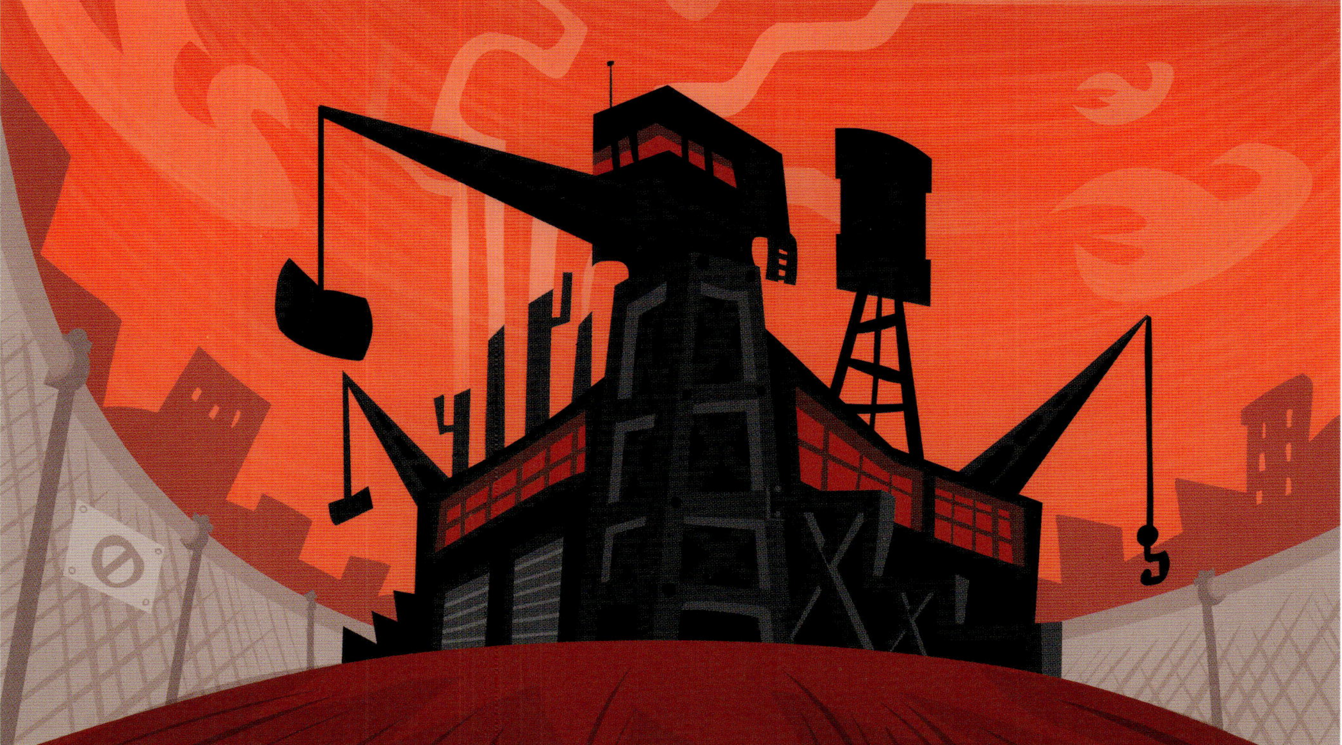

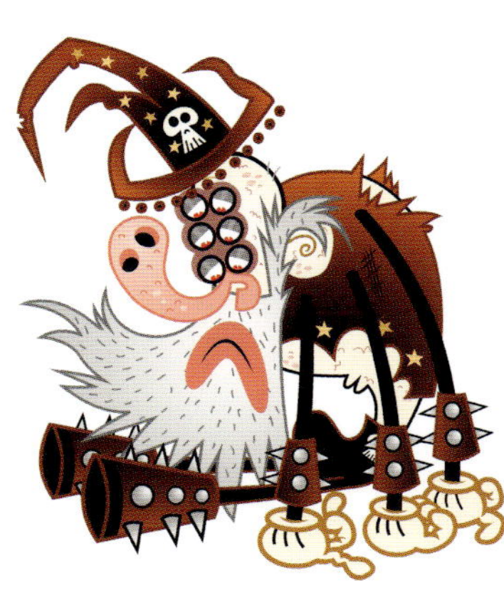

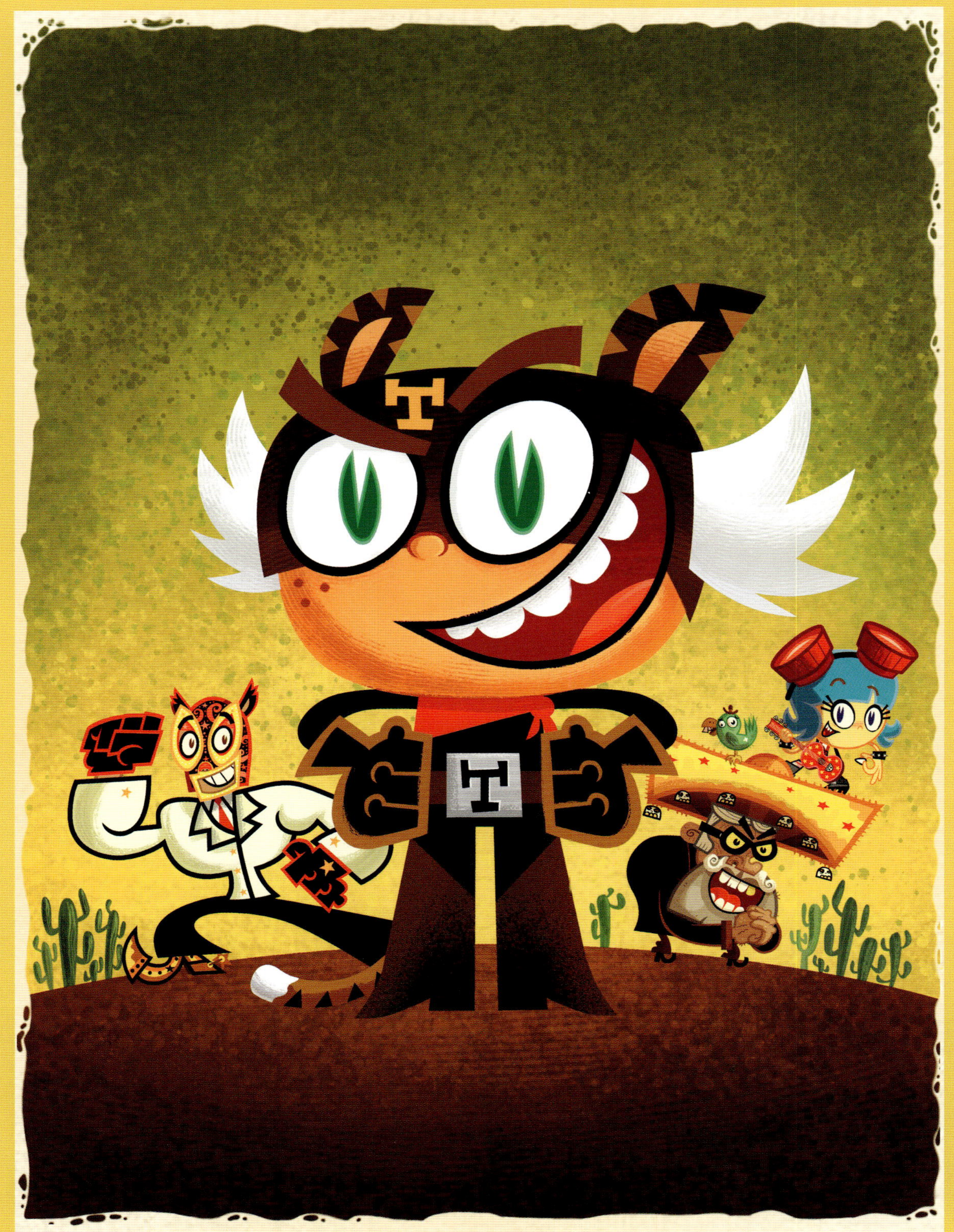

★ *First official promo art by Sandra, Jorge, and Roman*

★ *Arte de la primera promo oficial con Sandra, Jorge y Roman*

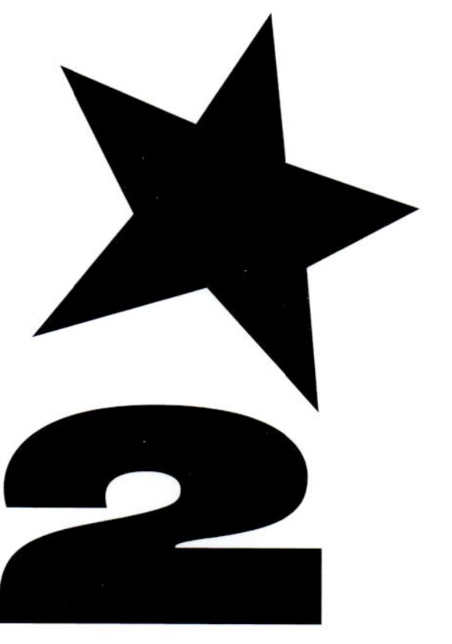

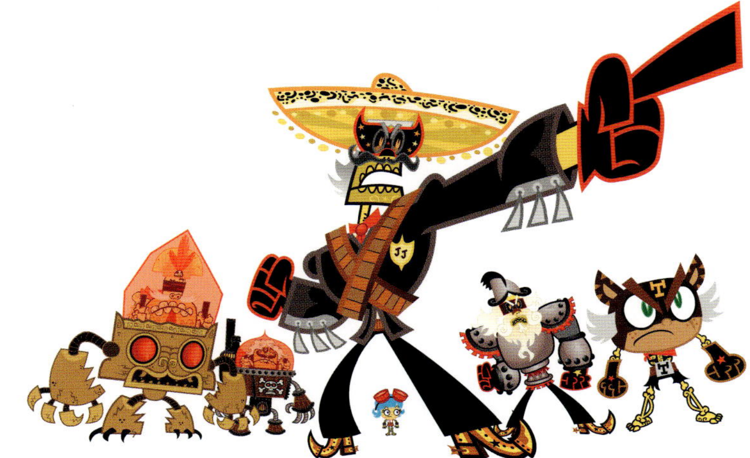

2 Hero or Villain?

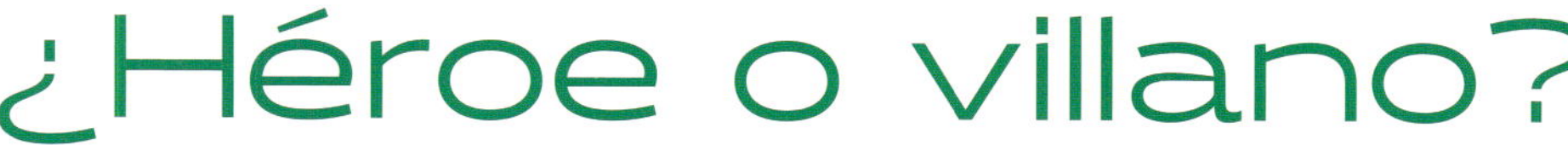

¿Héroe o villano?

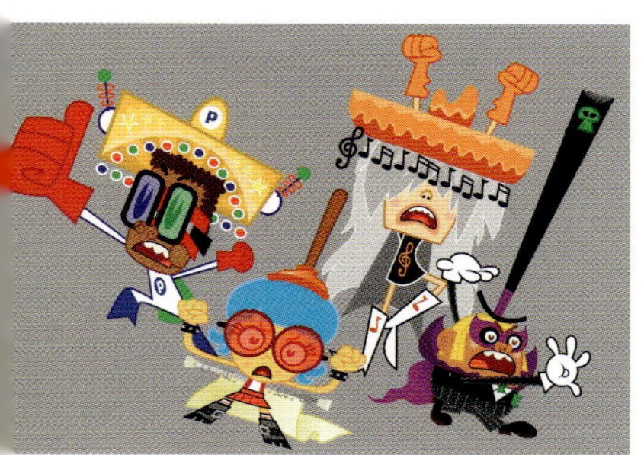

"The Good, the Bad, and the Tigre" [E17] finds Manny battling White Pantera and Puma Loco in Sartana of the Dead's tournament to see who will win her powerful empire of evil. Frothed up with resentment at his father and Granpapi belittling his autonomy, El Tigre exclaims, "I'm not on your side, and I'm not on your side, and if you don't want to get hurt, stay out of my way!"

The central struggle within Manny of choosing the good or bad path mirrors choices people make every day. Entertainingly, Manny and Frida often make all the bad decisions we would love to make, are reckless and chaotic, and lie about it all until falling inexorably into deeper trouble. "Whoa, whoa, you can't fight lies with truth. You have to use bigger lies. It's simple mathematics," notes Frida. Simultaneously while getting into trouble, Manny and Frida might be doing "good" things like empathizing with others, loving their families, and valuing their friendship. Contradictory characters are real characters.

Doug Langdale [writer]: Right from the start, I loved, loved, *loved El Tigre*. So many shows are afraid to give their lead character flaws, and here was one in which the main character constantly made the wrong choice. I mean, for the whole series he was seriously considering becoming a supervillain. You don't get much more flawed. And yet he was always so likable.

En "El bueno, el malo y El Tigre" [E17] Manny lucha contra White Pantera y Puma Loco en el combate de Sartana de los muertos, para decidir el ganador de su inmenso imperio del mal. Lleno de resentimiento contra su padre y con Granpapi menospreciando su autonomía, El Tigre proclama: "¡No estoy de tu lado, no estoy de tu lado, y si no quieres hacerte daño, apártate de mi vista!".

El conflicto central con Manny escogiendo el camino del bien o del mal nos muestra diatribas que la gente vive a diario. De una manera divertida, Manny y Frida suelen cometer los errores en los que muchos caemos. Son caóticos y temerarios, y se mienten sobre todo ello hasta que se meten en problemas de verdad. "Wow, no puedes luchar contra las mentiras con verdades. Tienes que mentir más. Son matemáticas", constata Frida. A la vez que se meten en problemas, Manny y Frida hacen cosas "buenas" como empatizar con los demás, amar a sus familias y valorar su amistad. Los personajes con contradicciones son personajes reales.

Doug Langdale [escritor]: Caí enamorado, enamorado de El Tigre desde el principio. Muchos shows tienen miedo de darles defectos a sus personajes principales, y aquí teníamos uno tomando siempre la decisión equivocada. Durante toda la serie, se plantea convertirse en un supervillano. Eso son bastantes defectos. Y aun así es completamente adorable.

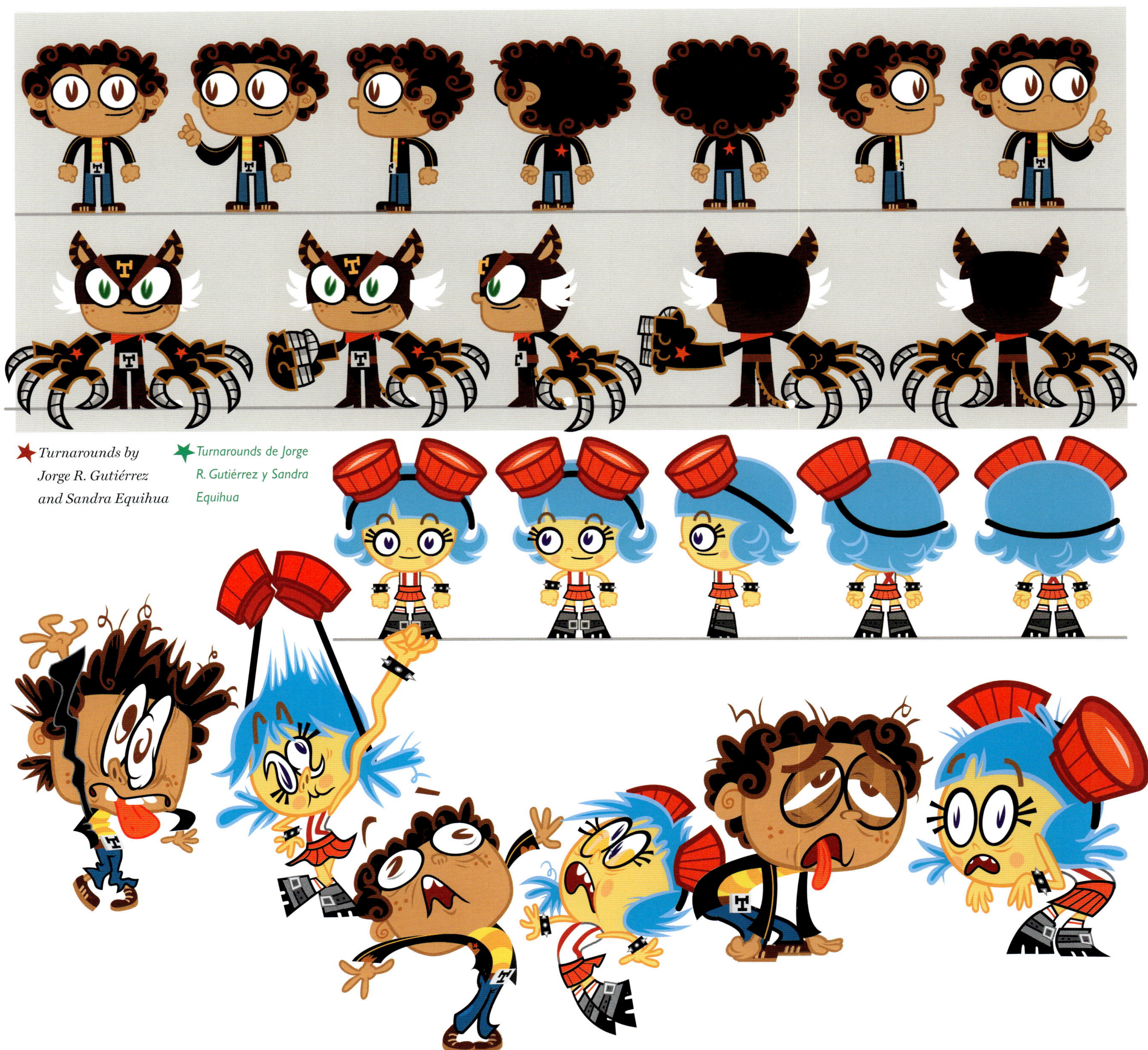

Turnarounds by Jorge R. Gutiérrez and Sandra Equihua

Turnarounds de Jorge R. Gutiérrez y Sandra Equihua

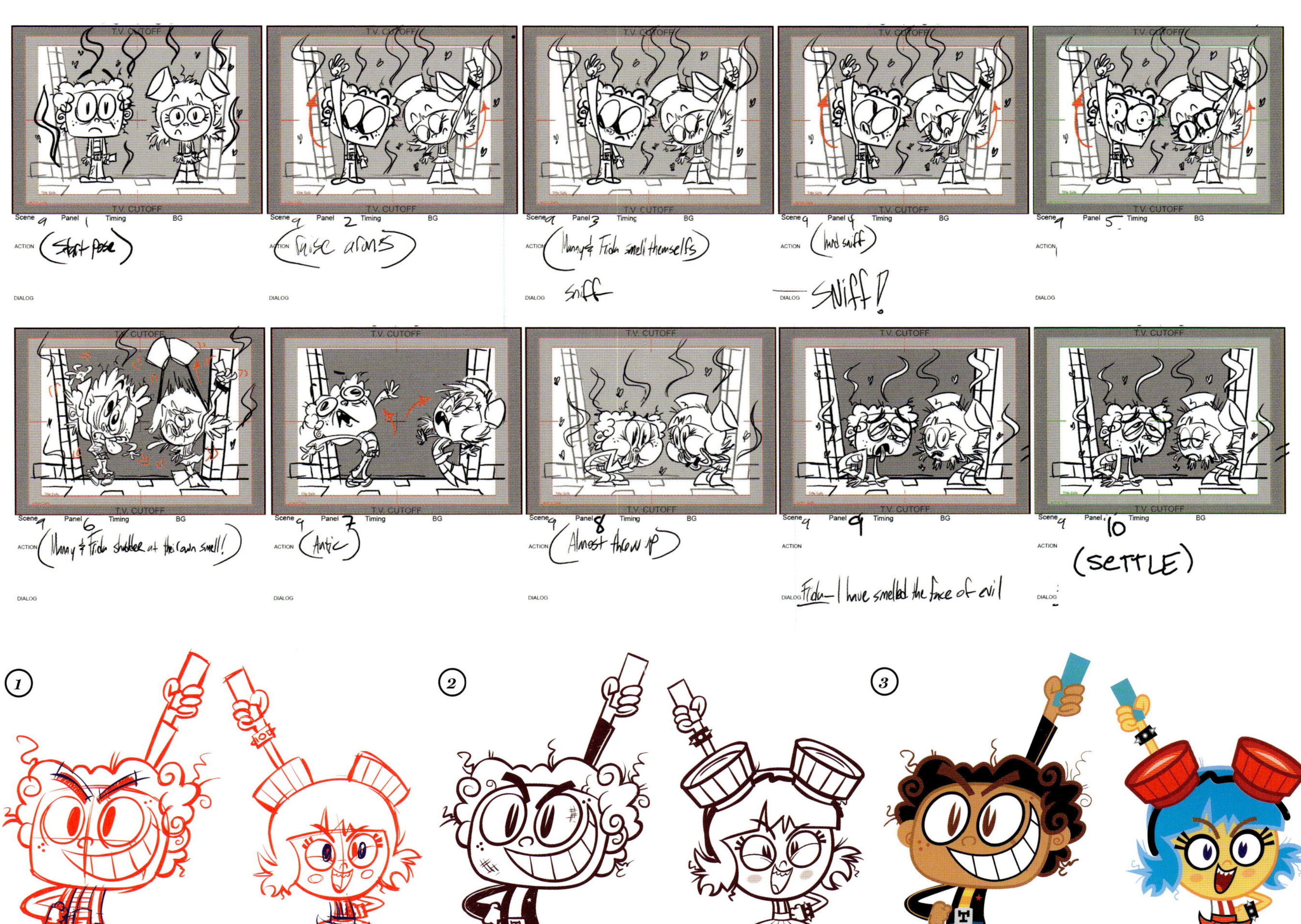

Process

*Storyboards from "Silver Wolf" [E23b] by Eddie Trigueros, refined into **1:** rough, **2:** inked, and **3:** painted special poses*

Proceso

*Storyboards de "Lobo Plateado" de Eddie Trigueros, pulidos en **1:** borrador, **2:** tintado, y **3:** coloreado de poses especiales*

Rodolfo and Granpapi, White Pantera and Puma Loco respectively, love their family foremost, but have superhero and villain tendencies that they cannot or will not control. Rodolfo is a devoted father to Manny and strives to always be an honorable man. He is desperately still in love with his ex-wife, Maria, who left him when Manny was younger. Now he sleeps in a cavernous, empty room with nothing but a bed and a forty-foot-tall portrait of his ex. This obsessive adoration adds texture to Rodolfo's "goodness" and makes him much more interesting and sympathetic (or pathetic). His goofy reactions of pride in his son and passion for his lost love make him a beloved character. "Maria did not want me to be a superhero anymore," explains White Pantera in "The Mother of All Tigres" [E05a]. "She could not stand to see me in danger. But I could not ignore the crisp, clean, refreshing call of crime fighting!"

Similarly, Granpapi cannot help himself from constantly doing evil for fun and profit, which is a constant influence on Manny and source of friction in the Rivera house. In "Puma Licito" [E07b], after Manny and Frida steal Granpapi's sombrero and then pretend to be Puma Loco doing good using the mech suit (in order to convince Rodolfo and Maria to let him stay in the house), Granpapi says, "My grandson steals my precious sombrero, and my son and his ex-wife plot against me in secret!—You make me so happy! I never thought I'd see the day all of you doing evil at once!" Granpapi loves his grandson and son. He, too, values family. But he is a supervillain after all, and not above lying to and using Manny for his own greedy gains (see "Back to Escuela" [E26a] in which Granpapi tells Manny he will attend school with him to help keep him from getting in trouble but is secretly there to steal a coveted artifact).

Despite Rodolfo's bombastic descriptions of her, Maria radiates goodness (which literally happens every time she steps into the Rivera's threshold). A caring, concerned parent, Maria values being good, helping others, staying safe, and book learning. "It's a fact!" she notes. Not only the school's librarian, she also had an entire musical career and toured the world as a performer after leaving her marriage. Maria's quirks show up when danger threatens to harm her family. Maria's hyperventilation attacks when White Pantera (and later El Tigre) jumps into danger reveal her crippling anxiety. To add more texture to her otherwise wholesome persona, Maria secretly dabbles in superhero-ing ("I was in college. I went to this party, and someone brought some mystical objects of power—and I tried one on. Things were crazy back then, it was a different time!") as the maniacal Plata Peligrosa, first

Rodolfo y Granpapi, White Pantera y Puma Loco respectivamente, aman a su familia sobre todas las cosas, pero todos ellos tienen tendencias de superhéroe o supervillano que no pueden o no podrán controlar. Rodolfo es un padre atento con Manny, y lucha por ser un hombre de honor. Está desesperadamente enamorado de su exmujer, María, quien lo dejó cuando él era más joven. Ahora duerme en una habitación cavernosa, vacía, con nada más que una cama y un retrato gigantesco de su exmujer. Esta adoración tan obsesiva le añade textura a la bondad de Rodolfo y lo hace un personaje mucho más interesante y simpático (o patético). Sus reacciones torpes de orgullo por su hijo y su pasión por su amor perdido hacen de él un personaje adorable. "María no quería que yo fuera un superhéroe", explica White Pantera en "La madre de todos los tigres" [E05a]. "Ella no podía soportar verme en peligro. ¡Pero yo no podía ignorar la enorme atracción, crujiente y refrescante, de luchar contra el crimen!".

De la misma forma, Granpapi no puede evitar estar siempre haciendo cosas malas sólo por diversión y beneficio, lo cual influye constantemente a Manny y crea conflictos en la casa de los Rivera. En "Puma lícito" [E07b], después de que Manny y Frida roban el sombrero de Granpapi y se hacen pasar por Puma Loco usando el traje robótico (para tratar de convencer a Rodolfo y a María de que los dejen quedarse en la casa), Granpapi dice: "¡Mi nieto me ha robado mi sombrero preciado, y mi hijo y mi exmujer complotan contra mí en secreto! ¡Me hacen tan feliz! Nunca pensé que los vería haciendo el mal todos juntos". Granpapi ama a su nieto y a su hijo. Él valora la familia. Pero no deja de ser un supervillano, y no dudará en mentir y usar a Manny para su beneficio, con toda su avaricia (esto lo podemos ver en "Vuelta a la escuela" [E26a] donde Granpapi le dice a Manny que lo acompañará al colegio para evitar que se meta en problemas, pero en realidad va a robar un ansiado artefacto).

A pesar de la descripción de Rodolfo, María irradia bondad (y esto se ve cada vez que está con los Rivera). Una madre atenta y bondadosa, valora lo bueno, ayudar a los demás, mantenerse a salvo, leer. "Así es", puntualiza ella. No sólo trabaja en la biblioteca de la escuela, sino que también tiene toda una carrera musical detrás y ha hecho giras por todo el mundo después de dejar su matrimonio. A María le empiezan a pasar cosas raras cuando el peligro acecha a su familia. Los ataques de pánico cuando White Pantera (y más adelante El Tigre) se ponen en peligro revelan su ansiedad paralizante. Para añadir más textura a su persona, absolutamente encantadora por otro lado, su particularidad secreta es que ella también es una superheroína ("En la universidad, fui a una fiesta, la gente trajo objetos místicos de poder y yo probé uno. Todo se puso muy loco, era otra época!"). Ella es Plata Peligrosa y aparece por primera vez en "El guante de una madre" [E16b]. Activada por el guante

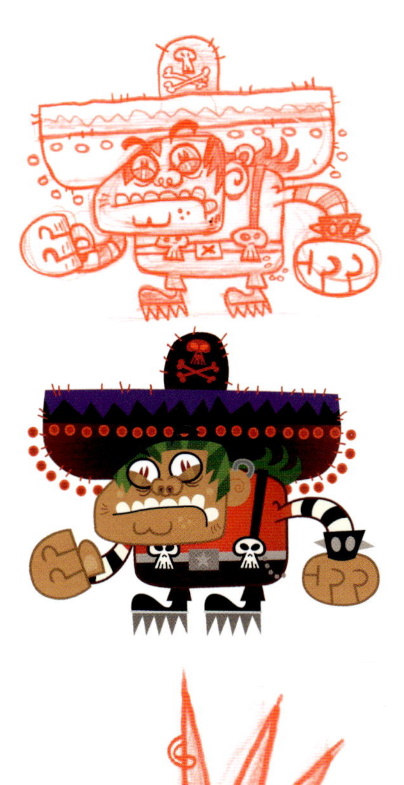

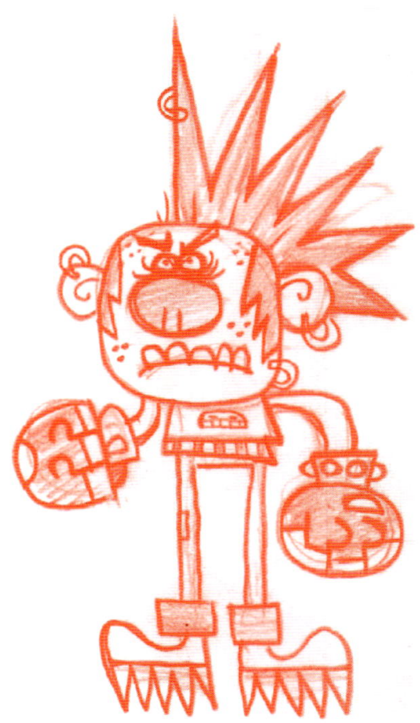

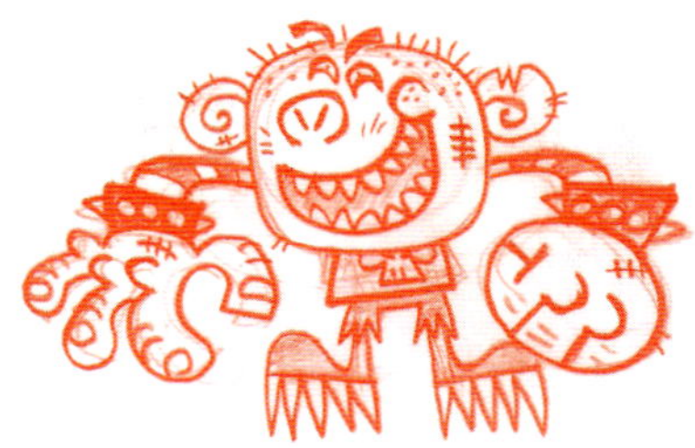

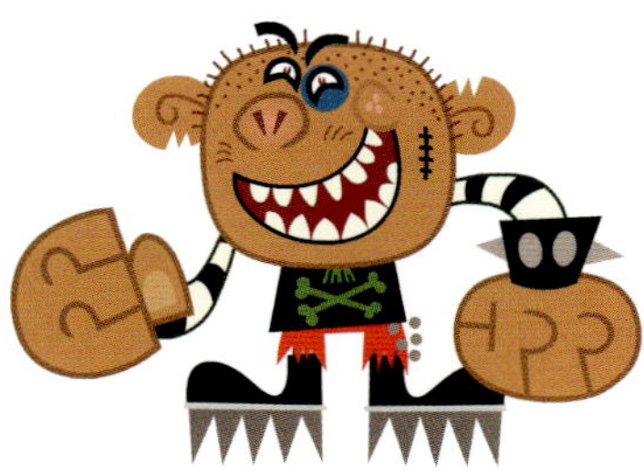

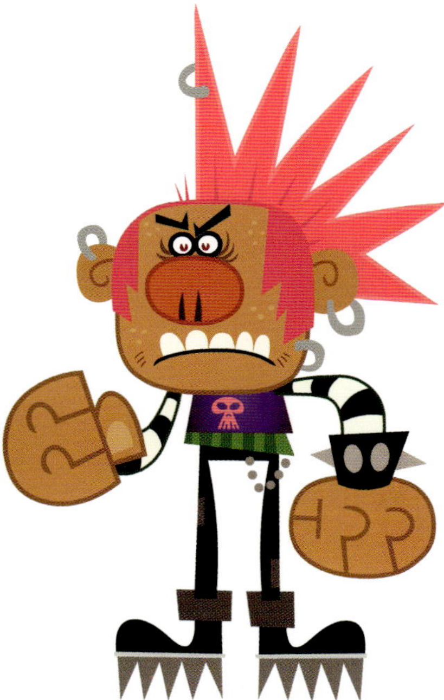

The Rodriguez Brothers designs by Jorge from the episode "Fool's Goal" [E03a]

Los Hermanos Rodríguez diseños de Jorge del episodio "Fool's Goal" [E03a]

seen in "A Mother's Glove" [E16b]. Activated by the mystical glove, Maria—as Plata—gains a bloodlust for battling bad guys, cycling out of control the longer she remains under the glove's influence. Technically on the "hero" side, Plata's destructive addiction to the fight endangers herself and others. Ultimately, Maria's decision to lock the mystical glove away in a box is for everyone's safety. Like most with destructive addictions, Maria relapses in "Return of Plata Peligrosa" [E21a], with the complicating factor that the glove makes her flirtatious with Rodolfo, teasing his most desperate dreams.

Frida is a firecracker of chaos, and paired with Manny, their enthusiasm for adventurous trouble multiplies. Never truly mean-spirited (except perhaps for a few brushes with name-calling of nerds), Frida and Manny's misadventures usually involve uninhibited fun, careless abandon, destruction, and outrageous excess, without a care for the future, others, or the consequences of their actions. "Miracle City Undercover" [E12a] opens with Manny's greatest "fudge prank" yet, exploding Miracle City's public water infrastructure with geysers of liquid fudge. Frida is also an expert in excusing their antisocial behavior. In "The Golden Eagle Twins" [E24b], Manny laments being dishonest: "Man! This is a great setup. But I wish I didn't have to lie to my dad about everything," and Frida has the answer: "Dude! Look how happy he is! So it's a good lie. Which makes it not a lie. Which means it's really the truth. Only not true."

Fictional cartoon characters don't need diagnoses for the behaviors that make them entertaining to watch, but in hindsight, Jorge suggests that Manny can be seen as neurodiverse.

Jorge: So is Manny autistic? I didn't know I was autistic until after we made the show, but the show is literally based on my childhood and the years Sandra and I got together in high school. I have been autistic my whole life. So yes, yes, he is. Any character that is based on my life is naturally autistic, because that's who I am. I don't know how to not be autistic. It's why I love outsider stories.

Scott Kreamer [writer]: This is one of my least favorite writer-y things to say about illuminating the human condition, but we're all just trying to do the best we can. We're all playing the hand we were dealt, so it's just how we go about it. Manny isn't perfect. Sometimes you get on a kids' animated show and they want the main character to be perfect, which is boring.

místico, a María, ahora Plata, le entra sed de sangre, ganas de matar tipos malos, perdiendo el control cuanto más tiempo está cerca del guante. Aunque técnicamente está del lado de los héroes, la adicción destructiva de Plata a luchar pone en peligro tanto a ella como a los de su alrededor. Al final María decide encerrar el guante místico en una caja por el bien de todos. Como la mayoría de las personas con adicciones destructivas, María sufre una recaída en "Vuelta a Plata Peligrosa" [E21a], con el factor añadido de que el guante le hace coquetear con Rodolfo, provocando sus sueños más desesperados.

Frida es puro fuego, explosiones y caos, y en combinación con Manny, su entusiasmo por meterse en aventuras peligrosas se multiplica. Frida y Manny, en sus aventuras, nunca tienen realmente intenciones malignas (excepto algunas broncas con locos sin nombre), suelen ser un mar de diversión, despreocupación, abandono, destrucción y excesos locos, sin pensar mucho en el futuro o las consecuencias de sus acciones. "De incógnito en Ciudad Milagro" [E12a] comienza con "la trastada más grande y dulce" de Manny hasta el momento, en la que explota todo el sistema de aguas de Ciudad Milagro con géiseres de caramelo líquido. Frida también es una experta en buscar excusas para su comportamiento antisocial. En "Los gemelos Águila Dorada" [E24b], Manny se lamenta por no haber sido honesto: "Pff, esto es fantástico, pero ojalá no le tuviera que mentir siempre a mi padre". Y Frida le responde: "¡Pero mira lo contento que está! Has mentido bien. Con lo cual no es una mentira. Lo que quiere decir que no es exactamente la verdad. Sólo no es del todo verdad".

Los personajes de dibujos animados no necesitan de un diagnóstico para poder verlos y que sean entretenidos, pero si los analizamos, Jorge sugiere que Manny podría ser neurodivergente.

Jorge: ¿Manny es autista? Yo no supe que yo era autista hasta después de que hiciéramos el show, y este está basado literalmente en mi infancia y en los años que Sandra y yo pasamos juntos de jóvenes. Yo había sido autista toda mi vida. Así que sí, lo es. Cualquier personaje que esté basado en mi vida es autista por naturaleza, porque yo también lo soy. No sé cómo no ser autista. Por eso amo todas las historias de gente que no encaja.

Scott Kreamer [escritor]: Esta es una de las cosas que menos me gusta decir, dentro de la escritura, sobre la condición humana, pero las personas estamos siempre intentando hacerlo todo lo mejor que podemos. Jugamos con las cartas que nos han tocado y es lo que tenemos. Manny no es perfecto. En algunos shows de animación para niños quieren personajes principales perfectos, y esto

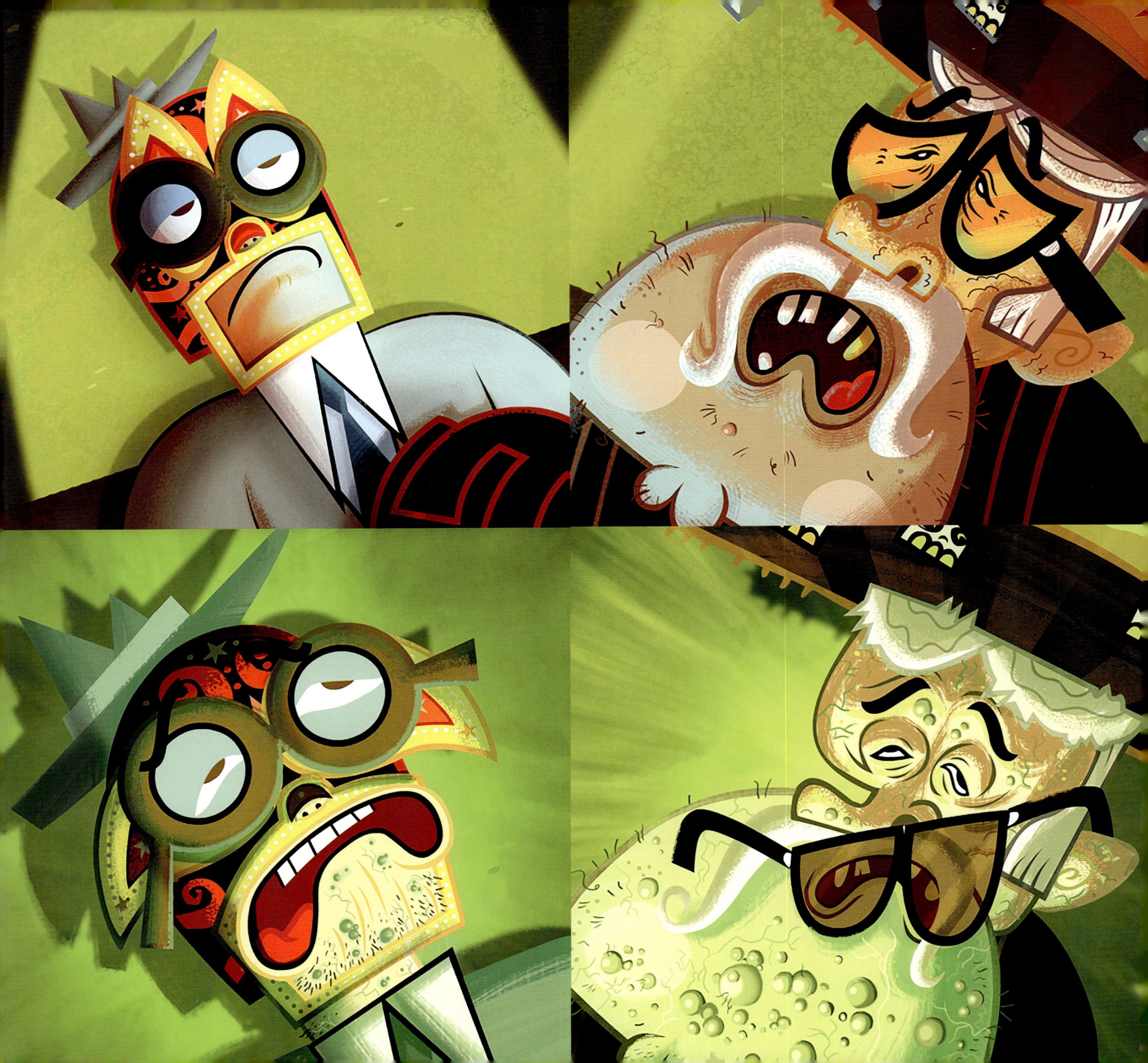

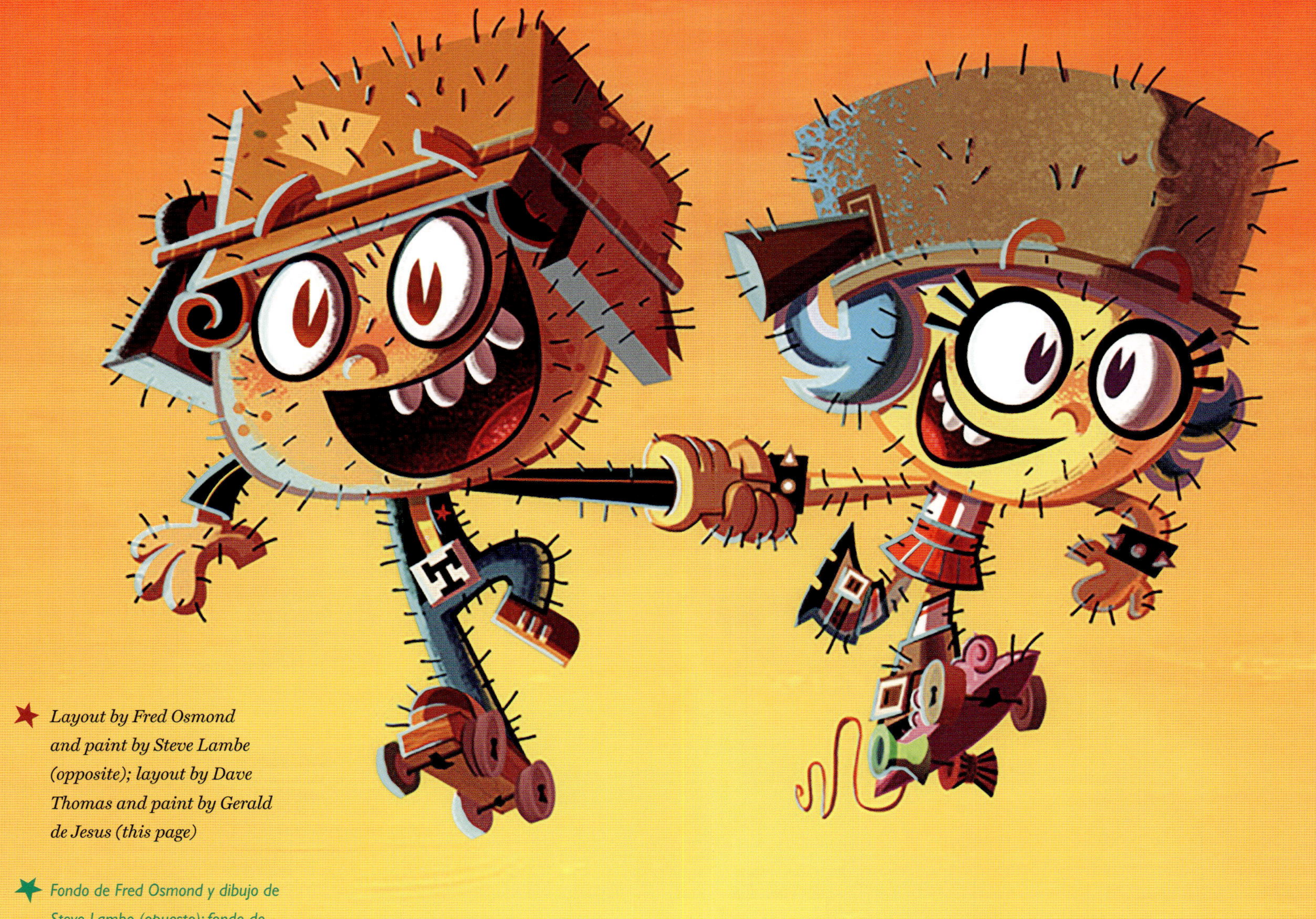

Layout by Fred Osmond and paint by Steve Lambe (opposite); layout by Dave Thomas and paint by Gerald de Jesus (this page)

Fondo de Fred Osmond y dibujo de Steve Lambe (opuesto); fondo de Dave Thomas y dibujo de Gerald de Jesús (esta página)

We find joy in the flaws and watching people strive to win and getting knocked down, but then getting up and trying again.

Getting the crew to understand certain concepts that were integral to these characters meant that early on in the production, with the crew assembled, Jorge endeavored to have "the talk" with them. The *macho/supermacho* talk.

The Macho and the Supermacho

Sandra: Jorge went in there, trying to convince them that there are different types of machismo, but the majority of the crew was thinking that they already knew what "macho" was.

Jorge: I had to use a story to explain the concept. As a kid, my grandfather told me there are two types of Mexican men: the machos and the supermachos. And I said, "Yeah, right, Grandpa, what's the difference between them?" He explained that the machos are the guys who can fight; they cheat on their wives, they think they're brave, and they do all these crazy things because they think they're macho. The supermacho folks are the guys who don't need to do any of those things. They don't cheat on their wives; they don't get into any fights, because they know they can beat everyone up—they don't do the crazy stuff, as they know that they're better than that.

And he said that on the journey of life there'll be two paths: the one that everybody usually takes is the macho. The hard one, the one that's almost going to kill you, the one that no one thinks can be done, that's the supermacho path, so it's almost a sort of Mexican Buddha idea mixed in with some Catholic pain and struggle.

When we explained that to the writers, everybody went, "Oooohhhhhh." I kept saying Manny thinks his dad is supermacho, and the reason he is supermacho is because he's trying to do the right thing without a wife, and he's raising his son and took in his own father, who is a supervillain, and he's trying to reform him. He's basically like a boxer who runs an orphanage. That's more supermacho than the boxer who is out there going to parties and living it up. And the grandpa is machismo. Because you can't have the light without the dark, you need that relationship between them. In cartoons, the morality was always black and white, good guys and bad guys. But in *El Tigre*, there are good people who do bad things, there are bad people who do good things, and then my favorite, there are people who think they're doing the right thing but it turns out bad. That's the most tragic.

es aburrido. La belleza está en las imperfecciones, en ver la lucha por ganar, caerse de nuevo, levantarse y volverlo a intentar.

Conseguir que el equipo entendiese ciertos conceptos fundamentales para estos personajes implicó que en una etapa muy primeriza de la producción, Jorge tuvo que reunir a todo el equipo para "la charla". La charla sobre *macho/supermacho*.

El Macho y el Supermacho

Sandra: Jorge fue a explicarles los distintos tipos de machismo que hay, pero la mayoría del equipo pensaba que ya sabían lo que es un "macho".

Jorge: Para explicarles el concepto tuve que usar una historia. De niño, mi abuelo me explicó que hay dos tipos de hombres mexicanos: los machos y los supermachos. Y yo le dije: "Sí, abuelo, ¿y en qué se diferencian?". Me contó cómo los machos son los tipos que pueden pelear, son infieles a sus esposas, piensan que son valientes y hacen todas estas locuras porque piensan que son machos. Los supermachos son los que no necesitan hacer esas locuras. Son fieles a sus mujeres, no se meten en peleas porque saben que podrían con cualquiera, no hacen locuras porque saben que son mejores que todo eso.

Y me dijo que a lo largo de la vida habría dos caminos: el que todo el mundo suele escoger es el del macho. El duro, el que casi seguro te matará, el que nadie piensa que será posible, es el del supermacho. Es como una suerte de idea mexicana de Buda, mezclada con el sufrimiento católico y la lucha.

Cuando se lo explicamos a los escritores todos dijeron: "Ooooooohhhh". Yo no paraba de decir que Manny piensa que su padre es un supermacho porque intenta hacer el bien, sin esposa, cuida de su hijo y acoge en su casa a su padre, un supervillano, e intenta ayudarlo. Es como un boxeador llevando un orfanato. Eso es más supermacho que el boxeador que está todo el rato por ahí de fiesta en fiesta. Y el abuelo es el machismo. Como no hay luz sin la oscuridad, necesitas esta relación entre ellos. En los dibujos animados, la moral hasta el momento era todo blanco o negro, buenos y malos. Pero en *El Tigre* hay gente buena que hace cosas malas, y malos que hacen cosas buenas. Después están mis favoritos, la gente que piensa que están haciendo lo correcto, pero les sale mal. Para mí eso es lo más trágico.

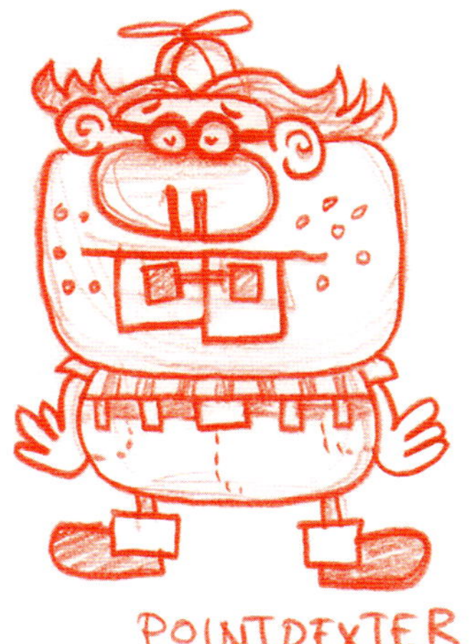

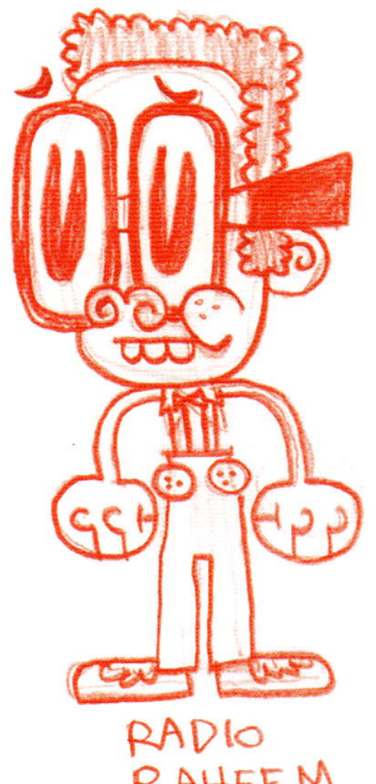

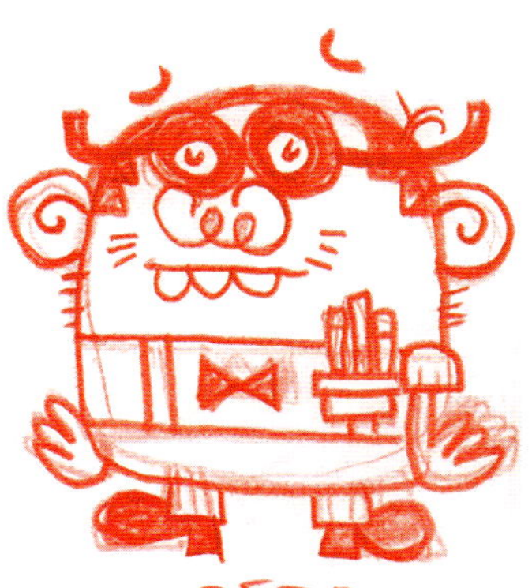

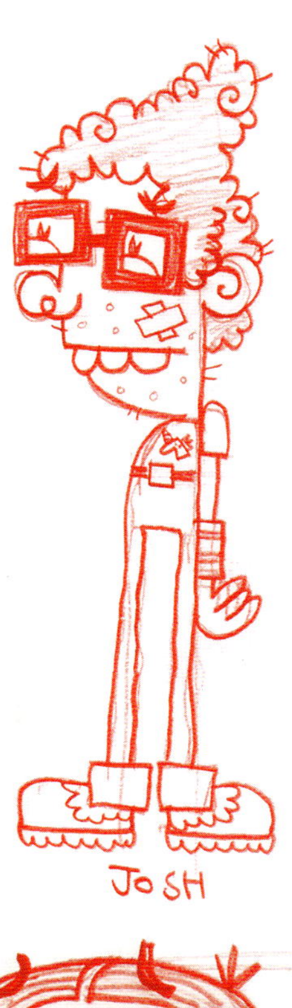

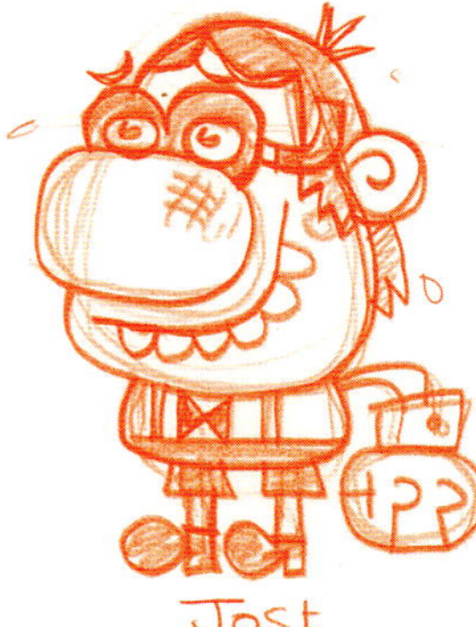

So imagine that in a cartoon. It was a little heavy and a little ahead of its time. A lot of our writers loved working with that gray morality.

El Tigre was also ahead of its time for depicting divorced parents in a family cartoon.

Sandra: There were not a lot of projects with divorced parents at the time, especially with the dad raising the son.

Jorge: I had so many friends who had grown up with divorced parents. Rodolfo and Maria have an amicable divorce. She couldn't live with him being a superhero. It was based on women who are married to cops—not knowing if their husbands were going to come home alive.

A Rogues' Gallery

Thinking about designing the superhero universe of characters for *El Tigre* included a task close to Jorge's heart: designing a load of weird and wild macho monsters, mechs, and bad hombres to populate the supervillain rogues' gallery. Likewise, Miracle City was home to many heroes and other civilians of all sorts.

Jorge: In this universe, being a superhero or villain is like being a plumber, or a carpenter; it's just another job, a trade.

Tools of the Trade

Behind the scenes, each of these heroes and villains were designed and then animated in the vector art program popularly known as Flash, now named Animate (which makes discussing it much more confusing because the software name co-opts the verb used for the much broader artform itself; for clarity, we will continue to call it Flash).

As opposed to raster (pixel) graphics, in which every pixel of an image is defined as part of the file, the visuals of vector graphics are defined by points and the vectors between them, which enclose areas of solid or gradient colors. The resulting smaller file sizes achievable by vector graphics were why Flash animation was some of the first entertainment that was deliverable over the early days of the dial-up World Wide Web.

By nature of the vector graphics, work in Flash is perfect for hand-drawn cartoon animation (redrawing characters for every pose) or puppet-style animation (moving puppet parts around with keyframes), which are generally the two styles of 2D animation that people use it for.

Imaginen eso en dibujos. Era fuerte y adelantado para su época. A muchos de nuestros dibujantes les encantó trabajar con esta moral gris.

El Tigre también se adelanta a su época al mostrar padres divorciados en dibujos animados familiares.

Sandra: No había muchos proyectos con padres divorciados en aquella época, en especial con un padre a cargo de su hijo.

Jorge: Yo tenía muchísimos amigos que habían crecido con padres divorciados. Rodolfo y María se habían divorciado amistosamente. Ella no podía vivir con su yo superhéroe. Su personaje está basado en las mujeres casadas con policías que no sabían si ellos volverían a casa vivos.

Una galería de canallas

Dentro del diseño de personajes del universo de superhéroes de *El Tigre*, había una tarea muy importante para Jorge: diseñar muchos monstruos raros y salvajes, robóticos y hombres malos, una enorme galería para abarrotar la galería de supervillanos. De la misma forma, Ciudad Milagro es el hogar de muchos héroes y civiles de muchos tipos.

Jorge: En este universo, ser superhéroe o ser villano es como ser plomero o carpintero, es un trabajo, un oficio.

Las herramientas del oficio

Todos estos héroes y villanos fueron diseñados y animados detrás de las cámaras con el programa de arte vectorial conocido como Flash, que ahora se llama Animate (este nombre complica hablar sobre esto, porque el nombre del programa se parece al verbo animar, que se utiliza para la técnica en general, por eso nosotros lo continuaremos llamando Flash).

Al contrario que en las imágenes rasterizadas (pixeles), donde cada pixel de cada imagen forma parte del archivo; las visuales de las imágenes vectoriales se definen con puntos y vectores entre sí, lo que incluye zonas con colores sólidos o degradados. El resultado obtenido con las imágenes vectoriales son archivos más pequeños, fáciles de enviar, uno de los hitos del entretenimiento de los primeros tiempos de la conexión por internet.

La naturaleza de las imágenes vectoriales las hace perfectas para Flash y para la animación de los dibujos animados hechos a manos (un dibujo nuevo para cada pose) o para la animación con marionetas (moviendo las partes de las marionetas en cada fotograma), los dos tipos de animación en 2D más comunes.

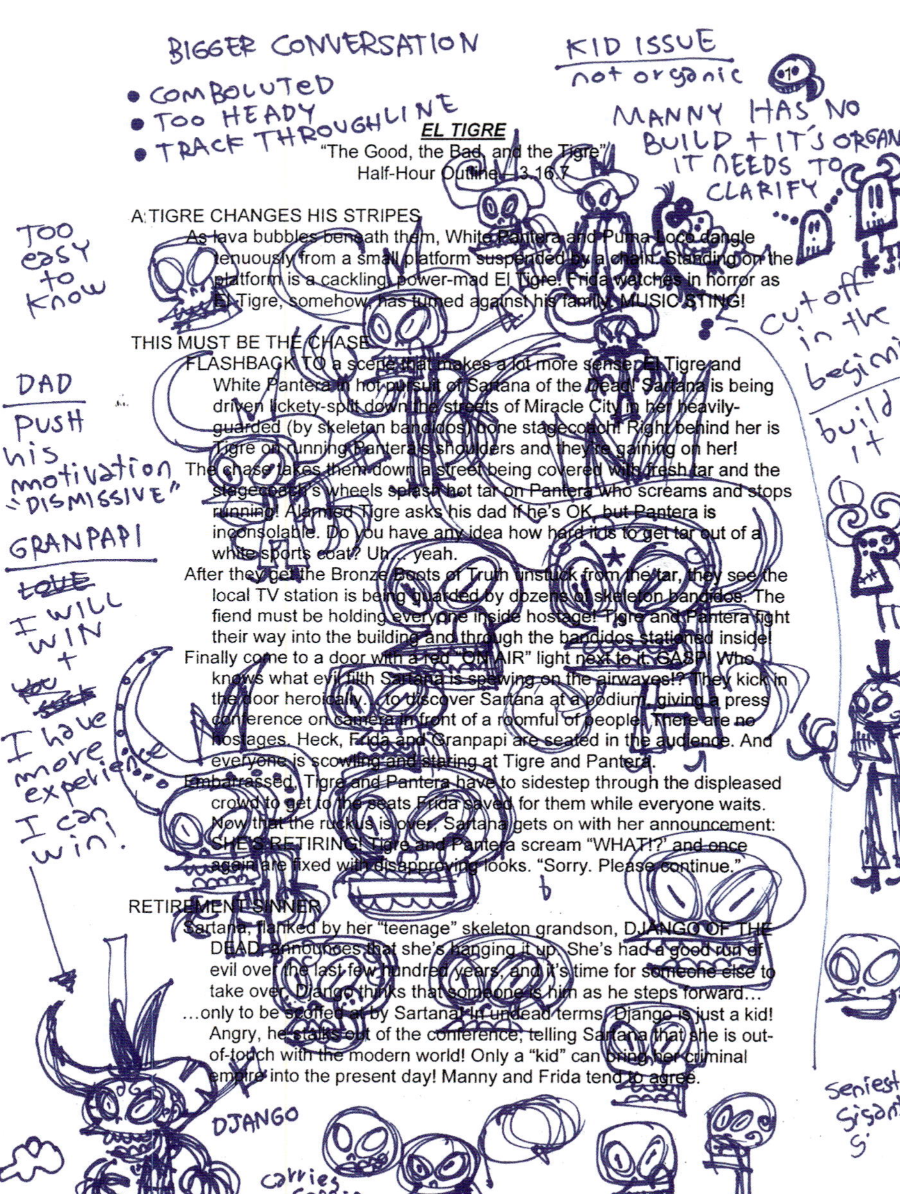

EL TIGRE
"The Good, the Bad, and the Tigre"
Half-Hour Outline 13.16.7

A: TIGRE CHANGES HIS STRIPES
As lava bubbles beneath them, White Pantera and Puma Loco dangle tenuously from a small platform suspended by a chain. Standing on the platform is a cackling, power-mad El Tigre. Frida watches in horror as El Tigre, somehow, has turned against his family. MUSIC STING!

THIS MUST BE THE CHASE
FLASHBACK TO a scene that makes a lot more sense: El Tigre and White Pantera in hot pursuit of Sartana of the Dead! Sartana is being driven lickety-split down the streets of Miracle City in her heavily-guarded (by skeleton bandidos) bone stagecoach! Right behind her is Tigre on running Pantera's shoulders and they're gaining on her!
The chase takes them down a street being covered with fresh tar and the stagecoach's wheels splash hot tar on Pantera who screams and stops running! Alarmed Tigre asks his dad if he's OK, but Pantera is inconsolable. Do you have any idea how hard it is to get tar out of a white sports coat? Uh... yeah.
After they get the Bronze Boots of Truth unstuck from the tar, they see the local TV station is being guarded by dozens of skeleton bandidos. The fiend must be holding everyone inside hostage! Tigre and Pantera fight their way into the building and through the bandidos stationed inside!
Finally come to a door with a red "ON AIR" light next to it. GASP! Who knows what evil filth Sartana is spewing on the airwaves!? They kick in the door heroically... to discover Sartana at a podium, giving a press conference on camera in front of a roomful of people. There are no hostages. Heck, Frida and Granpapi are seated in the audience. And everyone is scowling and staring at Tigre and Pantera.
Embarrassed, Tigre and Pantera have to sidestep through the displeased crowd to get to the seats Frida saved for them while everyone waits. Now that the ruckus is over, Sartana gets on with her announcement: SHE'S RETIRING! Tigre and Pantera scream "WHAT!?" and once again are fixed with disapproving looks. "Sorry. Please continue."

RETIREMENT SINNER
Sartana, flanked by her "teenage" skeleton grandson, DJANGO OF THE DEAD, announces that she's hanging it up. She's had a good run of evil over the last few hundred years, and it's time for someone else to take over. Django thinks that someone is him as he steps forward...
...only to be scoffed at by Sartana. In undead terms, Django is just a kid! Angry, he stalks out of the conference, telling Sartana that she is out-of-touch with the modern world! Only a "kid" can bring her criminal empire into the present day! Manny and Frida tend to agree.

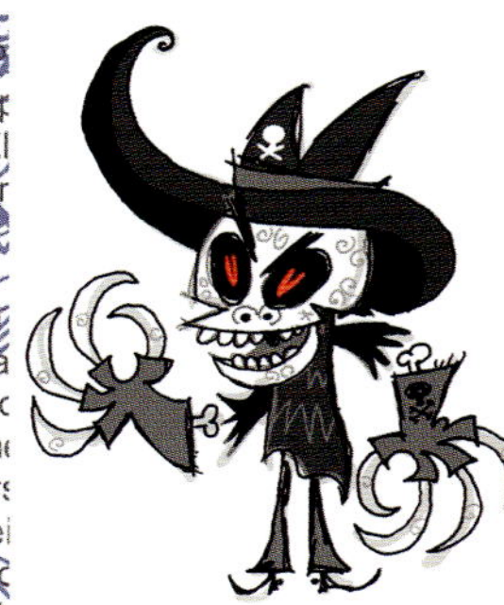

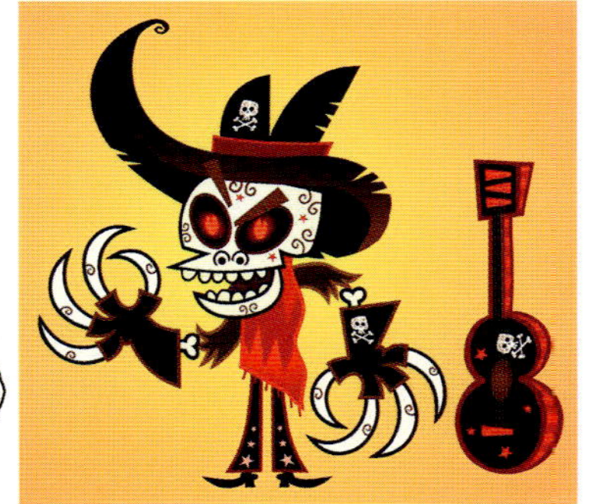

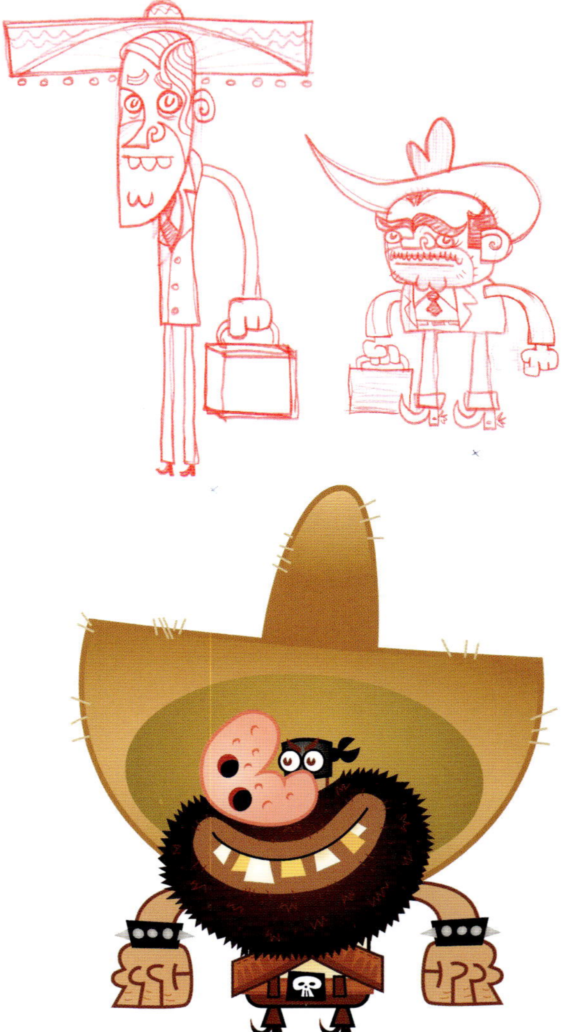

Django of the Dead concept sketches developed for "The Good, the Bad, and the Tigre" [E17], and various character designs by Jorge

Desarrollo de los sketches del concepto de Django de los Muertos para "El bueno, el malo y El Tigre" [E17], y varios diseños de personaje de Jorge

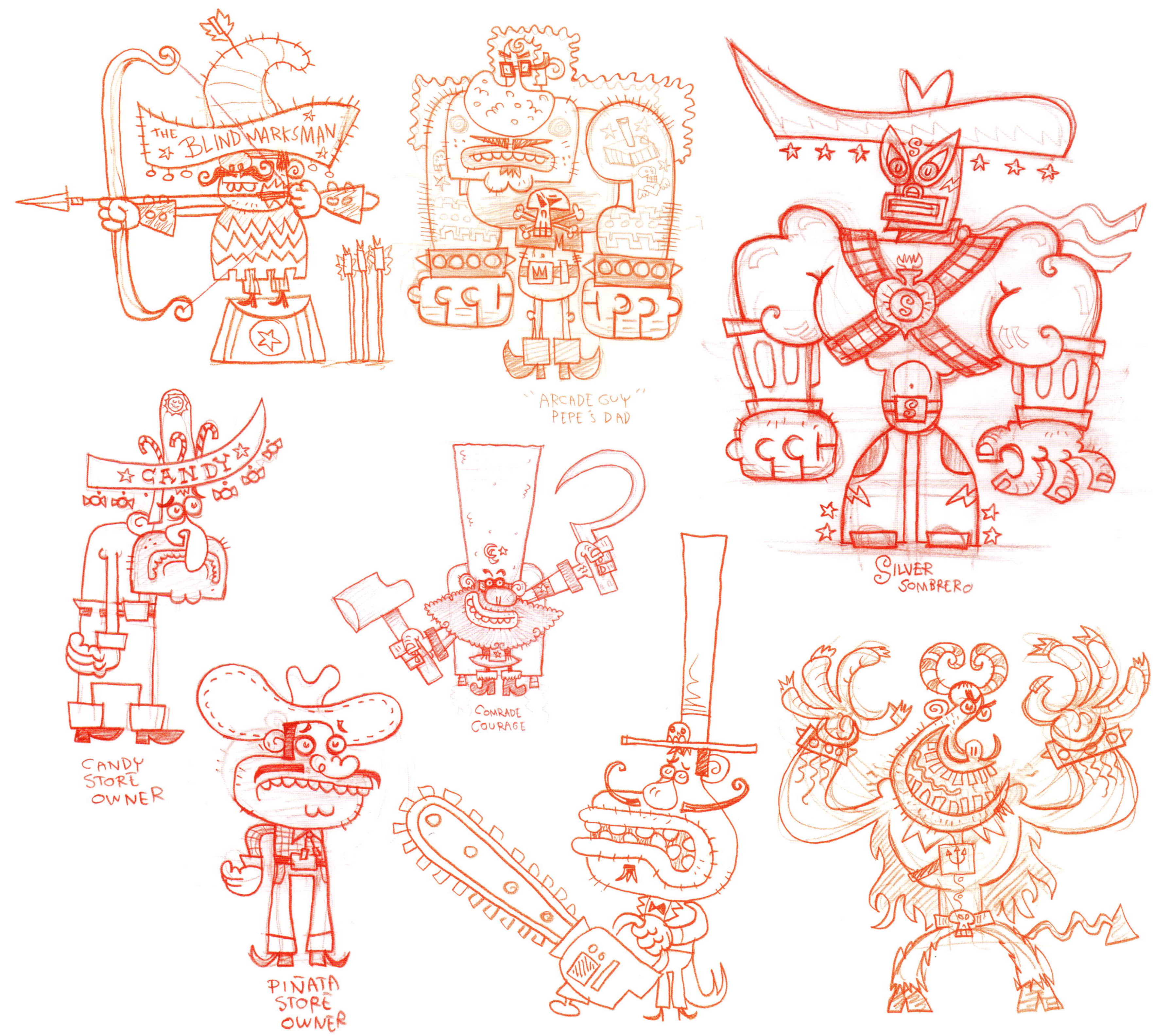
THE BLIND MARKSMAN
"ARCADE GUY"
PEPE'S DAD
CANDY
SILVER
SOMBRERO
COMRADE
COURAGE
CANDY
STORE
OWNER
PIÑATA
STORE
OWNER

Jorge: We got crap from the old-timers at the studio: "You're doing a show in Flash? It's gonna look like garbage!" Literally, people would say that to my face. "Why are you doing it like this? It's going to look like those trashy internet cartoons." All of which fueled us to prove them wrong.

Flash's previously mentioned association with cheap internet cartoons or generally limited-quality movement and design still lingers to this day, but is not justified, as many more animated television productions than people realize have been using it since the *El Tigre* era with excellent results. As with all tools, it is the hands that wield them that matters. (Well, and the budget and schedule too.)

Sandra: I'll have a love affair with Flash for the rest of my life.

Jorge: To this day, Sandra designs all her characters in Flash. Including her award-winning designs for *The Book of Life* and *Maya and the Three*. I feel like that's her kung fu. I've learned that we should just get the hell out of the way and let her do her thing. We've built productions around her using that software. I'd rather her spend every minute doing the thing that only she can do, rather than having to learn new software at the expense of her genius.

In school I did all mediums, and I gravitated toward stop-motion because I love the idea that characters can be physically tangible and busy, like moving sculptures. In my head, stop-motion fulfills our childhood fantasy that our toys can come to life. Just like 2D animation fulfills kids' subconscious fantasies that their drawings could come to life.

I went into computer graphics, I wanted my CG to look like stop motion, which is hard to do. When we started doing Flash, I had some of the freedom of CG because I got to have really busy designs and gradients and symbols hanging everywhere, so I approached Flash like I approached 3D and stop-motion—like I was building a rig or a puppet. A lot of the traditional 2D purist types still were like, "No man, you gotta draw every frame in 2D animation!" What we do is not traditional 2D animation! By the time we got to *El Tigre*, we'd done *El Macho*, *¡Mucha Lucha!*, *The Buzz on Maggie*, and all our other Flash pilots, and I pretty much knew what the limitations were, how far you could push it, why stylized designs are actually better for Flash rather than more humanoid designs, and why designs that look good just standing there are the best ones, as opposed

Jorge: Los antiguos del estudio se molestaban. "¿Vas a hacer un show en Flash? ¡Va a quedar fatal!". Literalmente, la gente me decía a la cara: "¿Por qué hacen esto? Va a quedar como uno de esos dibujos basura de internet". Todo eso nos llenó de energía para demostrarles lo contrario.

La asociación anterior de Flash con dibujos baratos de internet de escasa o limitada calidad, movimiento y diseño se mantiene hoy en día, pero no tiene justificación alguna porque muchas más productoras de televisión de las que la gente piensa lo han estado usando desde *El Tigre*, y han obtenido excelentes resultados. Aun con todas las herramientas, al final lo que importa son las manos que las manejan. (Bueno y el presupuesto y el tiempo también).

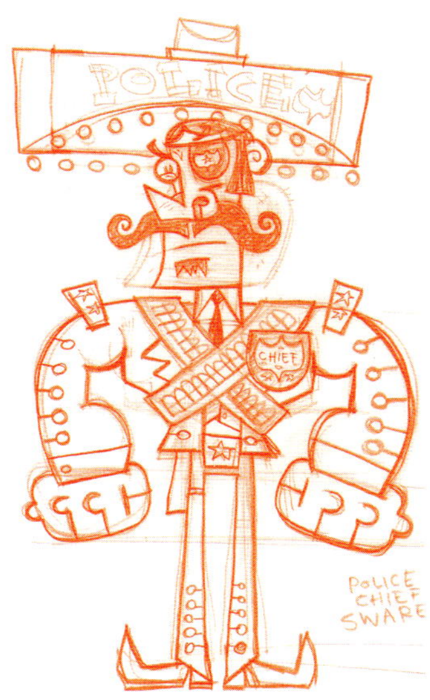

Sandra: Tendré a Flash como amante toda mi vida.

Jorge: A día de hoy, Sandra sigue haciendo todos sus personajes en Flash. Incluidos sus premiados diseños de *El libro de la vida* y de *Maya y los tres*. Es su kung fu. He aprendido que lo mejor es apartarse y dejarla hacer lo suyo. Hemos hecho producciones alrededor de ella con ese programa. Prefiero que Sandra use cada minuto haciendo lo que la hace única, a que aprenda a usar un nuevo programa y perdernos su genialidad.

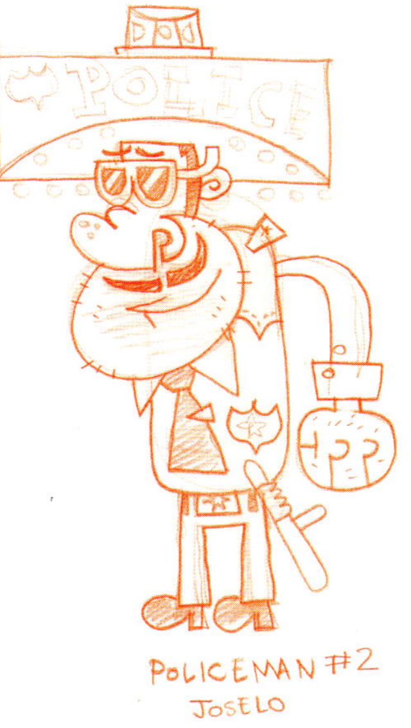

En la escuela aprendí varias técnicas y fui virando hacia el stop-motion porque adoro la idea de que los personajes puedan ser físicamente tangibles y detallados, como esculturas en movimiento. En mi cabeza, el stop-motion consigue la fantasía infantil de que los juguetes cobren vida. Al igual que la animación 2D satisface fantasías inconscientes de que los dibujos cobren vida.

Cuando empecé con el diseño de personajes, quería que fuera como en stop-motion, lo cual es difícil. Cuando empezamos a usar Flash me liberé un poco porque logré diseños muy detallados por todos lados, así que use a Flash como al 3D y el stop-motion como si estuviera construyendo una marioneta digital. Muchos de los puristas de la animación tradicional en 2D se ponían en plan de "¡No, hombre, tienes que dibujar cada cuadro en animación!". ¡Lo que hacemos no es animación tradicional en 2D! Para cuando llegó *El Tigre* habíamos hecho *El Macho*, *¡Mucha Lucha!*, *La mosca Maggie* y todos nuestros otros pilotos en Flash, y yo ya sabía cuáles eran nuestras limitaciones, hasta dónde podíamos llegar, por qué los diseños estilizados quedaban mejor que los realistas y por qué los diseños que están bien cuando están quietos eran los mejores, al contrario de algunos intentos

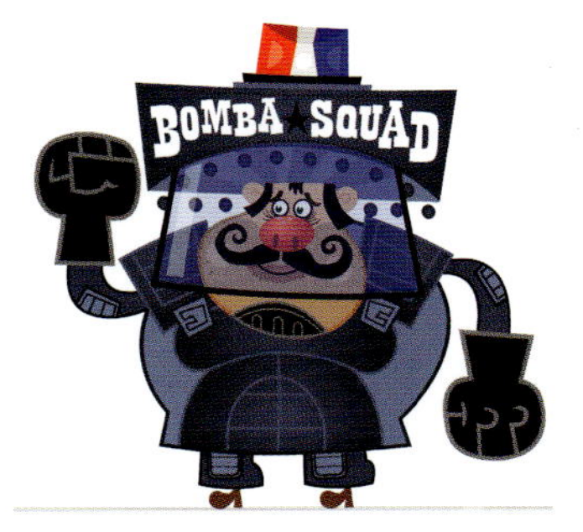

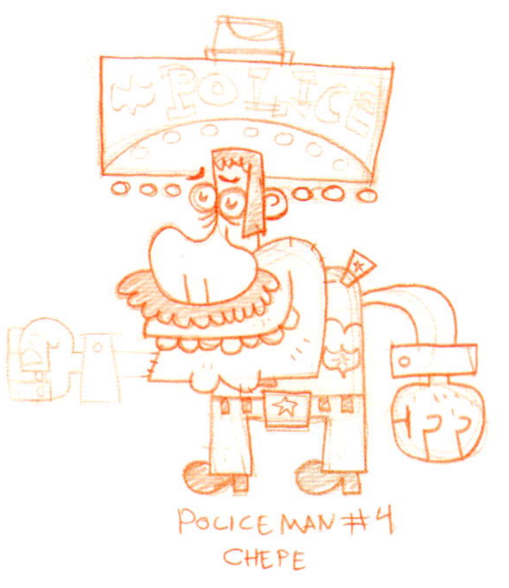

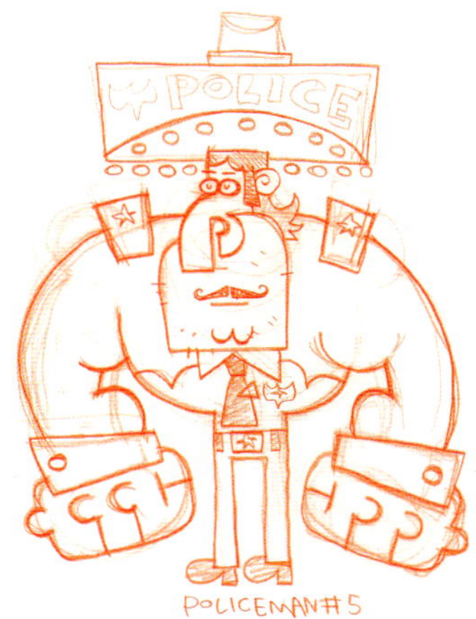

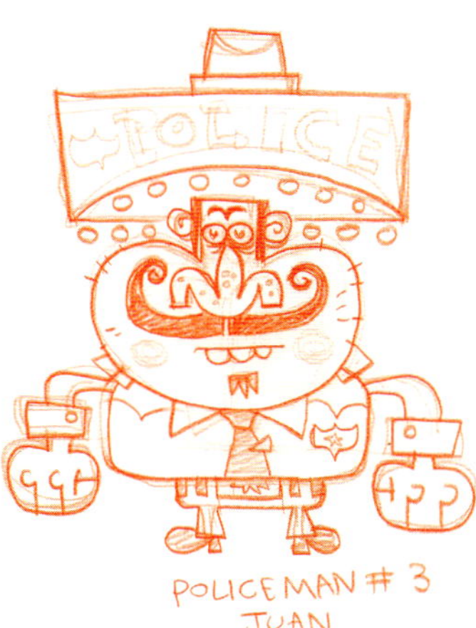

Jorge R. Gutiérrez

to attempts at 2D super volumetric designs [emulating traditional styles]—that stuff just looks terrible in Flash.

Sandra: Work with the medium and what it gives you.

Jorge: Use its limitations as your strength. Vector art, and specifically Flash, really affected the way we draw and design.

One of the important lessons learned from working in Flash on the previous pilots and productions was that it was important to see each additional character design's line weight (the thickness of the line art that outlined the shapes) in relation to the main models. For this reason, every character model sheet included a main character for comparison.

Sandra: Jorge would go crazy when a design was turned in without the reference sheet. He would say, "Don't make this harder than it already is!"

Jorge: This happened on *Maggie* and *¡Mucha Lucha!*; if there was an episode shipped [to the animation studio] without design reference for every character, there were times when the studio would send back an episode and the line weight would be all off. They had to redo entire episodes.

Another *El Tigre* differentiator was that other shows would have a designer, an inker, and a colorist—three separate jobs at most animation studios.

Jorge: We were doing all three at the same time. The design team in the early days was me, Sandra, and Steve Lambe, who knew Flash. When we tested designers, Steve had designed in color and in Flash too, so we were like, "Yep, he's literally like us!"

Sandra: He saved the day so many times. To us it was normal; this is what we had done on *Maggie* and *¡Mucha Lucha!*

Jorge: On any other show, the producers would probably have said, "OK, that's enough designs, your character count is too high." But because we were the creators, we just went to town. Usually, designers will come in after a board is done and take whatever the board artist has done and kind of clean it up. We designed everything before boards! We thought that every incidental should get the love that a "main" gets. I would get reprimanded: "You can't spend all this time on everything."

de diseños de personajes súper volumétricos en 2D [imitando estilos tradicionales]… eso queda fatal en Flash.

Sandra: Trabaja con los medios que tienes y con lo que te dan.

Jorge: Usa tus limitaciones como tus fortalezas. El arte vectorial, en especial Flash, afectó muchísimo a nuestra manera de dibujar y de diseñar.

Una de las lecciones más importantes que aprendí de los pilotos y producciones anteriores en las que trabajamos con Flash es que es importante ver el grosor de la línea del diseño de cada personaje (el grosor de la línea que sobrepasa las formas) en relación a los modelos principales. Por este motivo la hoja modelo de todos los personajes incluye una comparación con el personaje principal.

Sandra: Jorge se volvía loco si alguien le traía un diseño sin la hoja de referencia. Decía: "¡No lo hagamos más difícil de lo que es!".

Jorge: Esto pasó en *Maggie* y en *¡Mucha Lucha!* Si llegaba un episodio al estudio de animación sin la hoja de referencia de cada personaje, a veces el estudio devolvía el episodio y se iba al carajo toda la intensidad o el grosor de la línea. Tuvieron que rehacer episodios enteros.

Otro rasgo distintivo de *El Tigre* es que otros shows tenían diseñador de personajes, entintador y colorista, tres trabajos separados en la mayoría de los estudios de animación.

Jorge: Nosotros hacíamos las tres cosas a la vez. El equipo de diseño de personajes éramos Sandra, yo y Steve Lambe. Él sabía de Flash. Cuando hicimos pruebas a dibujantes, Steve había traído diseños en color y en Flash, y nos dijimos: "Sí, ¡es como nosotros!".

Sandra: Nos solucionó todo muchas veces. Para nosotros era normal, es lo que habíamos hecho en *Maggie* o en *¡Mucha Lucha!*

Jorge: En cualquier otro show, los productores nos habrían dicho: "OK, ya está bien de detalles en los personajes, se han pasado". Pero como éramos los creadores, tiramos la casa por la ventana. En general los diseñadores de personajes entran cuando el storyboard ya está hecho y limpian el trabajo del artista de storyboards. ¡Nosotros diseñábamos todo antes de tener los storyboards! Nos guiaba el pensamiento de que todo era igual de importante, los diseños de personajes secundarios deberían tener la misma importancia que los principales. Me regañaban: "No puedes pasarte tanto tiempo con todo".

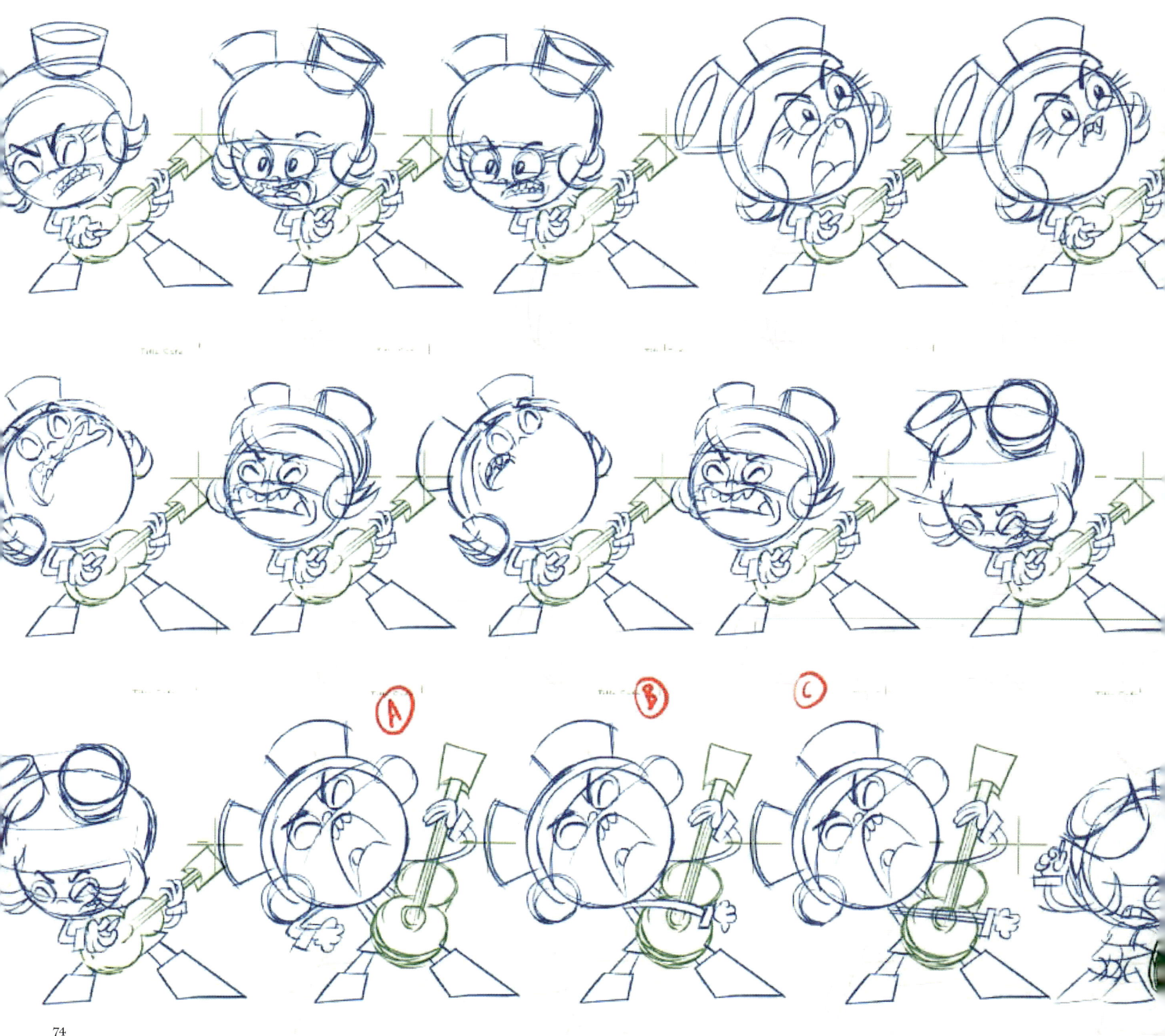
A
B
C

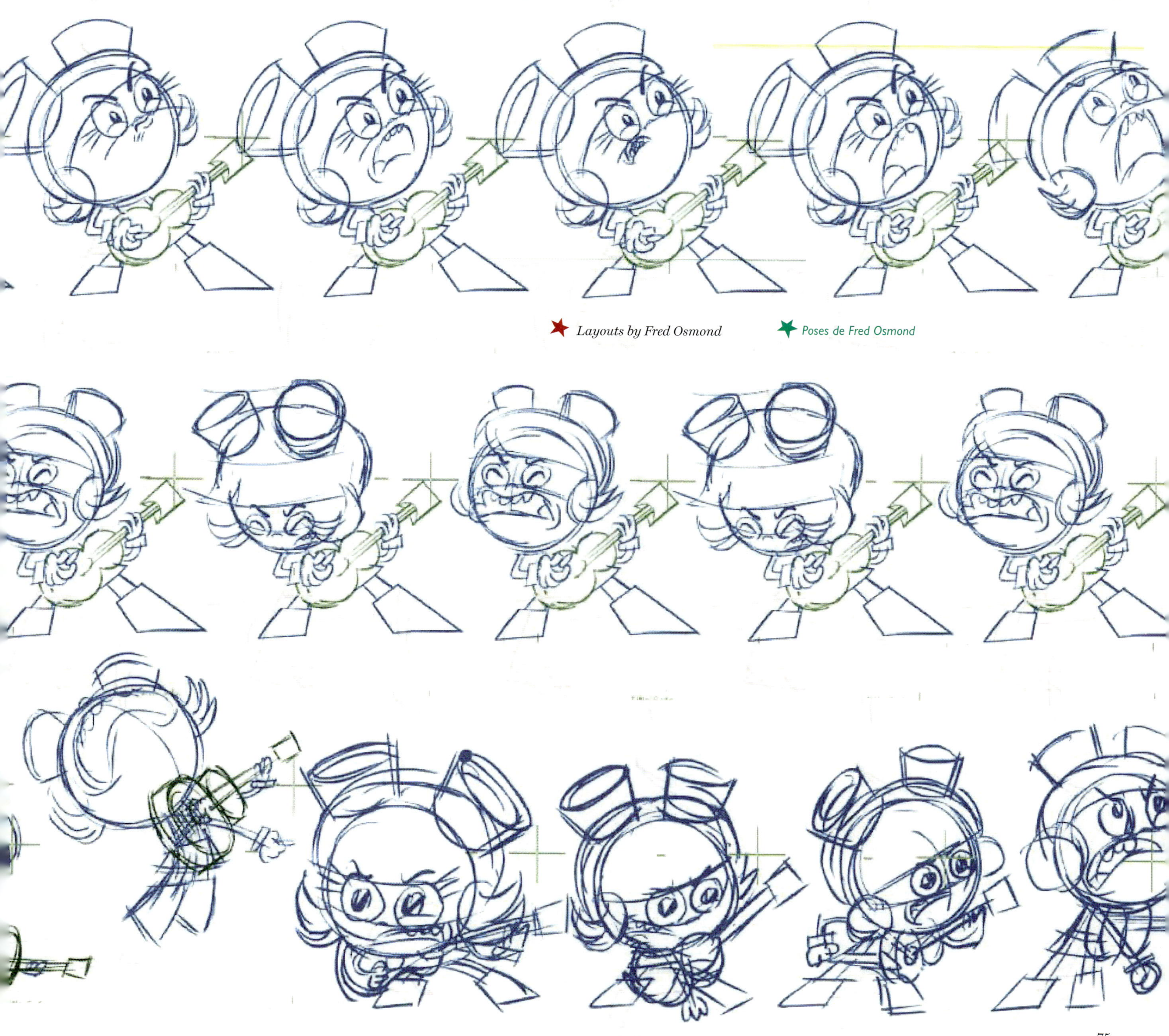

★ *Layouts by Fred Osmond* ★ Poses de Fred Osmond

Sandra: I think that's how you got so fast.

Jorge: It was like, "OK, I'll try to do it in five minutes!" As a designer, I didn't want to let any of that stuff go. When I would watch other shows, I would think, *Aw man, why are the incidentals so crappy*, or even worse, *Aw man, why are the incidentals better than the mains?* So the guy on screen for probably two seconds would get the same design attention as a lead on *El Tigre*.

Then I wanted to invite guest designers to design things, and my hero of character design, especially at that time, was Craig Kellman. Craig was able to just do a few freelance things because he was really busy. I still have the original drawings: funny, beautifully designed, functional, unique. To have him come play in our sandbox was one of the great joys of our lives.

Then I asked Sanjay Patel to do some stuff, which he turned in, but we lost it. We can't find it anywhere. We also asked Martin Ontiveros to design some stuff, and he was very kind but said, "Just look at my paintings, man," so I was influenced by Martin Ontiveros. Then I asked Sergio Aragonés, and he basically said: "You don't need me to do anything."

El Tigre's art direction was not trying to create classical, fluid, traditional 2D animation. The design approach grew from the design of puppeted characters and a maximalist design aesthetic that embraced flatness and detail. The design aligned with the tools.

Jorge: Not only did our design align with the tools, but the tools allowed the art to be so much more complex than if we were a traditional show, even a traditional digital show. Flash allowed me to have gradients and a ton of little things hanging from everywhere and ridiculous color palettes. All that stuff I don't think could happen in the traditional show, and I would show this to other directors or show creators, who would say, "You can't do this; you have to simplify it. They'll never let you animate this." And sure enough, because we were the show runners, no one told us no!

Sandra: Creo que así es como te volviste tan rápido.

Jorge: Yo decía: "OK, tendré todo en cinco minutos!". Como diseñador de personajes, no quería quedarme sin diseñar nada. Cuando veía otros shows, pensaba: *Buah, por qué los secundarios son tan flojos*, o peor, *¿Por qué los secundarios son mejores que los protagonistas?* Y por eso en *El Tigre* todo lo que estuviera en pantalla, aunque fueran dos segundos, recibía la misma atención que un protagonista.

Entonces dije: "Quiero traer a diseñadores invitados". Uno de mis héroes en el diseño de personajes, en especial en esa época, era Craig Kellma. Craig sólo podía hacer algunos diseños a tiempo parcial porque estaba muy ocupado. Sigo teniendo sus dibujos originales: divertidos, bonitos, diseñados impecablemente, prácticos, únicos. Conseguir que jugara en nuestro patio de juegos fue muy gratificante.

Entonces le pedí algún encargo a Sanjay Patel, y lo hizo, pero lo hemos perdido. No lo encontramos. También le preguntamos a Martin Ontiveros si podía dibujarnos algunas cosas. Él estaba muy ocupado pero me dijo: "Mira mis pinturas, hombre". Y me influenció mucho. Luego le pregunté a Sergio Aragonés, quien me dijo básicamente: "No me necesitas para nada".

Con la dirección de arte de *El Tigre* no estábamos intentando hacer animación tradicional en 2D, fluida y clásica. El enfoque de nuestro diseño nace del diseño de personajes de marionetas y diseños maximalistas que incluyen lo plano y los detalles. El diseño encajaba con las herramientas.

Jorge: No sólo nuestro diseño se ajusta a las herramientas, sino que las herramientas permiten que el arte sea mucho más complejo que en un show tradicional, incluso en un show digital. Flash me permitió tener degradados y un montón de pequeños detalles por todas partes y unas paletas de colores abrumadoras. No hubiera podido hacer todo eso en un show tradicional. Le enseñaba esto a otros directores o creadores y me decían: "No puedes hacerlo así, vas a tener que simplificarlo. No te van a dejar animar esto". Y no hizo falta, como nosotros éramos los creadores y jefes, ¡nadie nos dijo que no!

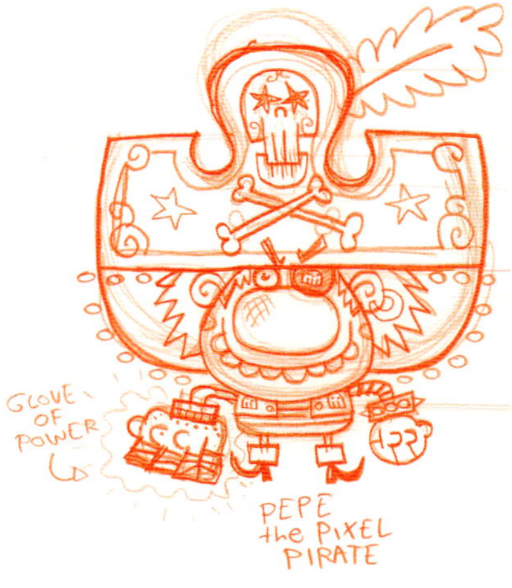

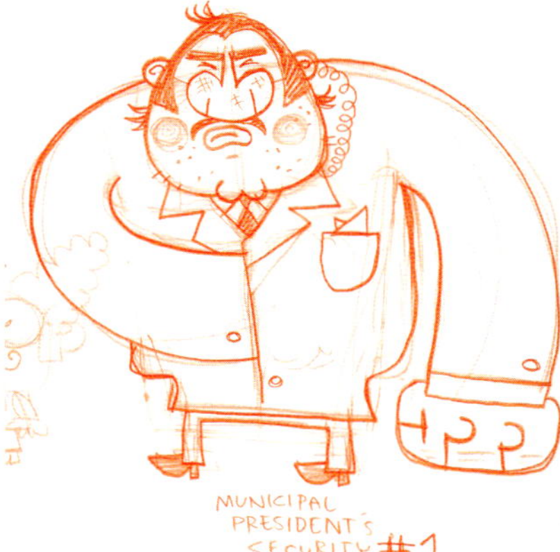

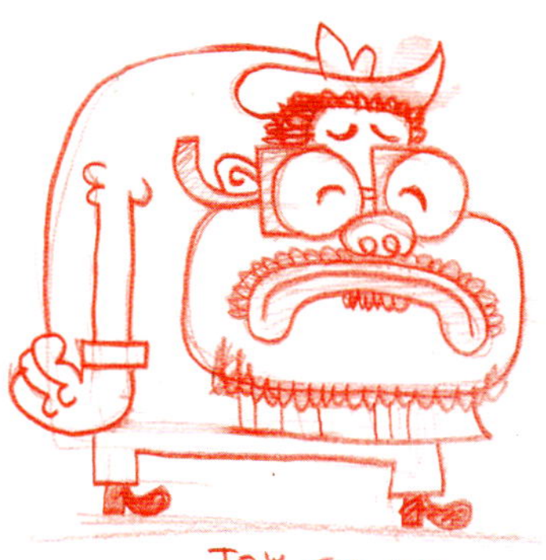

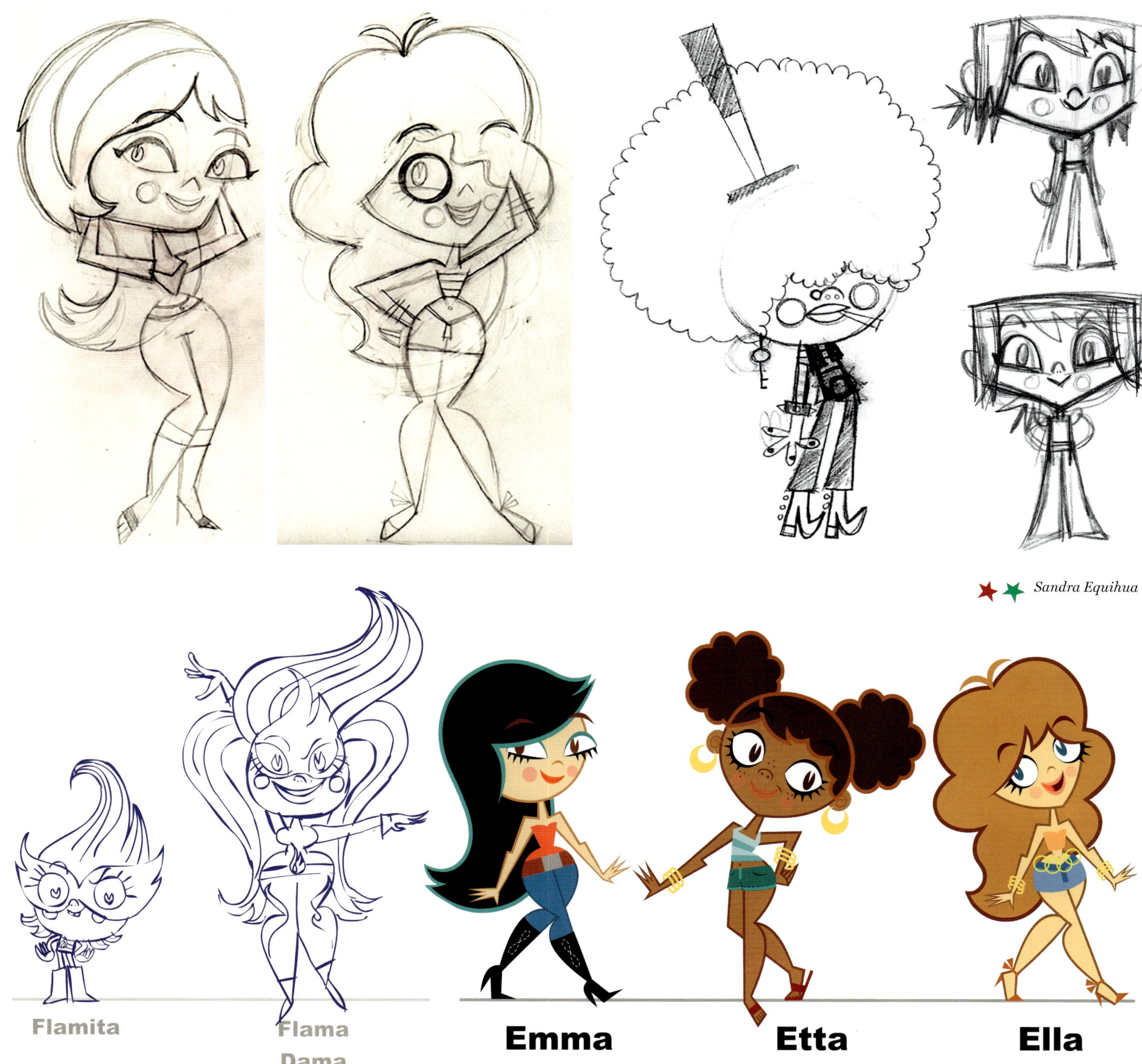
Sandra Equihua
Flamita
Flama
Dama
Emma
Etta
Ella

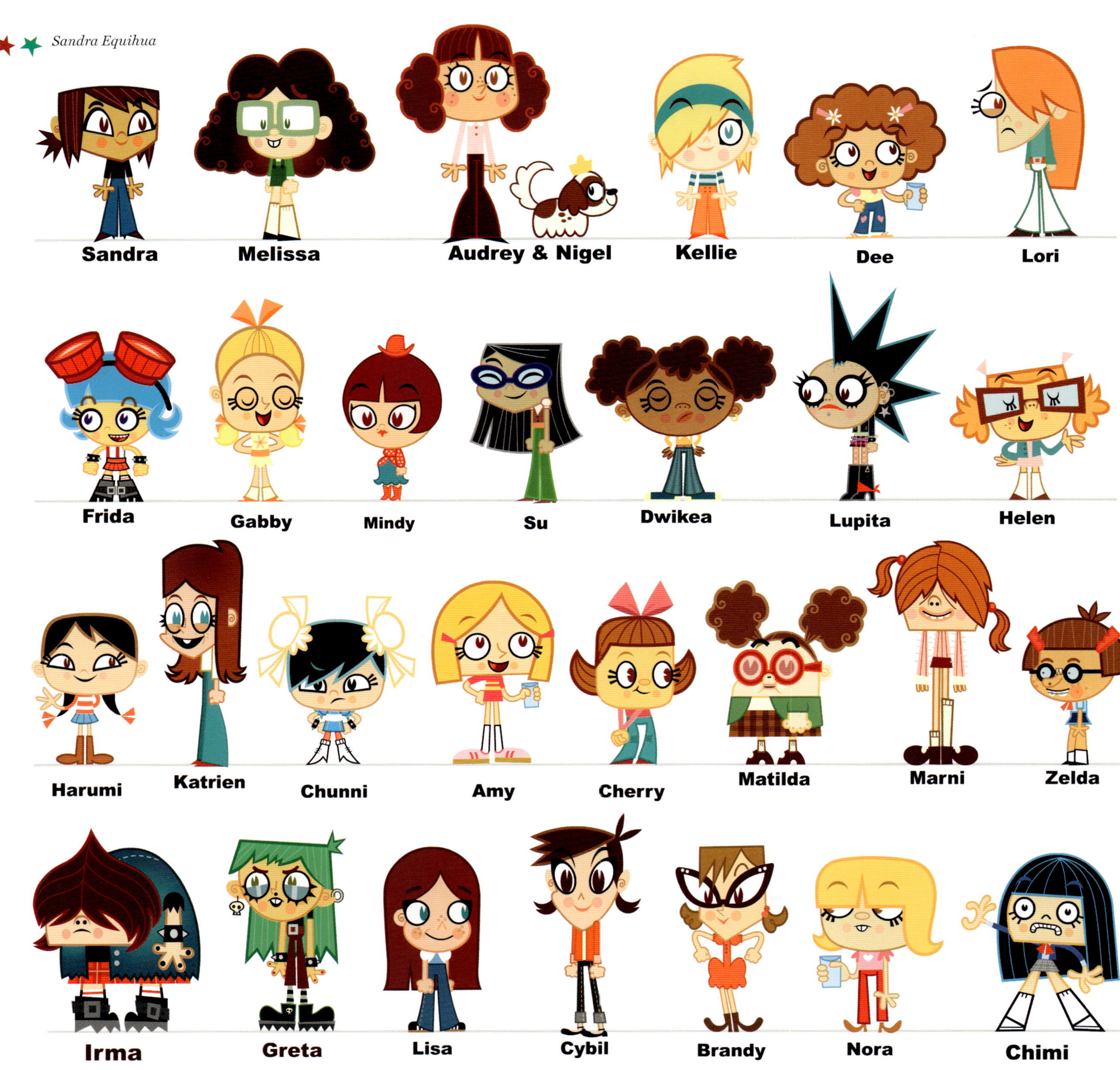
Sandra
Melissa
Audrey & Nigel
Kellie
Dee
Lori
Frida
Gabby
Mindy
Su
Dwikea
Lupita
Helen
Harumi
Katrien
Chunni
Amy
Cherry
Matilda
Marni
Zelda
Irma
Greta
Lisa
Cybil
Brandy
Nora
Chimi

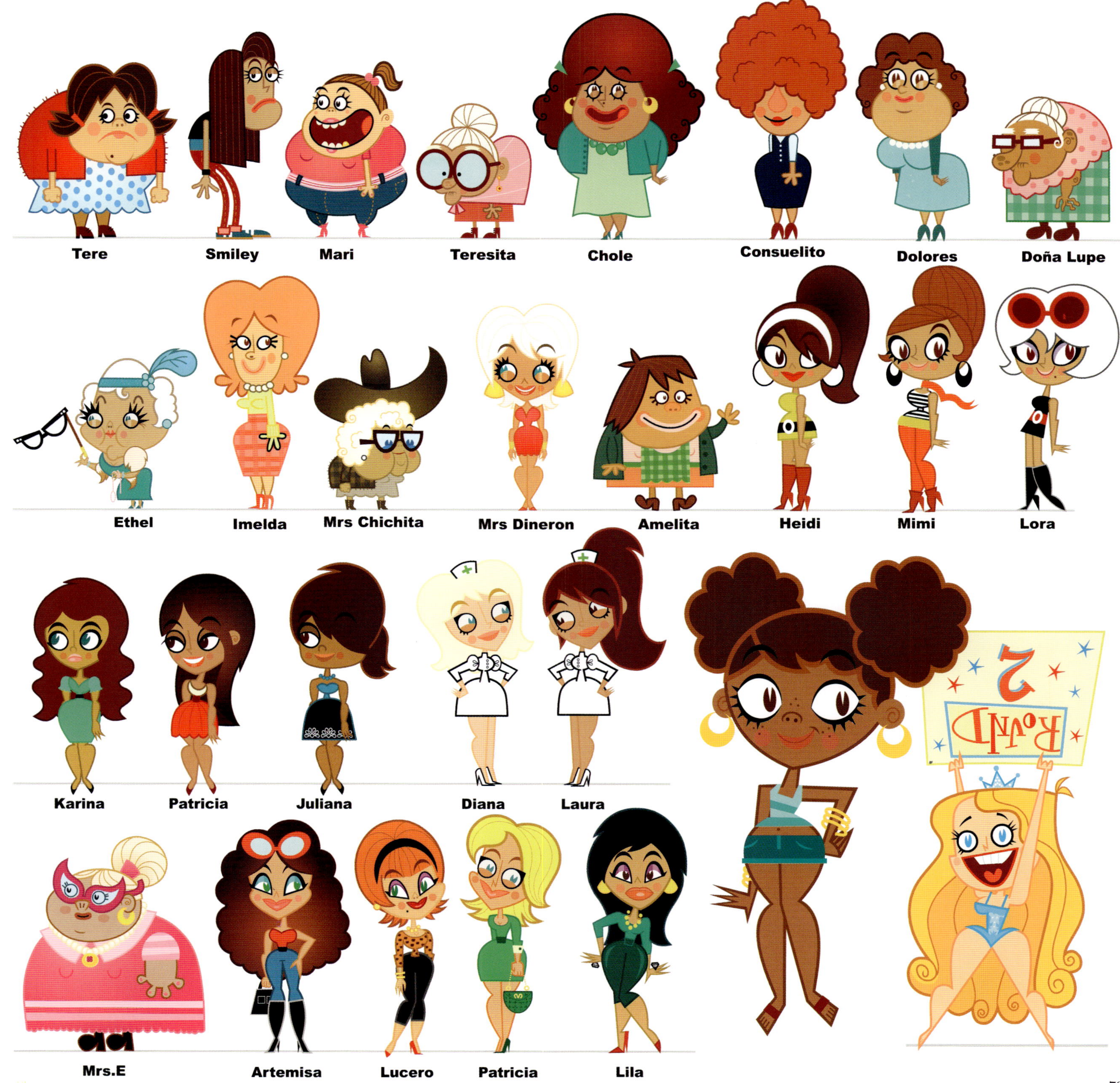
Tere
Smiley
Mari
Teresita
Chole
Consuelito
Dolores
Doña Lupe
Ethel
Imelda
Mrs Chichita
Mrs Dineron
Amelita
Heidi
Mimi
Lora
Karina
Patricia
Juliana
Diana
Laura
Mrs.E
Artemisa
Lucero
Patricia
Lila

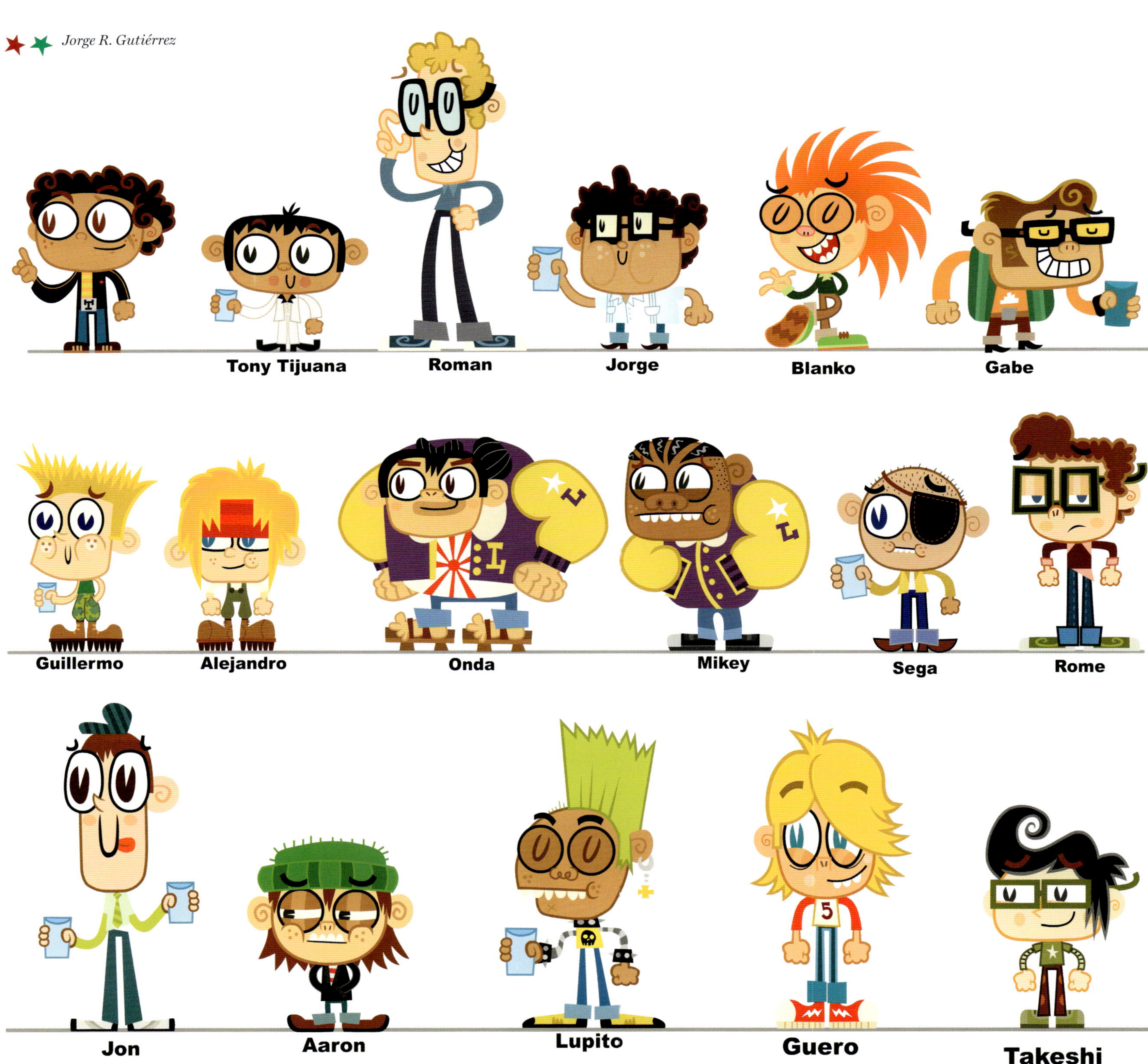
Tony Tijuana
Roman
Jorge
Blanko
Gabe
Guillermo
Alejandro
Onda
Mikey
Sega
Rome
Jon
Aaron
Lupito
Guero
Takeshi
revised

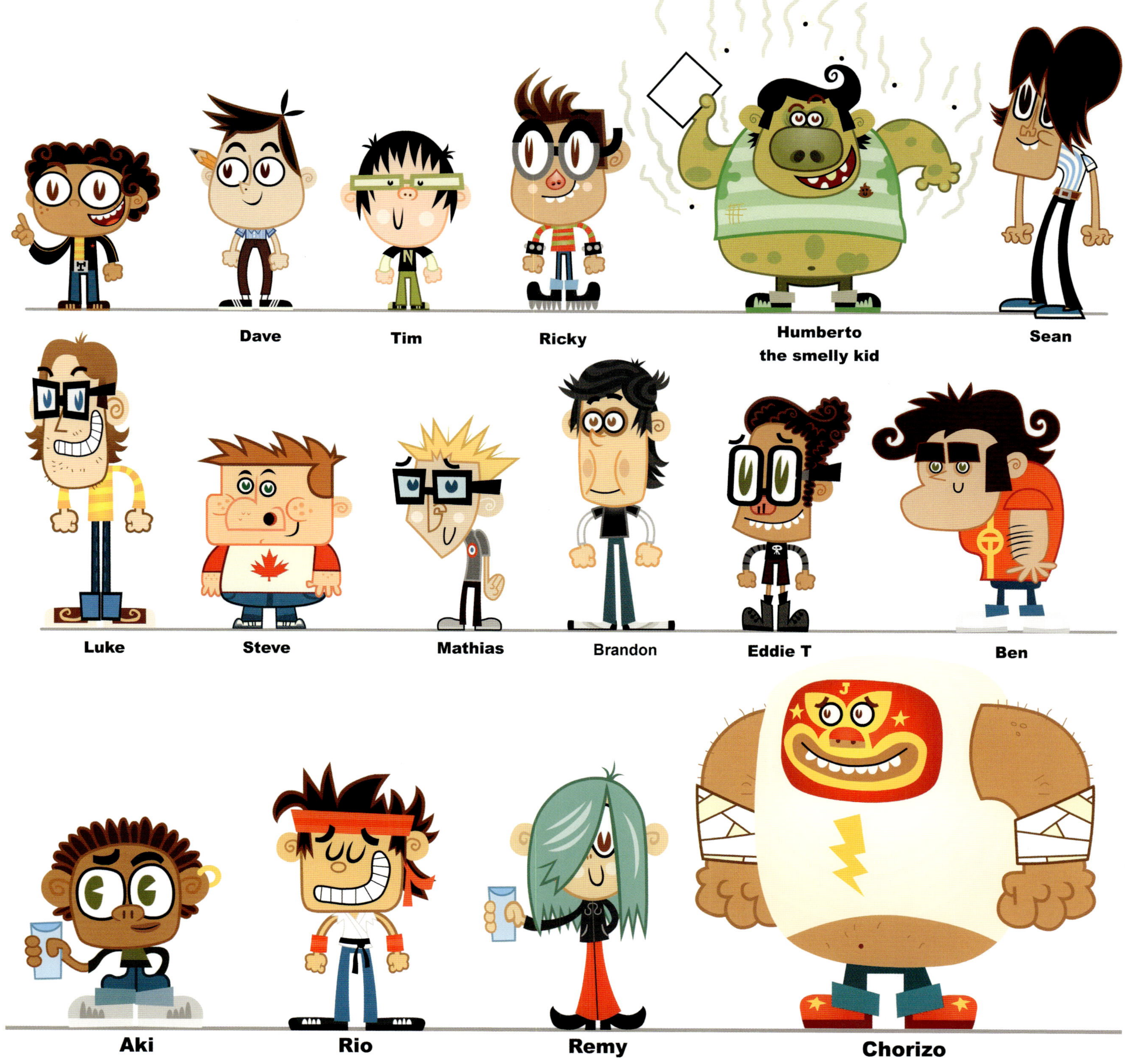
Dave
Tim
Ricky
Humberto
the smelly kid
Sean
Luke
Steve
Mathias
Brandon
Eddie T
Ben
Aki
Rio
Remy
Chorizo

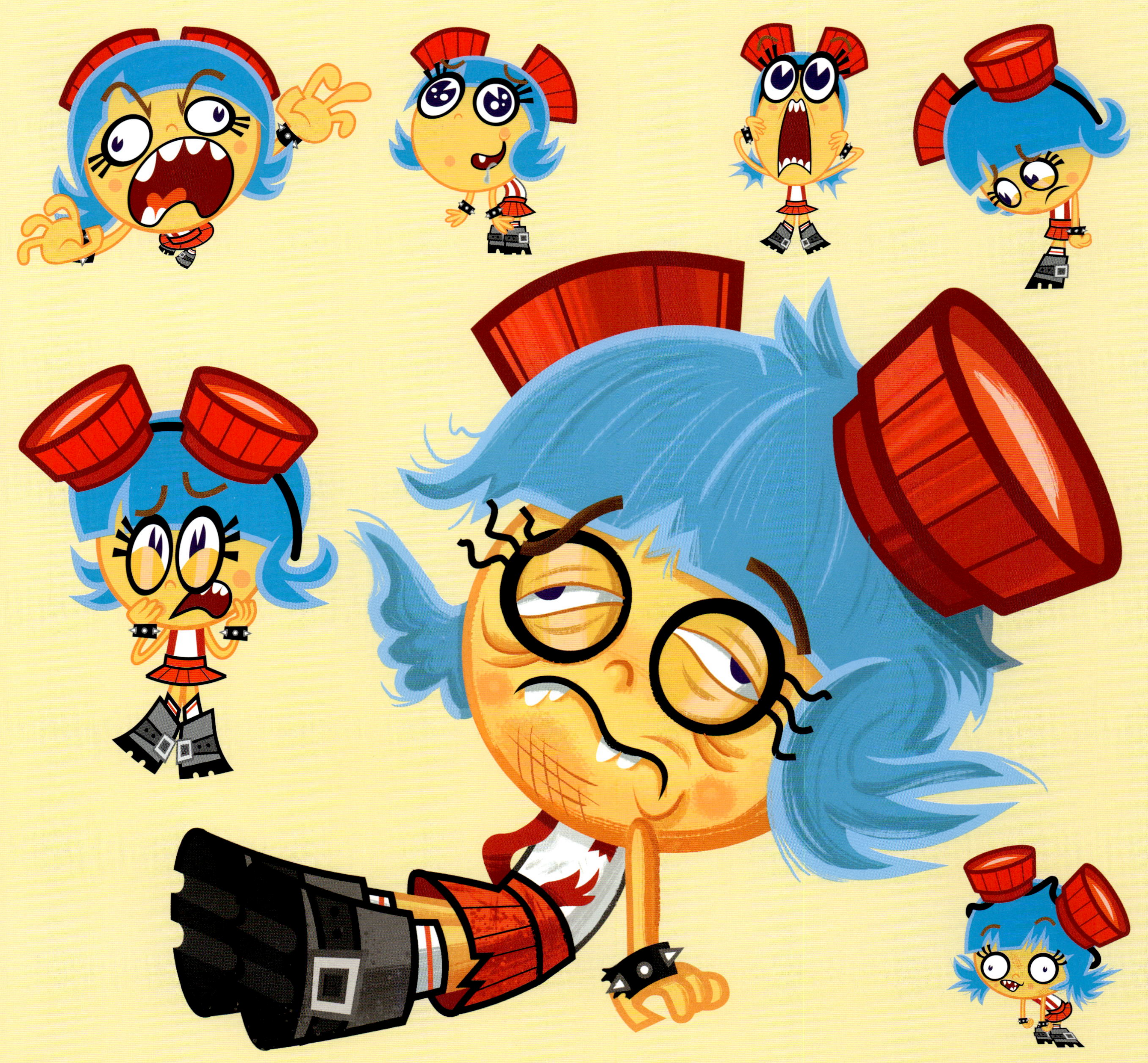

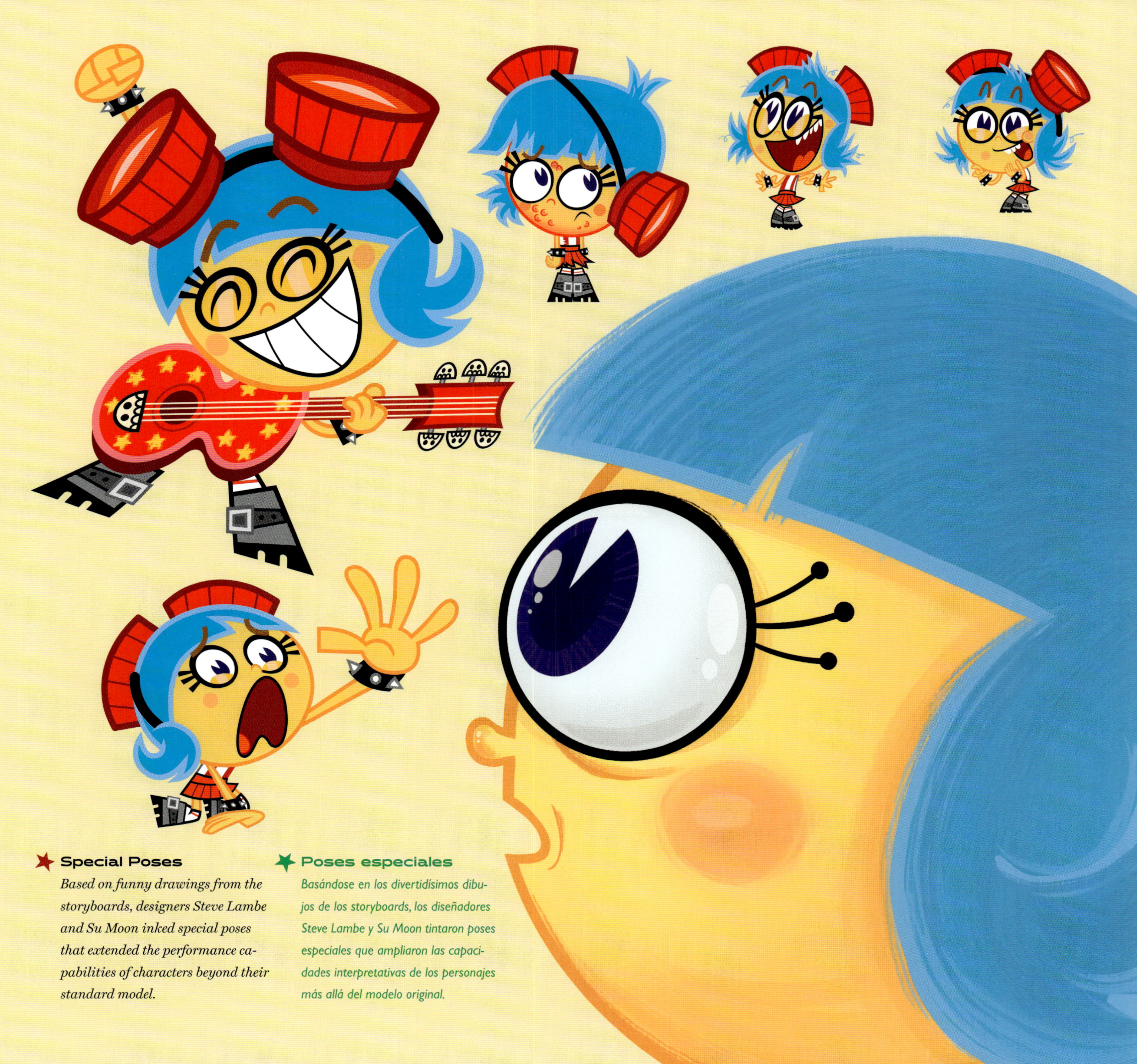

Special Poses

Based on funny drawings from the storyboards, designers Steve Lambe and Su Moon inked special poses that extended the performance capabilities of characters beyond their standard model.

Poses especiales

Basándose en los divertidísimos dibujos de los storyboards, los diseñadores Steve Lambe y Su Moon tintaron poses especiales que ampliaron las capacidades interpretativas de los personajes más allá del modelo original.

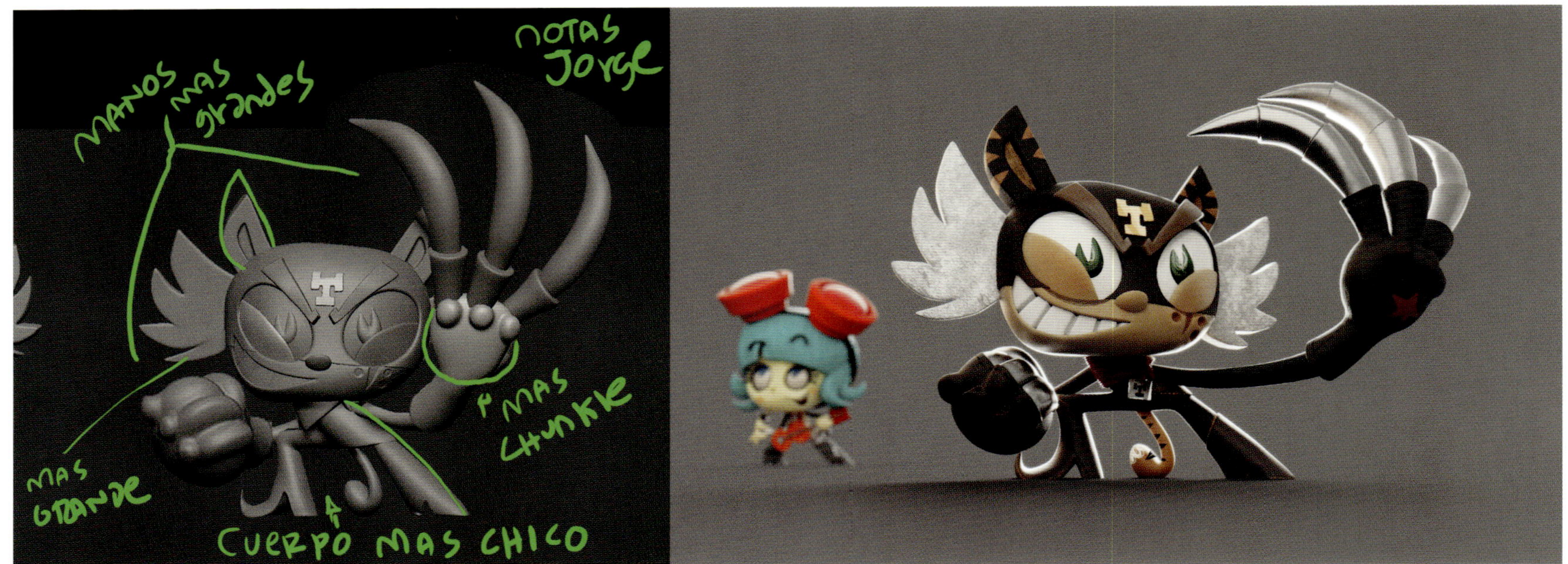

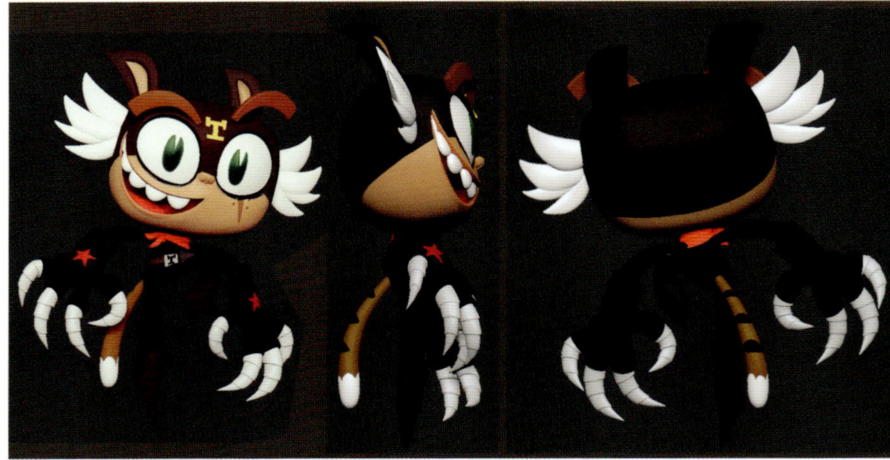

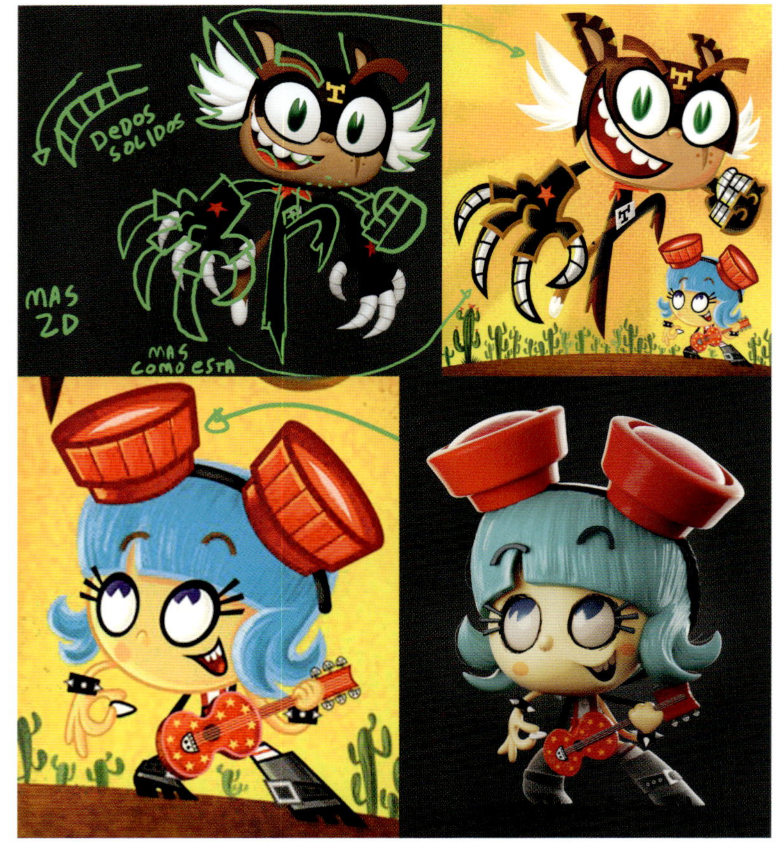

Three-Dimensional Tigre

El Tigre's *stylized, 2D characters can be translated to 3D models with careful execution. Esteban Pedrozo modeled these exploratory CGI versions of El Tigre and Frida with feedback from Jorge (in green).*

El Tigre tridimensional

Los personajes estilizados en 2D de El Tigre pueden traducirse a modelos en 3D de una manera muy cuidada y precisa. Esteban Pedrozo modeló estas versiones iniciales de CGI (imágenes generadas por ordenador) de El Tigre y Frida con el feedback de Jorge (en verde).

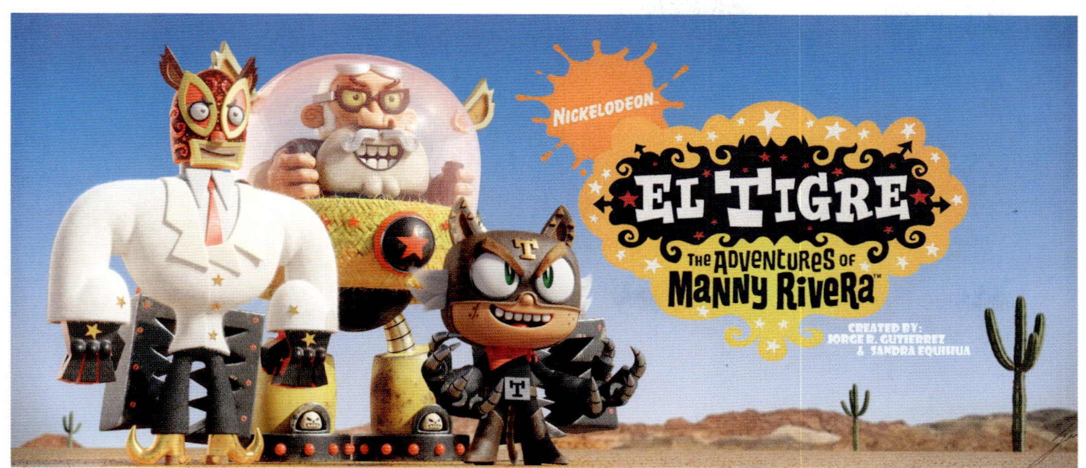

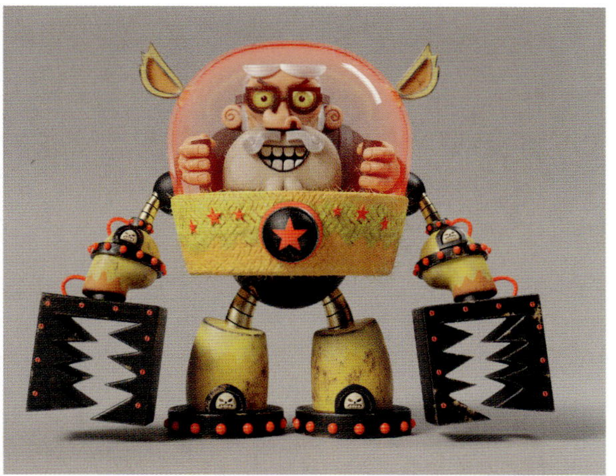

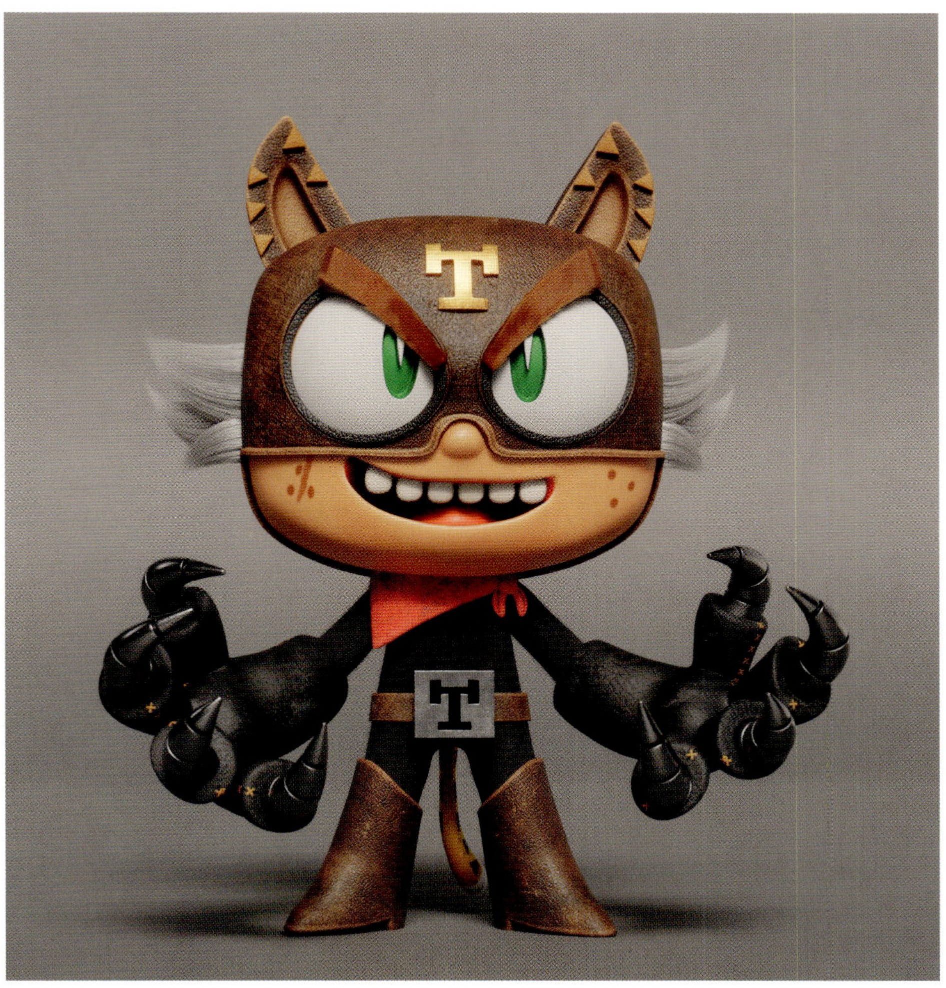

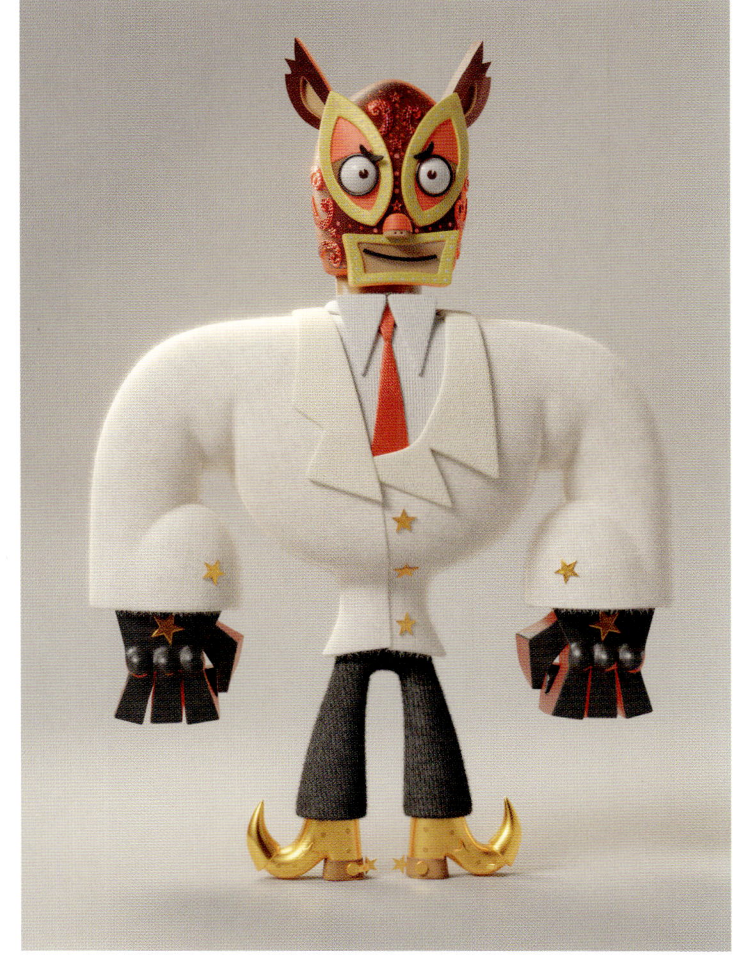

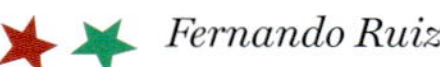 *Fernando Ruiz*

Main Characters/ Personajes principales

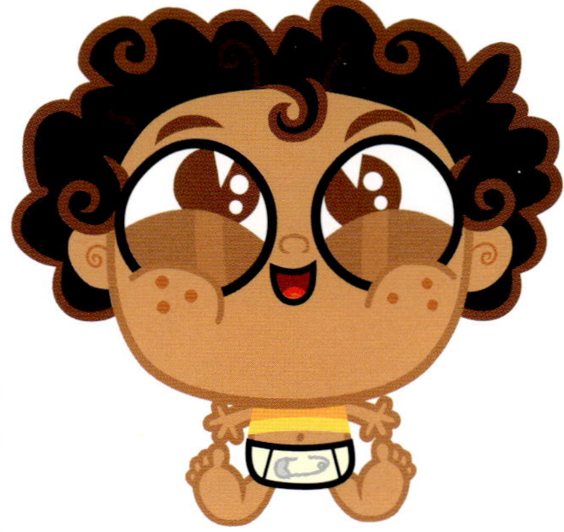

Manny Rivera/ El Tigre

Manny's design is based on pictures of me when I was a little troublemaking kid in Mexico City. I pretty much lived in detention! I had curly hair and had a striped shirt just like his. I always liked the symbolism that he has loud bee or snake colors (black and yellow) to warn you that he might sting or bite you if you mess with him. I picked the name Manny since it has the word "man" in it and he represents "the every man." It's also a name that is easily pronounced in both Spanish and English. The last name Rivera is from the famous Mexican muralist Diego Rivera, who had a super complicated and dramatic relationship with his brilliant and iconic wife, the amazing Frida Kahlo. Most of Manny's colors are warm. The scar on his right eye is from the first time he ever used his powers. The idea was that the scar is a reminder and a big warning that if not careful with his El Tigre powers, he could hurt others, including himself. And yes, it's also a reference to Brian De Palma's *Scarface*. His silhouette is mostly round since deep down, he's a good kid.

El Tigre's design is a combination of an Aztec Jaguar warrior, a Mexican Luchador, Batman, Wolverine, and the anime character Tiger Mask. His eyes turn green from brown since he sees the world differently and his eyes can be "green with envy" and lead him to perhaps do villainy. The color silver in our world is something very dangerous (like Plata Peligrosa or the Titanium Titan) and Tigre has, you guessed it, giant silver claws. The *T* in his forehead is a reference to the famous Mexican Luchador Mil Mascaras who had an *M*. The red bandanna is a reference to the bad guys in the movies *Tombstone* and Sergio Corbucci's spaghetti western classic *Django*. His colors stayed warm and his silhouette is mostly triangles so watch out!

Manny Rivera/ El Tigre

El diseño de Manny se basa en fotografías mías de cuando era un niño travieso en la Ciudad de México. ¡Vivía casi todo el tiempo castigado! Tenía el pelo rizado y una camisa de rayas, como la suya. Siempre me ha gustado su simbolismo: colores llamativos de abeja o serpiente (negro y amarillo) para avisarte que te puede picar o morder si te metes con él. Escogí el nombre Manny porque contiene la palabra "hombre" (*man* es hombre en inglés) y representa al hombre común. También es un nombre que se pronuncia fácilmente tanto en español como en inglés. El apellido Rivera es del famoso muralista mexicano Diego Rivera, quien tuvo una relación súper complicada y dramática con su brillante e icónica esposa, la increíble Frida Kahlo. La mayoría de los colores de Manny son cálidos. La cicatriz en su ojo derecho es de la primera vez que usó sus poderes. La idea era que la cicatriz fuera un recordatorio y una gran advertencia de que, si no tiene cuidado con sus poderes de El Tigre, podría lastimar a otros, incluido él mismo. Su silueta es sobre todo redonda ya que, en el fondo, es un buen niño.

El diseño de El Tigre es una combinación de un guerrero jaguar azteca, un luchador mexicano, Batman, Lobezno y el personaje de anime Tiger Mask. Sus ojos pasan de ser verdes a marrones ya que ve el mundo de manera diferente, y sus ojos pueden volverse "verdes de envidia" y llevarlo tal vez a cometer fechorías. El color plateado en nuestro mundo puede implicar algo muy peligroso (como Plata Peligrosa o Titán de Titanio), y Tigre tiene, lo has adivinado, garras gigantes plateadas. La T en su frente es una referencia al famoso luchador mexicano Mil Máscaras, que tenía una M. El pañuelo rojo es una referencia a los malos de la película *Tombstone: la leyenda de Wyatt Earp* y al clásico del espagueti wéstern de Sergio Corbucci, *Django*. Sus colores son cálidos y su silueta es más bien triangular, ¡así que cuidado!

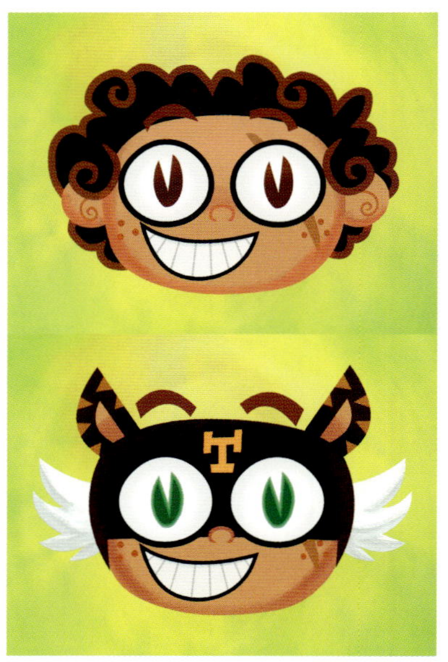

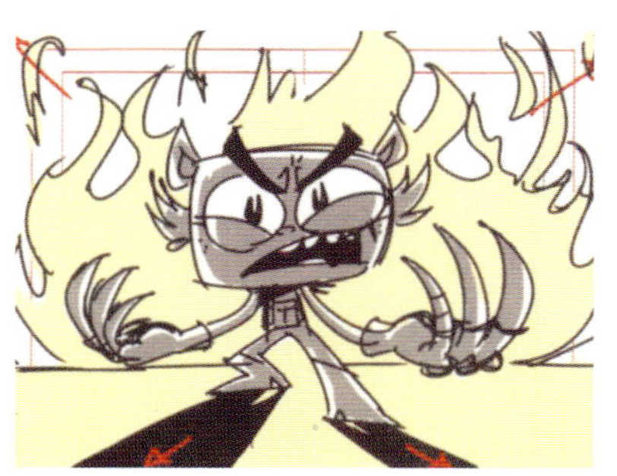

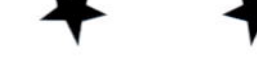 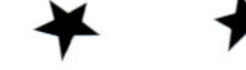   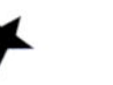 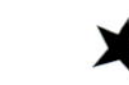 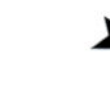       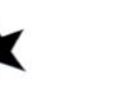   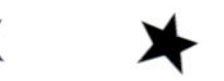

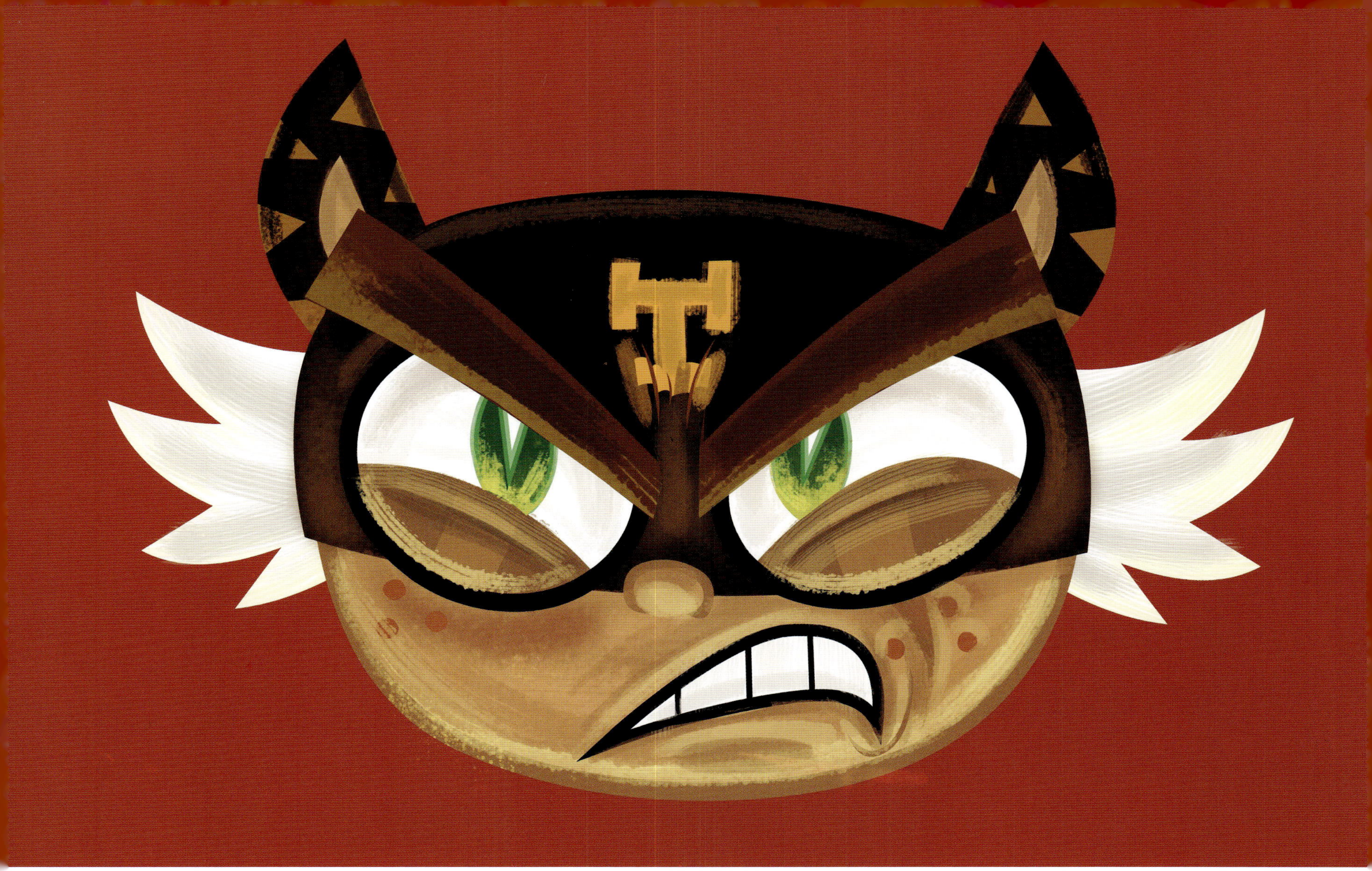

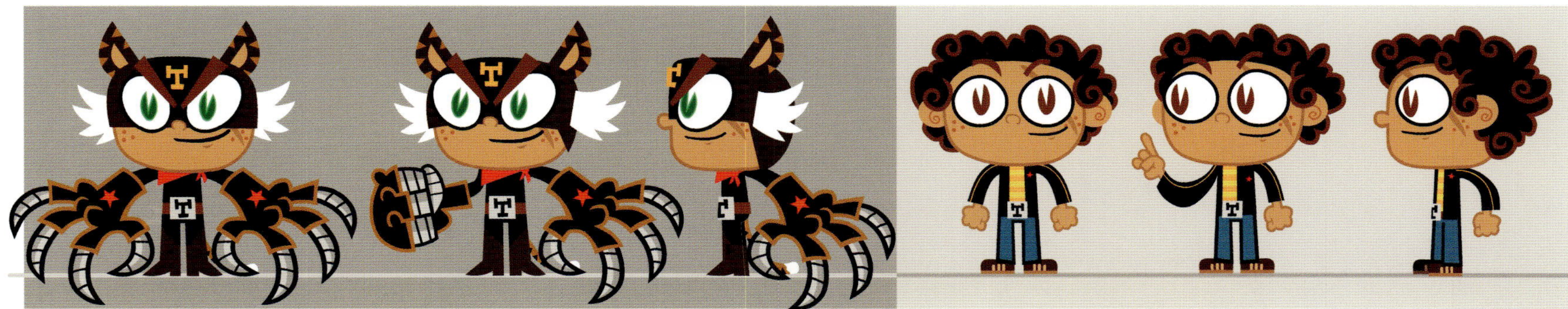

★ ★ ★ ★ ★ Jorge's Commentary/Comentarios de Jorge ★ ★

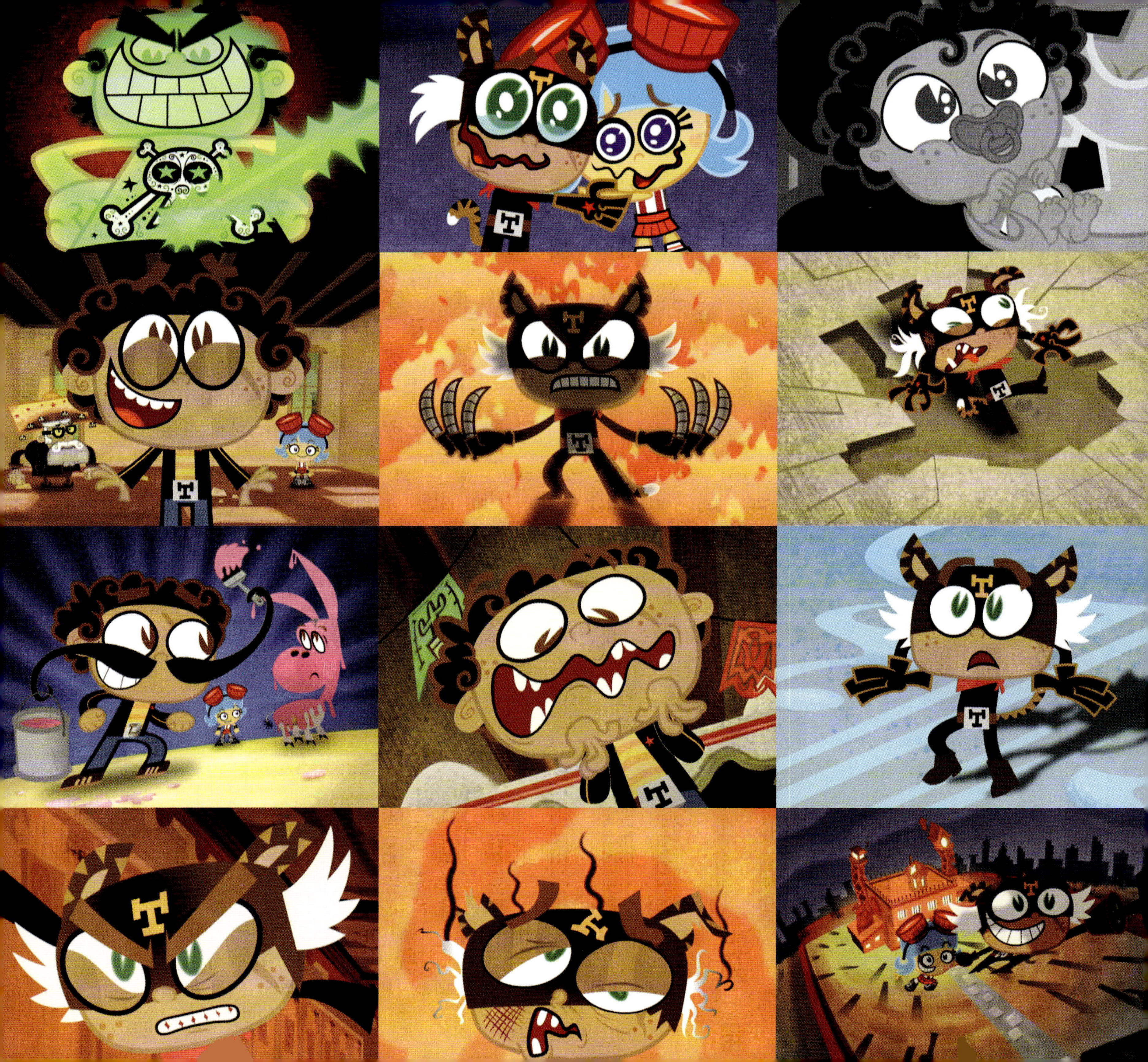

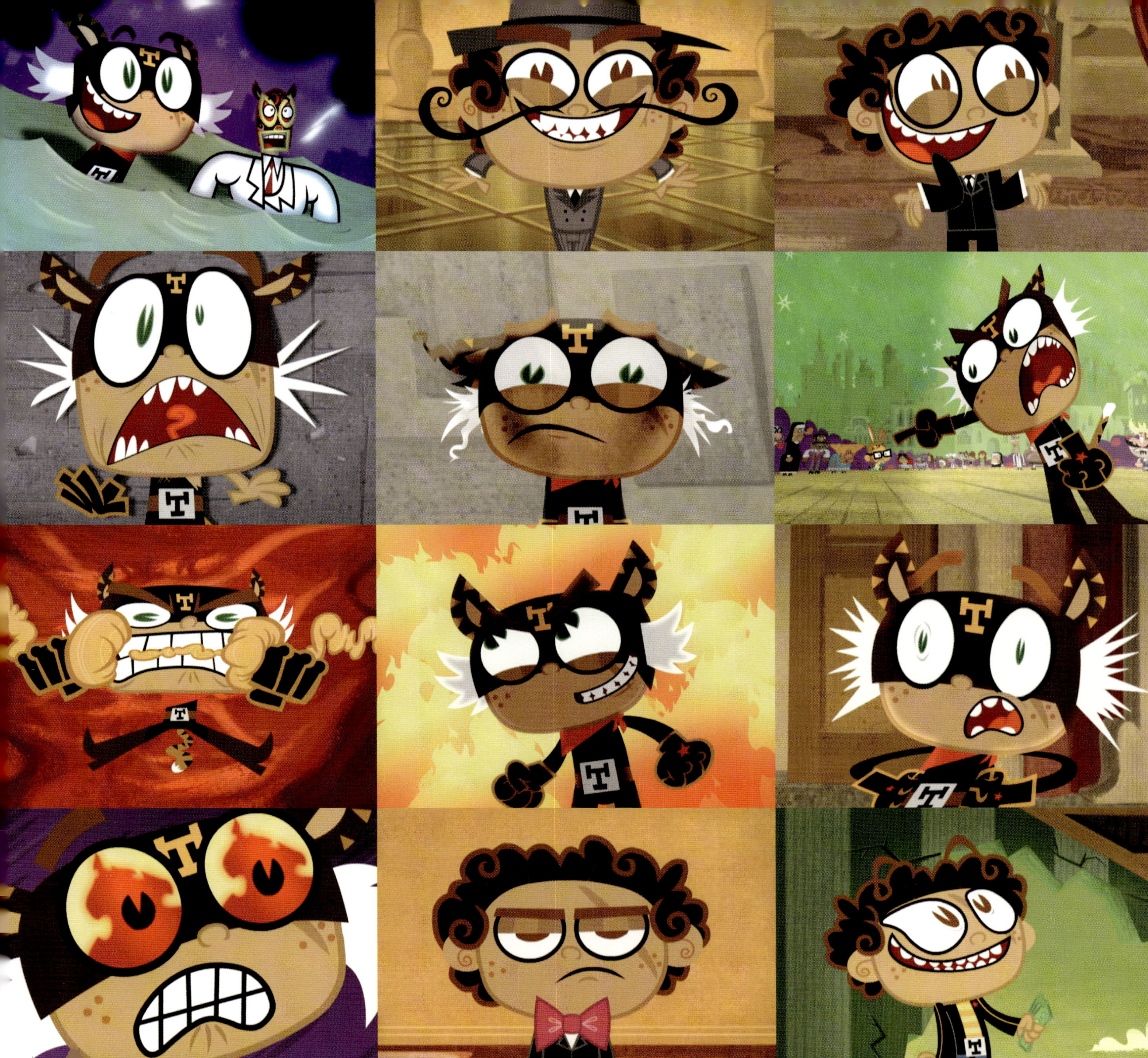

Main Characters/Personajes principales

Frida Suárez

After I designed Manny, Sandra Equihua designed Frida around him. She is totally based on Sandra herself and who, in real life, now changes her hair color a lot—like white, yellow, green, pink, purple, etc. This is why her hair is blue. It's something Sandra wished she could have done as a kid in Tijuana but was never allowed. Frida is like the version of Sandra I imagined as a wild kid! Since Manny is all warm colors, Frida is mostly cold colors for contrast and balance. Her first name is a reference to Frida Kahlo (with Manny referencing Diego Rivera) and her last name Suárez is a nod to our brother-in-law Gabe Swarr. Frida's giant red goggles are from an original version of the series where she was a giant robot mechanic for the Riveras but we liked the goggles so much that we kept them since they went with her punk rocker look and her chunky Chun Li–style spiked bracelets and big old boots. I also like to believe that subconsciously the goggles are Sandra's reference to Mike Mignola's Hellboy since Frida is pretty much a charming devil on Manny's shoulder.

Frida Suárez

Después de diseñar a Manny, Sandra Equihua diseñó a Frida en torno a él. Basó el personaje totalmente en ella misma, quien en la vida real cambia su color de pelo con frecuencia, alternando entre blanco, amarillo, verde, rosa, púrpura, etc. Por eso su cabello es azul. Es algo que a Sandra le hubiera gustado hacer cuando era una niña en Tijuana, pero que nunca tuvo permitido. Frida es una versión de Sandra en niña, ¡una niña salvaje! Como Manny es todo colores cálidos, Frida es principalmente colores fríos, para contrastar y equilibrar. Su nombre es una referencia a Frida Kahlo (siendo Manny una referencia a Diego Rivera) y su apellido, Suárez, es un guiño a nuestro cuñado Gabe Swarr. Las enormes gafas rojas de Frida son de una versión temprana de la serie, en la que ella era una mecánica de un robot gigante de los Rivera. Nos gustaron tanto las gafas que las conservamos, ya que iban con su look punk rockero, sus pulseras de púas y sus enormes botas al estilo Chun-Li. También me gusta creer que, inconscientemente, las gafas son una referencia de Sandra al Hellboy de Mike Mignola, ya que Frida es prácticamente un demonio encantador sobre el hombro de Manny.

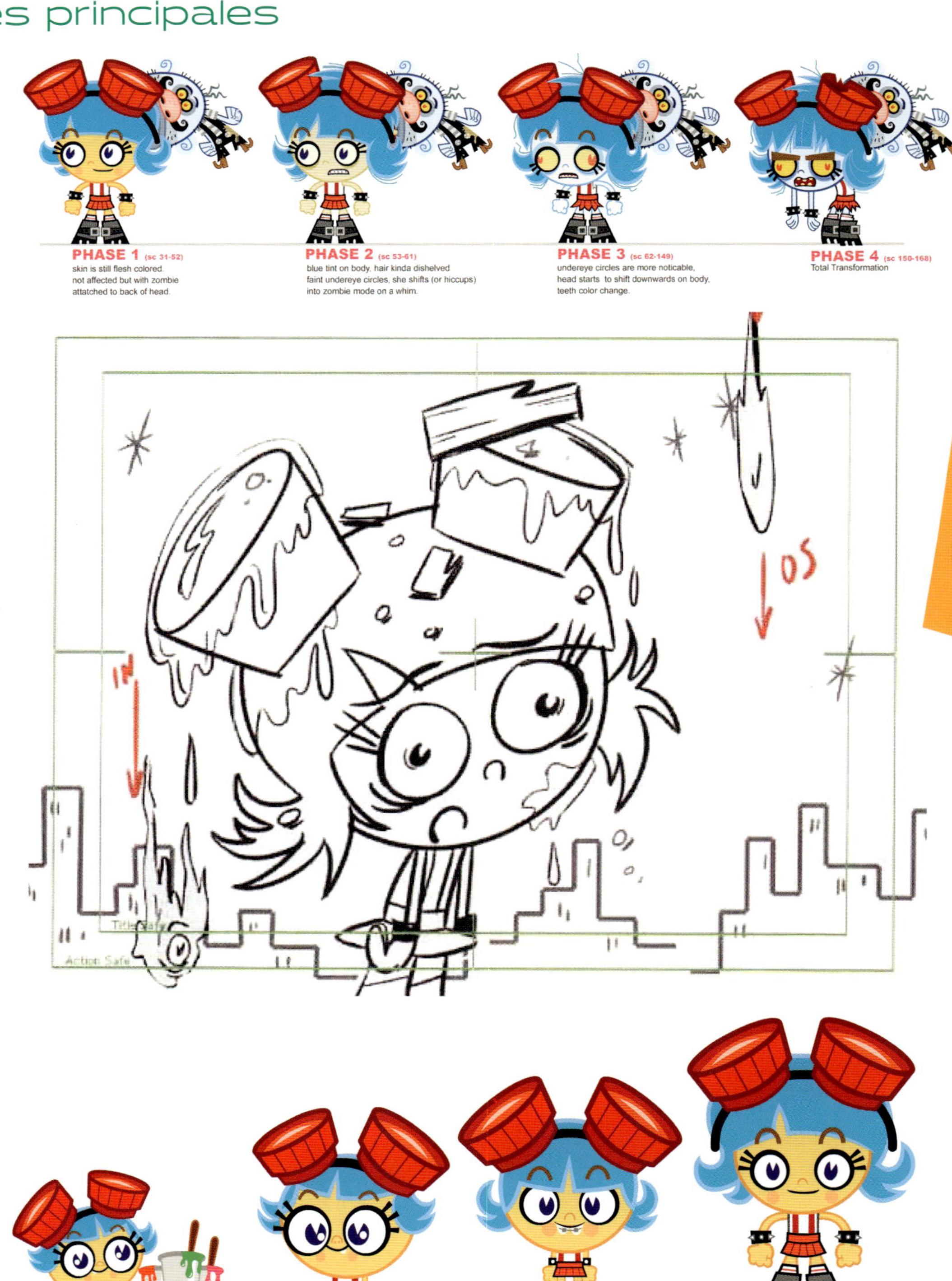

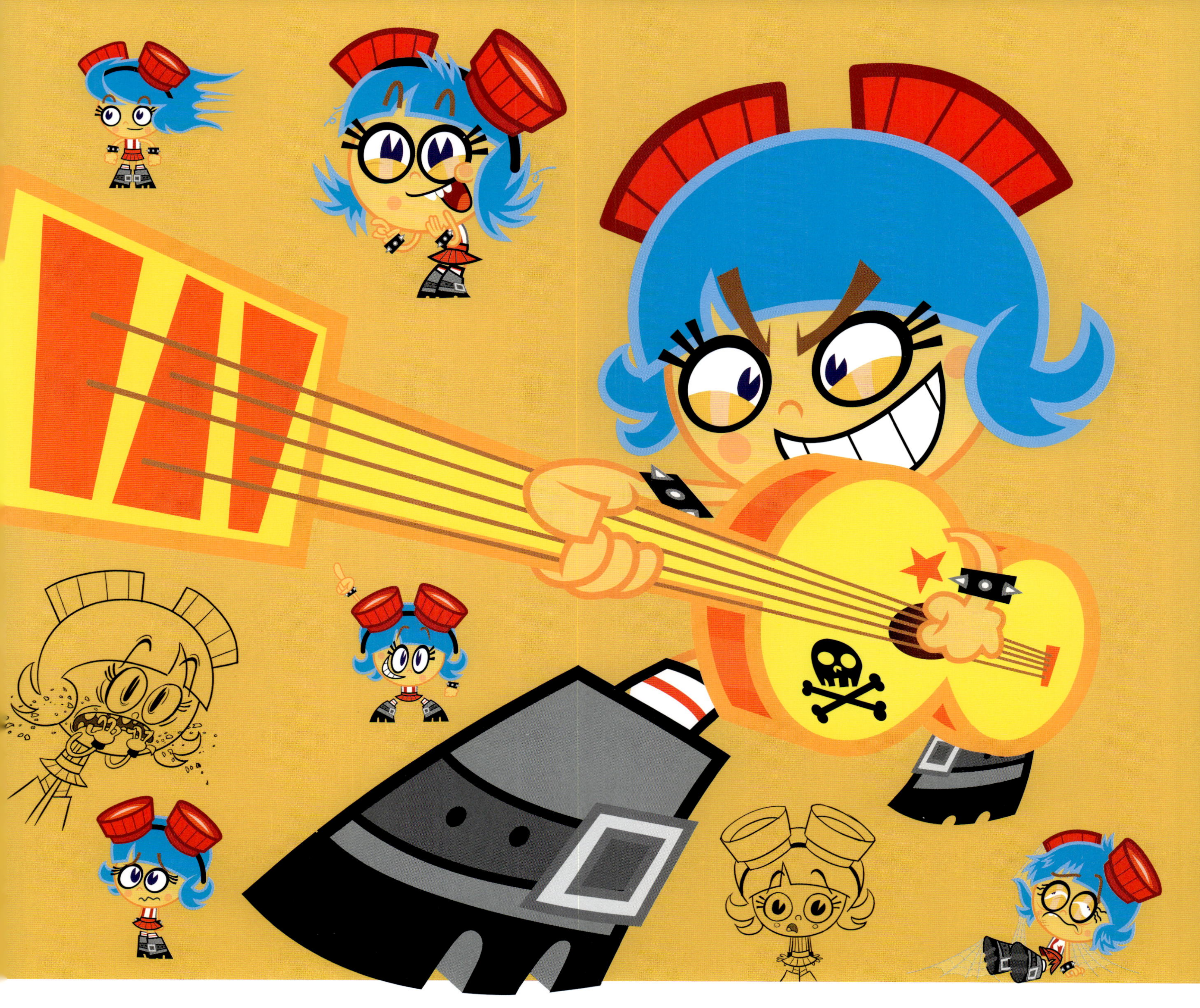

★ ★ ★ ★ ★ ★ **Jorge's Commentary**/Comentarios de Jorge ★ ★

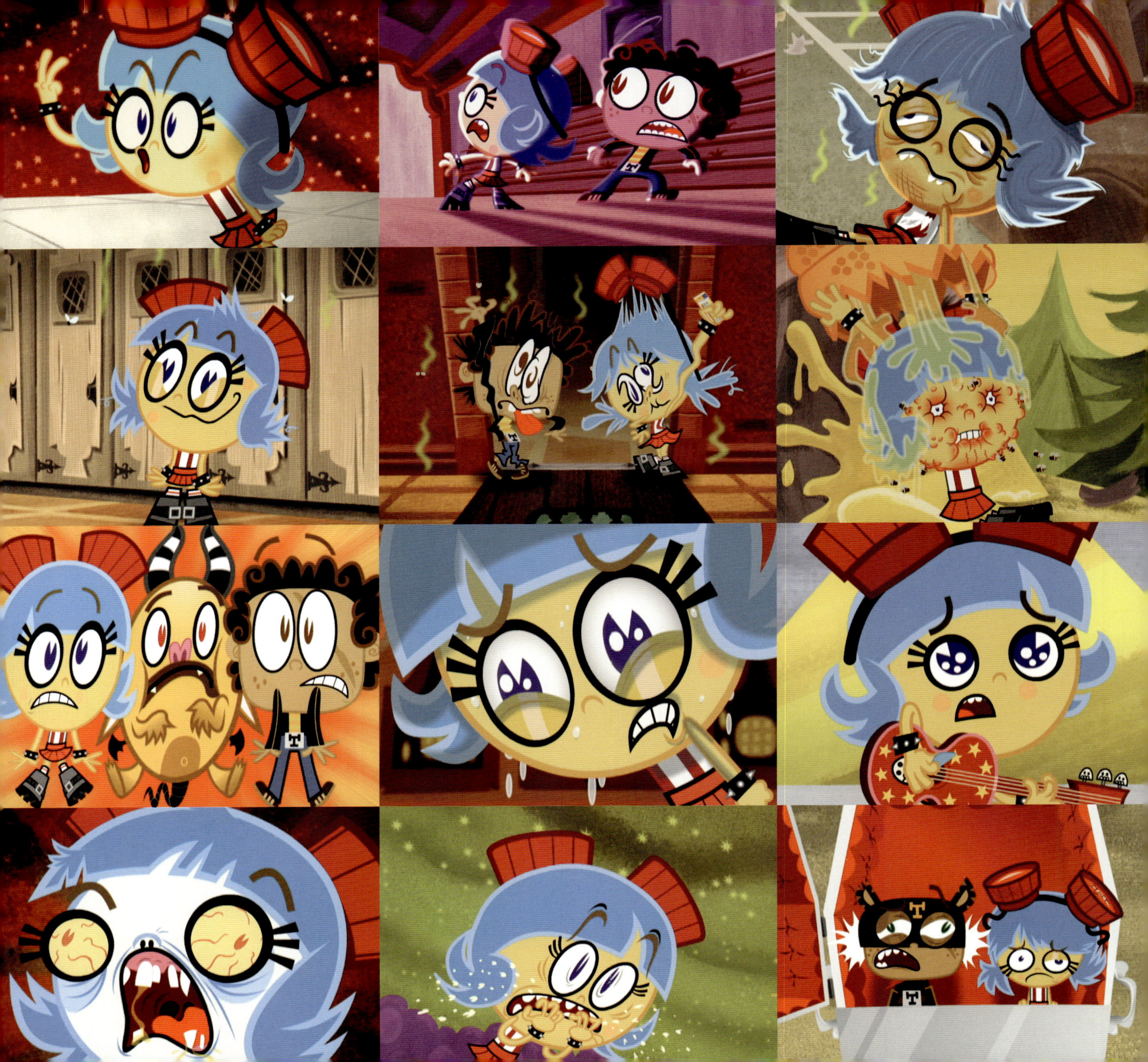

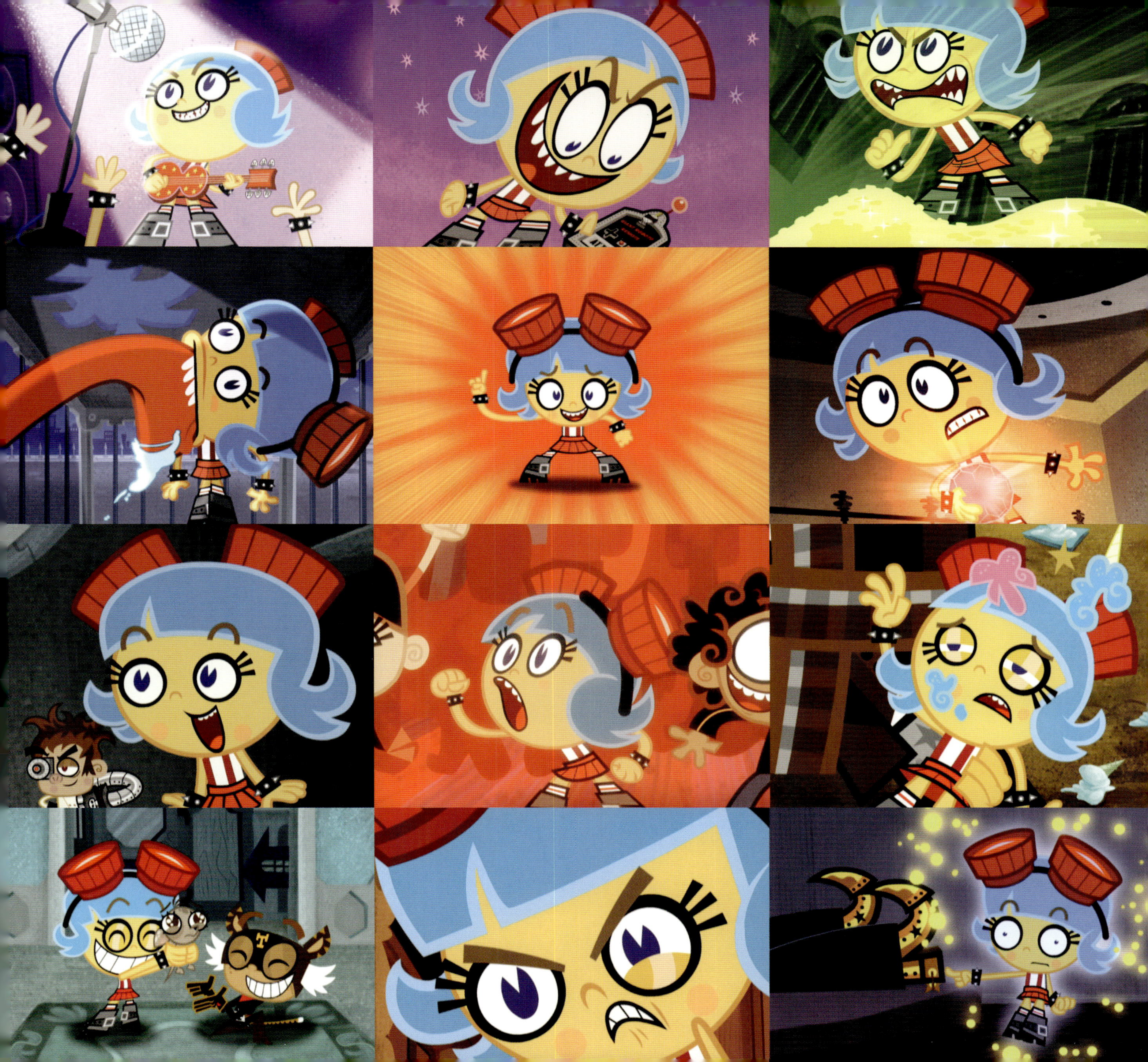

Main Characters/Personajes principales

★ Rodolfo Rivera / White Pantera

I pretty much based Rodolfo Rivera on my father, who was an amazing architect. He grew up in Tijuana but lived in Mexico City during the swinging and hedonistic 1960s and often told me some pretty wild stories of his days before he married my mother. By the time he settled down, he became very noble and straight-edged, like Rodolfo's design. So he's very much inspired by the Lucha Libre films of the late '60s and early '70s, with stoic heroes like El Santo, Blue Demon, and Mil Mascaras. His suit is gray, representing his boring stability, but his black, red, and yellow mask reveals the wild man inside. His wearing glasses is a nod to the ridiculous disguise of Clark Kent and Superman. The name Rodolfo comes from the real name of El Santo, the most famous Luchador in the history of Mexico. If Manny has silver claws, I gave him bronze boots to symbolize heroism.

The only big transformation from Rodolfo to White Pantera was the color of his suit jacket going from gray to white and was done purely for visual comedy. My father only drove white cars when I was a kid, so the color came from that. The name *White Pantera* also seemed like a funny and perfect contradiction and a nod to *Black Panther*. I also like that "White Pantera" means white bread, since he's such a goody two-shoes. And why the Bronze Boots of Truth? You guessed it, it's because he's literally a goody two-shoes.

★ Rodolfo Rivera/ Pantera Blanca

Basé a Rodolfo Rivera en mi padre, que era un gran arquitecto. Creció en Tijuana, pero vivió en la Ciudad de México durante la libertina y hedonista década de los sesenta, y a menudo me contaba algunas historias bastante salvajes sobre los tiempos antes de casarse con mi madre. Cuando se estableció, se volvió muy noble y recto, como el diseño de Rodolfo. Por eso está muy inspirado en las películas de lucha libre de finales de los sesenta y principios de los setenta con héroes estoicos como El Santo, Blue Demon y Mil Máscaras. Su traje es gris, que representa su aburrida estabilidad, pero su máscara negra, roja y amarilla revela al hombre salvaje que lleva dentro. Sus gafas son un guiño al ridículo disfraz de Clark Kent y Superman. El nombre "Rodolfo" proviene del nombre real de El Santo, el luchador más famoso de la historia de México. Si Manny tiene garras plateadas, a su padre le di botas de bronce para simbolizar el heroísmo.

La única gran transformación de Rodolfo a White Pantera era el color de la chaqueta de su traje, que pasaba de gris a blanco y lo hicimos puramente por la comicidad visual. Cuando yo era pequeño, mi padre solo conducía coches blancos, así que el color vino de ahí. El nombre "White Pantera" también parecía gracioso y contradictorio, con un guiño a *Black Panther*. También me gustaba que *Pantera Blanca* significara pan blanco, puesto que es tan santito. ¿Por qué las Botas de Bronce de la Verdad? Lo has adivinado, es porque es literalmente un santurrón.

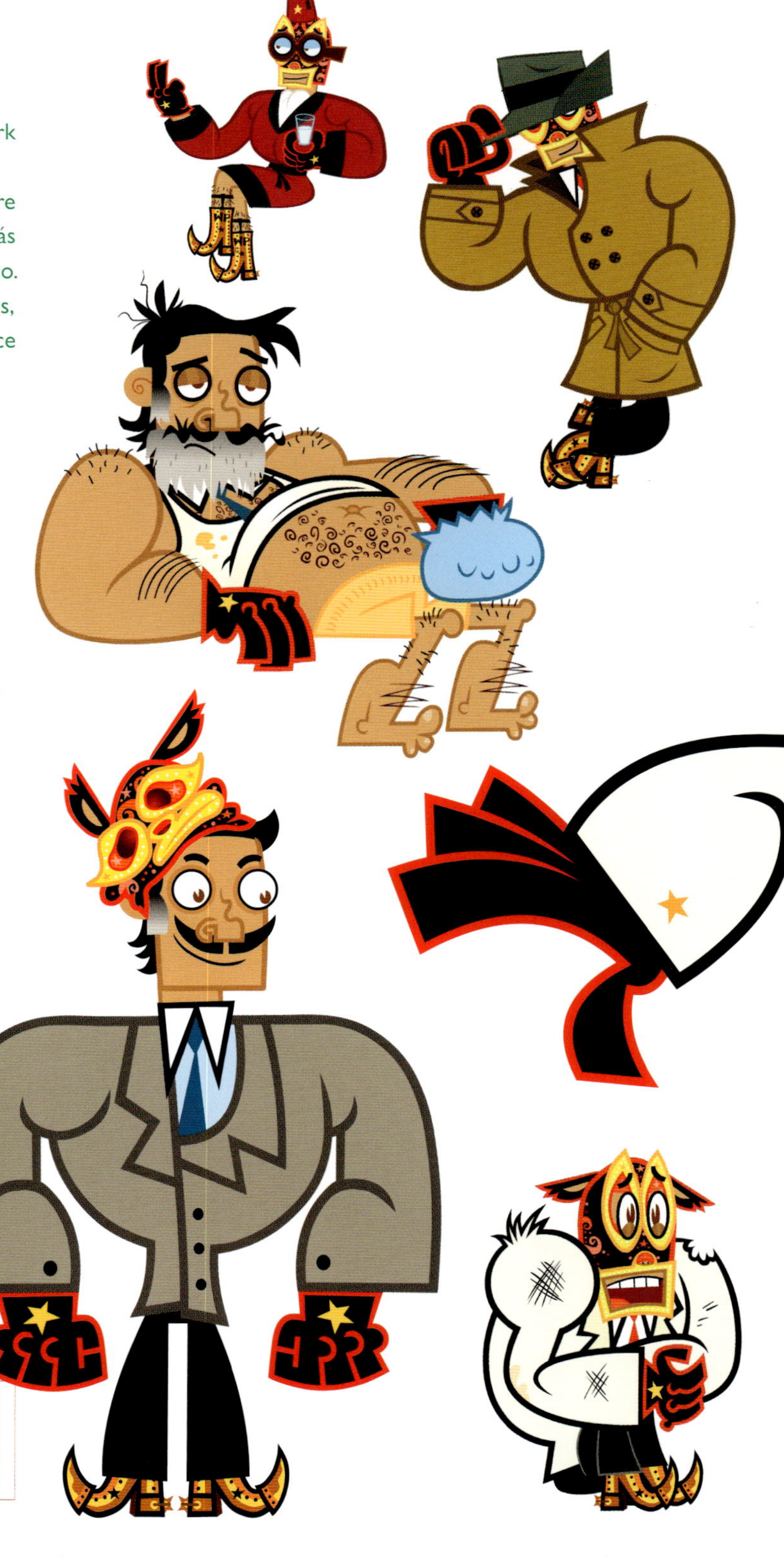

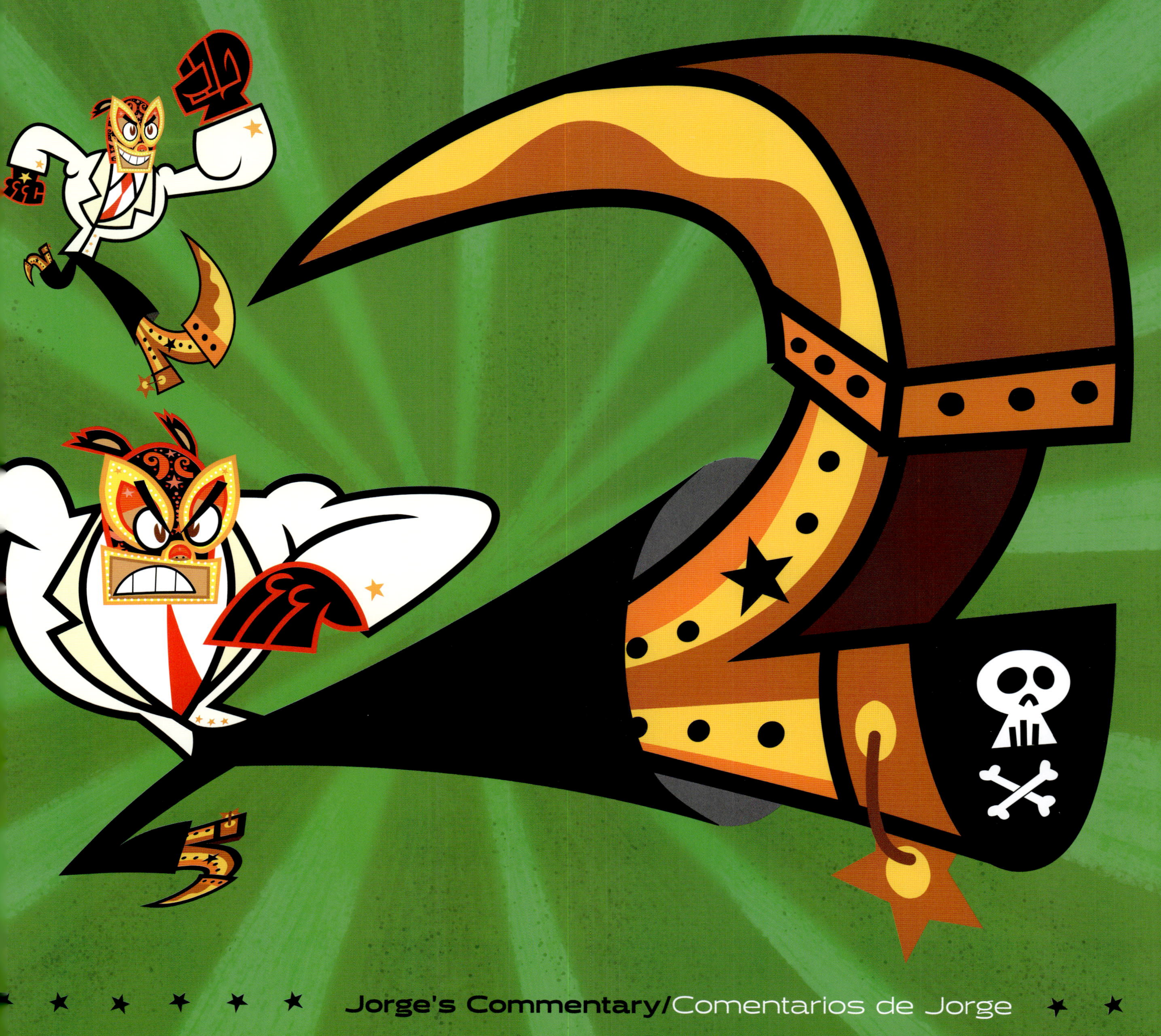

Main Characters/Personajes principales

Granpapi Rivera/ Puma Loco

Granpapi Rivera was very much inspired by my charming and rambunctious grandfather who was a formidable General in the Mexican army. He loved wearing hats (like me!) and guayaberas (again like me!), so his design is very much a love letter to him, including his little white mustache. And if Rodolfo wore white then of course Granpapi wore black. His glasses are yellow reflecting the "pee stained" view he has of humanity. Of the three Rivera men, he's probably the most cubist since a lot of his shapes are cheated, especially his sombrero. I really love that we got to keep the little Mesoamerican skulls hanging from his golden sombrero, since they add so much about him and are a little nod to his torrid relationship with Sartana of the Dead. I also adore that his design makes me remember my grandfather, who passed shortly after we finished the *El Tigre* pilot, which he saw in the hospital and asked, "Jorgito, is that crazy old man supposed to be me, *desgraciado*!?!" I told him, "*Si, Abuelo*" ("Yes, grandfather"), and he gave me the biggest of mischievous grins!

Puma Loco is my little homage to the mechas in animes like *Robotech* and Baby Head, a baby that has a mech suit in the cult video game *Captain Commando*. I loved the bizarre and surreal idea that a Mexican golden sombrero could somehow transform into a mech suit for an old man! Why the hell not, right!?! It's supposed to be "Aztech" technology, but we never explained it in the series. El Tigre is silver, White Pantera is bronze, so Puma Loco had to be gold, the color of corruption in our world. Red is also the color of villainy in the series, so the glass in the mech suit is, of course, all red. His mech shapes are both round and square to let you know that for a villain, Puma Loco is kind of a good *hombre*. I love that in spaghetti westerns the hero is usually a bad guy with a conscience, and that's exactly Puma Loco.

Granpapi Rivera/ Puma Loco

Granpapi Rivera se inspiró mucho en mi abuelo, tan encantador como inquieto, antiguo general del ejército mexicano. Le encantaba llevar sombreros (¡como a mí!) y guayaberas (¡de nuevo, como a mí!) así que su diseño es, en gran medida, una carta de amor a mi abuelo, incluyendo su bigotito blanco. Y si Rodolfo vestía de blanco, entonces, por supuesto, Granpapi vestía de negro. Sus gafas son amarillas, reflejando la visión que tiene de la humanidad como una mancha de orina. De los tres hombres Rivera, él es probablemente el más cubista ya que muchas de sus formas engañan, en especial su sombrero. Me encanta que pudiéramos mantener las calaveras mesoamericanas colgando de su sombrero dorado, aportan mucho y son un pequeño guiño a su tórrida relación con Sartana de los Muertos. También adoro su diseño, ya que me recuerda a mi abuelo, que falleció poco después de que termináramos el piloto de *El Tigre*. Él vio el piloto desde el hospital y me preguntó: "Jorgito, ¿ese viejo loco se supone que soy yo, *desgraciado*?". Le dije: "Sí, abuelo", ¡y me lanzó la sonrisa más pícara!

Puma Loco es mi pequeño homenaje a las mechas de animes como *Robotech* y Baby Head, un bebé que tiene un traje mecánico en el videojuego de culto *Captain Commando*. ¡Me encantó la idea extraña y surrealista de que un sombrero dorado podría, de alguna forma, transformarse en un traje mecánico para un anciano! ¿Por qué no, verdad? Se supone que es tecnología "Aztech", pero en la serie nunca lo explicamos. El Tigre es plata, White Pantera es bronce, así que Puma Loco tenía que ser oro, el color de la corrupción en nuestro mundo. El rojo también es el color de la fechoría en la serie, así que el cristal del traje mecánico es, por supuesto, todo rojo. Sus formas mecánicas son tanto redondas como cuadradas para hacerte saber que, para ser un villano, Puma Loco es una especie de buen hombre. Me encanta que en los espagueti wésterns el héroe suele ser un tipo malo con consciencia, y ese es exactamente Puma Loco.

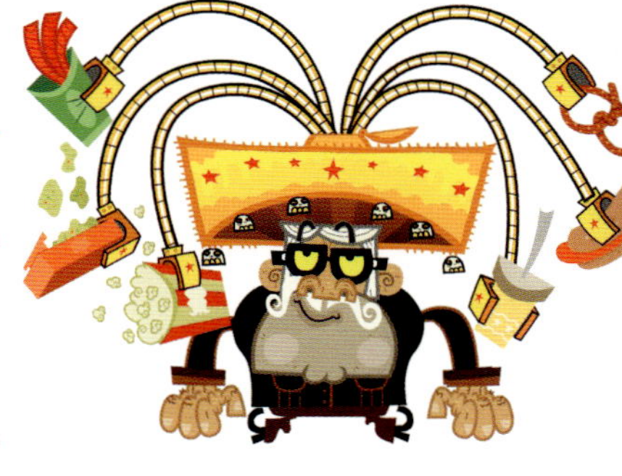

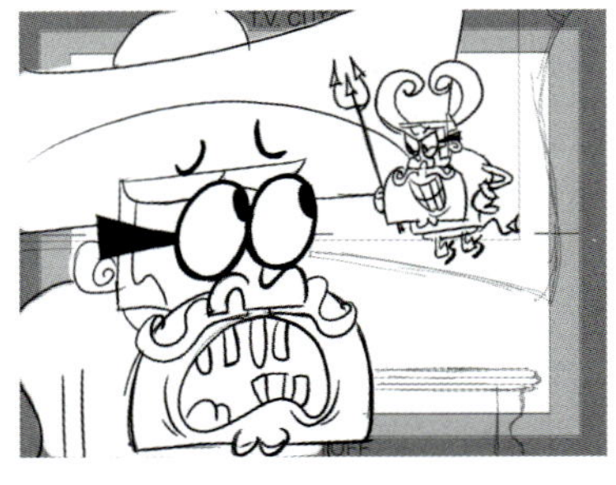

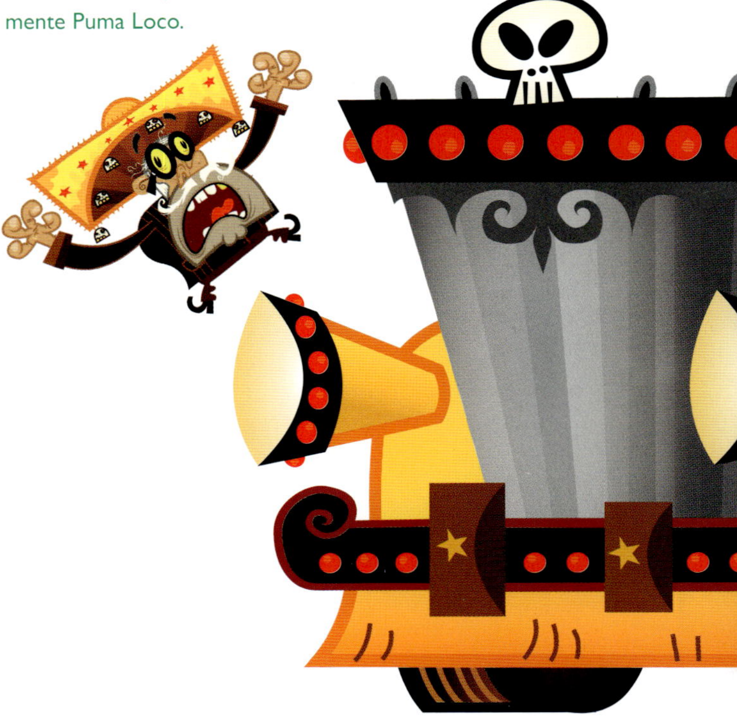

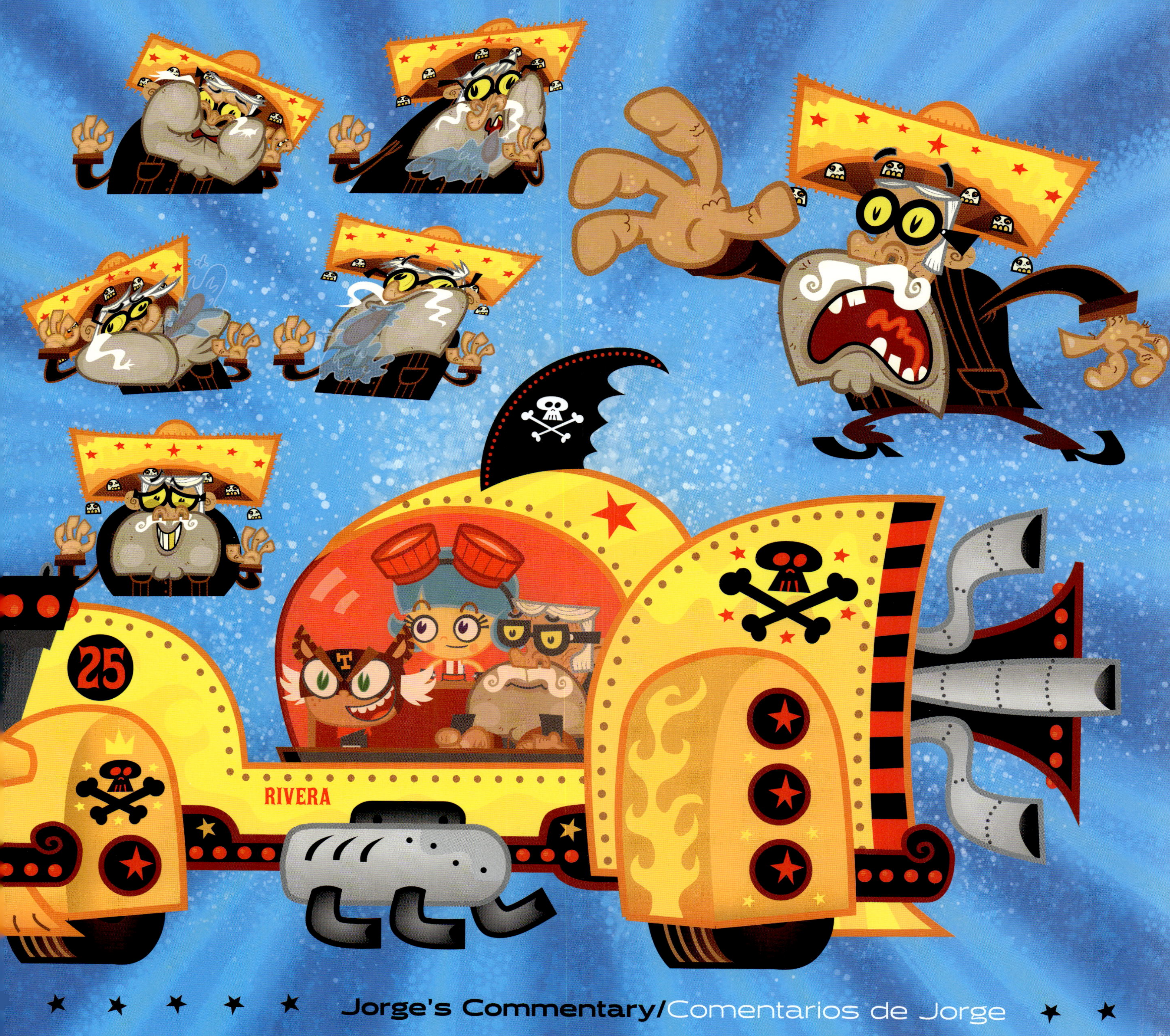
25
RIVERA

Main Characters/Personajes principales

Maria Rivera / Plata Peligrosa

After the Rivera men were designed, Sandra Equihua designed Maria and Plata Peligrosa around them. She is definitely based on my mother, Dora Luz, when she was younger in Mexico City in the early '70s. And a lot of inspiration came from the divas of the golden era of Mexican cinema, like Maria Felix, Katy Jurado, and Dolores del Rio. The complicated thing with Maria was that she had to look super wholesome and virginal but also imply a sexy and dangerous past, which would eventually be revealed by her Plata Peligrosa persona. Most of her shapes are round with lots of cloud and heart shapes. Her outfit colors are a light green and pink, which when saturated, are green and red, the colors of the Mexican flag.

Plata Peligrosa, on the other hand, is pretty sexy, wild, and out of control. She was inspired by the Mexican cheapo street comics of my youth! And as I mentioned earlier, silver is very dangerous in our world, and Plata is dressed in all silver! Granpapi wears a giant golden sombrero, so Plata wears an even bigger silver one. Her red cape is torn to symbolize her dangerous passion for crime fighting and her flirtations with villainy. It's like a drug to her. And her mystical object of power is a giant, living, silver glove (inspired by Hellboy's Right Hand of Doom), which would have eventually been passed down to Frida. As for poor Rodolfo, whenever he sees Plata Peligrosa in all her spectacular glory, he goes nuts remembering their steamy past!

Maria Rivera/ Plata Peligrosa

Después de diseñar a los hombres Rivera, Sandra Equihua diseñó a María y a Plata Peligrosa en torno a ellos. Definitivamente está basada en su madre, Dora Luz, cuando era más joven en Ciudad de México a principios de los años setenta. Sandra se inspiró mucho en las divas de la época dorada del cine mexicano, como María Félix, Katy Jurado y Dolores del Río. Lo complicado con María era que tenía que lucir súper íntegra pero también implicar un pasado peligroso, que al final sería revelado por su personaje Plata Peligrosa. La mayoría de sus formas son redondas con muchas formas de nubes y corazones. Los colores de su traje son verde claro y rosa, cuando están saturados, son verde y rojo, los colores de la bandera de México.

Plata Peligrosa, por otro lado, es sexy, salvaje y descontrolada. ¡Se inspiró en los cómics callejeros baratos de mi juventud! Y como mencioné antes, la plata es muy peligrosa en nuestro mundo, y Plata está vestida completamente de plata. Granpapi usa un sombrero dorado gigante, así que Plata usa uno plateado aún más grande. Su capa roja está rota para simbolizar su peligrosa pasión por la lucha contra el crimen y su coqueteo con la fechoría. Es como una droga para ella. Y su objeto místico de poder es un guante gigante de plata vivo (inspirado en la Mano Derecha de la Perdición de Hellboy), que con el tiempo habría pasado a manos de Frida. En cuanto al pobre Rodolfo, cada vez que ve a Plata Peligrosa en todo su espectacular esplendor, ¡se vuelve loco al recordar su tórrido pasado!

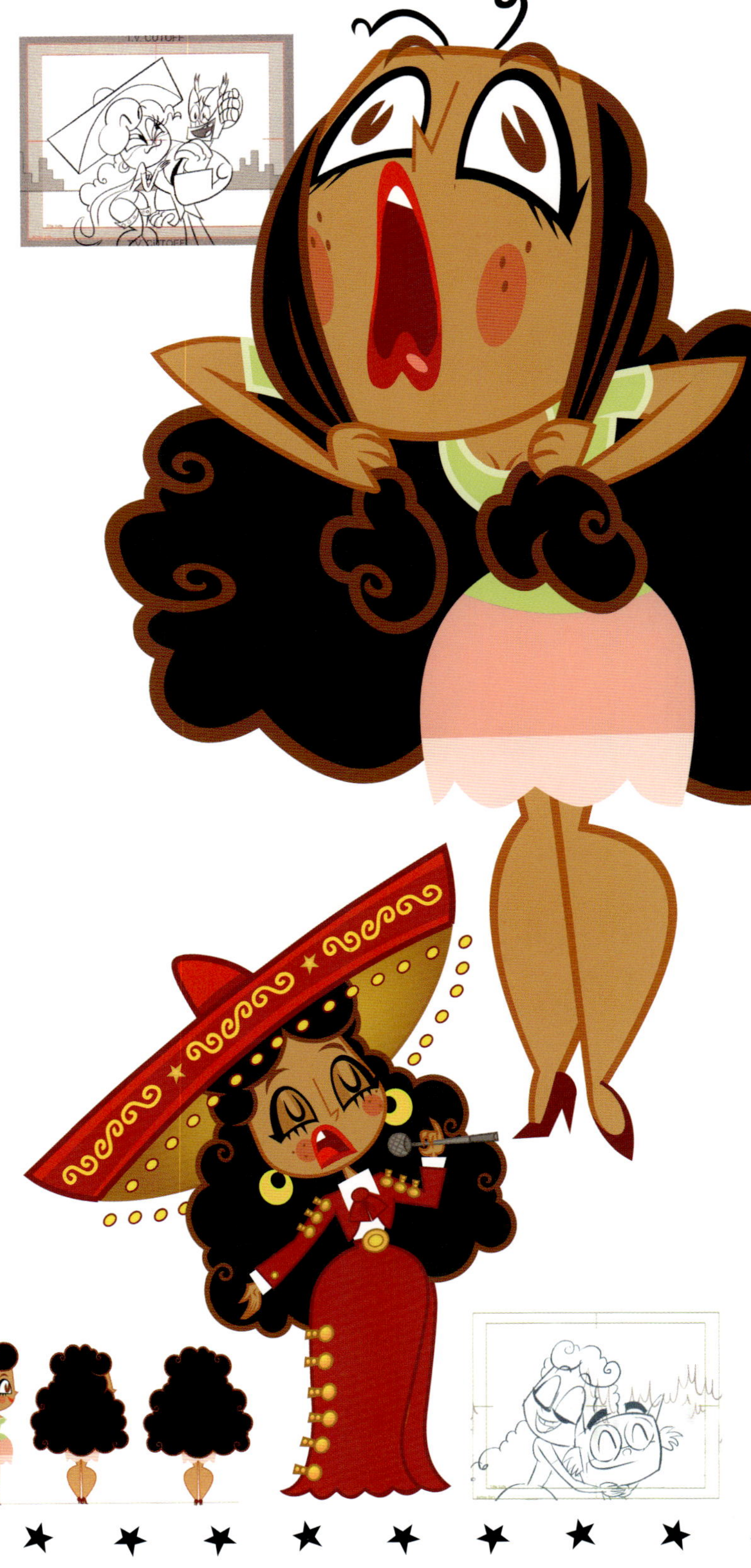

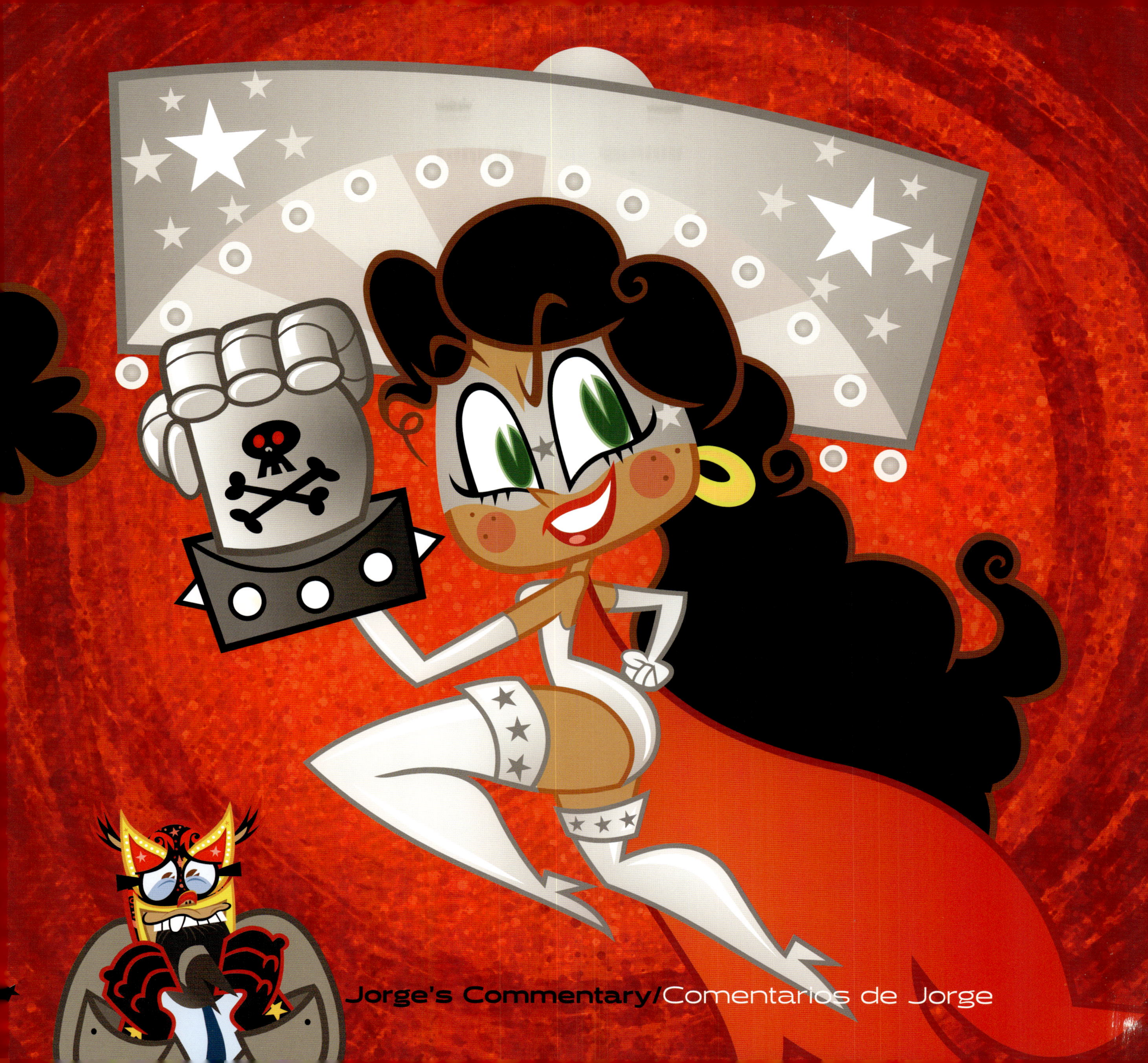

Jorge's Commentary/Comentarios de Jorge

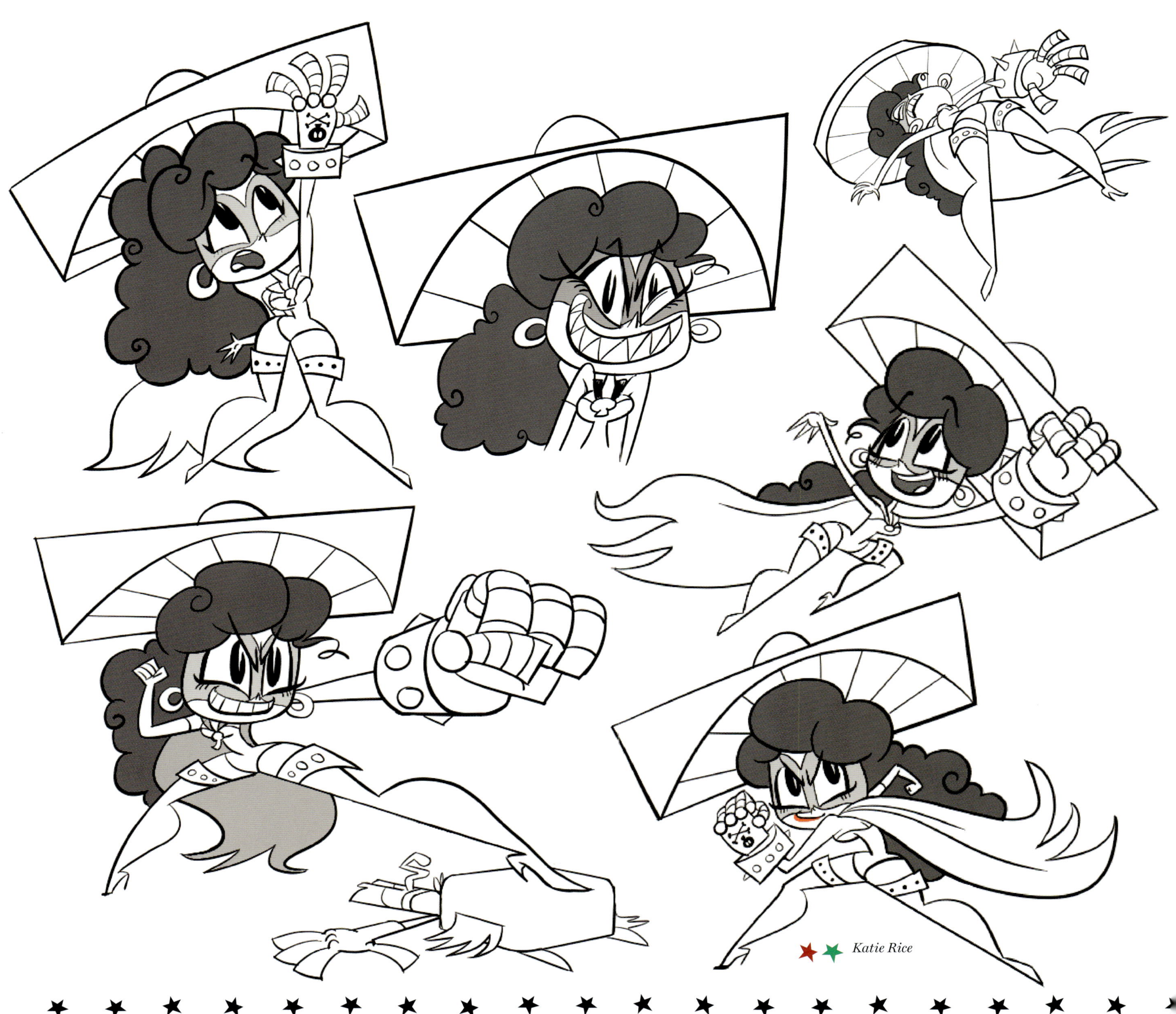
Katie Rice

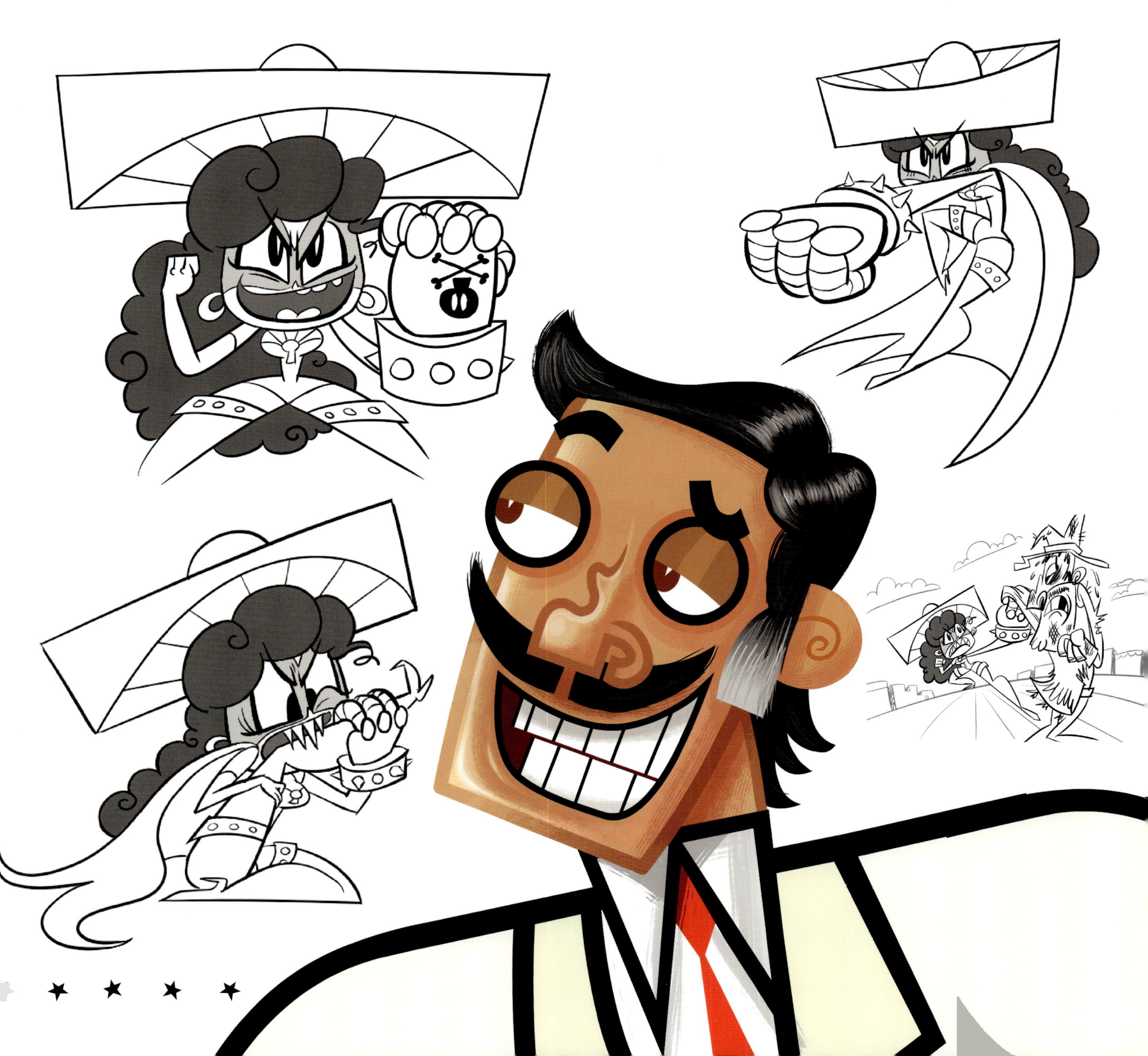

Rogues' Gallery/
La galería de los canallas

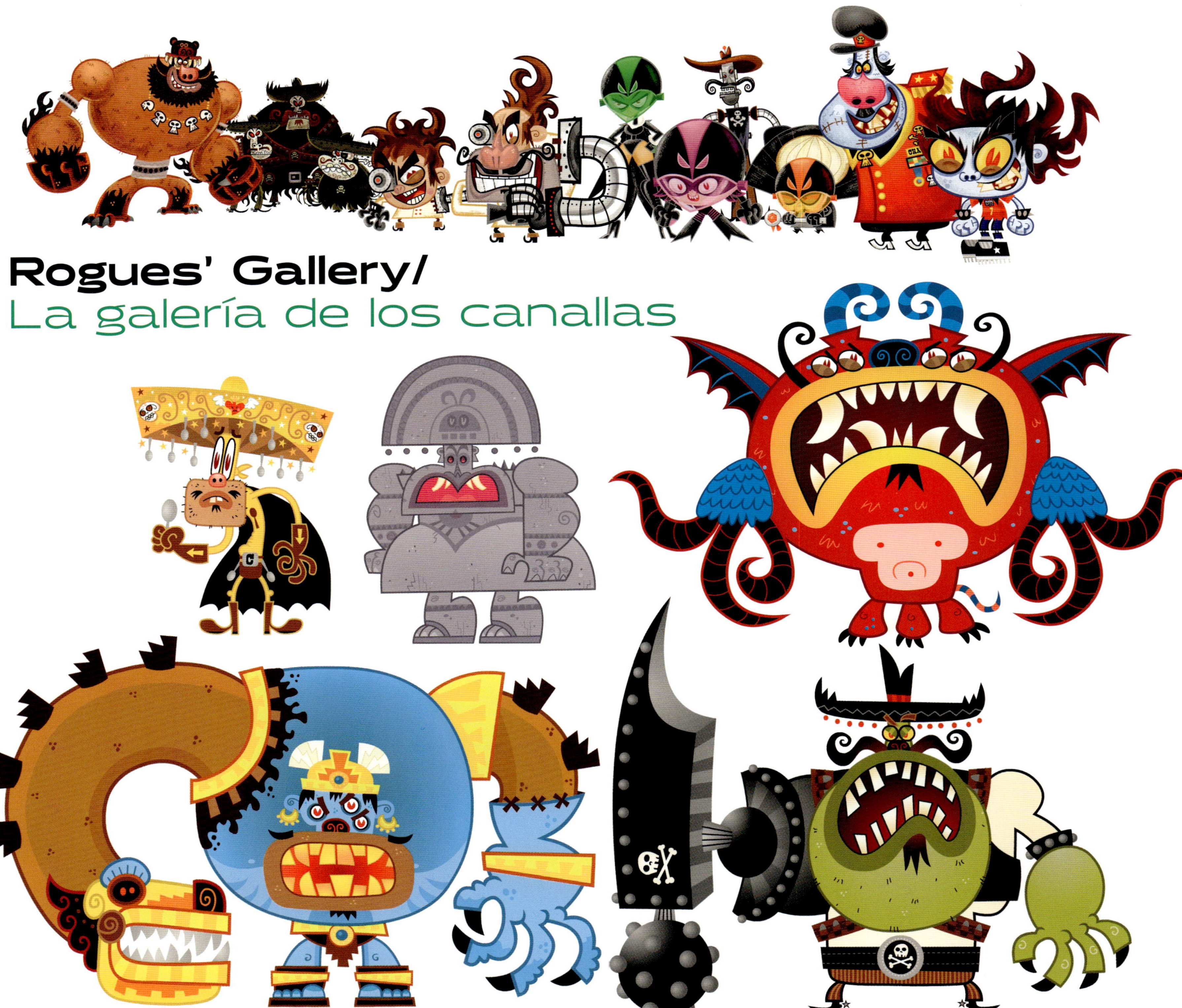

★ ★ ★ ★ ★ ★ ★ ★ ★ ★ ★ ★ ★ ★ ★ ★ ★ ★ ★

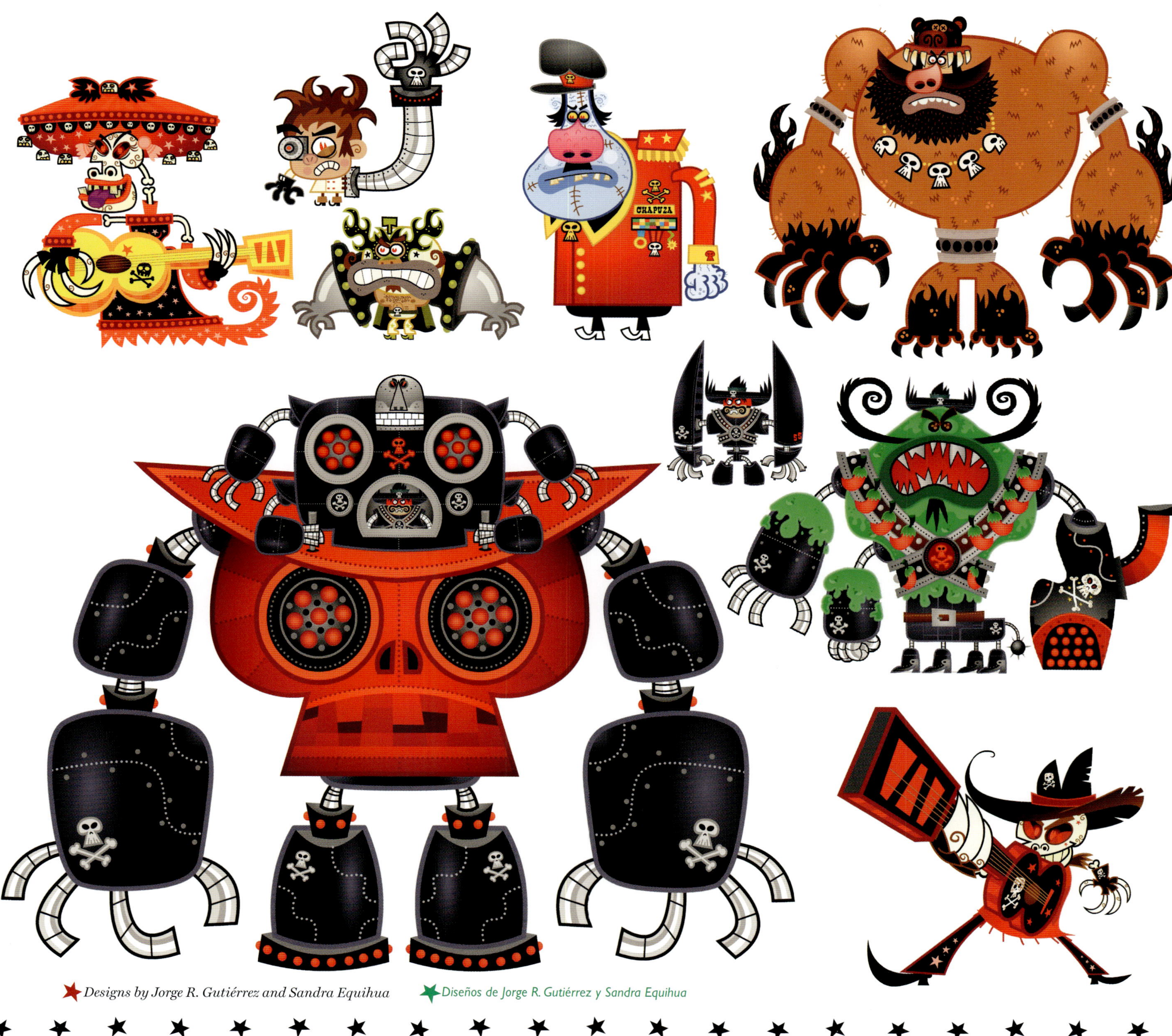

Designs by Jorge R. Gutiérrez and Sandra Equihua

Diseños de Jorge R. Gutiérrez y Sandra Equihua

Rogues' Gallery/La galería de los canallas

★ Zoe Aves / Black Cuervo and the Flock of Fury

Designed by Sandra Equihua, the Flock of Fury is like an all-female evil-mirror version of the Rivera men. Since the Riveras are all cat themed (tiger, panther, and puma), the Flock are all bird themed: Black Cuervo is a crow, Voltura is a vulture, and Lady Gobbler is a turkey. All three members of the Flock have a crush on one of the Rivera men. However, all three Riveras have one way or another broken up with or dumped them. Thus, they always seek *vendetta* (revenge). Visually, they are inspired by female Aztec eagle warriors and Princess from G Force in the anime *Battle of the Planets*. As our young and evil femme fatale, Black Cuervo is also very much inspired by Black Cat from *Spider-Man* and Catwoman from *Batman*. And of course, Zoe hates Frida.

★ Zoe Aves/Cuervo Negro y la Bandada de la Furia

Diseñado por Sandra Equihua, la Bandada de la Furia es el reflejo de los hombres Rivera en una versión completamente femenina y malvada. Dado que todos los Rivera tienen temática felina (tigre, pantera y puma), todos los de la Bandada tienen temática de pájaros: Cuervo Negro es un cuervo, Buitrila es un buitre y Guajolota es un pavo. Las tres integrantes de la Bandada están enamoradas de uno de los hombres Rivera. Sin embargo, los tres Rivera, rompieron la relación o las dejaron de una forma o de otra. Por eso, la Bandada siempre busca venganza. A nivel visual, están muy inspiradas en las guerreras águila azteca y en Princess, que forma parte de G-Force en el anime *Battle of the Planets*. De la misma forma, nuestra joven y malvada mujer fatal, Cuervo Negro, también está muy inspirada en Black Cat de *Spider-Man* y Catwoman de *Batman*. Y por supuesto, Zoe odia a Frida.

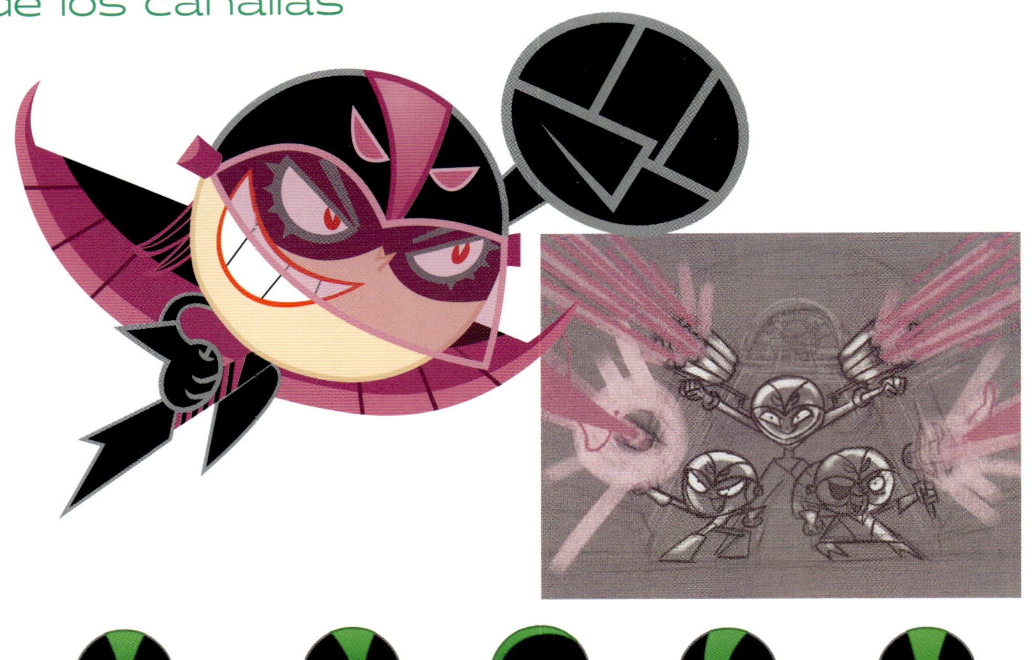

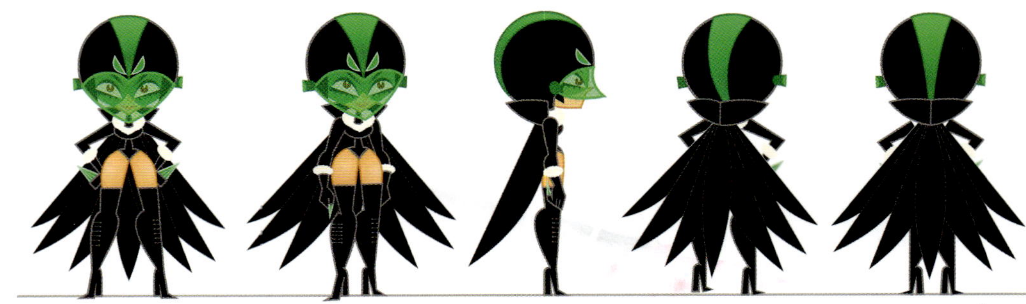

Voltura

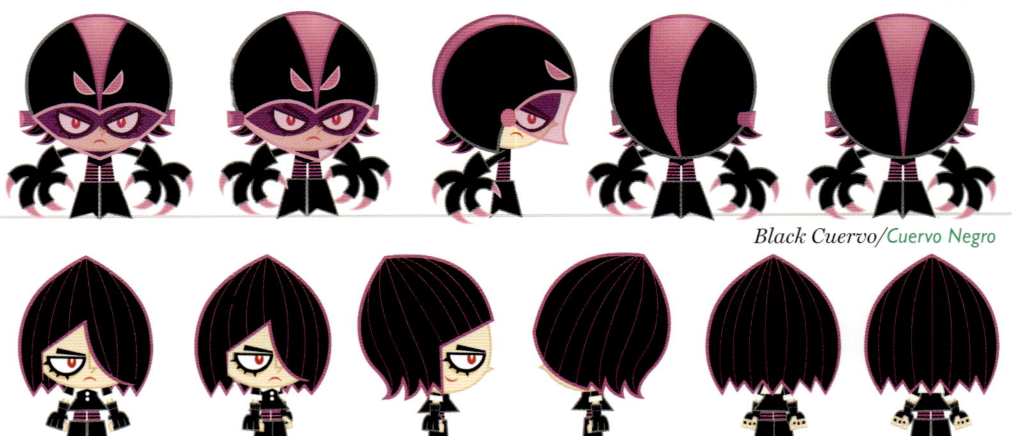

Black Cuervo/Cuervo Negro

Zoe Aves

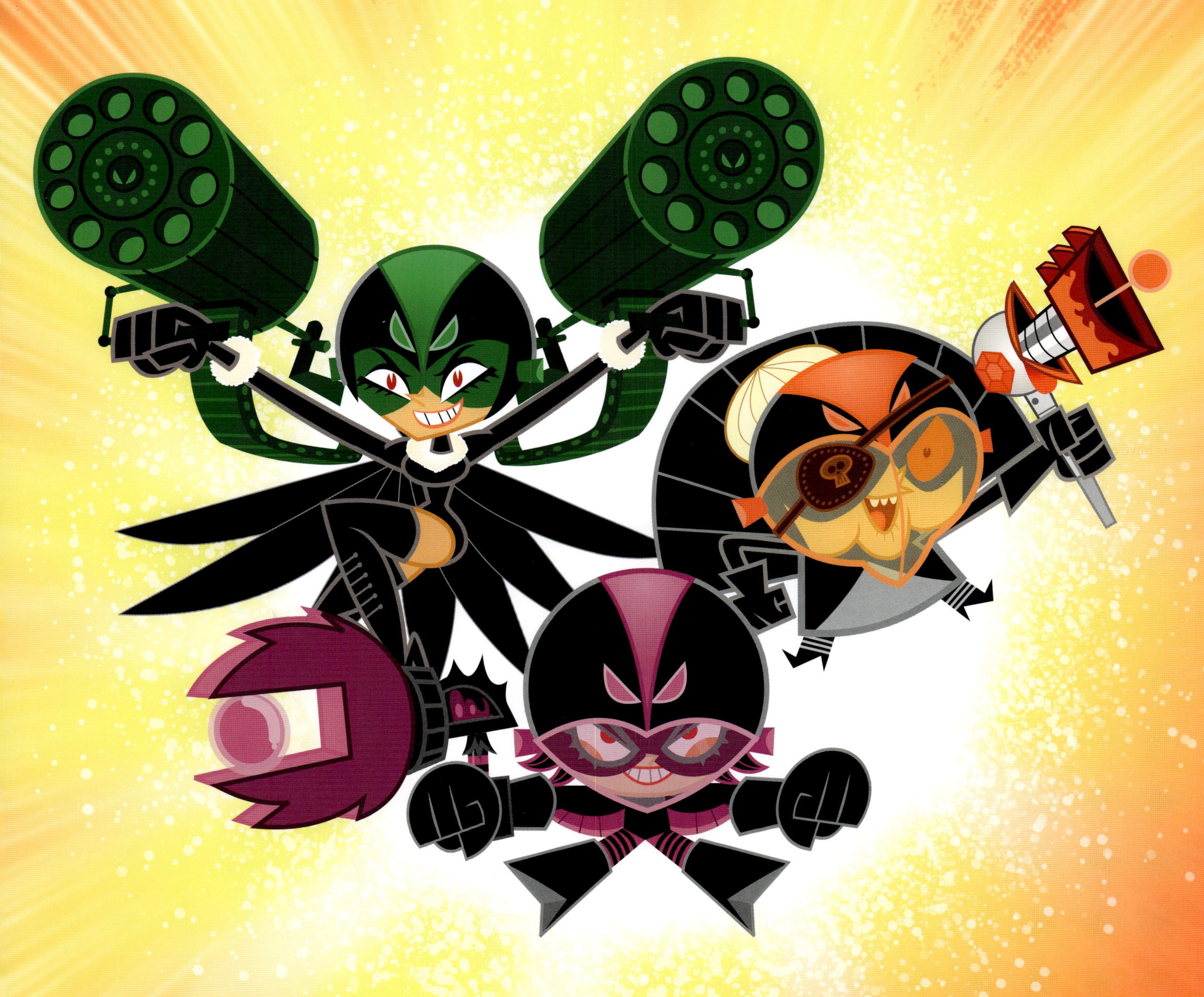

★ ★ ★ ★ ★ ★ Jorge's Commentary/Comentarios de Jorge ★ ★

Rogues' Gallery/La galería de los canallas

★ General Chapuza and Che

General Chapuza was inspired by the evil military dictators throughout the history of Mexico and all of Latin America who don't seem to die and keep coming back. It's why he's a zombie. Che is his zombie grandson to reflect a super-evil version of the relationship and dynamic between Manny and Granpapi. A lot of our villains are aged to have a Rivera man as a rival, so General Chapuza is obviously a Granpapi villain. Visually, Chapuza was definitely inspired by M. Bison, the supernatural villain in *Street Fighter II: The World Warrior*. Lots of red and yellow are nods to the traditional communist iconography of Latin America. Che is very much inspired by "evil" soccer players from Latin America who would humiliate the Mexican national team in the '80s.

★ General Chapuza y Che

El general Chapuza se inspiró en los malvados dictadores militares a lo largo de la historia de México y de toda América Latina, que no parecen morir y siguen regresando. Por eso es un zombi. Che es su nieto zombi, y pretende reflejar una versión malvada de la relación y la dinámica entre Manny y Granpapi. Muchos de nuestros villanos tienen la edad para tener a un Rivera como rival, así que el general Chapuza es obviamente el villano de Granpapi. A nivel visual, Chapuza se inspiró definitivamente en M. Bison, el villano sobrenatural de *Street Fighter II: The World Warrior*. Mucho rojo y amarillo son guiños a la iconografía comunista tradicional de América Latina. Che está muy inspirado en los futbolistas "malvados" de América Latina que humillarían a la selección mexicana en los años ochenta.

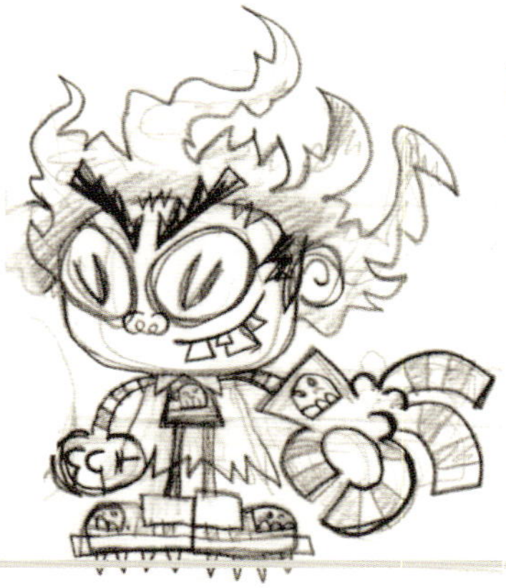

Che

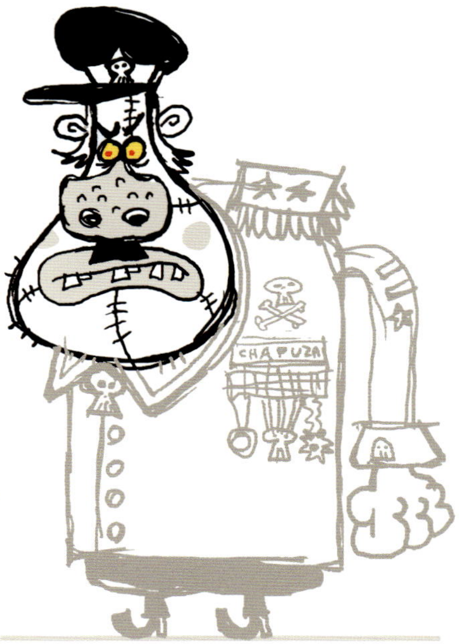

General Chapuza

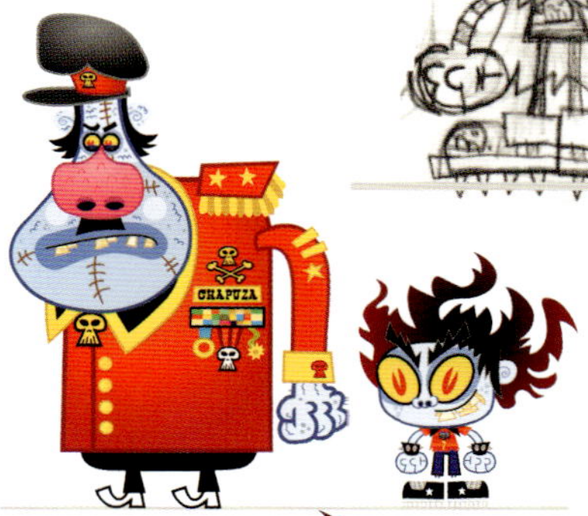

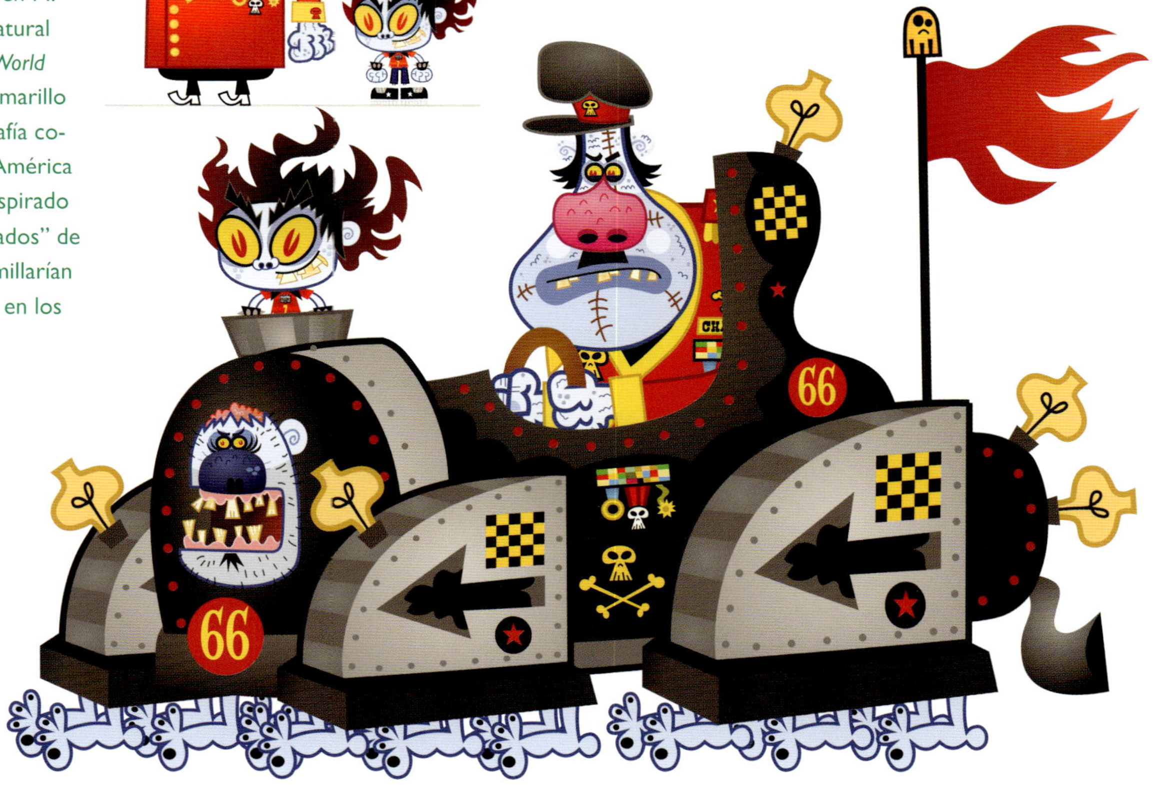

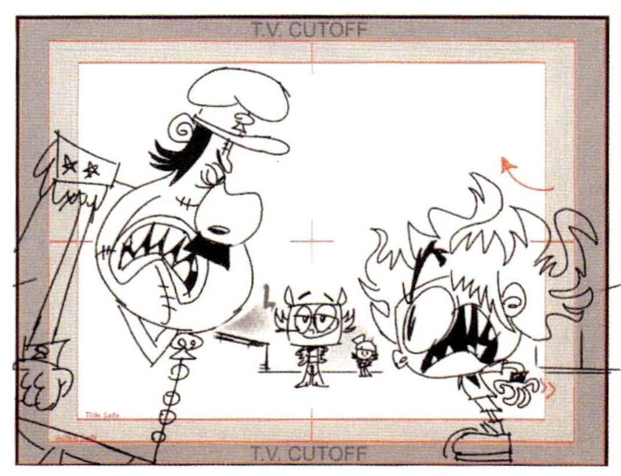

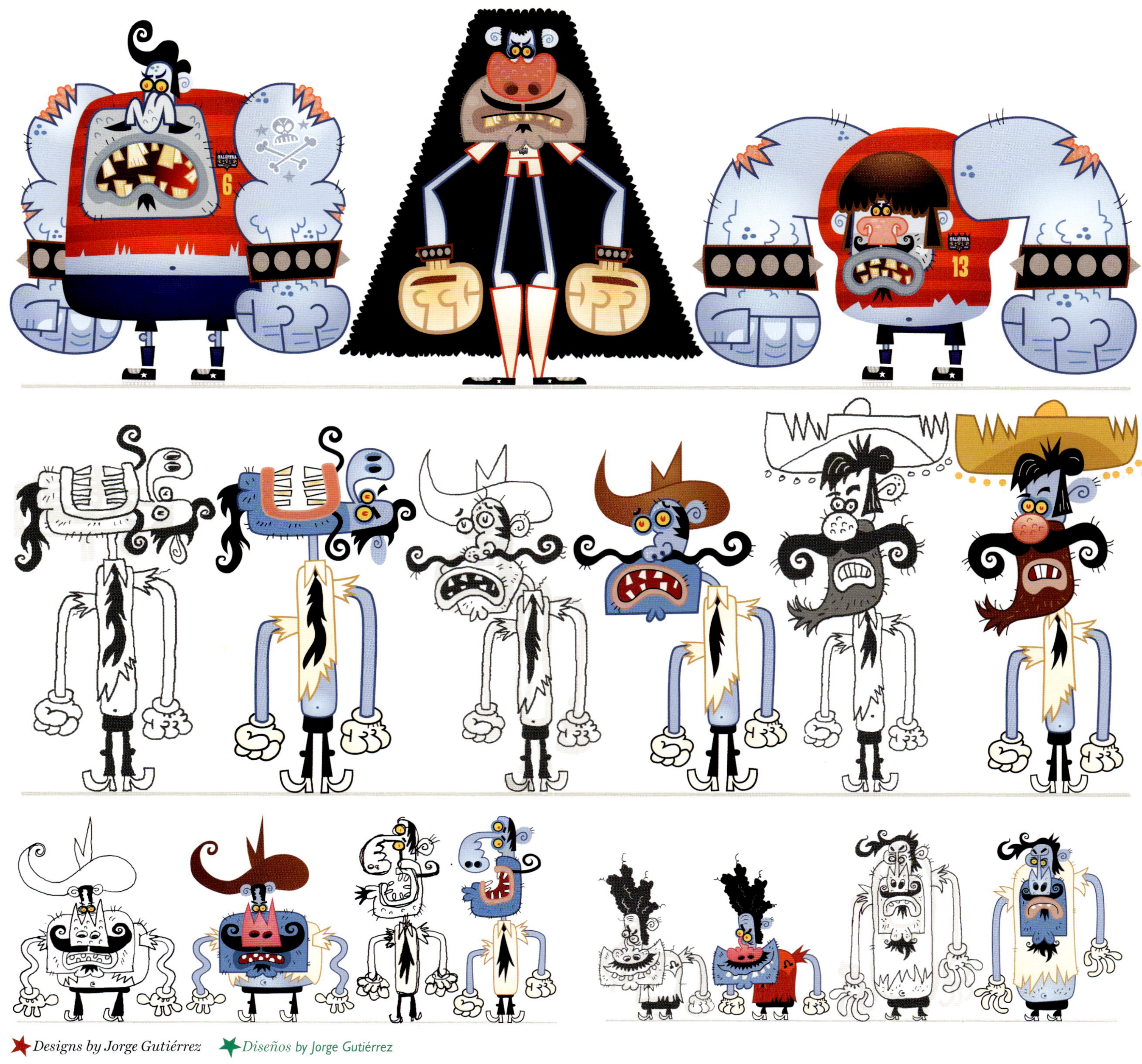

Designs by Jorge Gutiérrez ★ *Diseños by Jorge Gutiérrez*

Jorge's Commentary/Comentarios de Jorge

Rogues' Gallery/La galería de los canallas

Sartana of the Dead and Django of the Dead

Inspired by the Mexican saying, "Mala hierba nunca muere" (Bad weed never dies), Sartana of the Dead is the most powerful and evil supervillain in the series and the main archrival to El Tigre. Sartana is immortal, because there will always be evil in this world. I designed her to be the opposite of Manny, who is a living, young boy. Therefore, Sartana is a dead old woman. I gave her a guitar as a weapon since that is Frida's favorite thing in the world. Her mystic guitar is gold, of course, meaning it's evil. Her design was inspired by the traditional Day of the Dead "La Catrina" design by Jose Guadalupe Posada and her appearance in a famous street portrait by Diego Rivera. Her colors are red which is the color of passion and villainy in the series. By the time we had made *El Tigre*, I had already written an outline for *The Book of Life*, so Sartana is the daughter of La Muerte and Xibalba. She's my favorite villain, and I love that we never explained her back story, which is epic and ridiculously tragic.

Django of the Dead was revealed in our first two part special. As Sartana's grandson, he was designed to be a mirror of Manny and Frida if they had embraced their villainous side and they were, you know . . . dead. And like Sartana and Frida, he too has a guitar. His black cowboy hat, sarape, boots and name are nods to Sergio Corbucci's spaghetti western classic *Django*. In later seasons we were going to introduce his fearsome father, Machete of the Dead, and his deadly teenage sisters Margarita and Rosita of the Dead.

Sartana de los Muertos y Django de los Muertos

Inspirada en el dicho mexicano "hierba mala nunca muere", Sartana de los Muertos es la supervillana más poderosa y malvada de la serie, y la principal archienemiga de El Tigre. Sartana es inmortal, porque siempre habrá maldad en el mundo. La diseñé para que fuera lo opuesto a Manny, que es un joven muy vivaz. Por esto, Sartana es una anciana muerta. Le di una guitarra de arma porque es lo más preciado del mundo para Frida. Su guitarra mística es dorada, por supuesto, lo que significa que es malvada. Su diseño se inspiró en el tradicional diseño de La Catrina del Día de Muertos de José Guadalupe Posada y su aparición en un famoso mural de Diego Rivera. Su color es el rojo, que es el color de la pasión y la fechoría en la serie. Cuando hicimos *El Tigre*, yo ya había escrito un libreto de *El libro de la vida*, por lo que Sartana es hija de La Muerte y Xibalbá. Es mi villana favorita y me encanta que nunca hayamos explicado sus orígenes, su historia épica y ridículamente trágica.

Mostramos a Django de los Muertos en nuestro primer especial de dos partes. Como nieto de Sartana, fue diseñado para ser un espejo de Manny y Frida si hubieran abrazado su lado malvado y estuvieran, ya saben... muertos. Y como Sartana y Frida, él también tiene una guitarra. Su sombrero de vaquero negro, su sarape, sus botas y su nombre son guiños al clásico del espagueti wéstern *Django* de Sergio Corbucci. En temporadas posteriores, íbamos a presentar a su padre, Machete de los Muertos, y a sus letales hermanas adolescentes Margarita y Rosita de los Muertos.

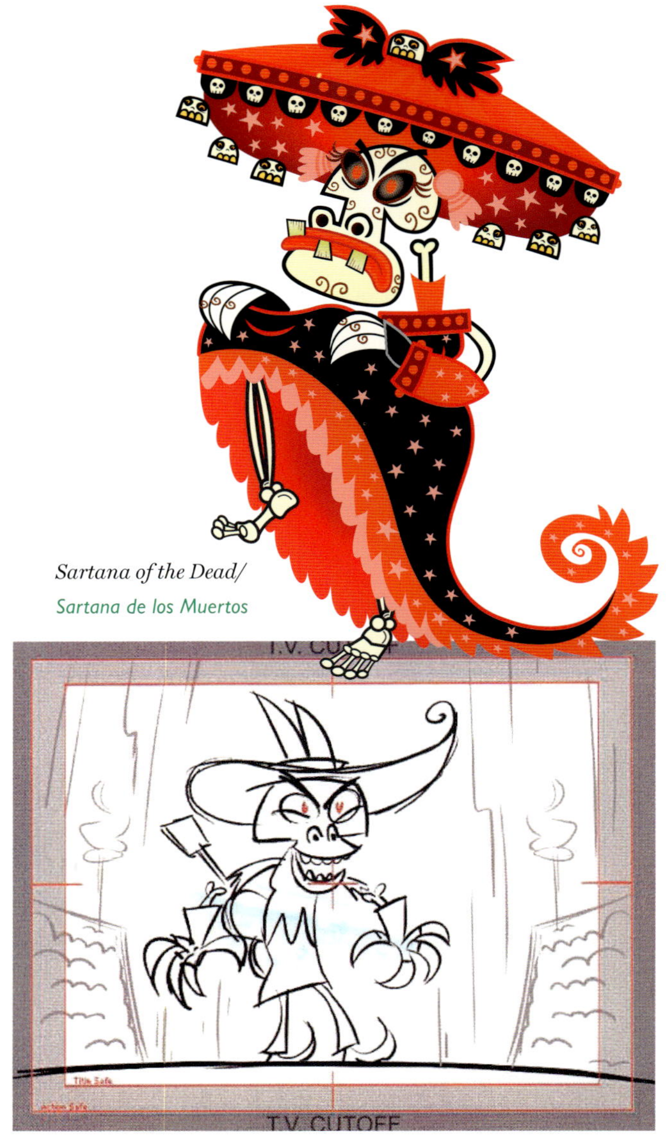

Sartana of the Dead/
Sartana de los Muertos

Django of the Dead/
Django de los Muertos

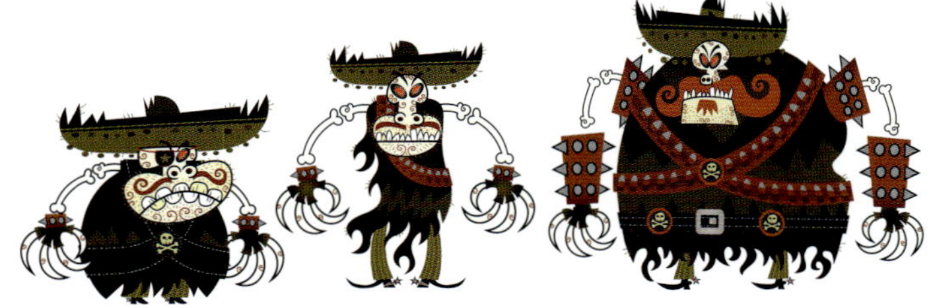

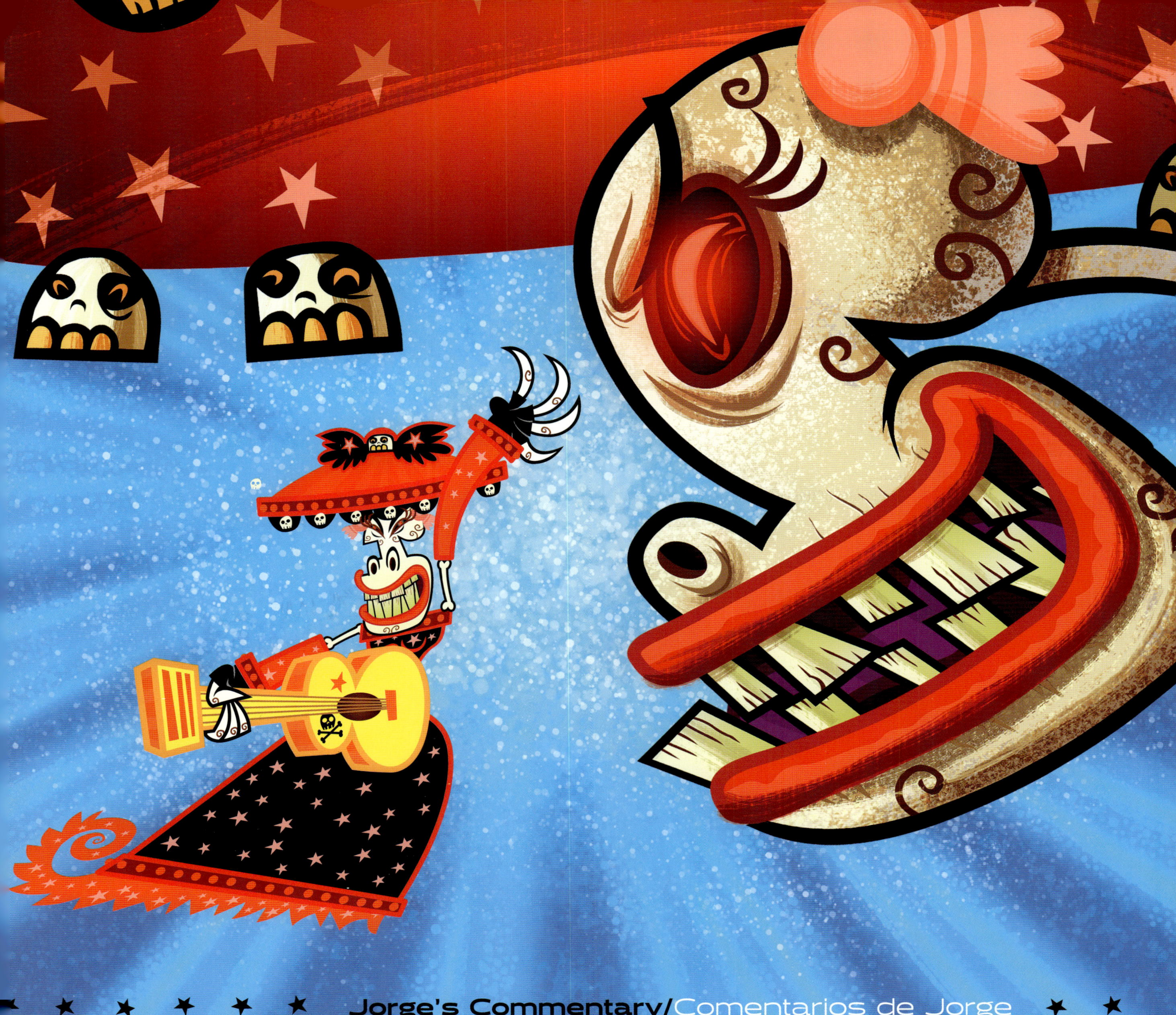

Rogues' Gallery/La galería de los canallas

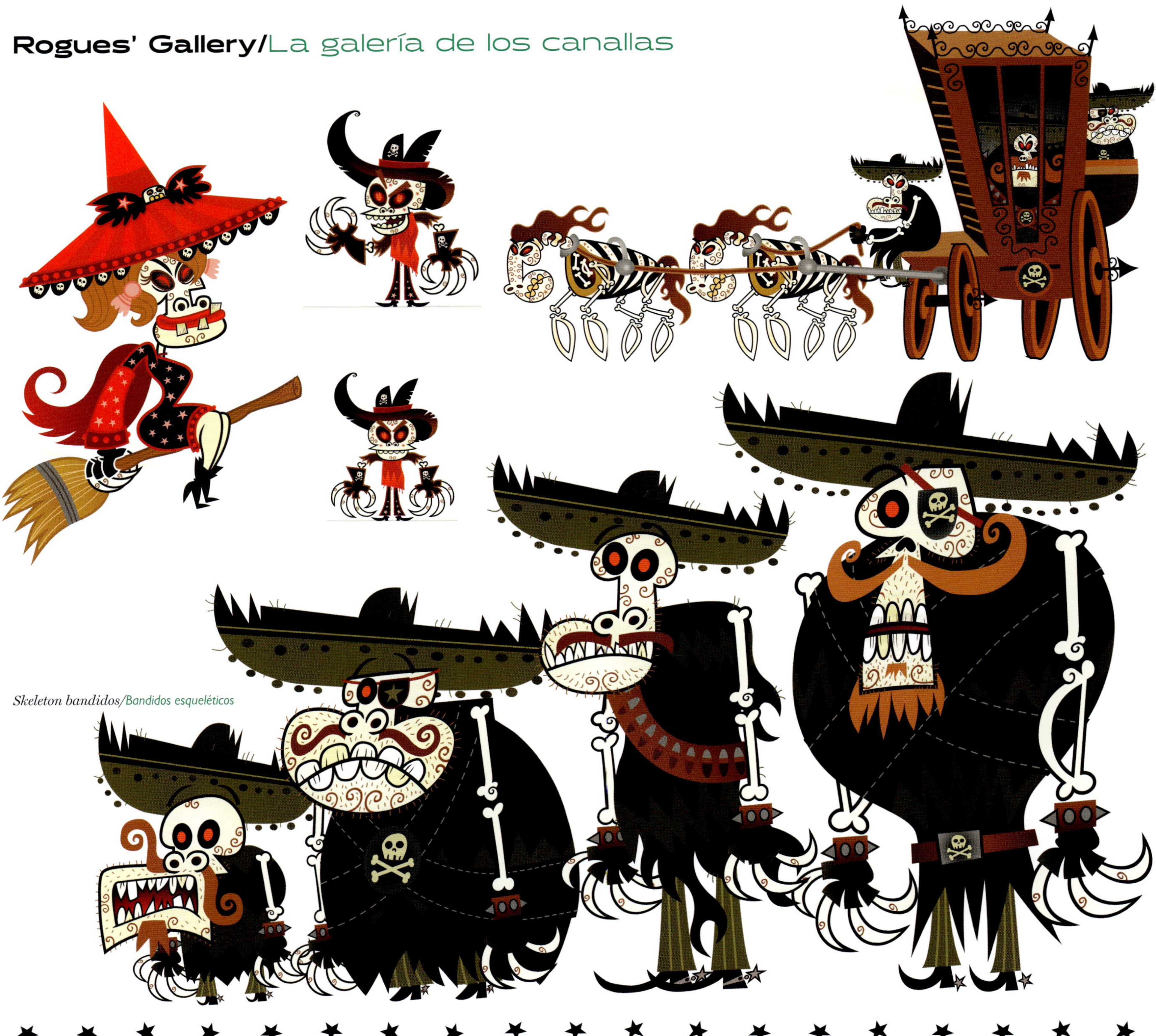

Skeleton bandidos/Bandidos esqueléticos

Sartana of the Dead

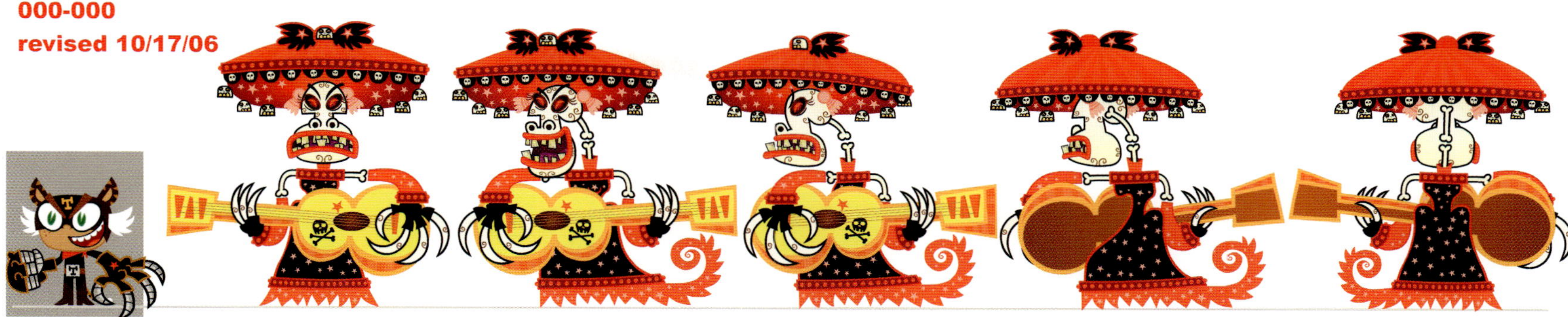

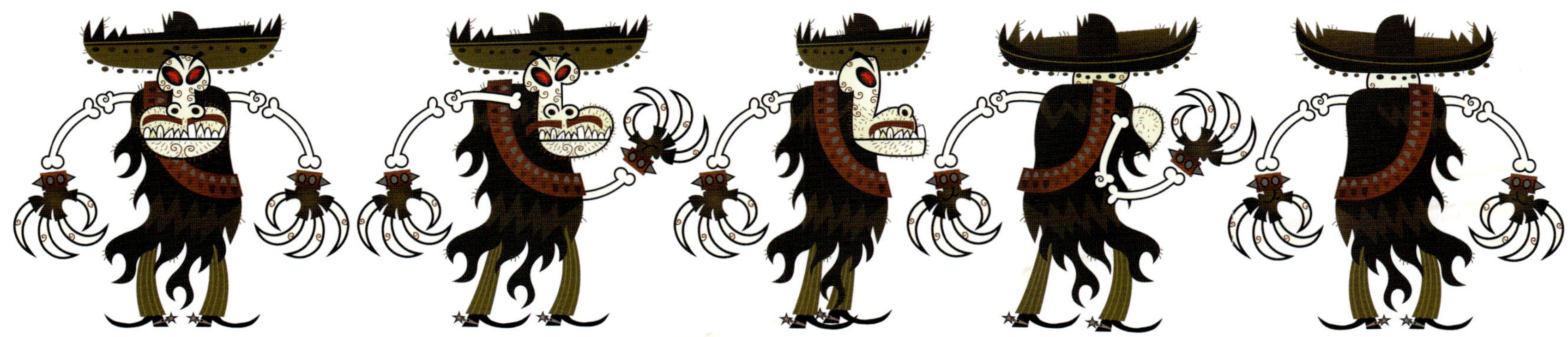

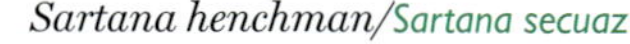

Sartana henchman/Sartana secuaz

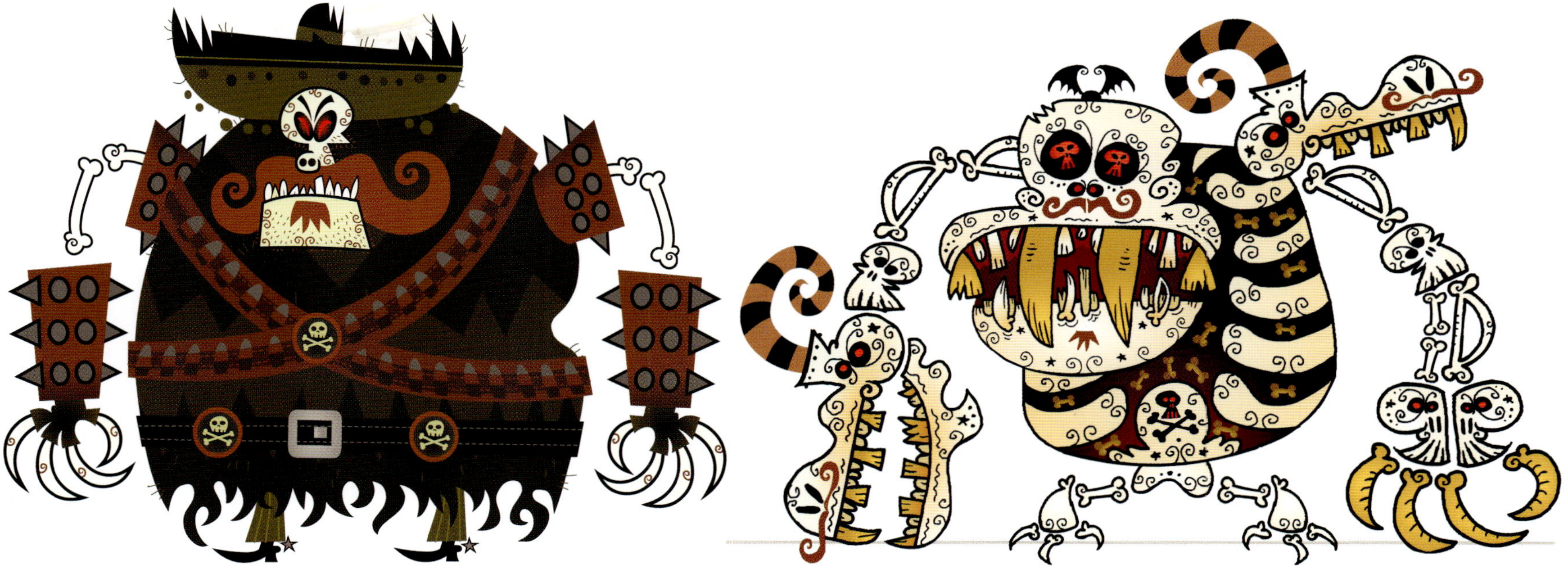

Rogues' Gallery/La galería de los canallas

★ Dr. Chipotle Jr.

Inspired by all the mad scientists in Mexican Lucha Libre movies, Dr. Chipotle is our resident Dr. Frankenstein. He's the creator of the Guacamole Monster and all the other chile-based creatures. The robot eye and arm are nods to cheesy half-robot characters in Mexican sci-fi films of the '60s and '70s. His hair is supposed to be the color of actual Mexican chipotle sauce. Dr. Chipotle Jr. was created in a lab accident. Envious of El Tigre's family, he cloned himself twice and accelerated the ages of the two clones to serve as his father and grandfather. And like Sergio, he gets a huge crush on Frida.

★ Dr. Chipotle Jr.

Inspirado en todos los científicos locos de las películas mexicanas de lucha libre, el Dr. Chipotle es nuestro Dr. Frankenstein residente. Es el creador del Monstruo Guacamole y de todas las demás criaturas a base de chile. El ojo y el brazo robóticos son guiños a los personajes cutres mitad robots de las películas de ciencia ficción mexicanas de los años sesenta y setenta. Se supone que su cabello es del color de la genuina salsa chipotle mexicana. El Dr. Chipotle Jr. fue creado en un accidente de laboratorio. Celoso de la familia de El Tigre, se clonó a sí mismo dos veces y aceleró las edades de los dos clones para que sirvieran como su padre y su abuelo. Y al igual que Sergio, está muy colado por Frida.

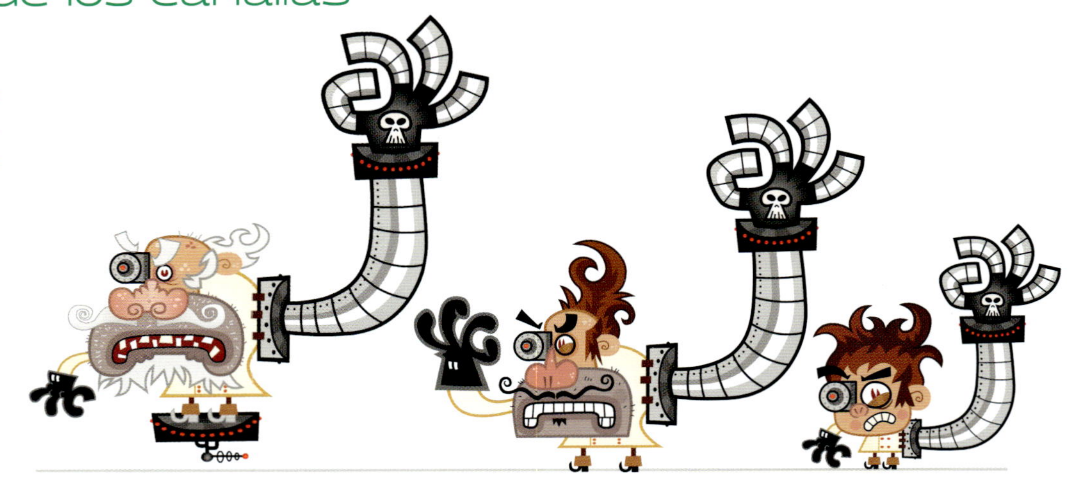

Dr. Chipotle Sr. Sr. *Dr. Chipotle Sr.* *Dr. Chipotle Jr.*

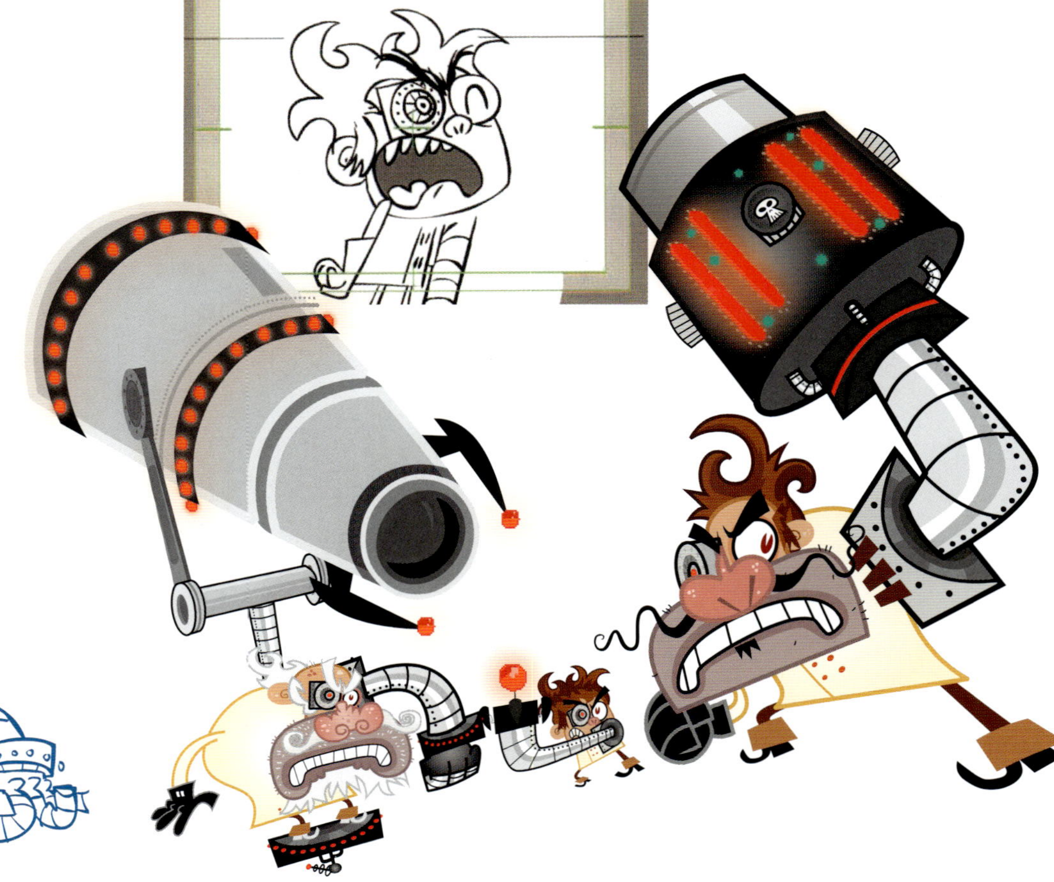

El Mal Verde

El Mal Verde is one of the biggest and most ruthless villains in the series. Hell, he eats super heroes! His name comes from Jesús Malverde, commonly referred to as the "generous bandit", "angel of the poor", or the "narco-saint", and he's a folklore hero in the Mexican state of Sinaloa. His cowboy outfit was inspired by Han Solo from *Star Wars* and Pike Bishop from *The Wild Bunch*. We never told his crazy backstory but he started out as a bandit who stole from the rich and gave to the poor but eventually only gave to himself. He's the color green because that's the color of envy and money.

El Mal Verde

El Mal Verde es uno de los mayores y más despiadados villanos de la serie: ¡come superhéroes! Su nombre proviene de un héroe folclórico de Sinaloa, Jesús Malverde, a quien comúnmente se le conoce como el "bandido generoso", el "ángel de los pobres" o el "narcosanto". Su traje de vaquero se inspiró en Han Solo de *La guerra de las galaxias* y Pike Bishop de *The Wild Bunch*. Nunca contamos sus locos orígenes, pero comenzó como un bandido que robaba a los ricos y les daba a los pobres, pero al final solo se daba a sí mismo. Es de color verde porque ese es el color de la envidia y el dinero.

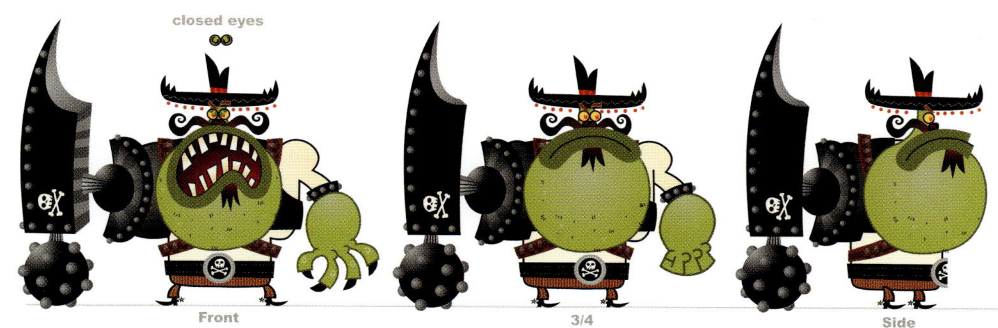

El Mal Verde

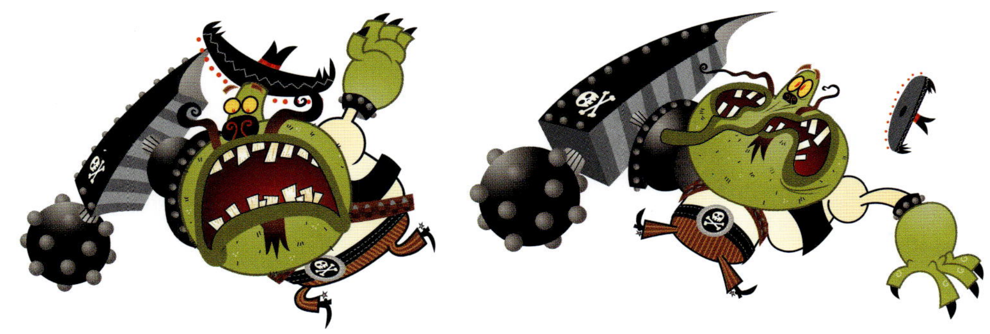

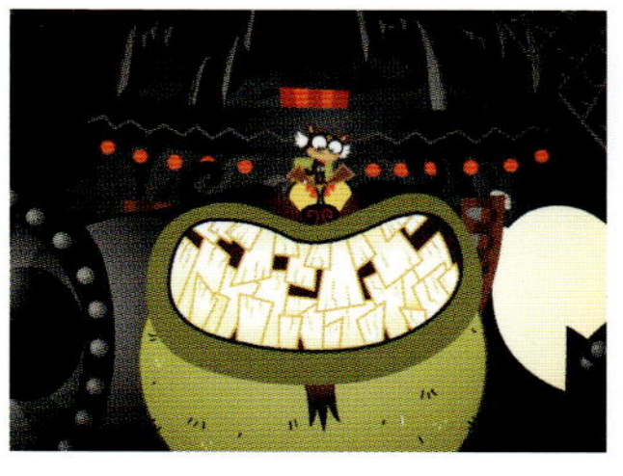

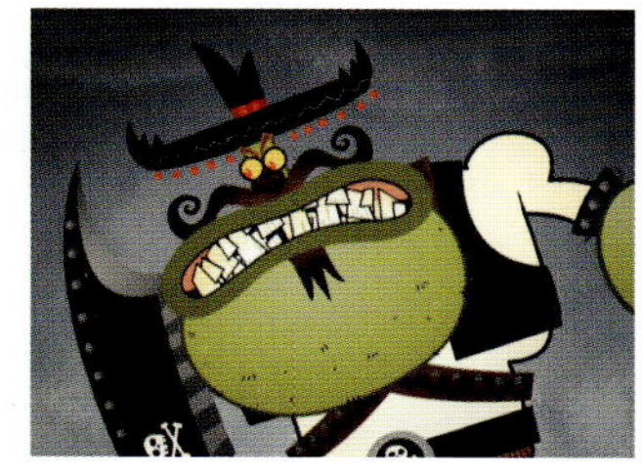

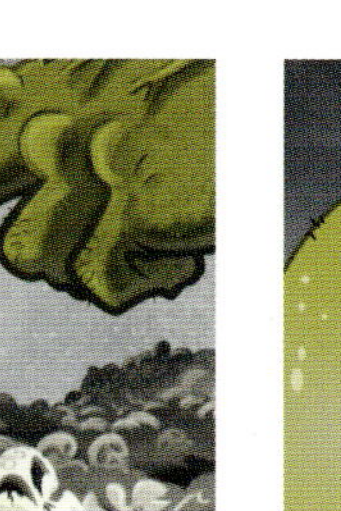

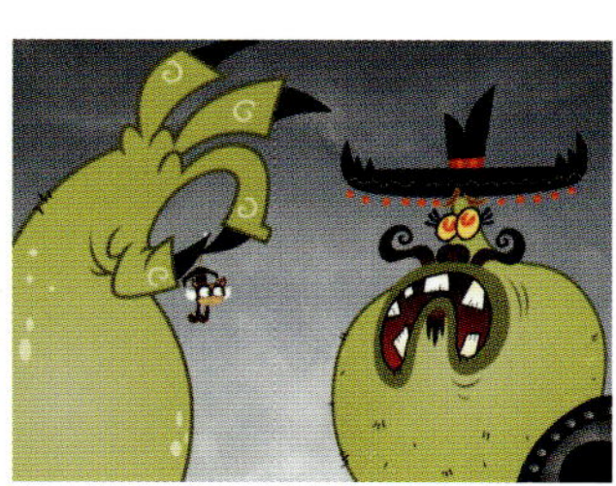

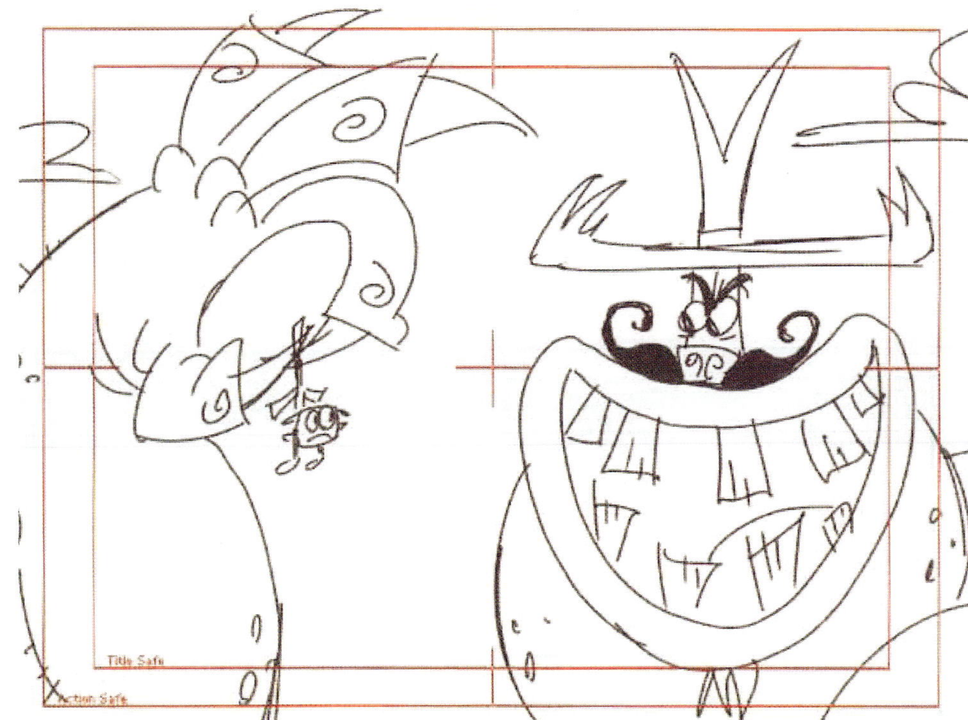

Rogues' Gallery/La galería de los canallas

★ El Oso

El Oso was very much inspired by my father telling little Jorge a story about how he single-handedly killed a massive bear by getting into a slap fight with it. We had a bear rug in Mexico City, and I loved asking him to retell me that crazy story. Design-wise, he's inspired by Aztec eagle and jaguar warriors. If El Tigre was a tiger, then El Oso was a bear. The little skulls around his neck are a nod to Dhalsim from *Street Fighter II*. El Oso's face is very much inspired by Bluto from the old black-and-white *Popeye* cartoons I adored as a kid. And he's also a bit inspired by Rhino from *Spider-Man*.

★ El Oso

El Oso se inspiró mucho en una historia que me contaba mi padre cuando era pequeño, cómo él solo mató a un oso enorme al meterse en una batalla de cachetadas con él. Teníamos una alfombra de oso en Ciudad de México y me encantaba pedirle que me volviera a contar aquella alocada historia. En cuanto al diseño, está inspirado en los guerreros águilas y jaguares aztecas. Si El Tigre era un tigre, entonces El Oso era un oso. Las pequeñas calaveras alrededor de su cuello son un guiño a Dhalsim de *Street Fighter II*. La cara de El Oso está muy inspirada en Bluto de los viejos dibujos animados en blanco y negro de *Popeye el marino*, que adoraba cuando era niño, así como en Rhino de *Spider-Man*.

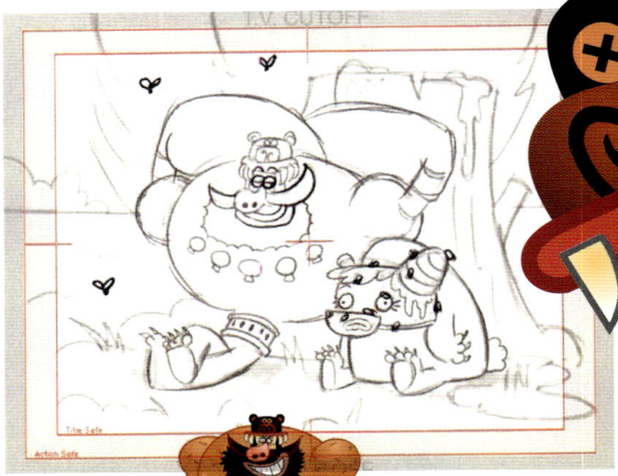

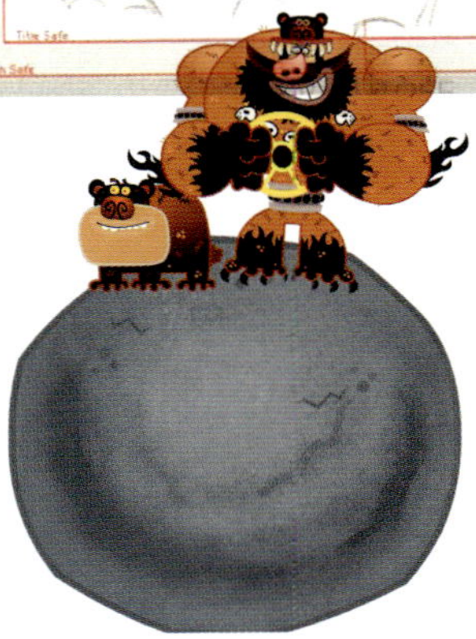

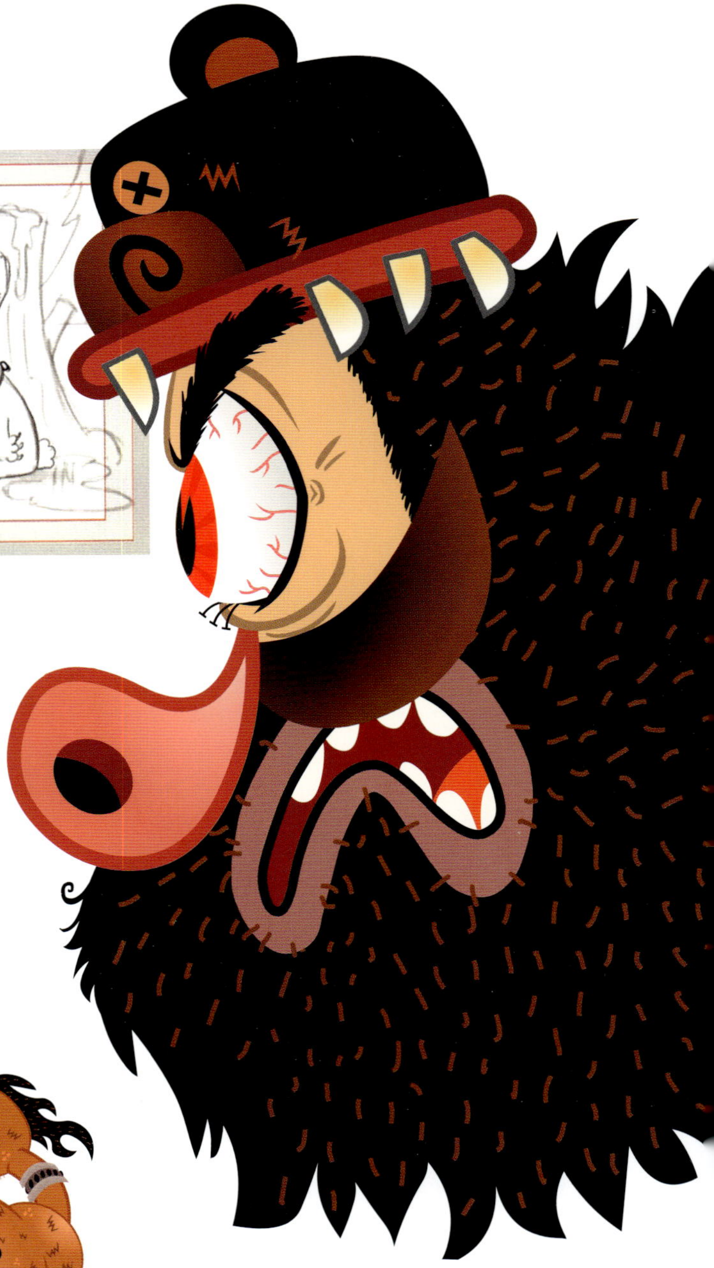

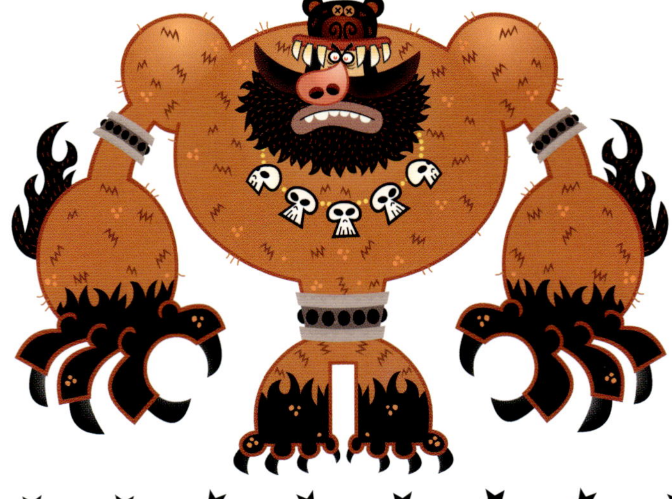

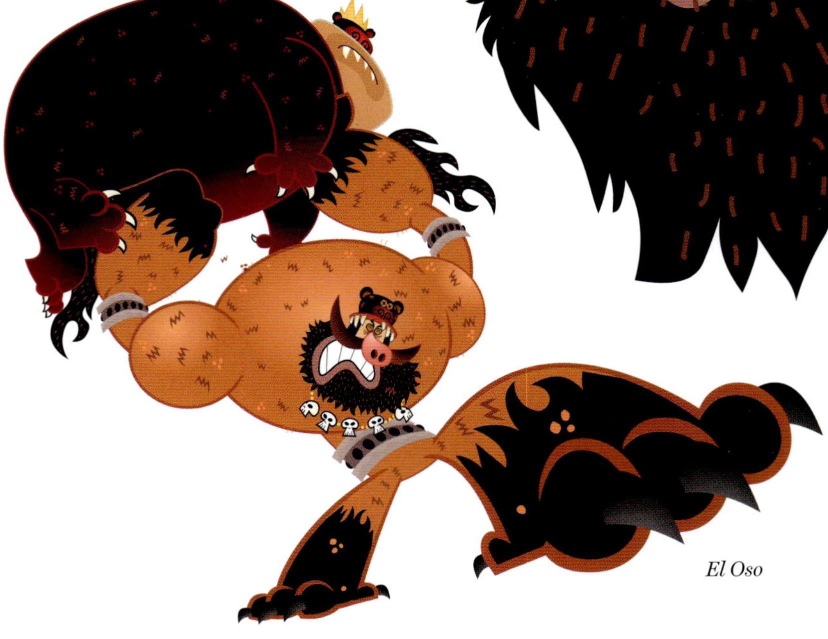

El Oso

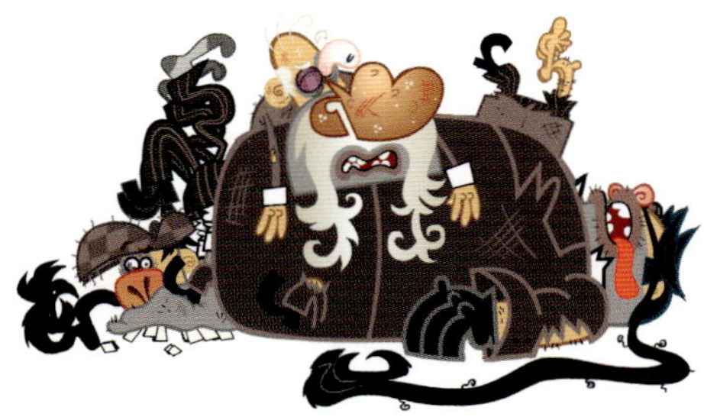

Mustache Mafia

As a lover of epic mafia films like *The Godfather*, *Once Upon a Time in America*, *Miller's Crossing*, and *Goodfellas*, I just knew we had to have mobsters in Miracle City. But they couldn't be regular mafiosos, so we gave them crazy moving and dangerous mustaches. Each of them is inspired by a different mafia movie, with Don Baffi being inspired by Don Vito Corleone from *The Godfather* and my grandfather when he was in a wheelchair.

Mustache Mafia

Como amante de las películas épicas de la mafia como *El padrino*, *Érase una vez en América*, *Muerte entre las flores* y *Uno de los nuestros*, sabía que debíamos tener mafiosos en Ciudad Milagro. Pero no podían ser mafiosos normales, así que les pusimos bigotes de movimientos locos y peligrosos. Cada uno de ellos está inspirado en una película de la mafia diferente, estando don Baffi inspirado en don Vito Corleone de *El padrino* y en mi abuelo cuando estaba en silla de ruedas.

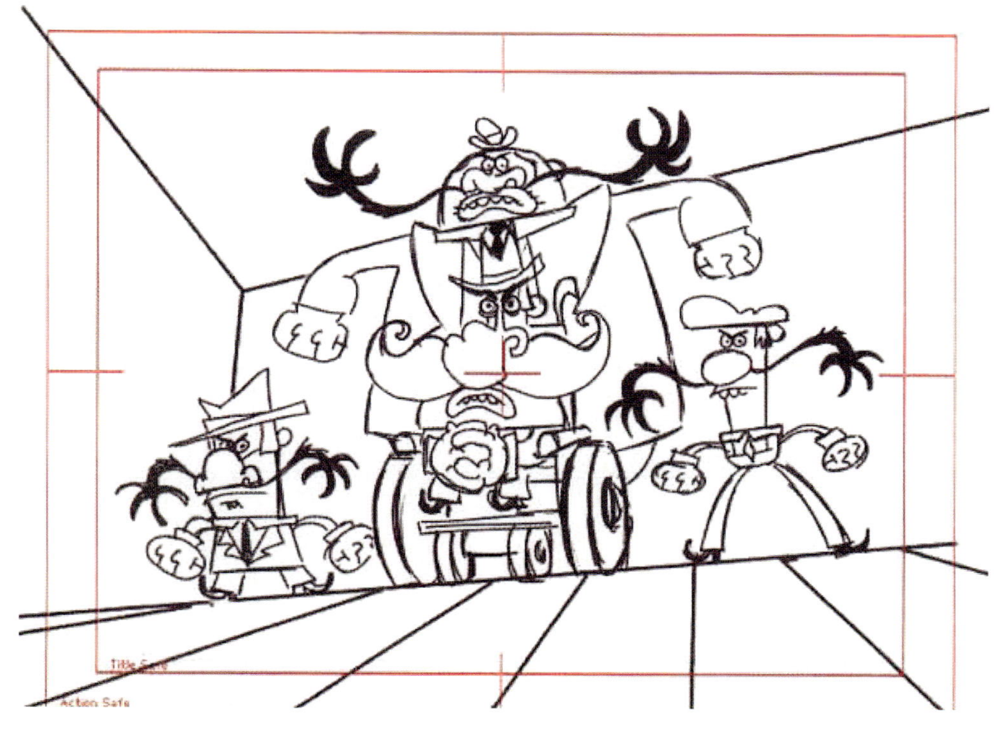

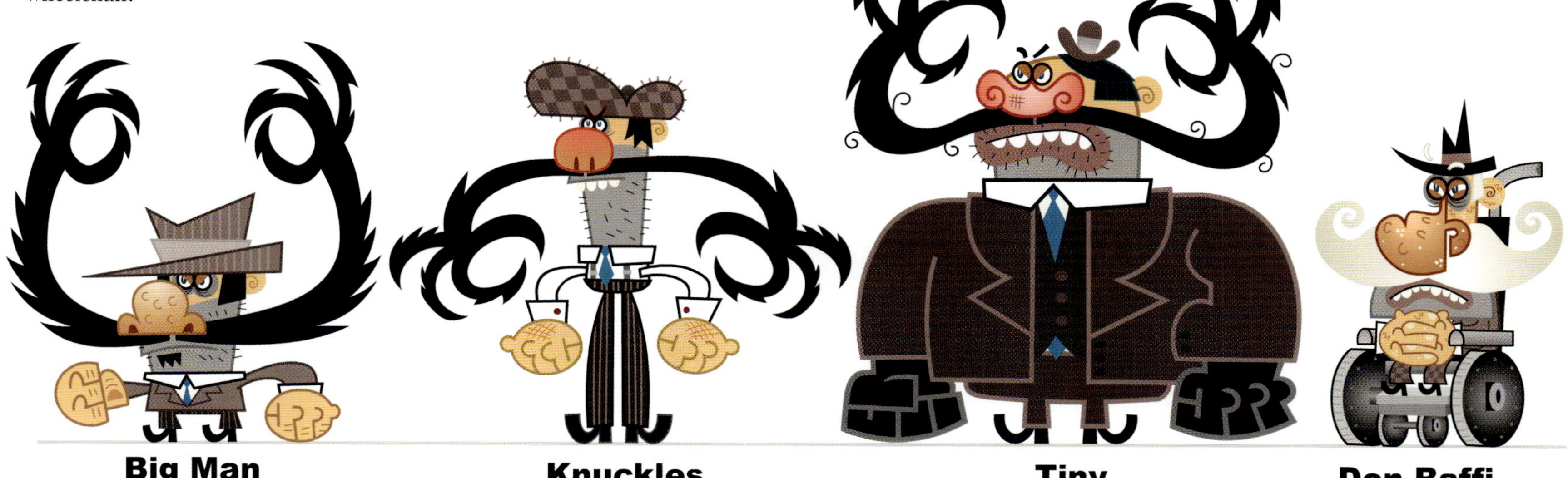

Rogues' Gallery/La galería de los canallas

★ Sergio/Señor Siniestro

Sergio was very much inspired by cartoon obsessed me being nine years old and going to school in the US from Mexico for the very first time. Kids laughed and didn't know what to make of me and vice versa. From that grew the idea of a little Italian kid, named Sergio, after spaghetti western directors Sergio Leone and Sergio Corbucci, obsessed with American westerns, who moves to Miracle City, shows up dressed like an American cowboy on his first day of school, and all the school kids laugh at him. His mech suit and tech were all inspired by evil versions of Iron Man and Batman. And I love the gag that it's a little kid in a giant mech suit that sometimes drives even bigger mech suits. And like Dr. Chipotle Jr., his only friend, he gets a huge crush on Frida.

★ Sergio/Señor Siniestro

Sergio se inspira mucho en mí cuando era un niño de nueve años obsesionado con los dibujos animados, y fui por primera vez a la escuela en Estados Unidos desde México. Los niños se reían, no sabían qué hacer conmigo y viceversa. De ahí surgió la idea de un niño italiano obsesionado con los westerns estadounidenses, llamado Sergio, en honor a los directores de espagueti wéstern Sergio Leone y Sergio Corbucci. Se muda a Ciudad Milagro y aparece vestido como un vaquero americano en su primer día de clase, y todos los niños se ríen de él. Su traje mecánico y su tecnología se inspiraron en versiones malvadas de Iron Man y Batman. Y me encanta el chiste de que sea un niño pequeño con un traje mecánico gigante que a veces conduce trajes mecánicos aún más grandes. Y al igual que el Dr. Chipotle Jr., su único amigo, está muy colado por Frida.

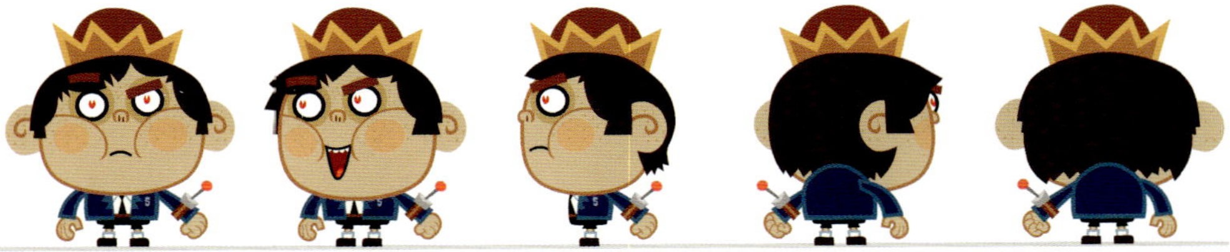

Sergio

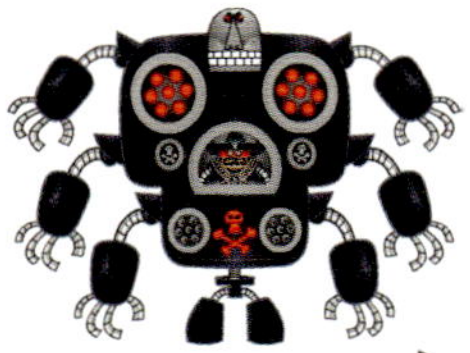

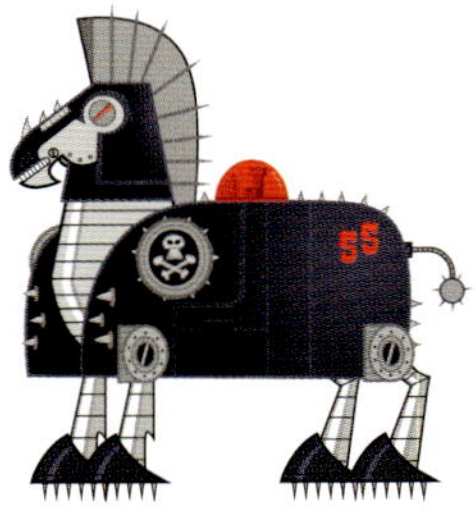

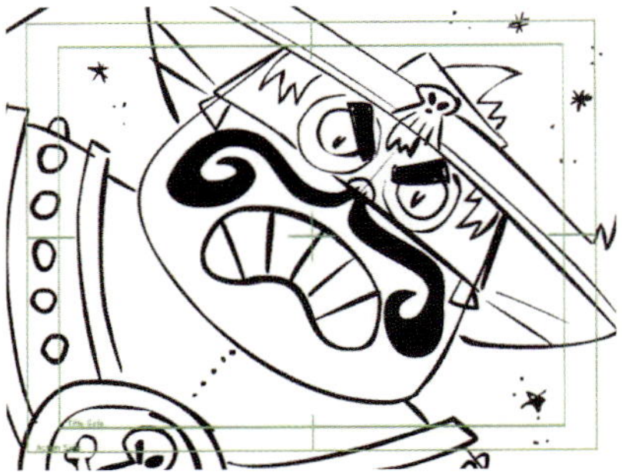

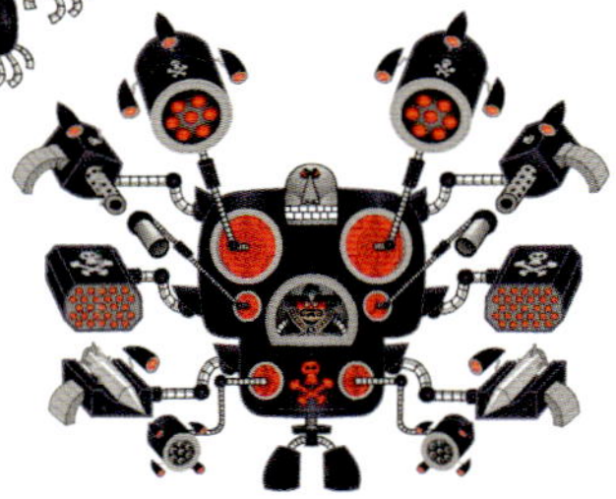

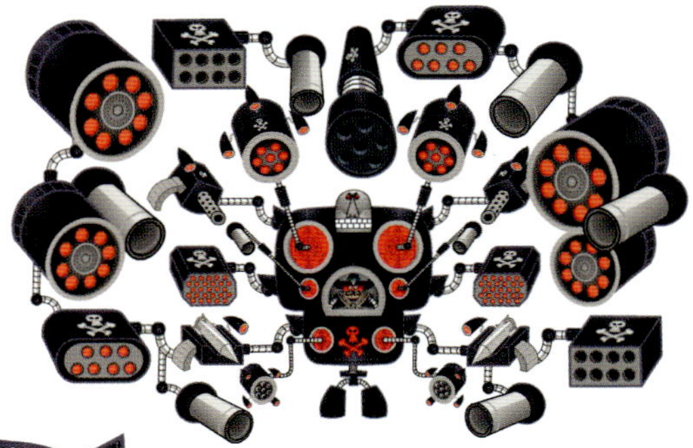

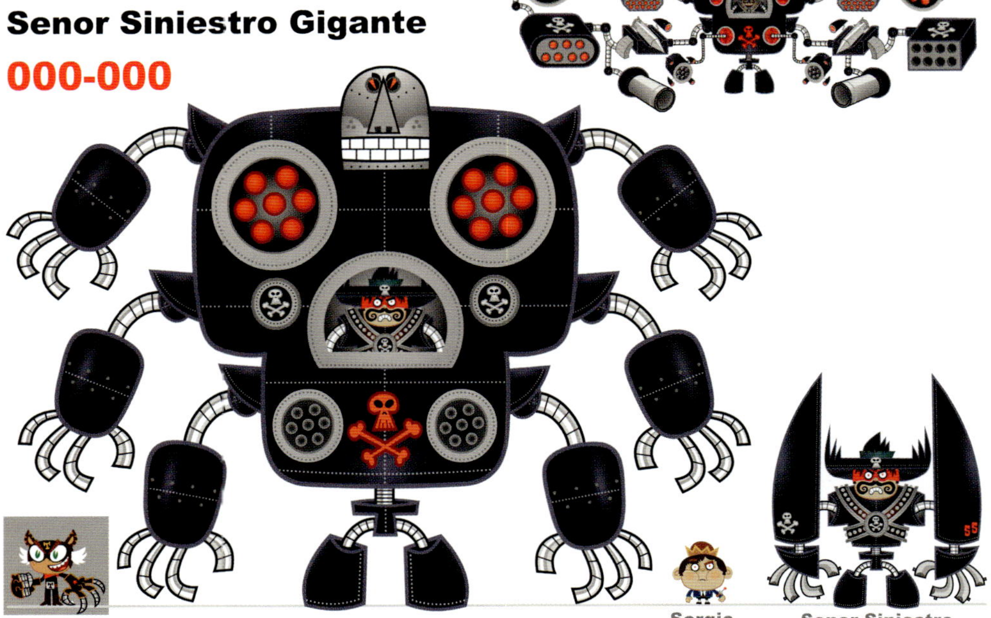

Senor Siniestro Gigante

000-000

Senor Siniestro Gigante

Sergio

Senor Siniestro

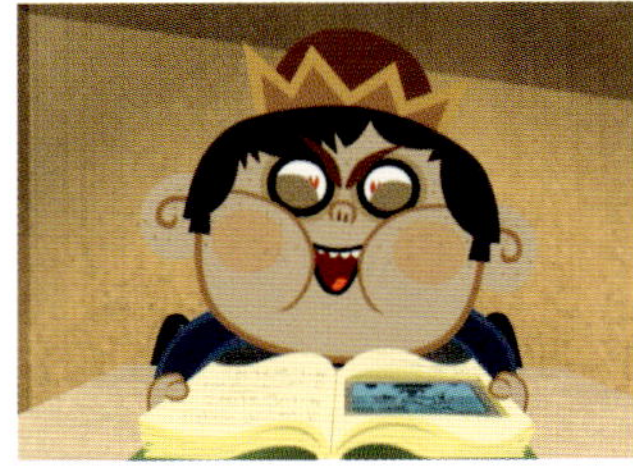

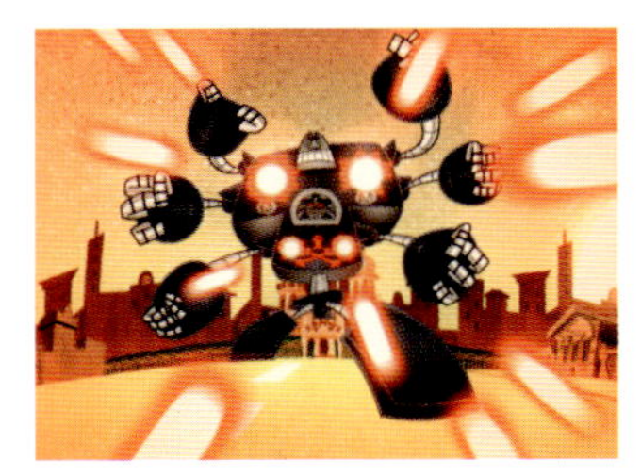

  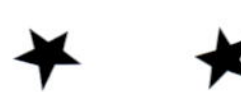  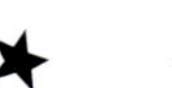   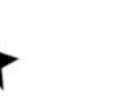    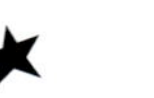  

Titanium Titan/ Silverwolf

Titanium Titan was very much inspired by Mexican Mini Luchadores like Octagoncito and Mascarita Sagrada. Titanium Titan was White Pantera's old sidekick until Maria gave birth to Manny, and Rodolfo spent more time with his family. This drove Titan mad with jealousy. Titanium Titan tried to fight crime alone, failed miserably, and left Miracle City to become a villain and, of course, blames Manny for his downfall. The liquid metal arms are a loving nod to the awesome and terrifying T-1000 from *Terminator 2: Judgment Day*.

Silverwolf was a design I almost regret only being able to use once. He literally has the word *silver* in his name, so you know he's gonna be trouble. His outfit is based on the poster for the first *Mad Max*, and his bike is our loving homage to Katsuhiro Otomo's *Akira*. The red laser whip was the sexiest weapon I could think of. And who doesn't think wolves are cool?!

Titán de Titanio/ Lobo Plateado

Titán de Titanio se inspiró en gran medida en mini luchadores mexicanos como Octagoncito y Mascarita Sagrada. Titán de Titanio era el antiguo compañero de White Pantera, hasta que María dio a luz a Manny, y Rodolfo comenzó a pasar más tiempo con su familia. Esto volvió loco de celos a Titán. Titán de Titanio intentó luchar solo contra el crimen, fracasó estrepitosamente y dejó Ciudad Milagro para convertirse en un villano y, por supuesto, culpa a Manny de su caída. Los brazos de metal líquido son un guiño cariñoso al asombroso y aterrador T-1000 de *Terminator 2: El juicio final.*

Lobo Plateado fue un diseño que lamento haber usado solo una vez. Literalmente tiene la palabra plata en su nombre, así que sabes que causará problemas. Su atuendo se basa en el póster del primer *Mad Max* y su moto es nuestro cariñoso homenaje a *Akira* de Katsuhiro Otomo. El látigo láser rojo era el arma más sexy que se me ocurrió. ¿Y quién no piensa que los lobos son geniales?

Titanium Titan

000-000

3/4 back

back

mouth open

eyes closed

3/4

front

side

Titanium Titan/Titán de Titanio

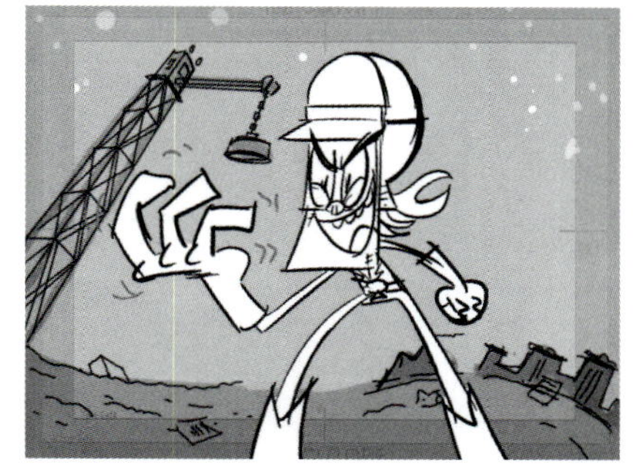

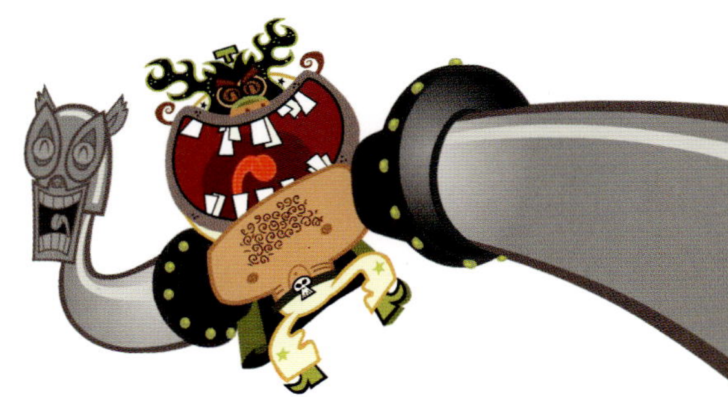

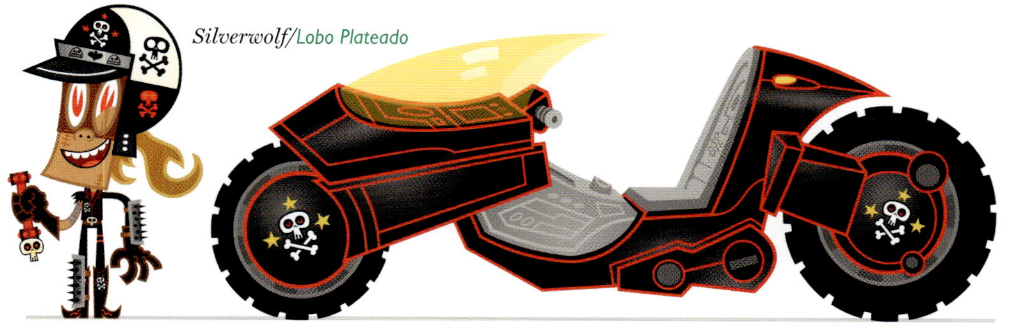

Silverwolf/Lobo Plateado

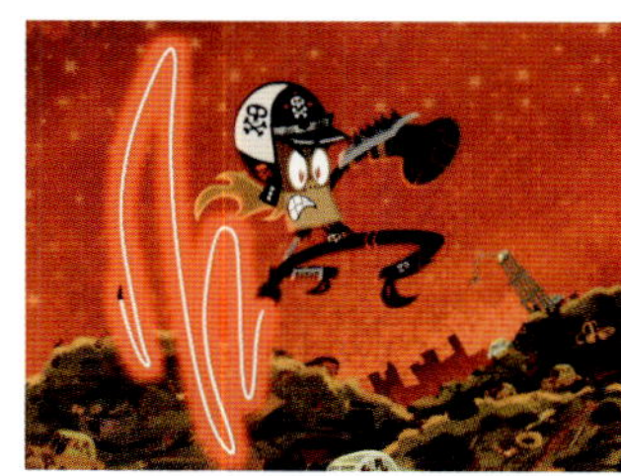

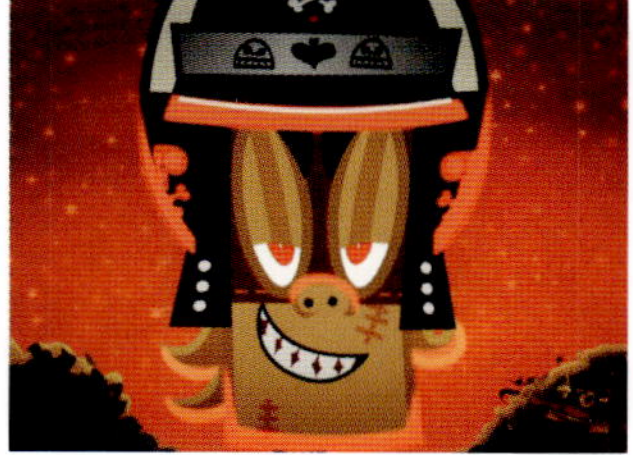

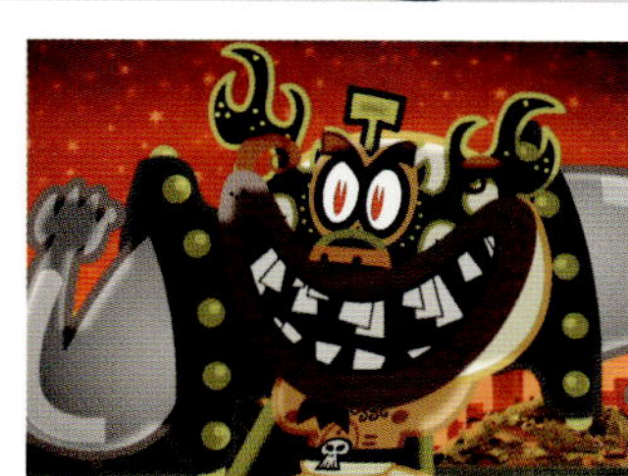

Various character designs by Steve Lambe

Distintos diseños de personajes de Steve Lambe

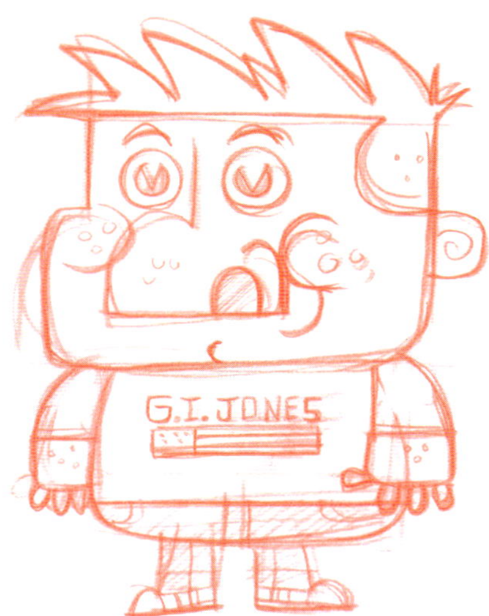

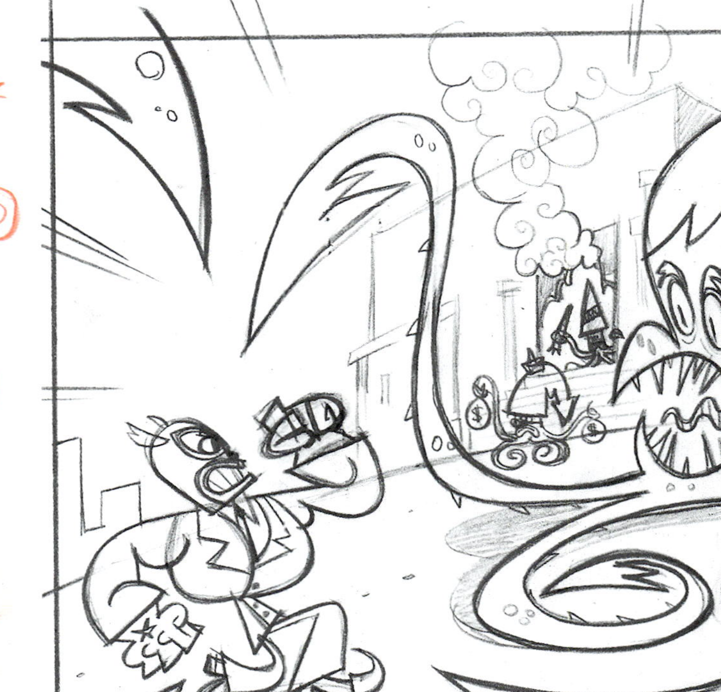

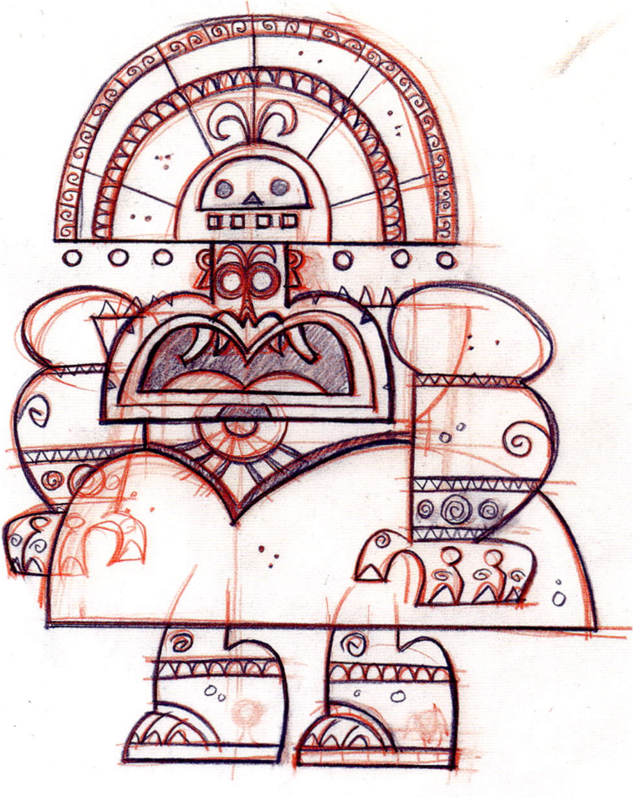

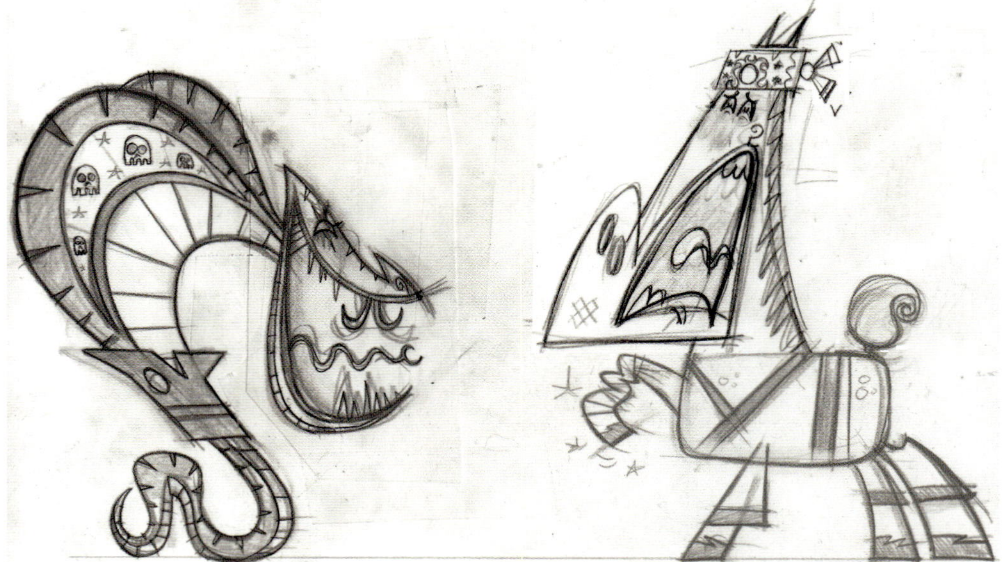

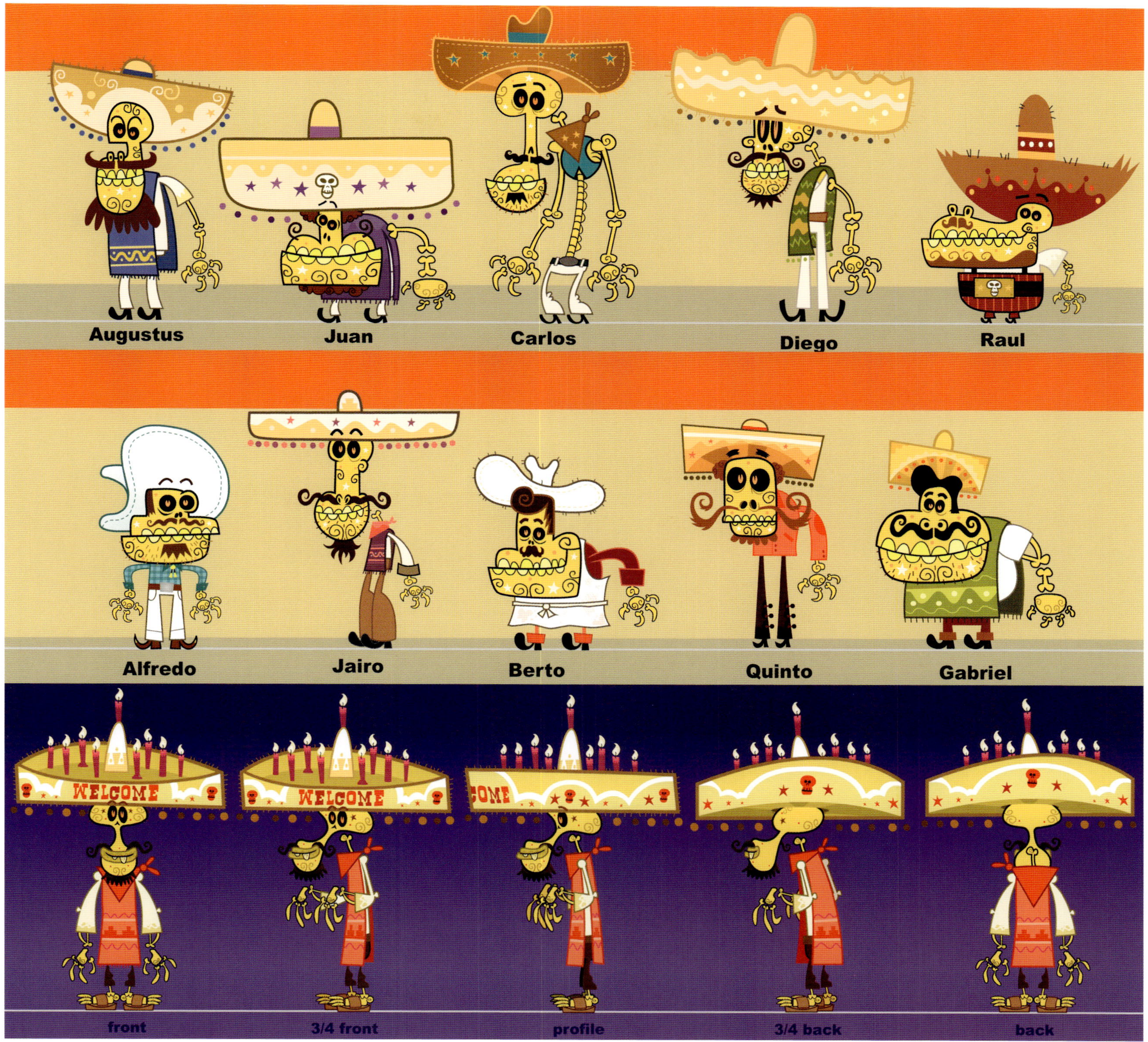
Augustus
Juan
Carlos
Diego
Raul
Alfredo
Jairo
Berto
Quinto
Gabriel
WELCOME
WELCOME
front
3/4 front
profile
3/4 back
back

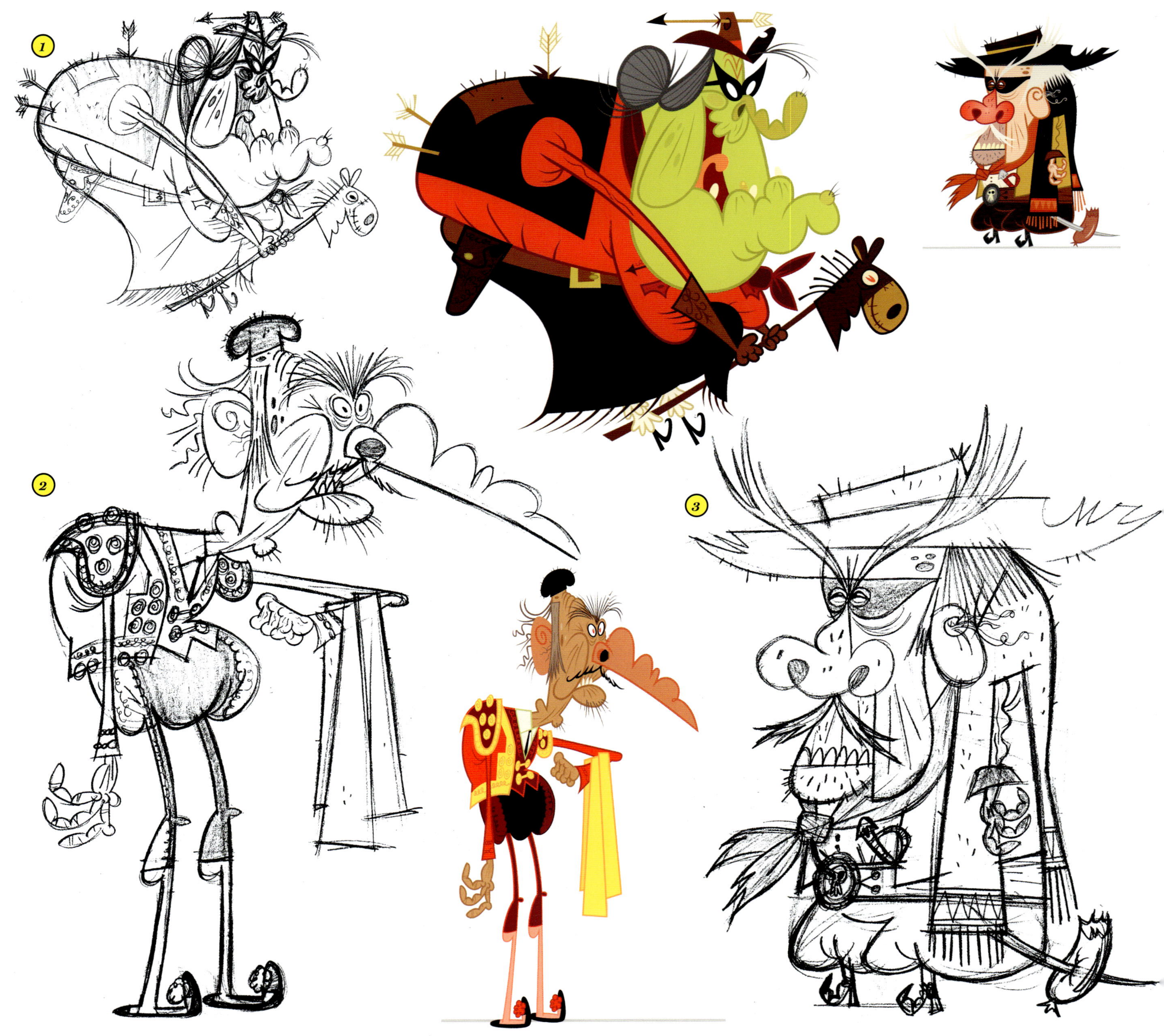
1
2
3

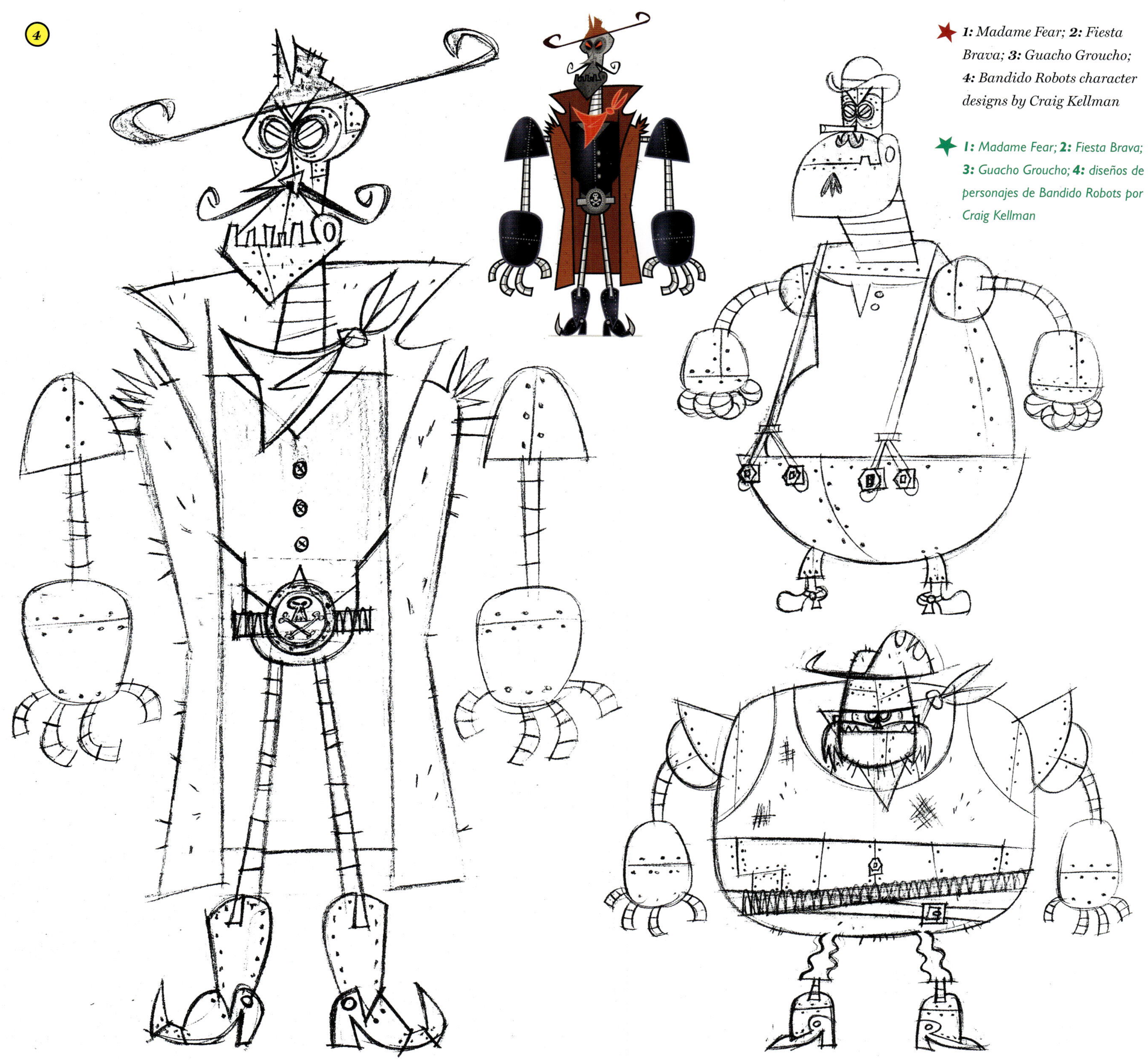

***1:** Madame Fear; **2:** Fiesta Brava; **3:** Guacho Groucho; **4:** Bandido Robots character designs by Craig Kellman*

***1:** Madame Fear; **2:** Fiesta Brava; **3:** Guacho Groucho; **4:** diseños de personajes de Bandido Robots por Craig Kellman*

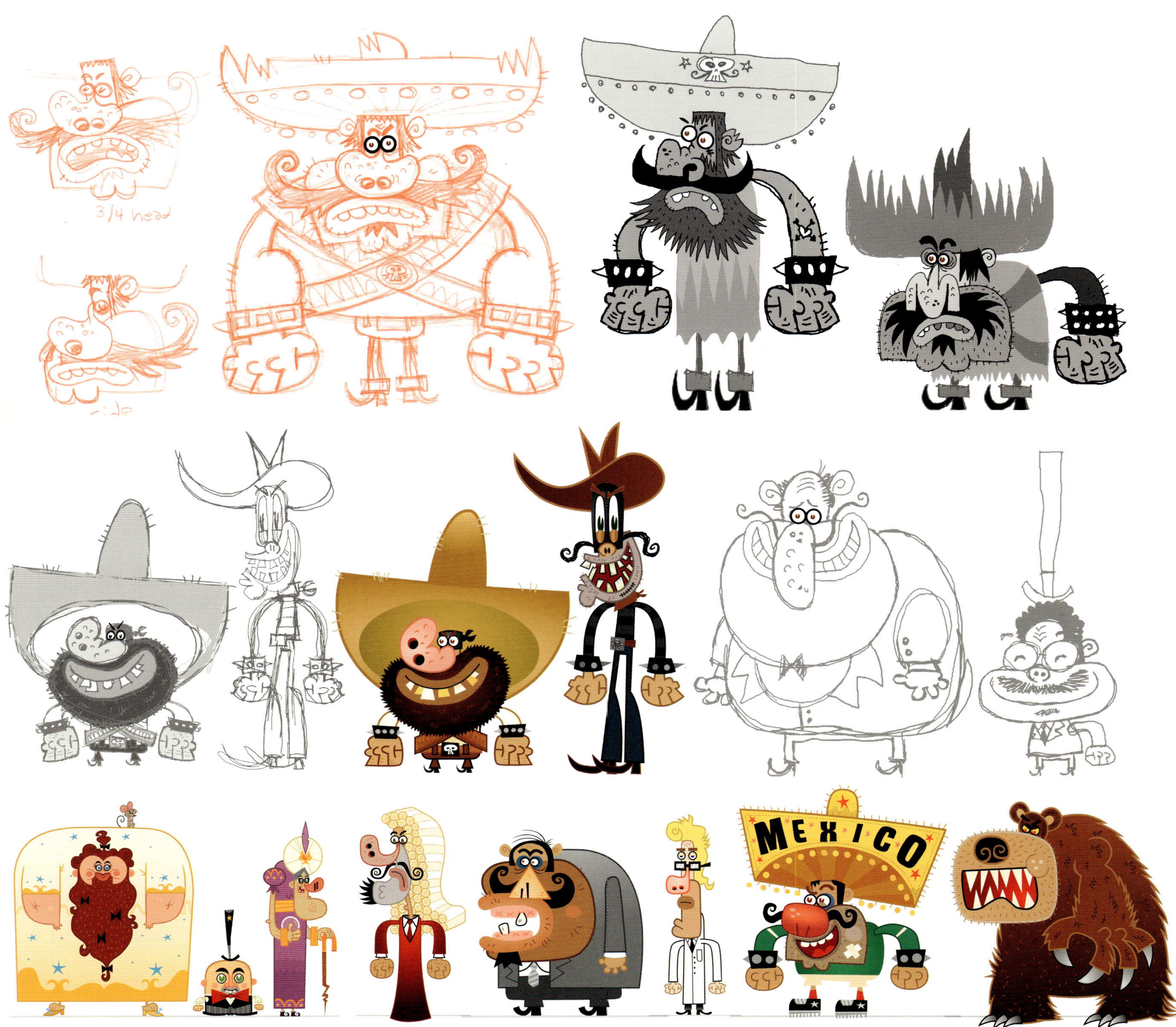
3/4 head
MEXICO

Various rough and cleaned-up character designs by Jorge

Borradores y pulidos de distintos diseños de personajes de Jorge

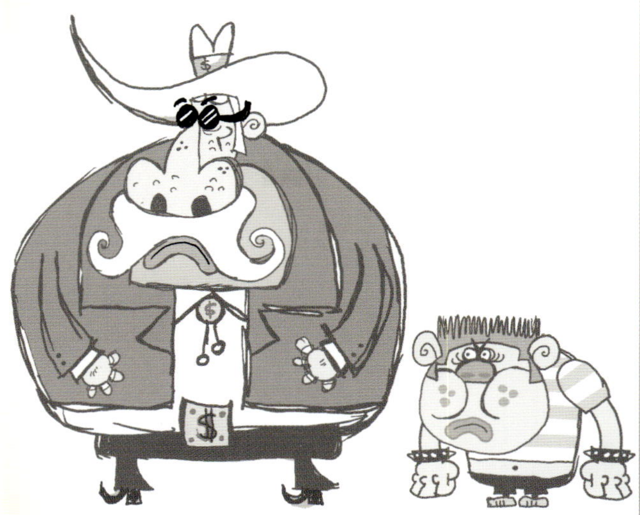

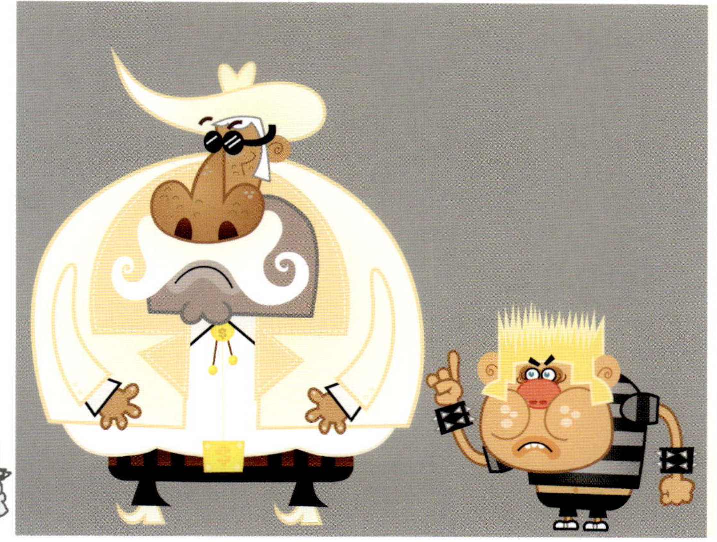

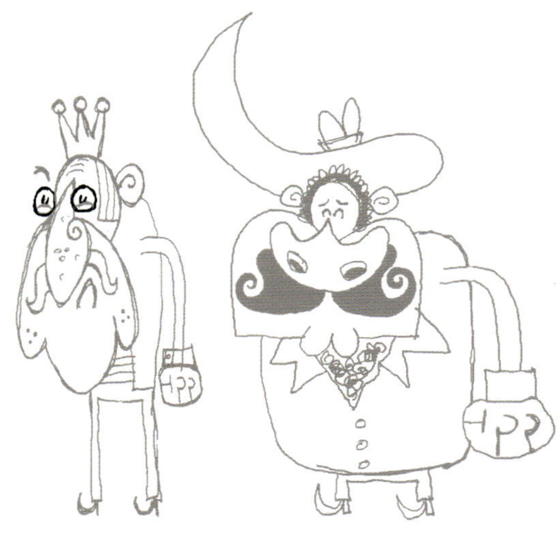

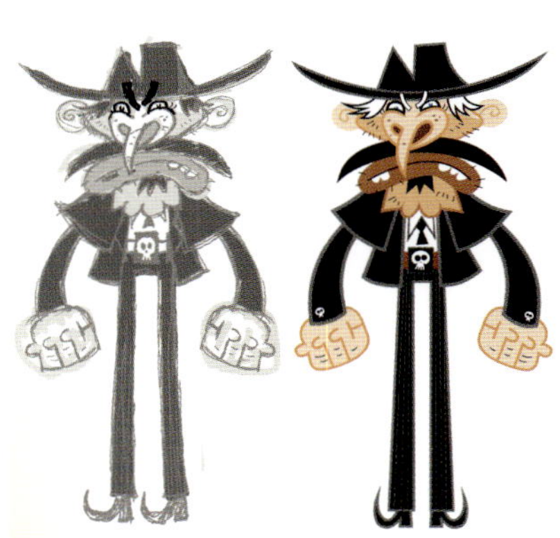

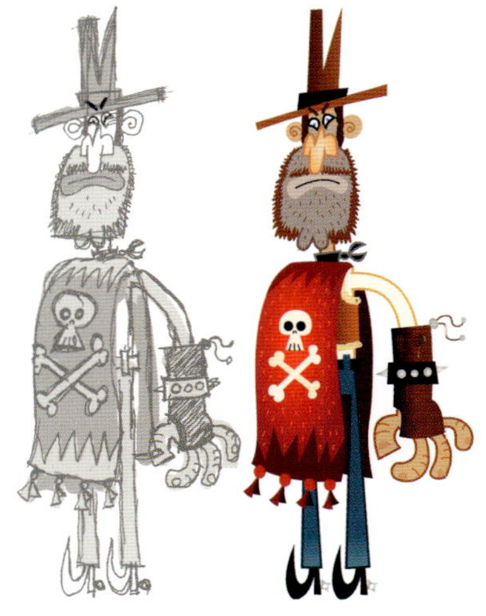

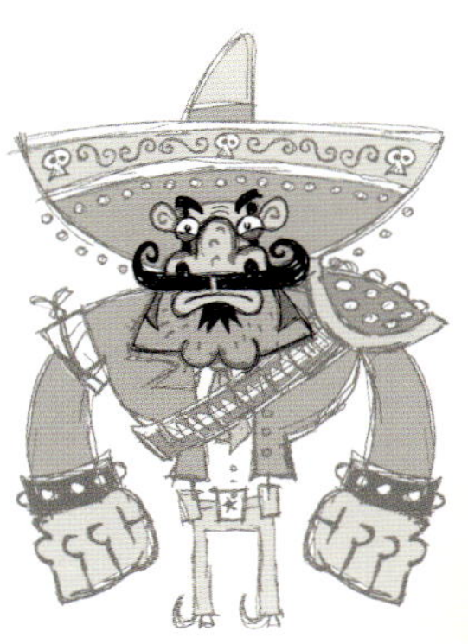

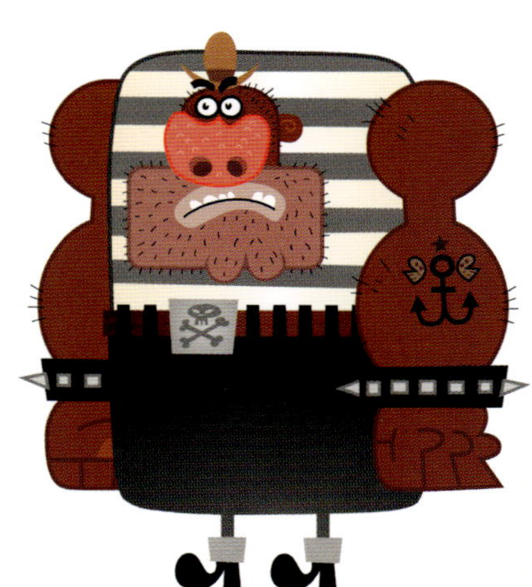

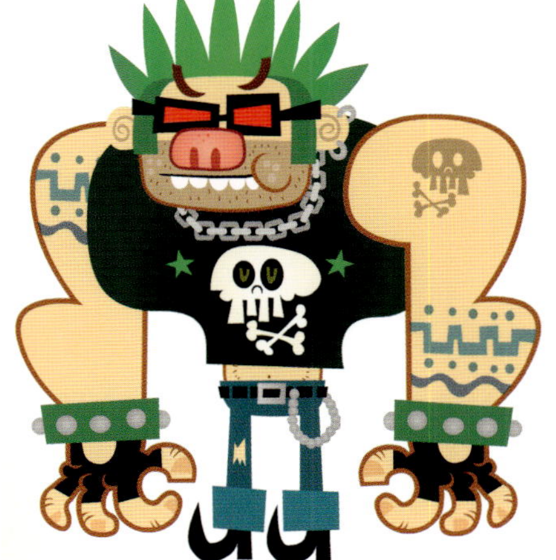

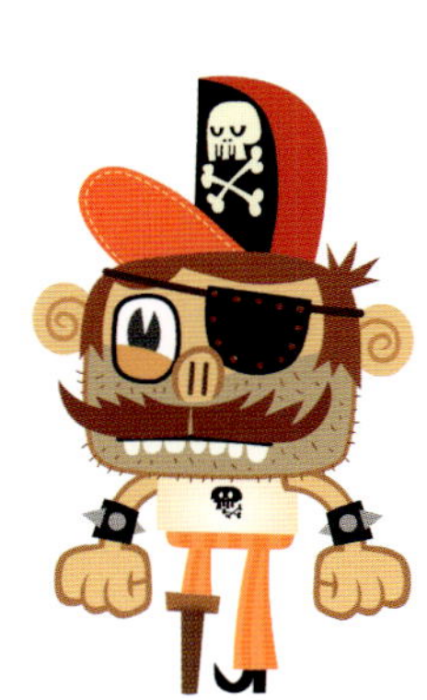

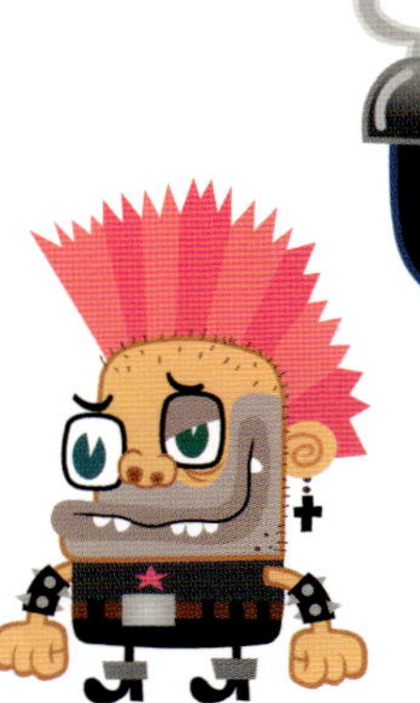

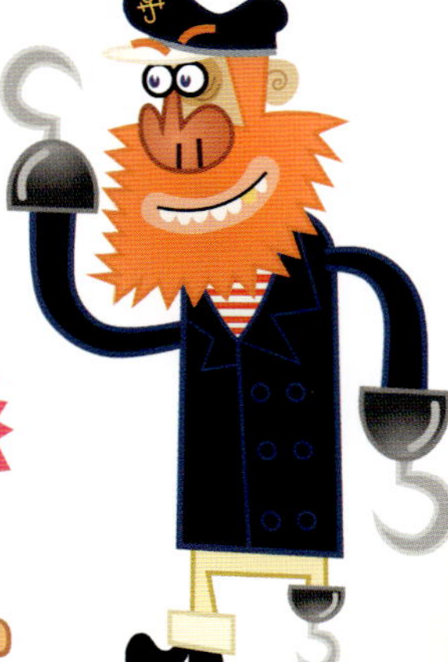

Unused villain characters by Jorge and Sandra

Personajes villanos de Jorge y Sandra que no se utilizaron

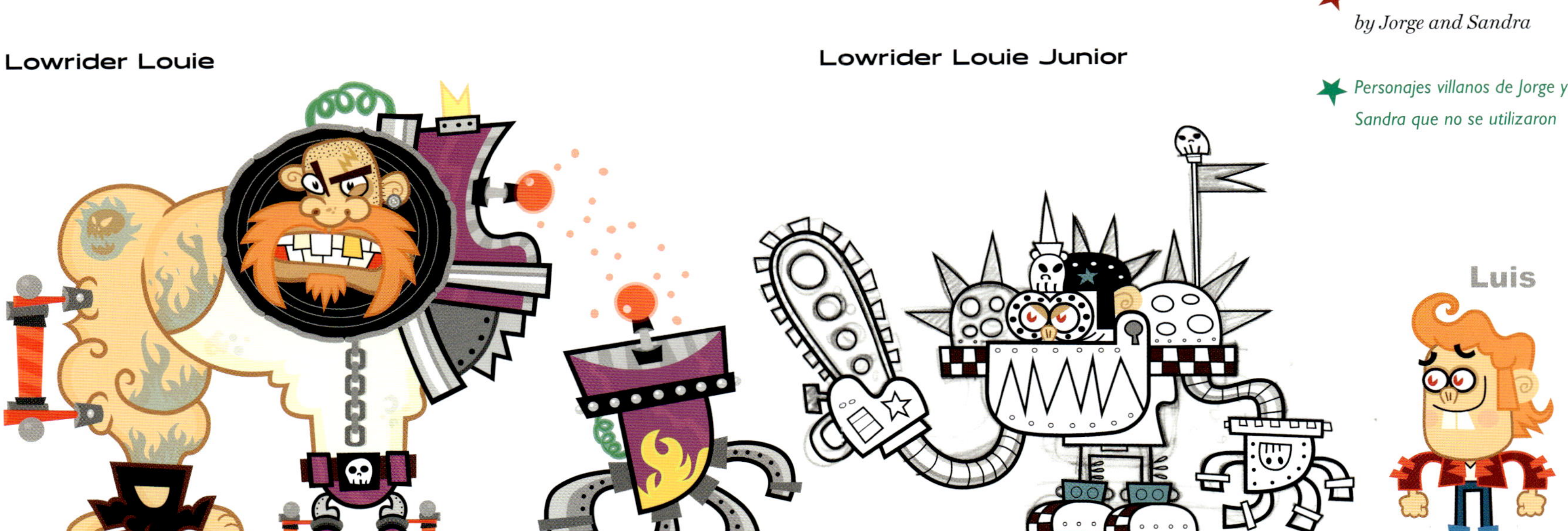

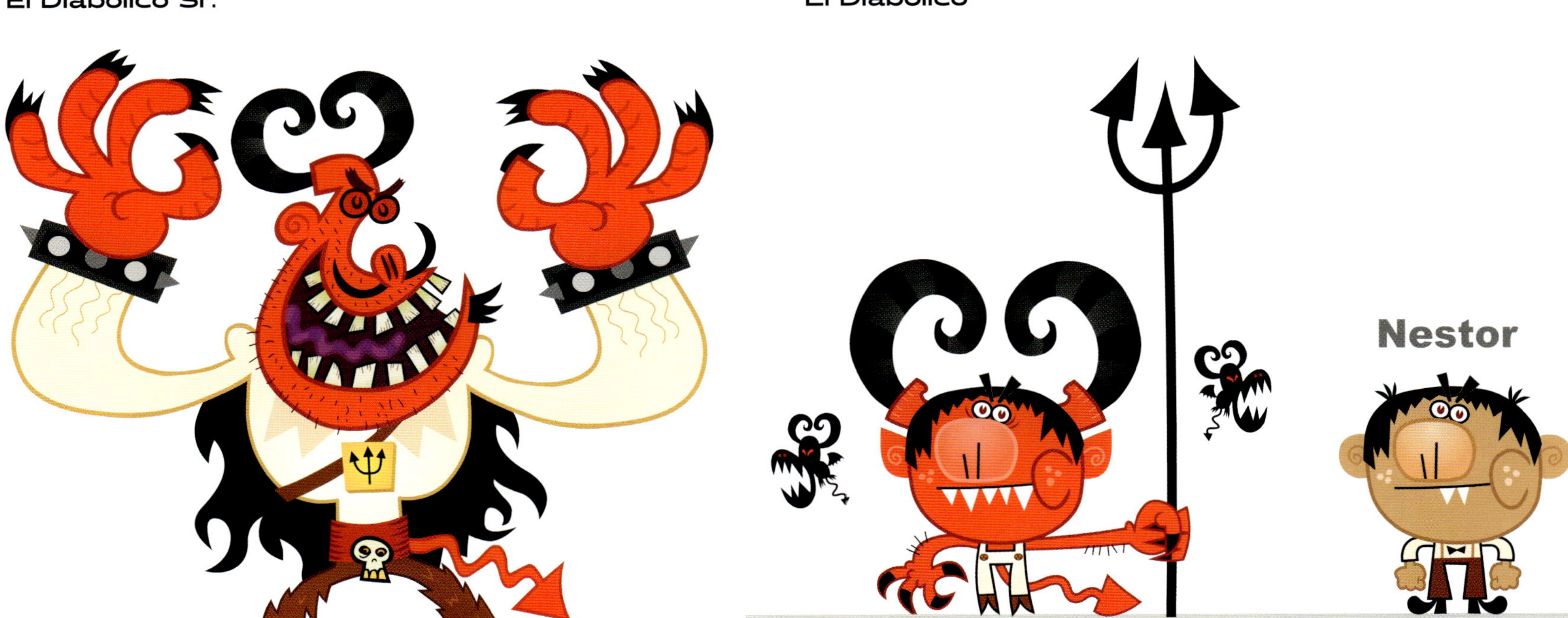

Lady Lava

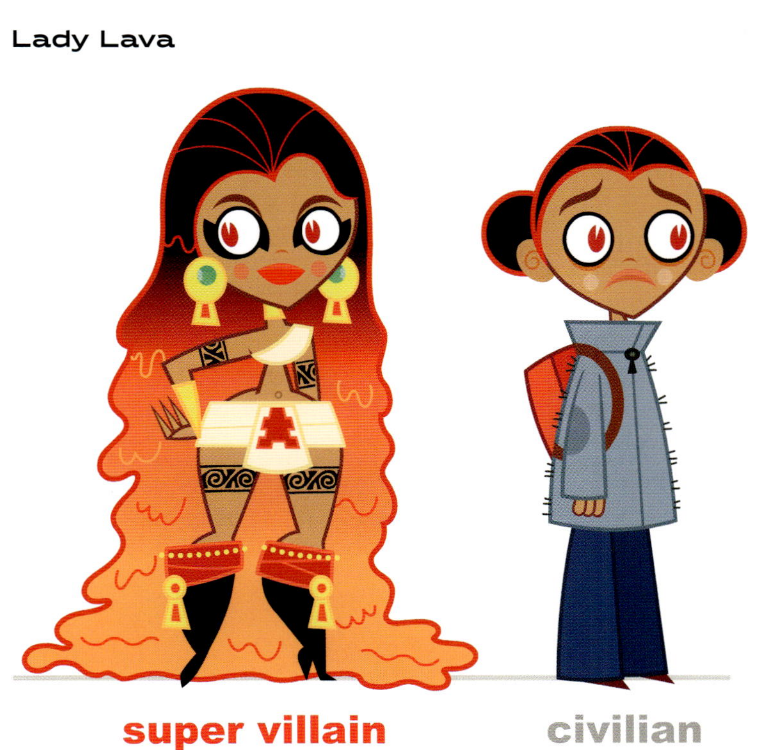

El Niño Scorpion

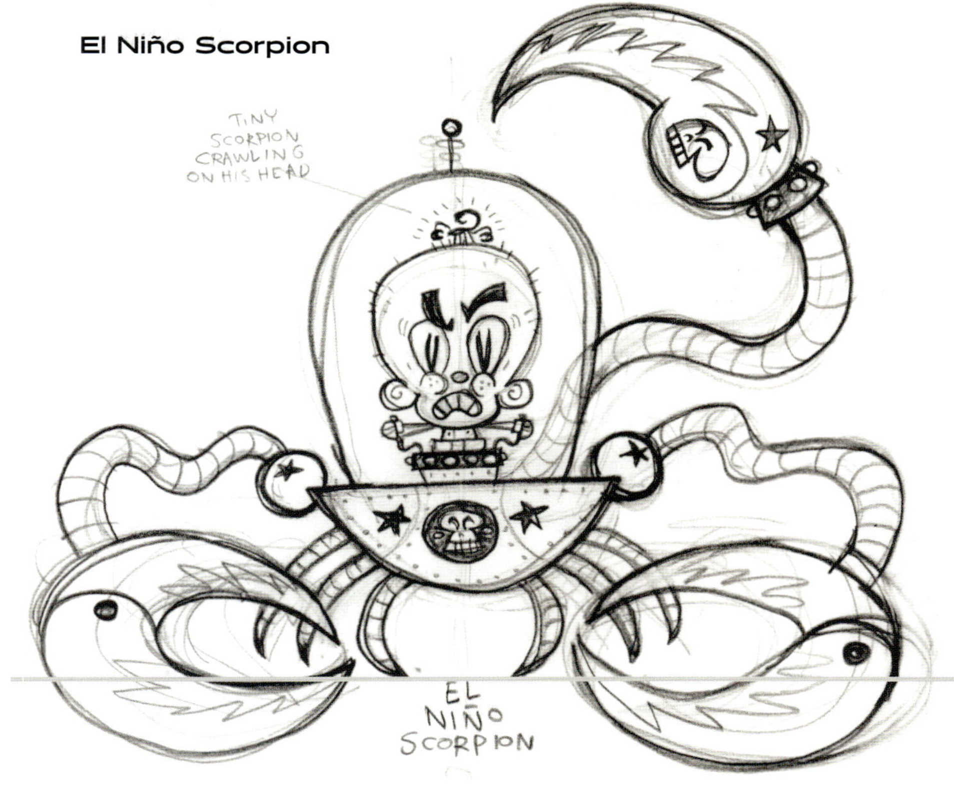

Cha Cha Chiquita

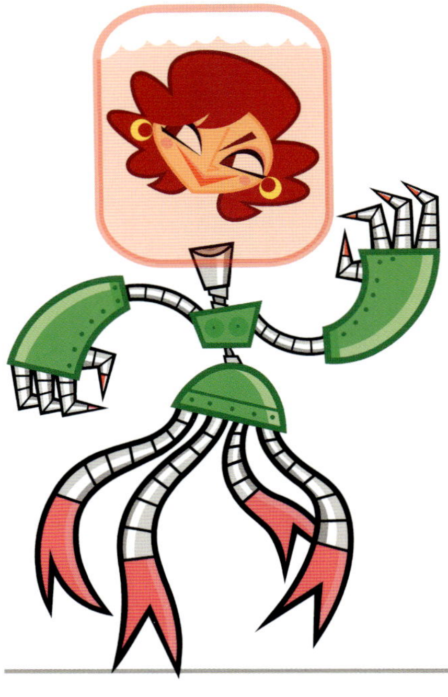

Rumba Robot

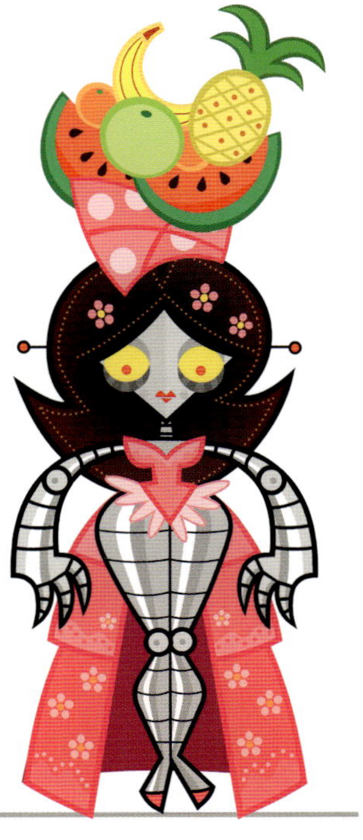

Ruda Girls

LOLA
aka Gordis

LUCERO
aka Jaina

LUPE
aka Dollface

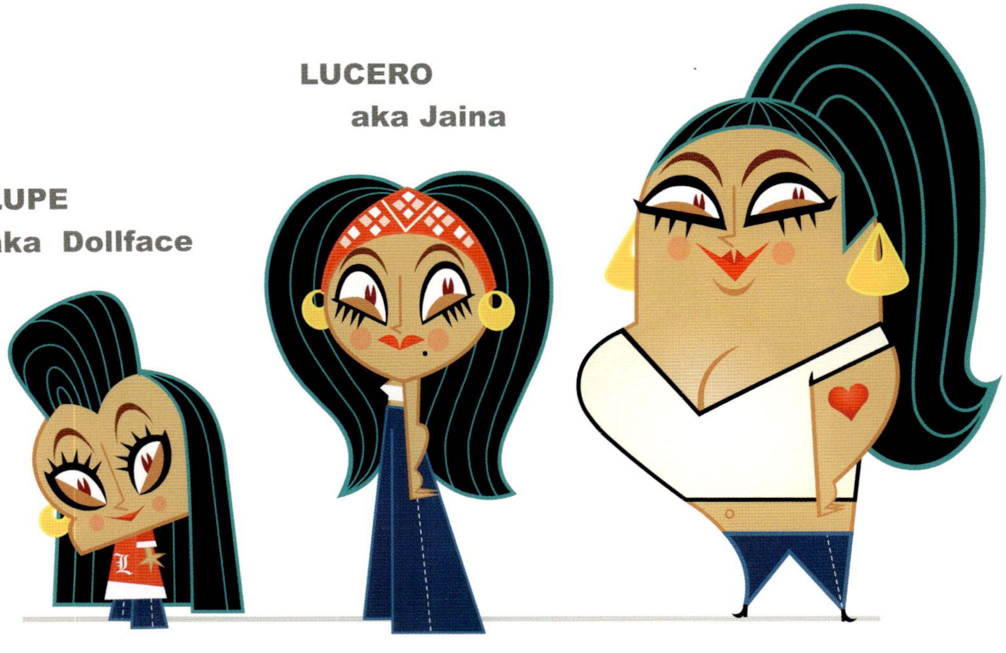

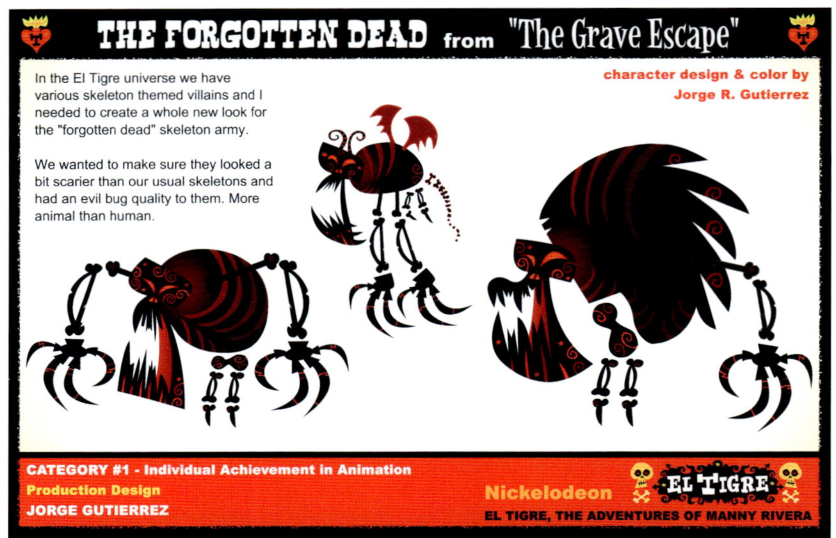

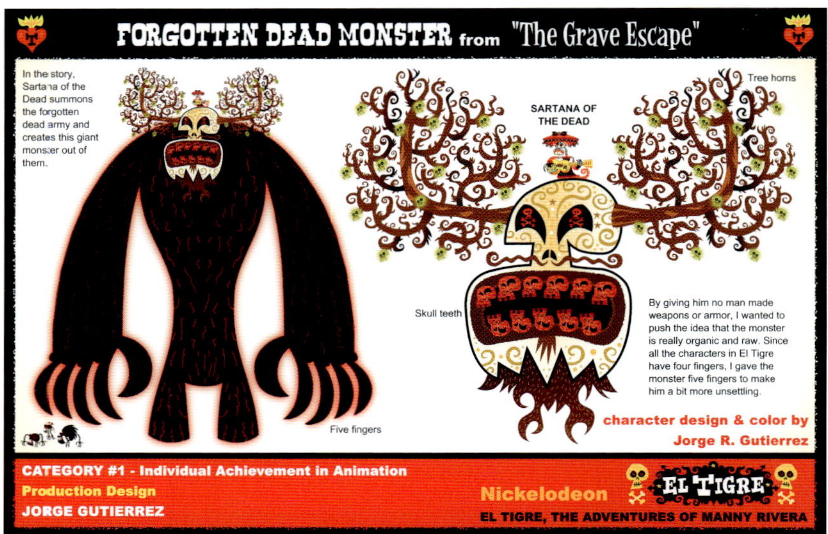

The Rivera Family Timeline

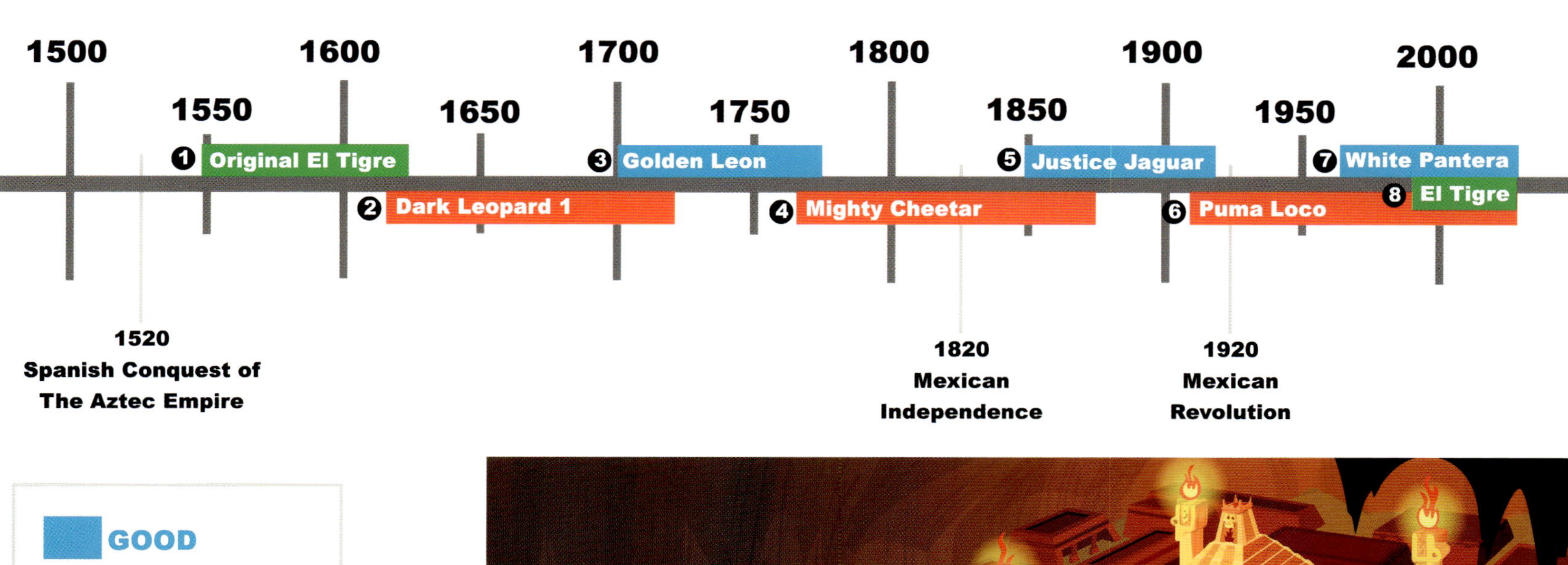

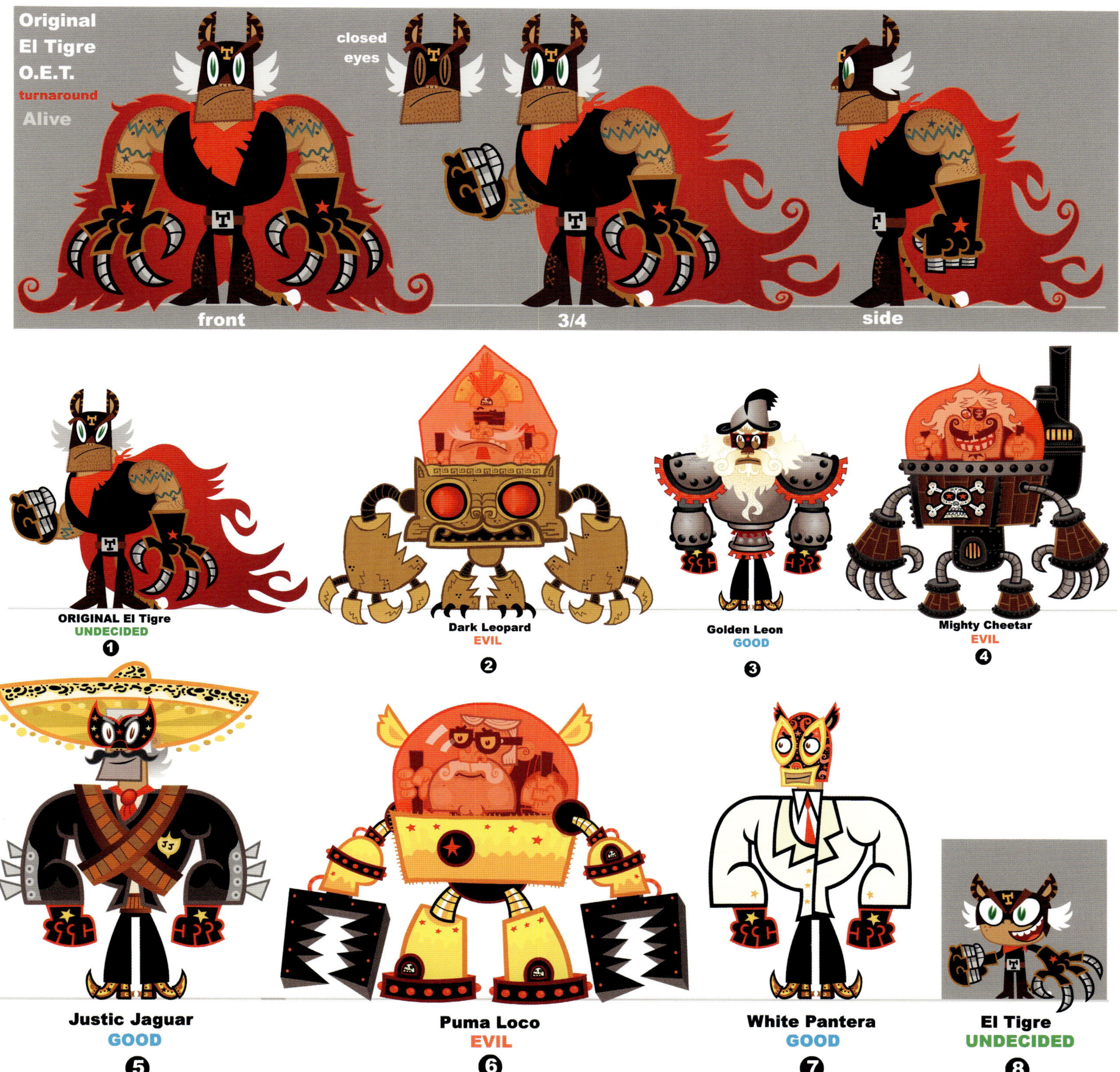

Original
El Tigre
O.E.T.
turnaround
Alive
closed
eyes
front
3/4
side
ORIGINAL El Tigre
UNDECIDED
1
Dark Leopard
EVIL
2
Golden Leon
GOOD
3
Mighty Cheetar
EVIL
4
Justic Jaguar
GOOD
5
Puma Loco
EVIL
6
White Pantera
GOOD
7
El Tigre
UNDECIDED
8

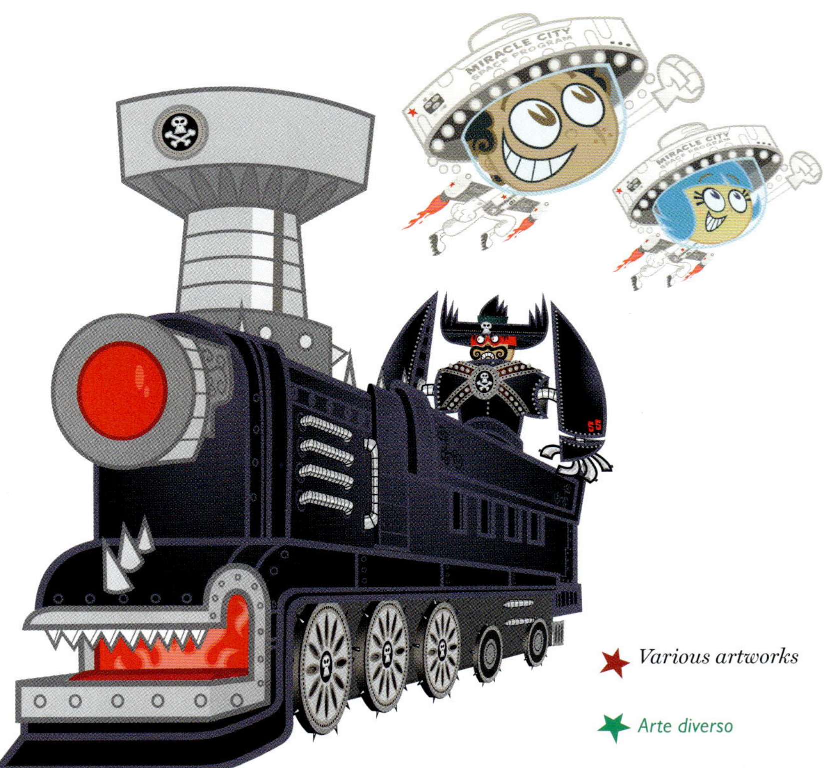

Various artworks

Arte diverso

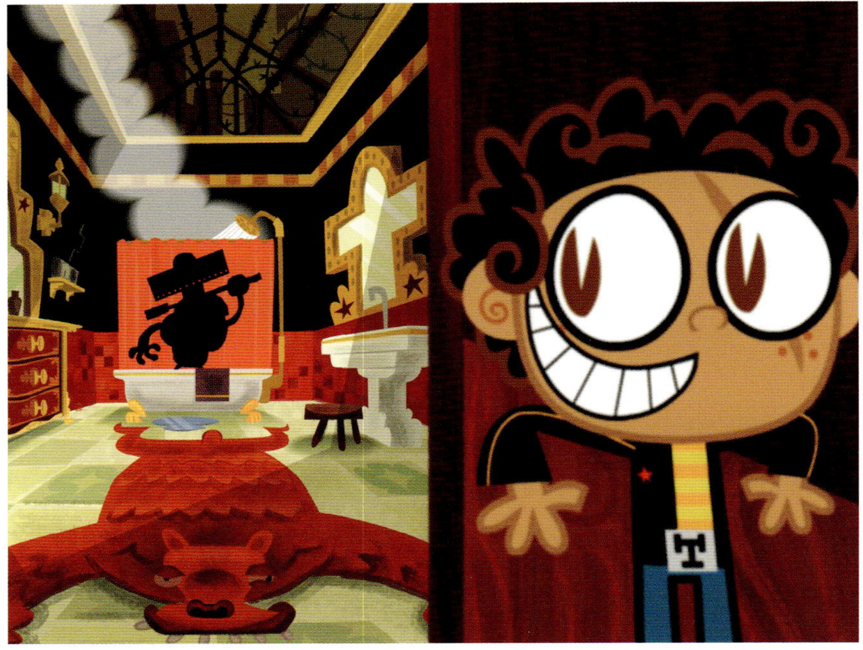

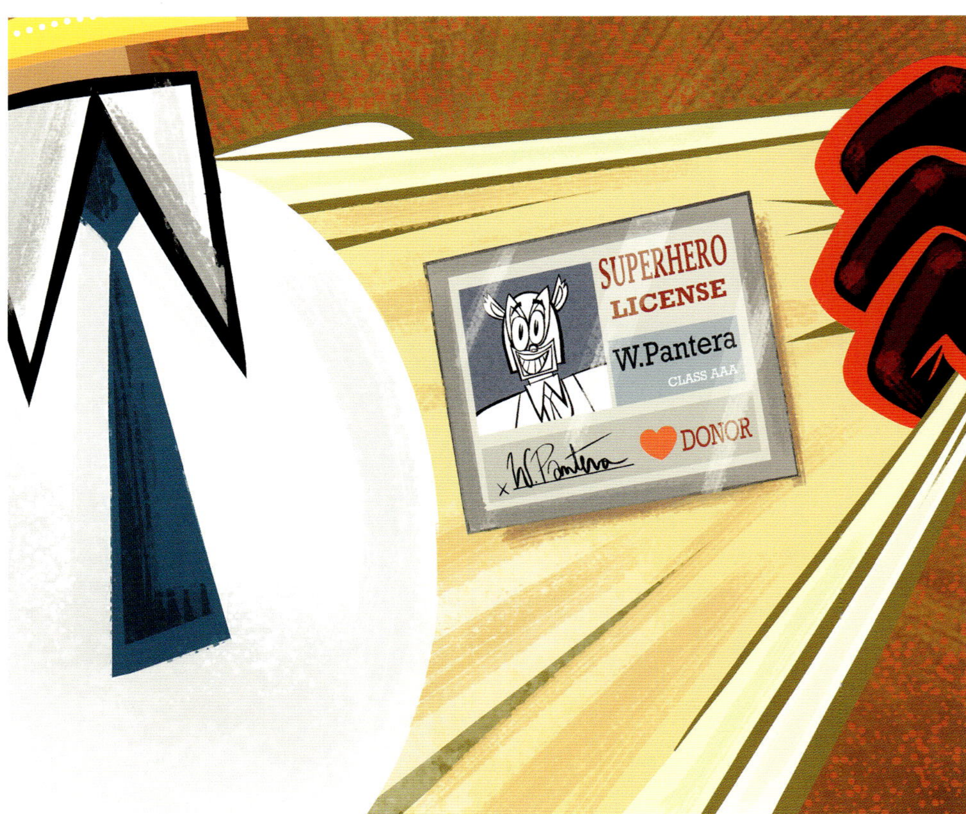

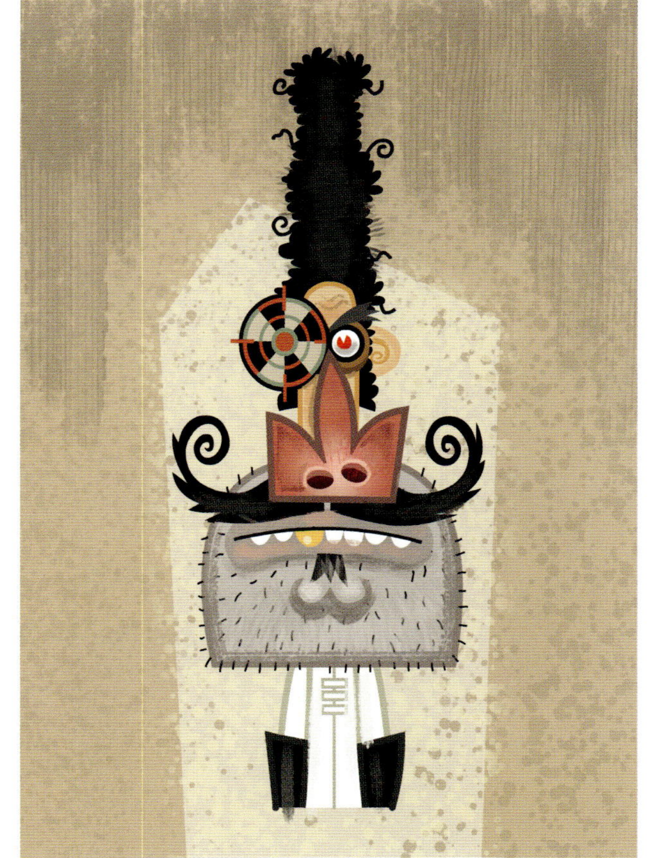

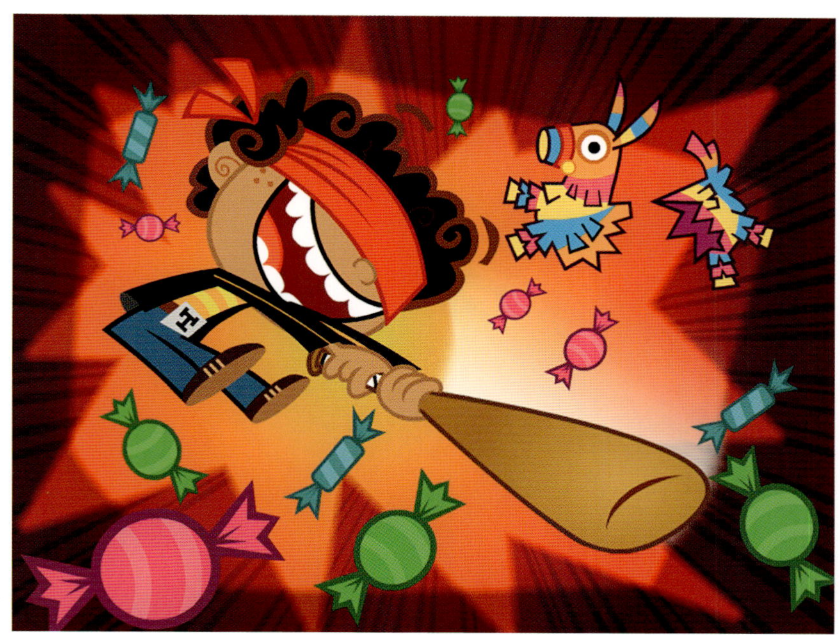

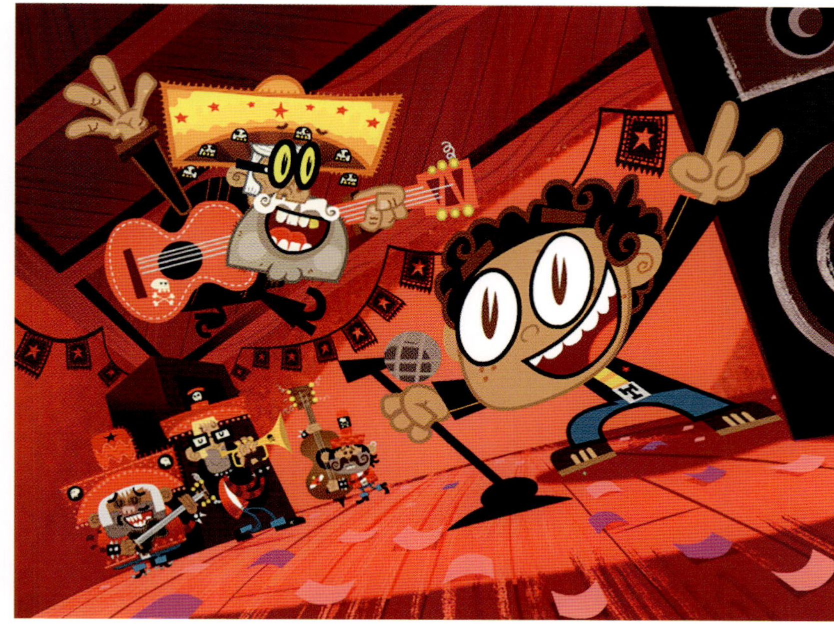

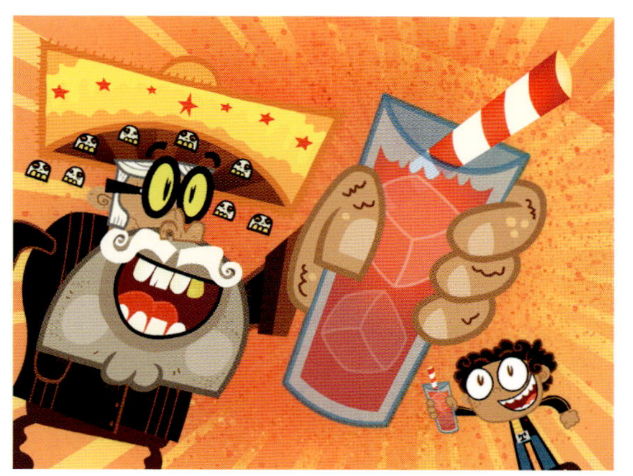

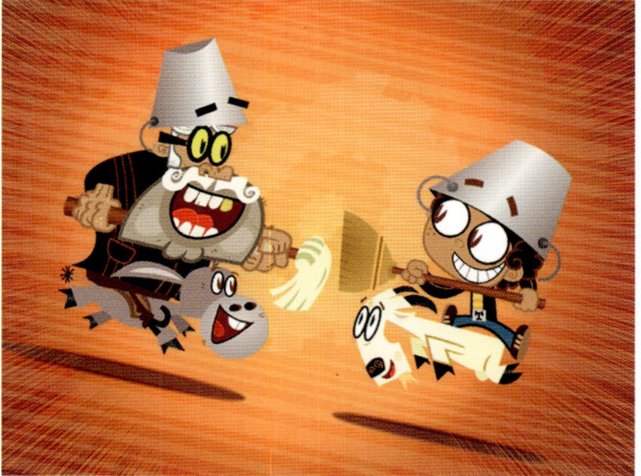

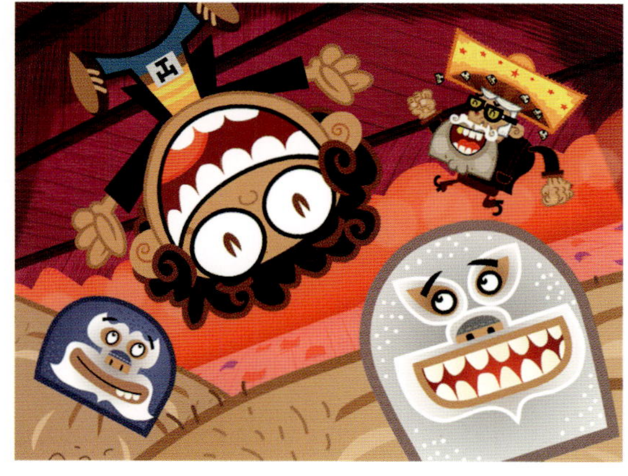

Scenes of celebration, including designs and stills from montage sequences

Escenas de celebración, incluyendo diseños e imágenes de secuencias montadas

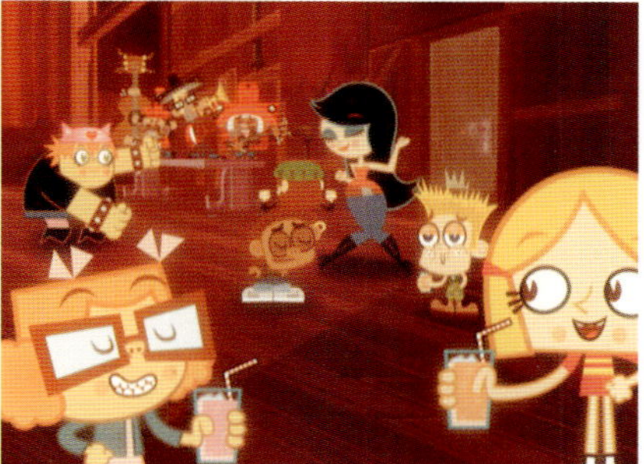

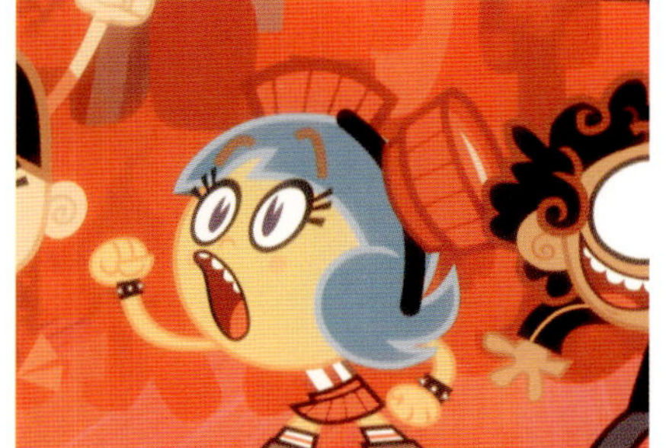

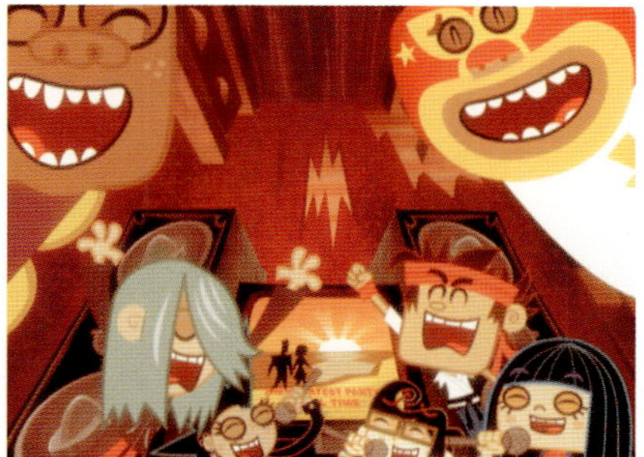

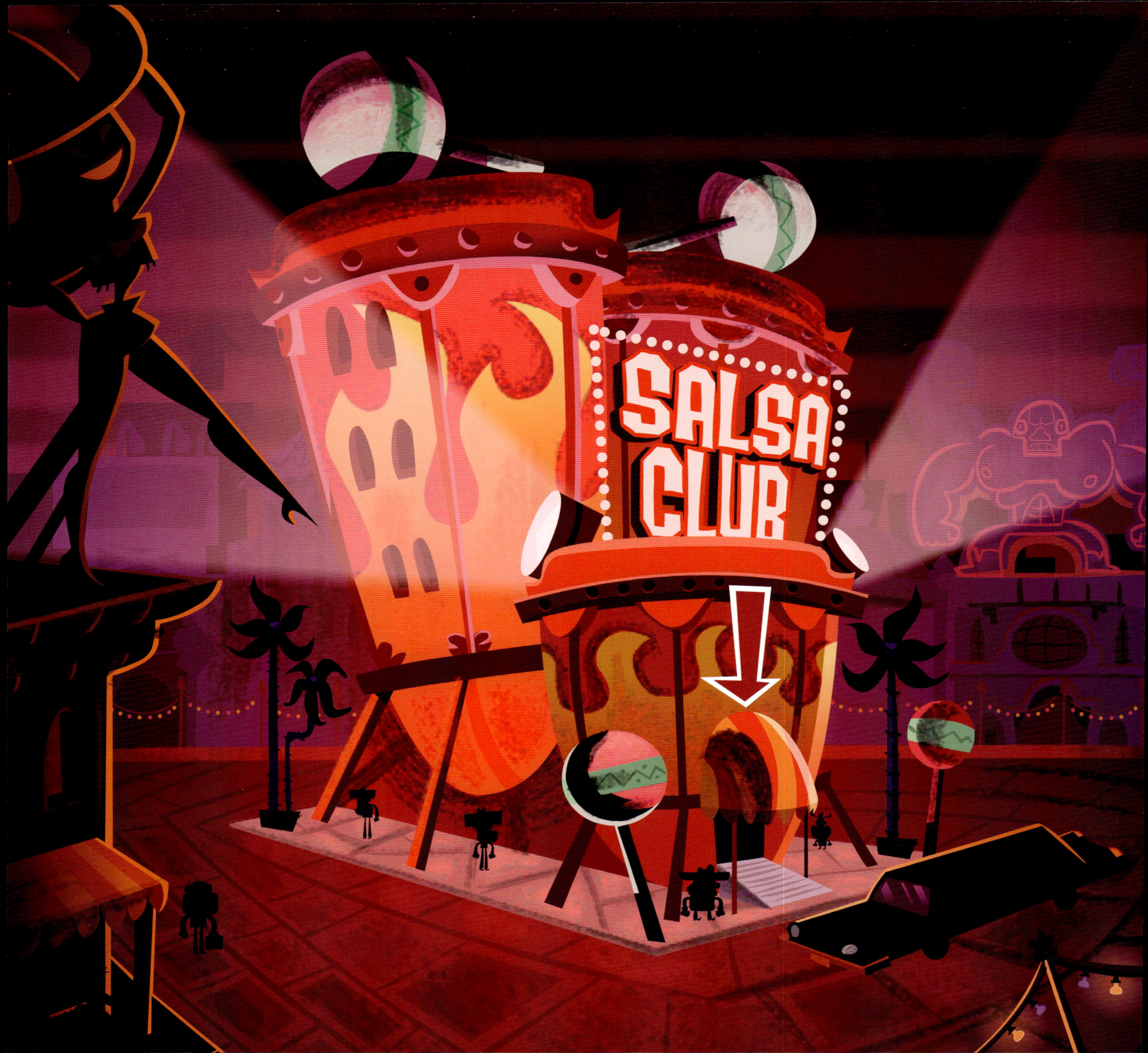
SALSA
CLUB

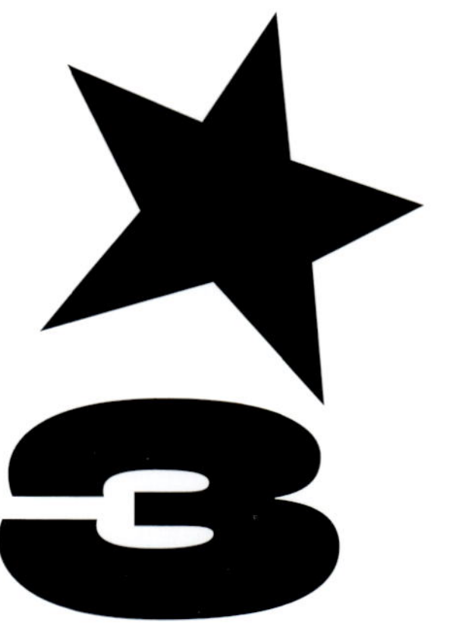

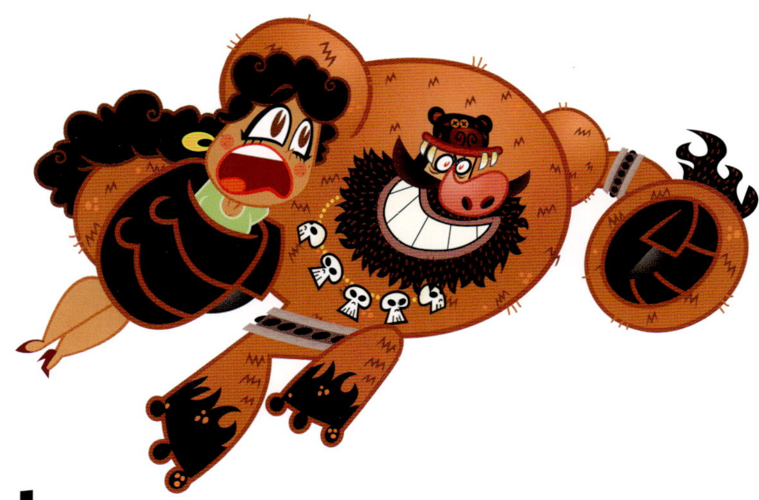

3 A Spicy Cesspool

Una cloaca picante

★ *Background art from "The Golden Eagle Twins" [E24b]*

★ *Arte del fondo de "Los gemelos Águila Dorada" [E24b]*

"I want to *smell* the yellows; I want to *feel the heat* of the reds!" —Jorge

The polluted green skies enveloping Miracle City, the columns of orange flames pillaring behind an enraged White Pantera, Black Cuervo and El Tigre battling at night against purple clouds—all were part of the bold color world of *El Tigre* that was designed to emotionally connect with the viewer.

Tod Polson [background color stylist]: Jorge's directions on the color were that he always wanted me to crank up everything as hot as possible, as saturated as possible. And the thing is, I couldn't say anything about it, because he can always pull it off! So if he could do it, I should be able to do it. It was a matter of pride. I challenged myself.

Tod Polson held a rare position on *El Tigre* in more than one way. For one, Tod delivered work remotely over the internet (made possible by the all-digital production) from one of his locations in far-flung countries that he was traveling through at the time. Two, the position to create color scripts for an animated series did not exist on most others.

"¡Quiero *oler* los amarillos! ¡Quiero *sentir el calor* de los rojos!" —Jorge

Los cielos verdes contaminados que envolvían Ciudad Milagro, las columnas de llamas anaranjadas que se alzaban detrás de un enfurecido White Pantera, Puma Loco y El Tigre luchando durante la noche contra nubes púrpuras, todos eran parte del atrevido mundo de colores de *El Tigre* que fue diseñado para conectar a nivel emocional con el espectador.

Tod Polson [colorista de fondos]: Las instrucciones de Jorge sobre el color siempre eran que subiera y caldeara todo al máximo, lo más saturado posible. Y es que no podría decir nada al respecto, ¡porque él siempre lo conseguía! Así que, si él podía hacerlo, yo debía poder. Era una cuestión de orgullo. Me desafié a mí mismo.

Tod Polson ocupó una posición innovadora en *El Tigre* en más de un sentido. Por un lado, Tod entregó el trabajo de forma remota a través de internet (posible gracias a la producción completamente digital) desde una de sus localizaciones en países remotos por los que viajaba en ese momento. En segundo lugar, el puesto de guionista de color para una serie animada aún no existía en otras producciones.

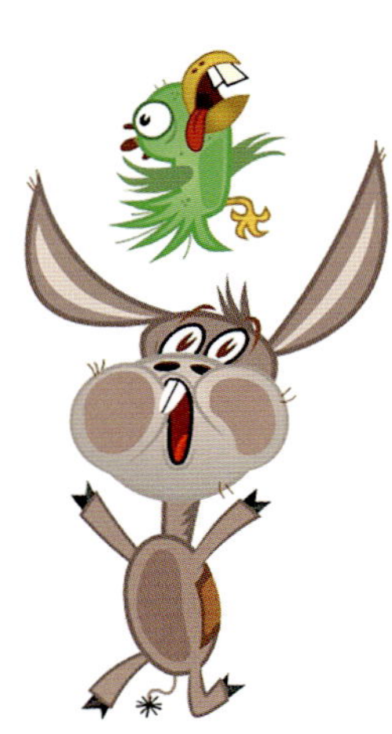

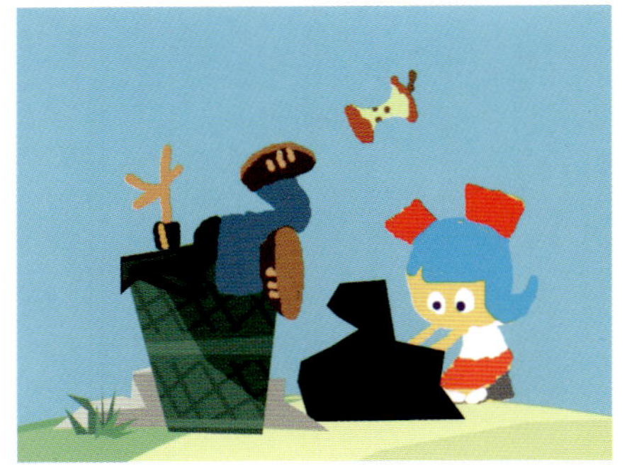

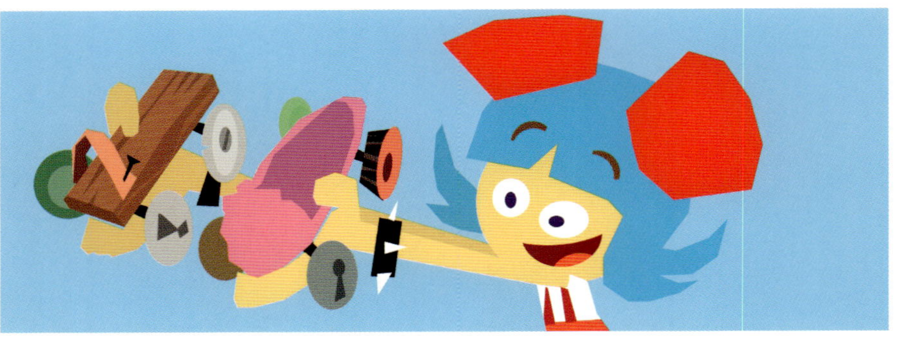

A selection of color scripts, with variations by Tod Polson for "Fistful of Collars" [E02b]

Una selección de guiones de color con variaciones de Tod Polson para "Por un puñado de collares" [E02b]

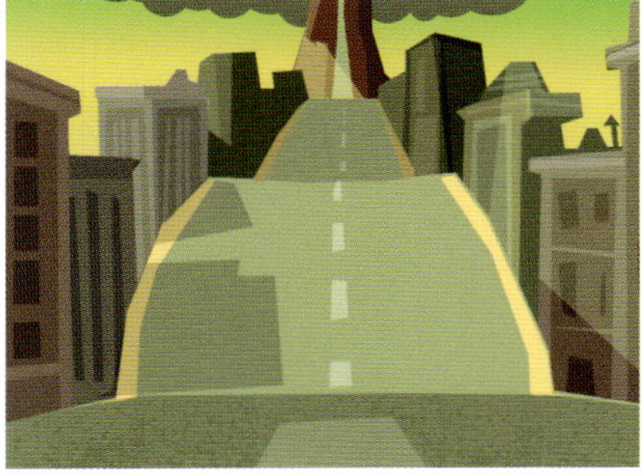

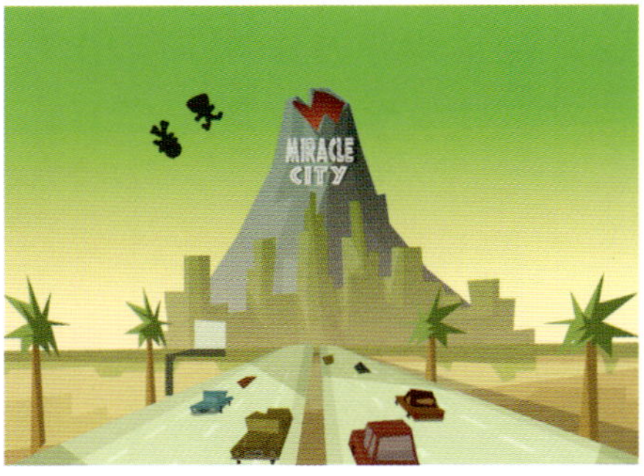

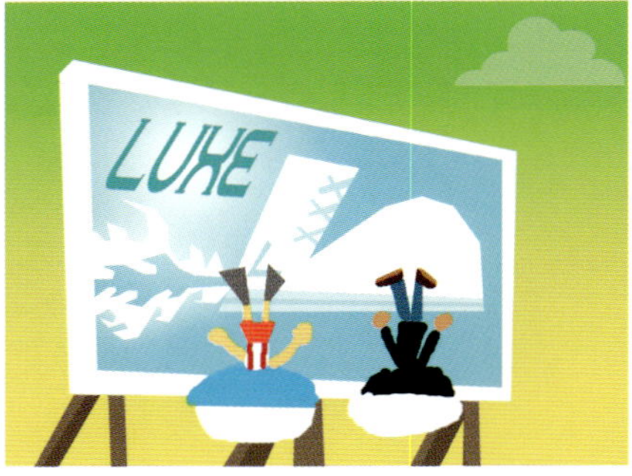

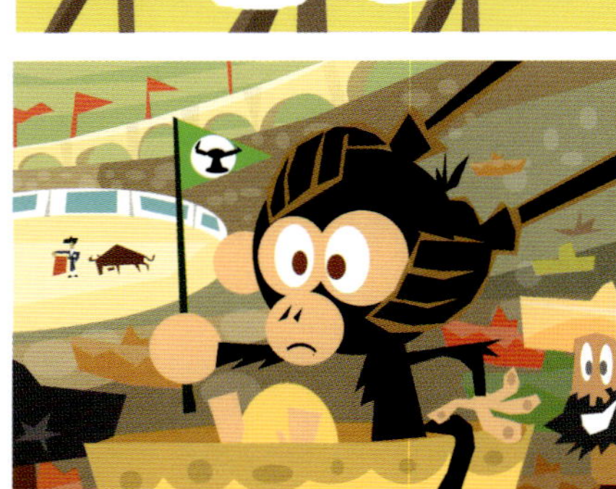

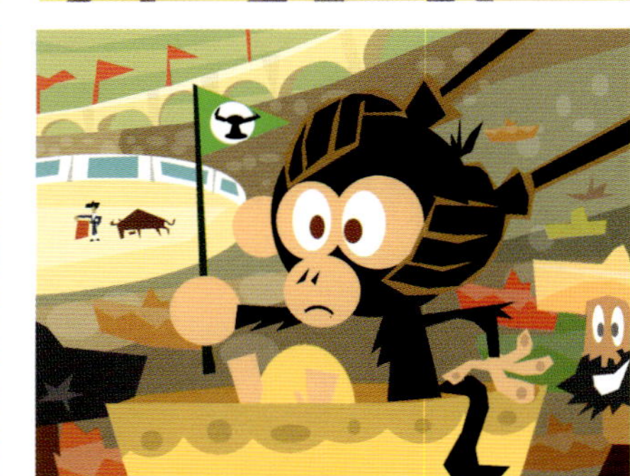

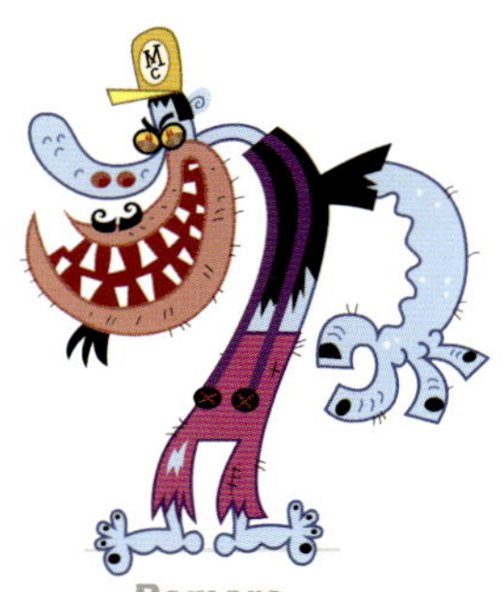

Romero

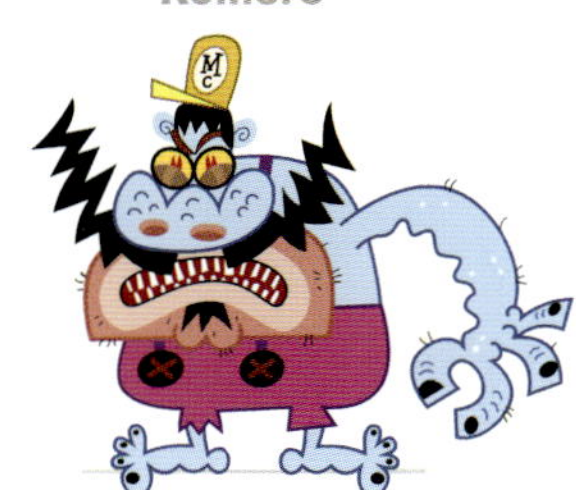

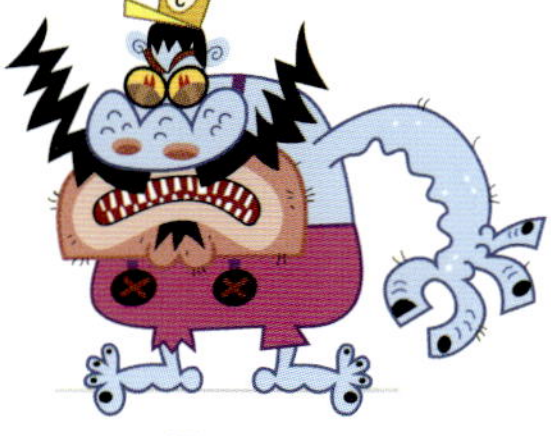

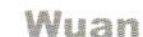

Wuan

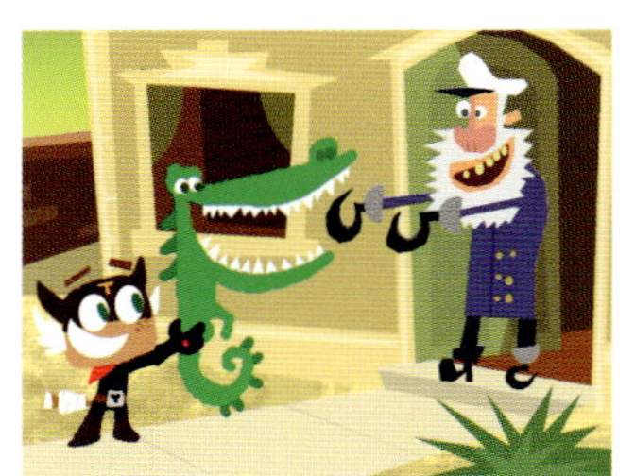

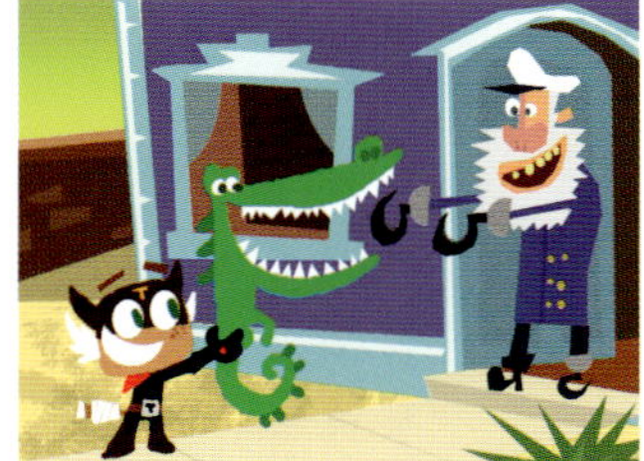

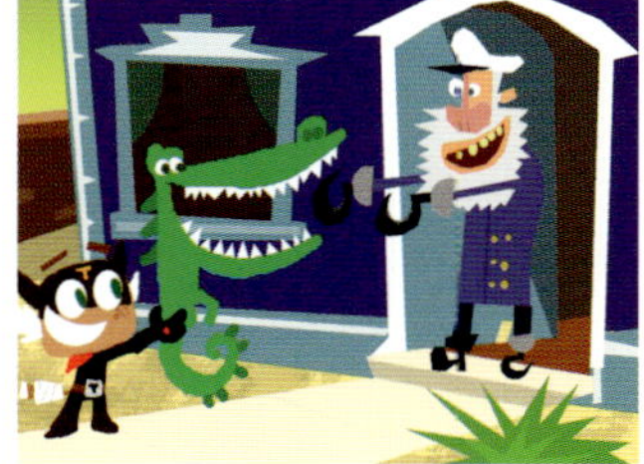

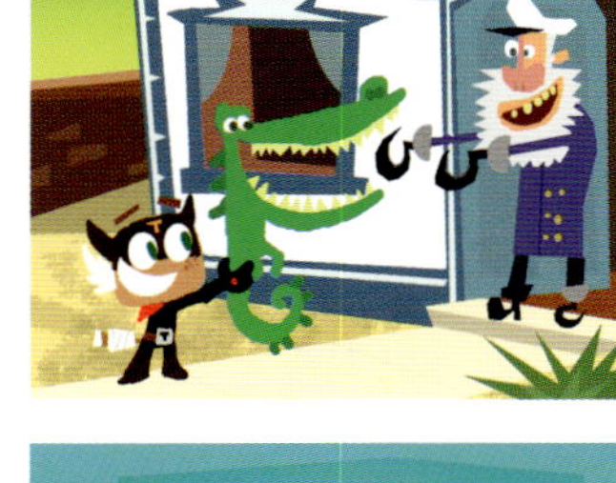

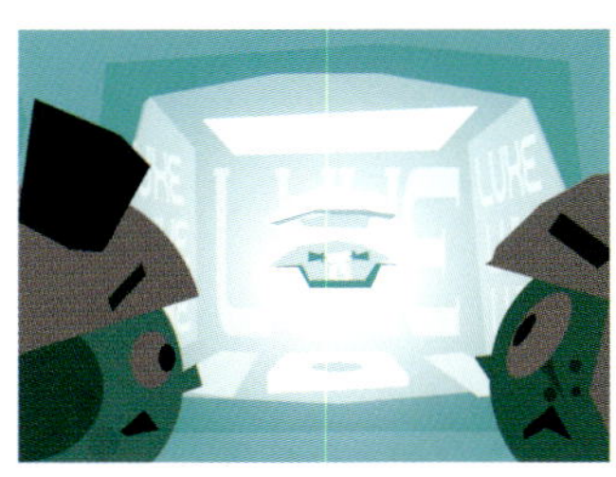

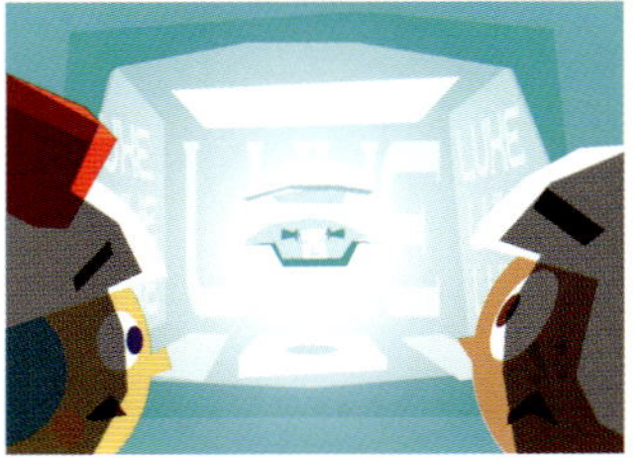

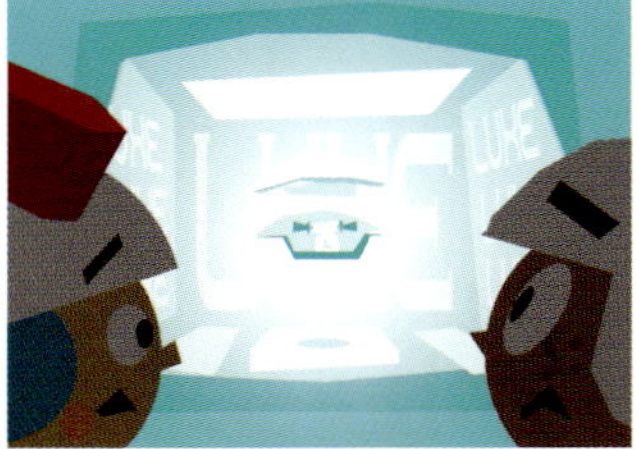

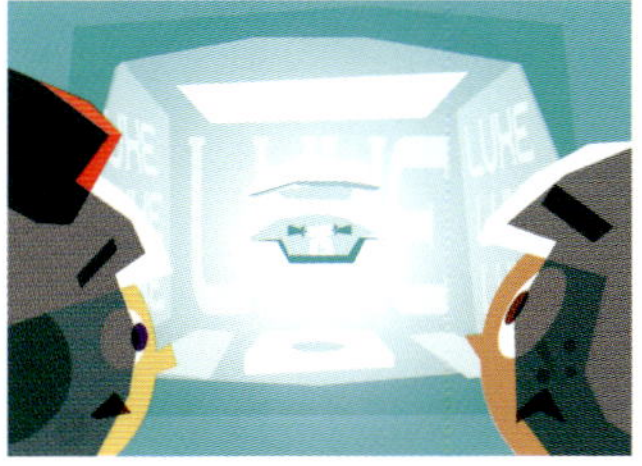

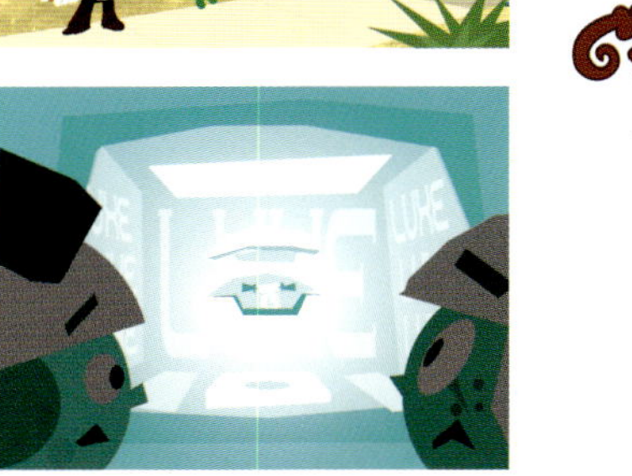

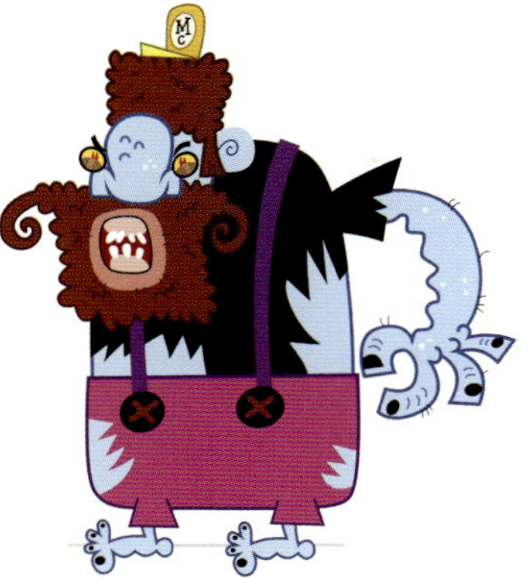

Big Daddy

TASTY
AVOCAD
JUICE
PAWN
SHOP

ADIOS
ZAPATOS
Bueno
Rx

MIRACLE CITY
BANK
and laundry

MIGUELS
JEWELS

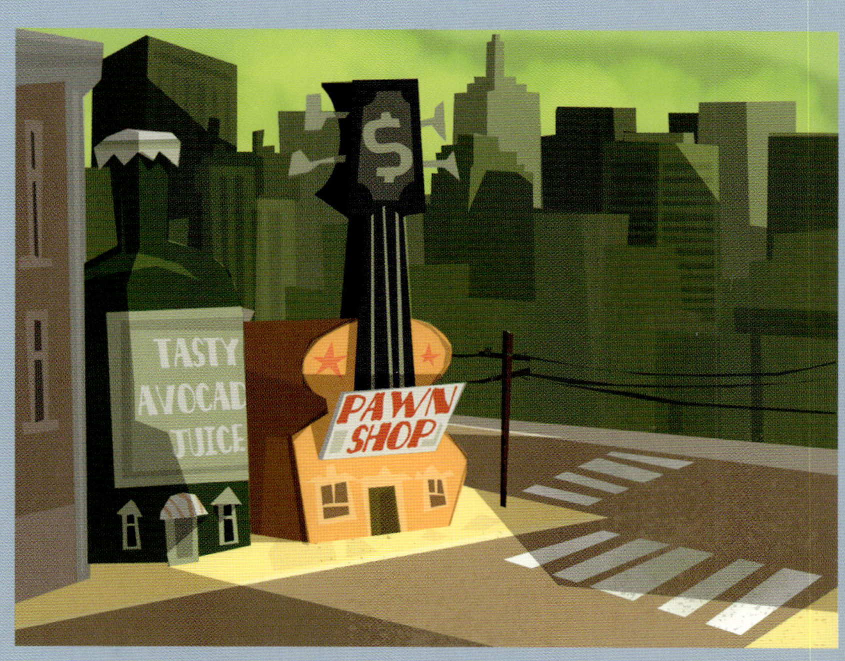

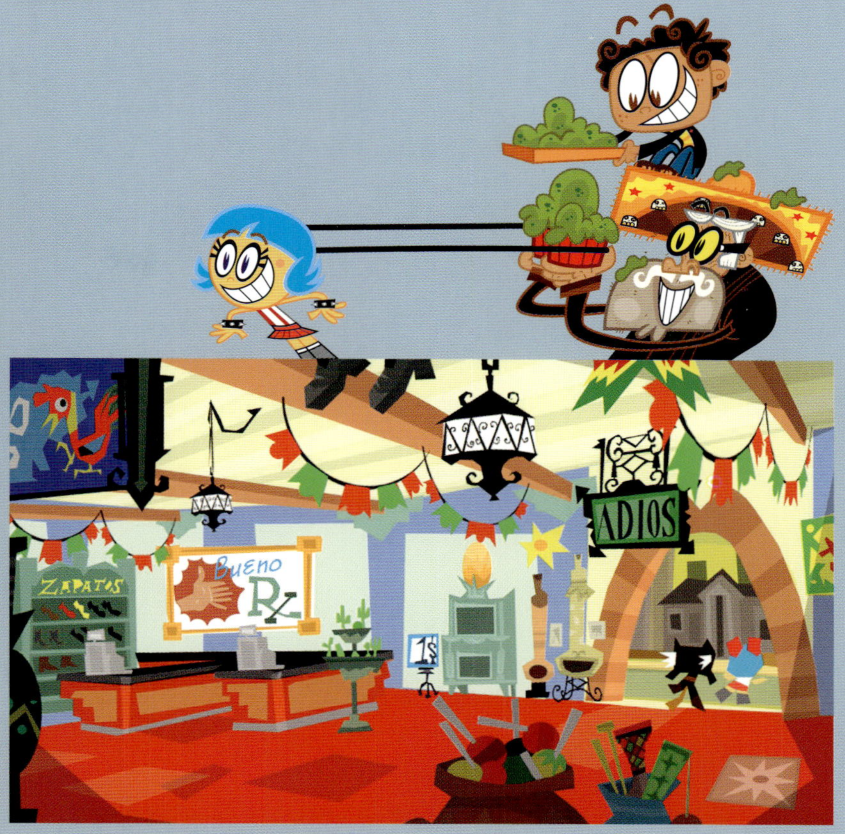

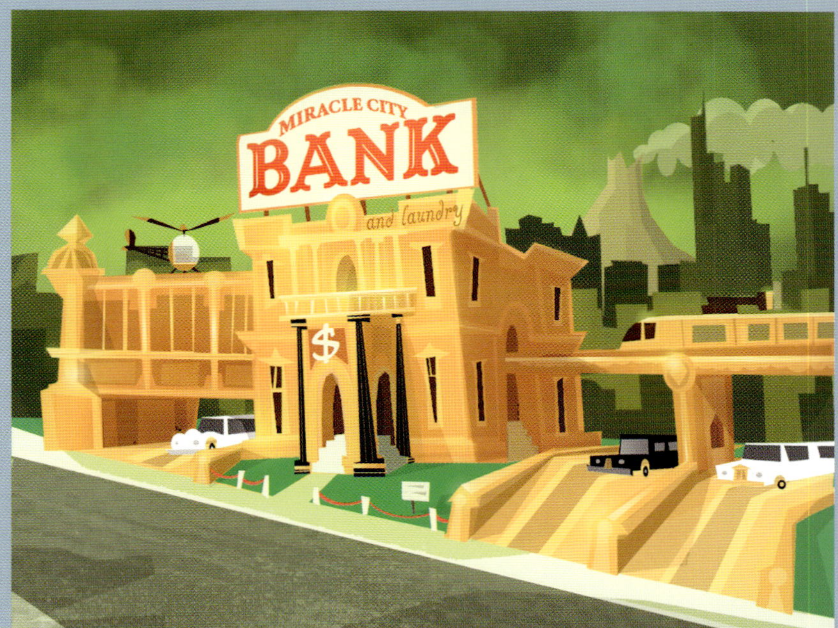

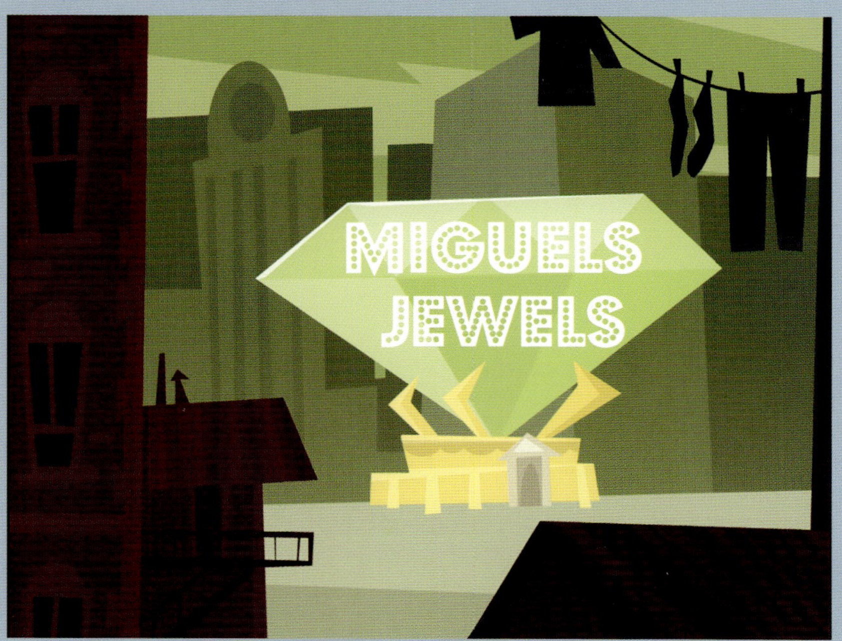

Tod Polson

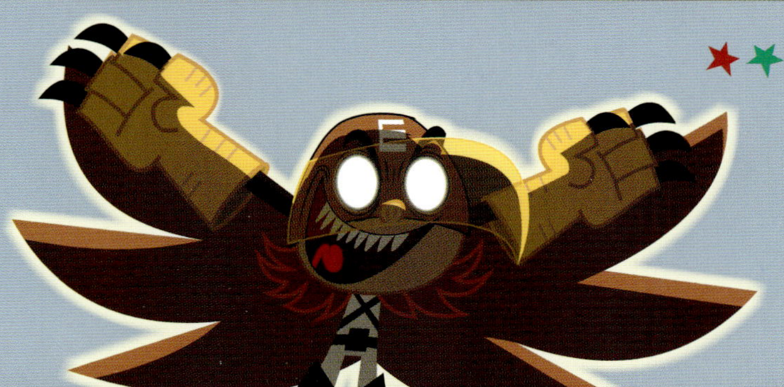

Jorge: At that time, people were not doing color scripts for TV shows, which is crazy to me. They might do a color script for a sequence, maybe for the main title. So when we said we wanted to do whole episodes, Nickelodeon told us that there was no money in the budget for that. Our producer, Tim Yoon, had to figure out how to do things we wanted creatively by saving some budget from other areas, thanks to our Flash and After Effects pipeline. Tod Polson and I had gone to school together, and we had trained under Maurice Noble. He was living in Thailand at the time. He's a color genius.

Sandra: He's one of the few people Jorge trusts with color.

Maurice Noble is well known as being a background layout artist for most of Chuck Jones's cartoons throughout his career at Warner Bros., including the *Looney Tunes* shorts such as *What's Opera, Doc?* (1957), and later work, such as the television special *How the Grinch Stole Christmas!* (1966). Noble's design work emphasized stylish shapes and color over realistic forms and space and was a formative influence on *El Tigre*'s artists.

Tod Polson: One of the things that Maurice would say is that color is the greatest emotional connection to the audience visually. Value and color are the strongest way to telegraph emotion in design.

Jorge: So we would look at what the color tells you story-wise and discuss—OK, this is a happy moment; this is sadness, regret, joy, danger, etc. In this episode, green will be envy; in this one, pink will be Mom's color.

Roman Laney [art director]: Jorge would always rail against pink; he never wanted it in the show—unless for very specific story beats.

Tod Polson: Sometimes, when I wasn't sure about colors, I would put pink in intentionally just to distract him, and he always caught it. For Black Cuervo, he called her color magenta. So he kind of was OK with the backgrounds including it. As she became stronger, we would include more magenta in the backgrounds and in the effects and things like that; and as El Tigre got stronger, his color was green. So we would put more of that green tone into things.

Jorge: En ese momento, la gente no hacía guiones de color para shows de televisión, lo que para mí era una locura. Podían hacer un guion de color para una secuencia, tal vez para los créditos iniciales. Entonces, cuando dijimos que queríamos hacer episodios completos, Nickelodeon nos dijo que no había dinero en el presupuesto para eso. Nuestro productor, Tim Yoon, tuvo que descubrir cómo hacer las cosas que queríamos de manera creativa, ahorrando algo de presupuesto de otras áreas gracias a Flash y After Effects. Tod Polson y yo habíamos ido juntos a la escuela y nos habíamos formado bajo Maurice Noble. En ese momento vivía en Tailandia. Es un genio del color.

Sandra: Es una de las pocas personas en las que Jorge confía para el color.

Maurice Noble es conocido por ser el diseñador de fondos de la mayoría de los dibujos animados de Chuck Jones a lo largo de su carrera en Warner Bros., incluidos los cortos de Looney Tunes como *What's Opera, Doc?* (1957), y trabajos posteriores, como el especial de televisión *Cómo el Grinch robó la navidad* (1966). El trabajo de diseño de Noble enfatizó las formas estilizadas y el color sobre formas y espacios realistas y fue una influencia formativa para los artistas de *El Tigre*.

Tod Polson: Una de las cosas que diría Maurice es que el color es la mayor conexión emocional visual con la audiencia. El valor y el color son la forma más potente de transmitir emoción en diseño.

Jorge: Así que mirábamos lo que el color te dice en cuanto a la historia y discutíamos: OK, este es un momento feliz; esto es tristeza, arrepentimiento, alegría, peligro, etc. En este episodio, el verde será la envidia; en este, el rosa será el color de la mamá.

Roman Laney [director de arte]: Jorge odiaba el rosa, nunca lo quiso en el programa, a menos que fuera para partes muy específicas de la historia.

Tod Polson: A veces, cuando no estaba seguro de los colores, ponía rosa a propósito, sólo para distraerlo, y él siempre se daba cuenta. Para Cuervo Negro, lo llamó color magenta. Así que estaba más o menos de acuerdo con incluirlo en los fondos. A medida que se hiciera más fuerte, incluiríamos más magenta en los fondos y en los efectos y cosas así; y a medida que El Tigre se hiciera más fuerte, su color sería el verde. Entonces ponía más de ese tono verde en las cosas.

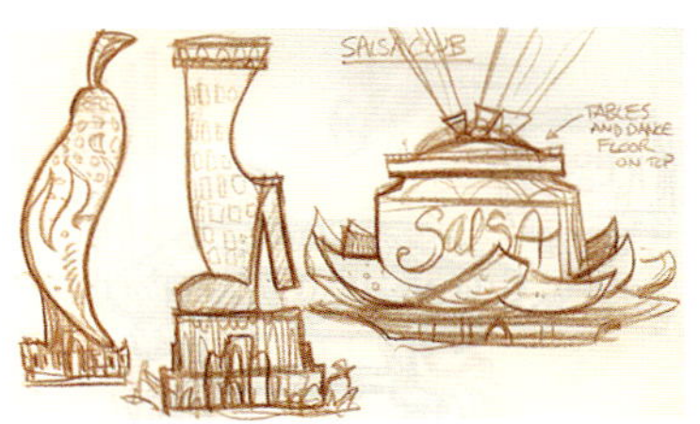

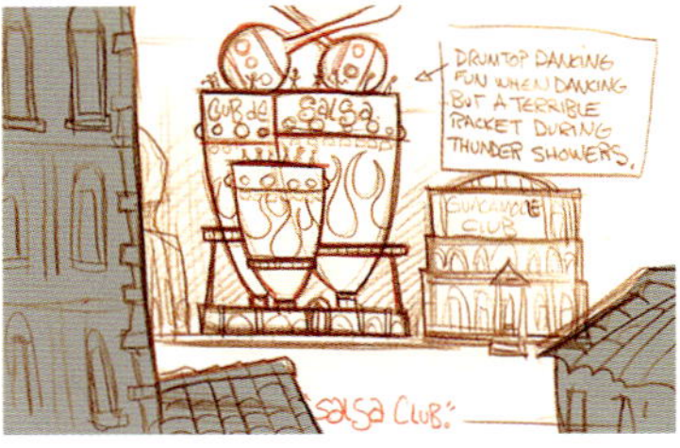

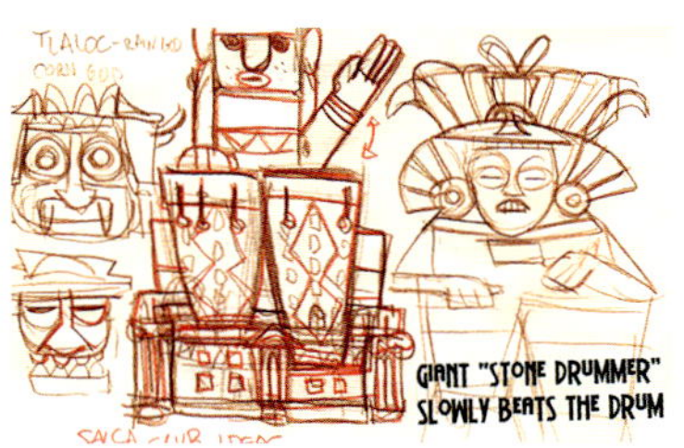

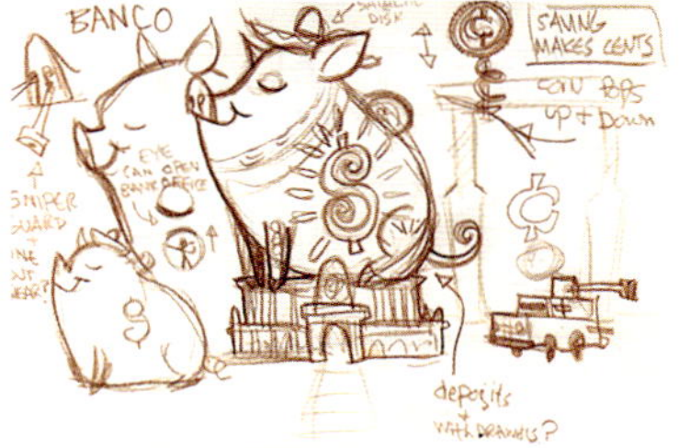

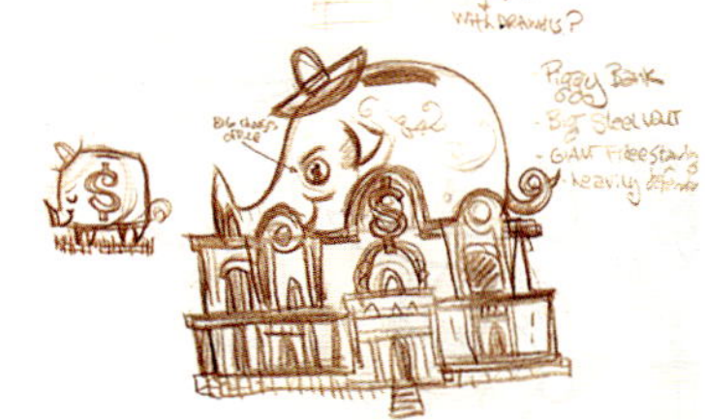

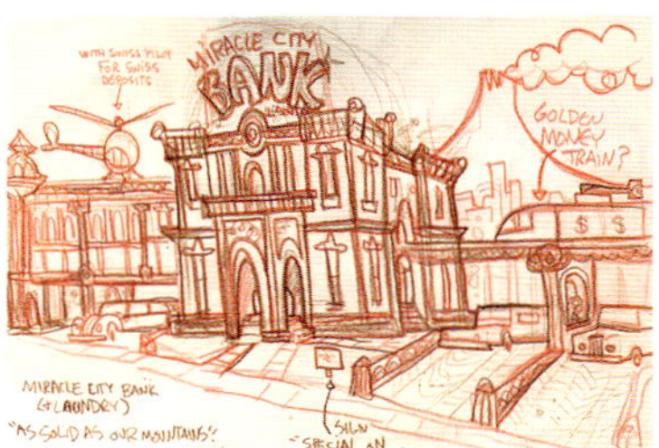

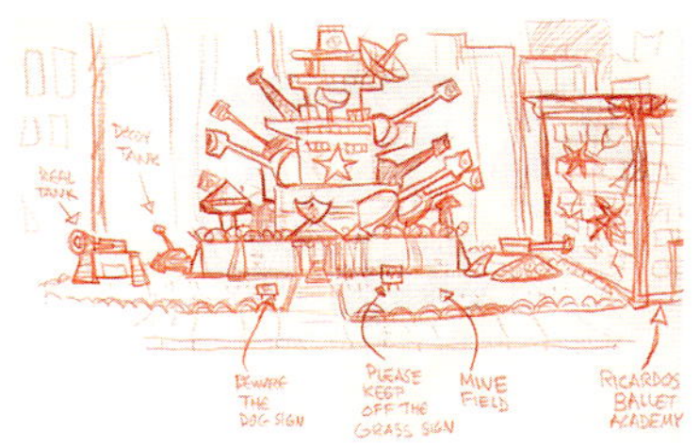

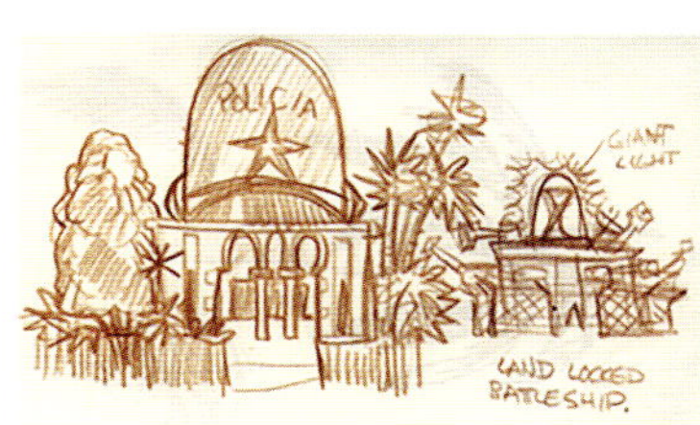

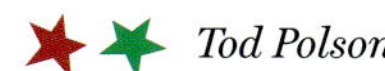
Tod Polson

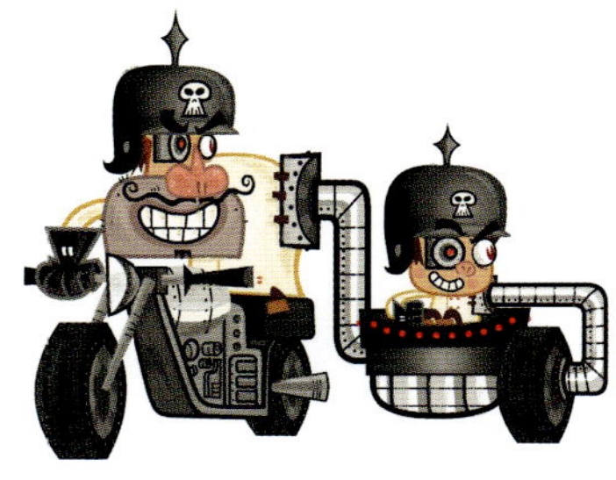

Jorge: For an episode, we would go through the director's beat boards and storyboards, pick important moments, and Tod would send us color script options. Later in the production, our first art director, Roman Laney, also did some color scripts, and then Gerald de Jesus, who became our second art director, also did some. After the color script figured out the colors for the episode, then we'd launch the background artists.

Background Design & Paint

Jorge: When *El Tigre* first started, my initial launch to Roman about the background design direction was that obviously I love the mid-century designers, but I also love spaghetti westerns, especially their movie posters and the way raw emotions are painted in those posters. I also love cubism and the idea that you can look at an object from different views at the same time.

Roman Laney: I knew Jorge for years before *El Tigre* happened, so I really had a long time to develop the look of the environments. Jorge would have me work on many of his projects pre-*Tigre*, so I got a chance to audition for the gig over a long time frame.

We had a lot of similar design heroes. At the time, we were very excited by the contemporary illustrator J. Otto Seibold, the mid-century illustrator Jim Flora, Mary Blair, as well as all the graphic animation happening at Cartoon Network. I tried to channel those influences, as well as a lot of the amazing Mexican artists Jorge shared with me, like Miguel Covarrubias and Diego Rivera.

But really, the biggest influence was Jorge himself. The locations needed to feel like places these characters could inhabit, so there was a wonky playfulness I tried to bring to them to match what the characters were doing. I think with Jorge, he has a maximalist aesthetic. More is more, and maybe a little more wouldn't hurt. So the locations tended to be dense with details. Often with Jorge, when he reviewed work, he'd say, "I love it! Just add more skulls." He's additive in his notes, never subtractive.

Jorge: We might say, we need three angles of Sartana's prison or these locations in the school. And then after a while, you start building libraries of backgrounds, and you are just tweaking the color for different uses, so you have

Jorge: Para un episodio, repasábamos los storyboards del director, elegíamos momentos importantes y Tod nos enviaba opciones de guion de color. Más adelante en la producción, nuestro primer director de arte, Roman Laney, también hizo algunos guiones de color, y luego Gerald de Jesus, quien se convirtió en nuestro segundo director de arte, también hizo algunos. Cuando el guion de color había definido los colores del episodio, entonces los artistas encargados de los fondos ya tenían una guía.

Diseño de fondos y pintura

Jorge: Cuando empezó *El Tigre*, mi introducción inicial para Roman sobre la dirección del diseño de fondo fue que, obviamente me encantan los diseñadores de mediados de siglo, pero también me encantan los espagueti wésterns, en especial los carteles de sus películas y la forma en que reflejan las emociones más crudas. También me encanta el cubismo y la idea de que puedes mirar un objeto desde diferentes puntos de vista al mismo tiempo.

Roman Laney: Conocí a Jorge años antes de que existiera *El Tigre*, así que realmente tuve mucho tiempo para desarrollar el aspecto de los entornos. Trabajé con Jorge en muchos de sus proyectos anteriores a *El Tigre*, así que tuve la oportunidad de aplicar para el puesto durante un período largo de tiempo.

Teníamos muchos héroes del diseño en común. En ese momento, estábamos muy entusiasmados con el ilustrador contemporáneo J. Otto Seibold, el ilustrador de mediados de siglo Jim Flora, Mary Blair, así como toda la animación gráfica que se estaba haciendo en Cartoon Network. Intenté canalizar esas influencias, así como muchos de los increíbles artistas mexicanos que Jorge compartió conmigo, como Miguel Covarrubias y Diego Rivera.

Pero en realidad la mayor influencia fue el propio Jorge. Las localizaciones debían parecer lugares en los que estos personajes pudieran vivir, así que intenté darles un carácter distorsionado y juguetón que combinara con lo que los personajes estaban haciendo. Creo que Jorge tiene una estética maximalista. Más es más, y tal vez un poco más no vendría mal. Así que las localizaciones tendían a estar llenas de detalles. A menudo, cuando Jorge revisaba un trabajo, decía: "¡Me encanta! Simplemente agrega más calaveras". En sus apuntes siempre añade, nunca resta.

Jorge: Por ejemplo, nos decíamos: necesitamos tres ángulos de la prisión de Sartana, o esas localizaciones en la escuela. Y luego, después de un tiempo, comienzas a crear bibliotecas de fondos, y simplemente modificas el color para sus diferentes usos. Así logramos

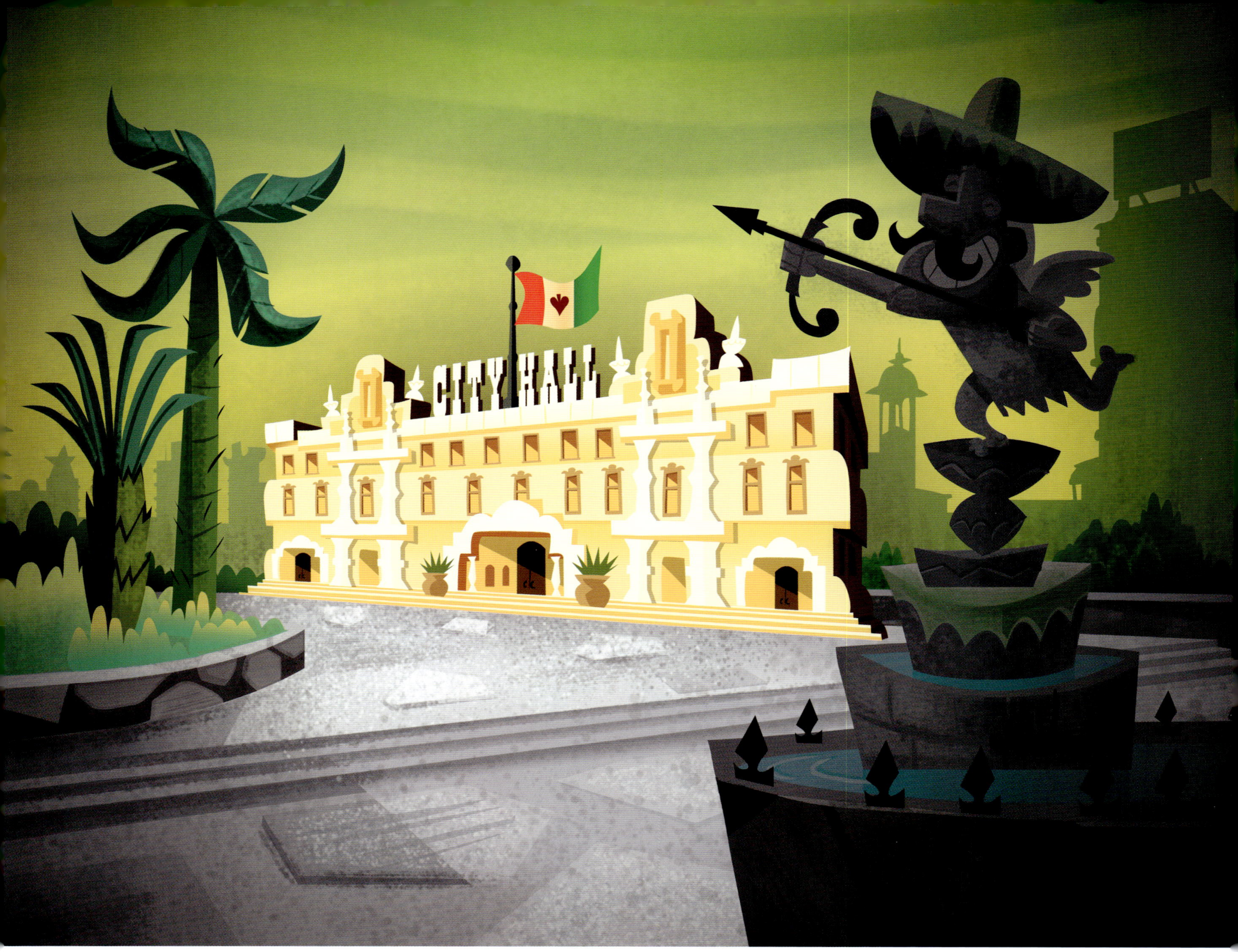

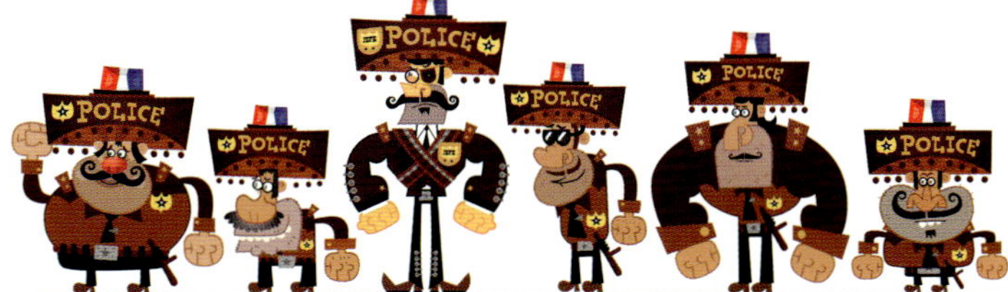
POLICE
POLICE
POLICE
POLICE
POLICE
POLICE

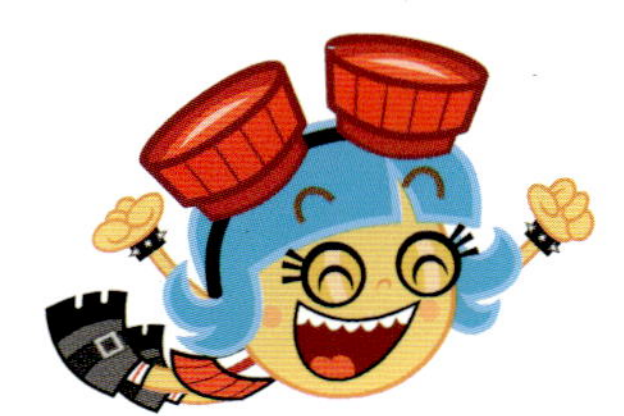

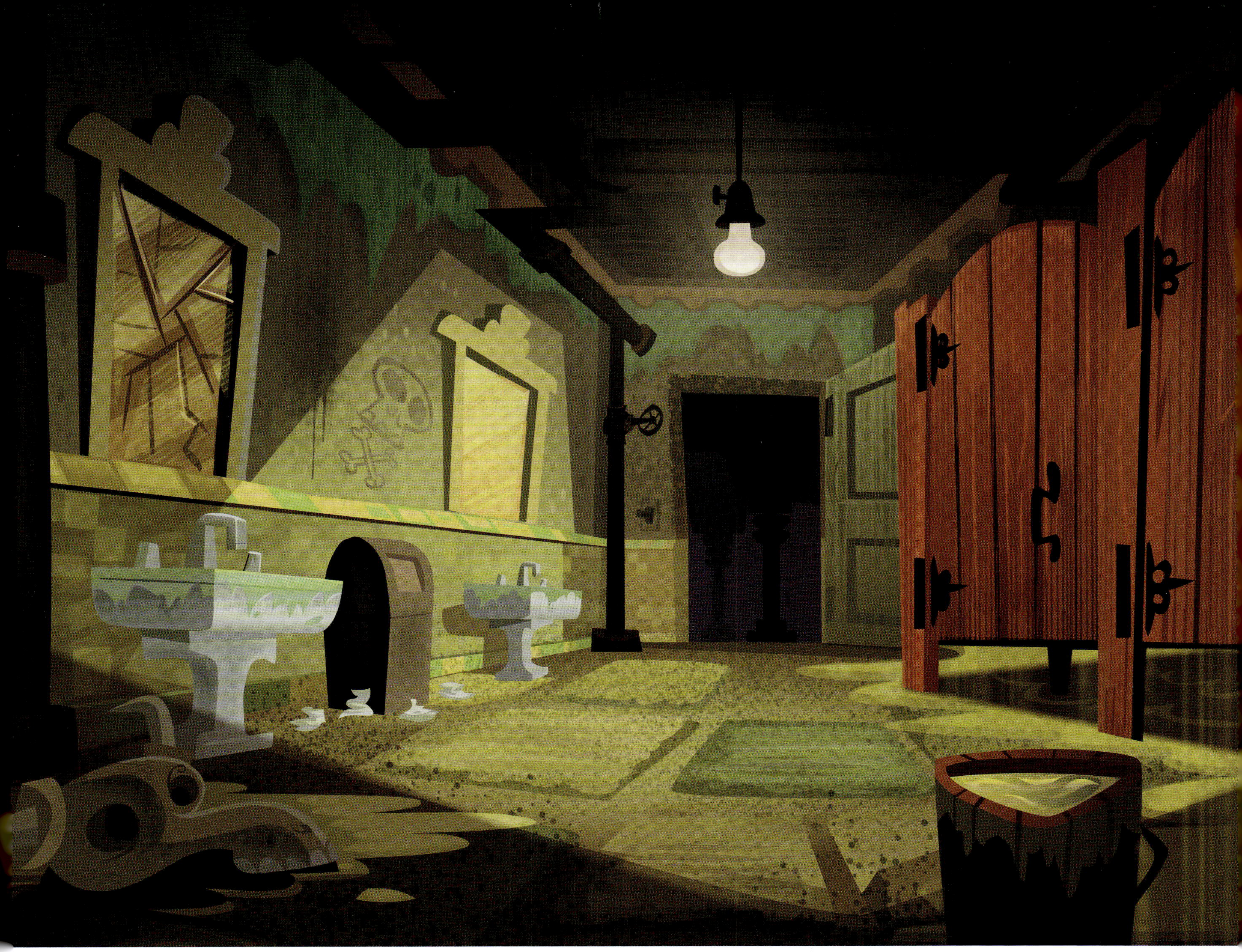

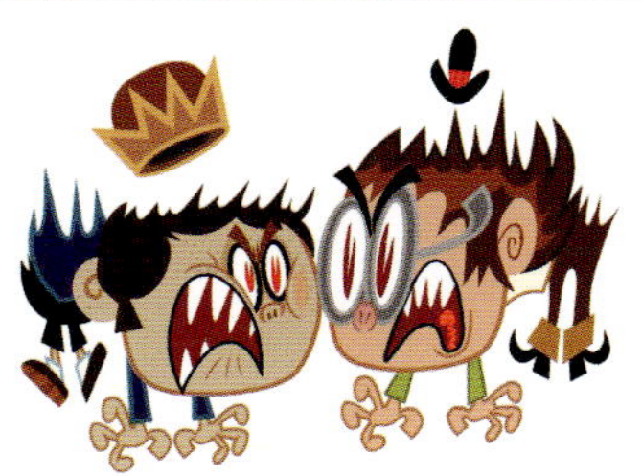

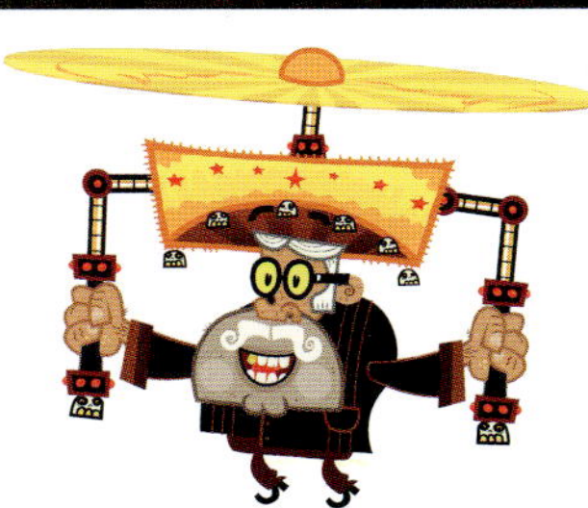

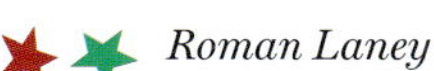

Roman Laney

sad school, happy school, the angry school, and it's just with color.

I was the production designer, and Roman was the art director, so Roman focused on the design of the backgrounds, and how the characters and the backgrounds would interact. Roman is incredible, and he somehow figured out the harmony between our characters and the world.

Roman Laney: It was difficult getting all the elements to work together. The characters often didn't have line work and were colored with the same aesthetic of bright, vibrant colors just like the backgrounds. Tigre has this really dark head and these pure white puffs on his face. I would get cold sweats in dailies, as the dark parts got lost on dark backgrounds or the tufts got lost on light areas. It was hard to control for and made me extra cognizant about value, trying to keep the background colors in a mid-value to avoid retakes.

Jorge: Mexico has a very colorful culture, and our characters are so colorful that balancing the characters in the world was hard. We designed the characters in color first, so the world was always designed around the characters.

The other big thing with the background department was that painting things to look painterly in digital was a big deal. This was a moment in animation production where *SpongeBob* was still painting with real paints, *Samurai Jack* was painting with real paints, so to try to get that painterly look digitally wasn't normal, either. Again, we were exploring how we could get that real paint look with the speed of digital. And how do we get that aesthetic of imperfection? And how do we fight computer art being so rigid and perfect? And how do we add the humanity of the messy brushstrokes of an artist?

One of the first things we figured out was that because it was Flash, we could do all the backgrounds with no outlines, then we could do close-ups and medium shots and wide shots, and that way the line weight would never be an issue.

The background design process utilized Flash or Illustrator to create the vector art shape-based backgrounds, then each would be finished being painted in Photoshop using artistic brushes to add textures, highlights, and shadows on top of the colorful shapes.

una escuela triste, una escuela feliz, una escuela enojada, y todo es solo por el color.

Yo era el diseñador de producción y Roman era el director de arte, por lo que Roman se centró en el diseño de los fondos y en cómo interactuarían los personajes y los fondos. Roman es increíble y de alguna manera descubrió la armonía entre nuestros personajes y el mundo.

Roman Laney: Fue difícil conseguir que todos los elementos funcionaran juntos. Los personajes a menudo no tenían líneas definidas y estaban coloreados con la misma estética de colores brillantes y vibrantes que los fondos. Tigre tiene la cabeza muy oscura y burbujas color blanco puro en la cara. Me daban sudores fríos a diario, ya que las partes oscuras se perdían en fondos oscuros o los mechones se perdían en áreas claras. Fue difícil de controlar y me hizo más consciente de su valor, intentando mantener los colores de fondo en un tono medio, para evitar repetir tomas.

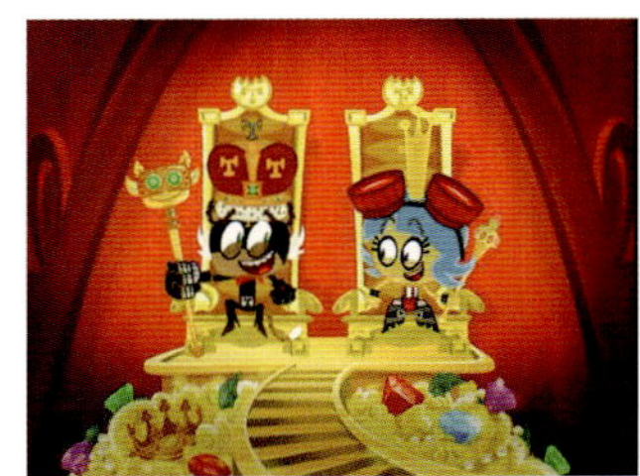

Jorge: La cultura de México es muy colorida, y nuestros personajes son tan coloridos que equilibrarlos en el mundo fue difícil. Primero diseñamos los personajes en color, por lo que el mundo siempre se diseñó en torno a los personajes.

La otra gran cosa con el departamento de fondos fue que pintar elementos de apariencia pictórica en digital era un gran problema. En ese momento de la animación, *Bob Esponja* aún se hacía con pinturas reales, *Samurai Jack* estaba pintando con pinturas reales, por lo que intentar conseguir ese aspecto pictórico digitalmente tampoco era lo normal. Así que, de nuevo, estábamos explorando cómo podríamos lograr esa apariencia de pintura real con la velocidad de lo digital. ¿Y cómo conseguimos esa estética de la imperfección? ¿Y cómo luchamos contra el hecho de que el arte por computadora sea tan rígido y perfecto? ¿Y cómo le añadimos la humanidad de las pinceladas caóticas de un artista?

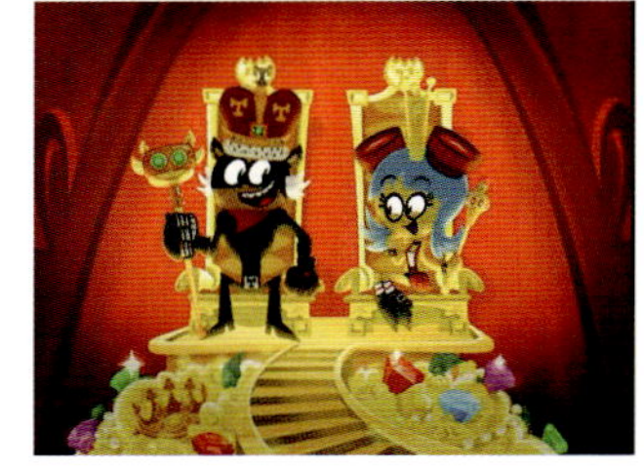

Una de las primeras cosas que descubrimos fue que, como era Flash, podíamos hacer todos los fondos sin contornos, luego podíamos hacer primeros planos, planos medios y planos generales, y de esa manera, la intensidad de línea nunca sería un problema.

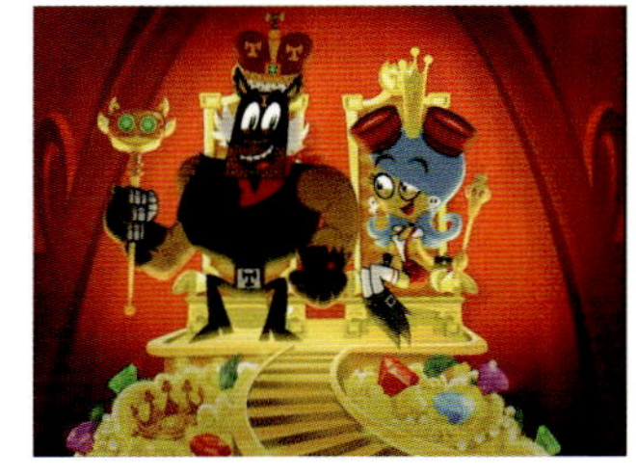

En el proceso de diseño de fondo se utilizó Flash o Illustrator para crear los fondos basados en formas de arte vectorial y luego, cada uno de ellos, terminaría de pintarse en Photoshop usando pinceles artísticos para agregar texturas, luces y sombras sobre las formas coloridas.

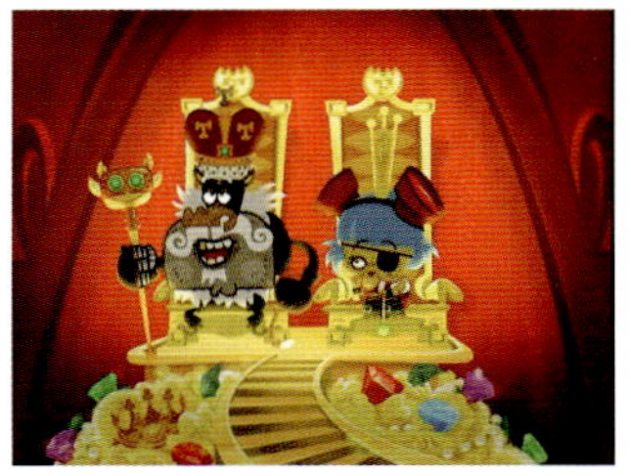

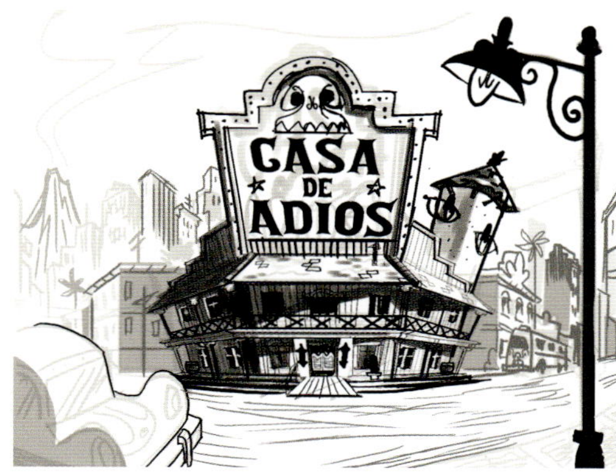

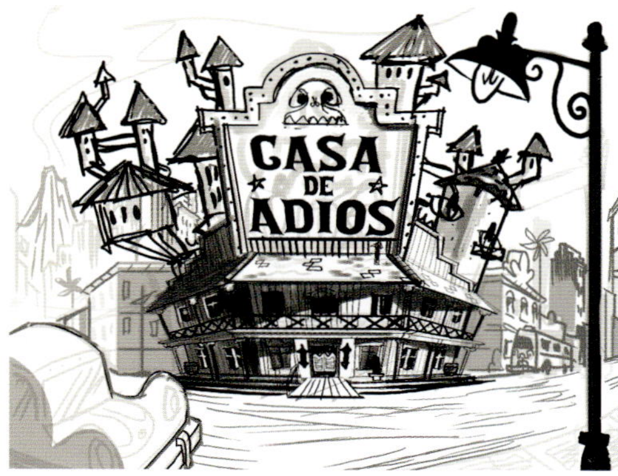

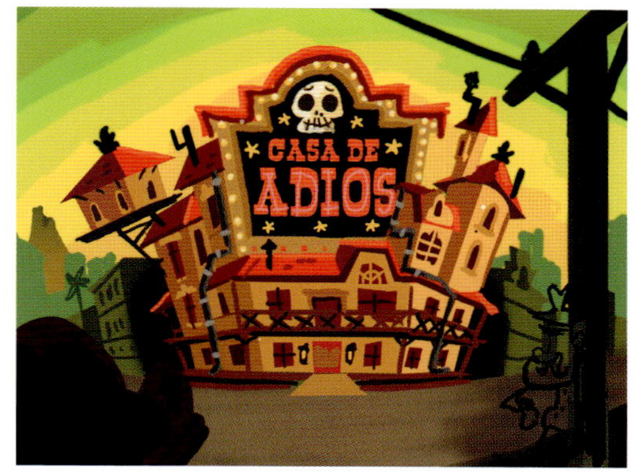

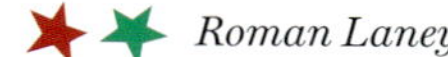

Roman Laney

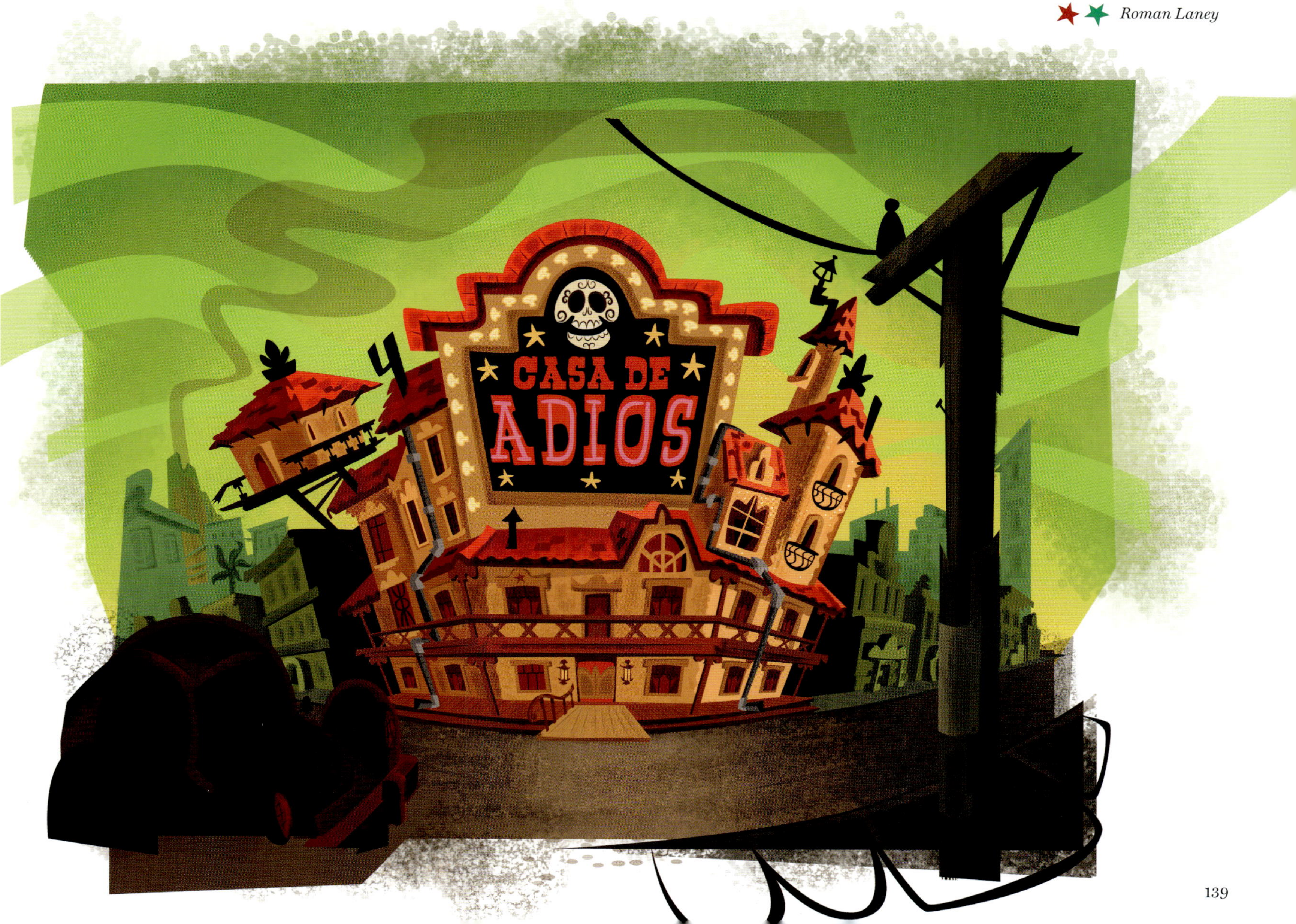

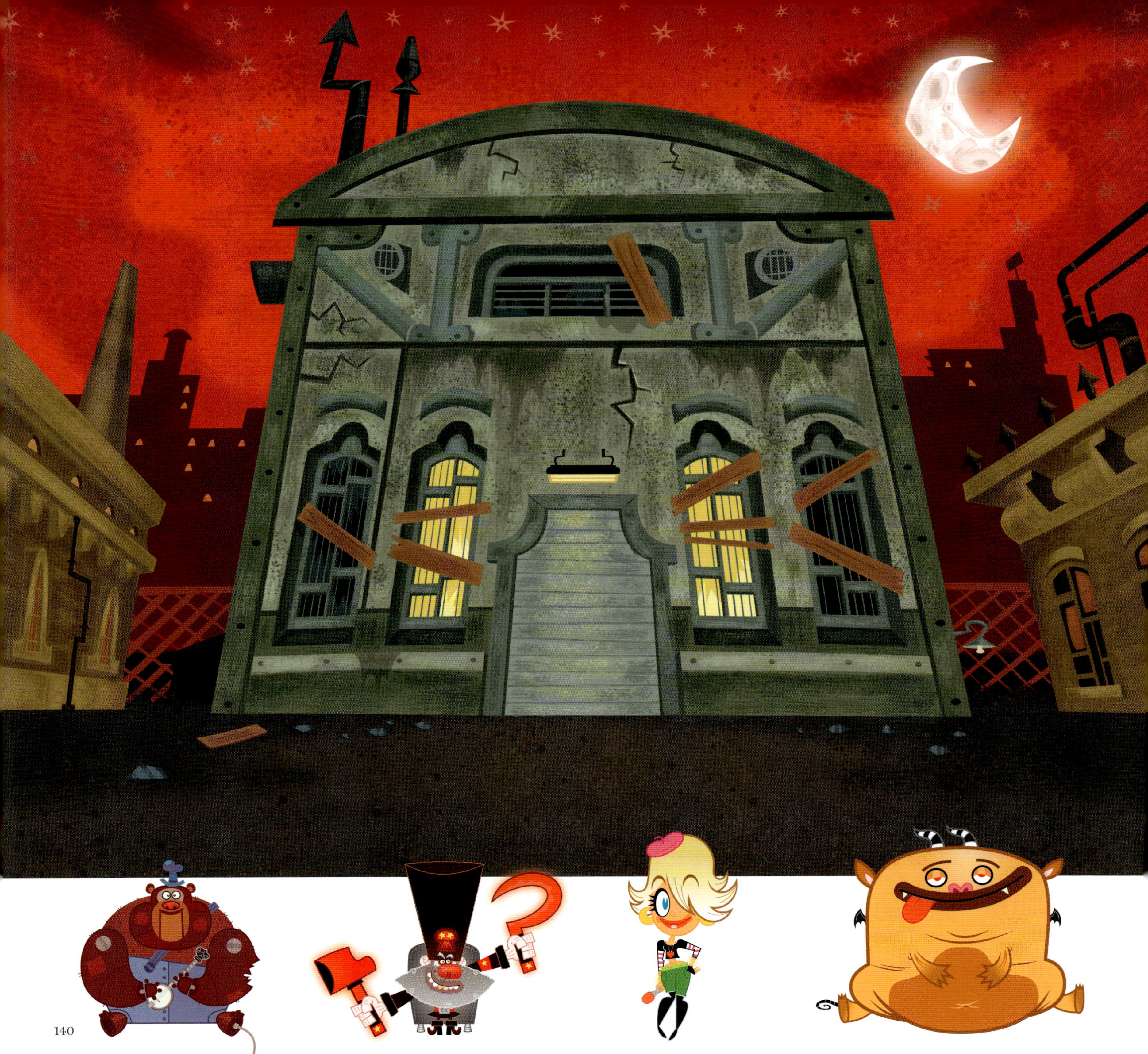

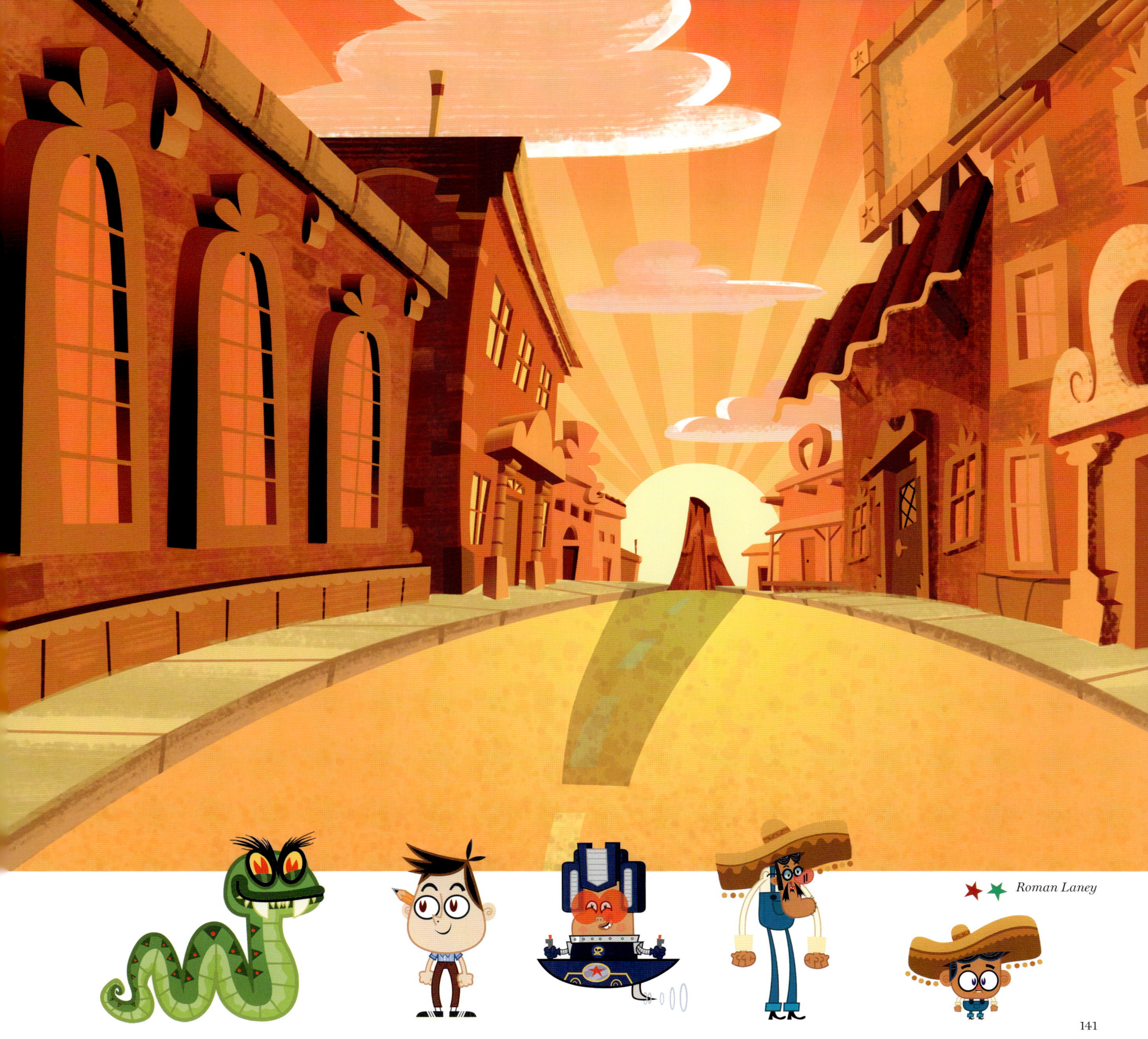

Roman Laney

Gerald de Jesus [background designer/art director]: I was really excited when I first joined the crew because it was my first full-time background painting job. I started in the industry as a Flash animator, but my heart was really into drawing and painting. I remember doing some animation on the early *El Tigre* test, but then Jorge asked if I wanted to take a test for a BG paint position, since he knew that I did a lot of illustration work.

Special Effects

A final stage in creating moving pictures is sometimes called compositing. The typical animated series pipeline at that time was not designed for extensive compositing of special effects, which typically would be addressed as a finishing touch after animation was returned from an overseas studio. An effects pass could be used to highlight moments emotionally with light and color for energy bursts, explosions, fiery heat, electric zaps, or mystical mist. But shows were not often budgeting the time or staff to include that.

Jorge: Because we knew we wanted these effects, we made that part of the launch of each episode, and we made that part of the shipping package that initially went overseas. So we were able, by doing color scripts, to really emphasize what the effects will look like, what the lighting will look like, what all the character colors will look like when these things happen, and by doing all that early (which is really hard), at the end we have these more nuanced and cinematic results. It just required planning ahead. It was a time when flat meant flat, and I want to say a minimalist modernism was happening in cartoons, and we showed up with this sort of baroque, hyper-cinematic explosion of details and colors. Some people were saying, "This is too much; this is just too intense." And now you look at it, and you're like, "Hey, maybe we were ahead of our time."

Gerald de Jesus [diseñador de fondos/director de arte]: Estaba muy emocionado cuando me uní al equipo porque era mi primer trabajo de colorista de fondos a tiempo completo. Comencé en la industria como animador de Flash, pero mi corazón estaba realmente en el diseño y la pintura. Recuerdo haber hecho algo de animación en la primera prueba de *El Tigre*, pero luego Jorge me preguntó si quería hacer una prueba para una pose de colorista de fondos, ya que sabía que había hecho mucho trabajo de ilustración.

Efectos especiales

Una de las últimas etapas en la creación de imágenes en movimiento a veces se denomina composición. Los procesos de las series de animación de la época no estaban diseñados para una composición extensa de efectos especiales. Estos se solían tratar como un retoque final, cuando la animación volvía de una productora en el extranjero. Se podían utilizar retoques de efectos para resaltar momentos emotivos con luz y color, para estallidos de energía, explosiones, calor ardiente, descargas eléctricas o niebla mística. Pero los shows no solían tener presupuesto ni tiempo para incluir ello.

Jorge: Como sabíamos que queríamos esos efectos, los incluimos en el lanzamiento de cada episodio y lo hicimos parte de lo que enviábamos inicialmente al extranjero. Así que, al hacer guiones de color, pudimos enfatizar realmente cómo quedarían los efectos, cómo quedaría la iluminación, cómo quedarían todos los colores de los personajes cuando sucediera todo ello. Al hacerlo todo al inicio (lo cual es realmente difícil), al final tenemos estos resultados tan matizados y cinematográficos. Sólo hacía falta planificarlo con antelación. Era una época en la que lo plano era lo plano. Se estaba produciendo un modernismo minimalista en los dibujos animados, y nosotros aparecimos con esta especie de explosión barroca e híper-cinemática de detalles y colores. Algunas personas decían: "Esto es demasiado; esto es demasiado intenso". Y ahora lo miras y piensas: "Tal vez nos adelantamos a nuestro tiempo".

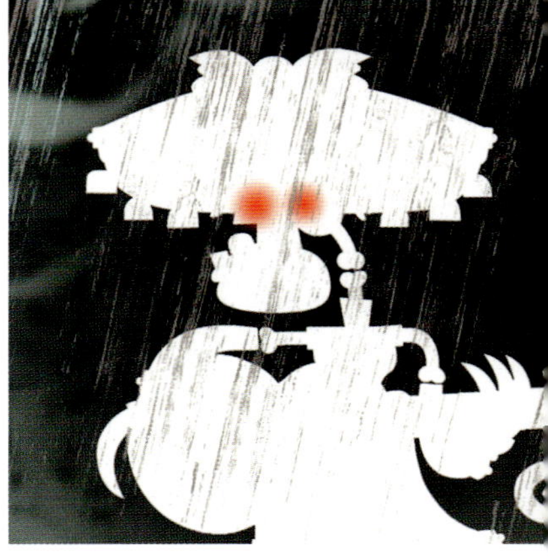

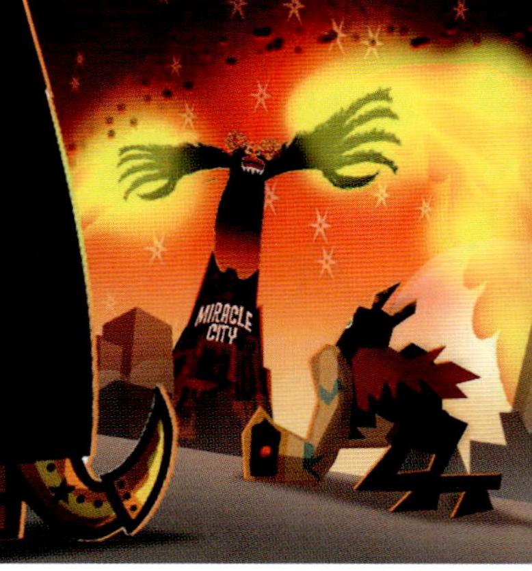

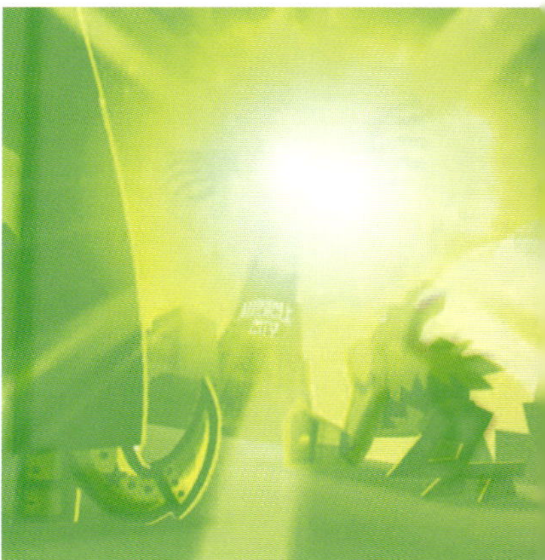

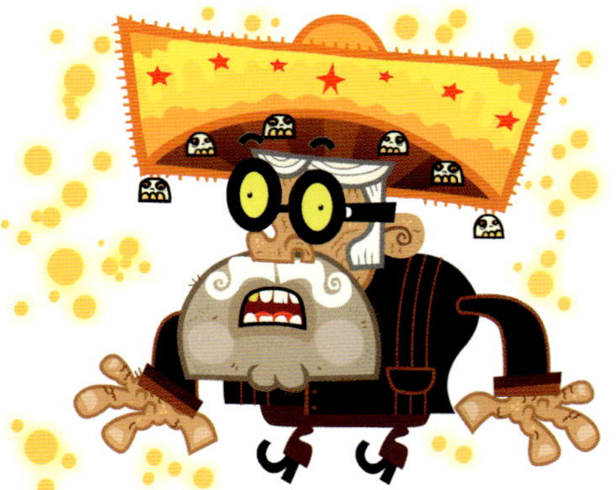

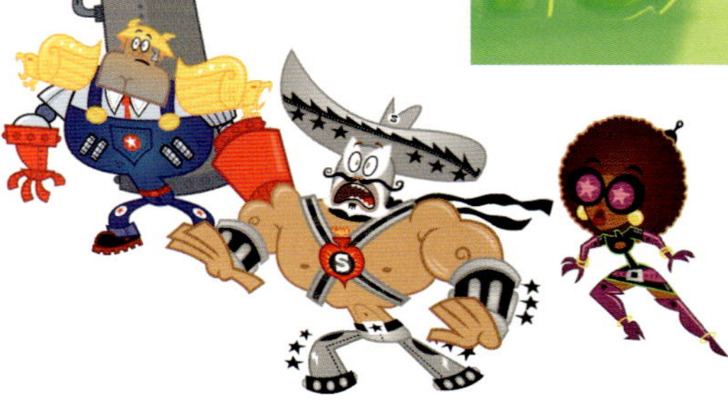

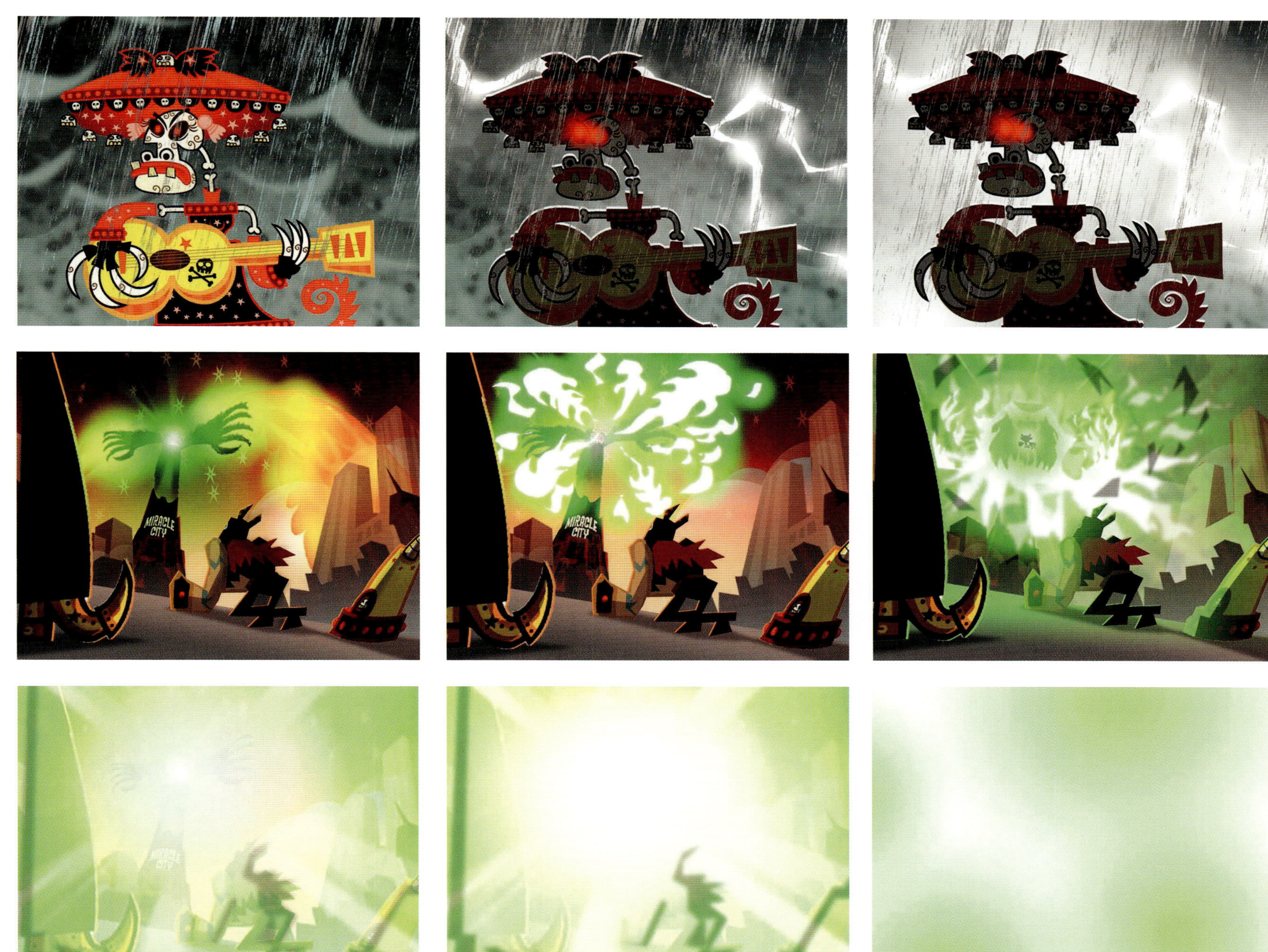

This is an example of previsualization of effects shipped to the animation studio in order to achieve the desired cinematic effects within a television series budget.

Esto es un ejemplo de la previsualización de los efectos que enviábamos al estudio de animación para conseguir los efectos de cinematic que queríamos con el presupuesto de una serie de televisión.

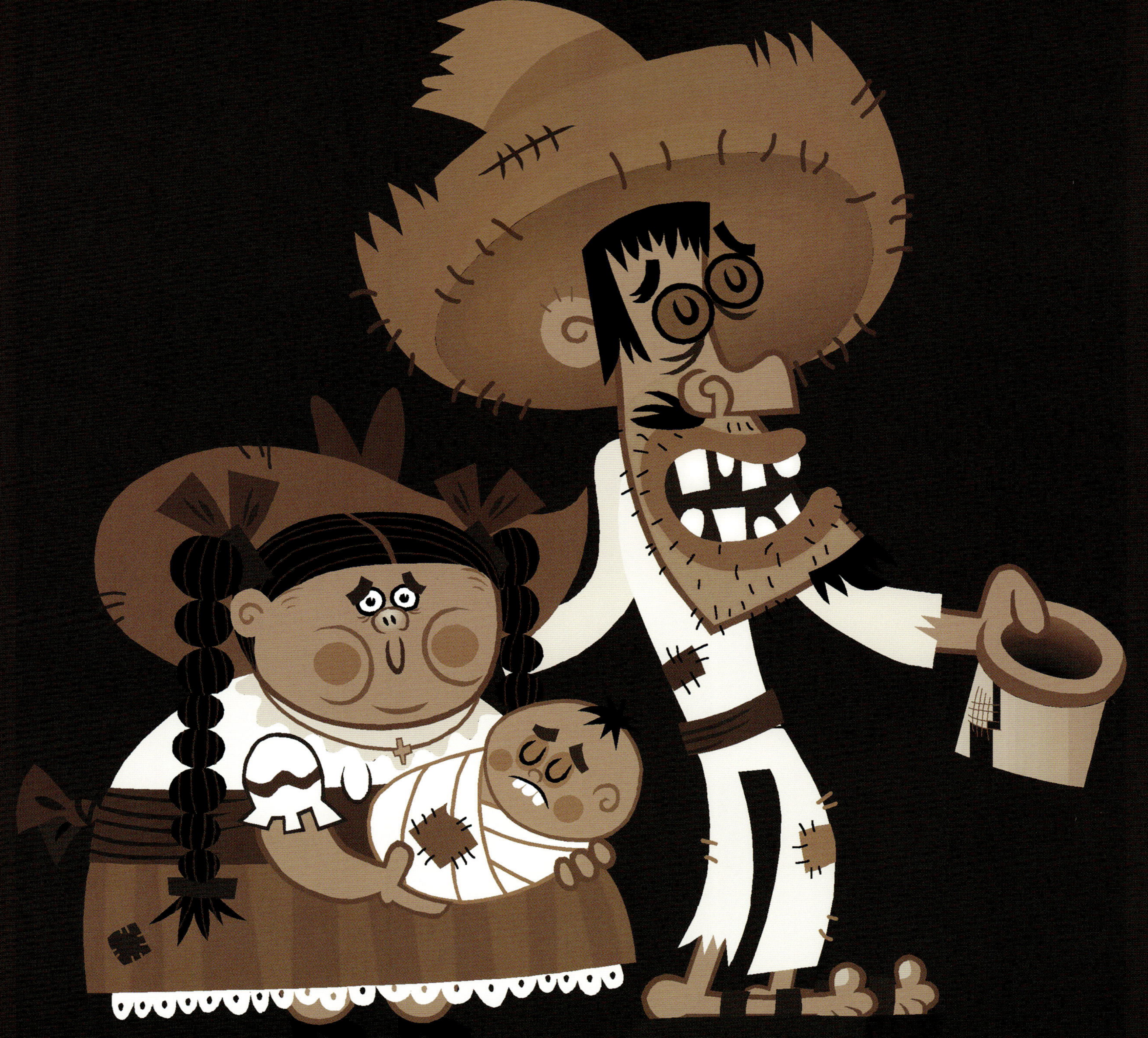

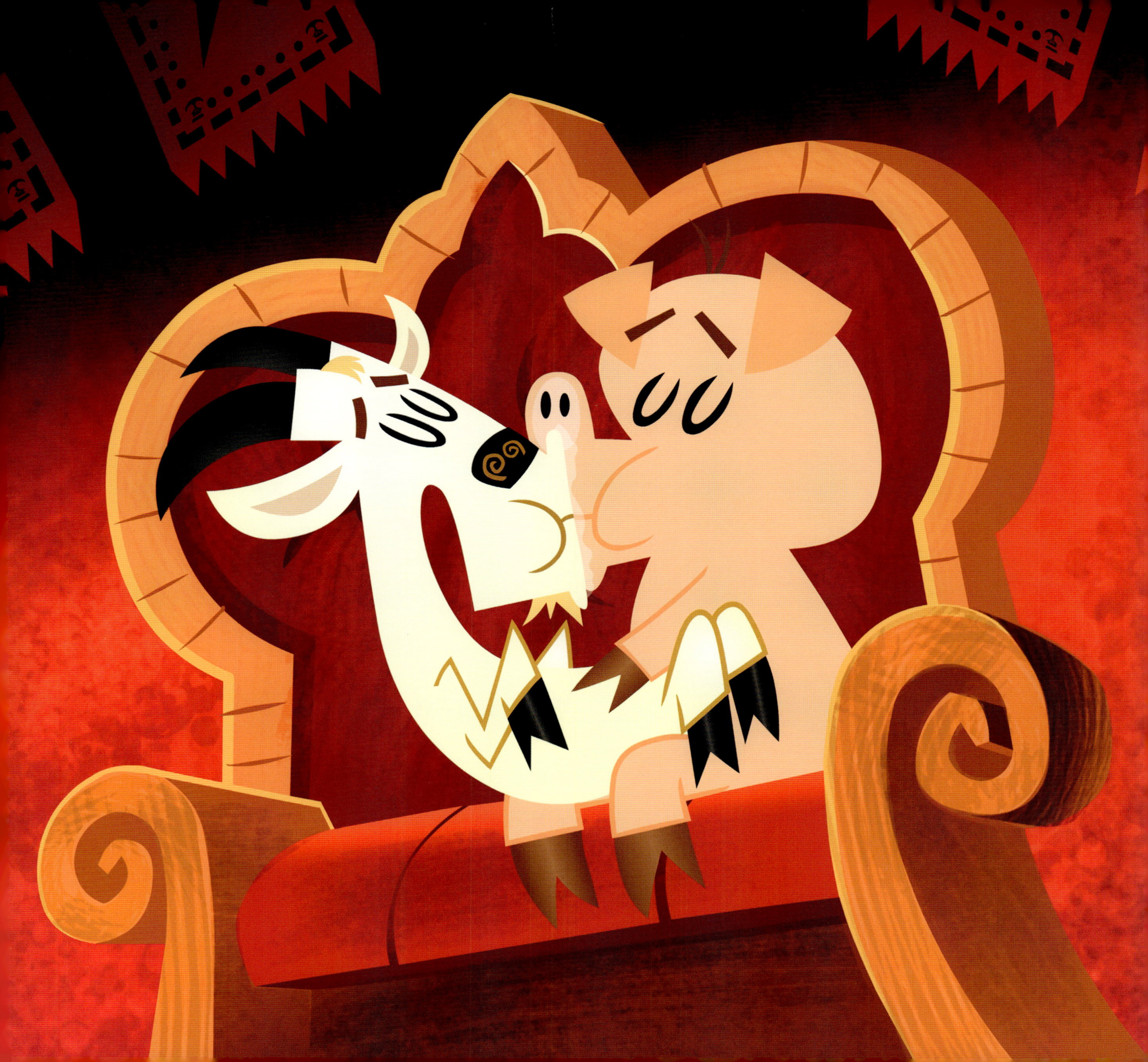

Main Locations/Ubicaciones principales

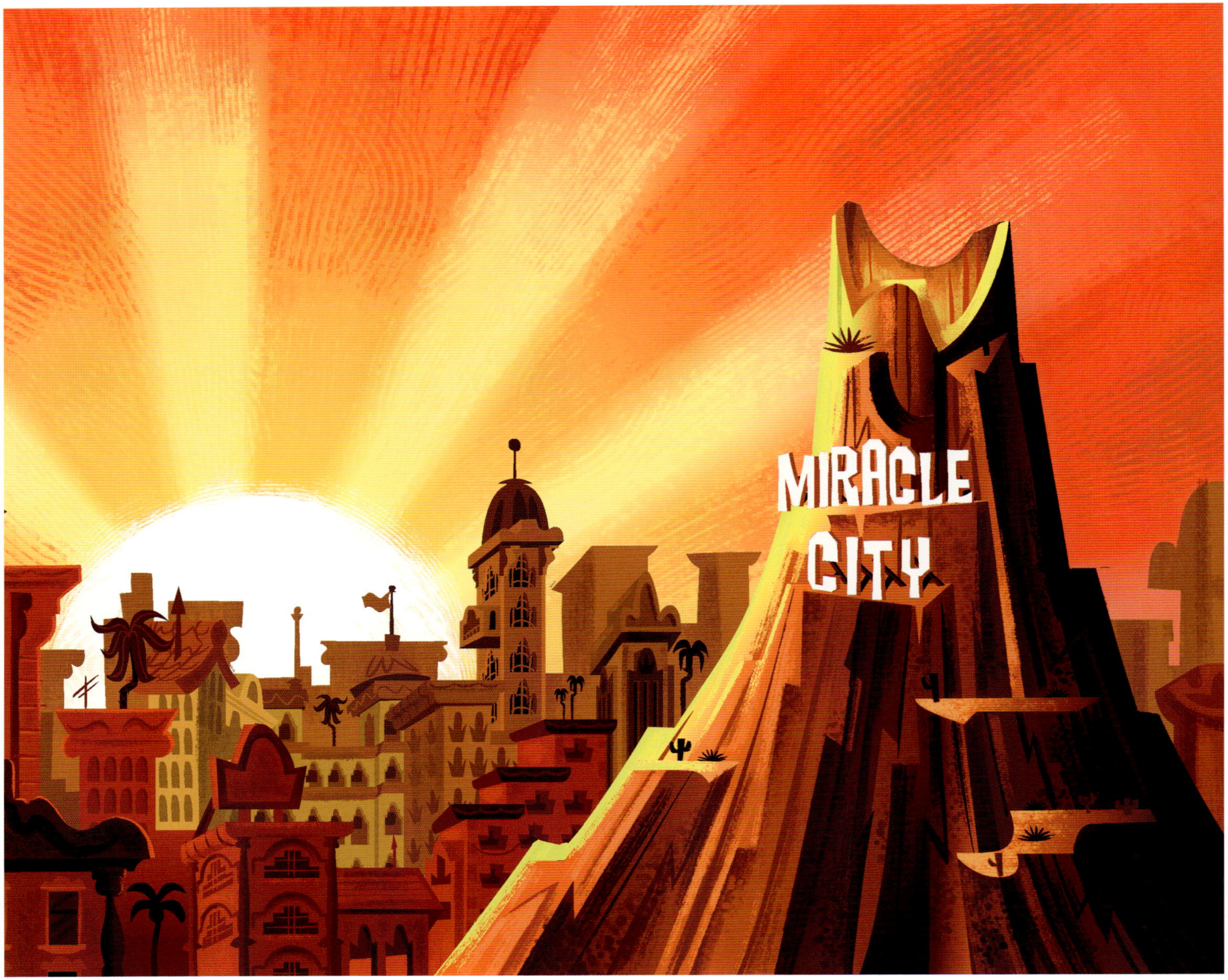

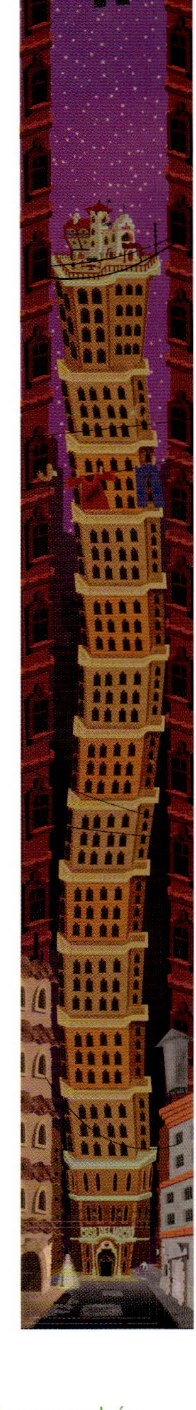

Miracle City Volcano

The Miracle City volcano was inspired by the Popocatépetl, the famous active volcano in Mexico City. The Miracle City sign is a nod to the Hollywood sign in Los Angeles. And why is the city named Miracle City? Because it's a miracle that people still live there!

El volcán de la Ciudad Milagro

El volcán de Ciudad Milagro fue inspirado por el Popocatépetl, el famoso volcán activo de Ciudad de México. El letrero de Ciudad Milagro es una referencia al letrero de Hollywood en Los Ángeles. Y, ¿por qué se llama Ciudad Milagro? ¡Porque es un milagro que la gente siga viviendo en ella!

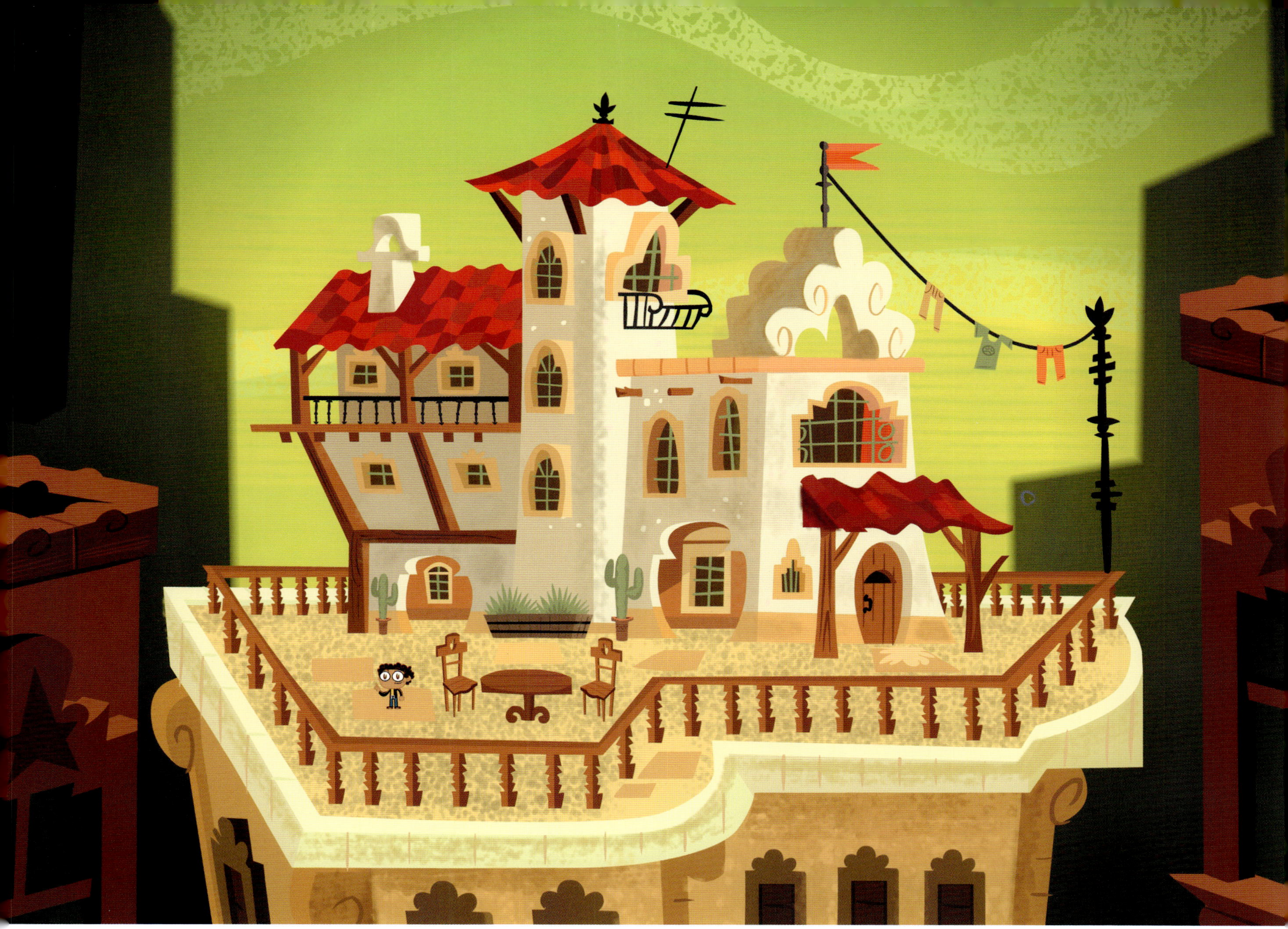

Rivera House Exterior

I adore this house design, and it was very much inspired by my architect father's work, since he designed and built our house in Mexico City and later our house in Tijuana. The reason it's atop a skyscraper is because Granpapi obviously won it in an illegal card game or stole it. He won't say.

Exterior de la casa Rivera

Amo el diseño de esta casa y fue súper inspirado por el trabajo de mi padre, ya que él fue arquitecto, y diseño y construyó nuestra casa en la Ciudad de México y luego en Tijuana. La razón por la que la casa está encima de un edificio tan alto es porque Granpapi se la ganó en juego ilegal de póker o se la robó. Pero no lo quiere admitir.

Main Locations/Ubicaciones principales

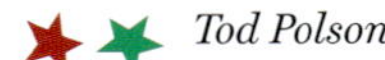
Tod Polson

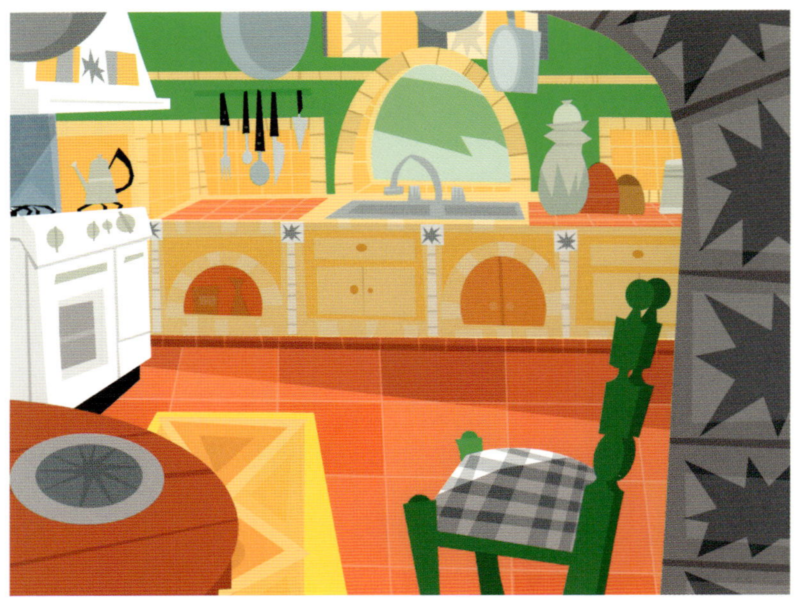

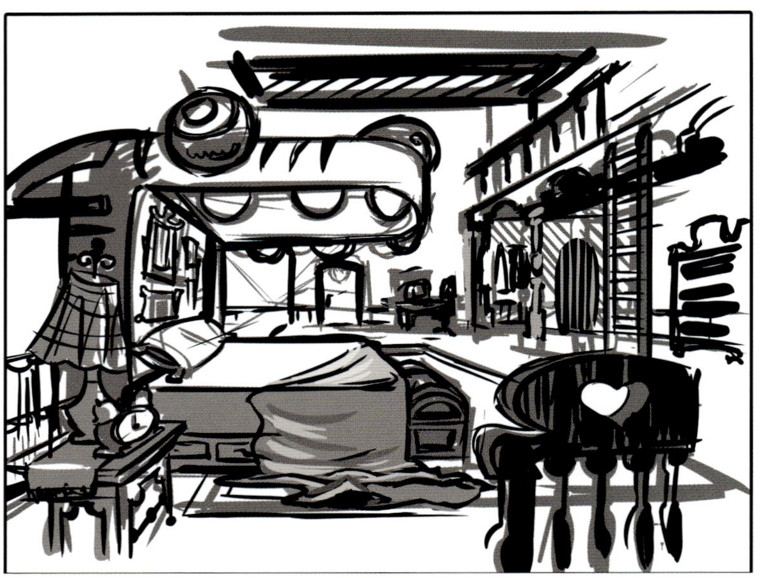

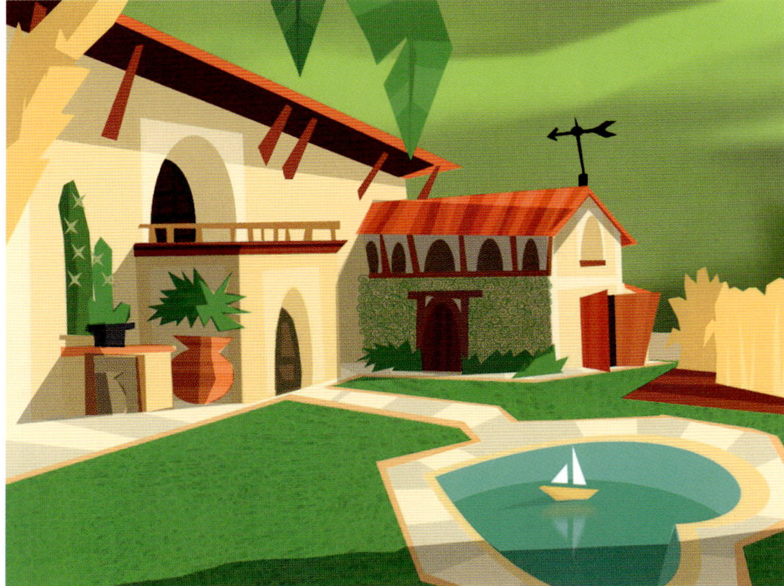

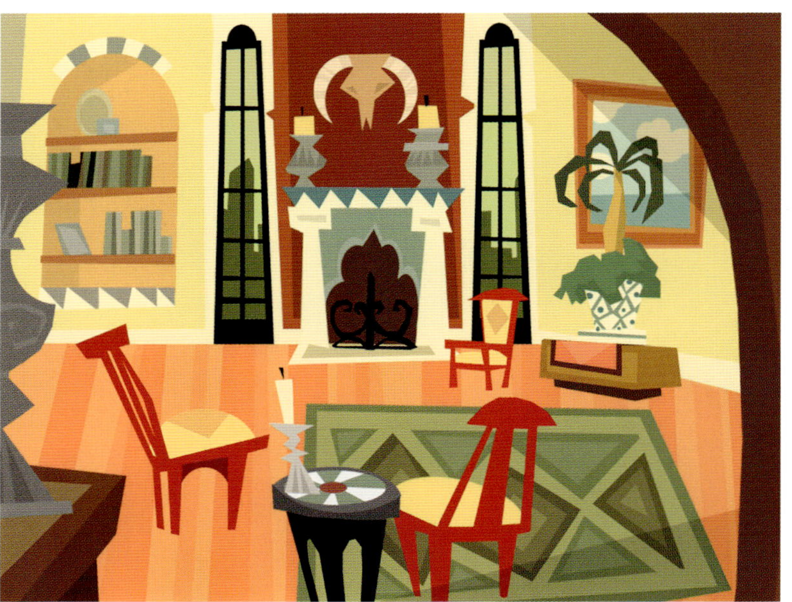

Rivera House Interior

The warm and organic interior was very much inspired by the interior of my house growing up in Tijuana. My parents collected a ton of Mexican modern and folk art, and it obviously had a huge influence on me.

Interior de la casa Rivera

El interior caluroso y orgánico, fue completamente inspirado por el interior de la casa de mi niñez en Tijuana. Mis padres coleccionaban muchas obras de arte moderno y folklórico mexicano que han sido una gran inspiración en todo mi trabajo.

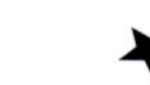
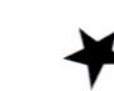
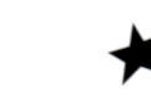
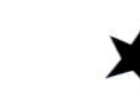

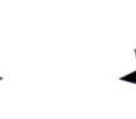

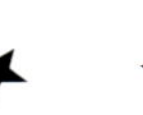
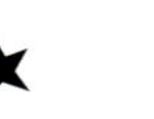

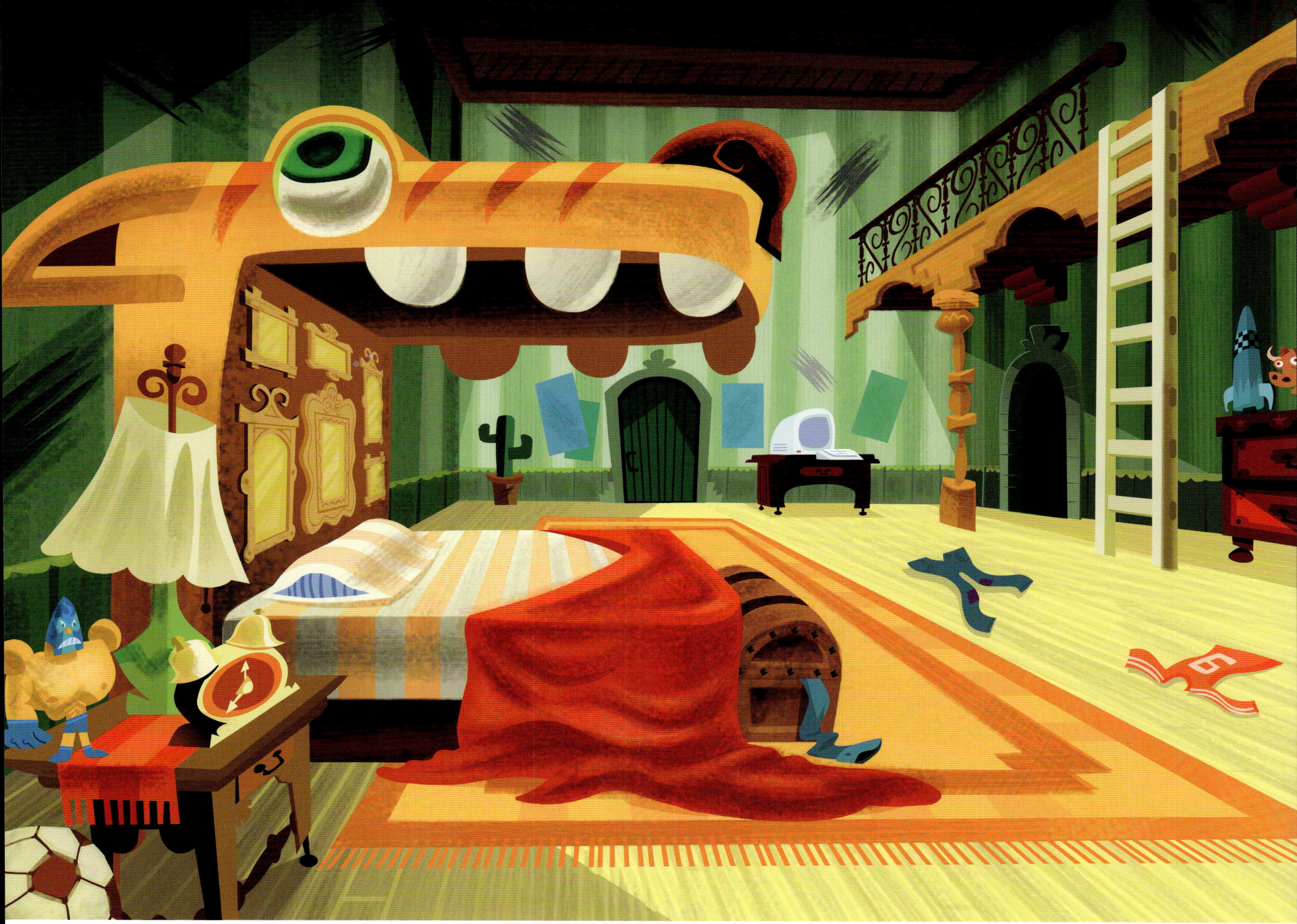

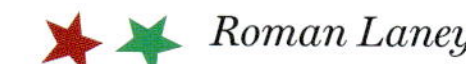
Roman Laney

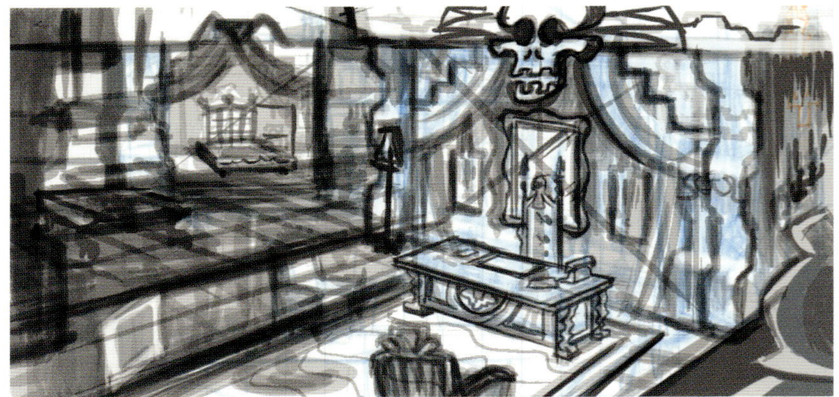

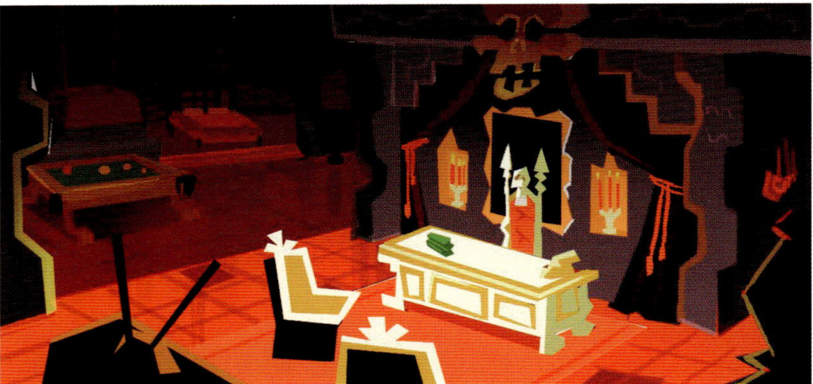

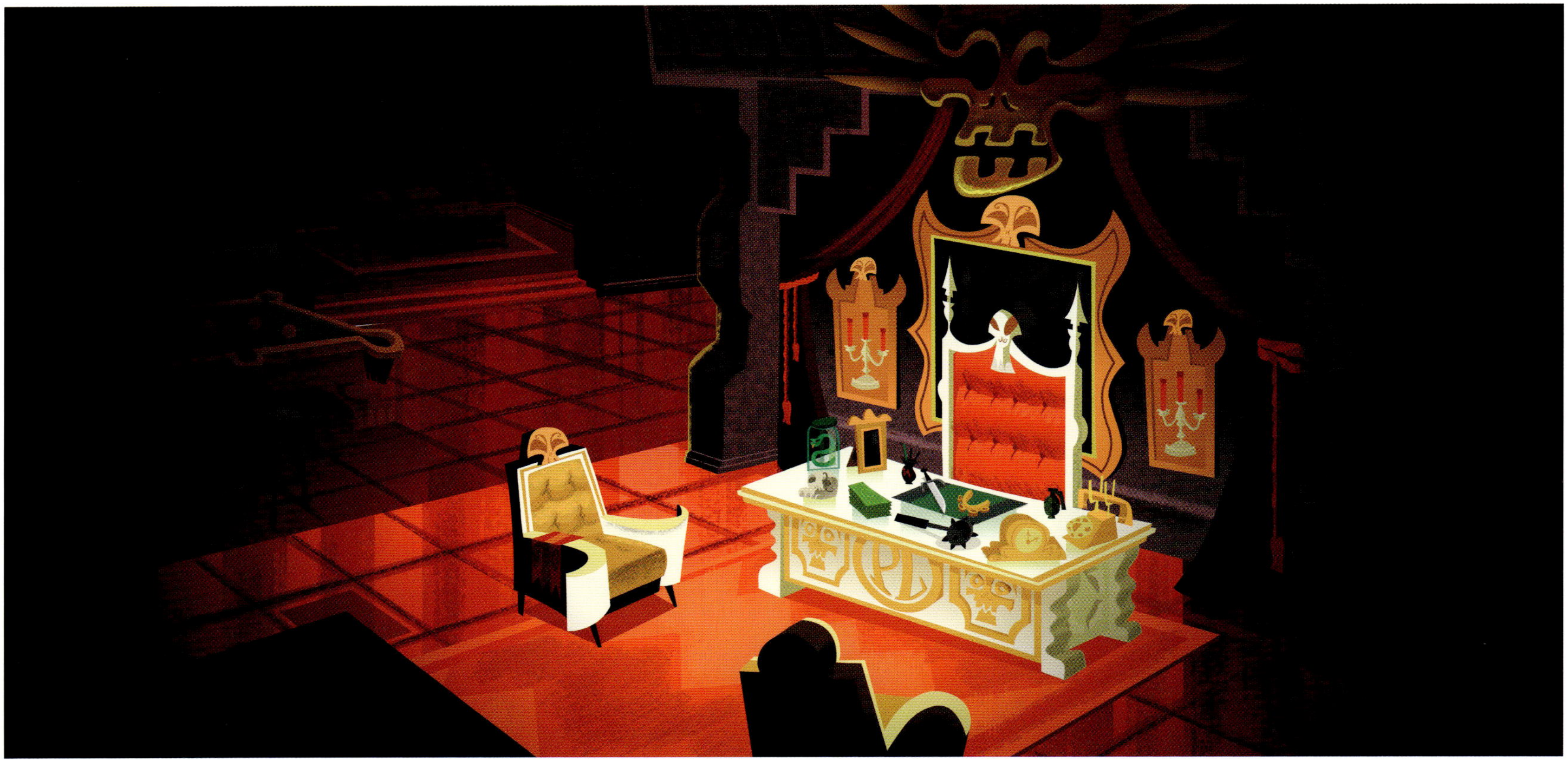

★★ *Roman Laney*

★ Rivera House Interior (continued)

★ Interior de la casa Rivera (continuado)

★ ★ ★ ★ ★ ★ ★ ★ ★ ★ ★ ★ ★ ★ ★ ★ ★ ★ ★

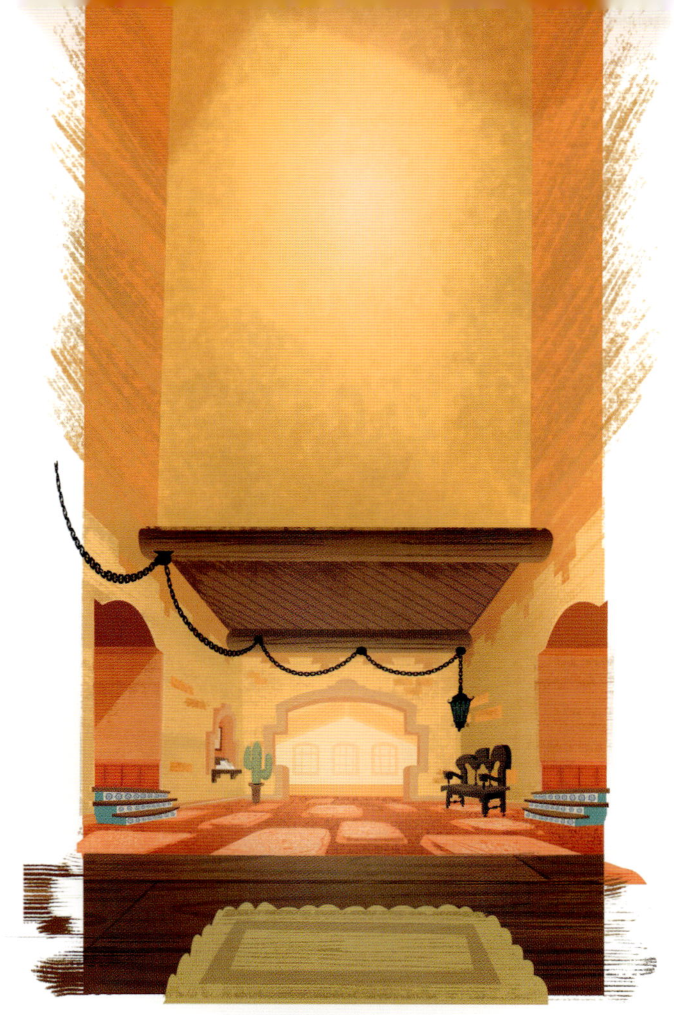

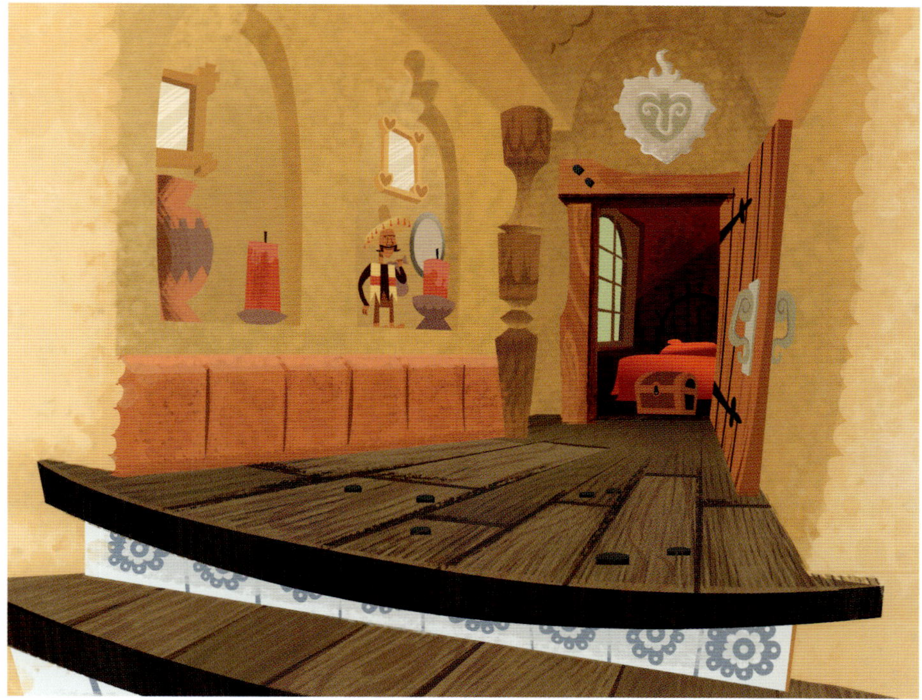

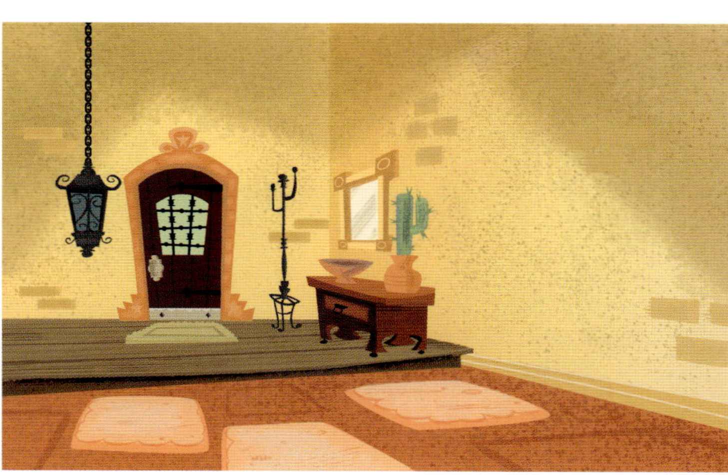

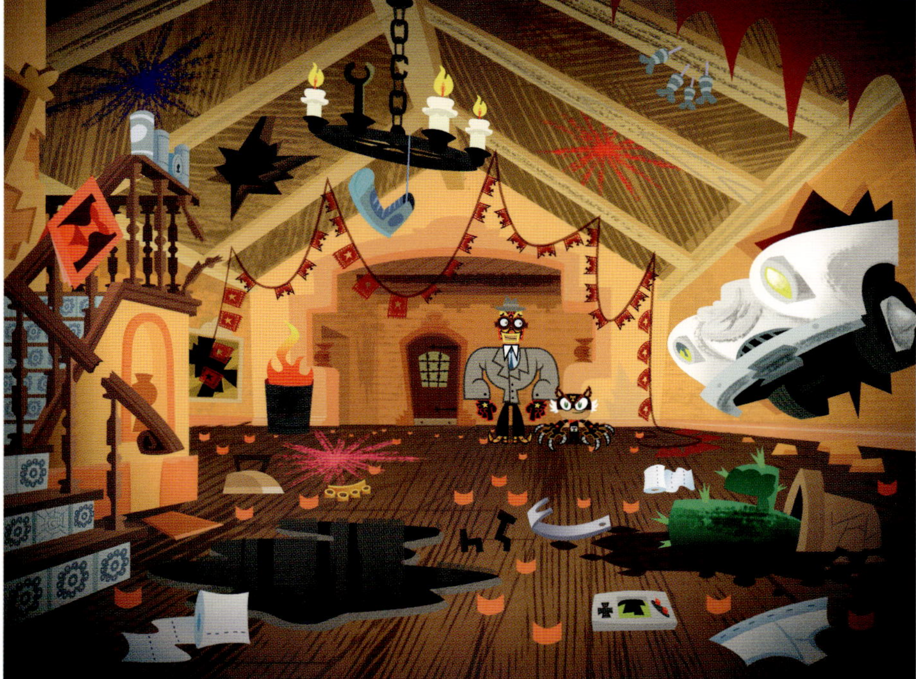

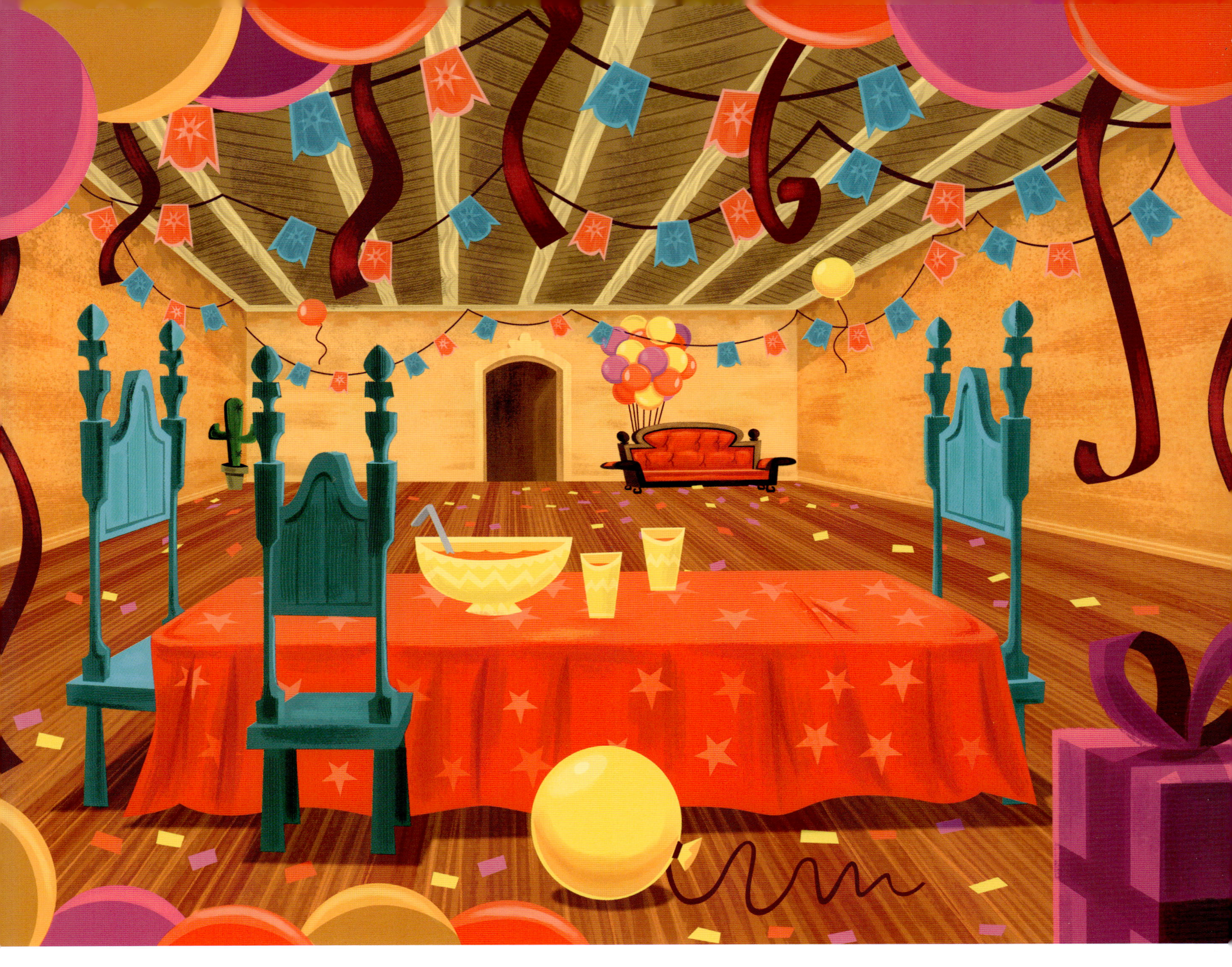

★ Rivera House Interior (continued)

★ Interior de la casa Rivera (continuado)

★ ★ ★ ★ ★ ★ ★ ★ ★ ★ ★ ★ ★ ★ ★ ★ ★ ★ ★

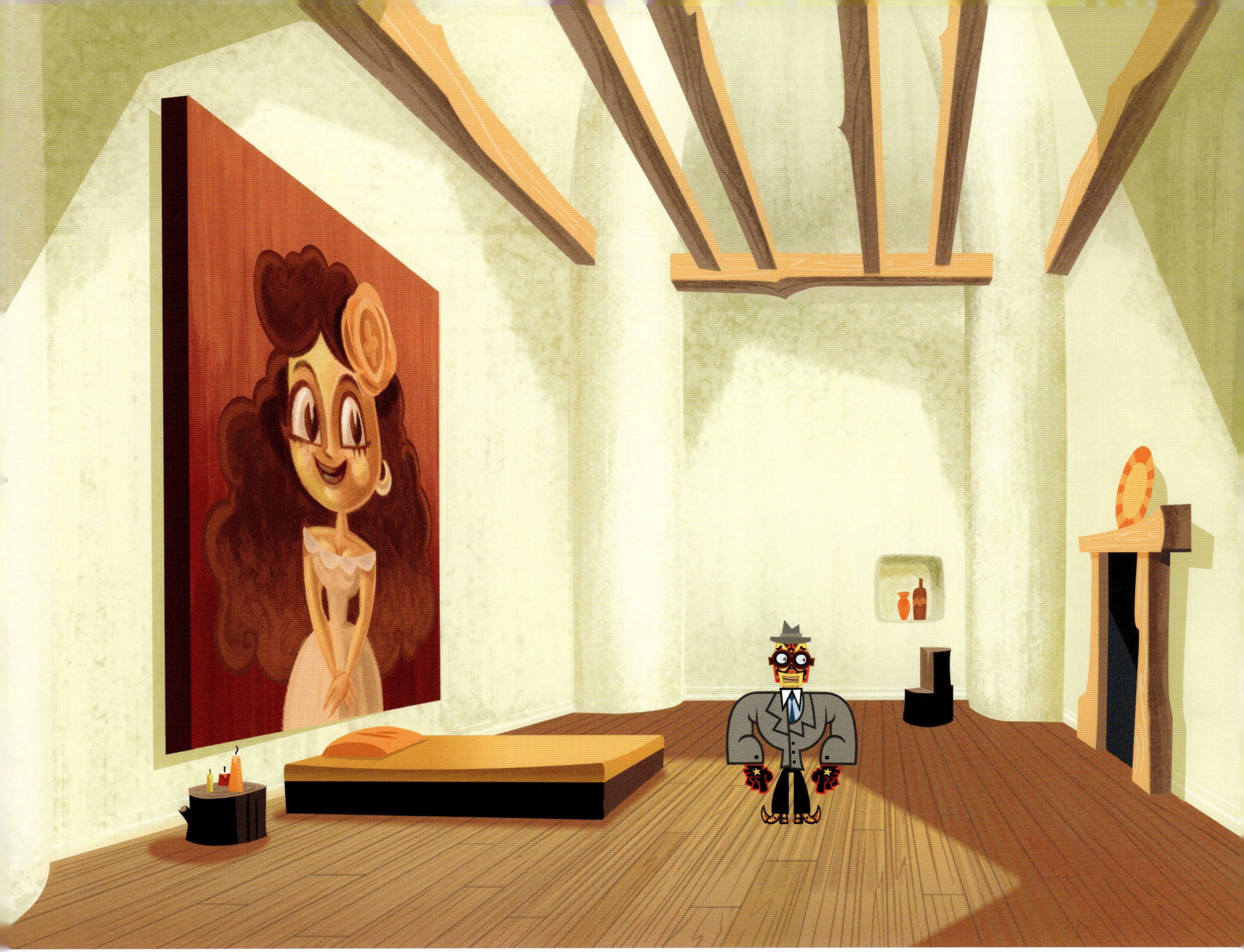

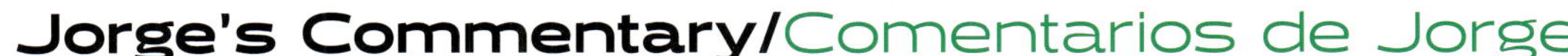
Jorge's Commentary/Comentarios de Jorge

Main Locations/Ubicaciones principales

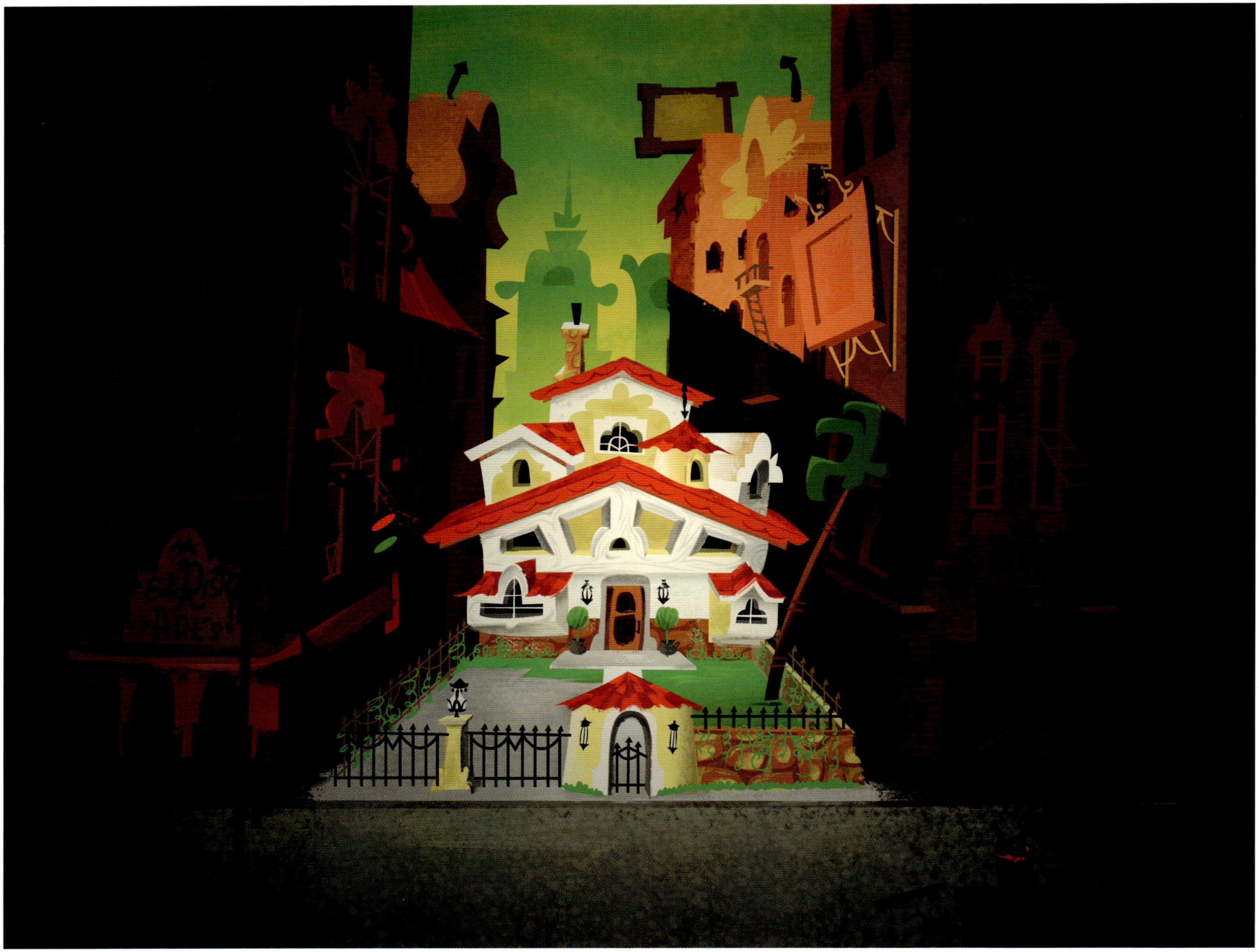

Frida's House

The outside design is exactly like my house in Tijuana. So much so that my father wanted to charge me for it!

La casa de Frida

El exterior es exactamente el exterior de nuestra casa en Tijuana. ¡Se parece tanto que mi padre hasta me quiso cobrar por ella!

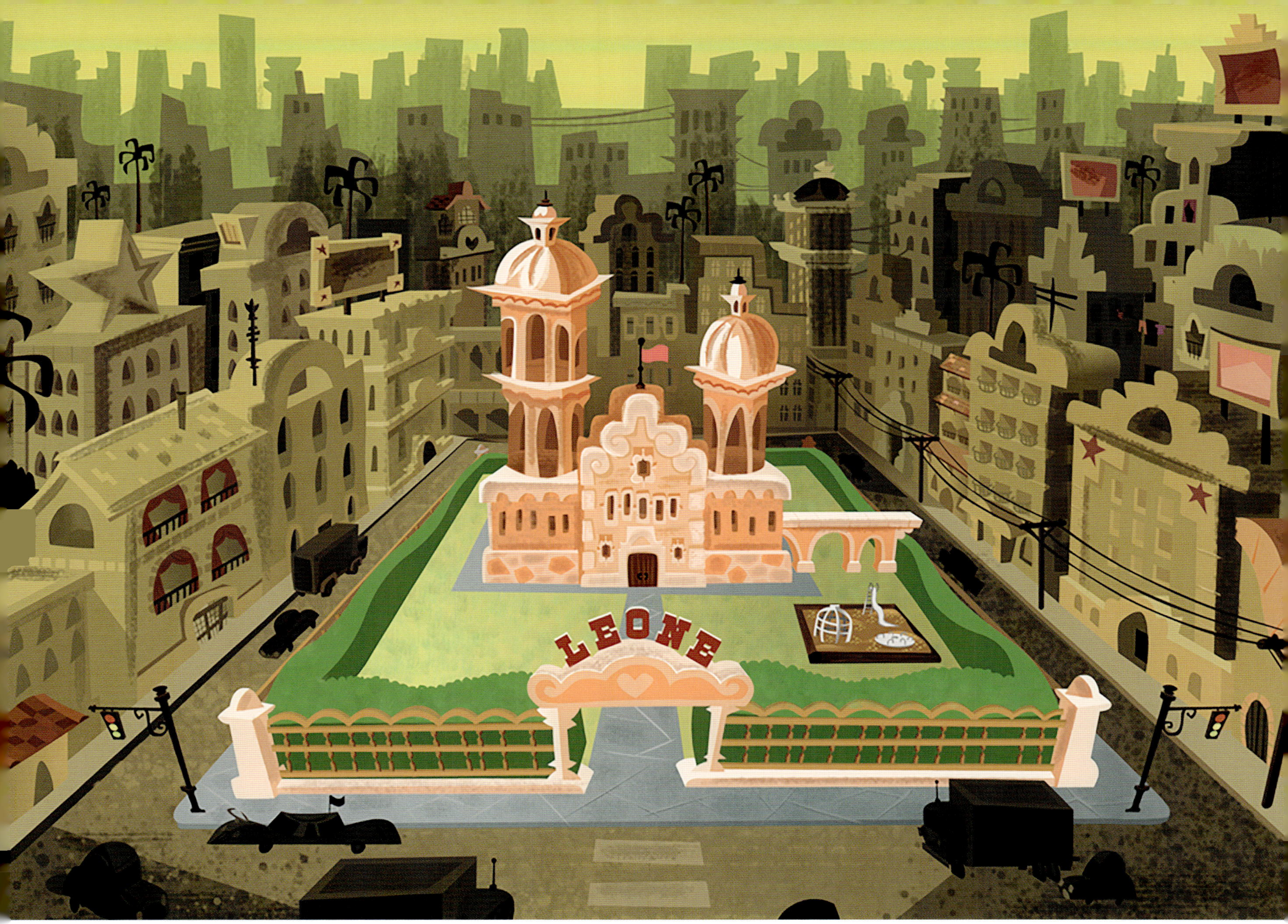

Leone Middle School

Sandra and I attended Catholic schools for most of our lives, so this school is a mix of all of them. The church-like design was inspired by the massive churches I attended as a kid in Mexico City. The name is a nod to my favorite spaghetti western director, Sergio Leone.

La escuela Leone

Sandra y yo fuimos a escuelas católicas la mayoría de nuestras vidas y esta escuela es una mezcla de todas ellas. La arquitectura tipo iglesia fue inspirada por todas las iglesias a las que asistí de niño en la Ciudad de México. El nombre es un homenaje a Sergio Leone, mi director de espagueti wésterns preferido.

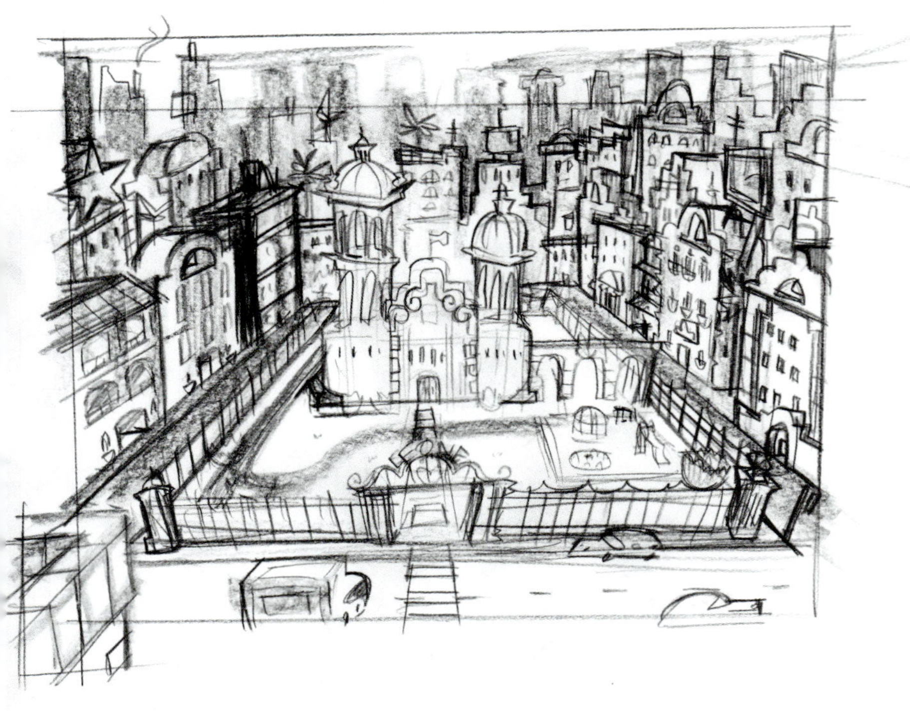

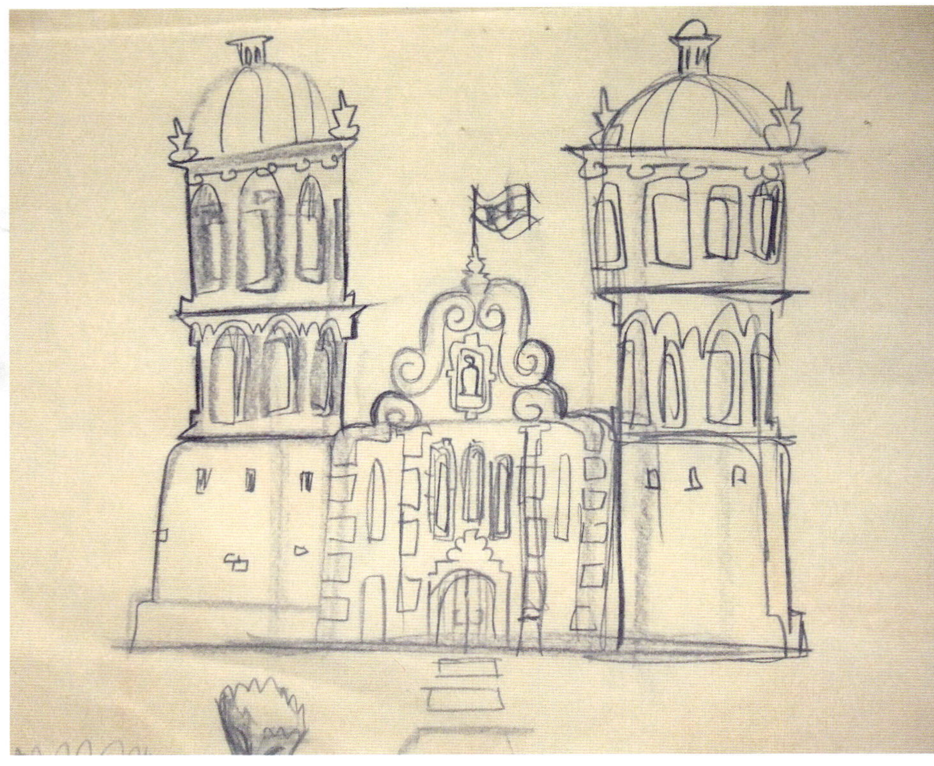

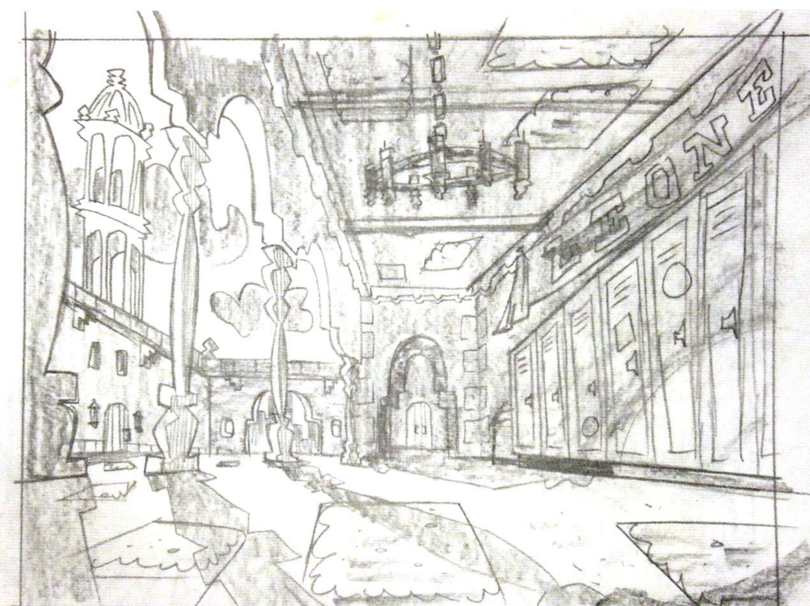

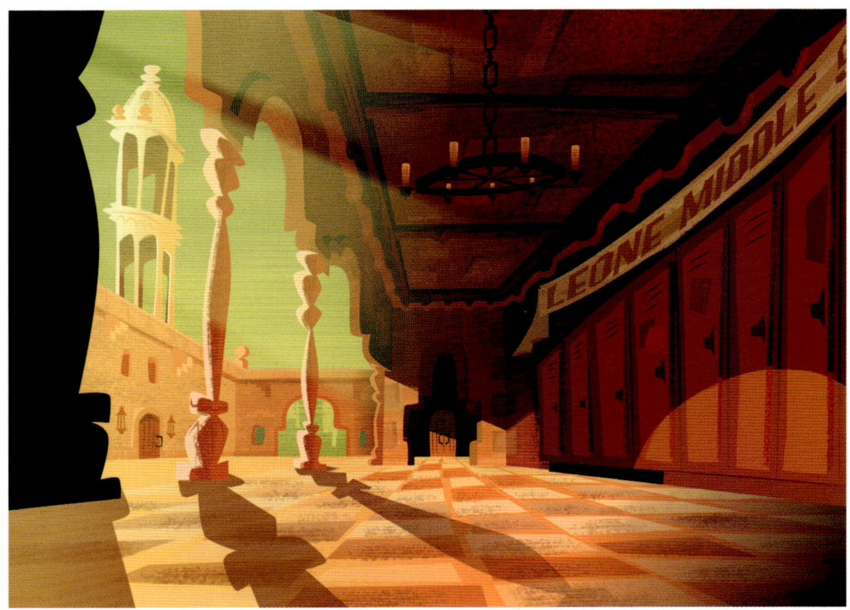

Leone Middle School (continued) La escuela Leone (continuado)

Roman Laney

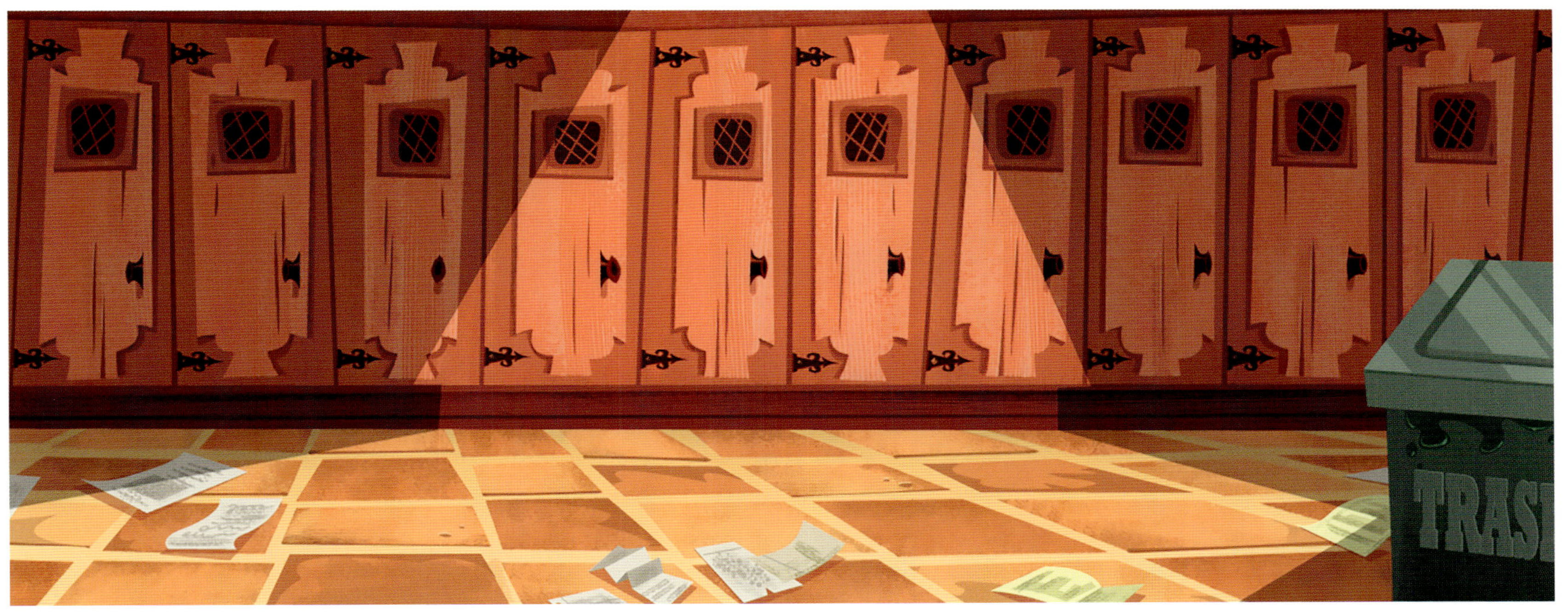
TRASH

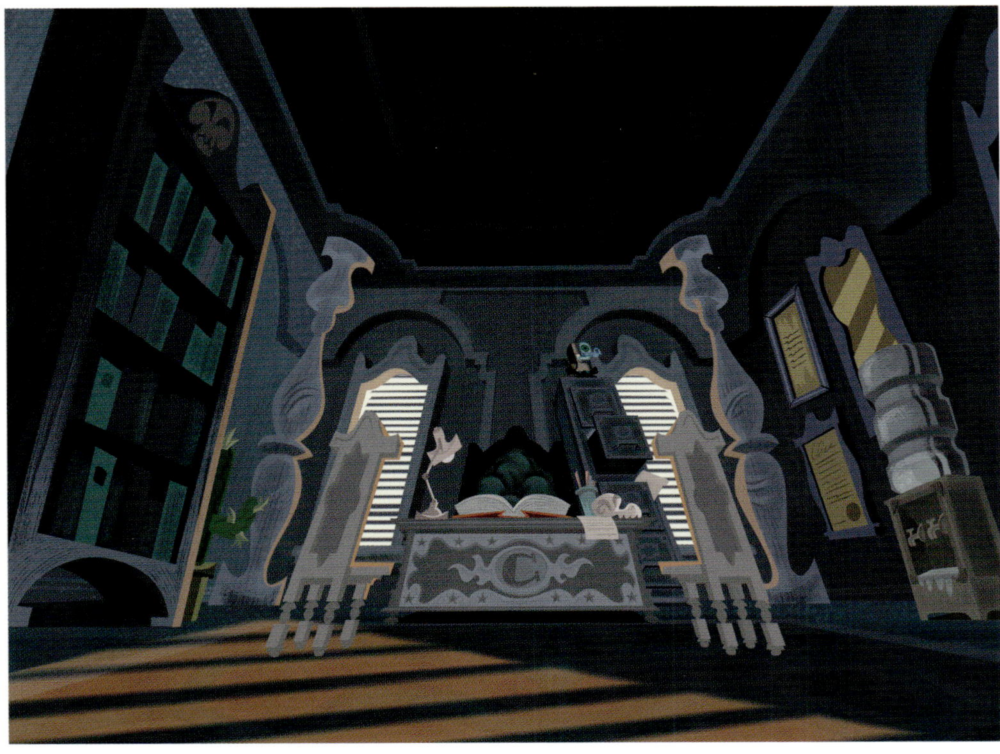

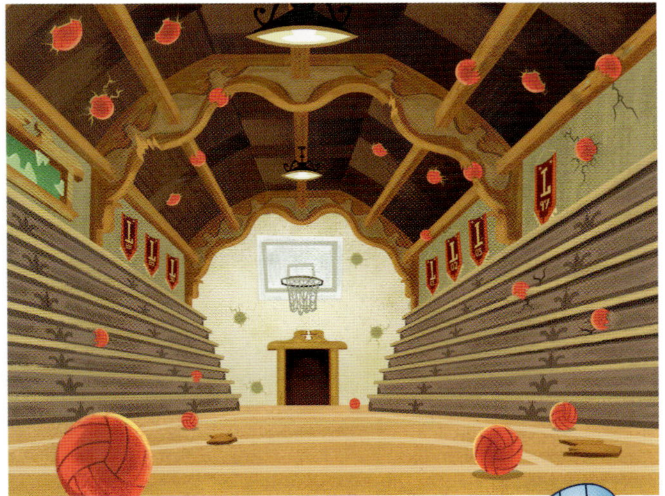

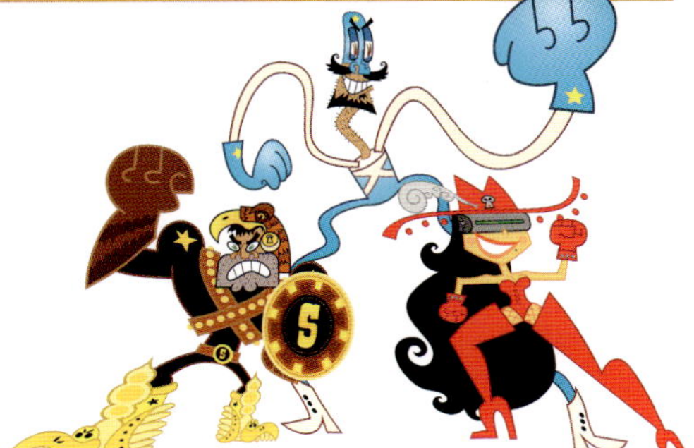

Main Locations/Ubicaciones principales

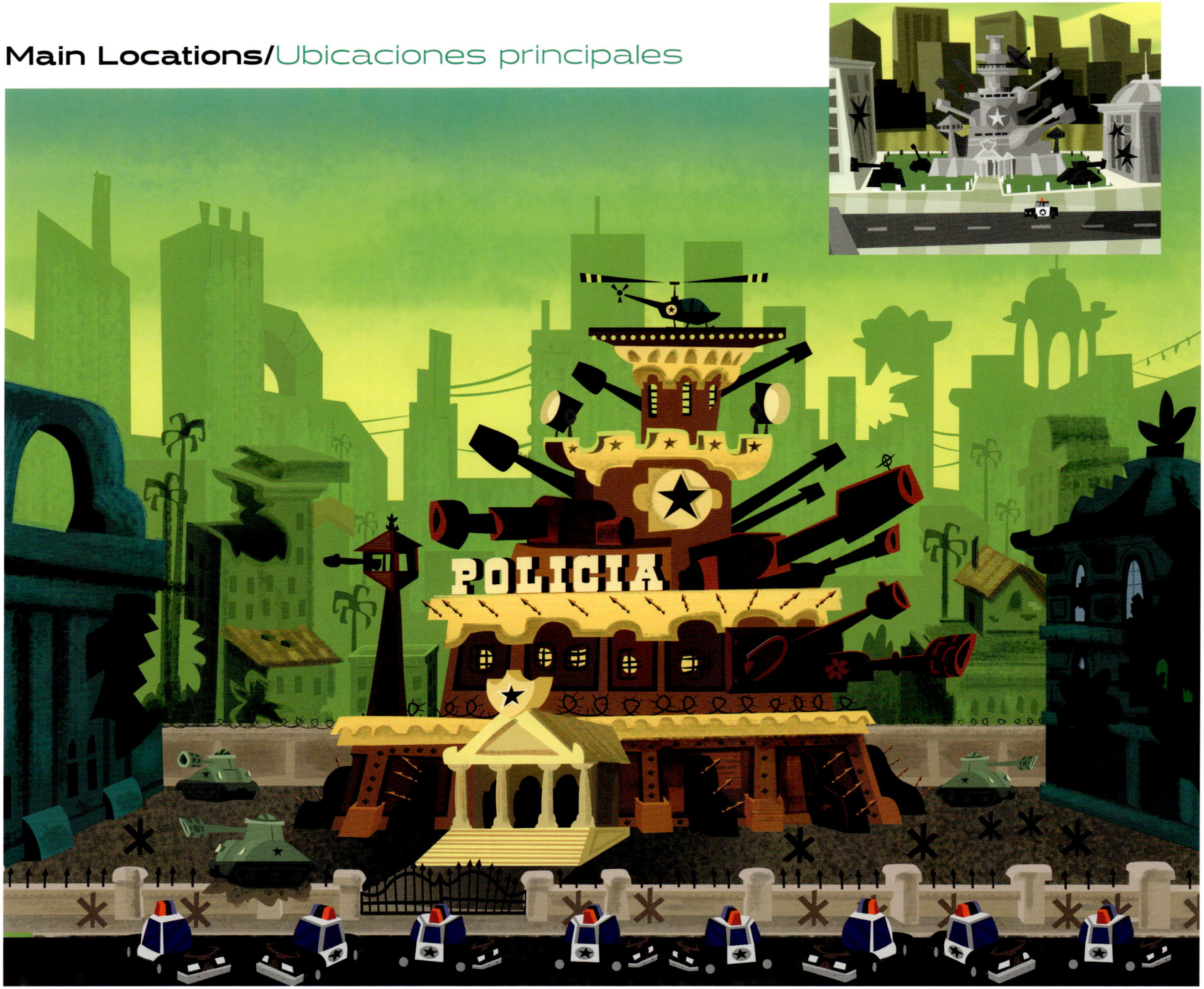

Miracle City Police Station

In a city that is famously known as a spicy cesspool of crime and villainy, the police station had to look like a terrified military building with a ton of guns trying to survive.

Estación de policía de Ciudad Milagro

En una ciudad tan famosa por tanto crimen y villanos, evidentemente la estación de policía tenía que verse como un edificio militar, con muchísimas pistolas para defenderse y sobrevivir.

Roman Laney

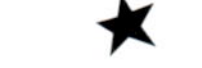

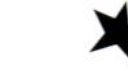

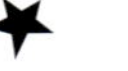

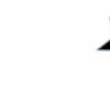

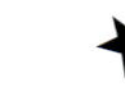

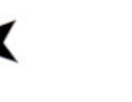
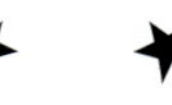

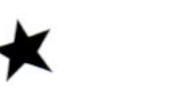

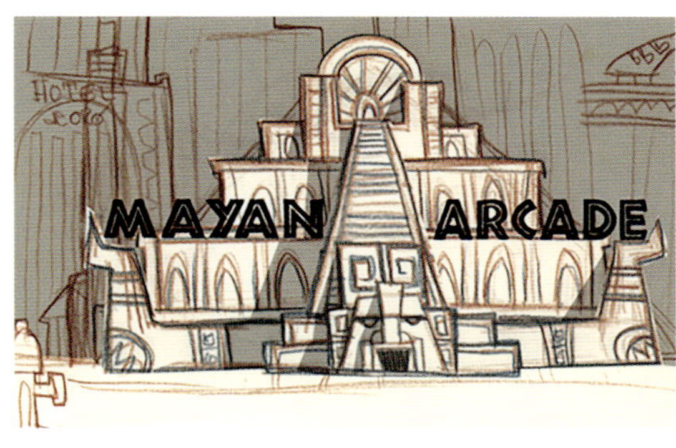

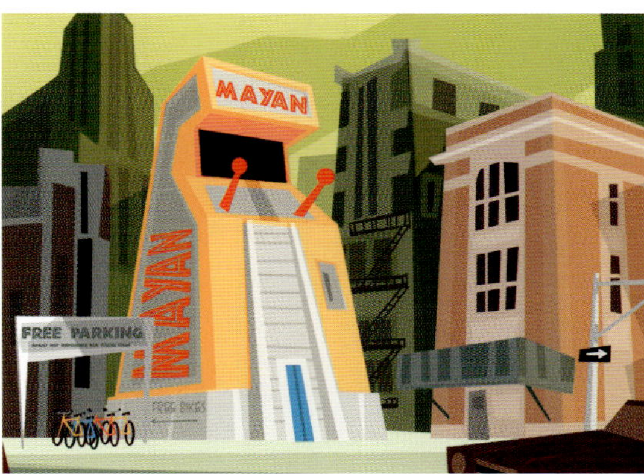

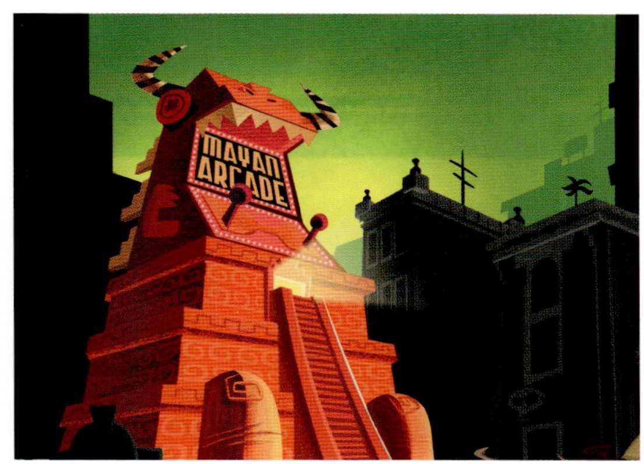

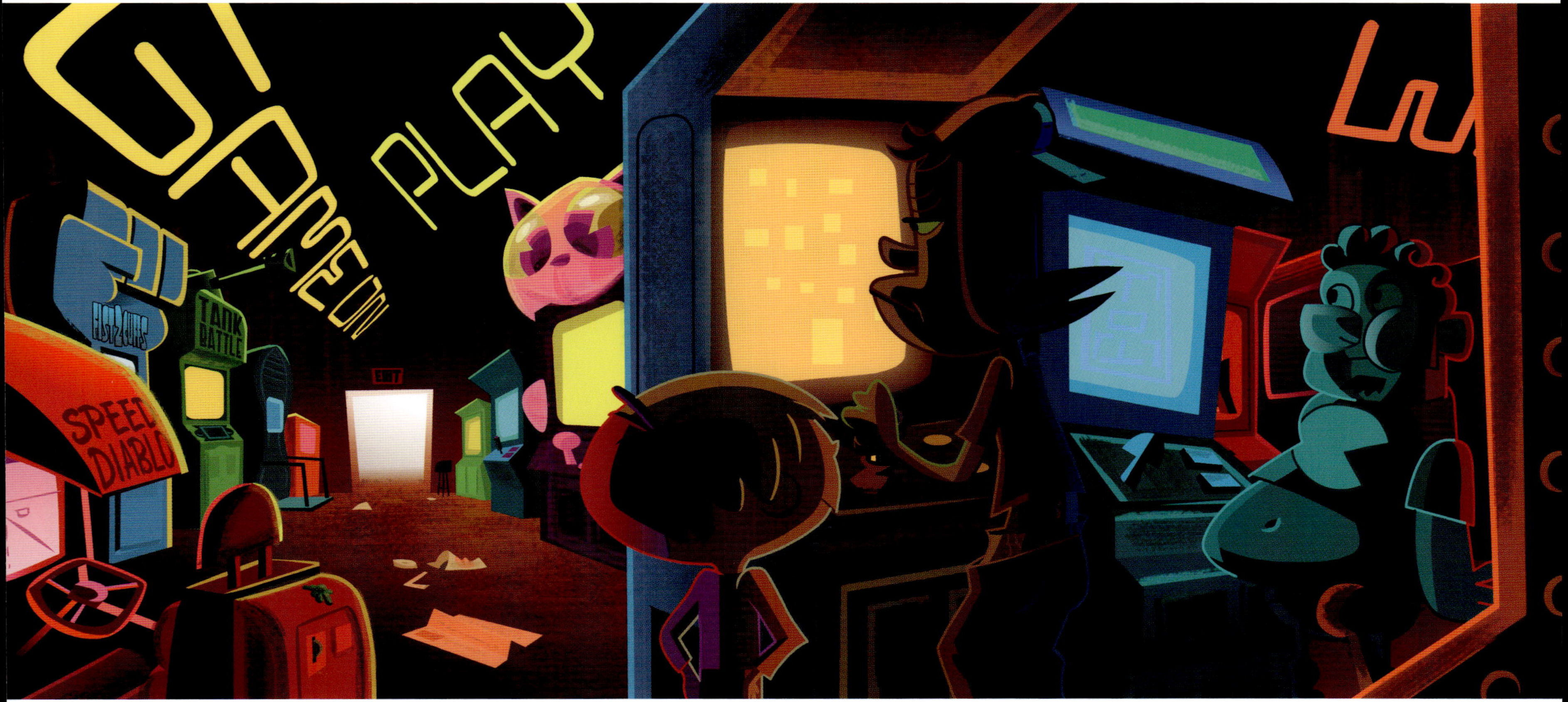

★ The Mayan Arcade

Inspired by Mesoamerican art and architecture, this looks like the arcade of my dreams!

★ Las maquinitas Maya

Inspiradas en el arte y la arquitectura mesoamericanos, ¡estas son las maquinitas de mis sueños!

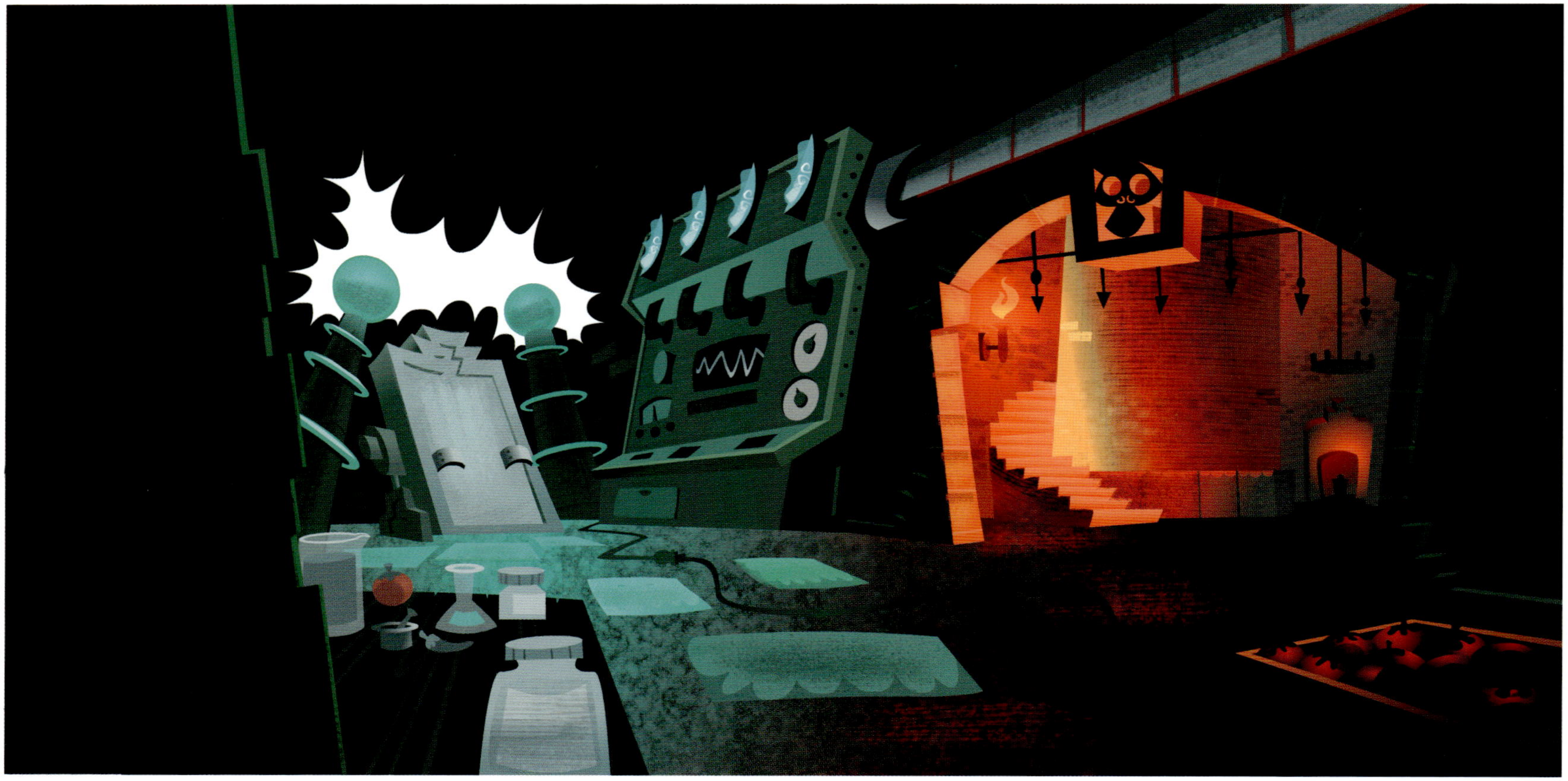

Main Locations/Ubicaciones principales

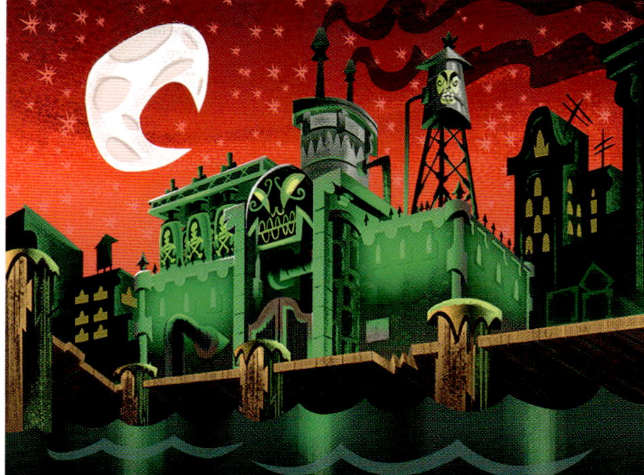

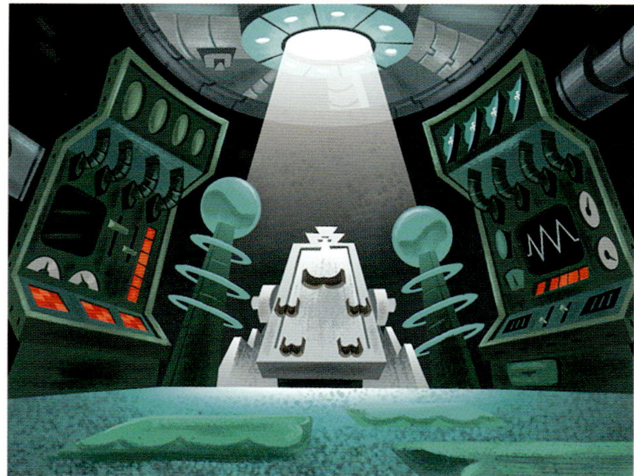

★ Chipotle Jr. lair

I adore this design by Roman Laney. It really sells the Mexploitation mad scientist vibe.

★ La guarida del Dr. Chipotle

Adoro este diseño de Roman Laney. De veras vende la idea de un científico loco en un mundo de mexplotación.

★★ *Roman Laney*

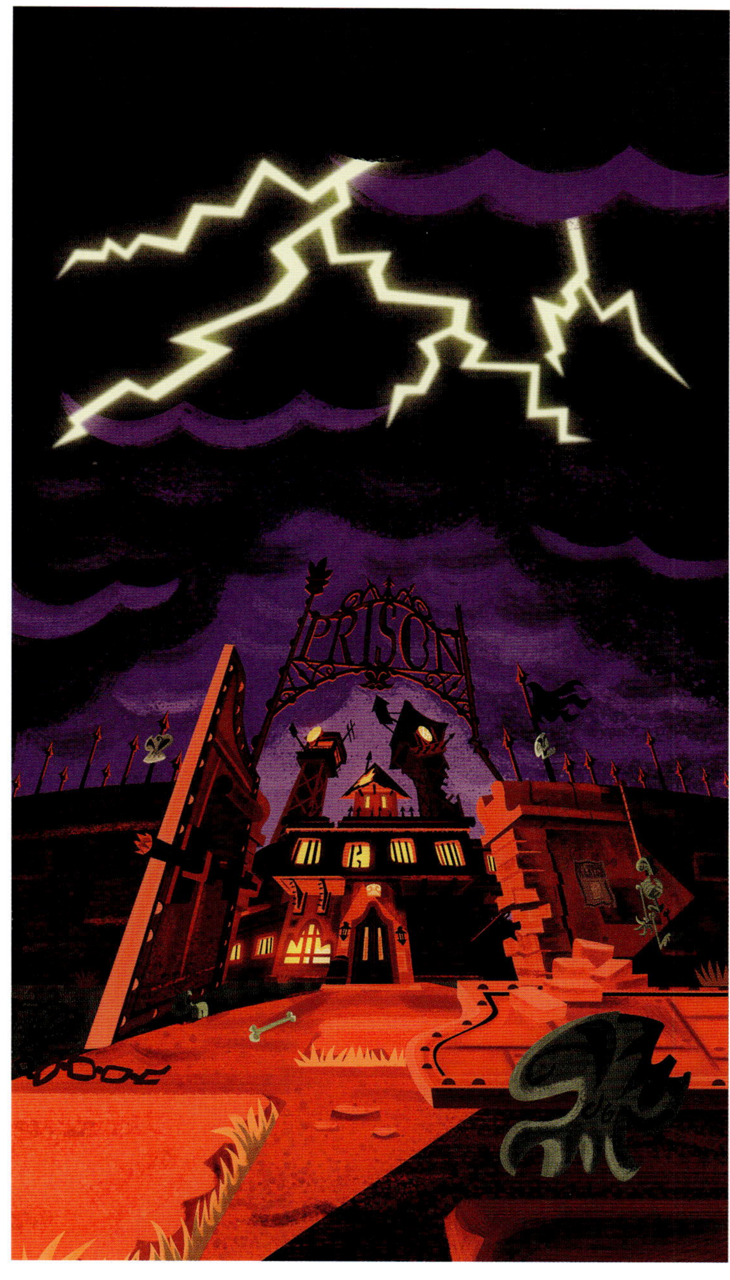

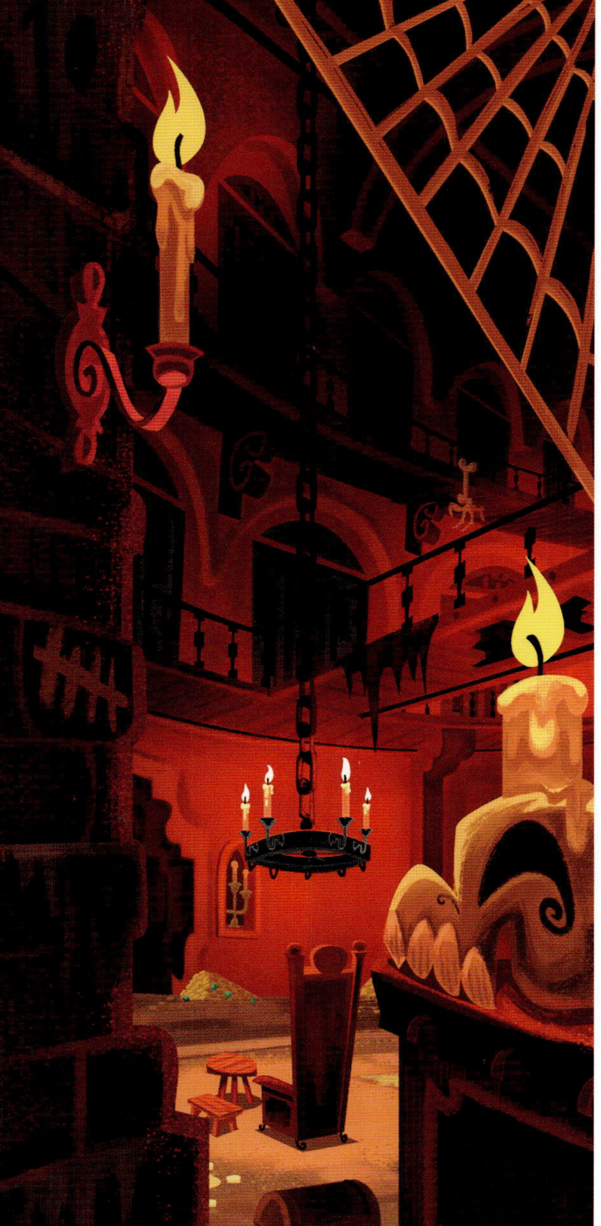

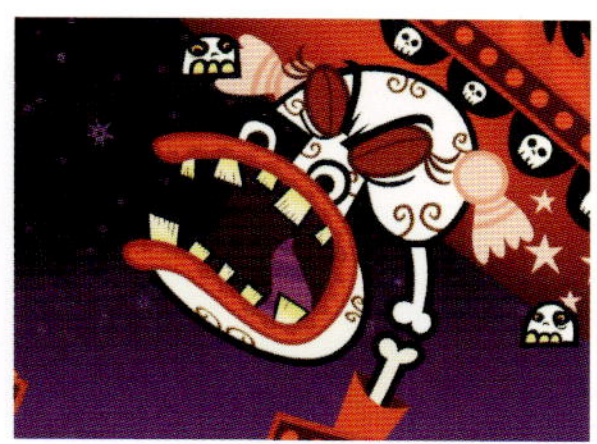

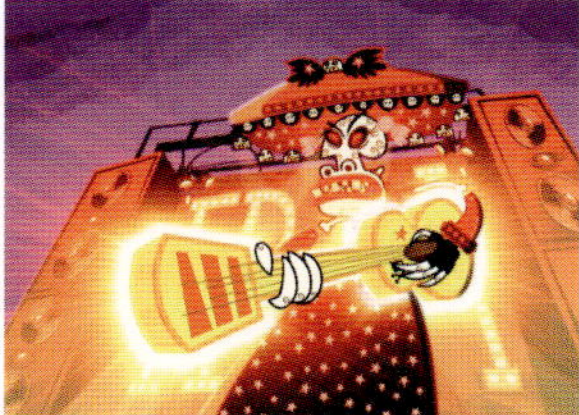

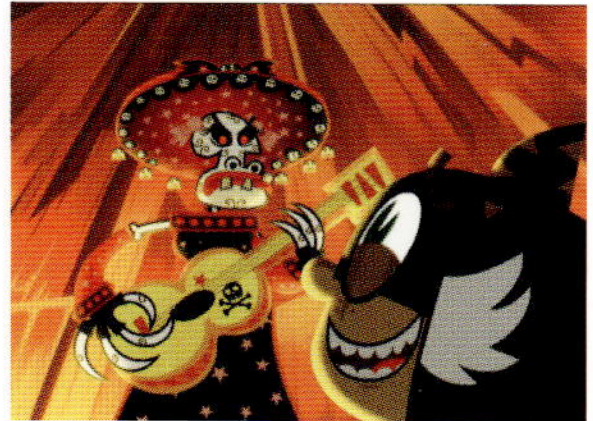

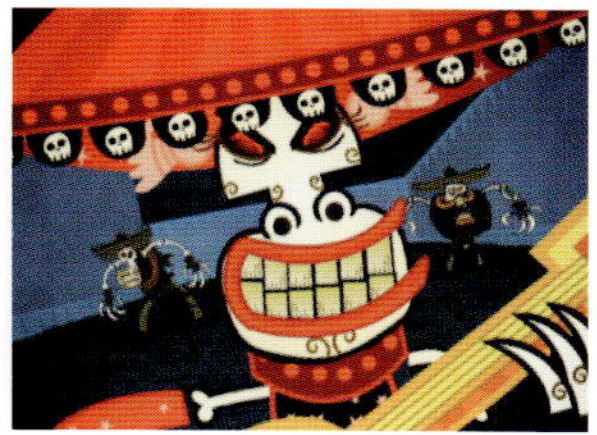

★ ★ *Roman Laney*

★ Sartana's Lair

Of course her hideout is an abandoned prison. We never told the back story, but this is where Sartana and Granpapi fell in love as inmates—and where Sartana found her gang of skeleton bandits in the prison cemetery.

★ La guarida de Sartana

Claro que su guarida es una cárcel abandonada. Nunca contamos la historia, pero aquí fue donde Sartana y Granpapi se enamoraron cuando eran prisioneros y donde Sartana revivió a su pandilla de bandidos calaveras en el cementerio de la cárcel.

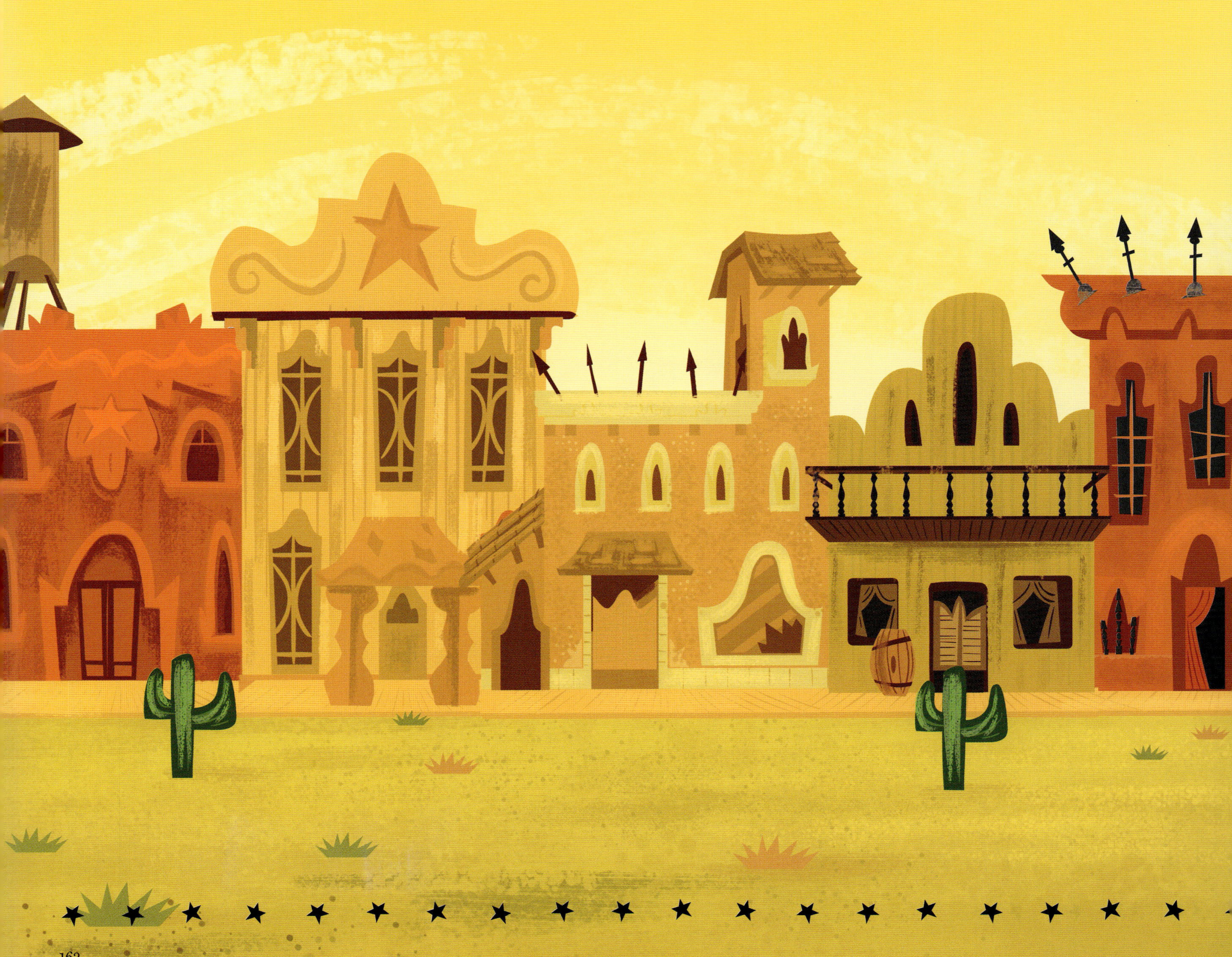

The Town of Calavera

This town is very much inspired by how people seem to see our beloved Tijuana all over the world.

El pueblo de Calavera

Este pueblo está inspirado en cómo la gente de todo el mundo se imagina a nuestra querida Tijuana.

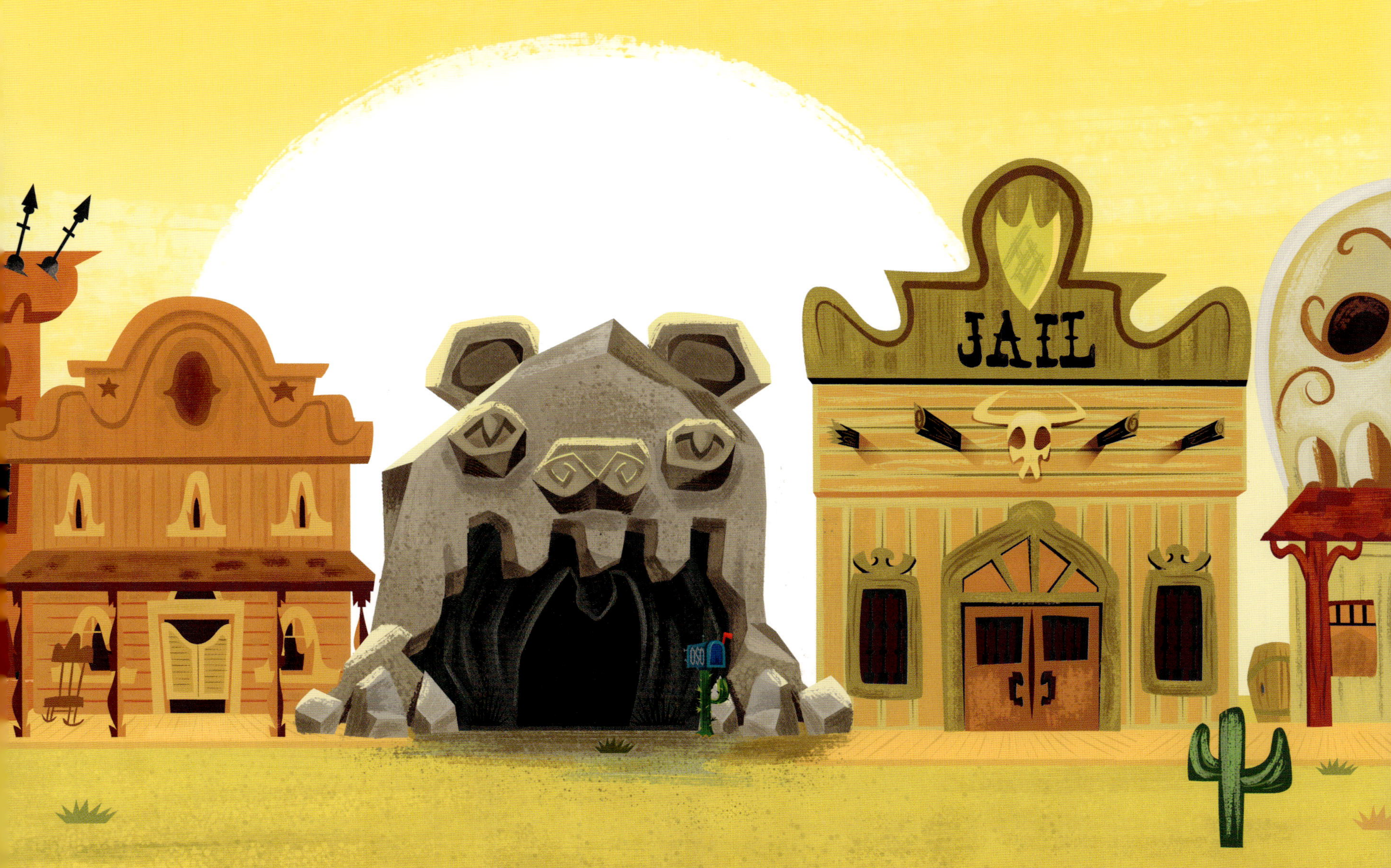

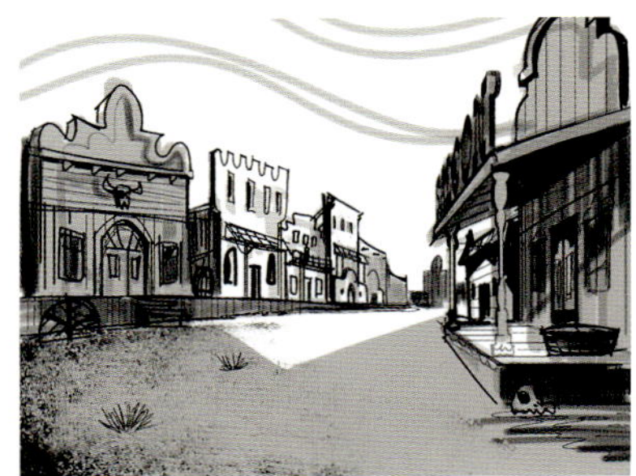
ROMAN'S ROUGH

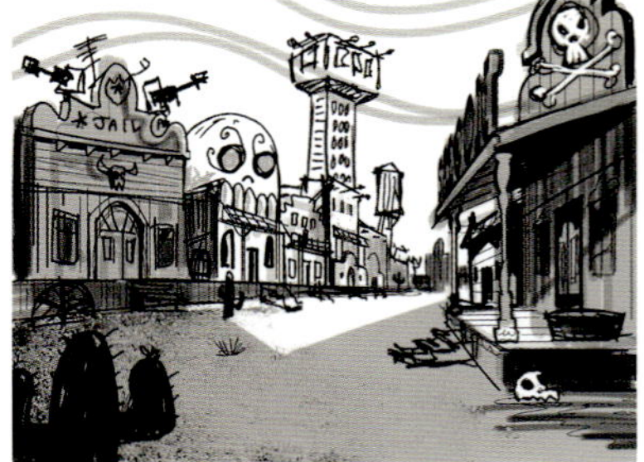

JORGE'S DRAW OVER

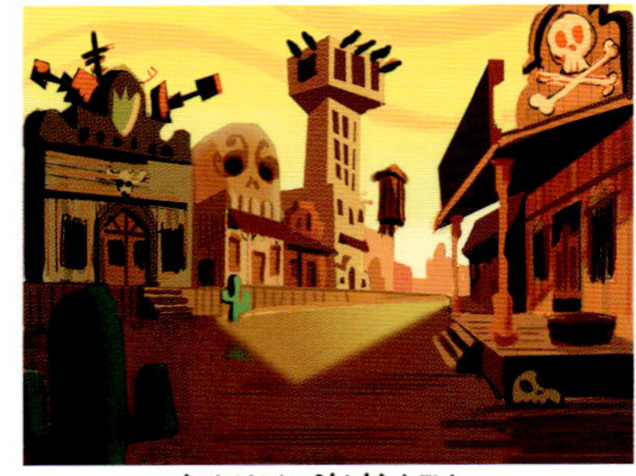
ROMAN'S COLOR KEY

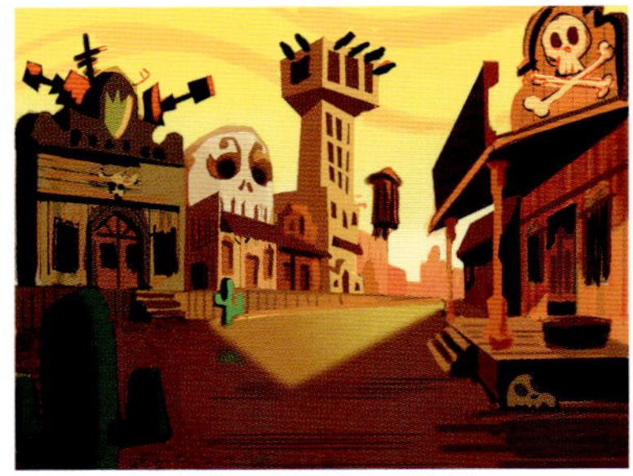
JORGE'S REVISED COLOR

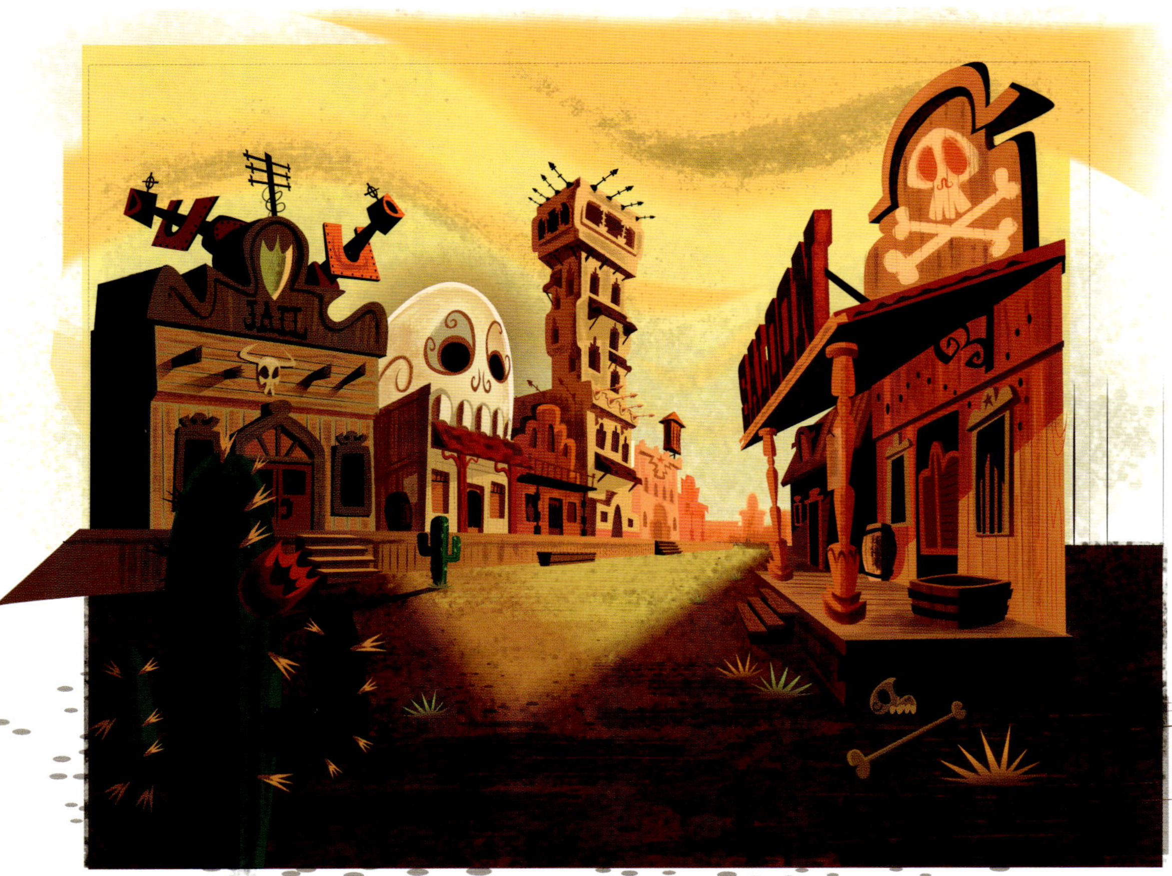

FINAL

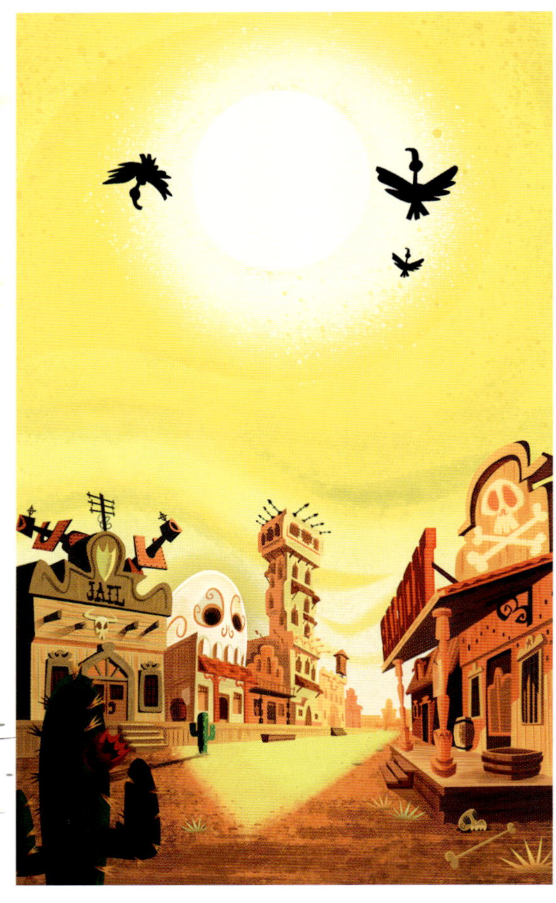

Roman Laney

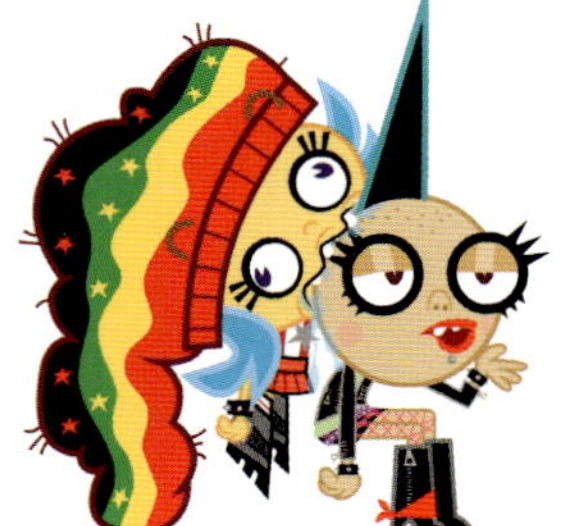

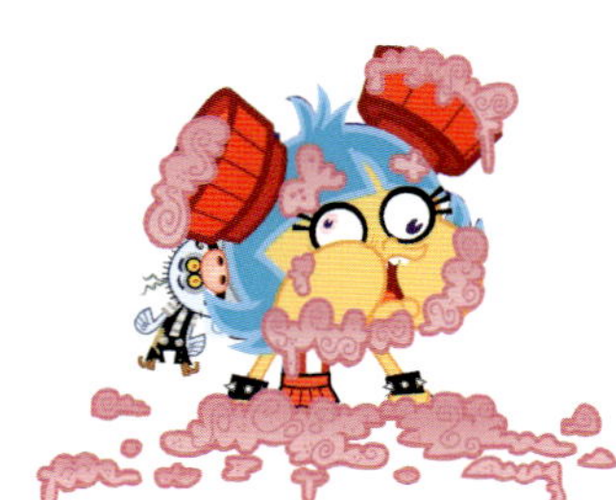

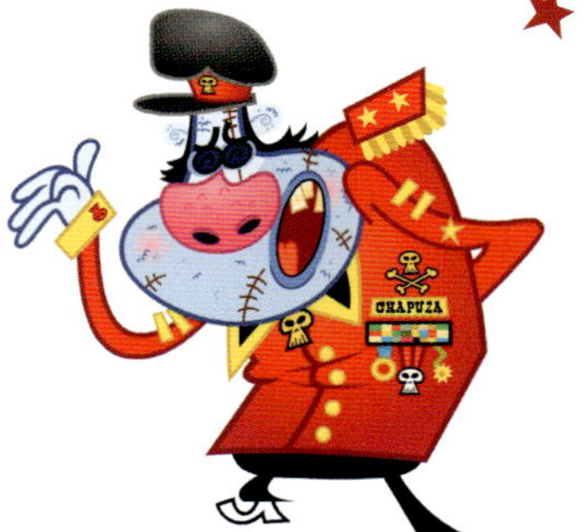

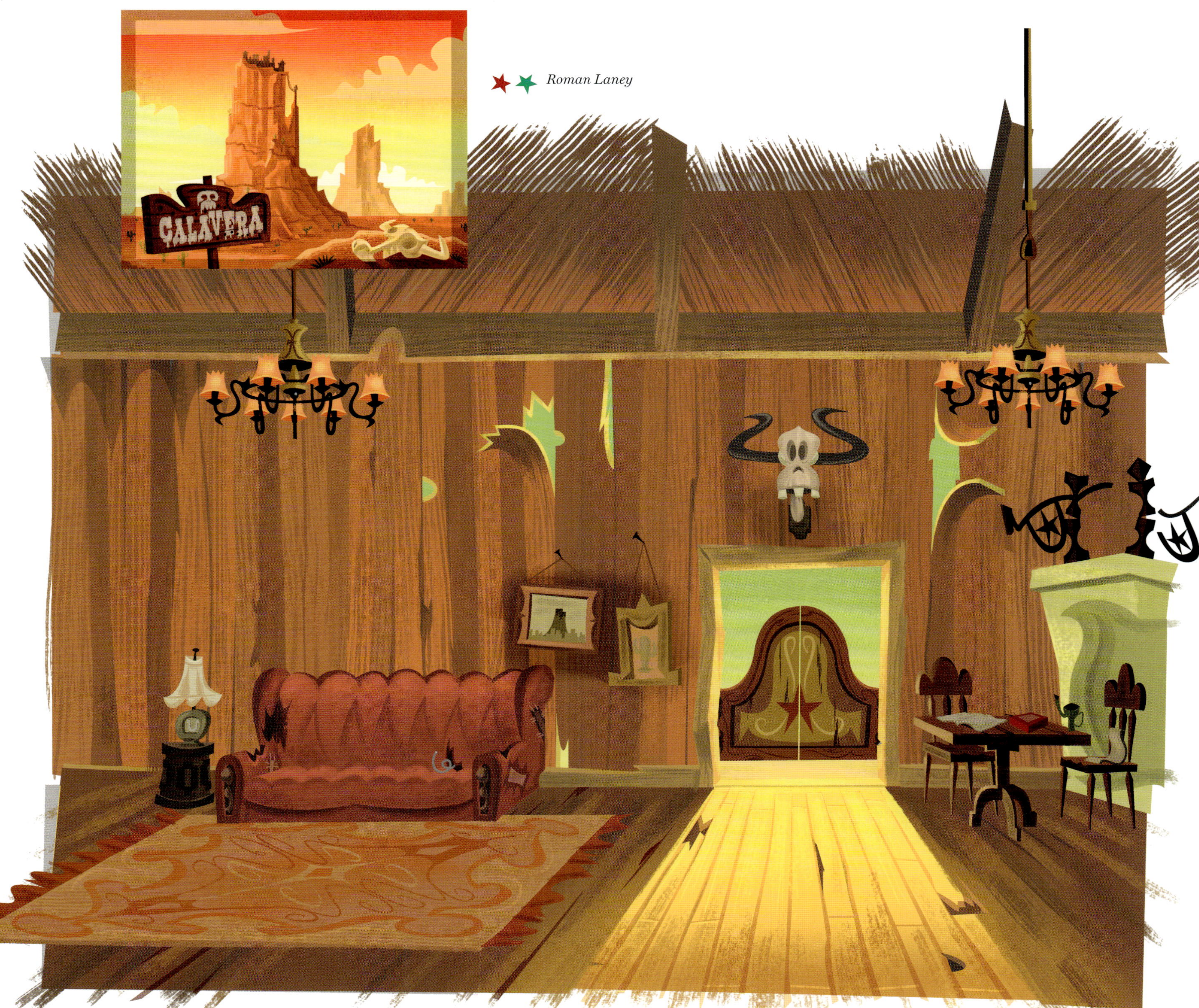

Roman Laney

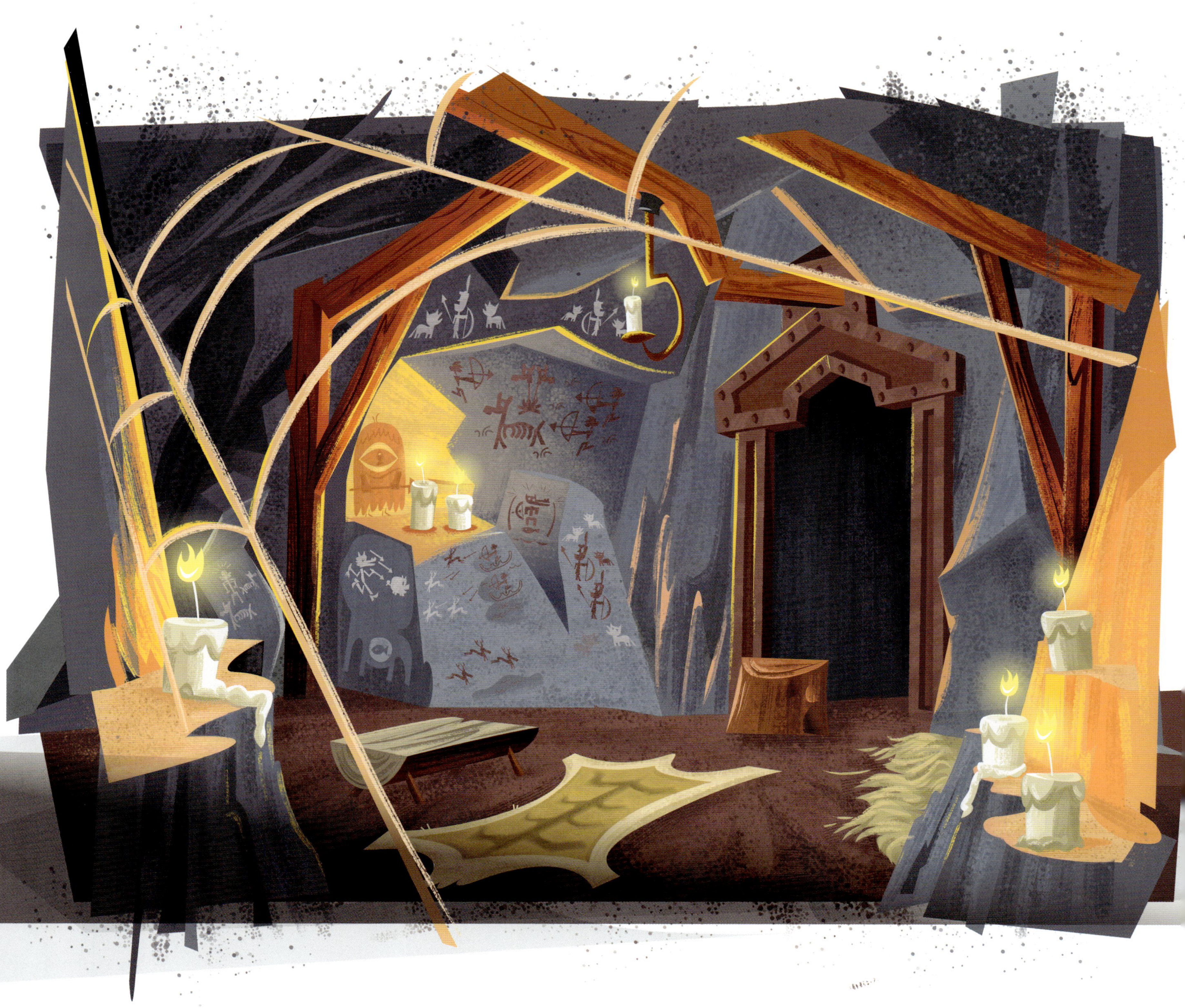

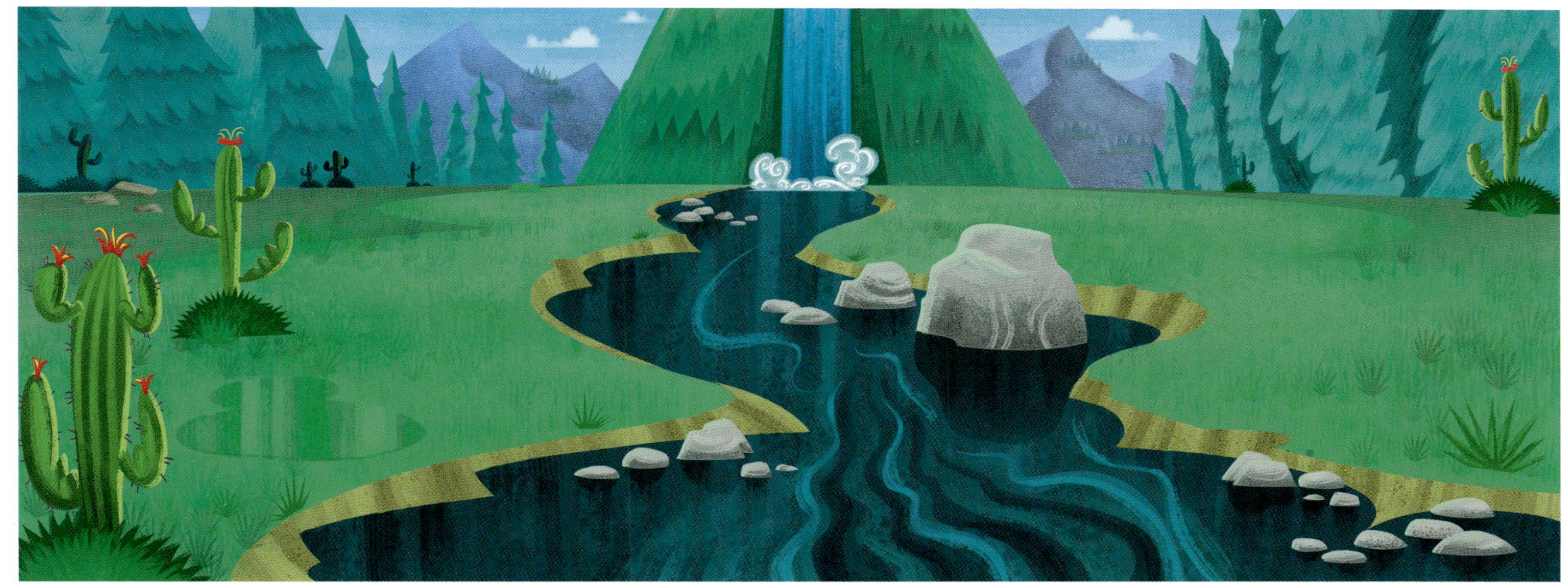

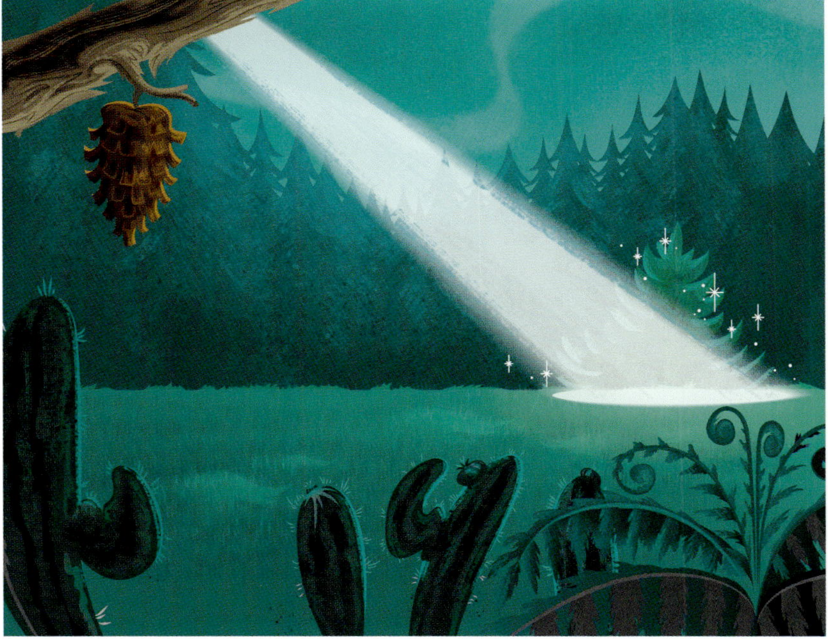

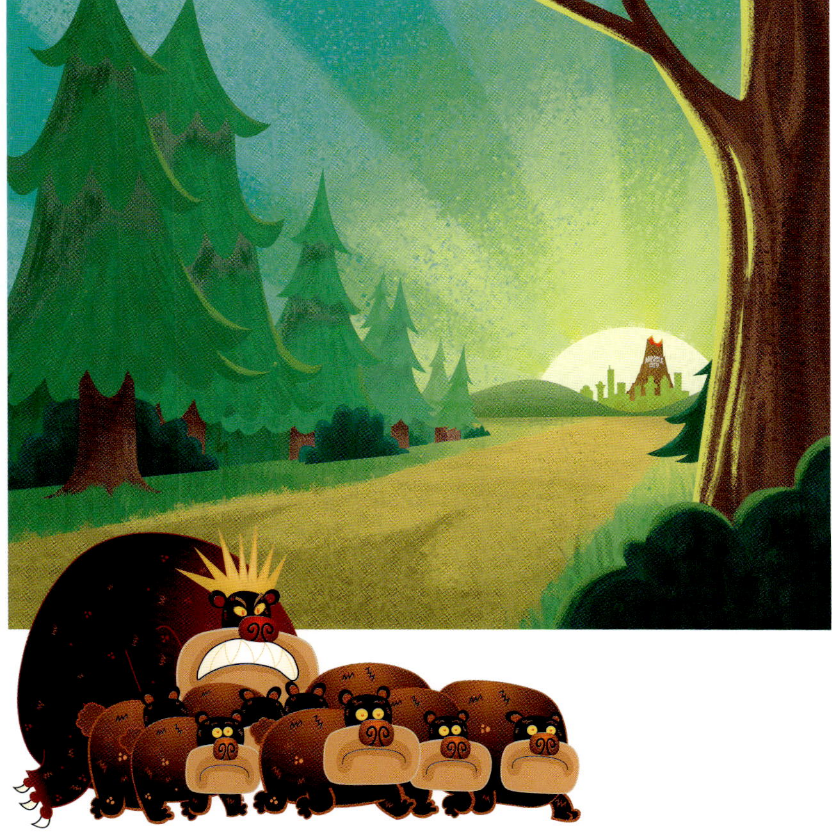

Background art from "Oso Solo Mio" [E23a]

Arte del fondo de "Oso solo mío" [E23a]

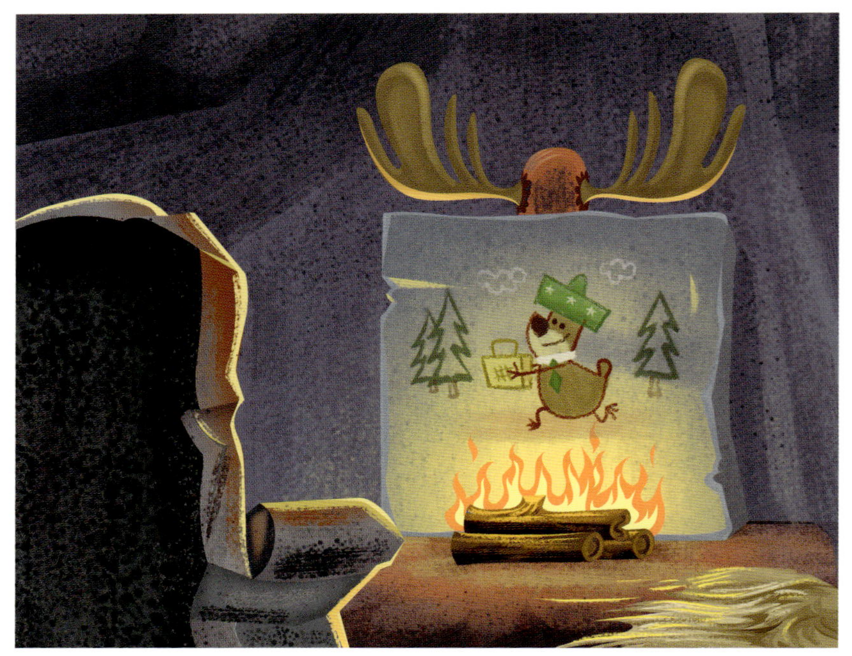
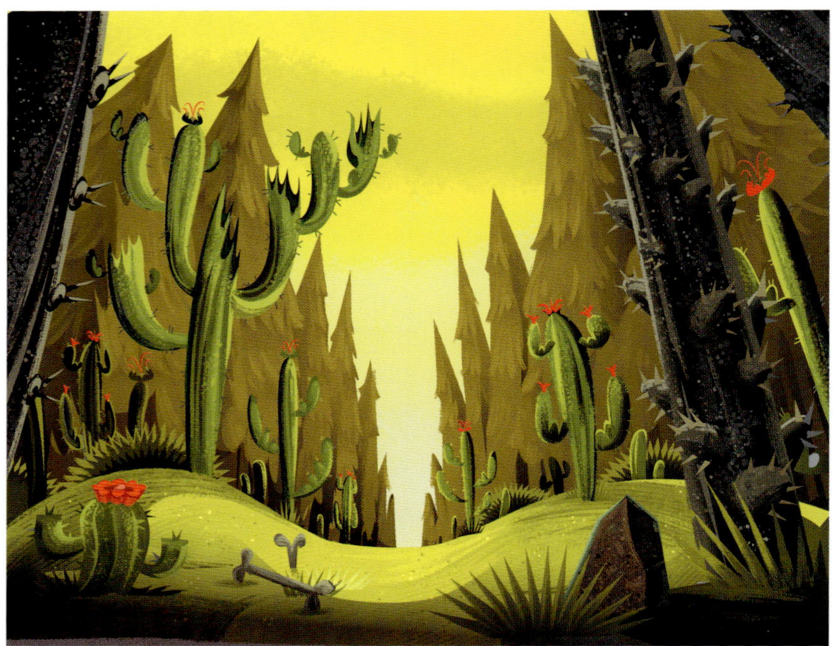
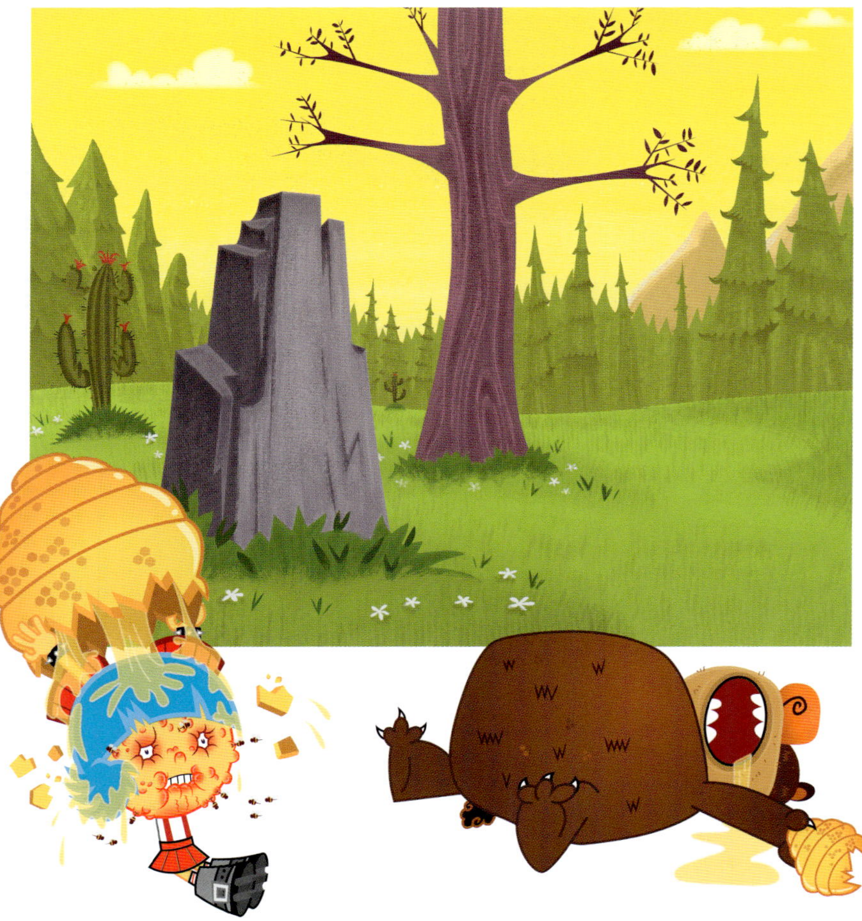
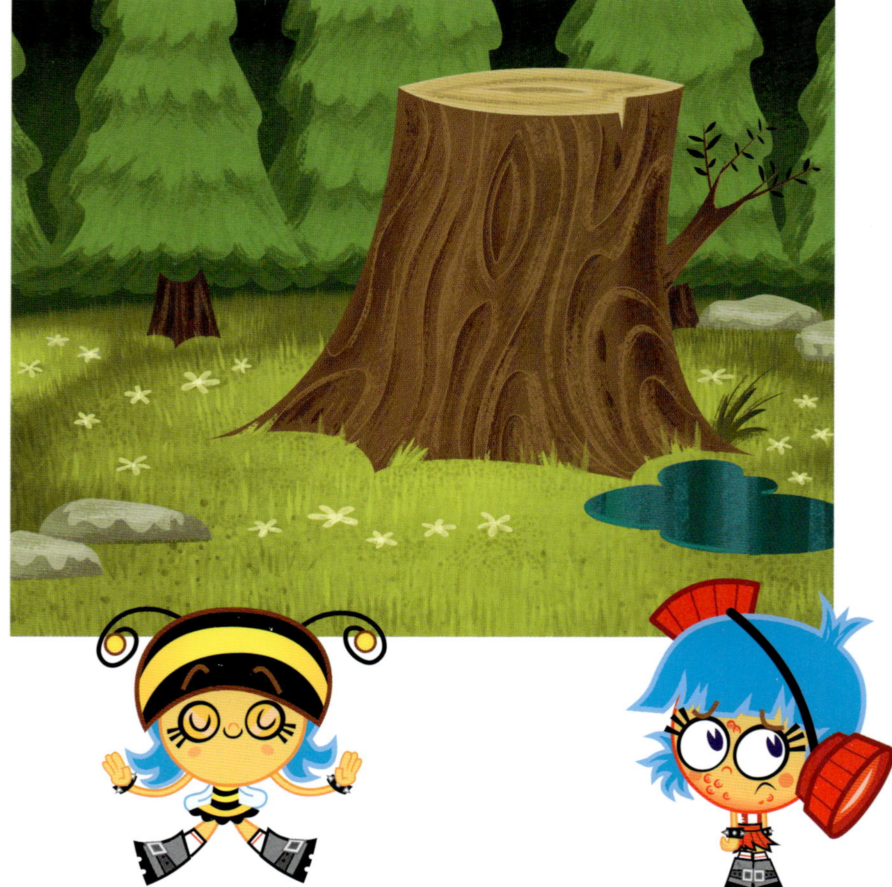

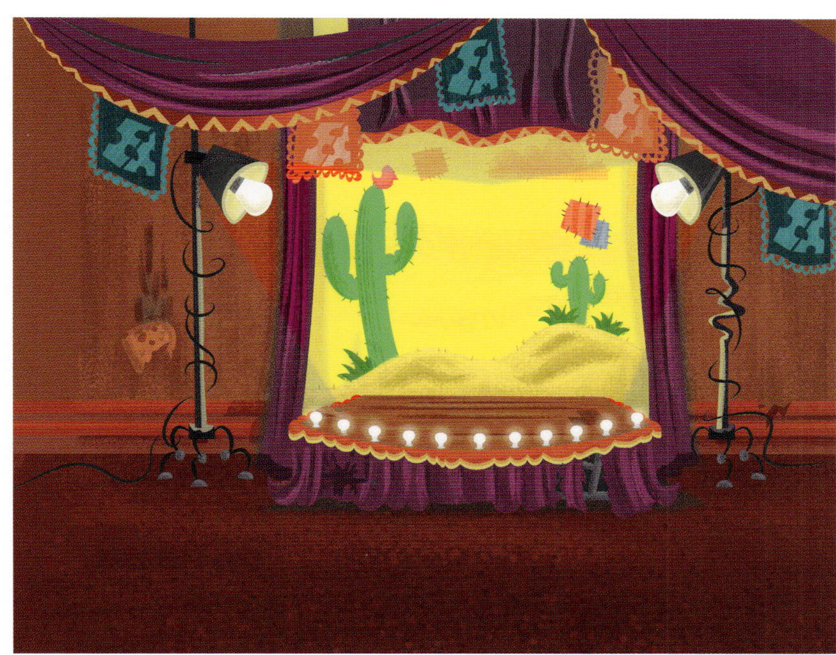

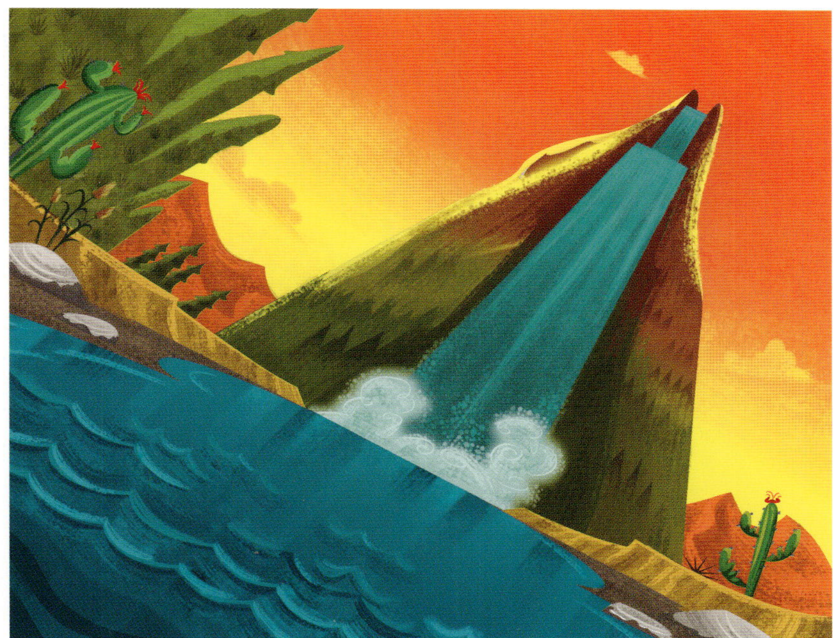

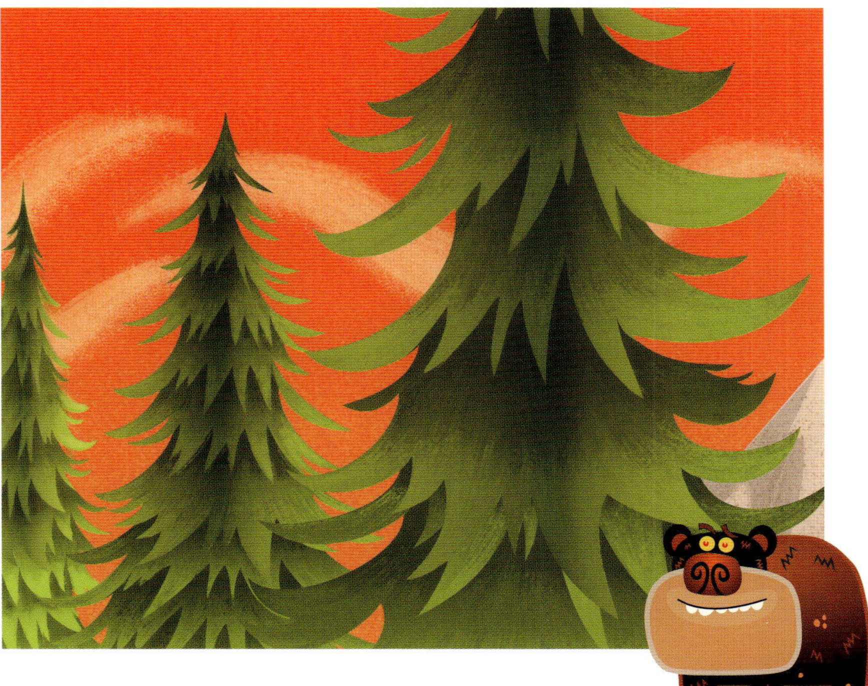

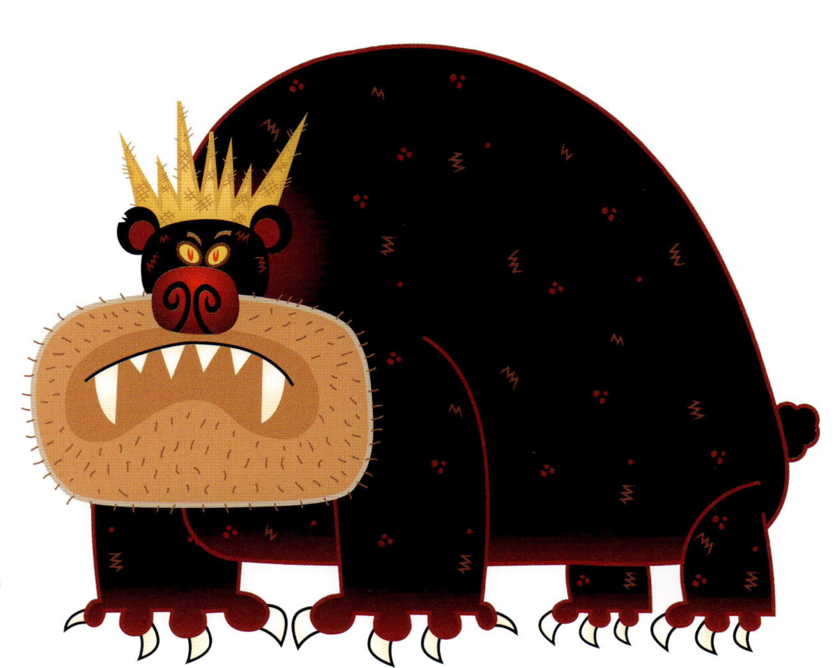

Background art from "Oso Solo Mio" [E23a]

Arte del fondo de "Oso solo mío" [E23a]

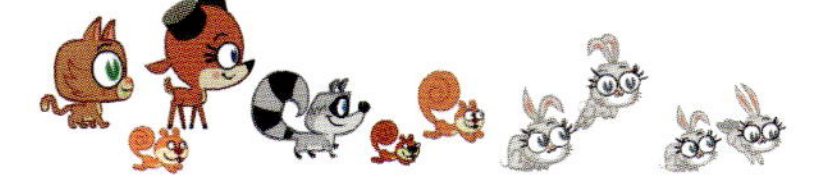

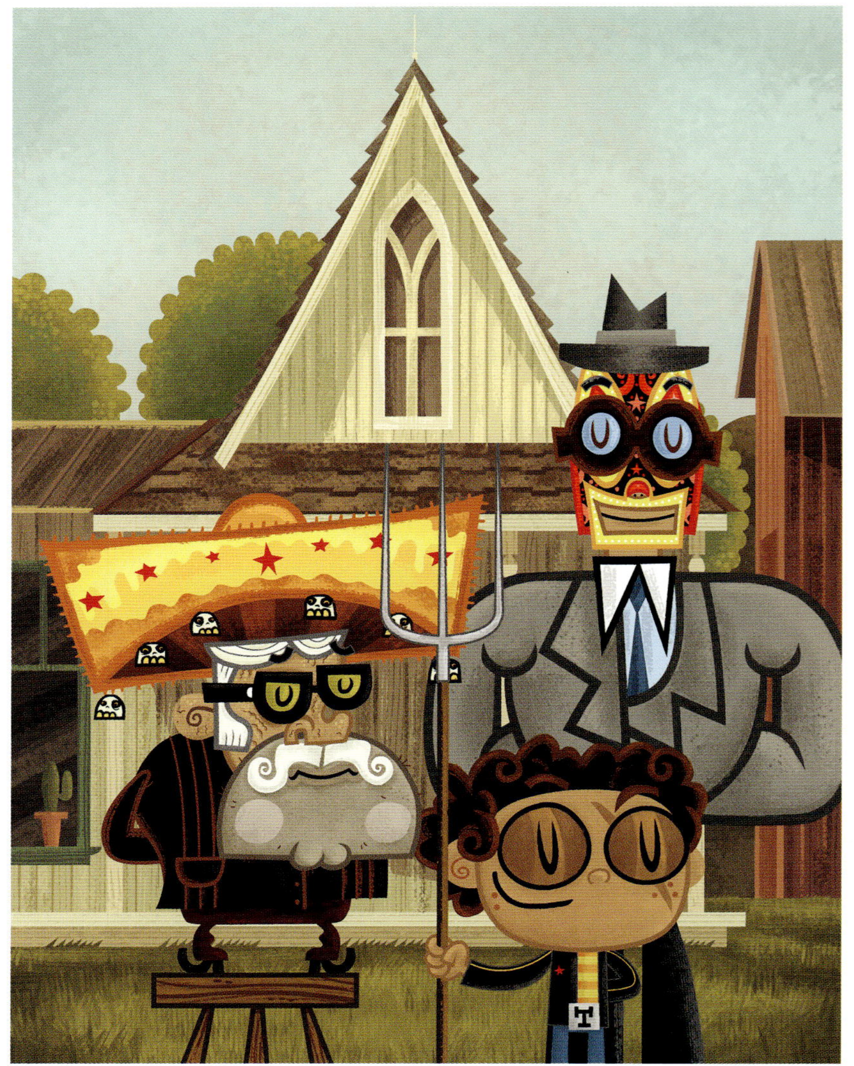

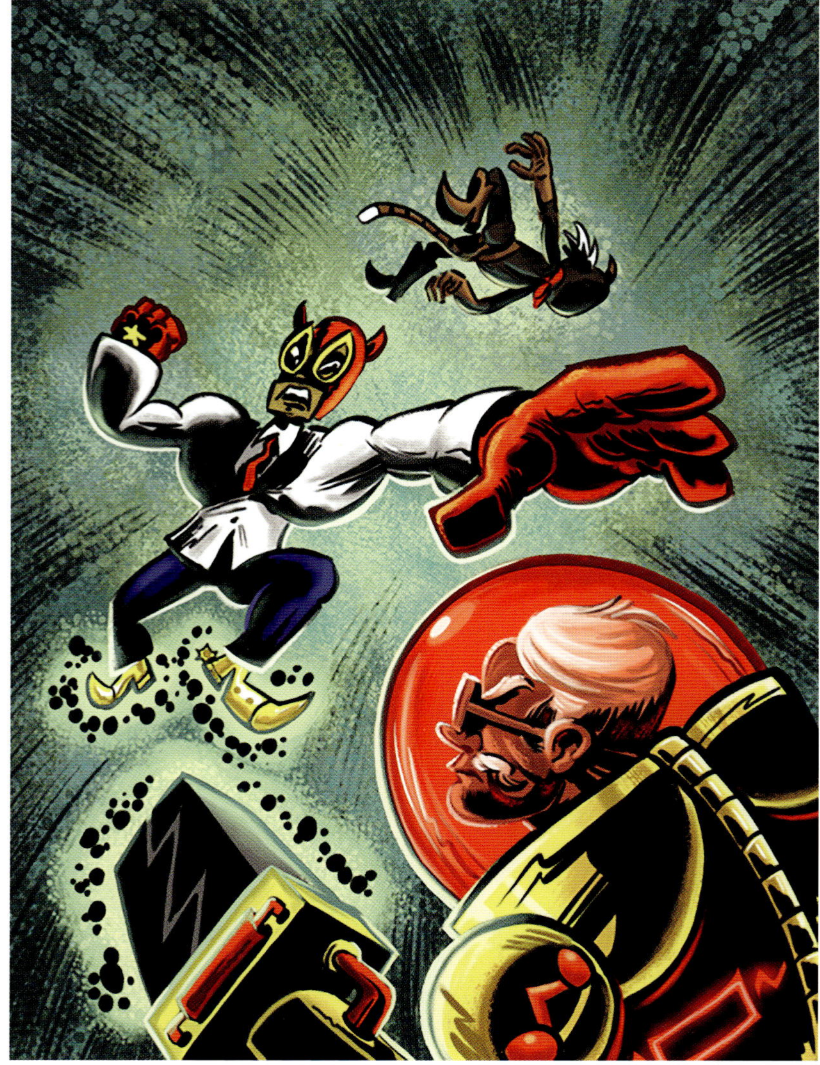

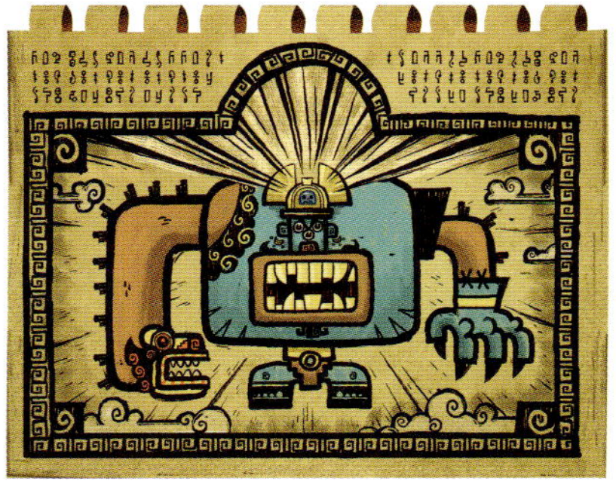

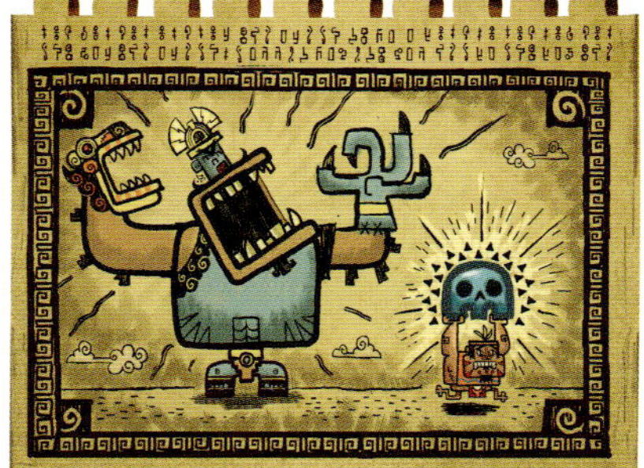

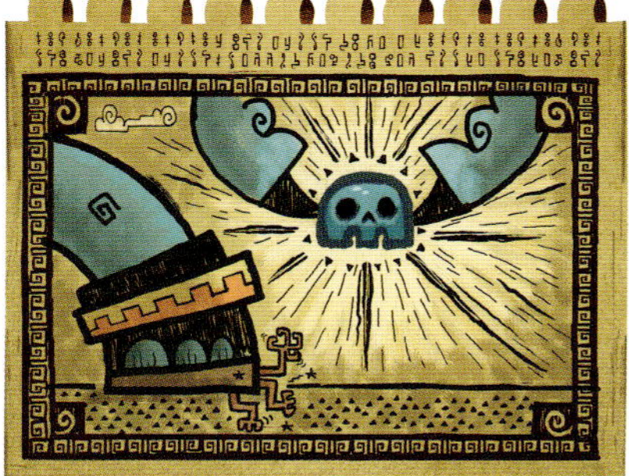

These are various painted images from a variety of episodes, including the following spread, which features signature Nickelodeon gross-out close-ups.

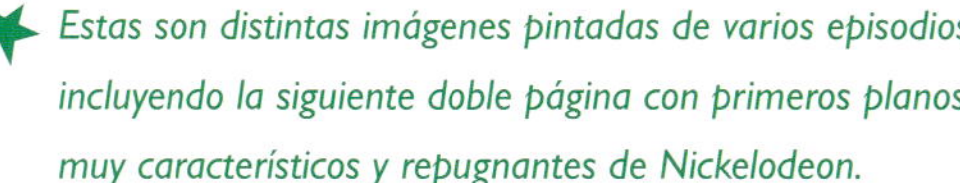

Estas son distintas imágenes pintadas de varios episodios, incluyendo la siguiente doble página con primeros planos muy característicos y repugnantes de Nickelodeon.

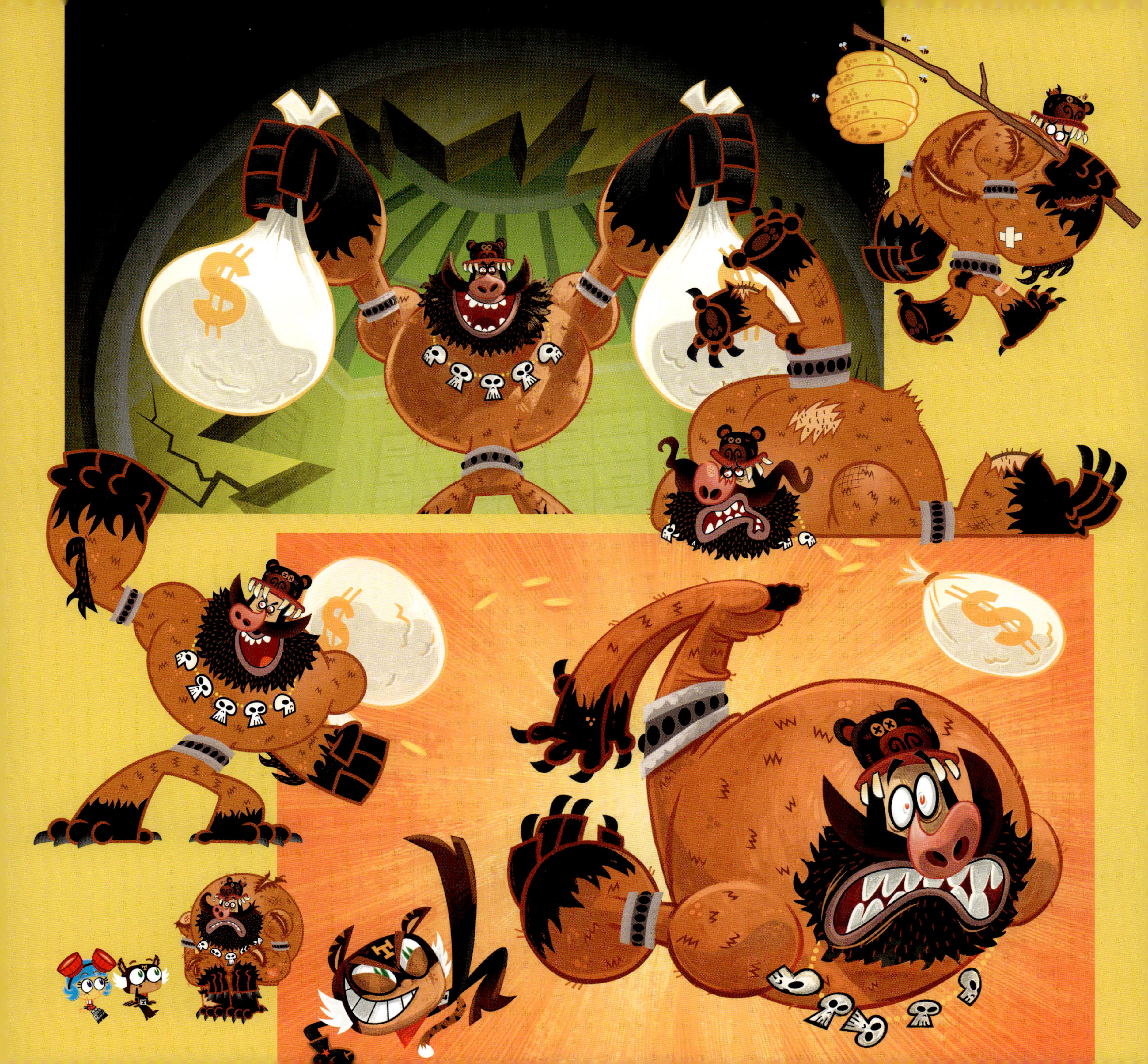

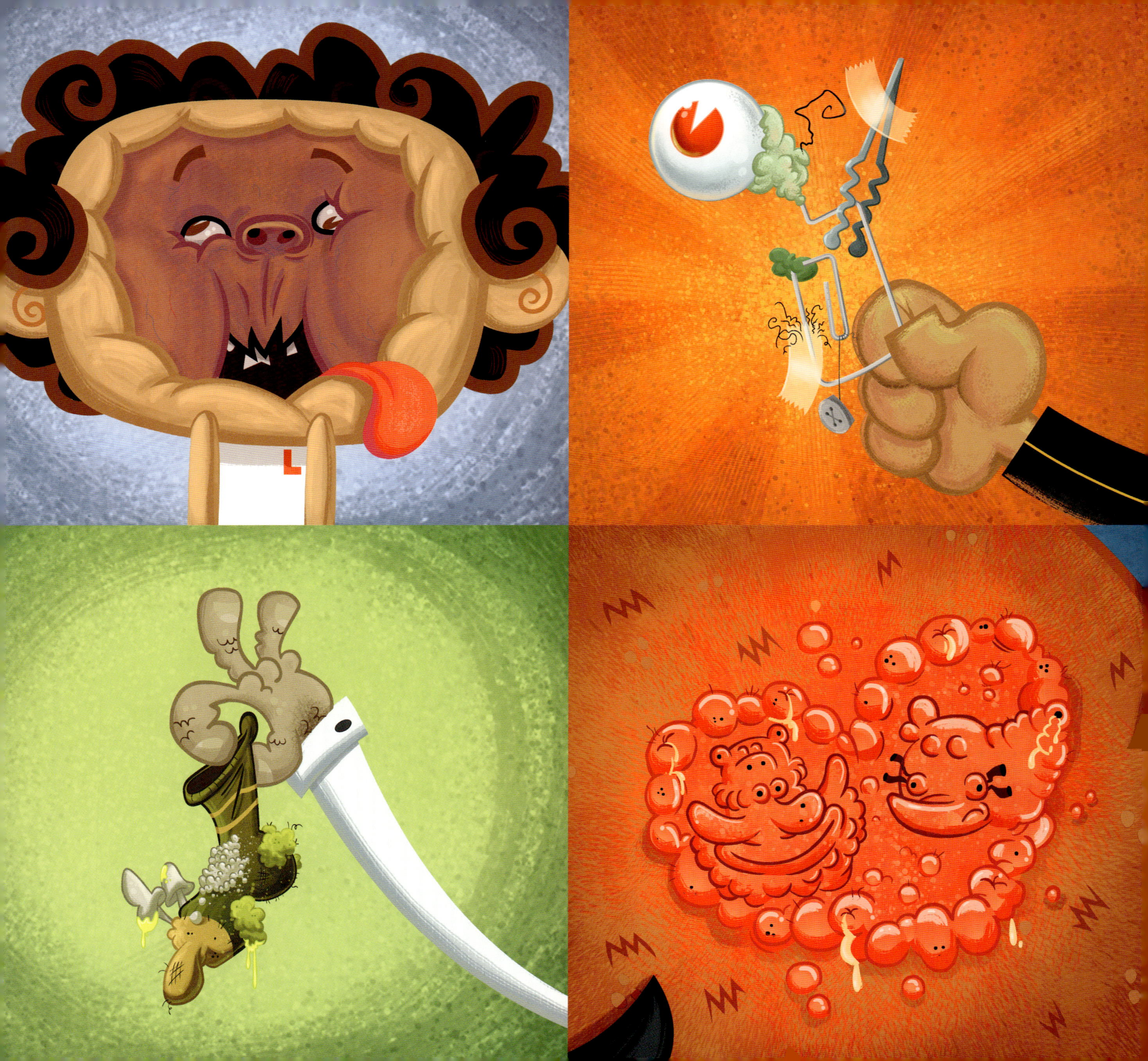

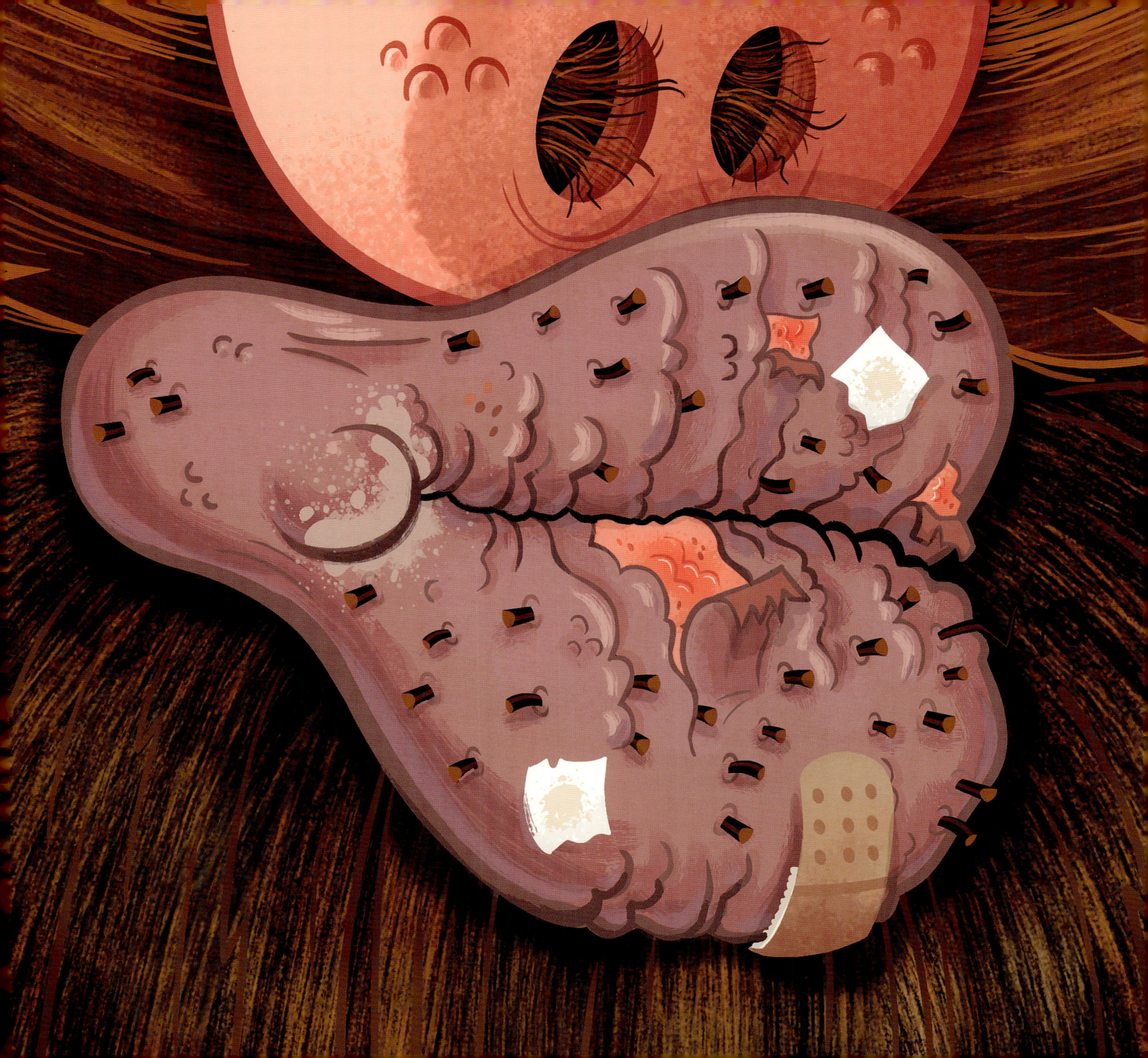

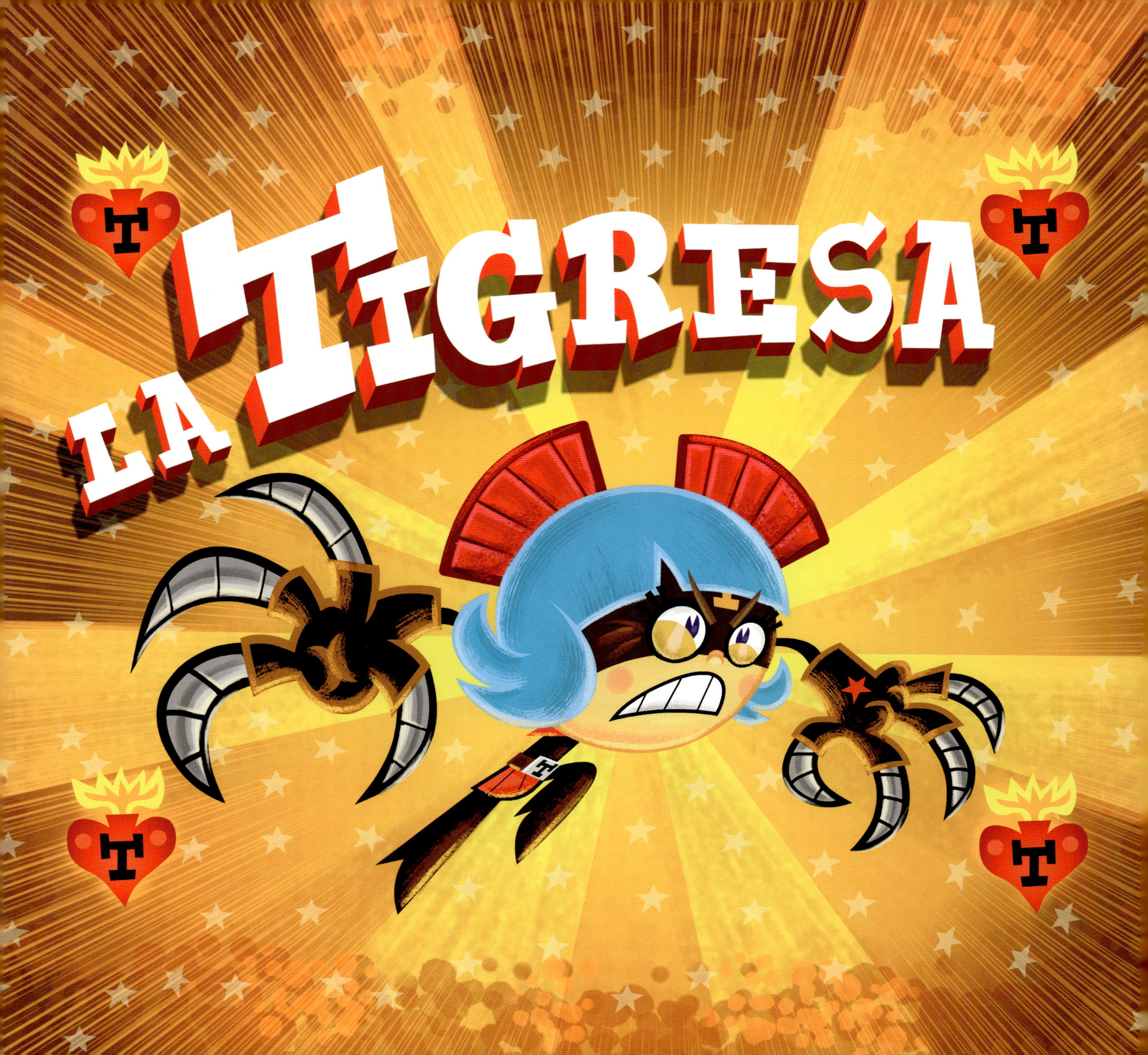
LA TIGRESA
T
T
T
T

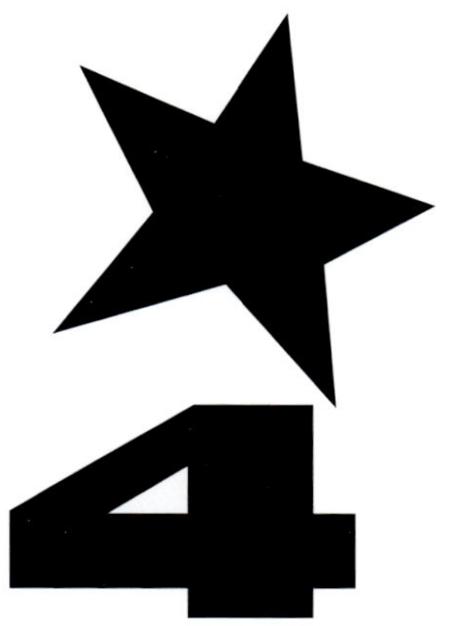

4 Epic Stories

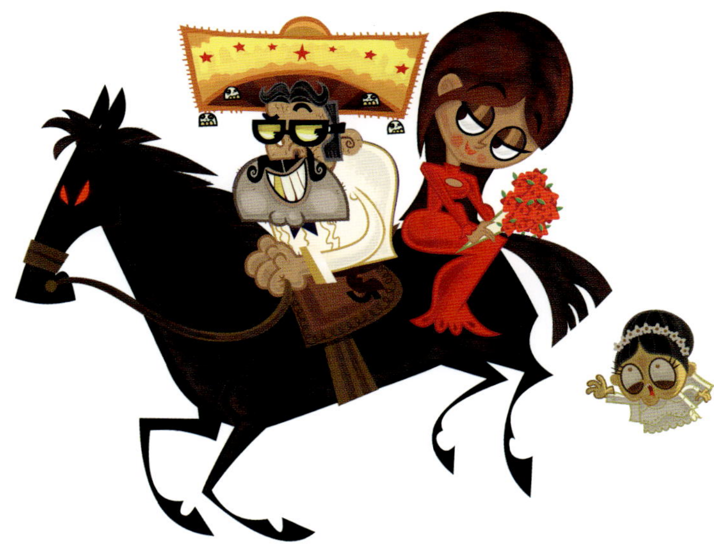

Relatos épicos

Title card art from "La Tigresa" [E10b]

Arte del título de "La Tigresa" [E10b]

Never let the truth get in the way of a good story. These words, told to a young Jorge by his grandfather, are a guide for storytellers. *El Tigre* episodes were inspired by real memories that were amplified and enhanced. The spiciest tales perhaps sanitized a bit (for the young people), while the cartoon medium also allowed the broadest exaggeration of action possible—Manny and Frida found themselves entangled in plenty of violence, zombies, explosions, mustaches, and impact craters. The friends were also forced to navigate the very real world of middle school: mean teens, body odor, peer pressure, and concerned parents. All of it steeped in Mexican and American pop and traditional culture. Underneath, the story truth of each episode would center on relatable and timeless core ideas, such as lying, jealousy, pride, greed, family, love, honor, or death.

In "Zebra Donkey" [E04a], Manny wins the prize of watching the beloved school mascot, Zebra Donkey, over spring break. Bored with the instructional video on how to care for the animal, Manny and Frida skip it to launch into a montage of fun Zebra Donkey action: skydiving, race car driving, rappelling off a cliff, riding over a waterfall in a barrel, and more, before landing in an ice-cream parlor where Manny and Zebra Donkey enjoy banana splits. Frida busts in to try to stop Zebra Donkey from eating more bananas, but it is too

No dejes que la verdad se interponga ante una buena historia. Para el pequeño Jorge, estas palabras de su abuelo fueron una guía para las historias. Los episodios de *El Tigre* están basados en recuerdos reales, amplificados y realzados. Algunas historias las hemos suavizado un poco (para los más jóvenes), mientras que los dibujos animados nos permitieron exagerar las acciones al máximo: Manny y Frida muchas veces están en medio de mucha violencia, zombis, explosiones, bigotes y volcanes en erupción. Nuestros amigos no dejan de ser adolescentes con sus problemas particulares de la preparatoria: adolescentes odiosos, olor corporal, presión social y padres preocupados. Todo esto en medio de la cultura pop y tradicional mexicana y estadounidense. En el trasfondo de cada historia, de cada episodio, hay ideas nucleares, como la mentira, los celos, el orgullo, la avaricia, la familia, el honor o la muerte.

En "Cebra Burro" [E04a] Manny gana el premio de cuidar de la mascota de la escuela durante las vacaciones de primavera. Sandra y Jorge se saltan el libro de instrucciones sobre cómo cuidar a la mascota y pasan directo a un divertido montaje de acción con Cebra Burro: buceo, carreras de coches, rápel, descenso por una cascada en un tonel y mucho más, hasta terminar en una heladería donde Manny y Cebra Burro disfrutan de unos banana splits. Frida intenta que Cebra Burro no se coma

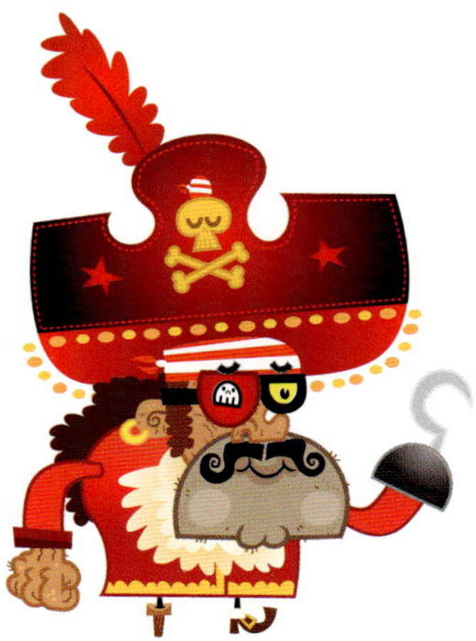

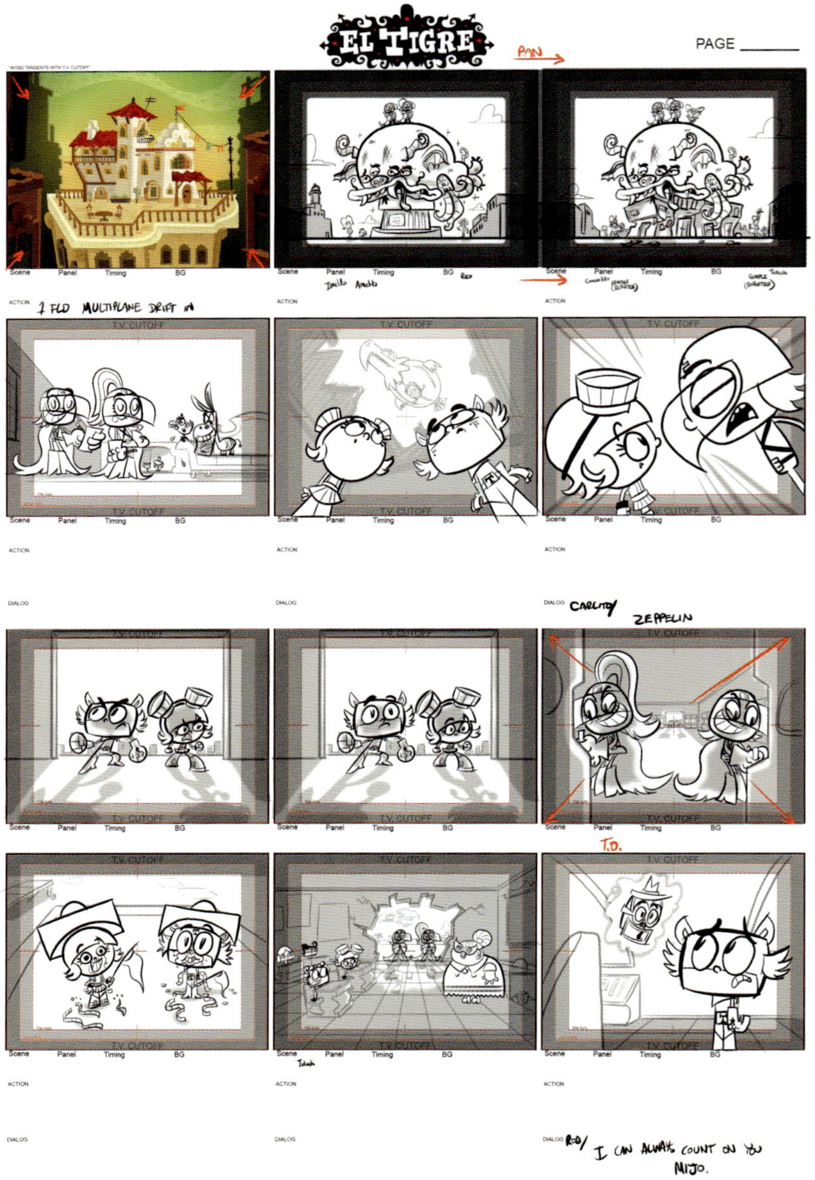

EL TIGRE

PAGE

PAN →

ACTION 1 FLD MULTIPLANE DRIFT IN

DIALOG CARLITO/ ZEPPELIN

T.D.

DIALOG ROD/ I CAN ALWAYS COUNT ON YOU MIJO.

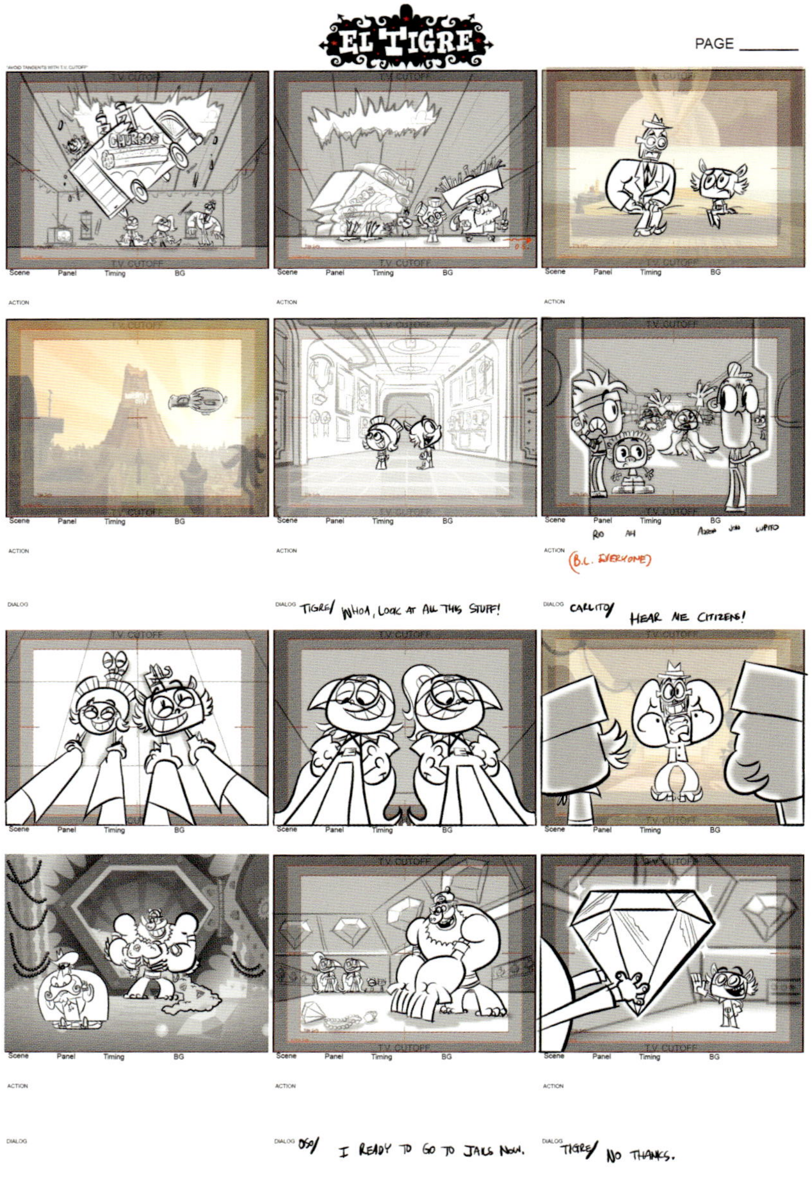

EL TIGRE

PAGE

(B.G. EVERYONE)

DIALOG TIGRE/ WHOA, LOOK AT ALL THIS STUFF!

DIALOG CARLITO/ HEAR ME CITIZENS!

DIALOG OSO/ I READY TO GO TO JAILS NOW.

DIALOG TIGRE/ NO THANKS.

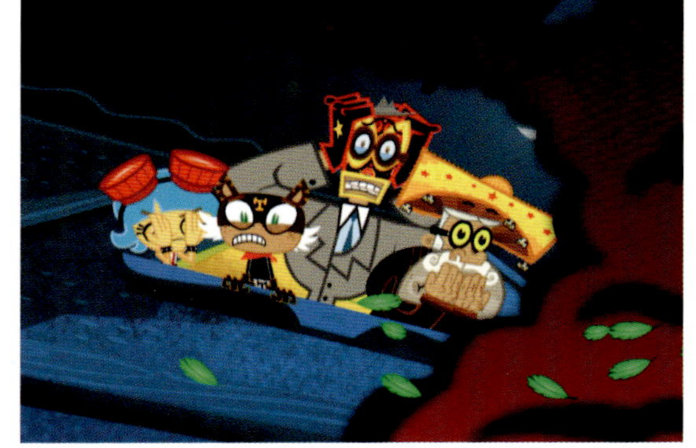

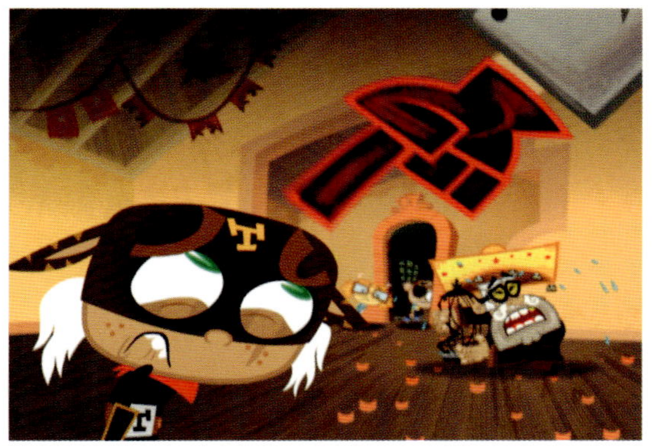

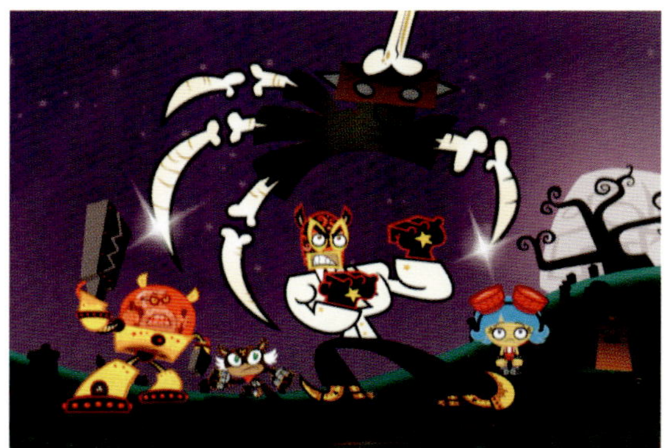

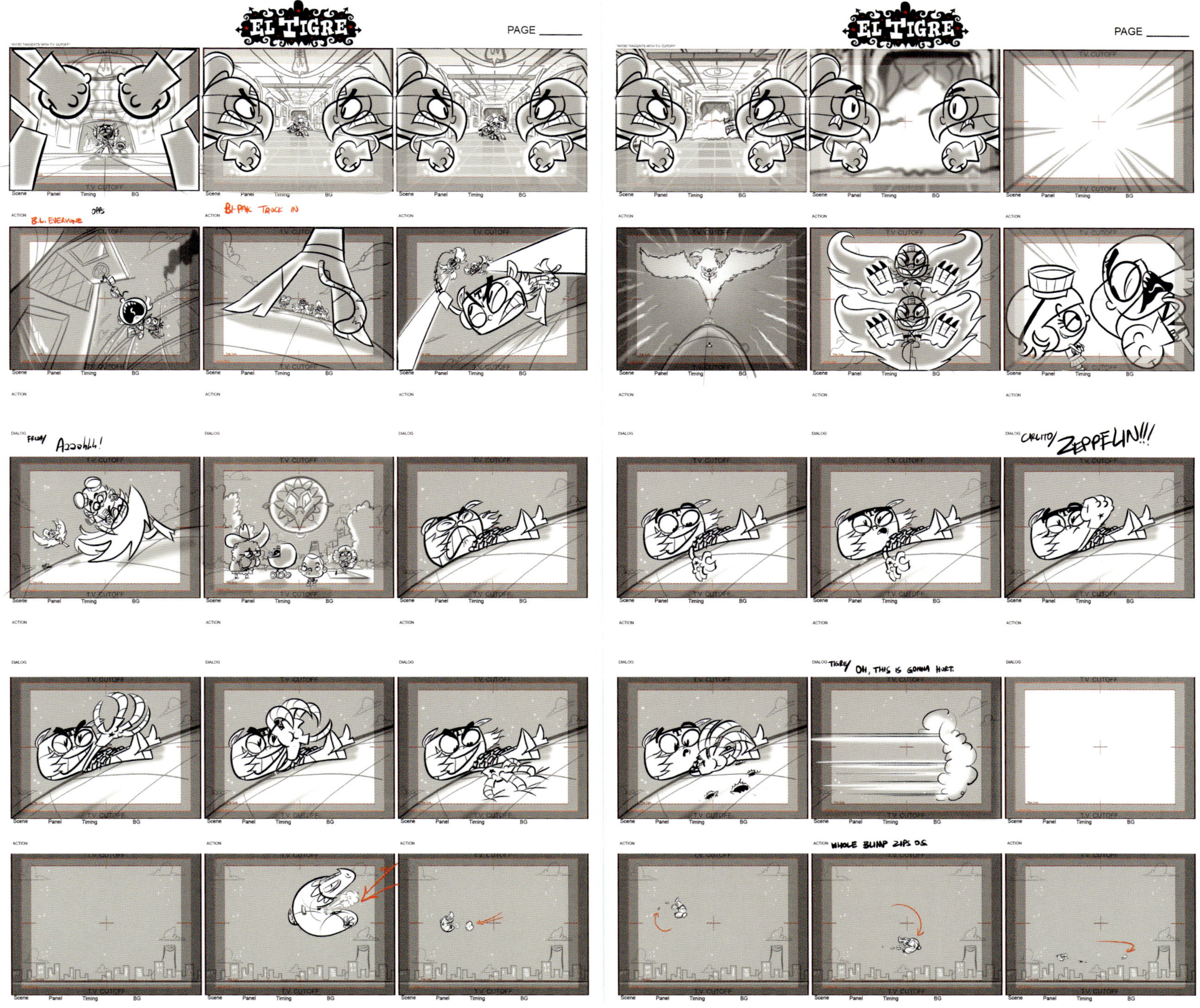

Beat Boards

Directors Dave Thomas and Gabe Swarr drew thumbnail storyboard panels that defined the main beats of each episode, which were passed on to the storyboard artists and used as the basis for color scripts and background designs.

Storyboards

Storyboards

Los directores Dave Thomas y Gabe Swarr dibujaron paneles del storyboard en miniatura para definir el ritmo principal de cada episodio, que luego se pasaban a los artistas de storyboard y estos los utilizaban como la base para los guiones de color y los diseños de fondos.

late. Zebra Donkey dies from banana poisoning (bananas are poisonous to Zebra Donkeys in this world).

Manny and Frida's sin of boredom and laziness was innocent enough but led to the death of their good friend and put them at a crossroads: to own up to their mistake or double down and explore cover-up options. Naturally, they choose the latter. When plan A, a painted impostor donkey, does not convince the school children, plan B, "We'll steal Sartana of the Dead's mystical guitar!" is next. Though the guitar is successfully stolen, and Zebra Donkey is revived via the guitar into a stinky, decomposing, zombie Zebra Donkey, Sartana descends for revenge. As she powers up her recovered guitar to obliterate Manny, Zebra Donkey sacrifices himself to save everyone by kicking and stomping on the guitar, which turns him to a pile of dust, thereby dying for the second time. One final strum on a string on a fragment of the guitar revives him as a zombie once more as an apparently happy ending for this story of sloth, loss, deceit, revenge, rebirth, sacrifice, and redemption, all in under eleven minutes.

Fred Osmond [storyboard artist]: One of the things I love about Jorge is how he's always honing his craft of storytelling. I remember he'd come into the studio in the morning with some story to tell about the night before, and it would always be really good. Then, maybe I'd be lucky to share lunch with him and a group of people, and the story got bigger, more engaging, and funnier. Later still at a late afternoon design review, the story would have grown exponentially. If you were lucky enough to hear that story at the end of the day, it had become a downright masterpiece. Every one of those days was like a storytelling masterclass. I should have taken notes!

The world-building of *El Tigre* and meticulous design of locations entrenched in Mexican and American cultural references set the scene. Each scene was populated with an array of civilians, heroes, and villains, with central conflicts, emotions, obsessions, social quirks, or disagreeable manners. All that remained missing was the premise: the story hook to drag through the whole scene and instigate the players into action.

más banana splits, pero llega demasiado tarde. Cebra Burro muere de intoxicación de bananas (los plátanos son venenosos para ellos en este mundo).

Manny y Frida actuaron por diversión y pereza, pero esto provocó la muerte de su buen amigo y los puso en una encrucijada: reconocer su error o inventarse una tapadera. Evidentemente intentaron lo segundo. Plan A: sustituir a Cebra Burro por otra cebra, pero esto no los convence. Plan B: "Le robamos la guitara mística de la muerte de Sartana!". Aunque consiguen robar la guitarra, no resucitan a Cebra Burro como era, sino como un zombi descompuesto. Sartana llega pidiendo venganza. Recoge su guitarra para intentar destruir a Manny, pero Cebra Burro se interpone y se sacrifica por todos dándole una patada a la guitarra. Se convierte en un montón de polvo y muere por segunda vez. Un último e inesperado sonido de la guitarra lo devuelve una vez más a la vida, como zombi. La historia termina feliz. Pérdidas, decepciones, venganza, vueltas a la vida, sacrificios y redenciones. Todo en menos de once minutos.

Fred Osmond [artista de storyboard]: Una de las cosas que amo de Jorge es cómo cuenta las historias. Recuerdo que cada mañana llegaba al estudio con una historia de la noche anterior, y siempre eran buenas. Cuando tenía la suerte de comer con él, la historia se hacía más grande, más cautivadora y más divertida. Luego, en la revisión de diseño, la historia había crecido exponencialmente. Si tenías la suerte de escucharla al final del día, se había convertido en una obra maestra. Cada día de esos fue como una clase magistral en contar historias. ¡Tendría que haber tomado apuntes!

La construcción del mundo de *El Tigre* y el meticuloso diseño de localizaciones arraigadas en referencias culturales mexicanas y estadounidenses prepararon el terreno. Cada escena tiene civiles, héroes, villanos, conflictos centrales, emociones, obsesiones, extravagancias locales y partes desagradables. Lo único que nos faltaba era la premisa: la historia para dar lugar y sentido a la acción.

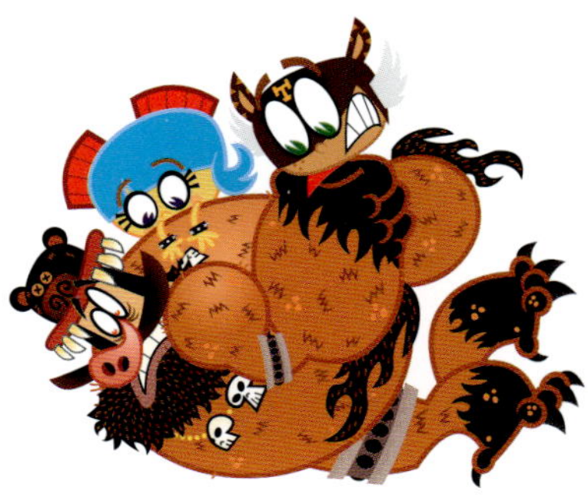

Justice Jaguar art by Dave Thomas from "The Grave Escape" [E14]

Arte del Jaguar de la Justicia de Dave Thomas en "Un escape de muerte" [E14]

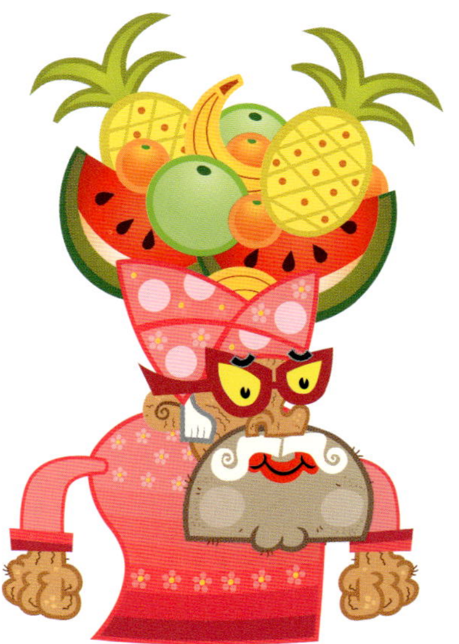

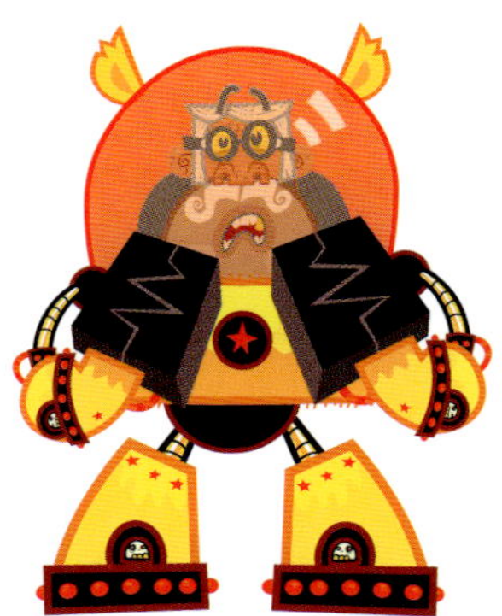

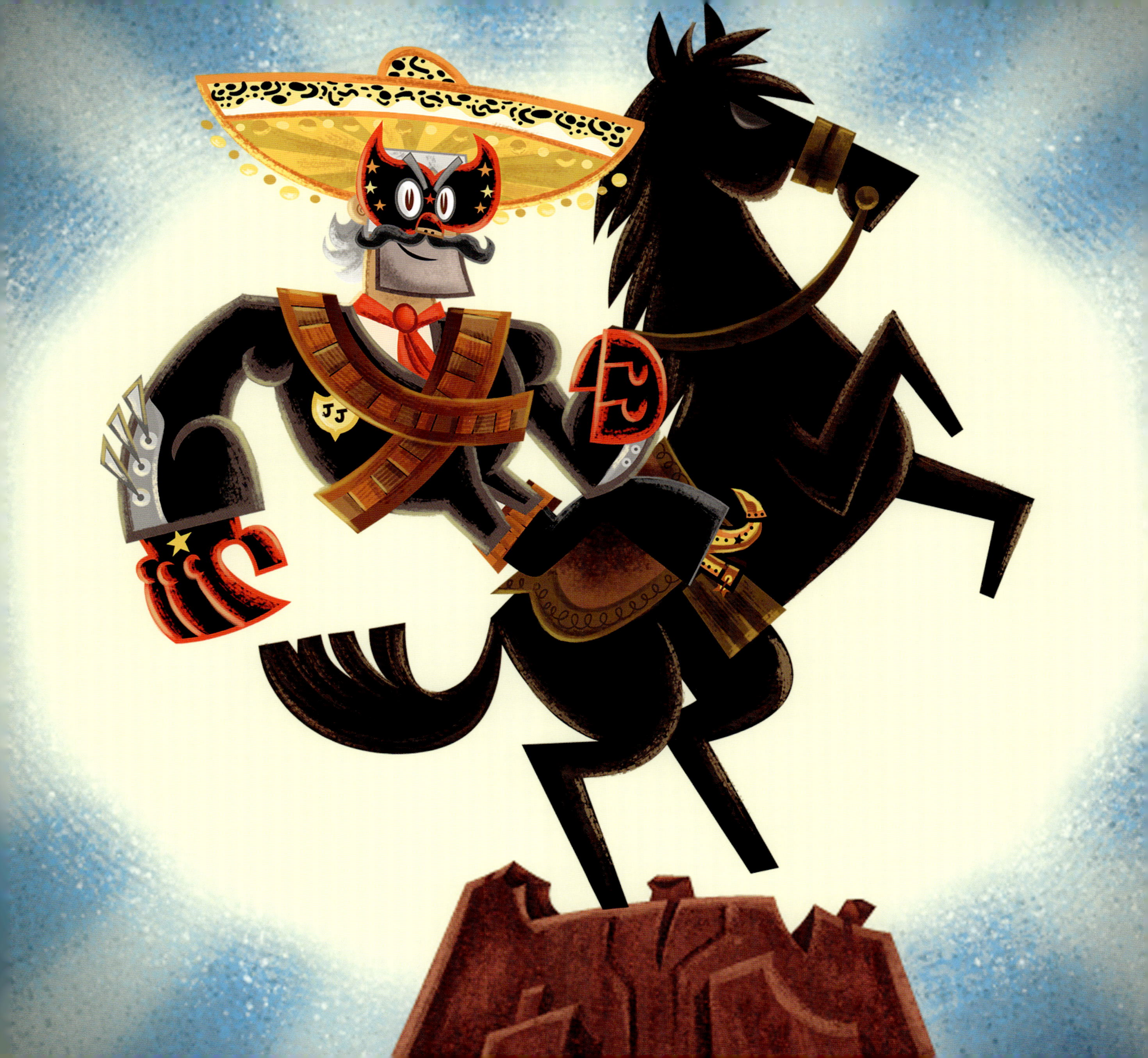
JJ

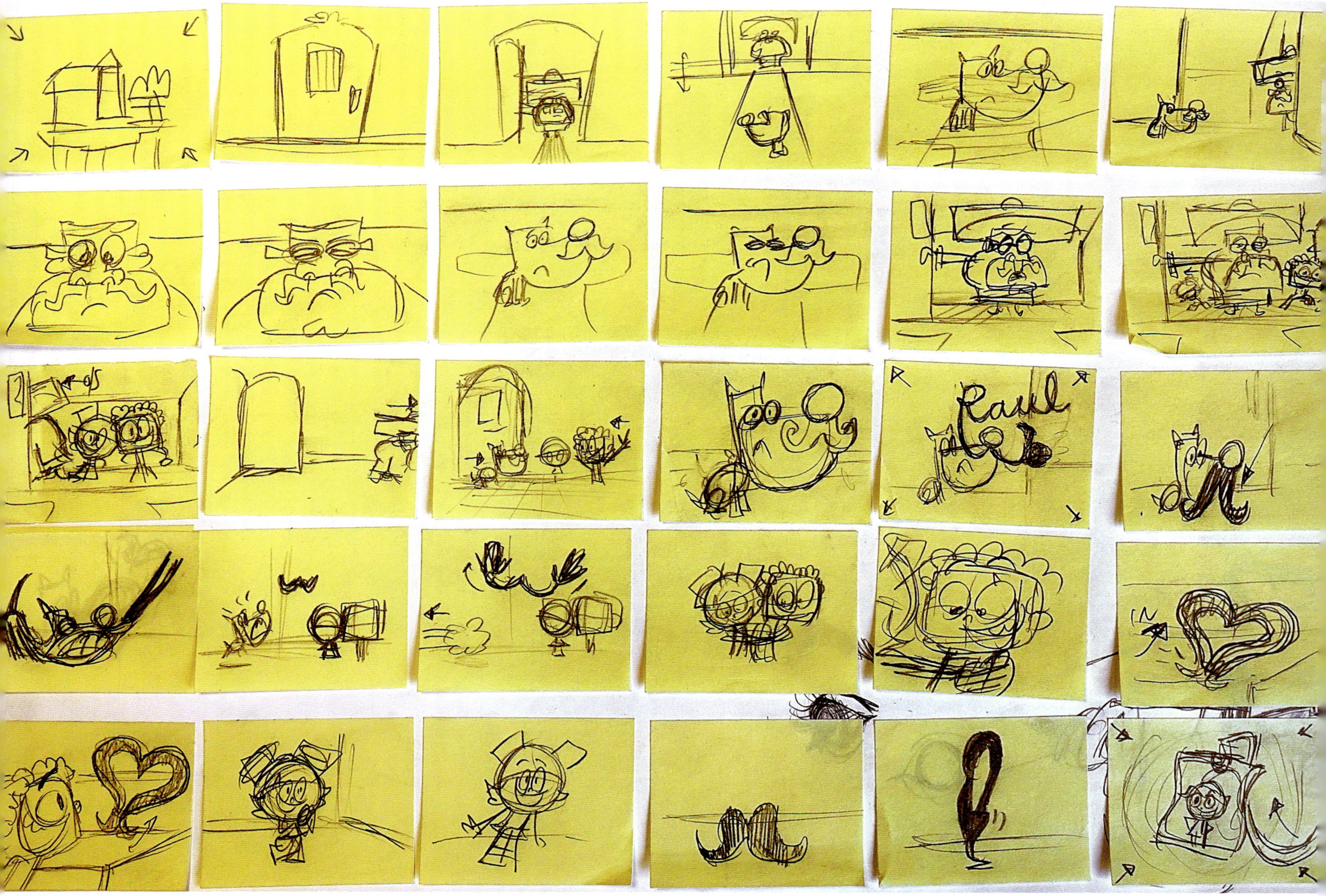

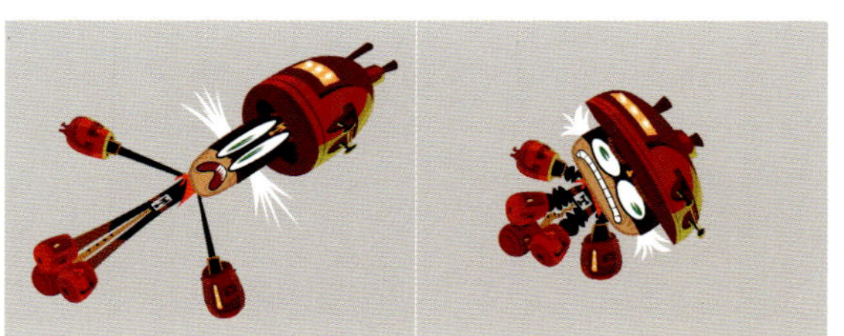

★ Thumbnail Storyboards

A story artist will draw thumbnails to capture rough ideas before refining them into storyboards. These thumbnail boards from "Mustache Love" [E25b] are by Sean Szeles.

★ Storyboards en miniatura

Los artistas de historias dibujan miniaturas para trazar las ideas en bruto antes de plasmarlas en el storyboard. Estas miniaturas de "Amor mostacho" [E25b] son de Sean Szeles.

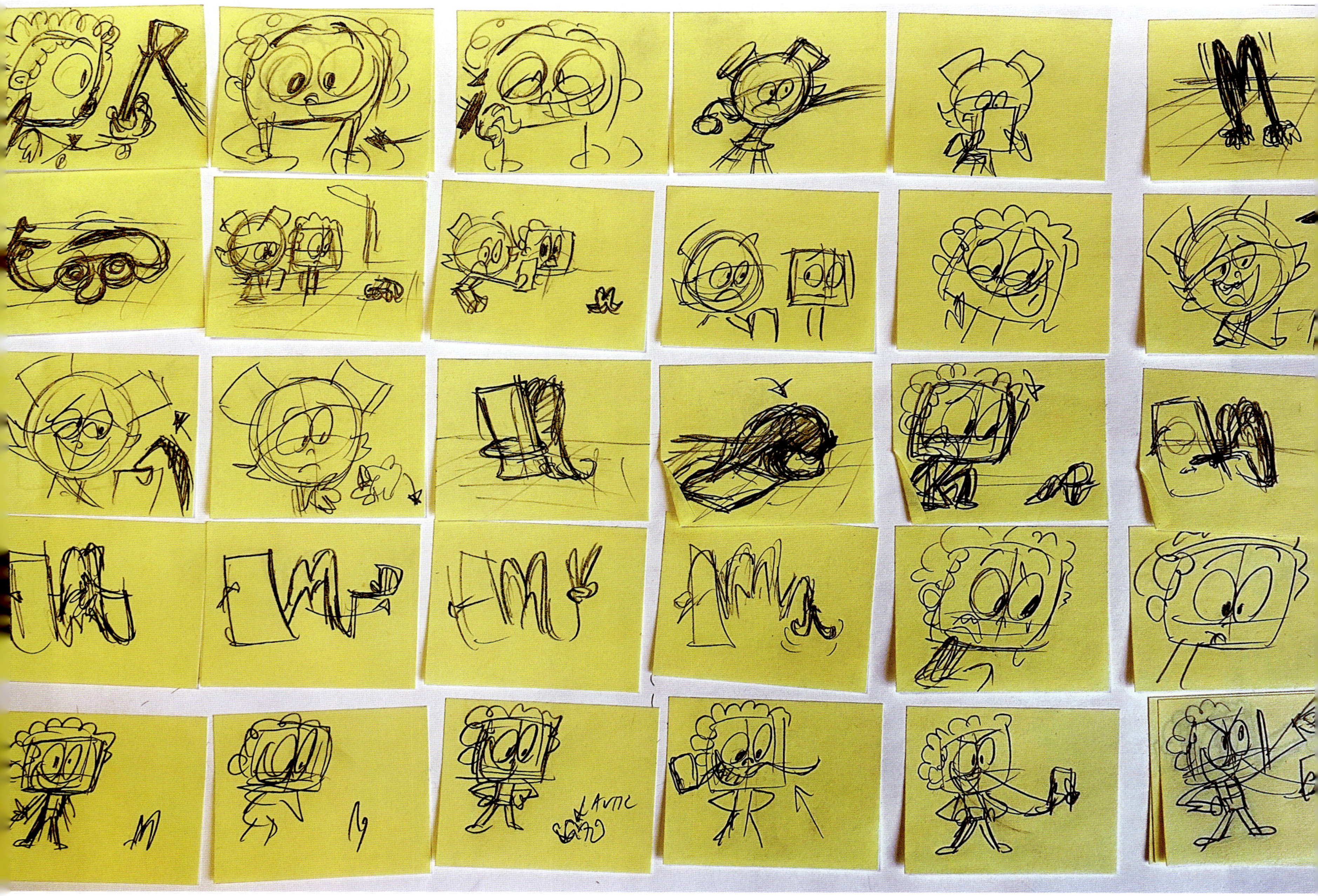

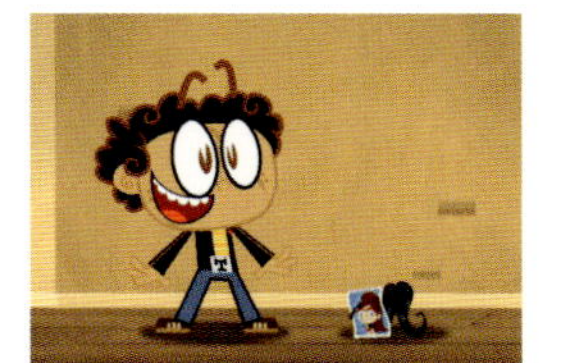

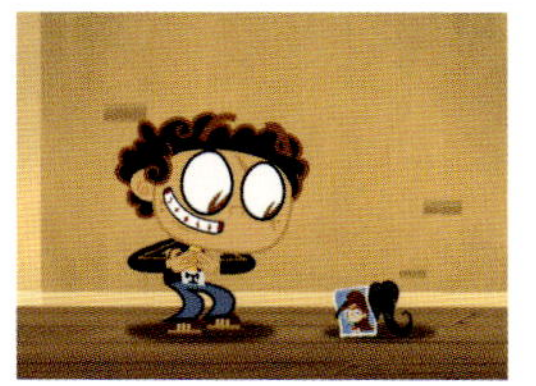

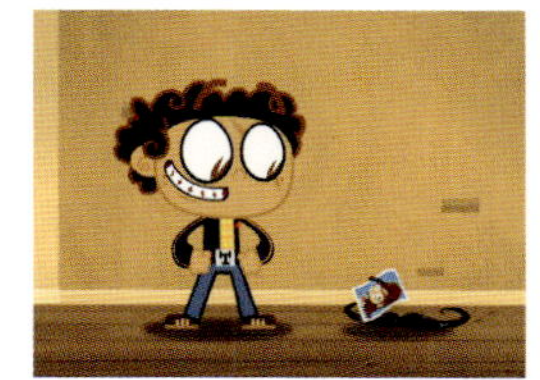

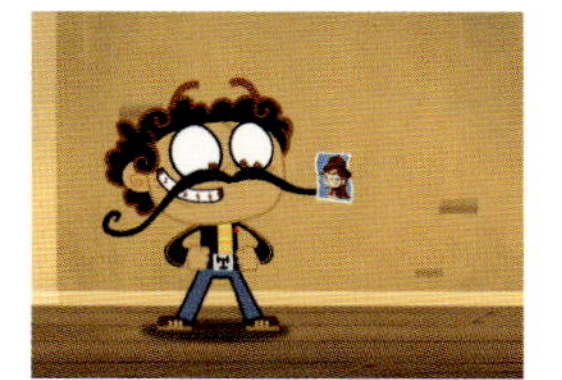

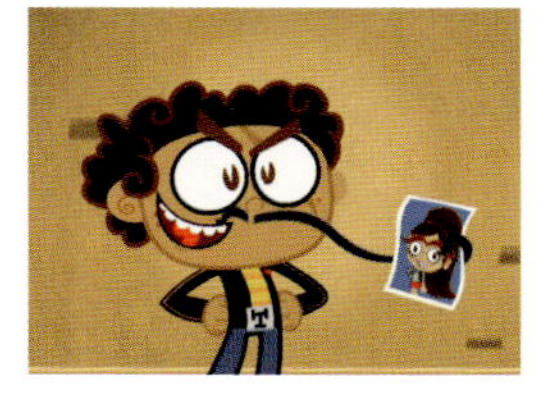

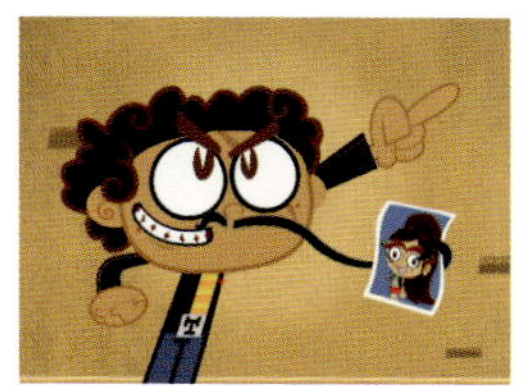

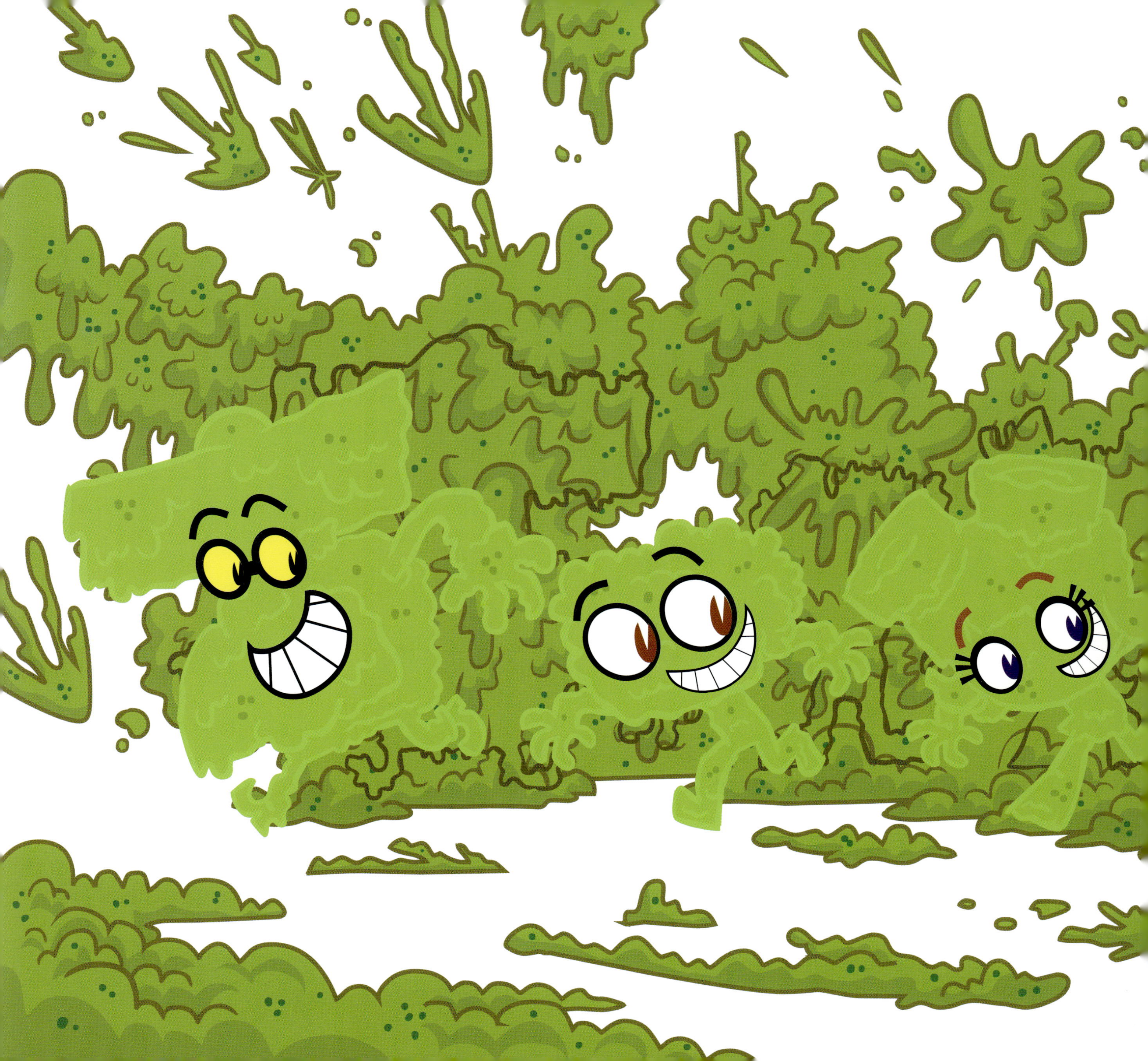

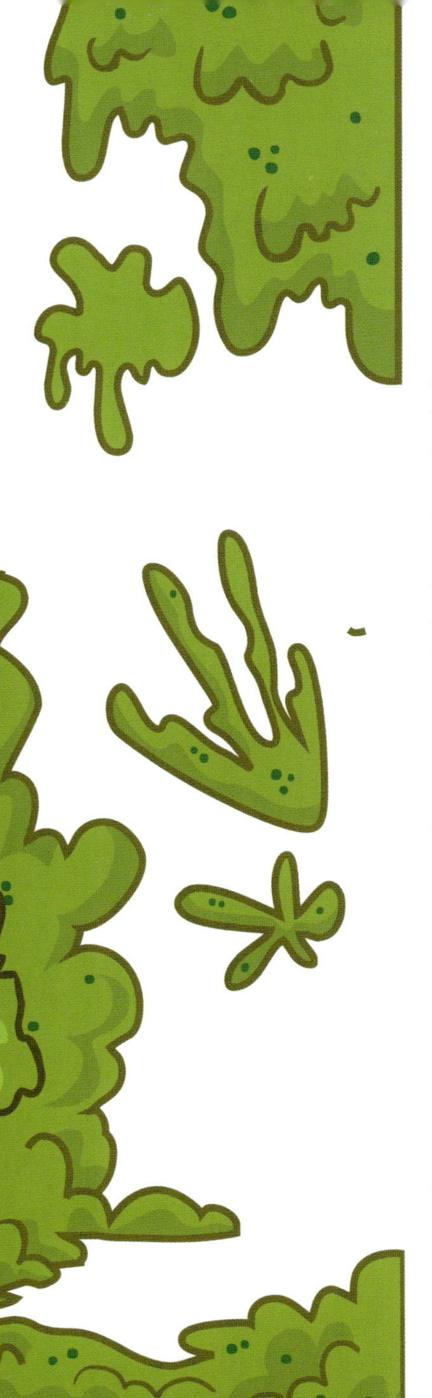

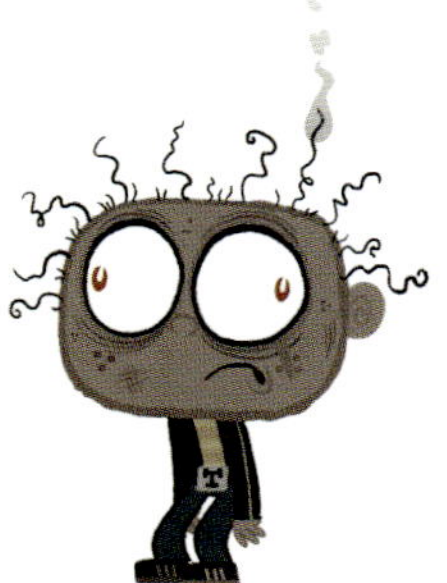

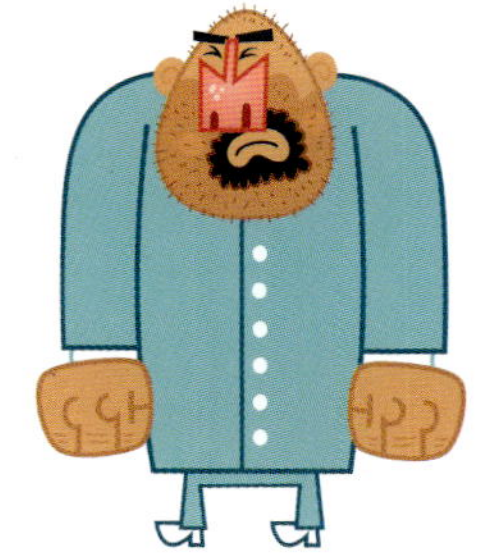

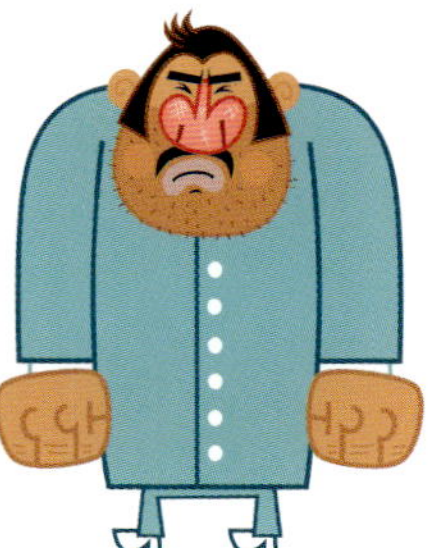

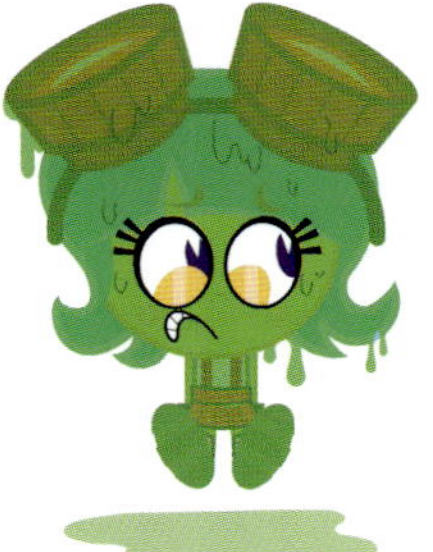

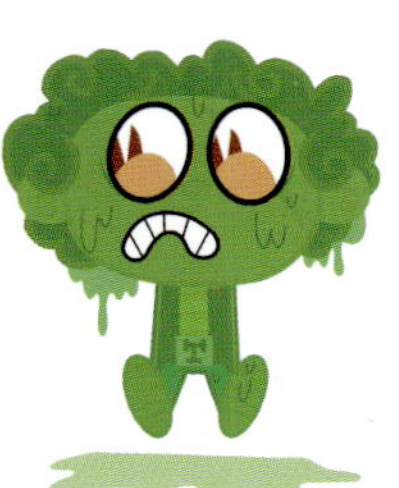

From Premise to Animatic

Jorge: When writing the series, we started with a premise, and because I'm a little story crazy, at the beginning I couldn't help myself and came up with most of the premises. I remember we went on an initial writers' retreat, and I showed up with over forty pitches, which I wrote beforehand, instead of at the retreat. So we kind of spent the retreat hammering those out. Then we presented a ton of premises to the network, and they decided which ones they thought would work. Eventually others pitched in with their personal stories.

Doug Langdale [writer]: At one writing staff meeting, I mentioned how when I was a kid, my mother had a group of people from a drug rehabilitation center come and live with us for a while. That story wound up inspiring the episode in which Manny's mother starts a halfway house for supervillains. You never know where story ideas are going to come from, but Jorge and Sandra were always eager to hear what everyone had to say.

Jorge: The brilliant Doug Langdale, who had created *Dave the Barbarian* at Disney, was our head writer and story editor. He worked on the *Tigre* pilot and every episode of the series. I learned how to be a writer from working with Doug and owe him forever. Doug went on to cowrite *The Book of Life* and *Maya and the Three* with me. And for staff writers, we were super lucky to have Scott Gimple (*The Walking Dead*) and the talented Scott Kreamer (*Jurassic World: Camp Cretaceous*).

Doug Langdale: Jorge would show up in the morning and have half a dozen episode ideas he came up with in the shower—just an endless number of ideas.

Scott Kreamer [writer]: I used to go into Jorge's office, and I'd have some ideas. But he has more ideas in an hour than I have in a month. I would liken it to being next to a gushing oil well and plucking different ideas from it. Sometimes it'd be a fully formed thing, and sometimes just a sentence, but we really got each other's sensibilities. It was a joyful experience for me.

De la premisa al animatic

Jorge: Cuando estábamos escribiendo la serie, empezamos por la premisa. Las historias me vuelven loco y se me ocurrían muchísimas premisas. Recuerdo que nos fuimos a un retiro de escritores, y me presenté con cuarenta propuestas que escribí antes de haber llegado al retiro. Así que nos dedicamos a pulirlas. Presentamos un montón a Nickelodeon y decidieron las que mejor iban a funcionar. Más tarde otros incluyeron sus propias historias.

Doug Langdale [escritor principal]: En una reunión de escritura, comenté cómo, de niño, mi madre trajo a vivir con nosotros a casa a un grupo de gente de un centro de rehabilitación de drogas. Esa historia me inspiró para el episodio en el que la madre de Manny monta una casa para supervillanos. Nunca sabes de dónde saldrán las historias, pero Jorge y Sandra siempre estaban dispuestos a escucharlas.

Jorge: El brillante Doug Langdale, creador de Dave, el Bárbaro, para Disney, fue nuestro jefe de escritura y editor de historias. Trabajó en el piloto de El Tigre y en cada capítulo de la serie. Aprendí a ser escritor con él, y se lo agradeceré siempre. Más adelante escribimos juntos El libro de la vida y Maya y los tres. Fuimos muy afortunados de tener dentro del equipo de escritura a Scott Gimple (*The Walking Dead*) y al talentosísimo Scott Kreamer (*Jurasic World: campameto cretácico*).

Doug Langdale: Jorge venía por las mañanas con media docena de ideas de episodios que se le habían ocurrido en la ducha, impresionante.

Scott Kreamer [escritor]: Yo solía ir a la oficina de Jorge con algunas ideas. Pero él tenía más en una hora que yo en un mes. Era como un manantial. Daba igual lo que le diera que él sacaba ideas de ello. A veces era algo completo, otras sólo un concepto. Nuestras sensibilidades encajaban. Fue una experiencia muy bonita.

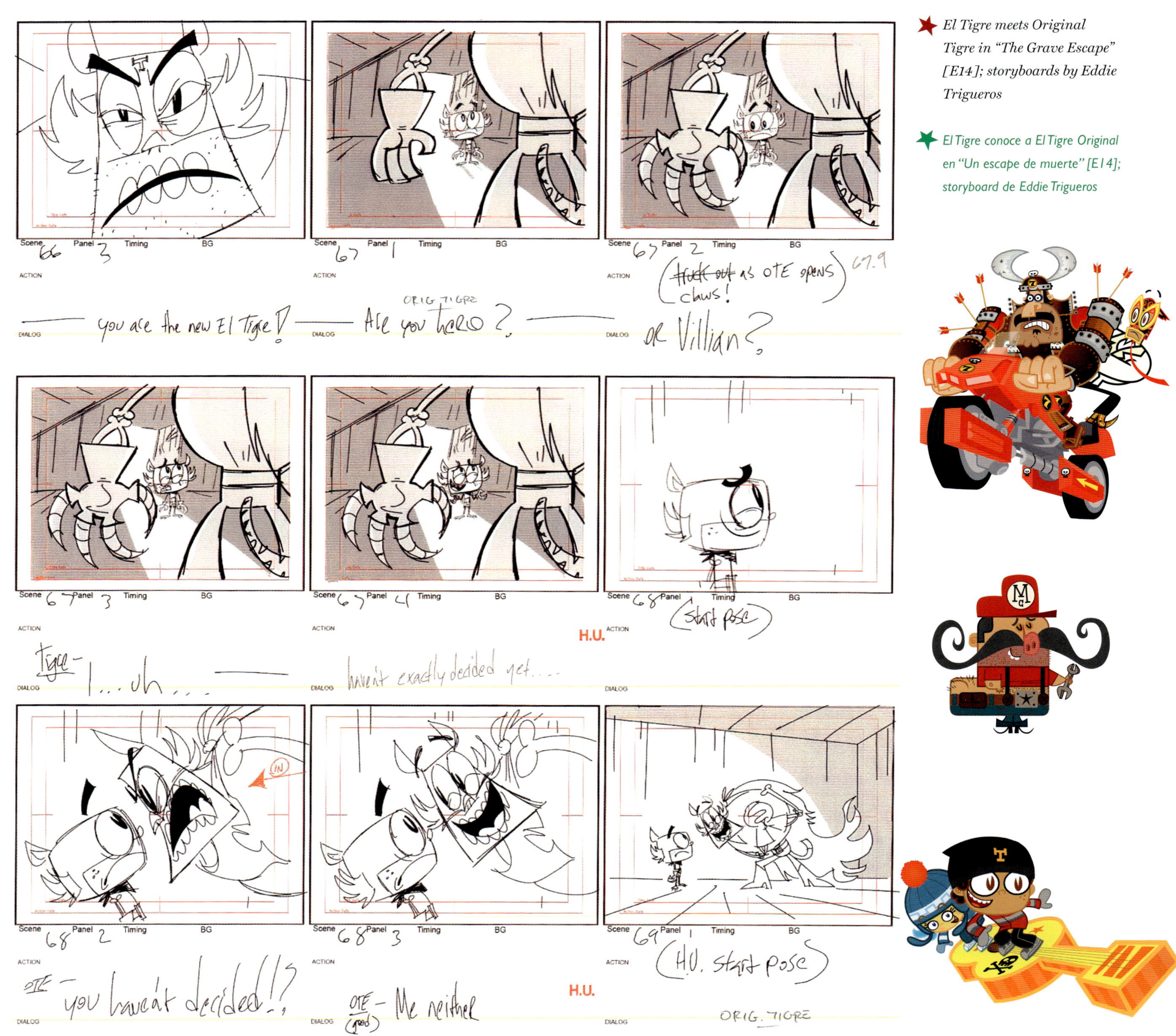

El Tigre meets Original Tigre in "The Grave Escape" [E14]; storyboards by Eddie Trigueros

El Tigre conoce a El Tigre Original en "Un escape de muerte" [E14]; storyboard de Eddie Trigueros

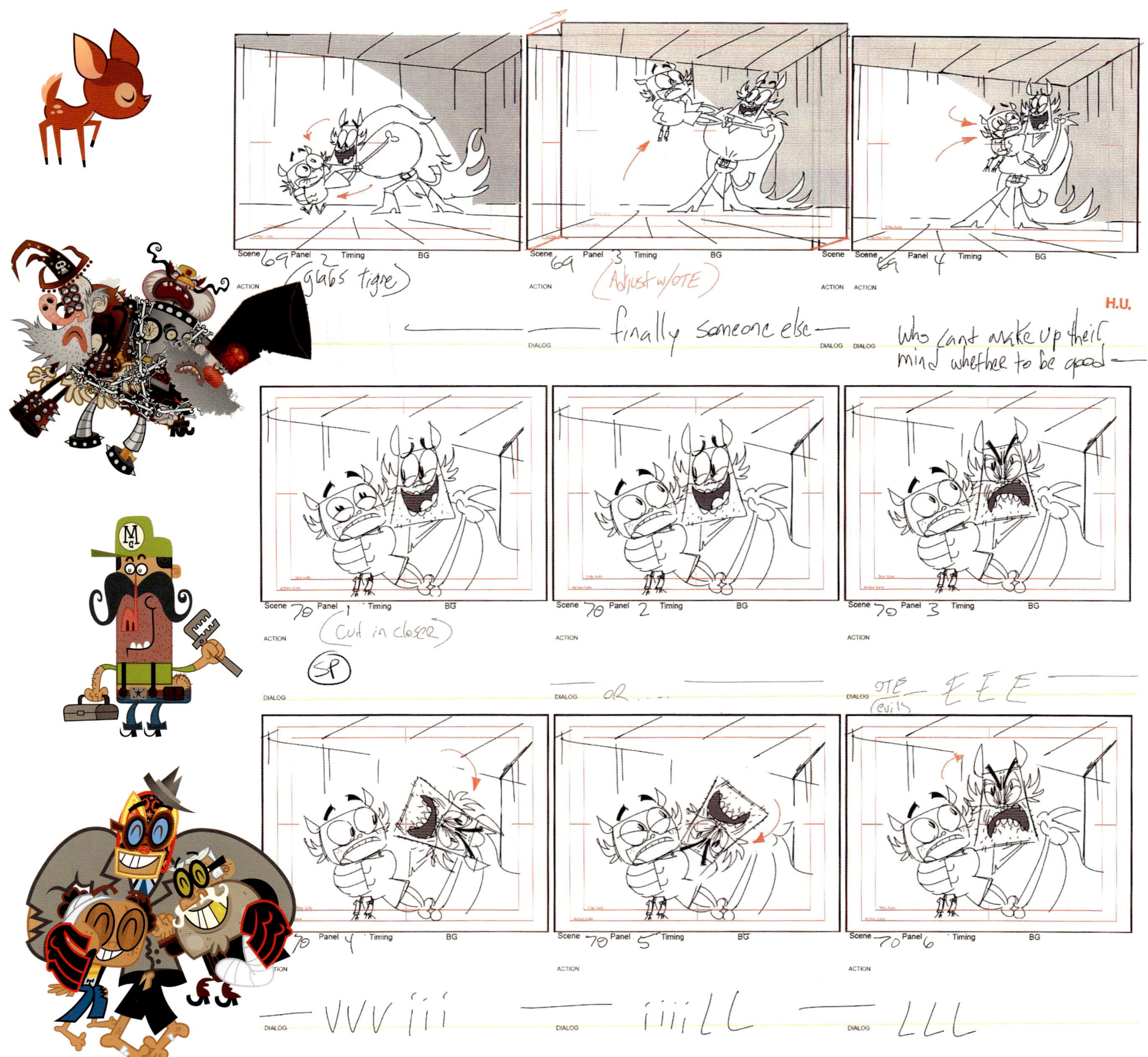
Scene 69 Panel 2 Timing BG
(grabs tigre)
ACTION
Scene 69 Panel 3 Timing BG
(Adjust w/OTE)
ACTION
DIALOG
finally someone else
Scene 69 Panel 4 Timing BG
ACTION
H.U.
DIALOG
who can't make up their mind whether to be good
Scene 70 Panel 1 Timing BG
ACTION
(Cut in closer)
SP
DIALOG
Scene 70 Panel 2 Timing BG
ACTION
DIALOG
OR...
Scene 70 Panel 3 Timing BG
ACTION
DIALOG
OTE (evils)
E E E
70 Panel 4 Timing BG
DIALOG
VVV iii
Scene 70 Panel 5 Timing BG
ACTION
DIALOG
iiiiLL
Scene 70 Panel 6 Timing BG
ACTION
DIALOG
LLL

Each selected episode would then go through a similar pipeline: Jorge, Sandra, head writer Doug Langdale, and the writing team of Scott Kreamer and Scott Gimple would get to forming those premises into outlines consisting of a few paragraphs of the main story beats, which would get one or two revisions, then get written into outlines, and then a script that included dialogue, with three drafts being typical before the final record draft was locked down for voice actors to perform.

Scott Kreamer: It was a lot of just sitting and thinking and lying on my couch for days just trying to figure out how to tell a twenty-two-minute story in eleven minutes, which was the big trick: to put all the sacrifice and love and honor and heartbreak and triumph in every episode that you know Jorge wanted.

Jorge: We were so ambitious with our stories that the lengths of scripts became an issue because they just kept getting longer with every revision, so we tried really hard to keep them short.

Scott Kreamer: We did a lot of montages to just get these ideas across, and you wanted to do it in the most visual way possible. I found that a lot of back and forth with Jorge and Dave and Gabe and the storyboard artists was essential. I can barely draw a stick figure, and I love working with artists, so I kind of made it my job to bridge the gap, and I'm glad I did. And I try to continue to do that because we need each other—writers and artists are stronger together.

Jorge: When everything was approved in script, we would record the actors. We would record the full script first and then cut the recorded dialogue down. These were eleven-minute cartoons, so thanks to Dave Thomas, we were aiming to cut the dialogue down to hopefully seven and a half minutes of wall-to-wall dialogue, so that it would give the board artists about four minutes to work with purely visually, and then they would board to the prerecorded dialogue, so the character acting in their drawings really matched the voices well.

Besides the talent voicing the main characters: Alanna Ubach (Manny Rivera), Grey Griffin (Frida Suárez), Eric Bauza (Rodolfo Rivera), Carlos Alazraqui (Granpapi Rivera), and April Stewart (Maria Rivera), the supporting voice cast included many familiar names from behind the mic and in front of the camera as well, including John DiMaggio (El Oso),

Después, cada episodio pasaba por el mismo trayecto: Jorge, Sandra, el escritor principal, Doug Langdale, y el equipo de escritura de Scott Kreamer y Scott Gimple, transformaban esas premisas en bosquejos con algunos párrafos que serían el eje central de las historias. Estas pasaban una o dos revisiones, y después serían escritas hasta llegar al guion, con diálogos y tres borradores más o menos hasta el rodaje final con actores.

Scott Kreamer: Fueron muchos días sentados en mi sofá pensando, intentando averiguar cómo contar una historia de veintidós minutos en once. Un auténtico desafío, manteniendo el amor y el orgullo por cada episodio que sabías que Jorge quería.

Jorge: Éramos tan ambiciosos con nuestras historias que la duración de los guiones supuso un problema, porque se hacían más largos en cada revisión. Tuvimos que esforzarnos enormemente para mantenerlos cortos.

Scott Kreamer: Hicimos muchos montajes para sacar estas ideas adelante. Queríamos que fuera lo más visual posible. Nos lo pasábamos varias veces entre nosotros, con Jorge, Dave, Gabe y el equipo de storyboard. Yo no sé dibujar ni un monigote. Adoro trabajar con artistas y me esfuerzo por crear este enlace entre nuestras profesiones. Nos necesitamos, los escritores y los artistas trabajamos mejor en equipo.

Jorge: Cuando nos daban luz verde para un episodio, empezábamos a grabar con los actores. Primero grabábamos todo el guion y después los diálogos por separado. Eran capítulos de once minutos, y conseguimos reducir los diálogos a siete y medio gracias a Dave Thomas. Esto permitía a los artistas tener cuatro minutos para trabajar sólo visualmente. Luego bocetaban con el diálogo previamente grabado para que las voces y los dibujos encajaran bien.

Estas son las talentosísimas voces de los personajes principales: Alanna Ubach (Manny Rivera), Grey Griffin (Frida Suárez), Eric Bauza (Rodolfo Rivera), Carlos Alazraqui (Granpapi Rivera) y April Stewart (María Rivera). El equipo de voces de apoyo incluye nombres conocidos delante y detrás de las cámaras como John DiMaggio (El Oso), Richard Horvitz (Dr. Chipotle Jr., Sr., y Sr. Sr.), Charlie Adler (Mano Negra), Danny Trejo (El Mal Verde), Phil LaMarr (Capitan Photon), Bruce Campbell (el Industrial), Jessica DiCicco (El Burrito Albino), Jeff Bennett (Señor Sergio Siniestro),

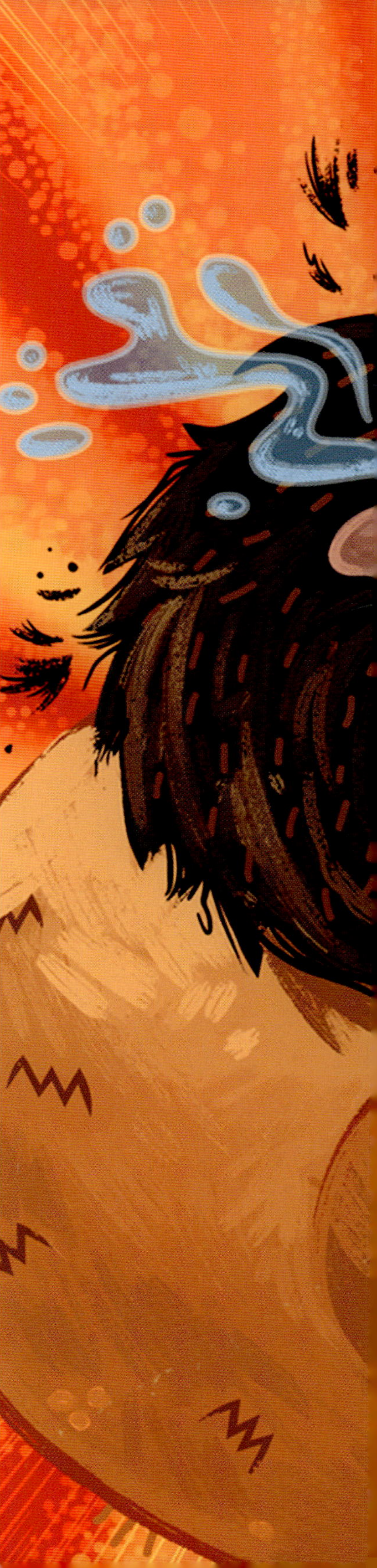

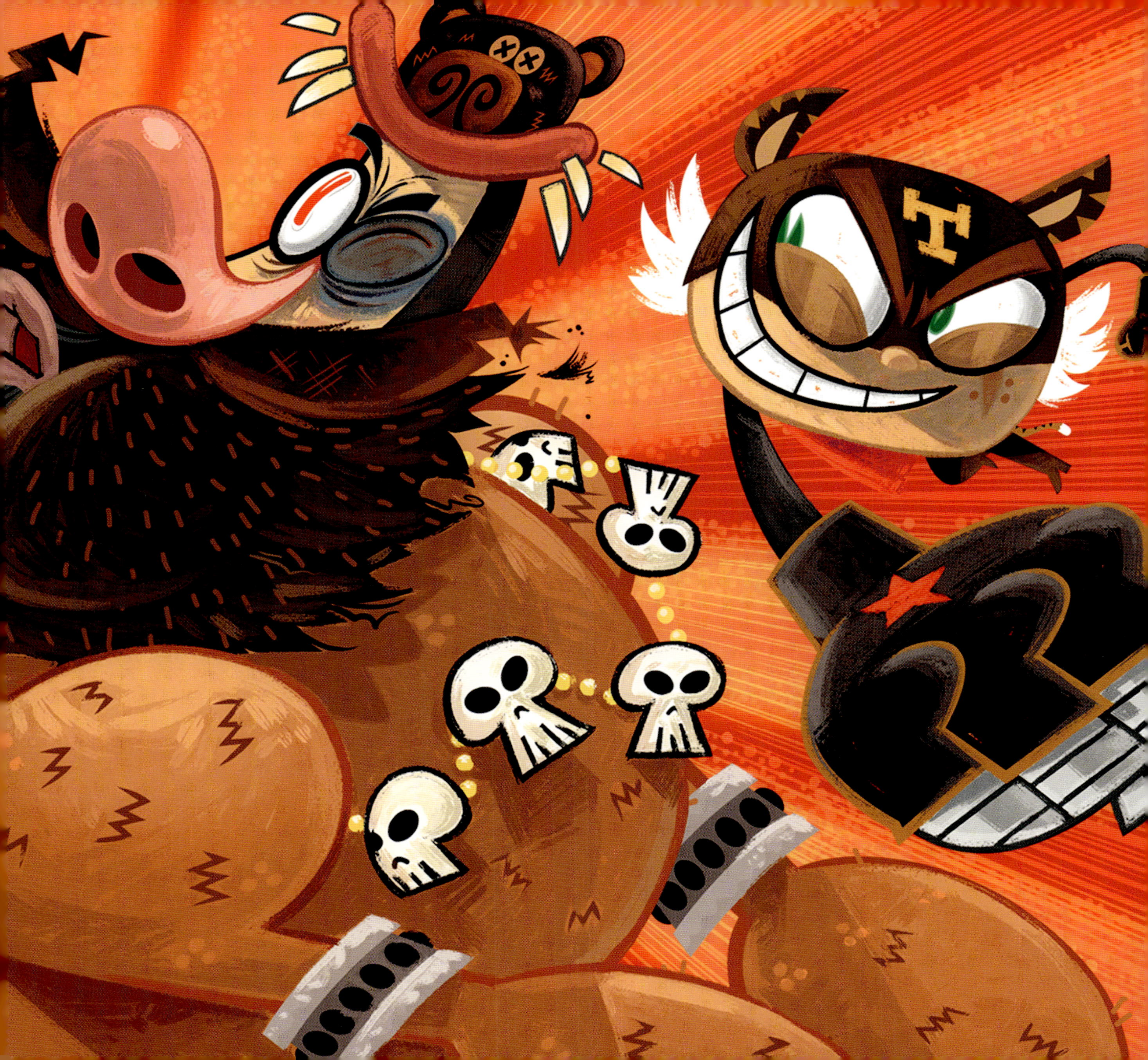

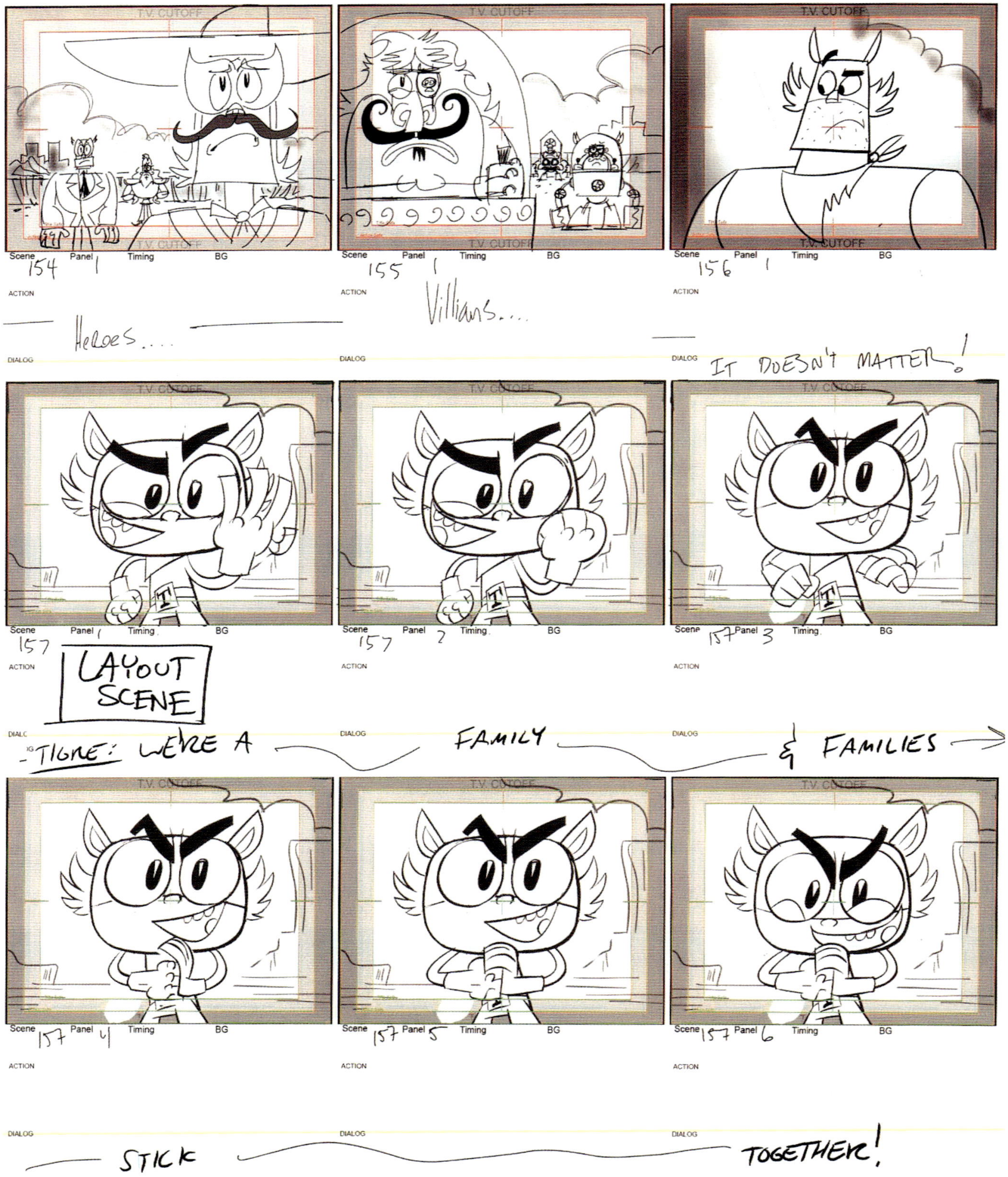

Scene 154 Panel 1 Timing BG

ACTION

DIALOG

HeRoes...

Scene 155 Panel 1 Timing BG

ACTION

Villians...

DIALOG

Scene 156 Panel 1 Timing BG

ACTION

DIALOG

IT DOESN'T MATTER!

Scene 157 Panel 1 Timing BG

ACTION

LAYOUT SCENE

DIALOG

-TIGRE: WE'RE A

Scene 157 Panel 2 Timing BG

ACTION

DIALOG

FAMILY

Scene 157 Panel 3 Timing BG

ACTION

DIALOG

& FAMILIES →

Scene 157 Panel 4 Timing BG

ACTION

DIALOG

STICK

Scene 157 Panel 5 Timing BG

ACTION

DIALOG

Scene 157 Panel 6 Timing BG

ACTION

DIALOG

TOGETHER!

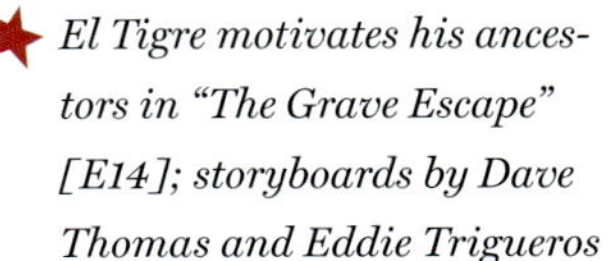

El Tigre motivates his ancestors in "The Grave Escape" [E14]; storyboards by Dave Thomas and Eddie Trigueros

El Tigre motiva a sus ancestros en "Un escape de muerte" [E14]; storyboards de Dave Thomas y Eddie Trigueros

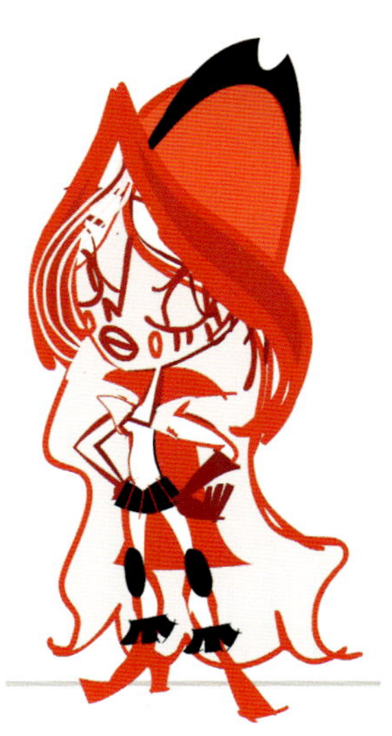

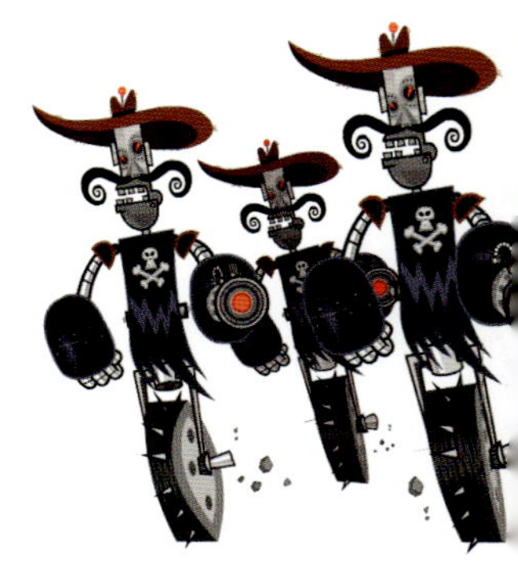

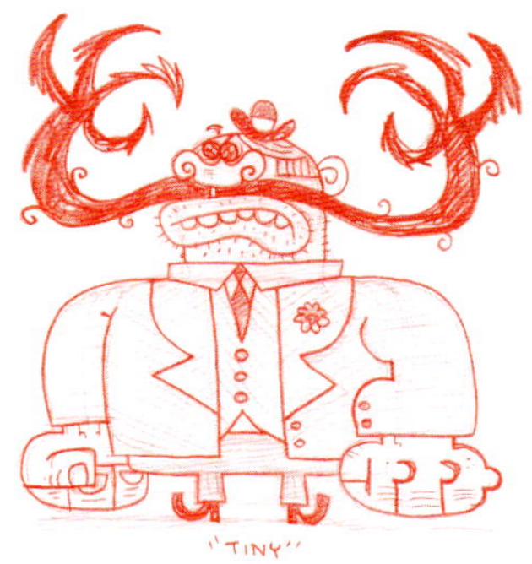

"TINY"

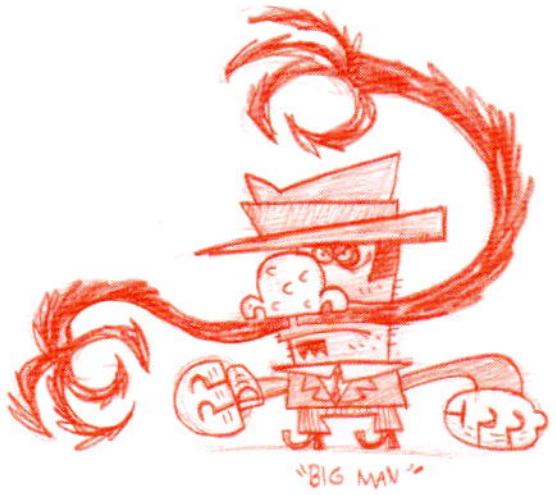

"BIG MAN"

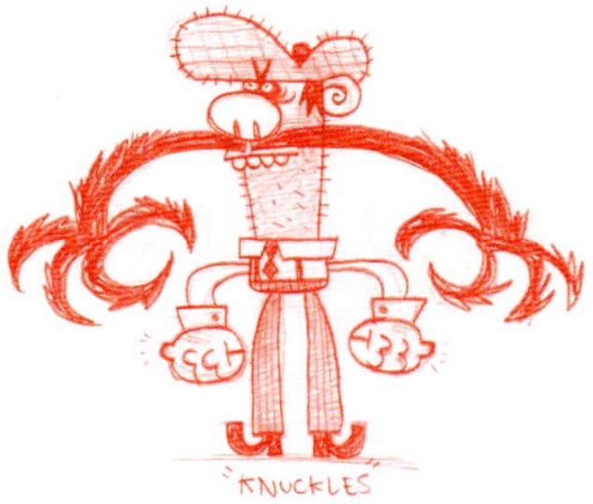

"KNUCKLES"

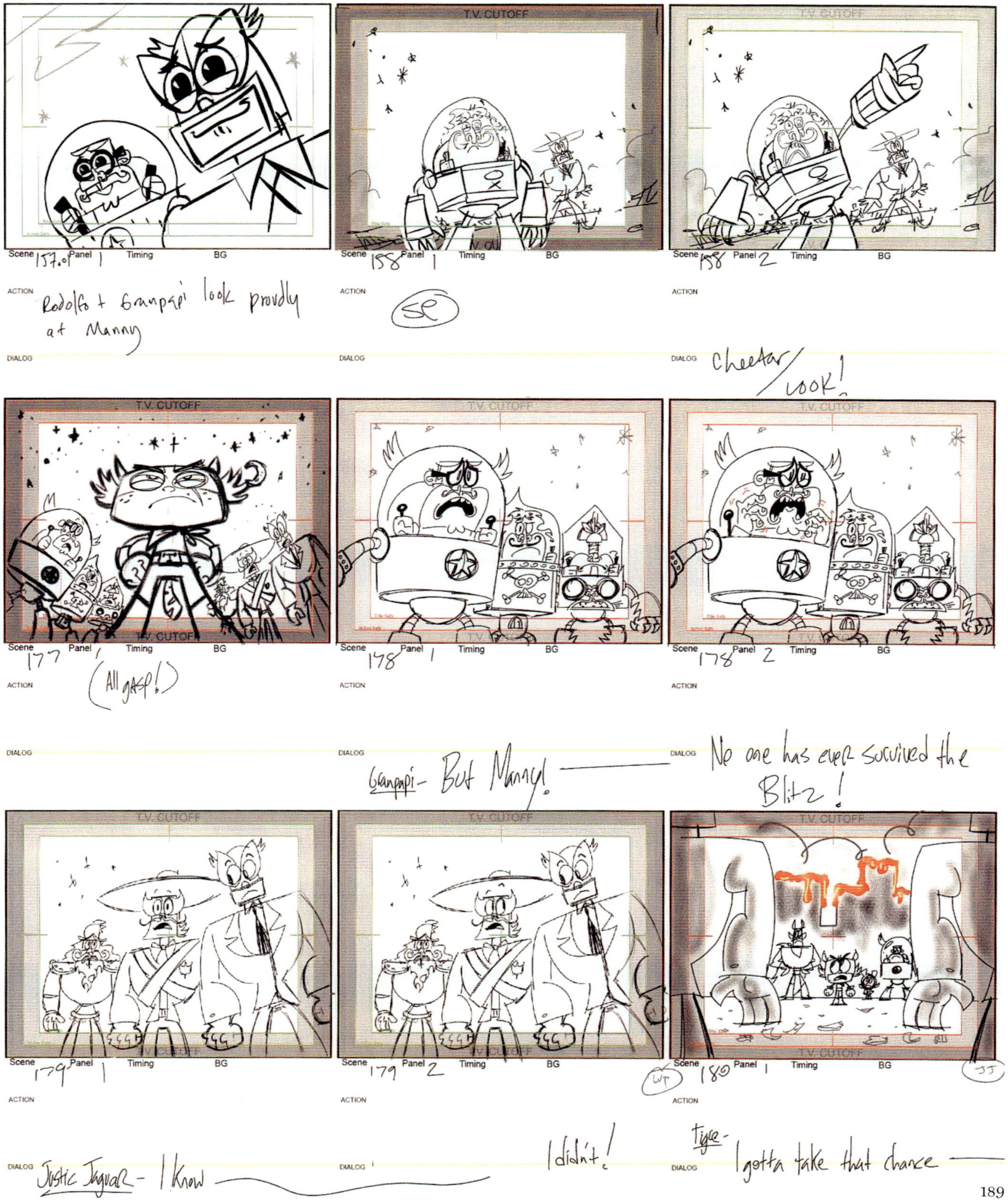

T.V. CUTOFF

Scene 157.0 Panel 1 Timing BG

ACTION Rodolfo + Granpapi look proudly at Manny

DIALOG

Scene 158 Panel 1 Timing BG

ACTION [illegible]

DIALOG

Scene 158 Panel 2 Timing BG

ACTION

DIALOG Cheetar, look!

Scene 177 Panel 1 Timing BG

ACTION (All gasp!)

DIALOG

Scene 178 Panel 1 Timing BG

ACTION

DIALOG Granpapi - But Manny!

Scene 178 Panel 2 Timing BG

ACTION

DIALOG No one has ever survived the Blitz!

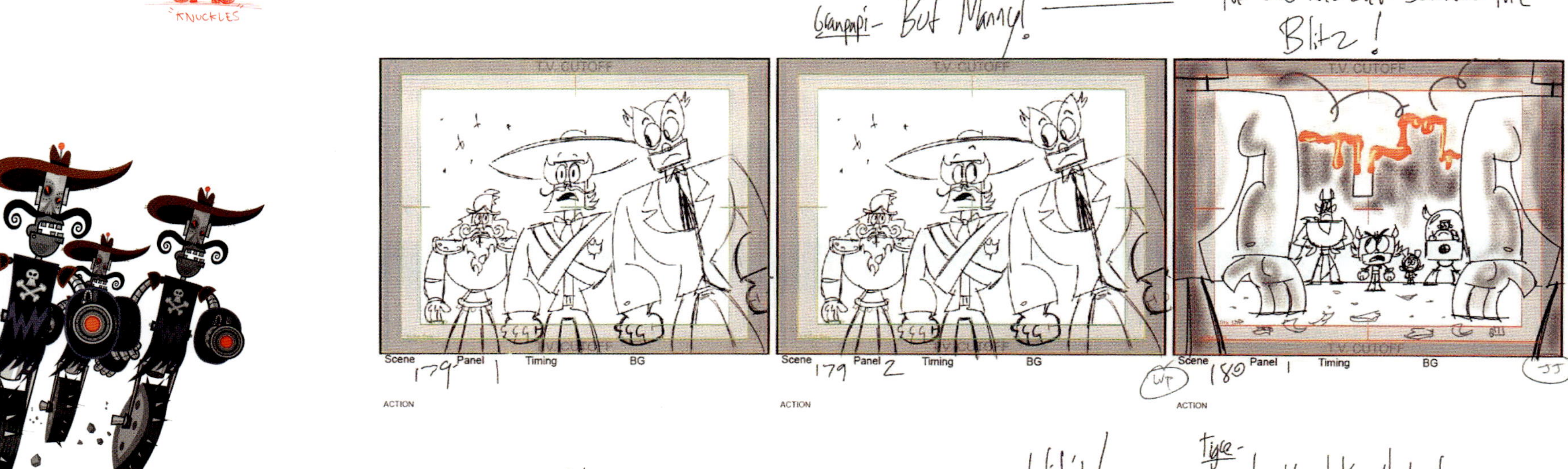

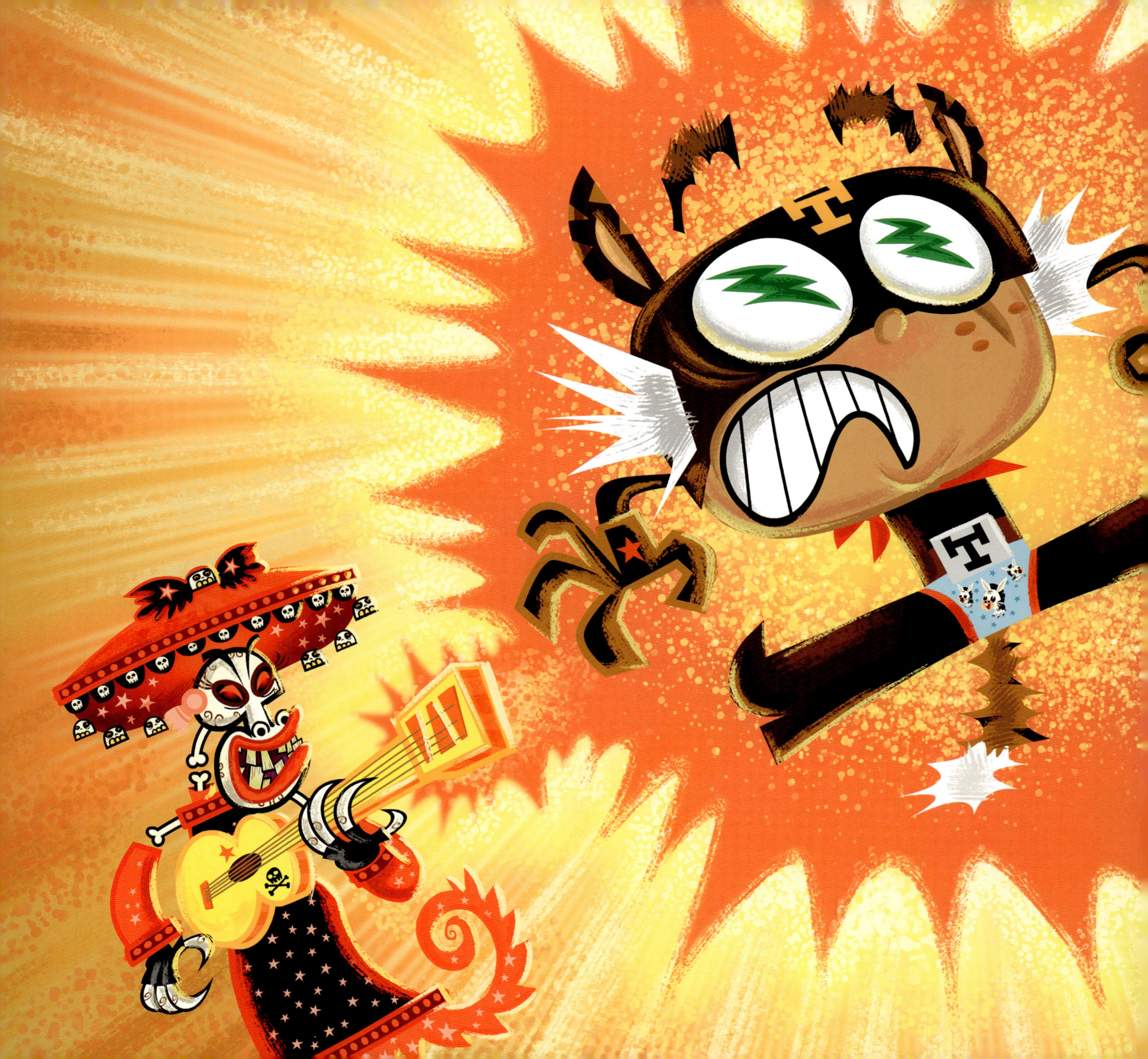

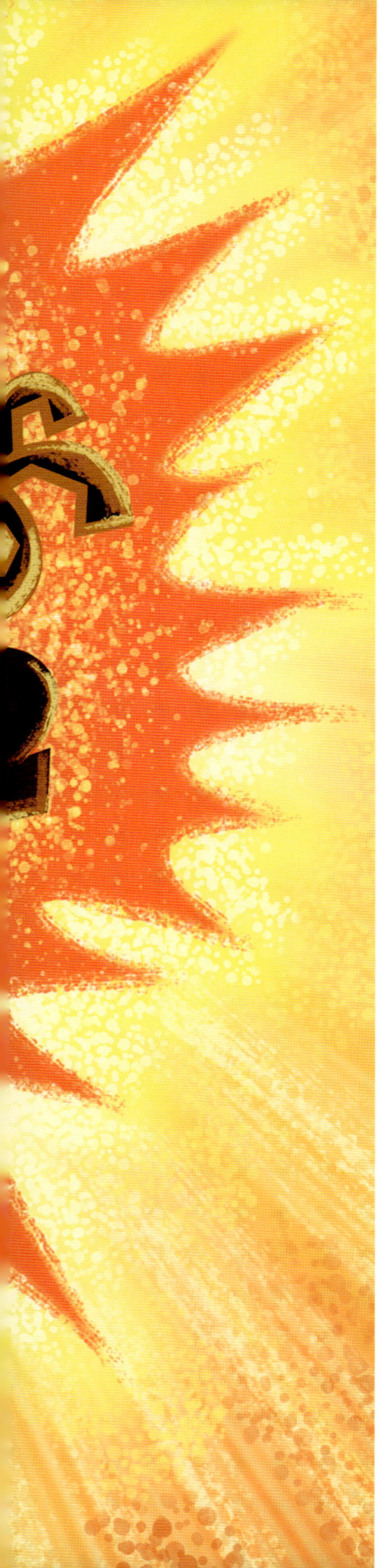

Richard Horvitz (Dr. Chipotle Jr., Sr., and Sr. Sr.), Charlie Adler (Mano Negra), Danny Trejo (El Mal Verde), Phil LaMarr (Captain Photon), Bruce Campbell (The Industrialist), Jessica DiCicco (The Albino Burrito), Jeff Bennett (Señor Sergio Siniestro), Efren Ramirez (El Cucharon), Daran Norris (Police Chief Suárez), Susan Silo (Sartana of the Dead), Clancy Brown (Monsterzuma), Miguel Ferrer (Original El Tigre), Hector Elizondo (Justice Jaguar), Jon Polito (Don Baffi), George Takei (Seventh Samurai), Danny Cooksey (Django of the Dead), and many more. Jorge and Sandra did many uncredited cameos sprinkled throughout the series.

Scott Kreamer: I remember when Hector Elizondo came in and recorded the voice for Justice Jaguar, one of Manny's ancestors, and he was just about the coolest man I've ever seen in my life. It was just amazing.

Jorge: Next, the storyboard artists would pitch us the thumbnail boards, and we would give notes; then they would do their rough board, and we'd give notes on that; then a big board pitch to the whole crew and our execs, more notes; and then the next time we saw it, it was an animatic [which is the storyboard in video form, played back with the dialogue and rough sound effects and music]. And to us, the animatic *was* the cartoon. We could see if the episode was really working. Because you can have a really good board pitch, you can have really funny drawings, but if it's not working in the animatic, then it doesn't matter.

The animatic was the first look at the cartoon with the added dimension of time, with the audio track being a major new element. The producers were able to get a sense of timing of the action, see if gags landed well, and judge whether the sequence of shots worked. Animatic editors, whose job it was to organize and edit the latest cut of the episode together and sometimes "punch it up" through additional drawings or revisions, were Aaron Horvath (*Teen Titans Go!*, *The Super Mario Bros. Movie*) and Sean Szeles (*Regular Show*, *Long Live the Royals*, *Close Enough*).

Jorge: Those two geniuses were our two animatic editors, so it was just nuts. They would add drawings, they would add gags, and they were very much part of the story team. And they would edit in Flash. These animatics were completely done in Flash. The final edits were done by Jeff Adams in post.

Efren Ramirez (El Cucharón), Daran Norris (el jefe de policía Suárez), Susan Silo (Sartana de los Muertos), Clancy Brown (Monsterzuma), Miguel Ferrer (El Tigre original), Héctor Elizondo (Jaguar de la Justicia), Jon Polito (Don Baffi), George Takei (El Séptimo Samurai), Danny Cooksey (Django de los Muertos) y muchos más. Jorge y Sandra hicieron muchos cameos a lo largo de la serie.

Scott Kreamer: Recuerdo cuando Héctor Elizondo vino a grabar la voz del Jaguar de la Justicia, uno de los muchos ancestros de Manny. Me pareció el hombre más increíble que he conocido nunca. Era impresionante.

Jorge: Luego, los artistas de storyboard nos traían los storyboards en miniatura, nosotros les dábamos algunas notas, ellos hacían el borrador, le dábamos una revisión de guion de nuevo y después un pitch completo para todo el equipo y ejecutivos, con nuevas anotaciones. La siguiente vez que lo veíamos, ya estaba en animatic [esto es, el storyboard en vídeo, con diálogo, efectos de sonido y música]. Para nosotros, el animatic *era* el dibujo animado. Podíamos ver si el episodio funcionaba de verdad. Porque puedes tener un diseño, storyboard y guion magníficos, y dibujos estupendos, pero si el animatic no funciona, no importa.

El animatic era el primer visionado del dibujo animado con la dimensión del tiempo y con el audio como principal elemento nuevo. Los productores podían ver la acción, el timing, si las bromas encajaban y ver si las secuencias funcionaban. Los editores de animatic, cuyo trabajo es ordenar y editar la última fase del episodio, todo junto, y a veces engrosarlo con dibujos o revisiones adicionales, fueron Aaron Horvath (*Teen Titans Go!*, *The Super Mario Bros. Movie*) y Sean Szeles (*Regular Show*, *Long Live the Royals*, *Close Enough*).

Jorge: Esos dos genios fueron nuestros editores de animatic. Una locura. Añadían dibujos y chistes, casi eran parte del equipo de guion. Y editaban en Flash. Todos estos animatics se hicieron en Flash.

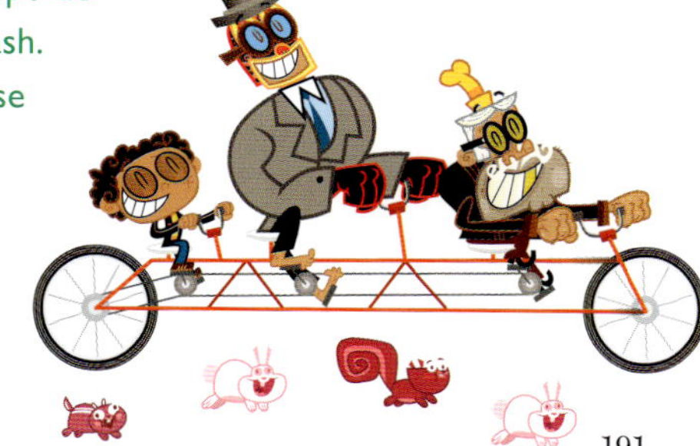

The Story Team

Jorge: The whole story team were superstars in the making at that time. The amazing and brilliant Dave Thomas was our supervising producer, but he was also directing, boarding, and doing beat boards for every board handout. Gabe Swarr (who is also my brother-in-law), is ridiculously talented and hilarious. He was an ex-Spümcø director, and he brought in a lot of the Spümcø kids of that generation. So we had the superstar talents of Fred Osmond and Katie Rice doing hilarious character layouts, and Fred also helping out with boards here and there. And then we had one of my all-time favorite board artists who unfortunately passed away, subversive genius Ricky Garduno, who was from Mexico City, and he was super mischievous, and his epic boards—I remember working with the writers, and we would go, "This one's for Ricky," because he was such a special talent. We had the amazing Luke Cormican, another fantastic ex-Spümcø guy who's hilarious and brilliant. We had the one and only Eddie Trigueros, whom I had always wanted to work with. I think he's one of the funniest drawers on the planet. He went on to be a fancy Disney director and won a ton of Emmys, but his drawings, in my opinion, were some of the funniest drawings I've ever seen in my life. We also had the great Fred Gonzales, someone I met at Disney who always delivered beautiful, funny, and heartfelt boards. What a team!

Ben Jones and Brandon Kruse also storyboarded, and Ray Morelli, Mindy Allen, and Katie Rice handled storyboard revisions, which involved making follow-up corrections and improvements to the storyboard in progress before it went to animatic stage.

Jorge: And then we also had a rotating spot that was where we got to work with different board artists. We had the great Dave Feiss, creator of *Cow and Chicken,* do one of our boards. The more people that worked on the show, the more I fell in love with their version of our *Tigre* universe. Seeing other people take our characters and make them theirs was incredible. As a creator, when you let go, and you allow people to really invest themselves in the thing, it becomes something truly magical.

Dave Thomas: The storyboard artists were encouraged to rewrite whatever wasn't working from the script and to add jokes. They could put anything they wanted into the episode—but I reserved the right to cut it. However, I did give them one veto—that is to say, if I cut their favorite joke, they could put

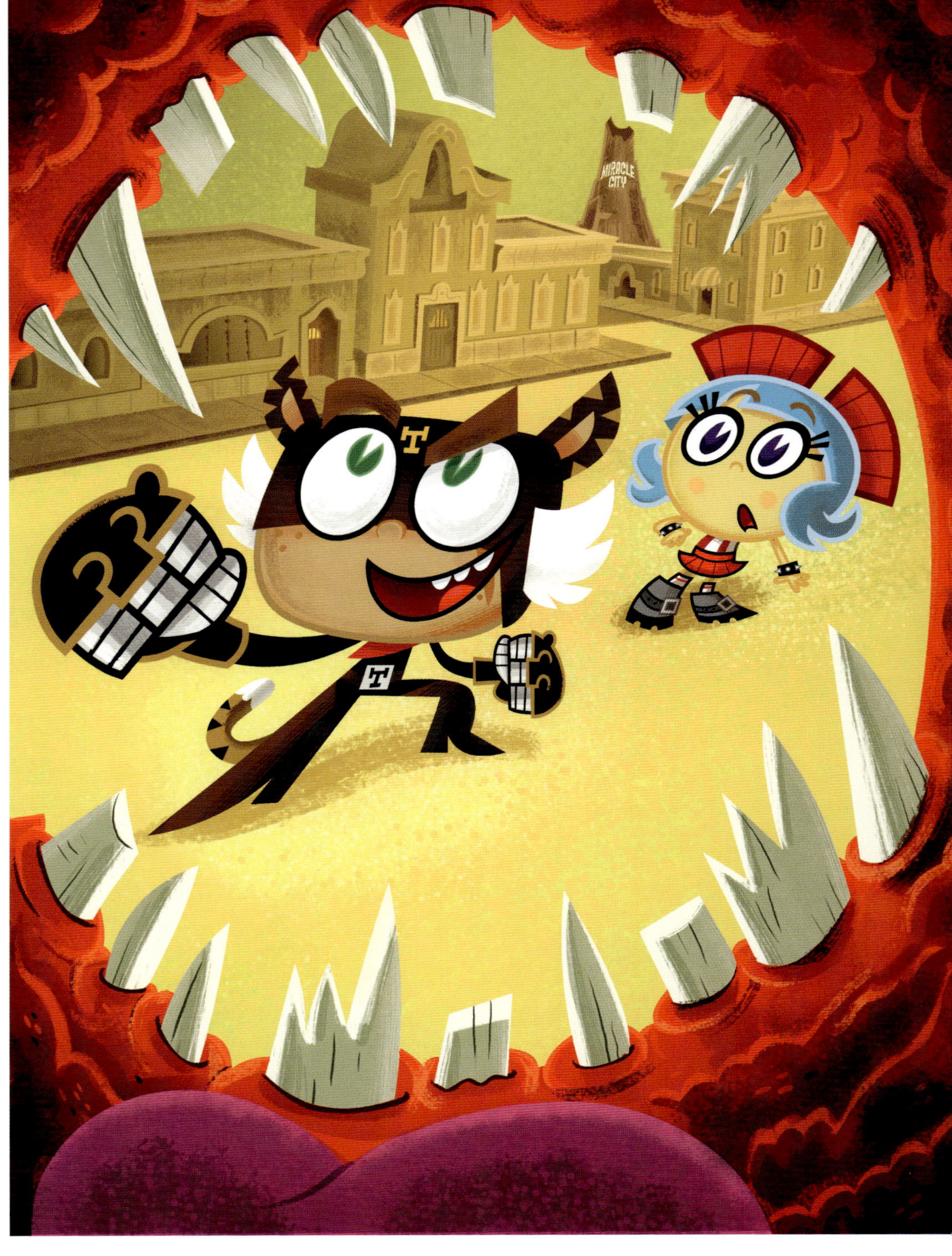

Nickelodeon Magazine *cover artwork by Jorge, Sandra, Fred Osmond, Katie Rice, Roman Laney, and Gerald de Jesus.*

Arte de la portada de Nickelodeon Magazine de Jorge, Sandra, Fred Osmond, Katie Rice, Roman Laney y Gerald de Jesus

Storyboard panels by Luke Cormican, from the episode "Crouching Tigre Hidden Dragon" [E15b]

Paneles de los storyboards de Luke Cormican del episodio "Tigre por fuera, dragón por dentro" [E15b]

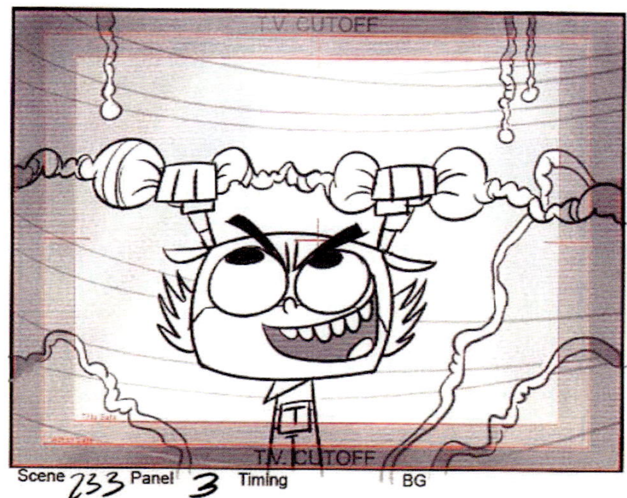

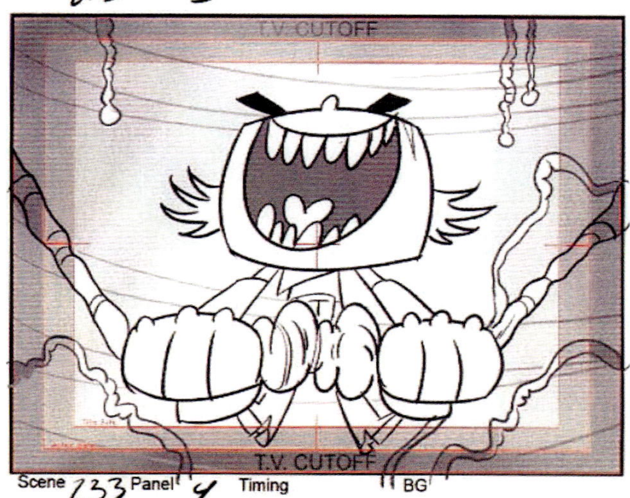

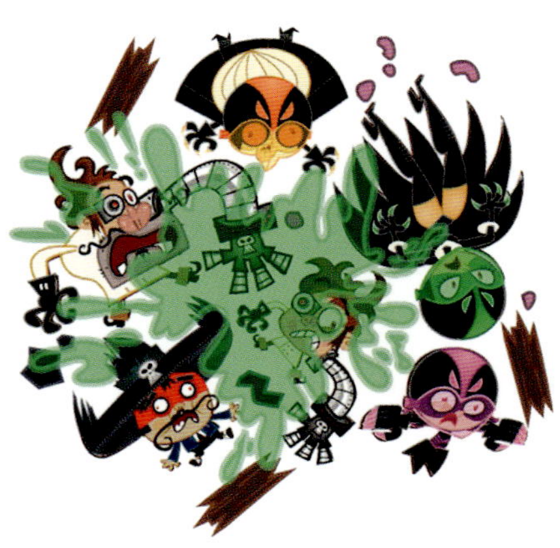

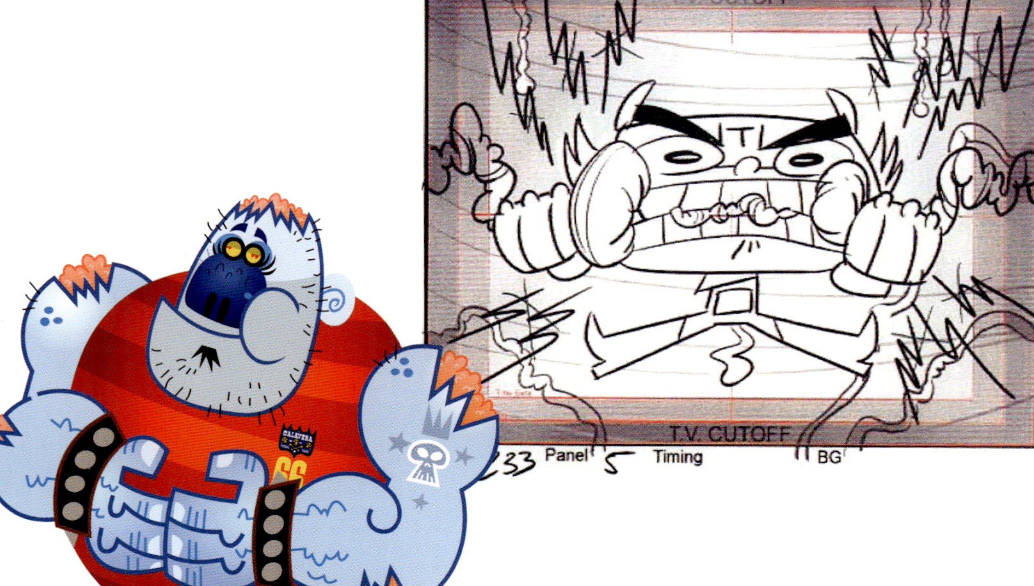

El equipo de la historia

Jorge: El equipo entero de storyboards eran superestrellas en ciernes en ese momento. El increíble y brillante Dave Thomas fue nuestro supervisor de producción, pero también dirigió, bocetó y creó los storyboards para ciertas escenas. Gabe Swarr (que también es mi cuñado) es ridículamente talentoso y divertido. Era un exdirector de Spümcø y trajo a muchos de los jóvenes de Spümcø de esa generación. Así que contamos con los talentos superestrellas de Fred Osmond y Katie Rice haciendo divertidos diseños de personajes, y Fred también ayudó con storyboards aquí y allá. Y luego tuvimos a uno de mis artistas de storyboard favoritos de todos los tiempos, que desafortunadamente falleció, el genio y subversivo Ricky Garduno, que era de la Ciudad de México y súper travieso. Sus storyboards eran épicos. Recuerdo estar trabajando con los escritores y decir: "Este es para Ricky", porque tenía un talento muy especial. Teníamos al increíble Luke Cormican, otro fantástico ex-Spümcø que es divertidísimo y brillante. Tuvimos al único Eddie Trigueros, con quien yo siempre había querido trabajar. Creo que es uno de los dibujantes más divertidos del planeta. Llegó a ser un célebre director en Disney, y ha ganado un montón de premios Emmy, pero en mi opinión, sus dibujos son de los más divertidos que he visto en mi vida. También tuvimos al gran Fred Gonzales, al que conocí en Disney y que siempre entregaba storyboards preciosos, divertidos y sinceros. ¡Menudo equipo!

Ben Jones y Brandon Kruse también hacían storyboards, y Ray Morelli, Mindy Allen y Katie Rice se encargaron de las revisiones de los storyboards, lo que implicó realizar correcciones de seguimiento y mejoras al storyboard en progreso antes de que pasara a la etapa de animación.

Jorge: Y luego también teníamos una posición rotativa donde trabajábamos con diferentes artistas de storyboards. Tuvimos al gran Dave Feiss, creador de *Cow and Chicken*, quien hizo uno de nuestros storyboards. Cuanta más gente trabajó en la serie, más me enamoré de su versión de nuestro universo *Tigre*. Ver a otras personas tomar nuestros personajes y hacerlos suyos fue increíble. Como creador, cuando te dejas llevar y permites a las personas que realmente se involucren en algo, se convierte en algo verdaderamente mágico.

Dave Thomas: Se animaba a los artistas de storyboard a reescribir todo lo que no funcionaba en el guion y a añadir chistes. Podían poner lo que quisieran en el episodio, pero yo me reservé el derecho a cortarlo. Sin embargo, les di un veto: si cortaba su chiste favorito,

it back in. And it was always, *always* the joke I hated most—like, I'd want to vomit I hated it so much. But if they loved the joke, it went back in. Inevitably, six months later, when screening the episode for the crew, that joke would always get the biggest laugh—and I couldn't remember why I hated it!

The theory was it was worth having a few weird jokes so that the storyboard crew also felt they had ownership of the series. In practice, it gave us some of our best jokes.

Jorge: You start seeing their episodes, and you start seeing their drawings, and you start seeing that their DNA, their soul, their heart, just becomes part of the giant sarape that is the show. Sandra and I were initially afraid of people on our crew misinterpreting the culture and misinterpreting the characters. Instead, we were rewarded and blown away by people's emotional, heartfelt, and hilarious take on them.

"The Grave Escape" [E14] was one of only two double-length *El Tigre* episodes, and one that is centered on cultural tradition. The epic episode begins with Manny disrespecting his family tradition of celebrating Day of the Dead in honor of his deceased ancestors: "The Day of the Dead was cool when I was little. But now it's just goofy." Meanwhile, Sartana of the Dead awakens the spirits of all forgotten dead and attacks the city: "See how the rage of the forgotten dead feeds my power!" Sartana's monster makes short work of Manny and Frida, punching them dead (into the Land of the Dead). Here, while slowly dissolving into a skeleton, Manny rounds up his ancestors, and we meet Dark Leopard (villain), Golden Leon (hero), Mighty Cheetar (villain), Justice Jaguar (hero), and Original El Tigre, the original superhero/villain who never decided on a single path and went mad. The assembled Riveras join Manny and Frida back in the land of the living to battle Sartana's monster with their ultimate weapon: the Rivera Supermacho Blitz. "We are Riveras. Good or evil, we will go down fighting . . . *together*!"

The Final Adventure

Jorge: When we were making the final episode, "No Boots, No Belt, No Brero" [E26b], we had already known that we'd been canceled, and the network basically said, "OK, you can go out however you guys want." So we made a climactic battle with callbacks to all the characters in the show: all the villains, all the heroes, and it brought it all together.

podían volverlo a poner. Y siempre, *siempre* era el chiste que más odiaba, vomitaría de lo mucho que lo odiaba. Pero si les encantaba el chiste, volvía a aparecer. Inevitablemente, seis meses después, cuando proyectaban el episodio para el equipo, ese chiste siempre provocaba la mayor carcajada… ¡y yo no podía recordar por qué lo había odiado!

La teoría era que valía la pena mantener algunos chistes raros para que el equipo de storyboard también se sintieran dueños de la serie. En la práctica, nos dio algunos de nuestros mejores chistes.

Jorge: Empiezas a ver sus episodios, empiezas a ver sus dibujos y empiezas a ver que su ADN, su alma, su corazón simplemente se convierte en parte del sarape gigante que es la serie. Al principio, Sandra y yo teníamos miedo de que la gente de nuestro equipo malinterpretara la cultura y malinterpretara a los personajes. Sin embargo, nos sentimos muy gratificados y asombrados por la interpretación emocional, sincera y divertida que hicieron de ellos.

"Un escape de muerte" [E14] fue uno de los dos únicos episodios dobles de *El Tigre*, y se centra en la tradición cultural. Este épico episodio comienza cuando Manny falta el respeto a la tradición familiar de celebrar el Día de los Muertos en honor a sus antepasados fallecidos. "El Día de los Muertos era genial cuando yo era pequeño, pero ahora es una tontería". Mientras tanto, Sartana de los Muertos despierta a los espíritus de todos los muertos olvidados y ataca a la ciudad: "¡Mira cómo la rabia de los muertos olvidados alimenta mi poder! El monstruo de Sartana acaba con Manny y Frida, y los mata a puñetazos (hacia la Tierra de los Muertos). Aquí, mientras se disuelve lentamente en un esqueleto, Manny reúne a sus antepasados y conocemos a Leopardo Negro (villano), León Dorado (héroe), El Gran Chita (villano), El Jaguar de la Justicia (héroe) y El Tigre Original, el superhéroe/villano original que nunca se decidió por un solo camino y se volvió loco. Los Rivera, reunidos, se unen a Manny y Frida en la tierra de los vivos para luchar contra el monstruo de Sartana con su arma definitiva: el Ataque Supermacho Rivera. "Somos Rivera. Para bien y para mal, caeremos luchando... *¡juntos!*".

La Aventura Final

Jorge: Cuando estábamos haciendo el último episodio, "Ni cinturón ni botas ni sombrero" [E26b], ya sabíamos que nos habían cancelado el show. La cadena básicamente dijo: "OK, pueden terminarlo como quieran". Así que hicimos una batalla final con el regreso de todos los personajes del programa: todos los villanos, todos los héroes, y eso unió todo.

Art from the series finale "No Boots, No Belt, No Brero" [E26b], by Ricky Garduno, Su Moon, and Steve Lambe

Arte del final de la serie "Ni cinturón ni botas ni sombrero" [E26b] de Ricky Garduno, Su Moon y Steve Lambe

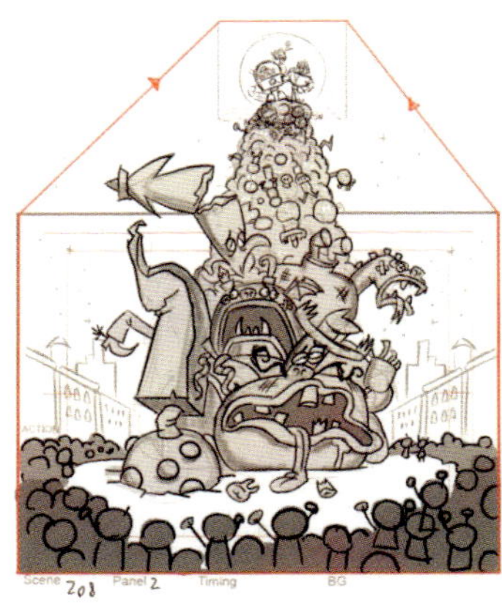

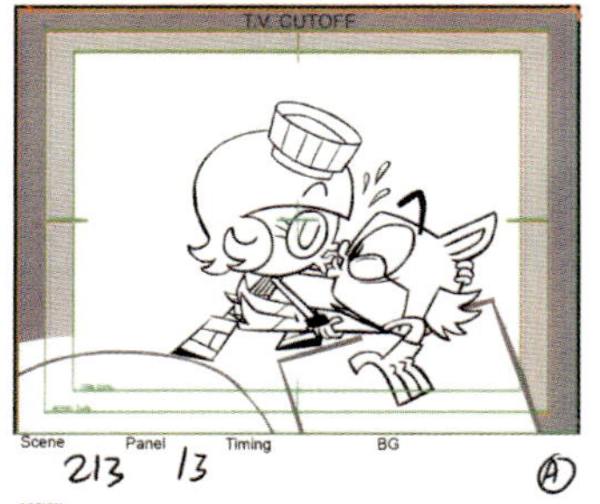

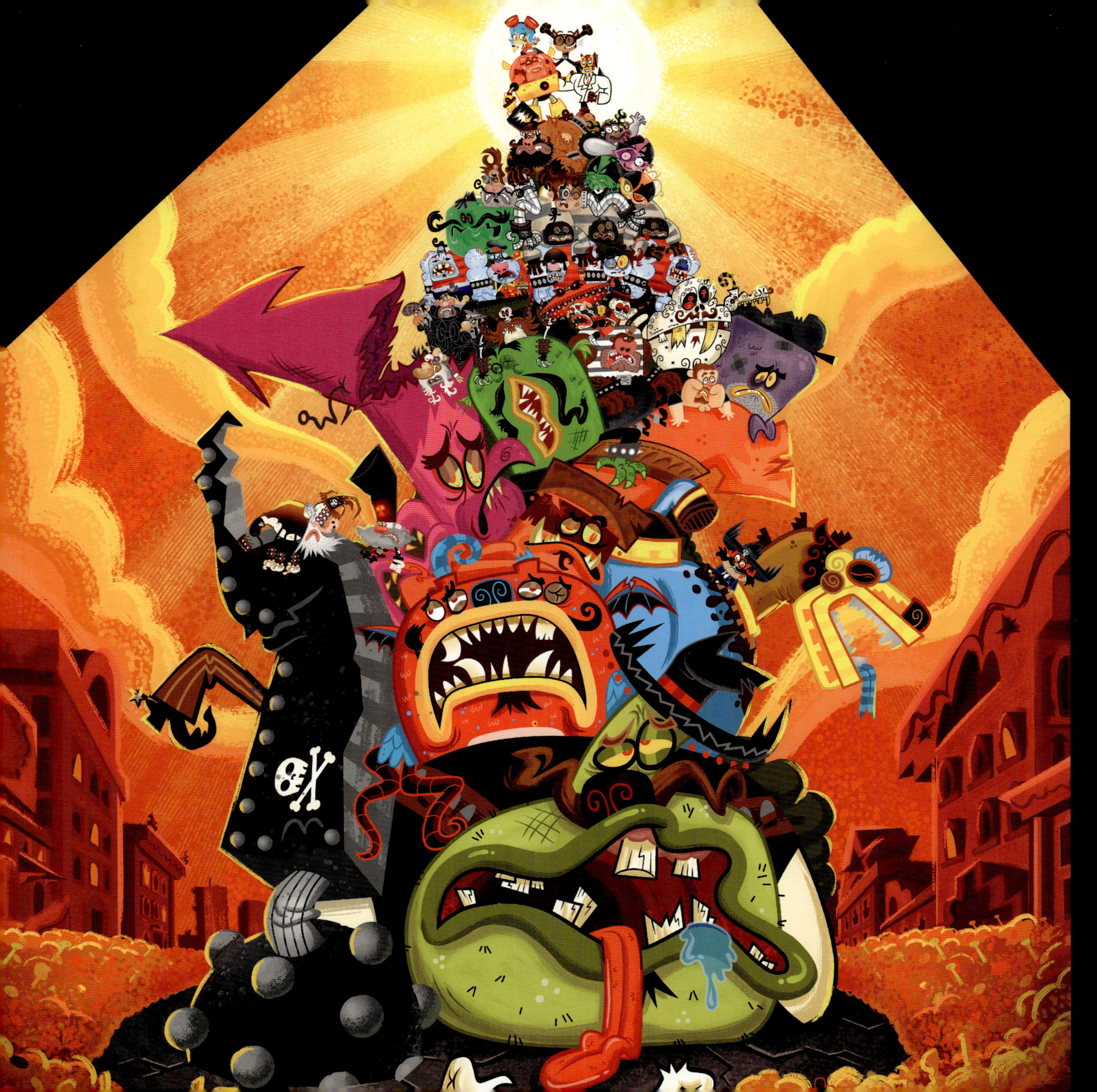

The episode opens with White Pantera stopping a crime in progress: Two villains are unscrewing the golden dome of City Hall in order to steal it. After bonking the crooks on the head, White Pantera realizes that they are his very own father and son, Puma Loco and El Tigre. After accidentally destroying City Hall, the family is ordered by the court to forfeit their mystical objects of power and attend family counseling—or face twenty years hard labor in the onion mines. Their mission: to learn to relate to each other as a family, not just as superheroes and villains.

Sandra: After they get their powers back at the end, the gag is that the villains get punched into a never-ending pan and are flying through different scenes and just keep picking up villains from the entire series.

Jorge: The episode makes no sense if you've never seen the series, but if you've seen the series, it has closure. Manny and Frida kiss for the first time, which was a big deal back then. Having two kids kiss was kind of taboo. And the original gag was that they would all yell, "We're going to live forever!" and then a big CANCELED sign was supposed to go CLUNK over the screen. We told the Nick execs, "Hey, we are canceled, so we'd rather make fun of it. What's more Mexican than that?" Nickelodeon was not comfortable with that. The excuse they gave was so Hollywood, but it was, "You're not canceled. We just didn't pick up any more episodes."

Regardless of semantics, going out with a celebratory bang was important to Jorge and Sandra. A pan across the celebrating masses in the street included characters from across the series, including the crew as background characters. The Riveras and Frida end up atop a massive pile of the entire rogues' gallery of supervillains, which was a feat to illustrate just by itself.

Jorge: We gave everyone extra time on the final episode because we knew it was the end. The celebration pan that you see at the end is like those celebratory pans you see at the end of a lot of anime shows. We put me and Sandra in there, the crew, and Ricky did a whole guide of everyone who was in that pan.

Sandra: They were happy! Frida grabs Manny, kisses him, then throws him off the pile. [*laughs*]

In the final shot of the series, in a graphic green burst, the characters strike dynamic poses to the sound of a bullet ricochet, exclaiming the series' ethos with gusto: "Familia *forever*!"

El episodio comienza con White Pantera impidiendo un crimen terrible: dos villanos están desenroscando la cúpula dorada del ayuntamiento para robarla. Después de golpear a los ladrones en la cabeza, White Pantera se da cuenta de que son su propio padre y su hijo, Puma Loco y El Tigre. Después de destruir accidentalmente el ayuntamiento, el tribunal ordena a la familia que entregue sus objetos místicos de poder y acuda a terapia familiar o enfrentarse a veinte años de trabajos forzados en las minas de cebolla. Su misión: aprender a relacionarse como una familia, no sólo como superhéroes y villanos.

Sandra: Después de que recuperan sus poderes al final, la broma es que los villanos son enviados de un puñetazo a una toma panorámica sin fin, y van volando a través de diferentes escenas recogiendo villanos de toda la serie.

Jorge: El episodio no tiene sentido si nunca has visto la serie, pero si la has visto, tiene un cierre. Manny y Frida se besan por primera vez, lo cual era insólito en la época. Que dos niños se besaran era una especie de tabú. Y el chiste original era que todos gritaban: "¡Vamos a vivir para siempre!". Y entonces en teoría un gran cartel de CANCELADO haría CLUNK en la pantalla. Cuando le hicimos el pitch de esto al equipo se murieron de la risa. Les dijimos a los ejecutivos de Nick: "Ey, nos cancelaron, así que preferimos reírnos de ello. ¿Qué hay más mexicano que eso? Nickelodeon no se sentía cómodo con eso. La excusa que dieron fue muy Hollywood: "No lo cancelamos. Simplemente no seguimos con más episodios de *El Tigre*".

Independientementel del significado, terminar con una salida estelar celebratoria era importante para Jorge y Sandra. Una panorámica de masas celebrando en la calle incluyó personajes de toda la serie, hasta nuestro equipo como personajes de fondo. Los Rivera y Frida terminan encima de una enorme pila de toda la galería de supervillanos canallas, lo cual fue una hazaña ilustrarlo por sí solo.

Jorge: Les dimos a todos tiempo extra en el episodio final, porque sabíamos que era el fin. La panorámica de celebración que se ve al final es como una de esas panorámicas de celebración que se ven al final de muchas series de anime. Nos pusimos a Sandra y a mí allí, el equipo, y Ricky hizo una guía completa de todos los que estaban en esa panorámica.

Sandra: ¡Estaban felices! Frida agarra a Manny, lo besa y luego lo arroja al montón. [*risas*]

En la toma final de la serie, en una explosión gráfica verde, los personajes adoptan poses dinámicas con el sonido del rebote de una bala, exclamando con entusiasmo el espíritu de la serie: "¡Familia *para siempre*!"

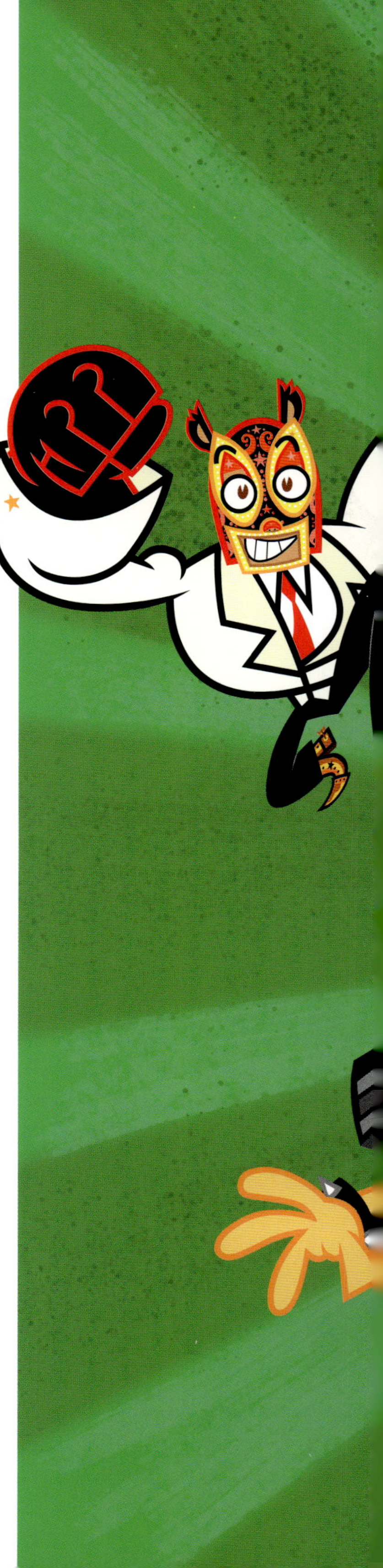

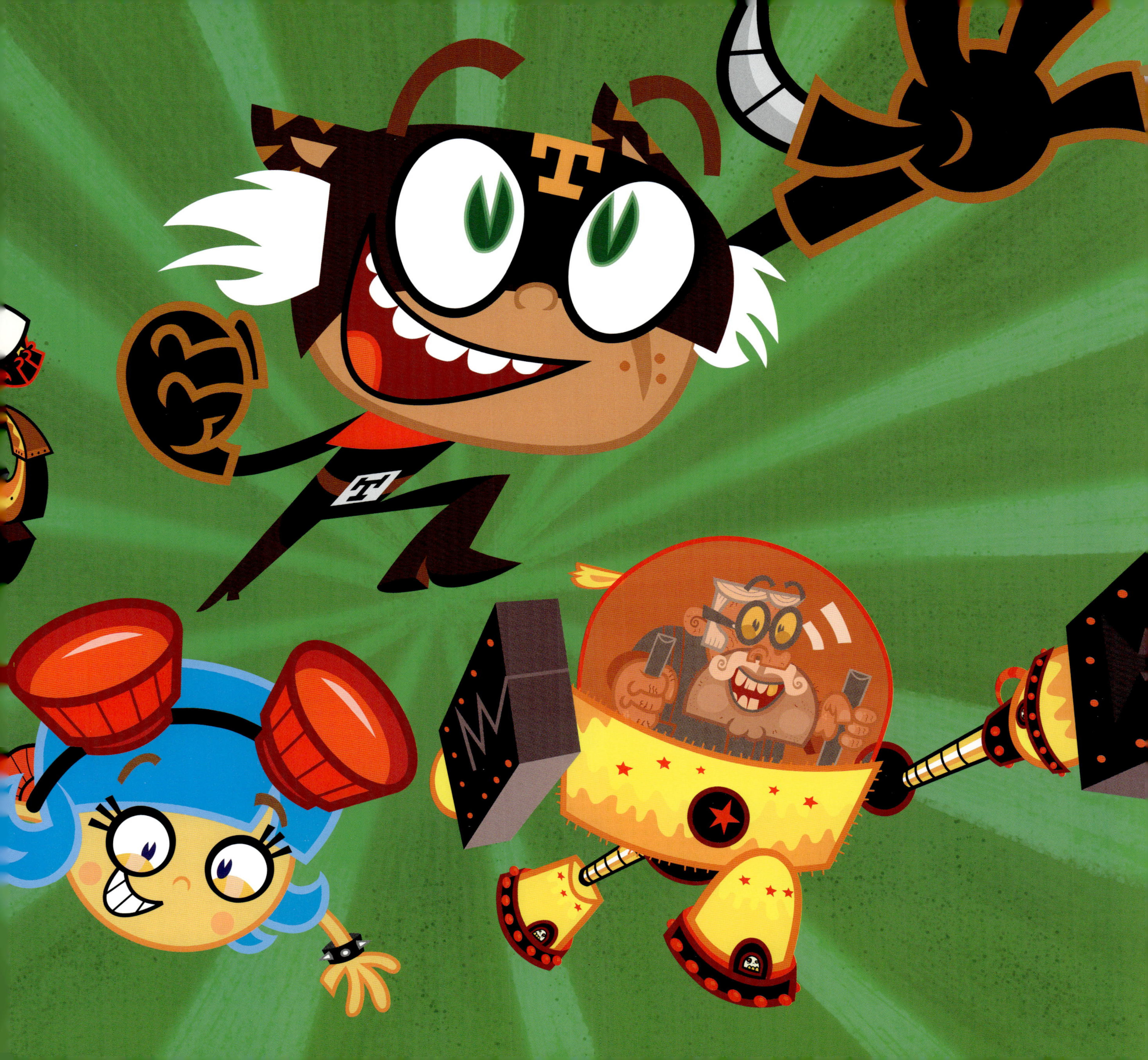

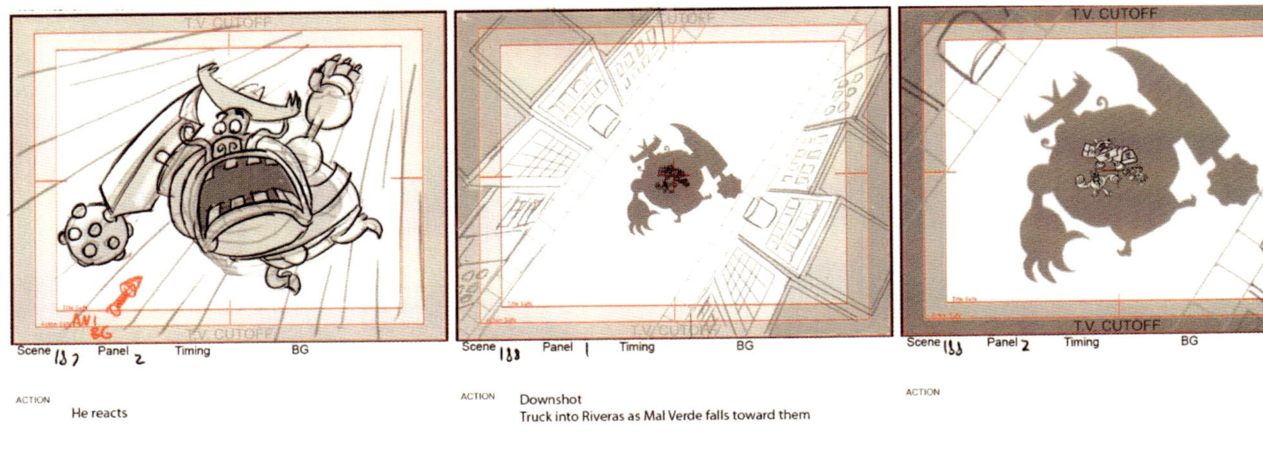

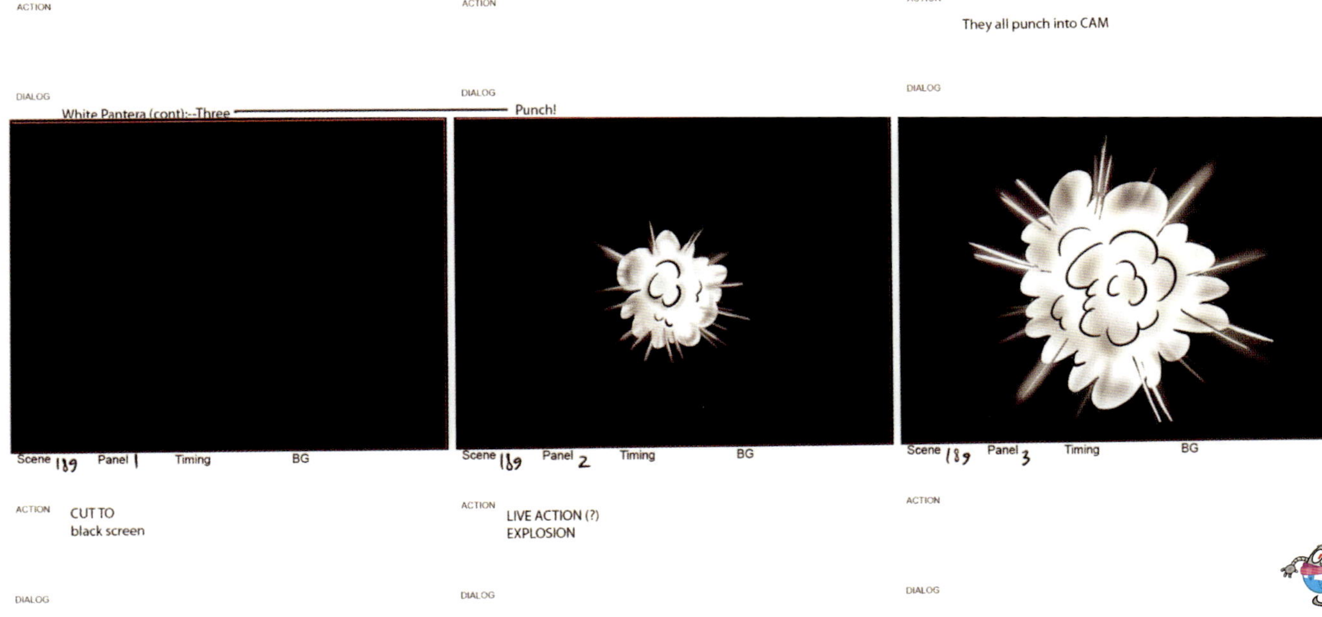

The combined punch of El Tigre, Puma Loco, and White Pantera sends El Mal Verde spinning around the globe, collecting the entire rogues' gallery of villains along with him in these storyboards by Dave Thomas and Ricky Garduno from the series finale, "No Boots, No Belt, No Brero" [E26b].

El puñetazo conjunto de El Tigre, Puma Loco y White Pantera lanza a El Mal Verde alrededor del mundo, donde va recogiendo la galería entera de canallas y villanos a lo largo de estos storyboards de Dave Thomas y Ricky Garduno del final de la serie "Ni cinturón ni botas ni sombrero" [E26b].

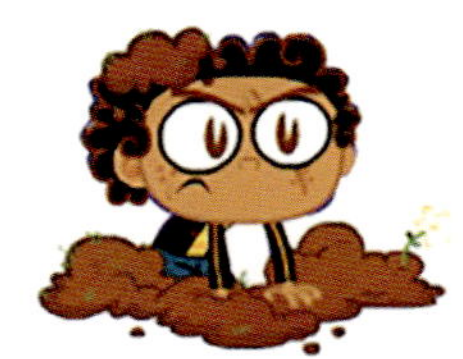

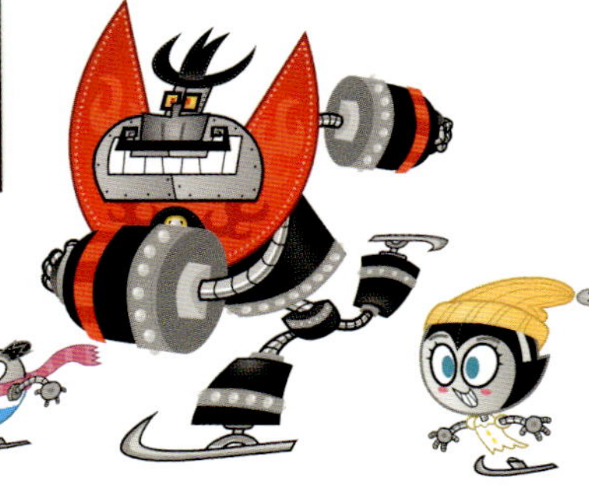

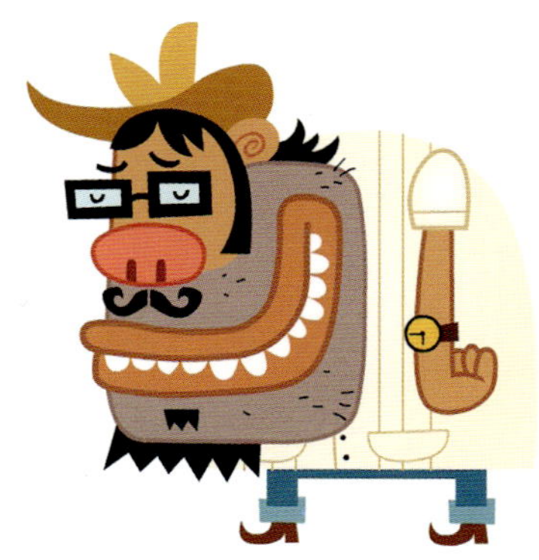

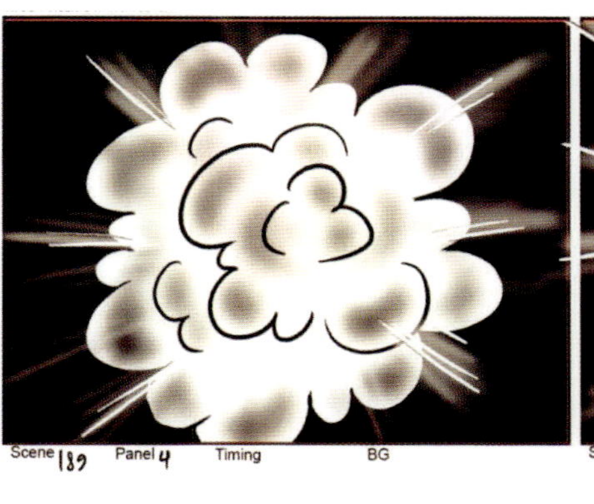

Scene 189 Panel 4 Timing BG

ACTION

DIALOG

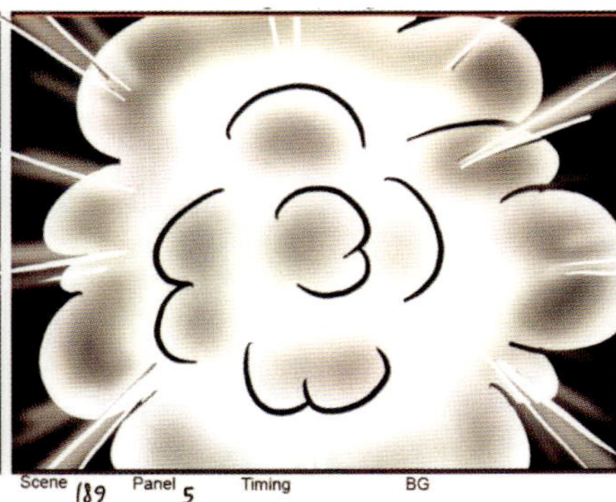

Scene 189 Panel 5 Timing BG

ACTION

DIALOG

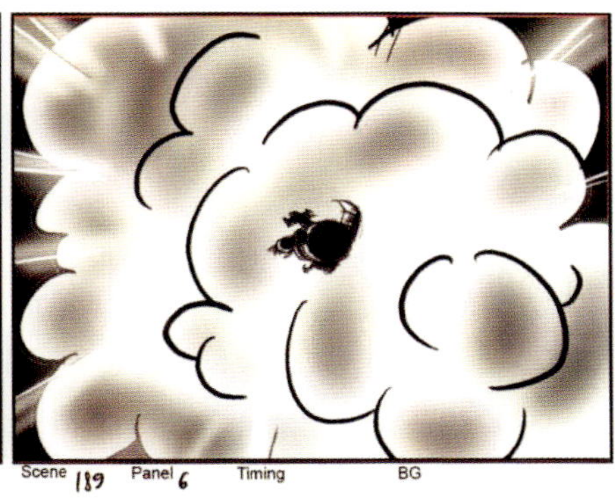

Scene 189 Panel 6 Timing BG

ACTION Mal Verde flies out of explosion

DIALOG

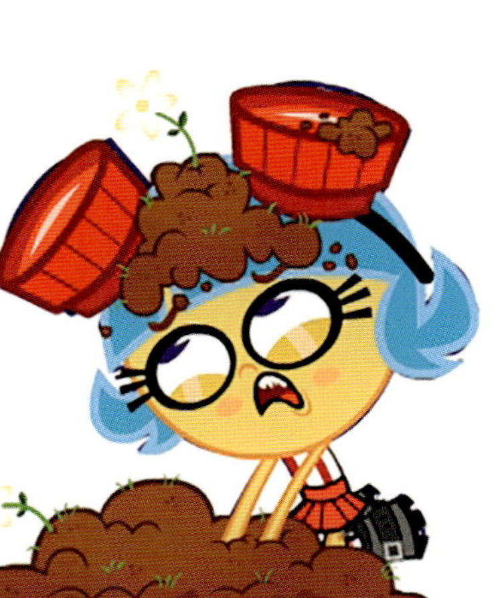

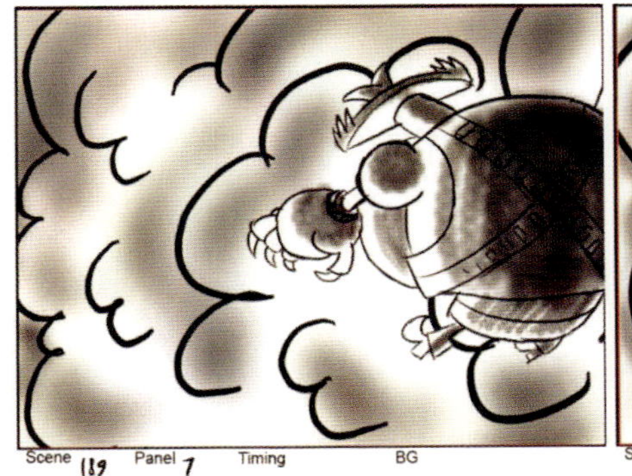

Scene 189 Panel 7 Timing BG

ACTION

DIALOG

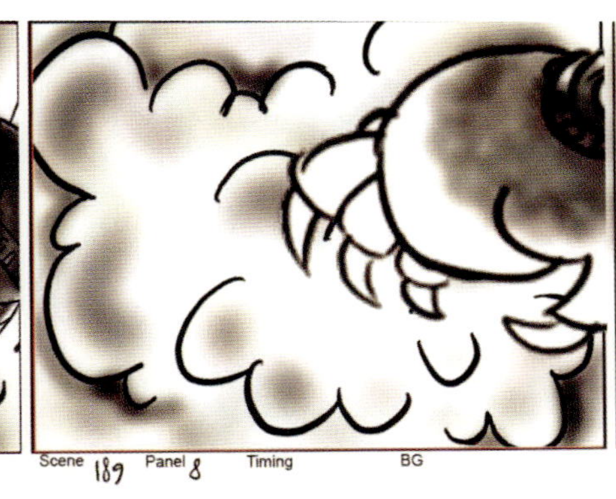

Scene 189 Panel 8 Timing BG

ACTION Past Cam

DIALOG

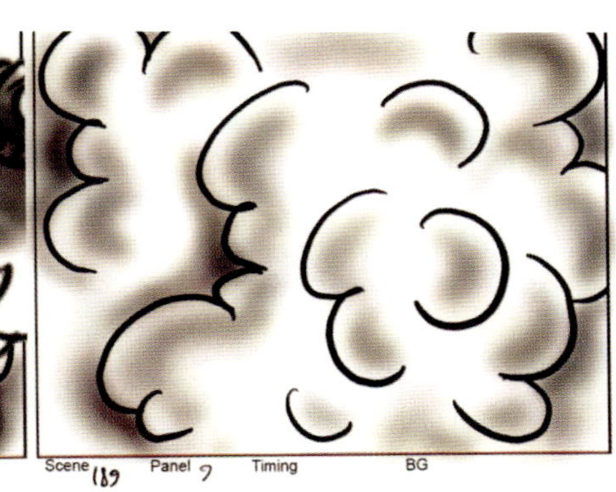

Scene 189 Panel 9 Timing BG

ACTION

DIALOG

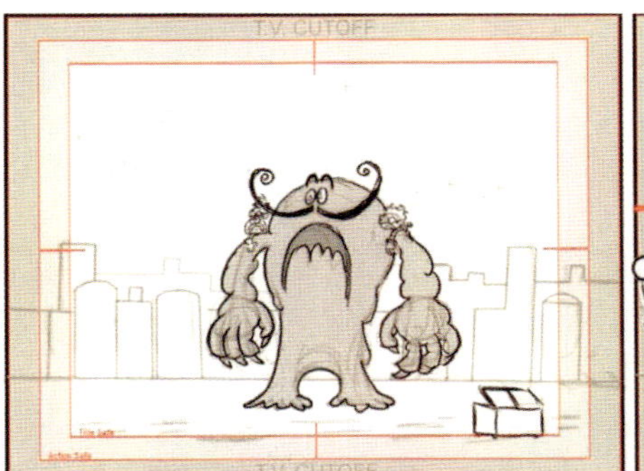

Scene 190 Panel 1 Timing BG

ACTION CUT TO
Guacamole monster with Chipotles

DIALOG

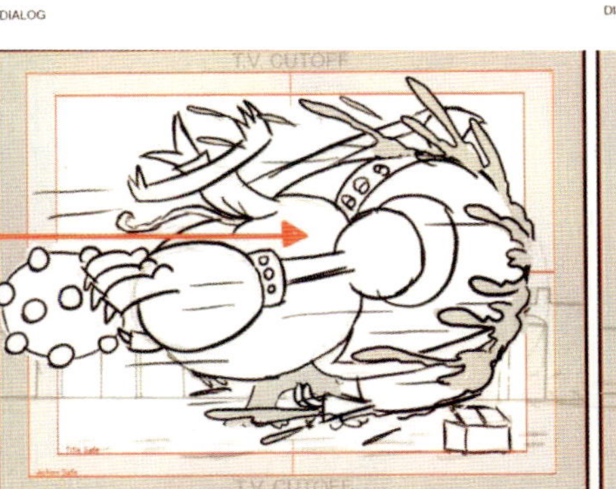

Scene 190 Panel 2 Timing BG

ACTION Mal Verde pans through, splattering Guacamole

DIALOG

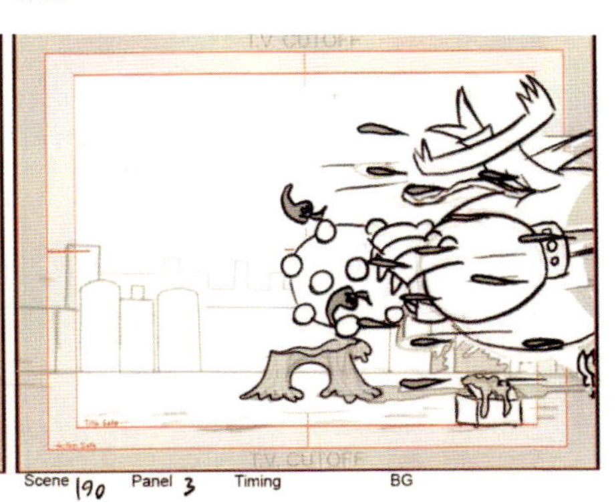

Scene 190 Panel 3 Timing BG

ACTION

DIALOG

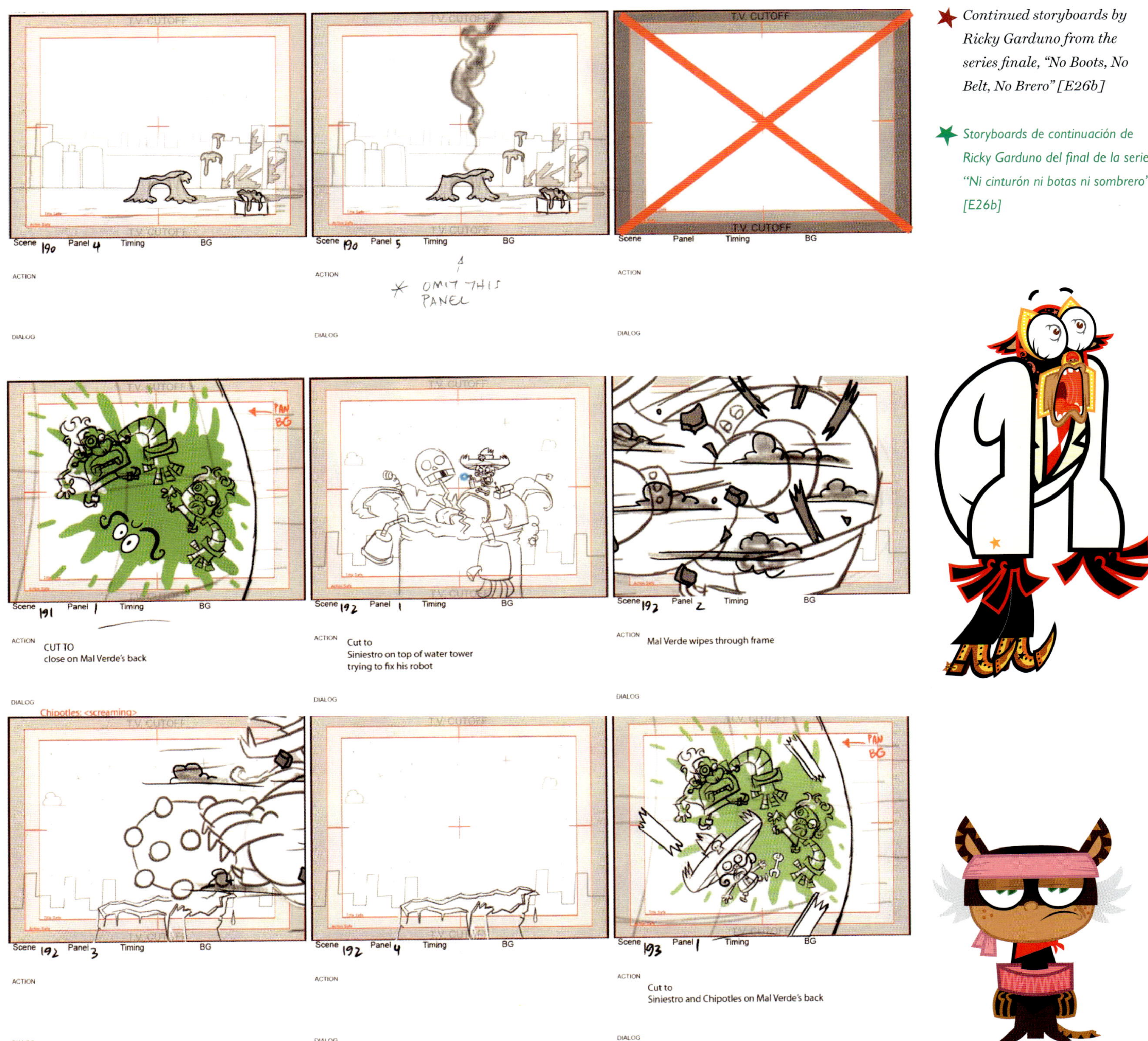

Continued storyboards by Ricky Garduno from the series finale, "No Boots, No Belt, No Brero" [E26b]

Storyboards de continuación de Ricky Garduno del final de la serie "Ni cinturón ni botas ni sombrero" [E26b]

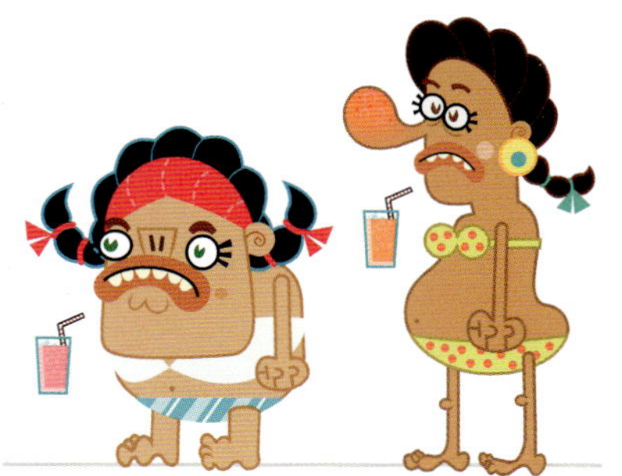

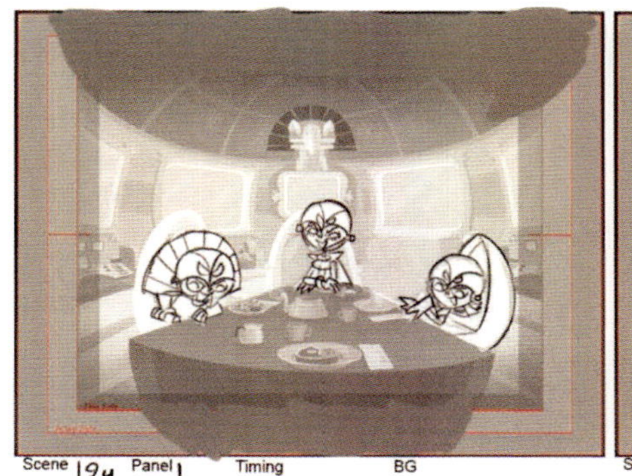

Scene 194 Panel 1 Timing BG

ACTION

cut to
FLOCK OF FURY'S HQ

the flock contemplate their defeat of the Riveras

DIALOG

Flock: <laughing>

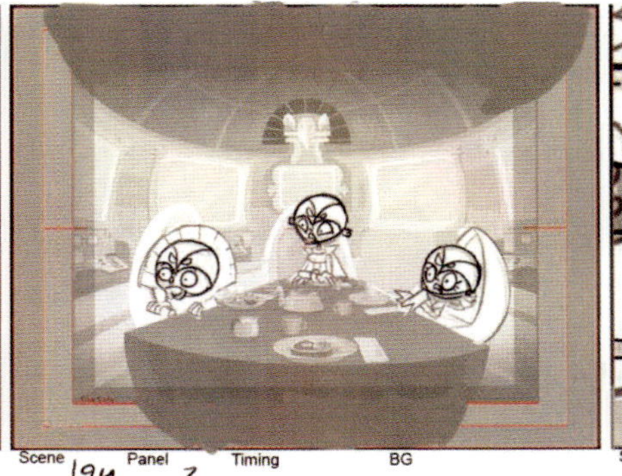

Scene 194 Panel 2 Timing BG

ACTION

DIALOG

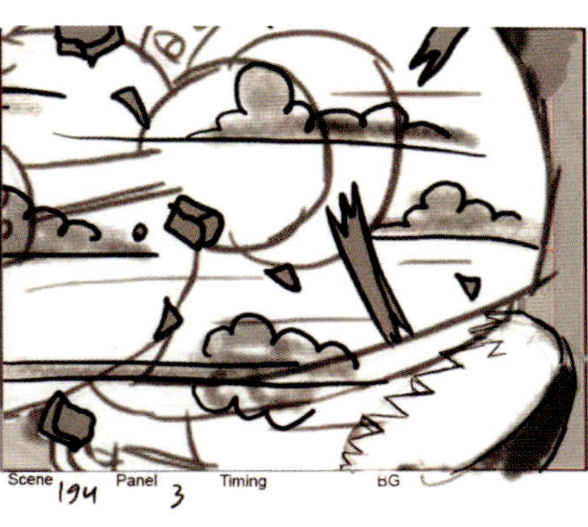

Scene 194 Panel 3 Timing BG

ACTION

Mal Verde wipes through frame

DIALOG

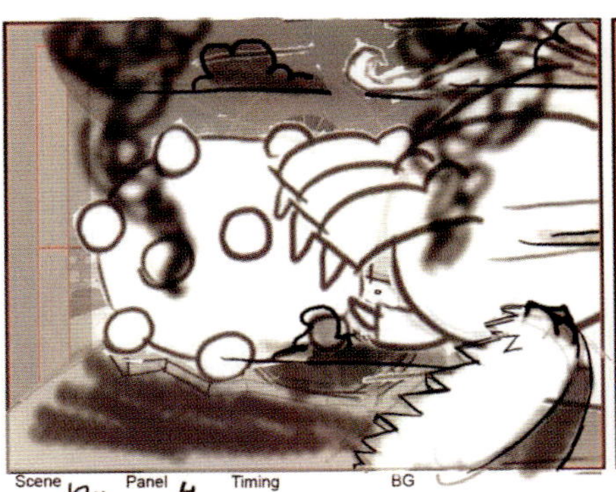

Scene 194 Panel 4 Timing BG

ACTION

DIALOG

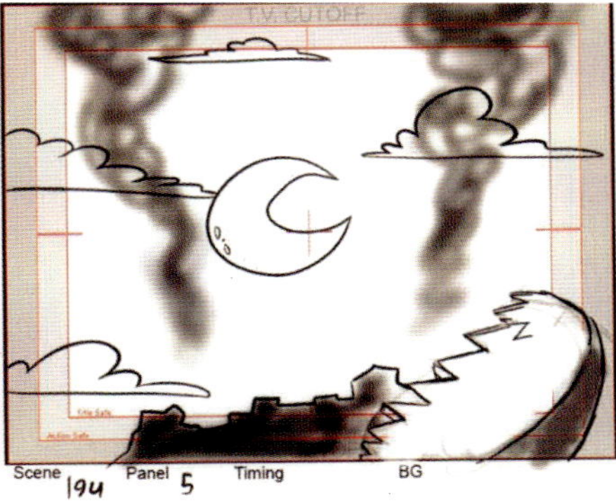

Scene 194 Panel 5 Timing BG

ACTION

(As Mal Verde wipes through Villain's Lairs he leaves them in ruins)

DIALOG

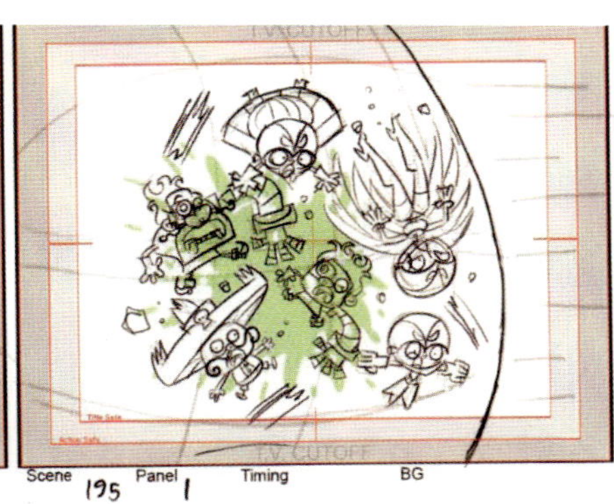

Scene 195 Panel 1 Timing BG

ACTION

Siniestro, Flock and Chipotles on Mal Verde's back

DIALOG

ALL: <SCREEEAM!>

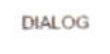

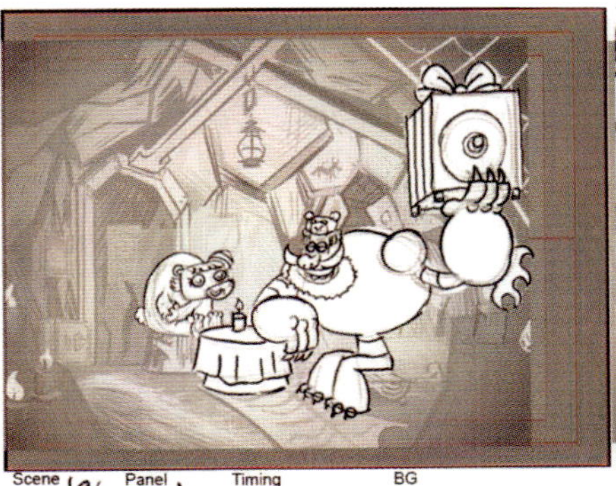

Scene 196 Panel 1 Timing BG

ACTION

Cut to:
Oso's cave

He is having a romantic dinner with the bear princess

DIALOG

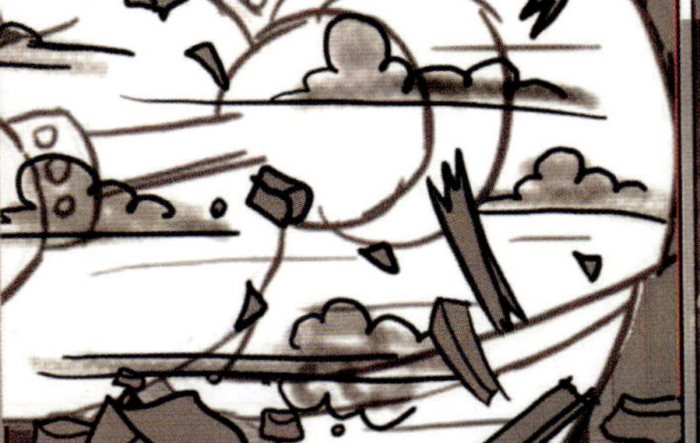

Scene 196 Panel 2 Timing BG

ACTION

Mal Verde wipes through frame

DIALOG

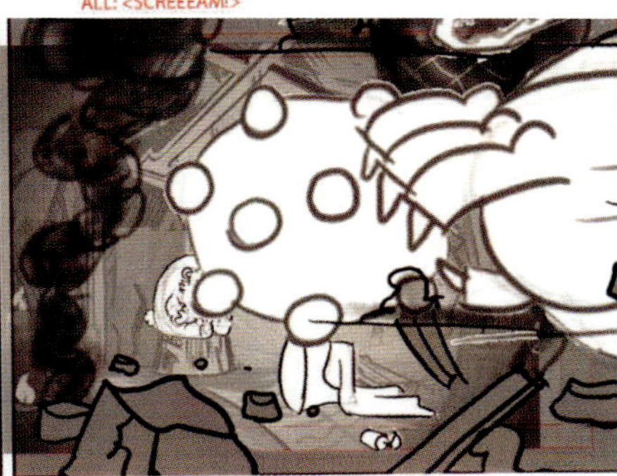

Scene 196 Panel 3 Timing BG

ACTION

DIALOG Oso

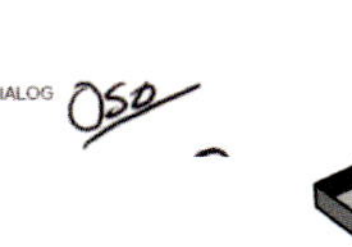

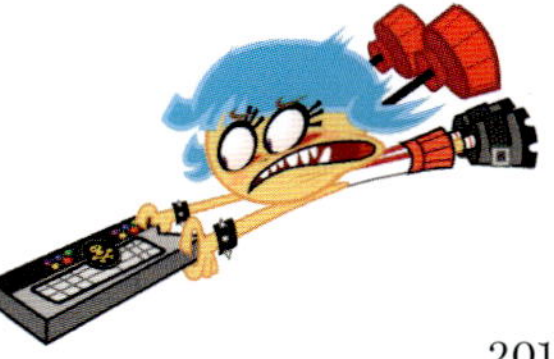

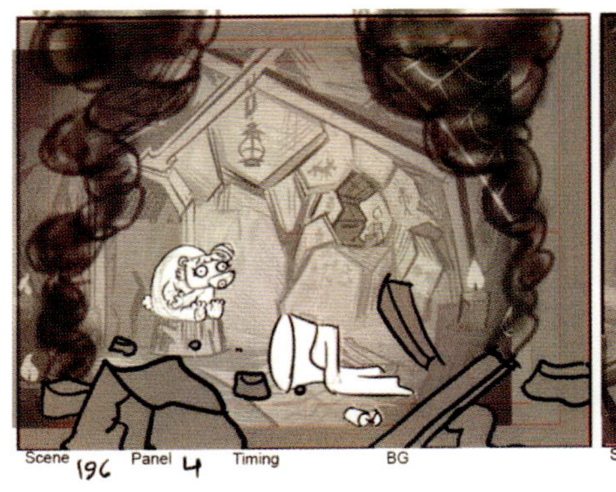

Scene 196 Panel 4 Timing BG

ACTION

DIALOG oso
mana!

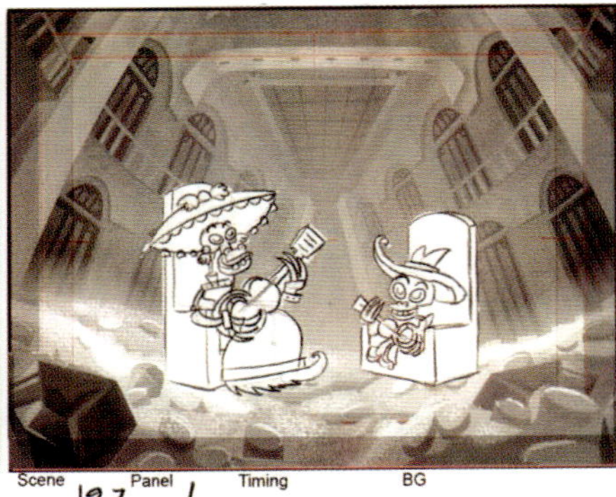

Scene 197 Panel 1 Timing BG

ACTION

Cut to:
Sartana's Lair

she plays guitar with Django

DIALOG

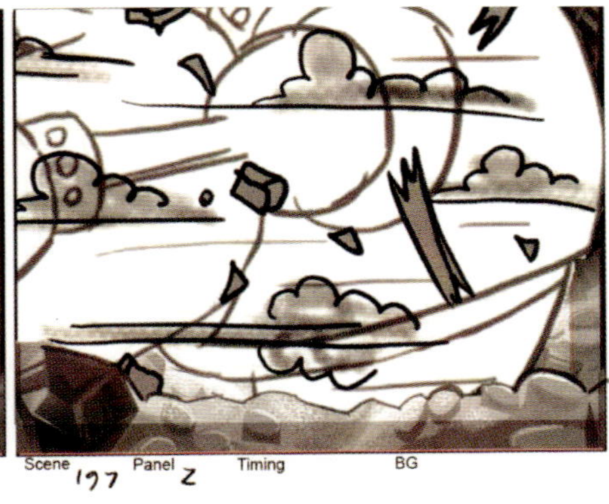

Scene 197 Panel 2 Timing BG

ACTION

Mal Verde wipes through frame

DIALOG

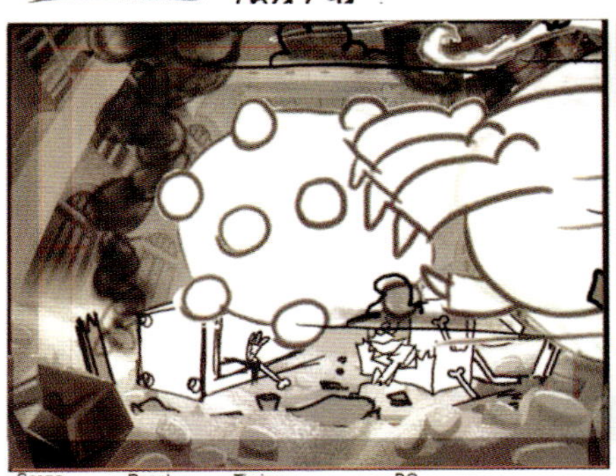

Scene 197 Panel 3 Timing BG

ACTION

DIALOG

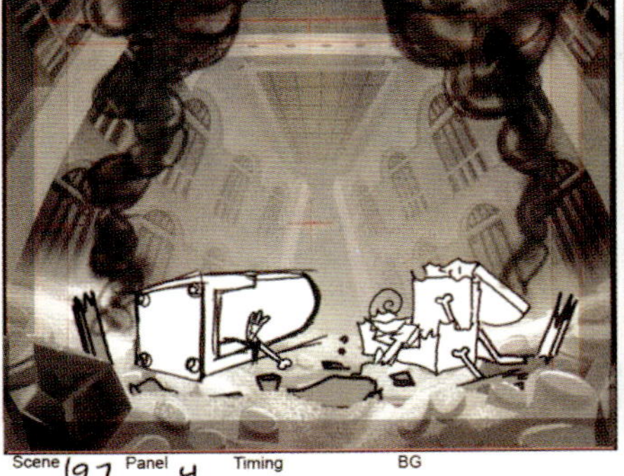

Scene 197 Panel 4 Timing BG

ACTION

DIALOG

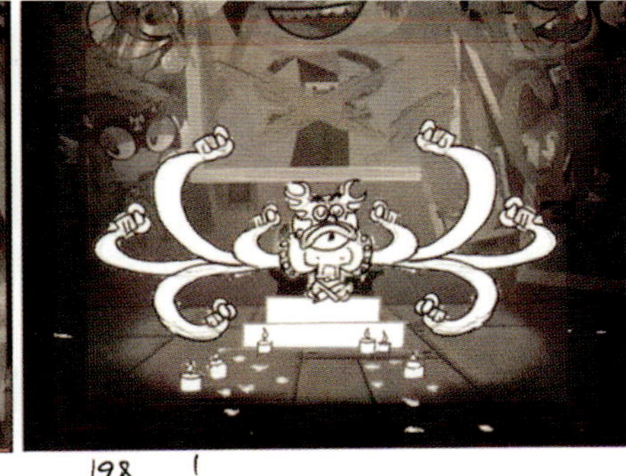

198 1

ACTION

CUT TO
Titanium Titan meditating in front of his anti-Tigre shrine

DIALOG

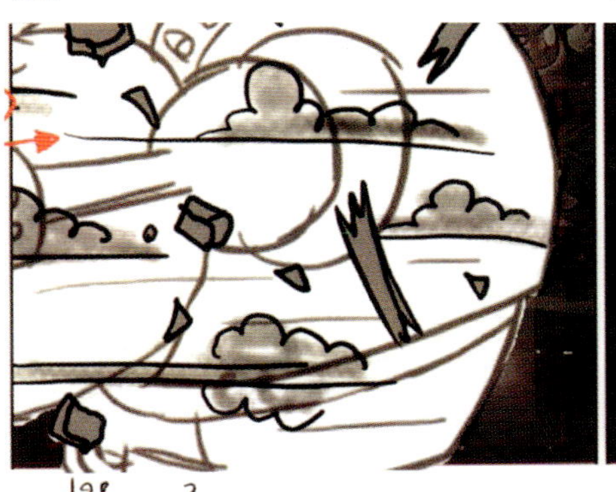

198 2

ACTION

Mal Verde wipes through frame

DIALOG

198 3

ACTION

DIALOG

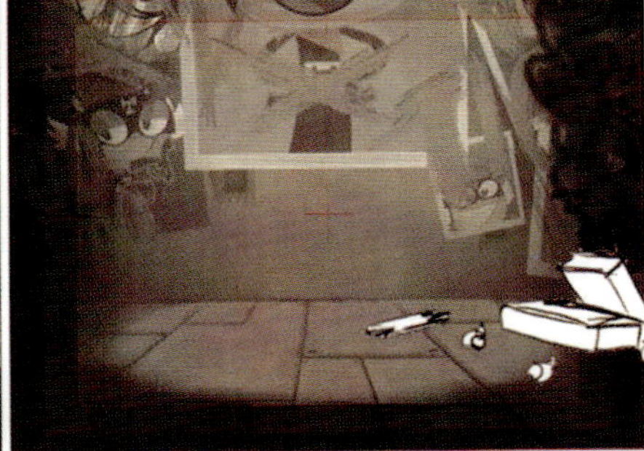

198 4

ACTION

DIALOG

Continued storyboards by Ricky Garduno from the series finale, "No Boots, No Belt, No Brero" [E26b]

Storyboards de continuación de Ricky Garduno del final de la serie "Ni cinturón ni botas ni sombrero" [E26b]

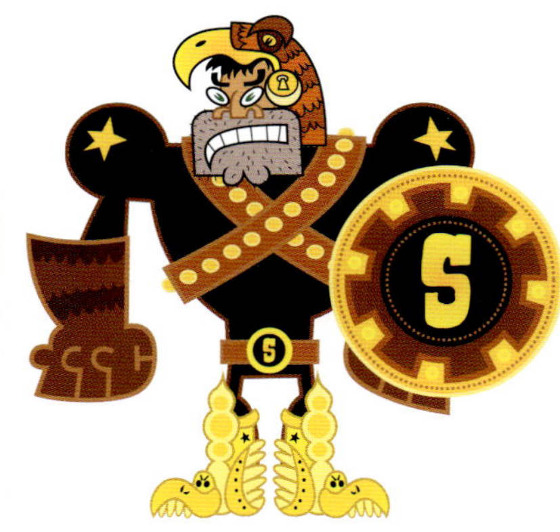

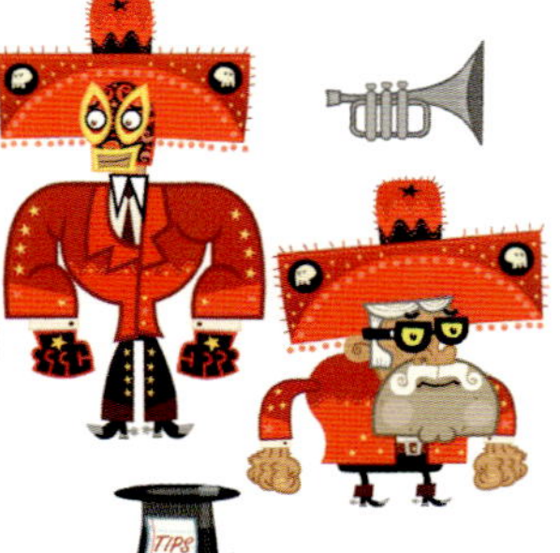

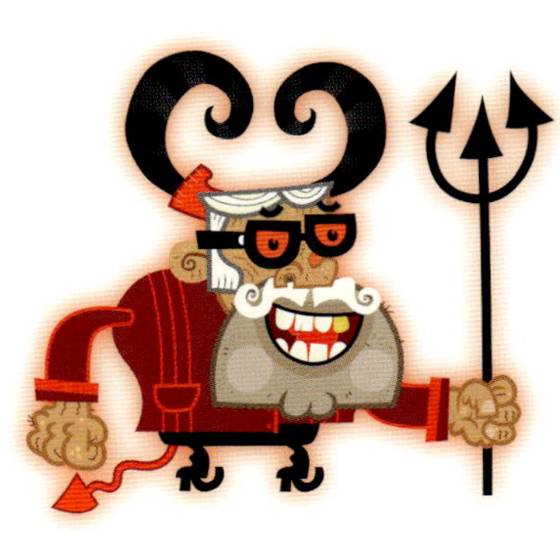

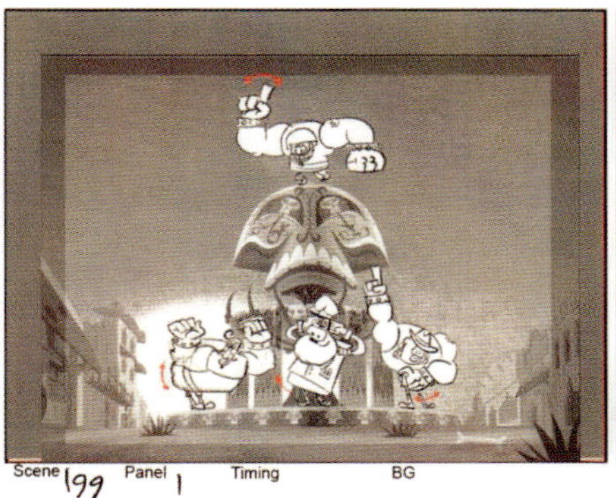

Scene 199 Panel 1 Timing BG

ACTION
CUT TO
Chapuza and Soccer zombies dancing on fountain in Zombie Town

DIALOG

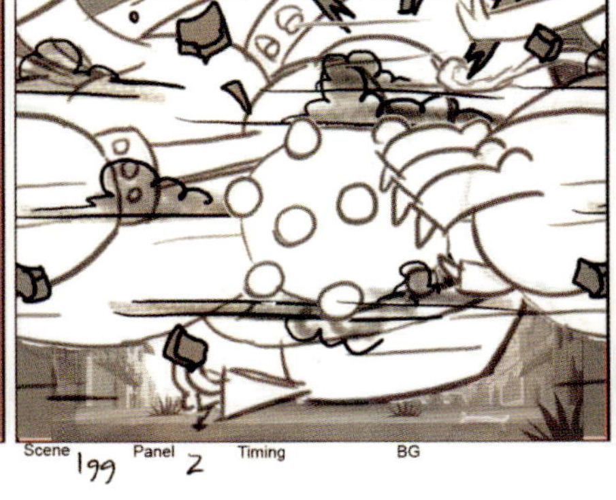

Scene 199 Panel 2 Timing BG

ACTION
Mal Verde wipes through frame

DIALOG

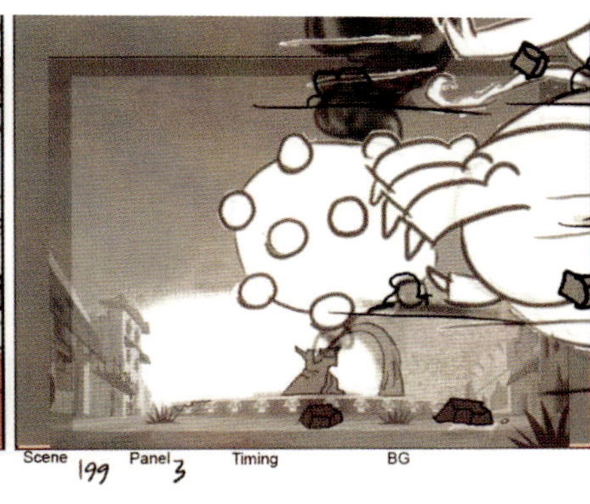

Scene 199 Panel 3 Timing BG

ACTION

DIALOG

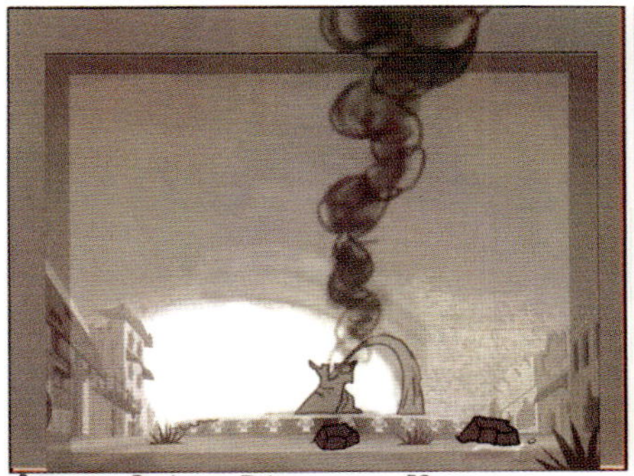

Scene 199 Panel 4 Timing BG

ACTION

DIALOG

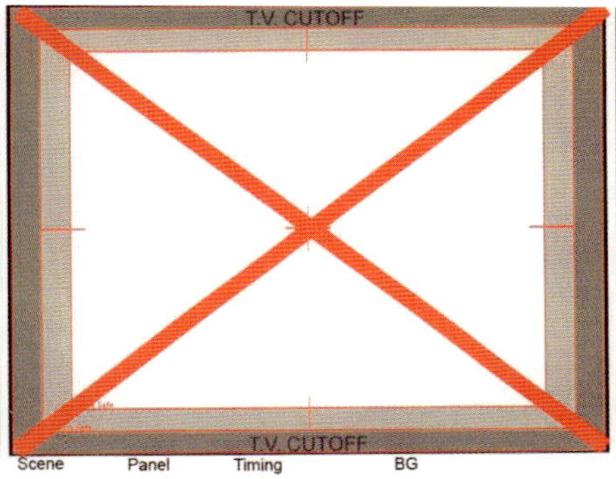

T.V. CUTOFF

T.V. CUTOFF

Scene Panel Timing BG

ACTION

DIALOG

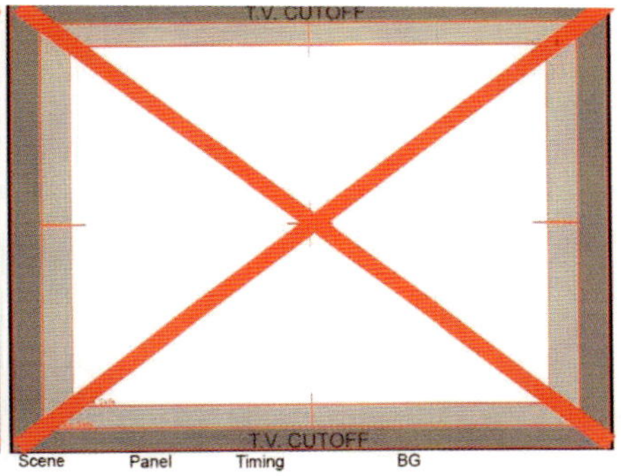

T.V. CUTOFF

T.V. CUTOFF

Scene Panel Timing BG

ACTION

DIALOG

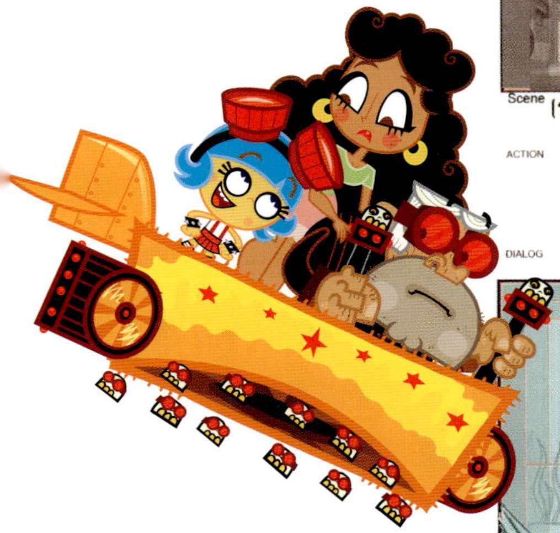

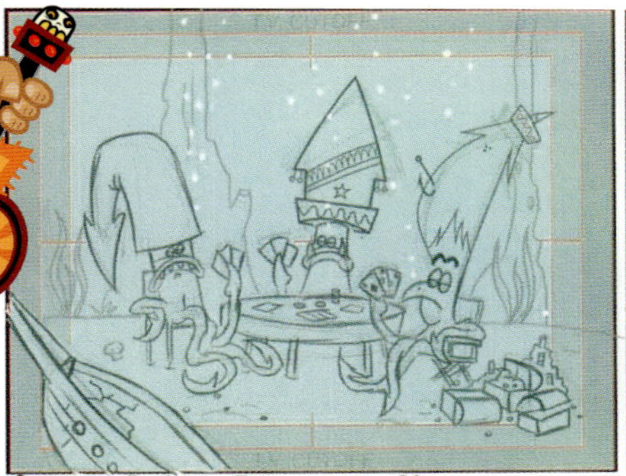

Scene 200 Panel 1 Timing BG

ACTION
CUT TO
giant squid gang playing poker underwater

DIALOG

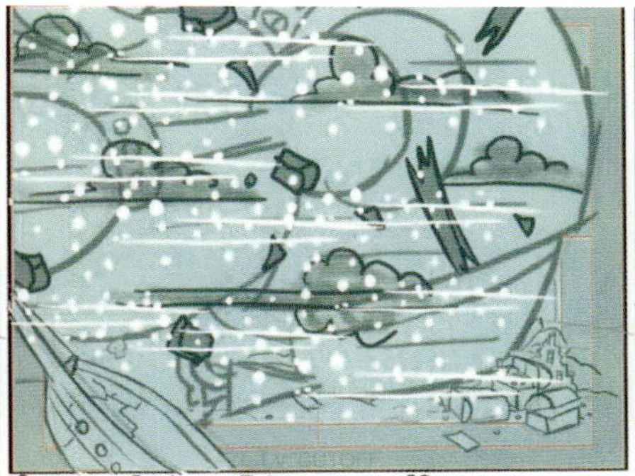

Scene 200 Panel 2 Timing BG

ACTION
Mal Verde wipes through frame

DIALOG

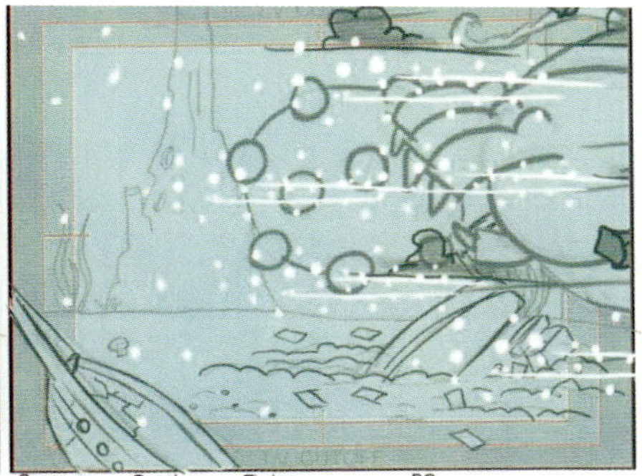

Scene 200 Panel 3 Timing BG

ACTION

DIALOG

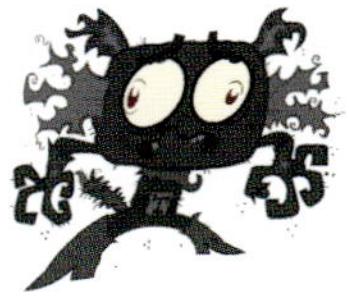

CUT TO Pan of Miracle city citizens cheering (Key on next page)

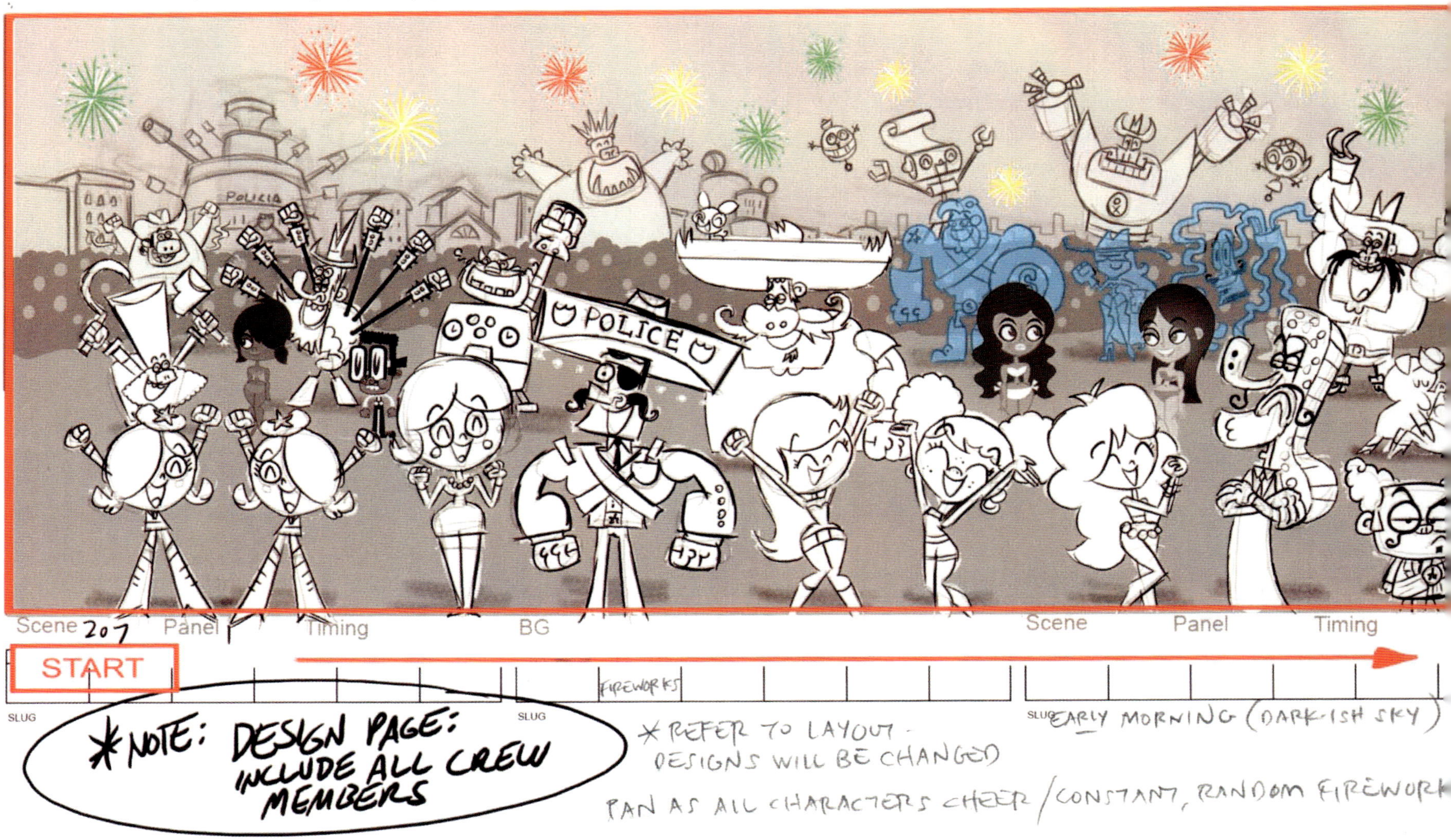

Scene 207 Panel Timing BG Scene Panel Timing

START

FIREWORKS

SLUG SLUG SLUG EARLY MORNING (DARK-ISH SKY)

*NOTE: DESIGN PAGE: INCLUDE ALL CREW MEMBERS

*REFER TO LAYOUT - DESIGNS WILL BE CHANGED

PAN AS ALL CHARACTERS CHEER / CONSTANT, RANDOM FIREWORK

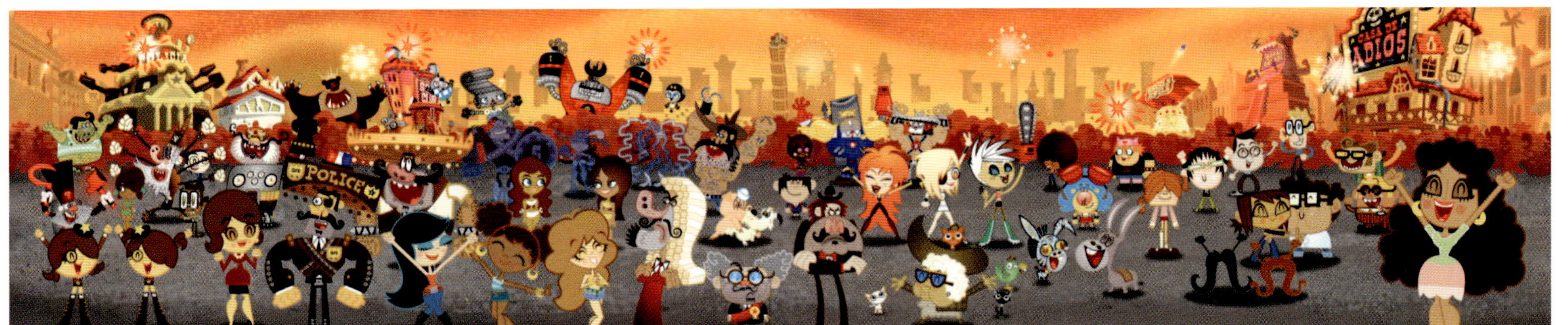

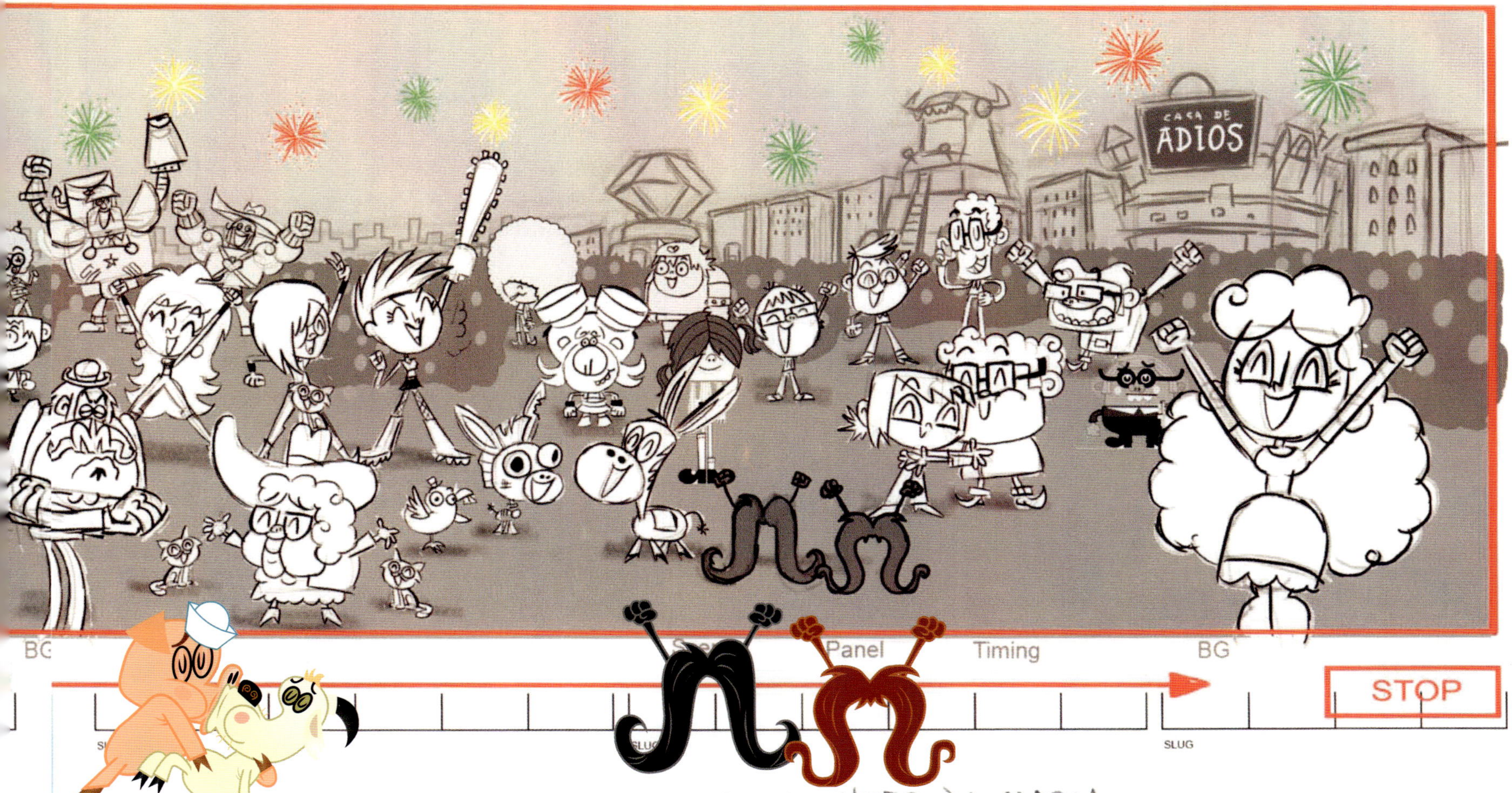

BG Panel Timing BG

STOP

SLUG

... STOP PAN ON CHEERING MARIA

SKY

The storyboard, key for characters, and the final look of the celebration pan at the end of "No Boots, No Belt, No Brero" [E26b]; most of the crew is in this shot.

El storyboard, la clave de los personajes y el aspecto final de la panorámica de la celebración al final de "Ni cinturón ni botas ni sombrero" [E26b]; la mayoría del equipo está en esta toma.

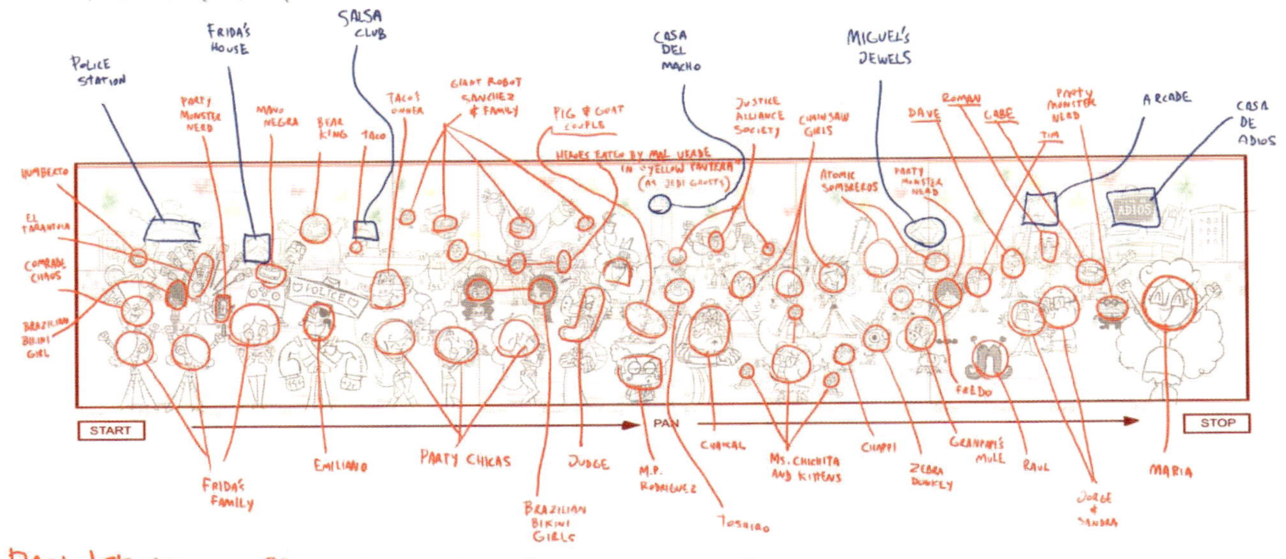

PAN KEY: RED = CHARACTERS BLUE = BUILDINGS

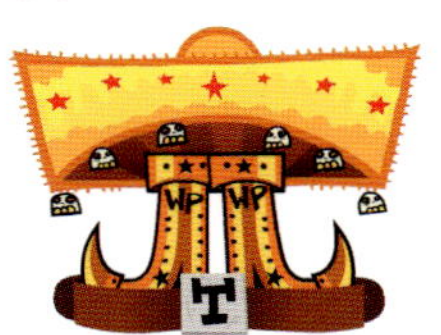

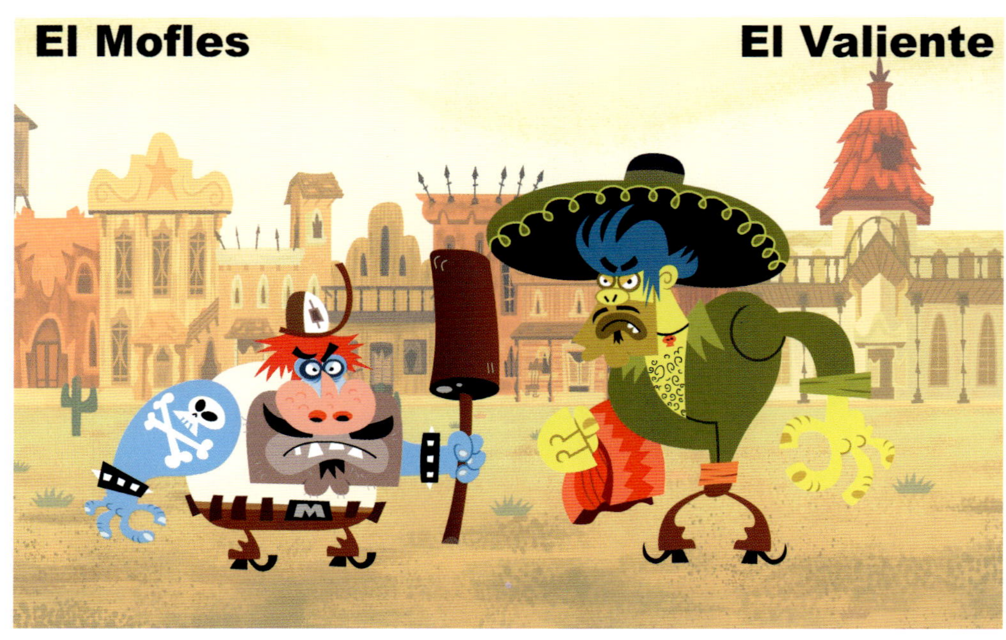

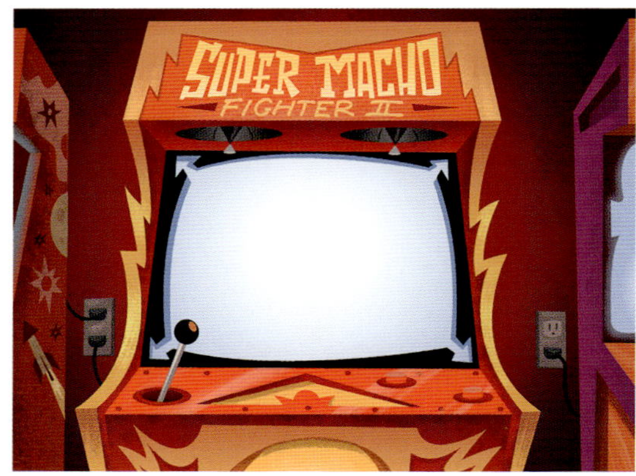

Super Macho Fighter II
Character designs for the in-show arcade game by Jorge

Supermacho Fighter II
Diseños de Jorge de personajes para el juego de maquinitas.

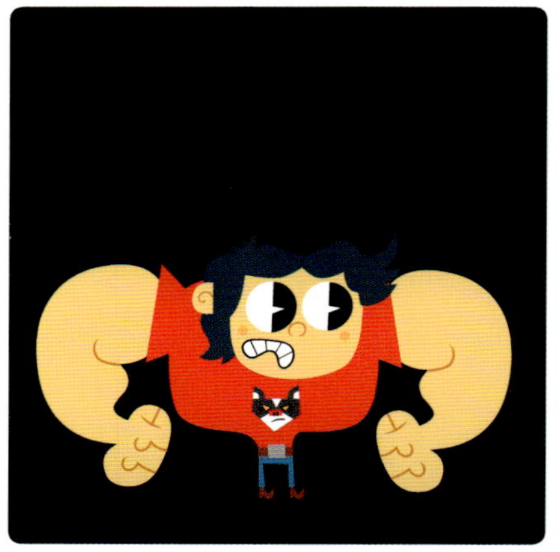
Panchocolate

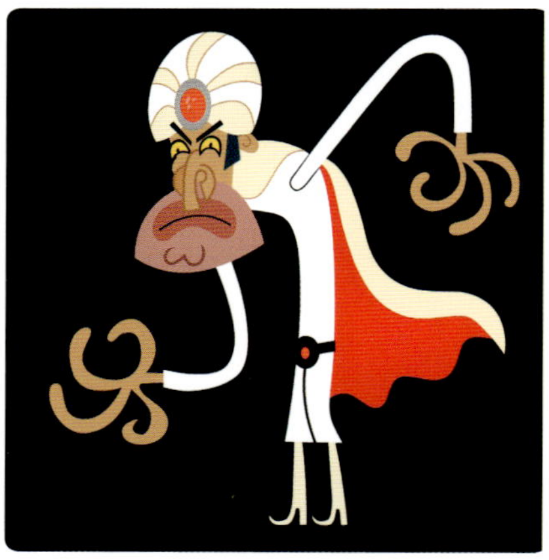
Kalimacho

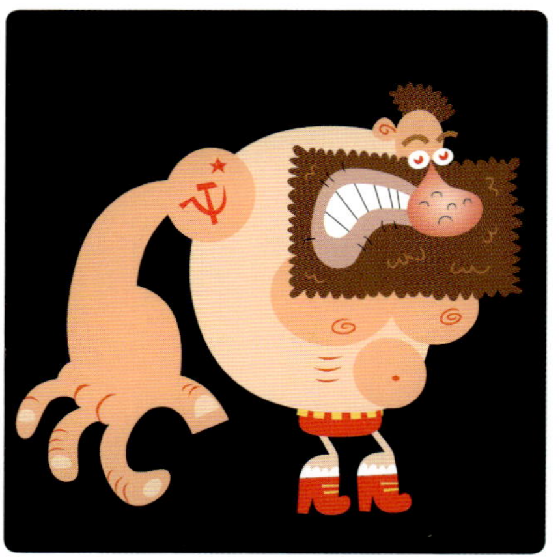
Russo

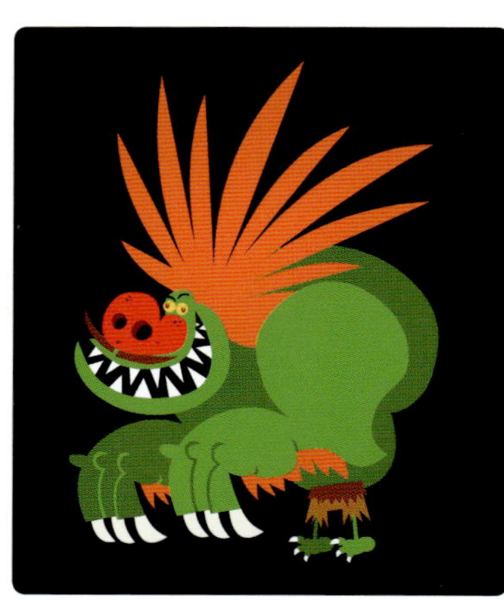
Bestia

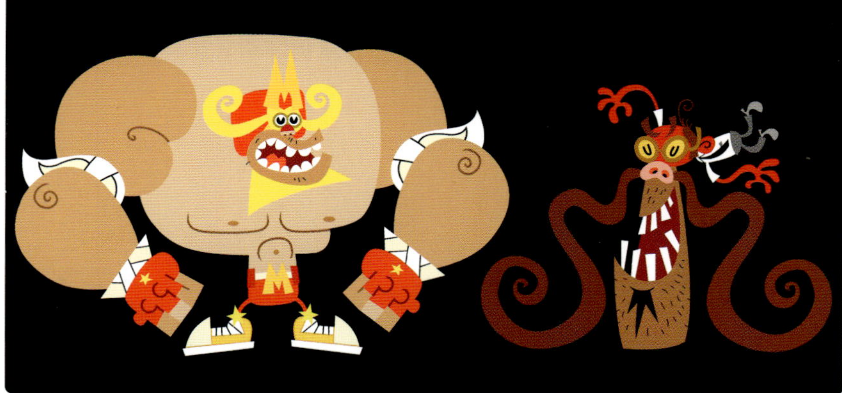
El Macho Macho Super Chema

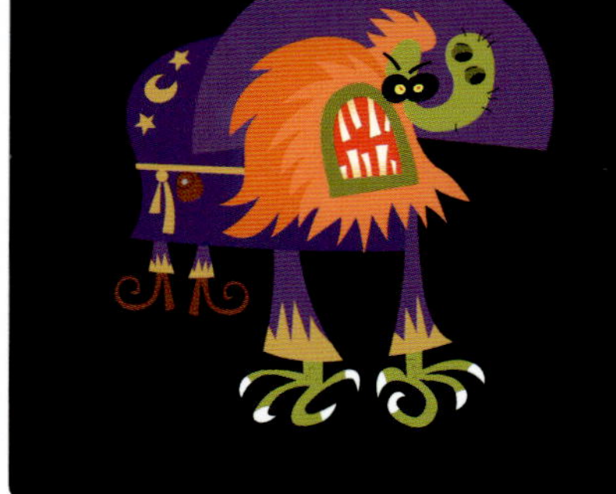
Loco Moco

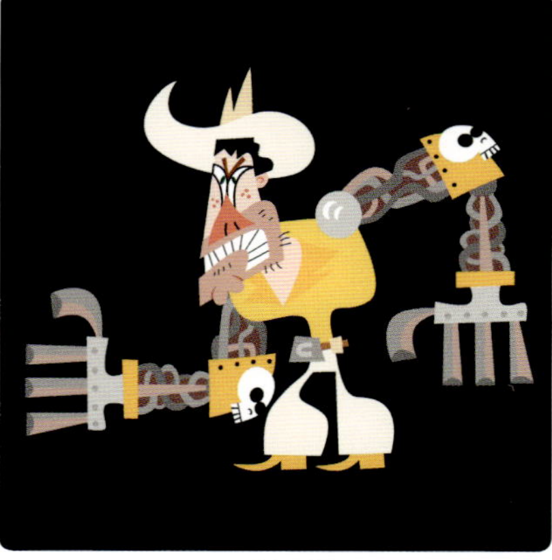
Chalino

Sartana
Skeleton
Monster

000-000

R.I.P.

R.I.P.

R.I.P.

R.I.P.

R.I.P.

R.I.P.

R.I.P.

R.I.P.

R.I.P.

R.I.P.

EL TIGRE

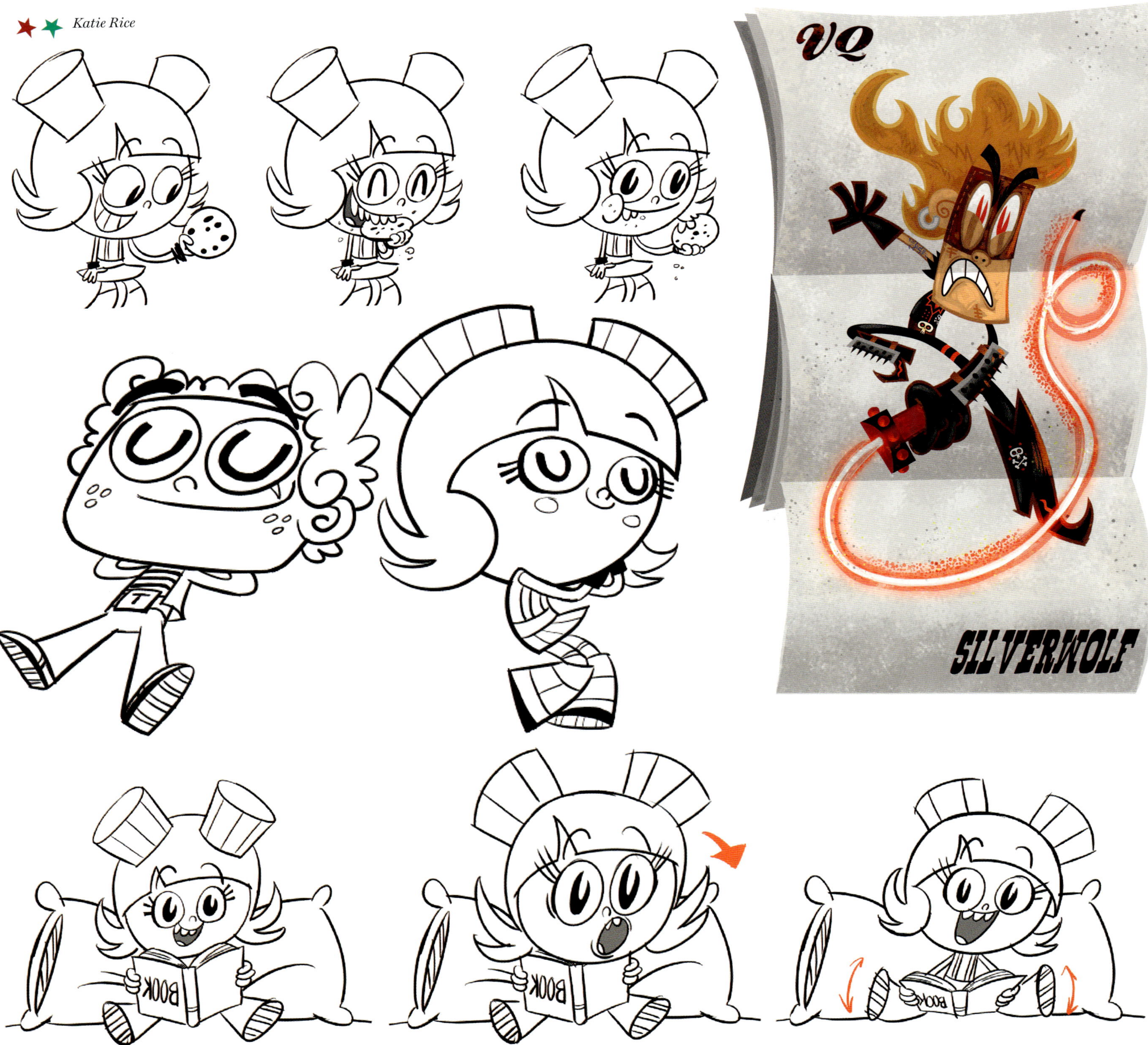
VQ
SILVERWOLF
BOOK
BOOK
BOOK

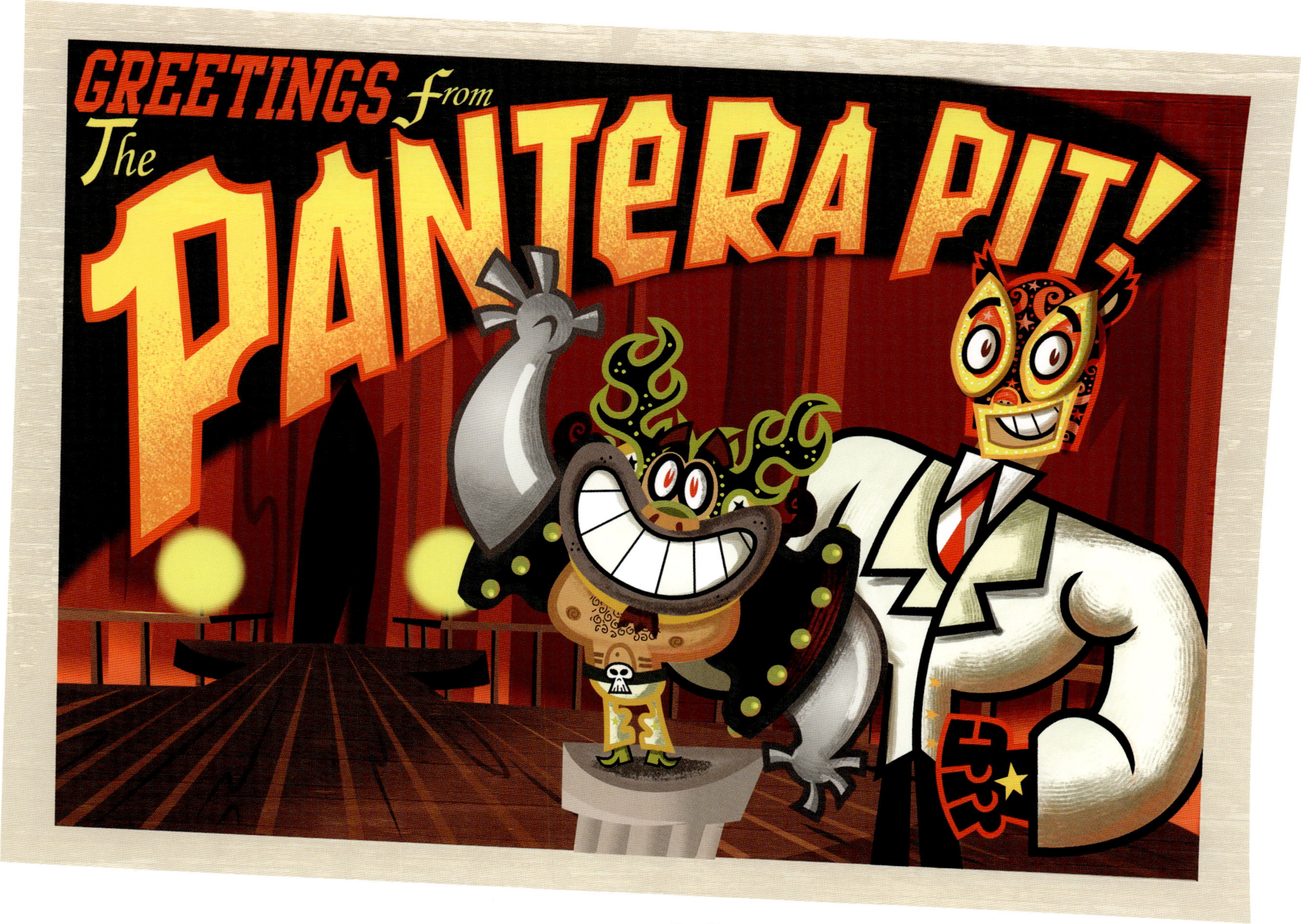

GREETINGS from The PANTERA PIT!

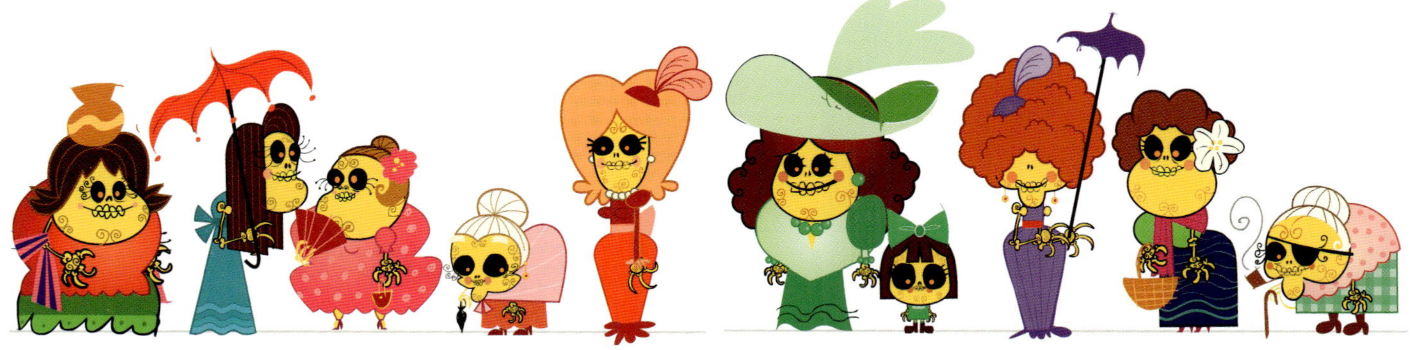

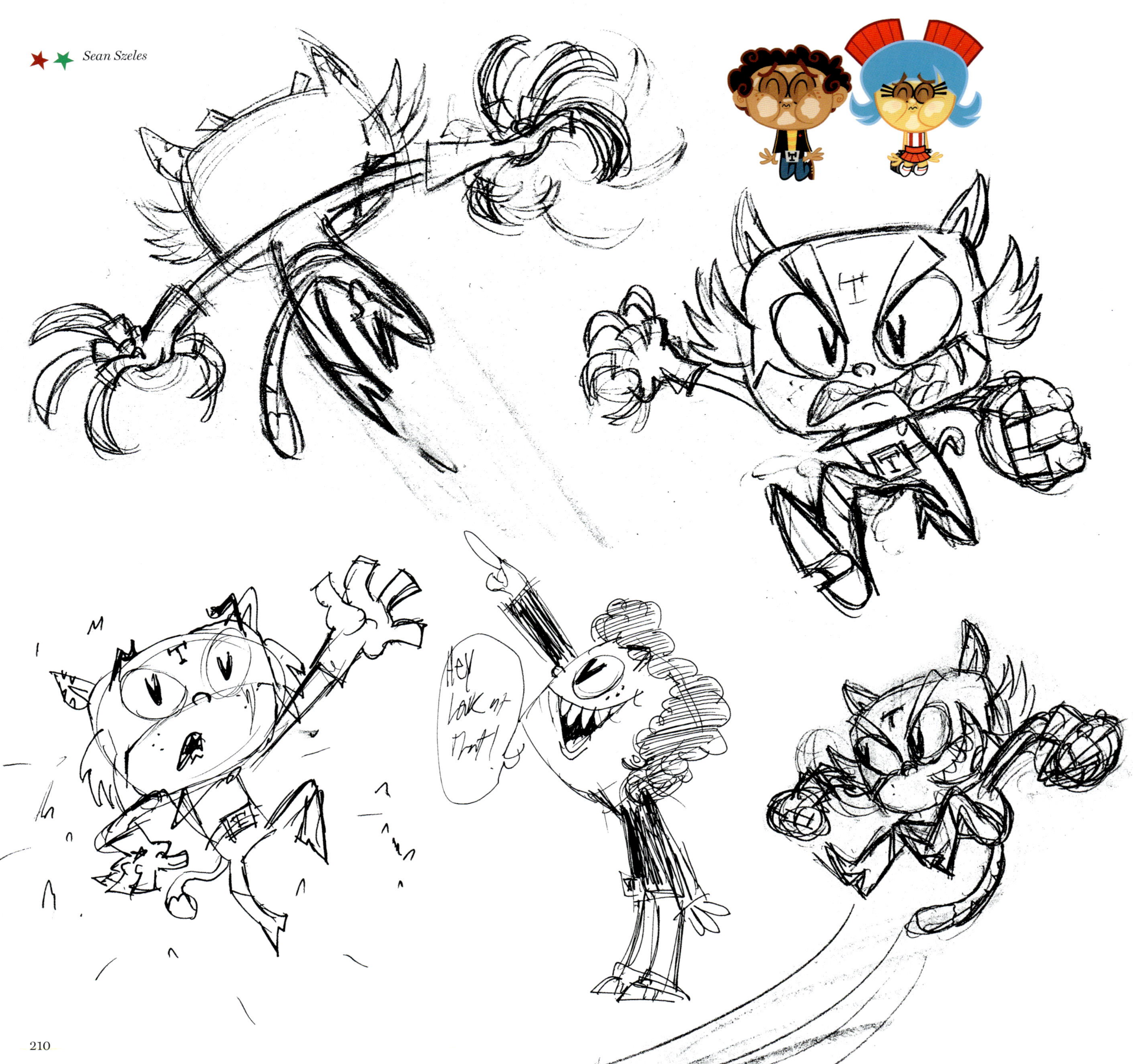
Hey look at that!

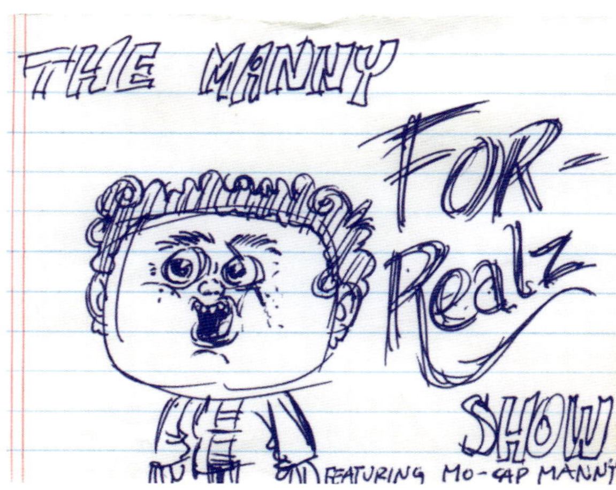

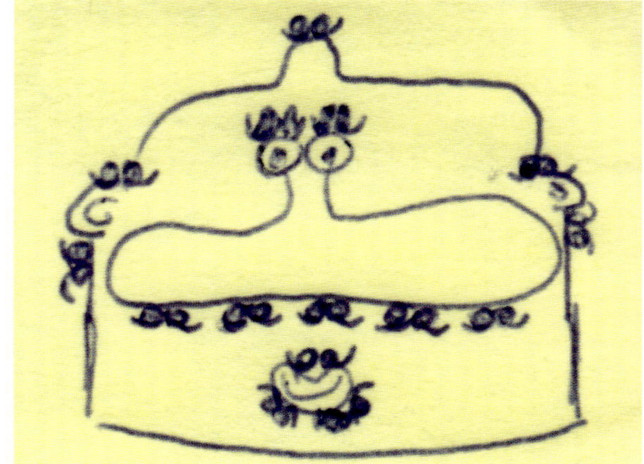

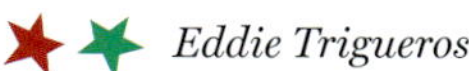

Eddie Trigueros

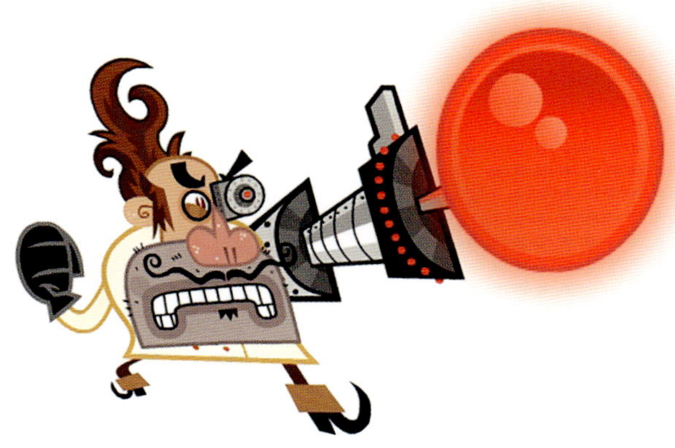

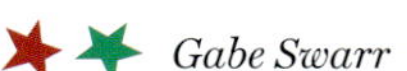

Gabe Swarr

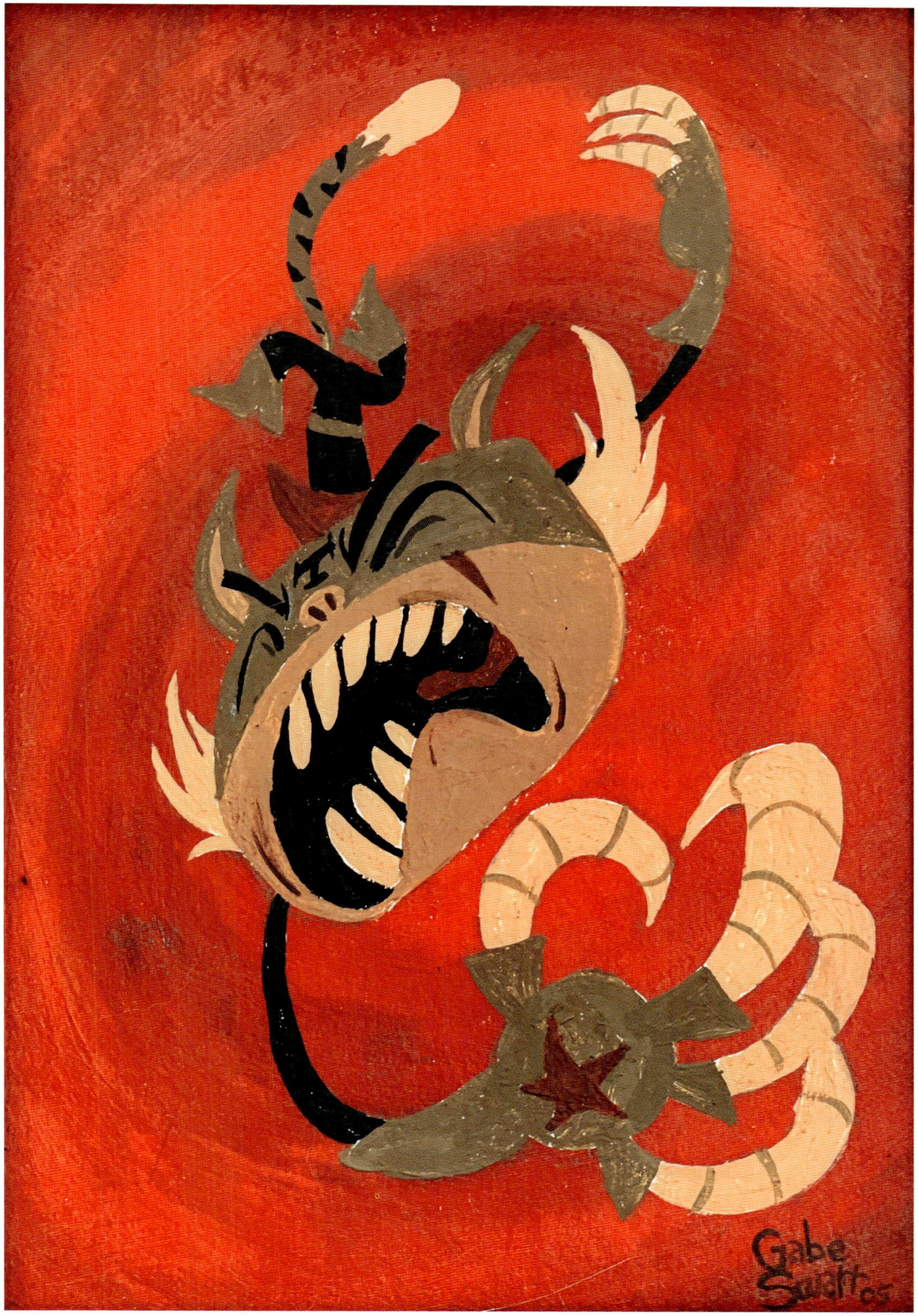

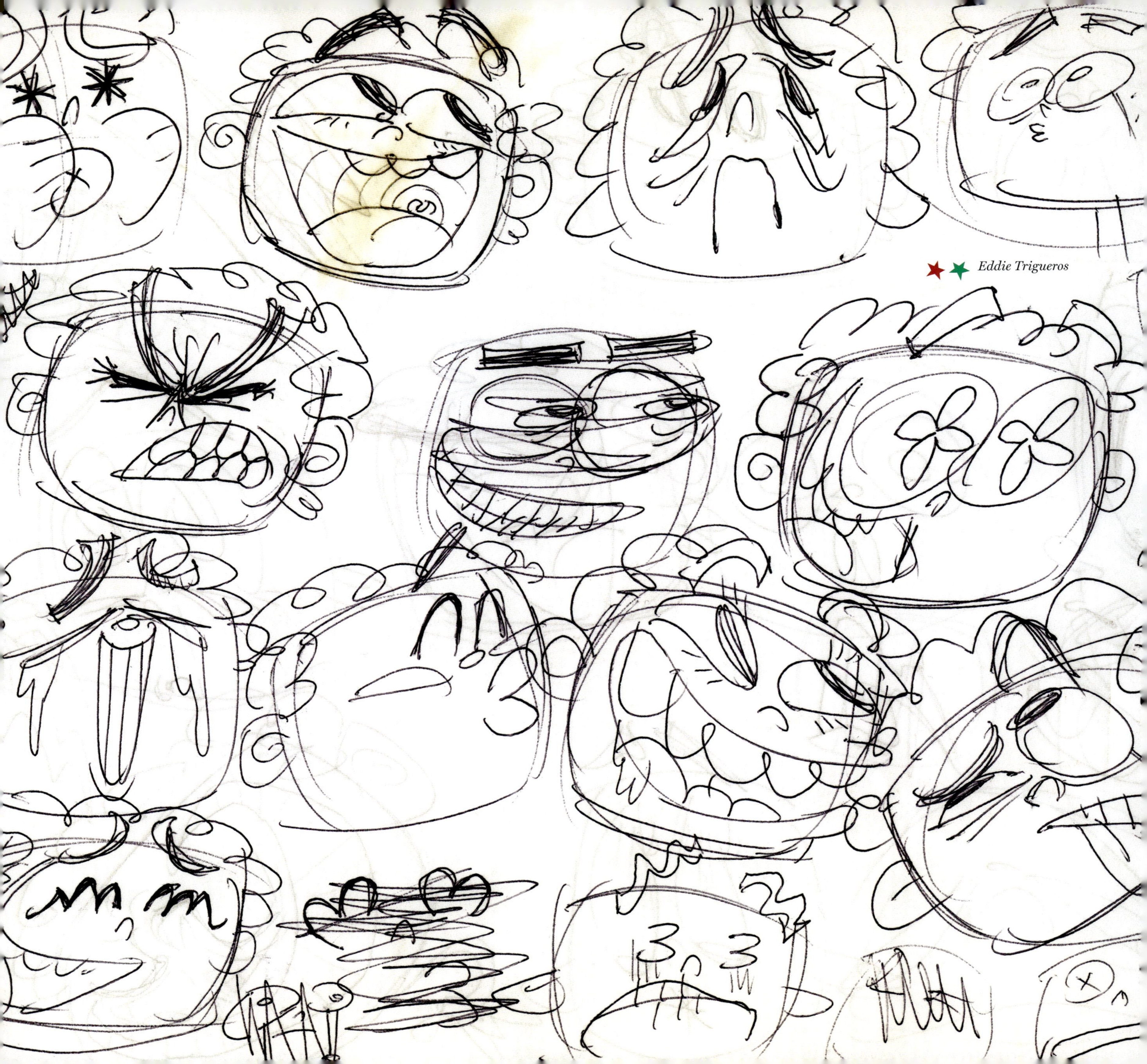
Eddie Trigueros

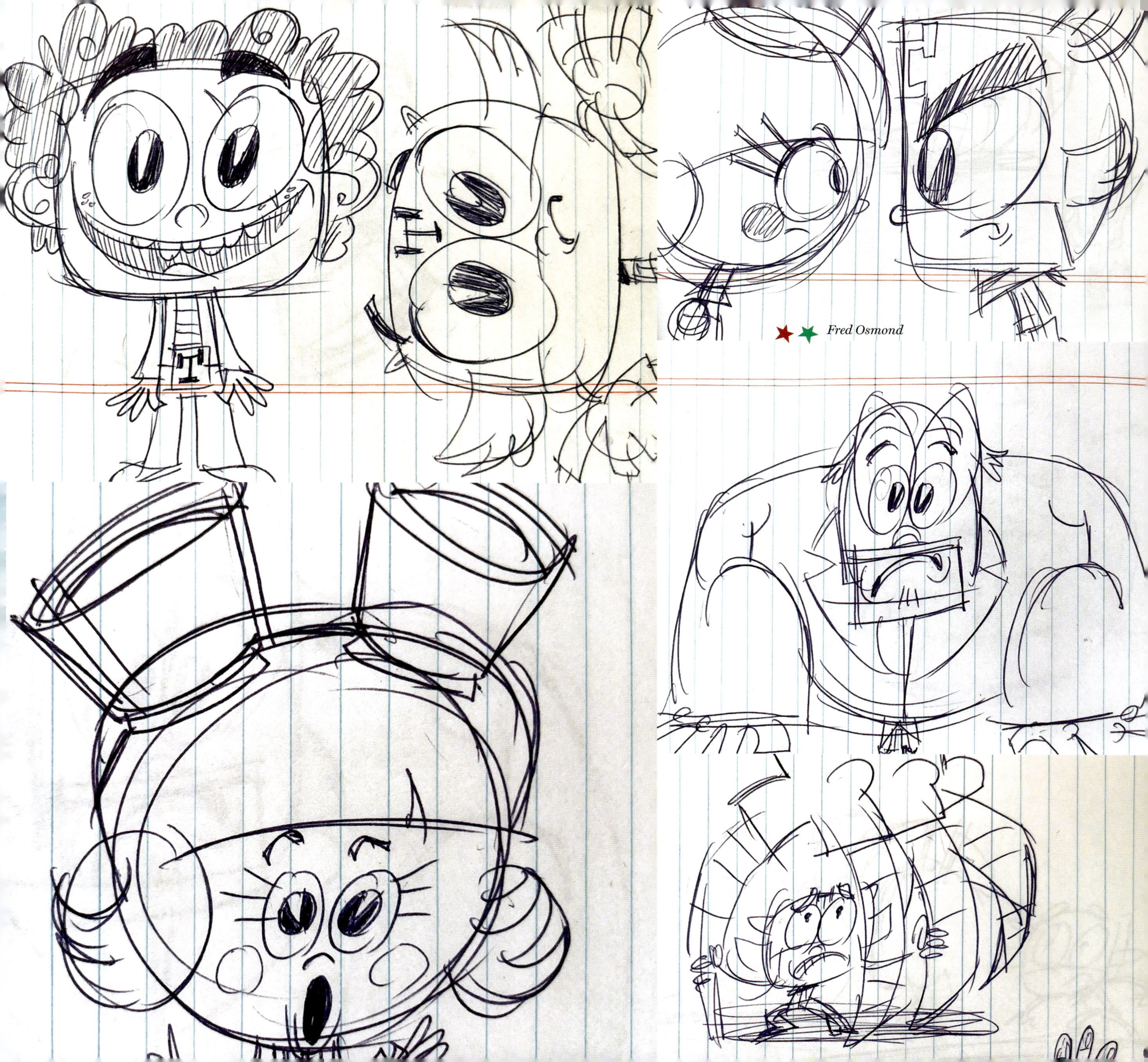

Fred Osmond

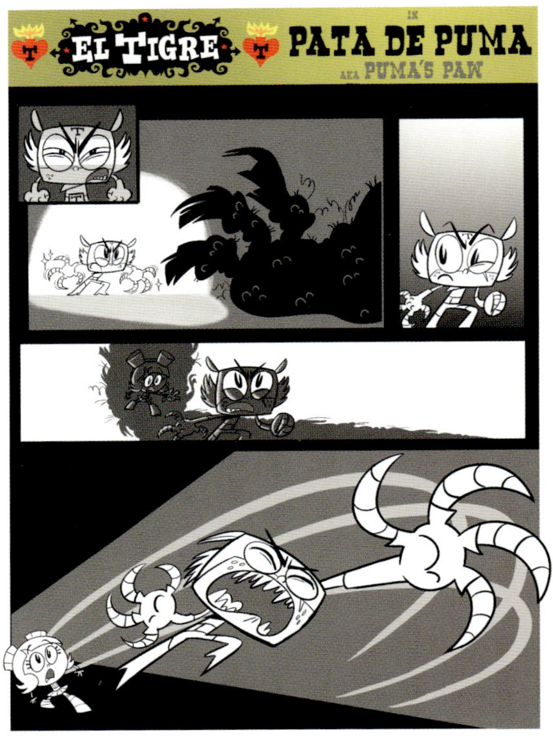

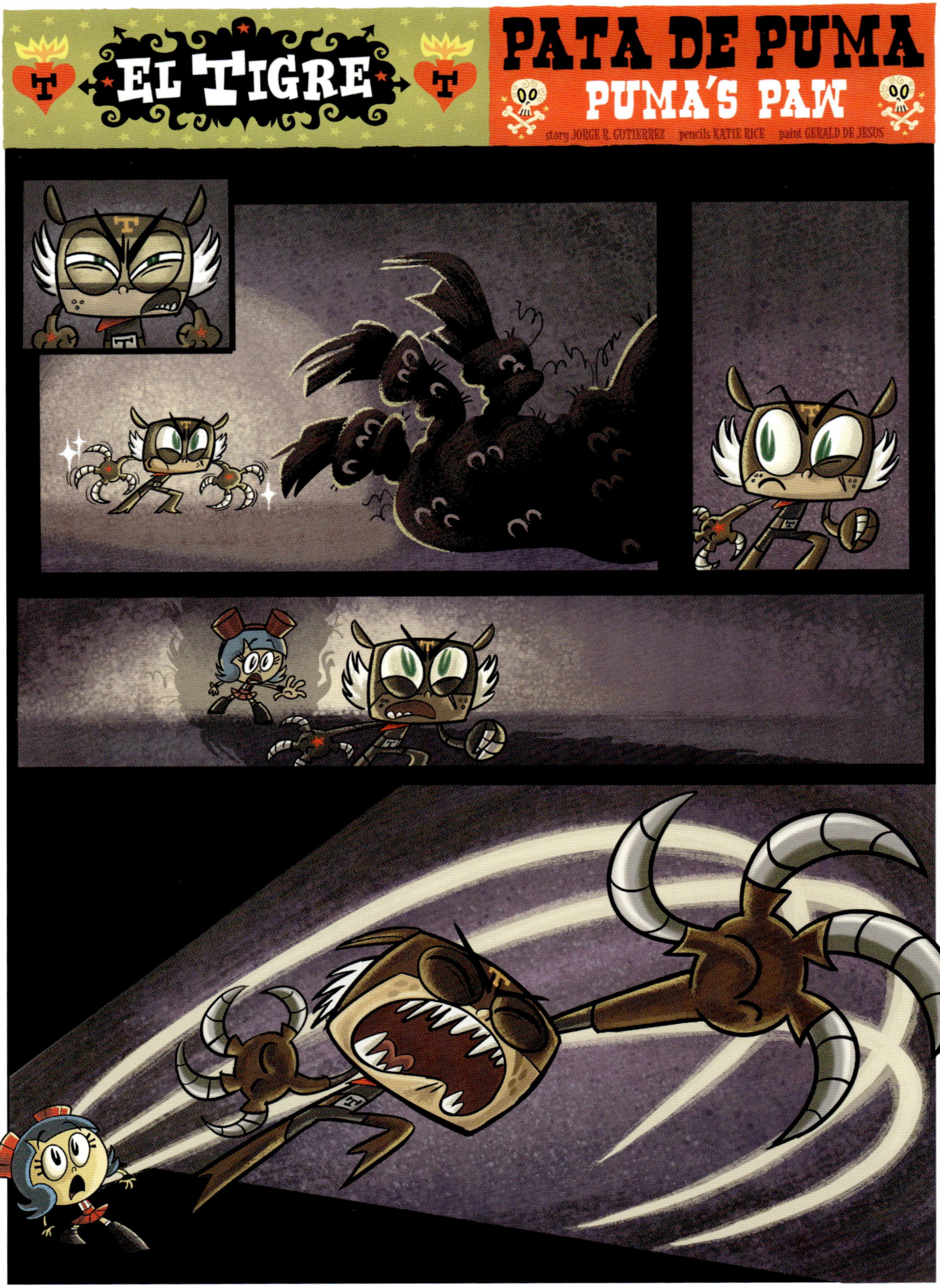

EL TIGRE

PATA DE PUMA

PUMA'S PAW

story JORGE R. GUTIERREZ pencils KATIE RICE paint GERALD DE JESUS

These are the rough layouts and final comic art from the El Tigre *pages that appeared in the September 2007 issue of* Nickelodeon Magazine, *with story by Jorge, pencils by Katie Rice, and paint by Gerald de Jesus.*

Estos son los borradores de fondos y el arte final de El Tigre que aparecieron en el ejemplar de septiembre de 2007 de Nickelodeon Magazine, *con la historia de Jorge, los lápices de Katie Rice y las pinturas de Gerald de Jesús.*

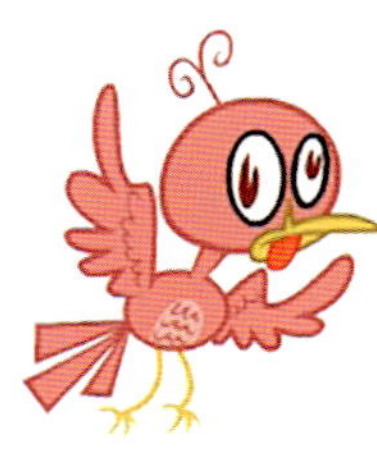

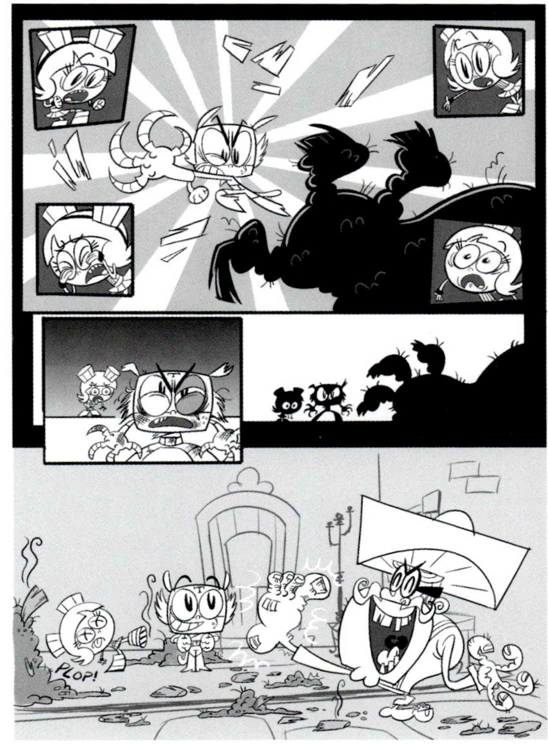
PLOP!

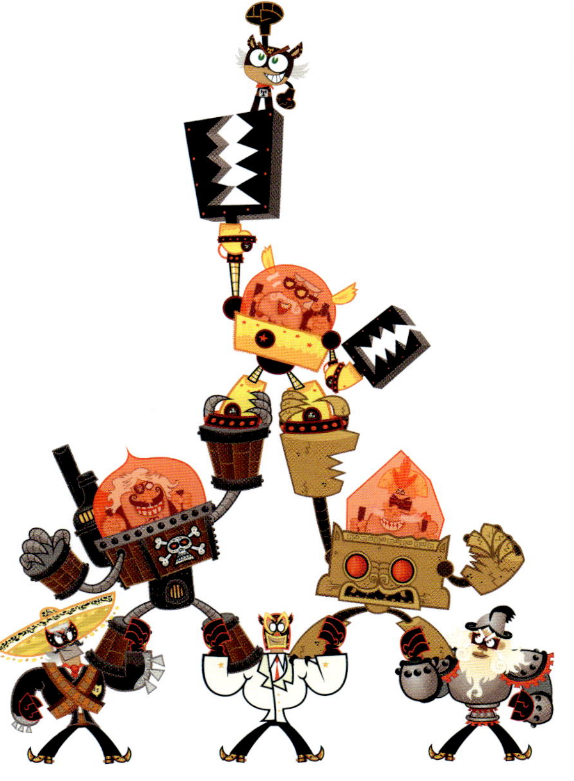

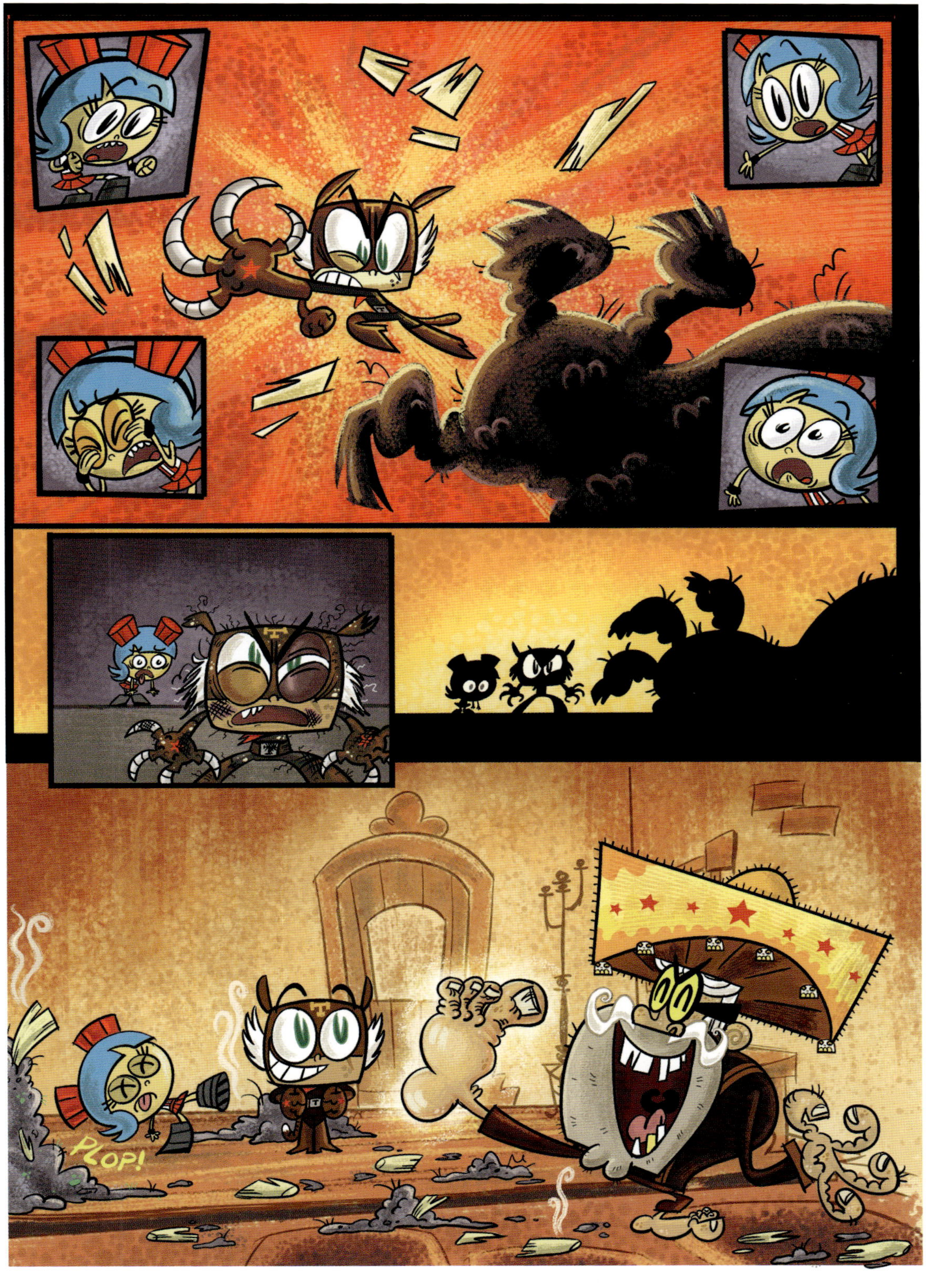

Episodes/Episodios

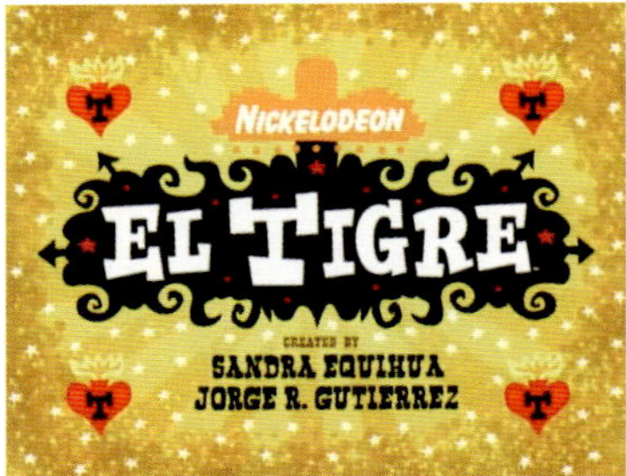

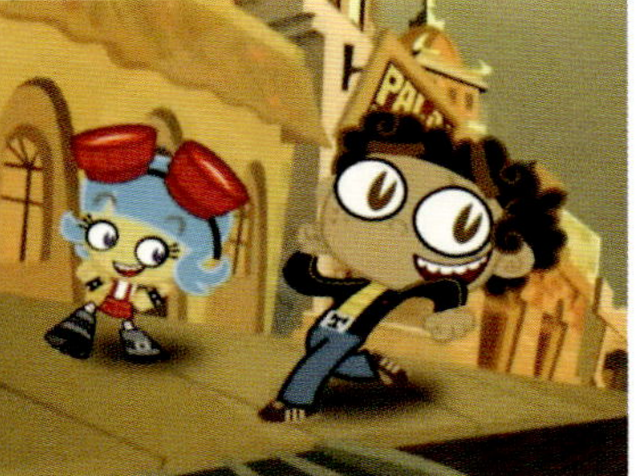
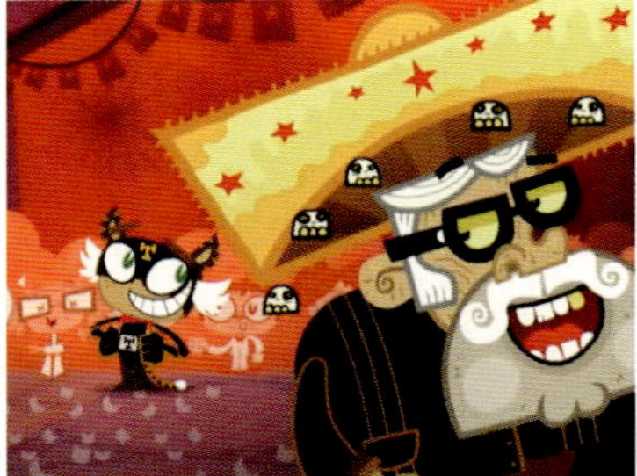
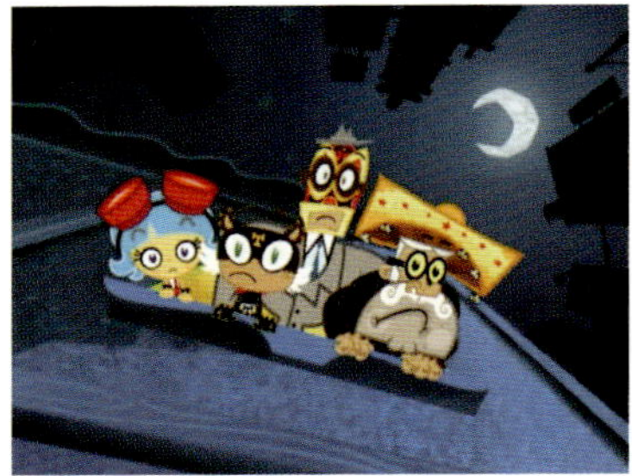
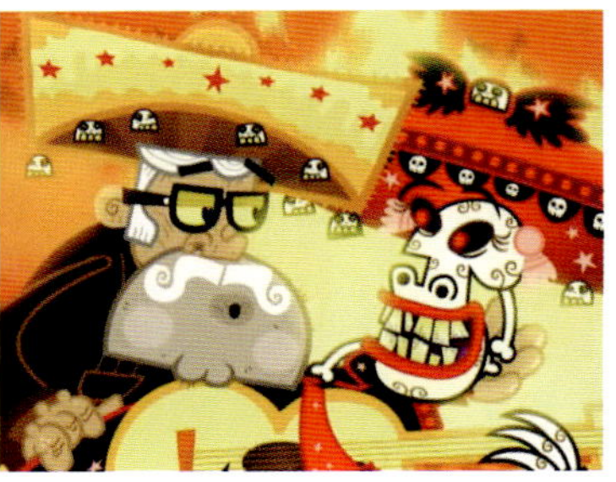
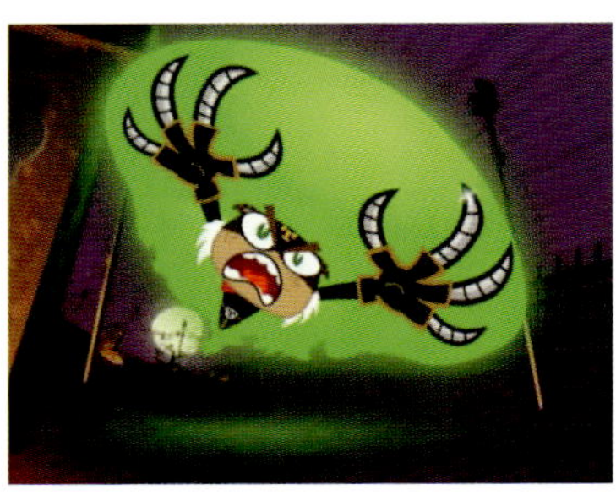

00 Pilot: This was a HUGE deal! Pilots, especially at Nickelodeon during this time, were really hard because they had to feel like a regular episode but still introduce all the main characters and their unique worlds and set up the big relationships and personal conflicts. And we had to set up the "gray morality" of our world. Doug Langdale, Thomas Hart, Sandra, and I must have rewritten this script a million times to get it just right. On the art side, we had to prove to everyone that our crazy and elaborate character designs could carry the show with lots of emotional acting and still stay funny and appealing, while also living atop a really baroque, Mexican, maximalist, painterly world. It was super hard, but I think Roman Laney, Tod Polson, and I figured out the relationship between characters, backgrounds, colors, textures, and light enough to say to the execs that *this* was the perfect, and more importantly, producible look of the series. Shawn Patterson's music is epic. Dave Thomas did an amazing job directing and boarding the whole thing. And we introduced our biggest villain, Sartana of the Dead. The pilot tested amazing, and the rest is history!

00 El piloto: ¡Esto era MUY importante! Los pilotos en aquella época, y en Nickelodeon en especial, eran muy difíciles porque tenían que parecer un episodio normal de la serie, pero que a la vez presentaran a los personajes principales, sus mundos característicos y plantease las relaciones y conflictos interpersonales. Y nosotros teníamos la "moral gris" de nuestro mundo. Doug Langdale, Thomas Hart, Sandra y yo debimos haber reescrito el guion un millón de veces hasta que conseguimos que quedara perfecto. En la parte artística, teníamos que demostrarles a todos que nuestro diseño de personajes, locos y complejos, podían mantener el show con actuaciones muy emotivas y seguir siendo divertidos y atractivos, a la vez que teníamos que mantener un mundo barroco, mexicano, maximalista y pictórico. Era muy difícil, pero creo que, Roman Laney, Tod Polson y yo logramos mostrar las relaciones entre los personajes, los fondos, colores, texturas y la luz lo suficiente como para mostrarles a los ejecutivos que esta era la mejor forma de mostrar lo buena y, lo más importante, producible que era nuestra la serie. La música de Shawn Patterson es épica. Dave Thomas hizo un trabajo de dirección y diseño brillantes. E introdujimos a nuestra mayor villana: Sartana de los Muertos. El piloto logró un resultado magnífico y ¡el resto es historia!

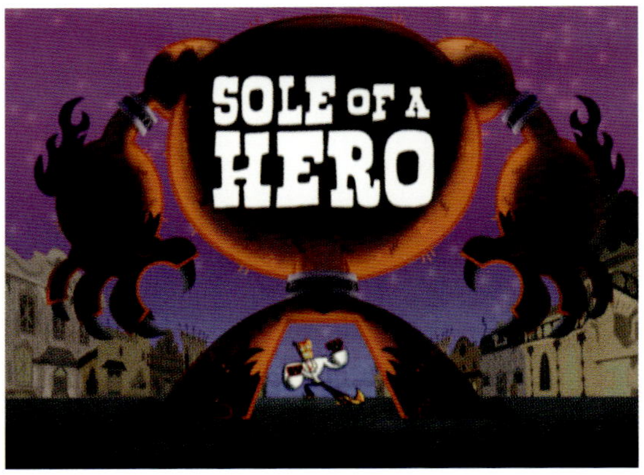

01A Sole of a Hero: This was the first short to air. The story is by Dave Thomas, Scott Kreamer, and I. It was written by Scott Kreamer and very much inspired by Dave Thomas and I, with him in San Diego and me in Tijuana, as teenagers stealing our respective fathers' sports cars for joyrides that did not end well! We got to explain White Pantera's unique powers and how his magic boots work. And it's the first time we meet my beloved El Oso and the bandit town of Calavera (inspired by how Sergio Leone's spaghetti westerns depict Mexico). The short was directed by Dave Thomas, with boards by the great Fred Gonzales.

01A Alma de héroe: Este fue el primer corto que sacamos. La historia es de Dave Thomas, Scott Kreamer y mía. Está escrita por Scott Kreamer y se inspira mucho en Dave Thomas y yo, cuando él estaba en San Diego y yo en Tijuana, de adolescentes, robando los coches deportivos de nuestros padres para divertirnos ¡y terminando fatal! Pudimos explicar los poderes únicos de White Pantera y cómo funcionan sus botas mágicas. Y es la primera vez que conocemos a mi amado El Oso y la ciudad de bandidos de Calavera (inspirada en cómo muestran en México los espagueti wésterns de Sergio Leone). El corto lo dirigió Dave Thomas, con storyboards del gran Fred Gonzales.

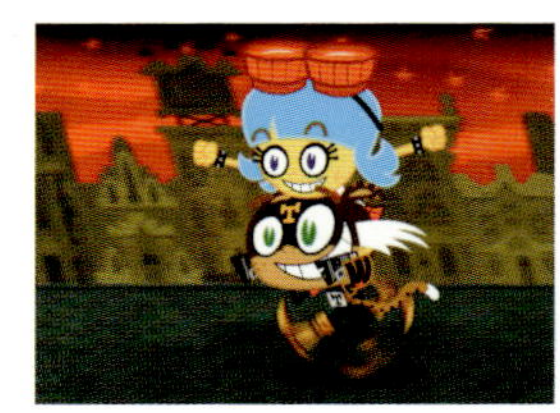
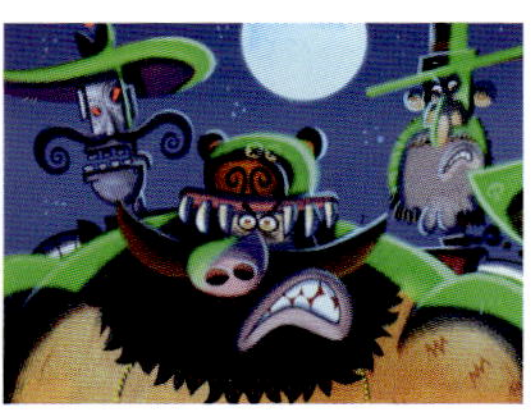

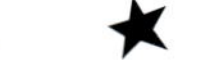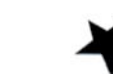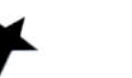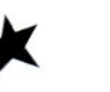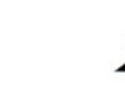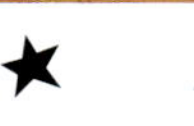

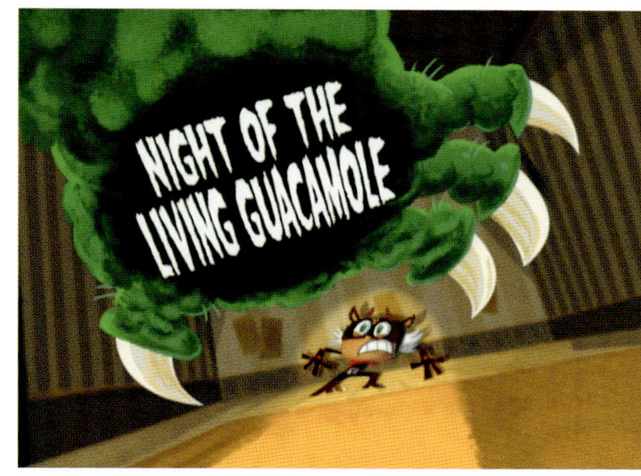

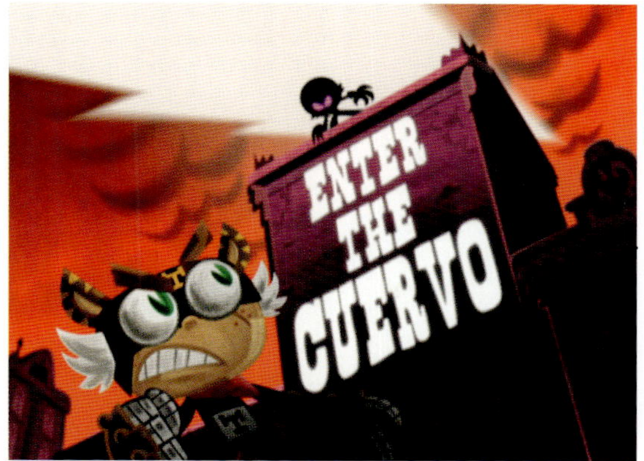

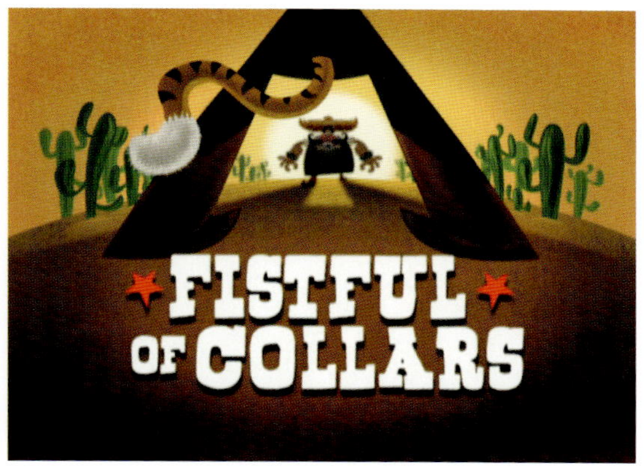

01B Night of the Living Guacamole: The story is by Dave Thomas, Bill Motz, Bob Roth, and I. This was a very tough episode to crack since the original script just got too long, which happened to us a lot early on. Doug Langdale ended up rewriting it from scratch. It was inspired by lots of our crew's stories of *not* spending the money your parents give you to buy something for them. And yes, I totally wanted to get a tattoo gun when I was a kid! Full of lots of delicious gray morality, the episode introduced little Dr. Chipotle Jr. and his Guacamole Monster and was directed by Dave Thomas, with boards by the amazing Fred Osmond.

01B La noche del guacamole viviente: Esta historia es de Dave Thomas, Scott Kreamer y mía. Era un episodio muy difícil de lograr porque el guion original era demasiado largo, lo cual ya nos había pasado antes. Doug Langdale acabó reescribiéndolo desde el principio. Está inspirado en historias de muchos de los miembros de nuestro equipo, en no gastarte el dinero que tus padres te dan para comprarles algo. Y sí, de niño lo que más quería era tener una máquina para tatuar. Lleno de moral gris, este episodio nos presenta al pequeño Dr. Chipotle Jr. y su Monstruo de Guacamole. Lo dirige Dave Thomas, con storyboards del maravilloso Fred Osmond.

02A Enter the Cuervo: This is another great and morally gray script by Scott Kreamer. We introduced Black Cuervo, our tragic "femme fatale," who was inspired by many of the bad girls we knew growing up in Tijuana. Her accent was inspired by Rosie from the film *Faster, Pussycat! Kill! Kill!* We also meet Frida's father, chief of police Emiliano Suárez, who just happens to hate Manny (just like Sandra's dad didn't like me when we first started dating in high school). Frida's house was inspired by my actual house in Tijuana, which my architect father built for us. The episode was directed by Dave Thomas, with magical boards by the one and only Ricky Garduno.

02A Entrada a El Cuervo: Otro magnífico guion de moral gris escrito por Scott Kreamer. Presentamos a Cuervo Negro, nuestra trágica "mujer fatal", inspirada por tantas de las chicas malas que conocimos al crecer en Tijuana. Su acento está basado en el de Rosie, de la película *Faster, Pussycat! Kill! Kill!* También conocemos al padre de Frida, el jefe de la policía, Emiliano Suárez, que casualmente odia a Manny (al igual que yo no le caí bien al padre de Sandra cuando empezamos a salir en Tijuana). La casa de Frida está inspirada en mi casa de ahora en Tijuana, hecha por mi padre que es arquitecto. Este episodio lo dirige Dave Thomas, con storyboards mágicos del inigualable Ricky Garduno.

02B Fistful of Collars: Written by the wonderful Scott M. Gimple and Doug Langdale, this is another gray morality tale inspired by something that happened to me as a little kid in Mexico City after I turned in a lost pet for a reward and thought about "stealing" more pets for their rewards. Oh, to be young again! There are lots of references to all the horrible and corrupt rich people we grew up with in Tijuana. I love that the villain and the hero of the story is actually Manny. The episode was directed by Dave Thomas, with really funny boards by the fantastic Luke Cormican.

02B Por un puñado de collares: Escrito por el magnífico Scott M.Gimple y Doug Langdale, este cuento de moral gris está basado en algo que me sucedió de pequeño en Ciudad de México tras devolver una mascota que se había perdido, aceptar la recompensa y pensar en "robar" más mascotas por sus recompensas. ¡Oooh, ser joven otra vez! Hay muchas referencias a la gente rica, horrible y corrupta con la que crecimos en Tijuana. Amo que Manny sea tanto el héroe como el villano de la historia. Este episodio lo dirigió Dave Thomas y el storyboard, tremendamente divertido, es del fantástico Luke Cormican.

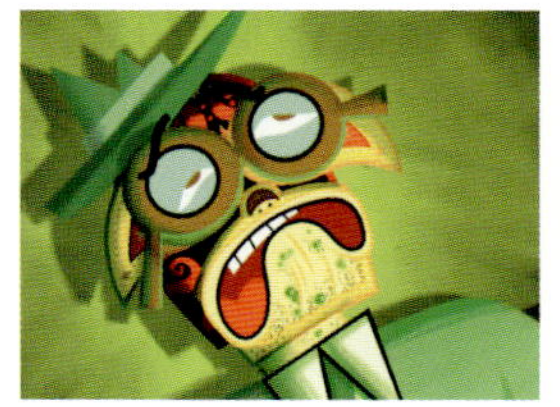
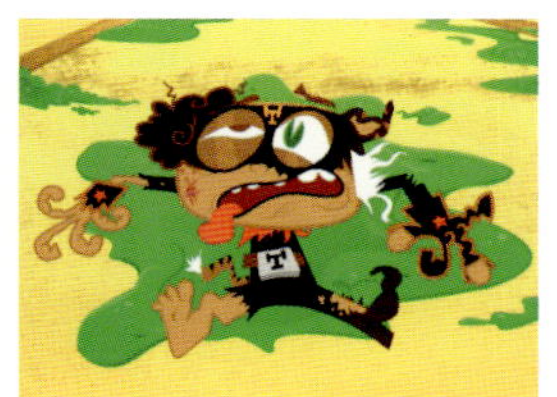
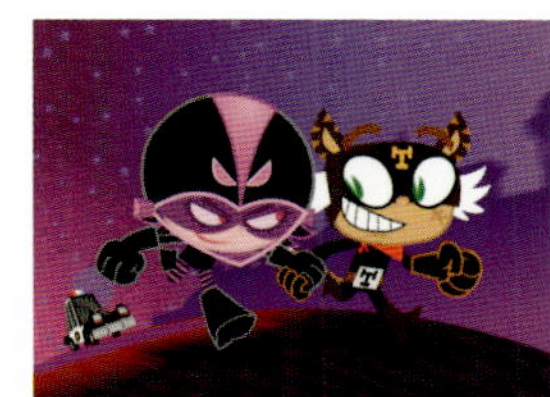
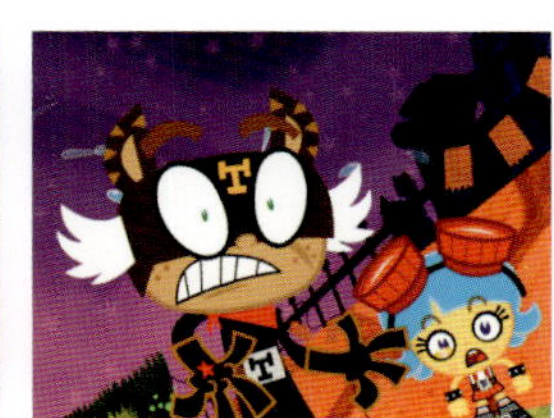
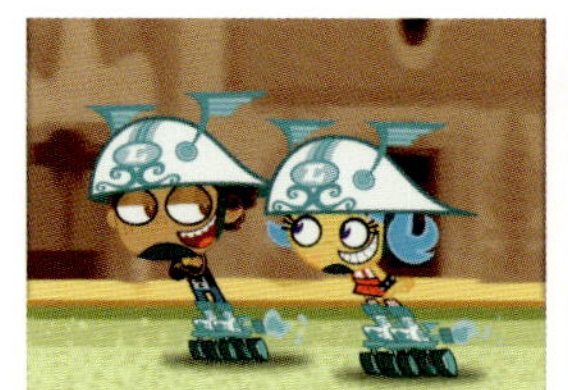
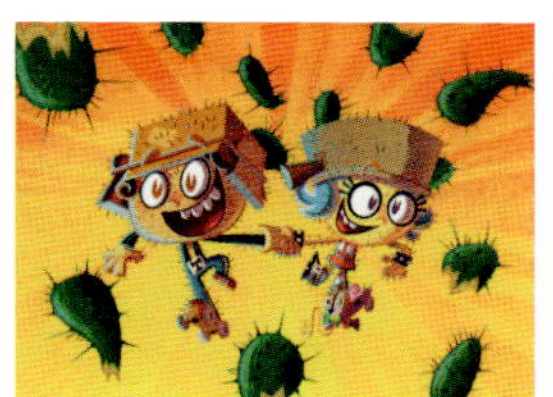

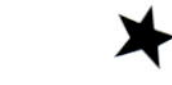

Episodes/Episodios

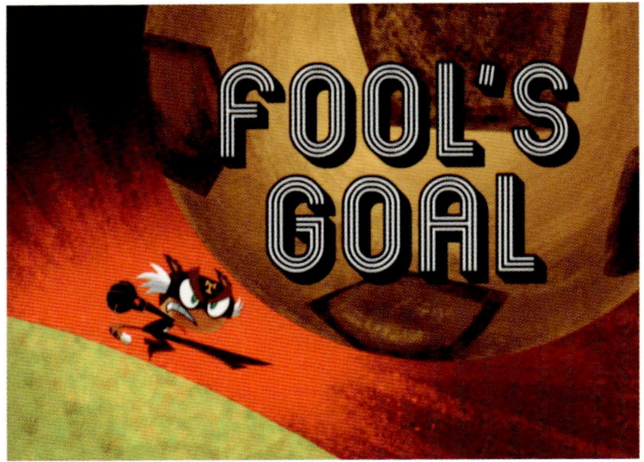

03A Fool's Goal: The story is by Scott Kreamer and I, with an awesome script by Rob Humphrey, John Behnke, and Doug Langdale. As a lifelong fútbol fan, this one had to be epic. We introduced Che and General Chapuza, who are an evil and soulless (they are zombies, after all) mirror of Manny and Granpapi. Manny's uniform is a reference to Mexican superstar Hugo Sánchez playing for Real Madrid. Frida's goalie outfit is a nod to Stephen Chow's *Shaolin Soccer*, which was a huge influence on us. The title cards reference the 1970 FIFA World Cup in Mexico. The episode was beautifully directed by Dave Thomas, with boards by Kevin Kaliher and Dave Thomas.

03A El gol del perdedor: La historia es de Scott Kreamer y mía, con un guion inmenso de Rob Humphrey, John Behnke y Doug Langdale. Siempre he sido fan del futbol, y por eso este episodio iba a ser épico. Presentamos a Che y General Chapuza, que son espejos demoníacos y sin alma (después de todo, son zombis) de Manny y Granpapi. El uniforme de Manny hace referencia a la superestrella mexicana Hugo Sánchez, jugador del Real Madrid. El traje de portera de Frida es un guiño a *Shaolin Soccer* de Stephen Chow, de una enorme influencia para nosotros. Los títulos hacen referencia a la Copa Mundial de la FIFA en México 1970. Este episodio fue bellísimamente dirigido por Dave Thomas, con storyboards de Kevin Kaliher y Dave Thomas.

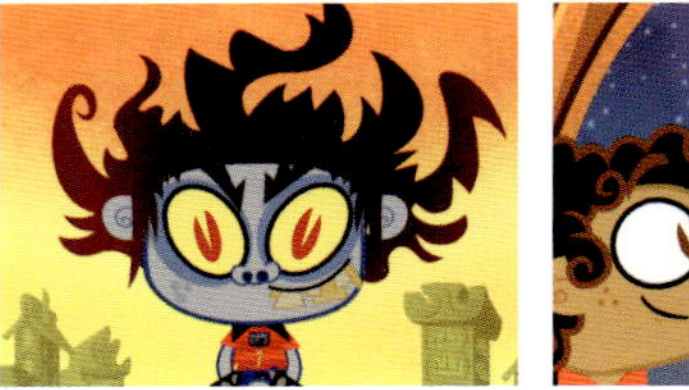

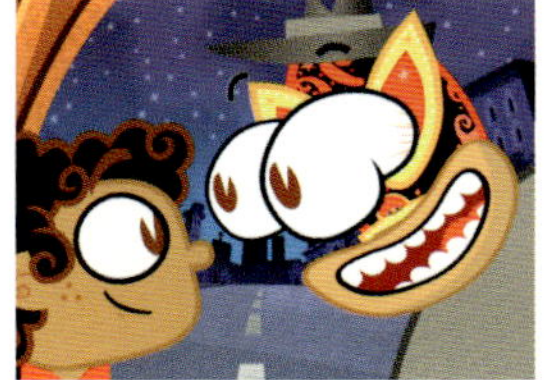

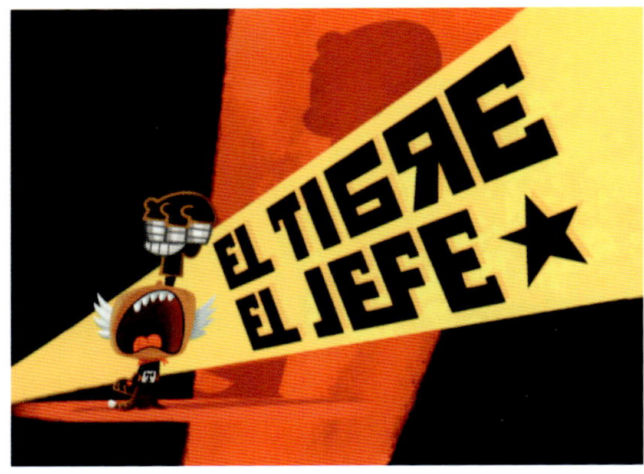

03B El Tigre, El Jefe: The story is by Scott M. Gimple and I, with a great morally gray script by Scott M. Gimple and Doug Langdale. Very much inspired by Mexico and South America's history with communism and dictators who started out as heroes, we introduced Sergio and his evil alter ego, Señor Siniestro. Little Sergio is named after Sergio Leone, my favorite spaghetti western director. His backstory is inspired by my first day of school in the US as a Mexican kid who was obsessed with American culture. The episode was directed by Dave Thomas, with spectacularly funny boards by the great Eddie Trigueros.

03B El Tigre, el Jefe: Esta historia es de Scott M. Gimple y mía, con un guion de moral gris magnífico de Scott M. Gimple y Doug Langdale. Está muy inspirada en la historia de México y de Sudamérica, el comunismo y los dictadores que empezaron como héroes. Presentamos a Sergio y su alter ego diabólico, Señor Siniestro. El Pequeño Sergio se llama así por Sergio Leone, mi director de espagueti wésterns favorito. Su historia de fondo viene de mi primer día en el colegio en Estados Unidos siendo un niño mexicano obsesionado con la cultura estadounidense. Este episodio lo dirige Dave Thomas, con un storyboard impresionantemente divertido de Eddie Trigueros.

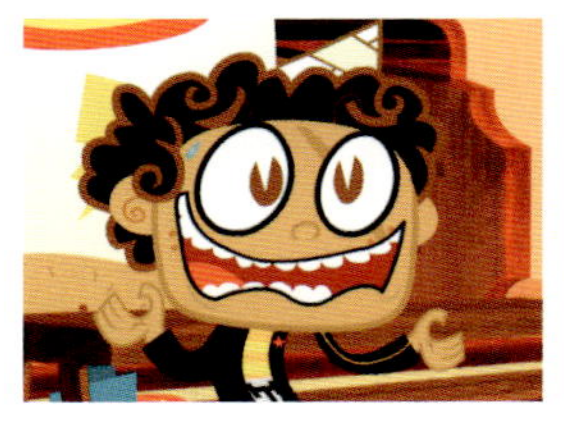

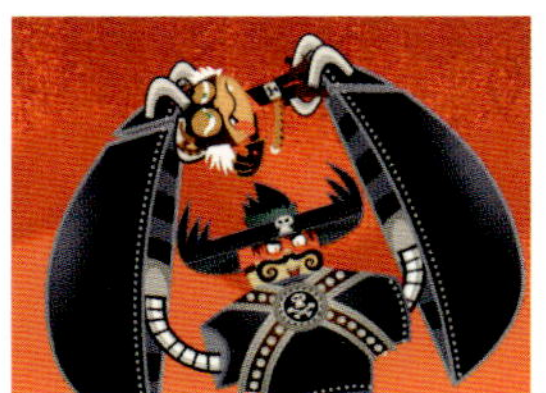

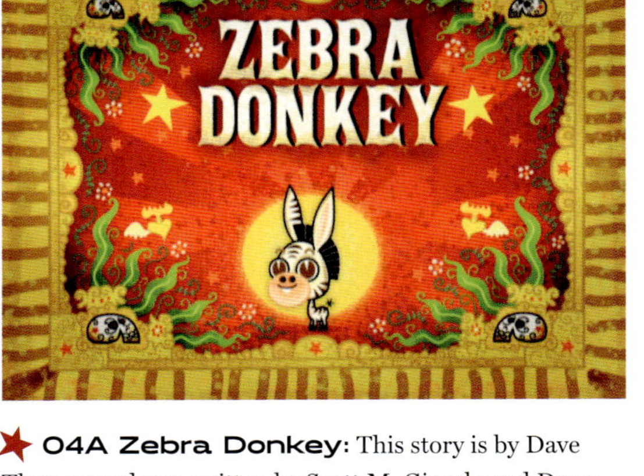

04A Zebra Donkey: This story is by Dave Thomas and was written by Scott M. Gimple and Doug Langdale. My favorite early episode, it was inspired by a great childhood story from Dave Thomas where someone in his class accidentally killed the school pet. We introduced Sartana of the Dead and her skeleton bandits and showed how her magic guitar worked to bring the dead back. I still love the definitely gray morality in this one—and that the real hero with a giant sacrifice is actually Zebra Donkey (designed by Sandra Equihua). The episode was directed by Dave Thomas, with boards by Brandon Kruse and Thomas.

04A Cebra Burro: Esta historia es de Dave Thomas y la escribieron Scott M. Gimple y Doug Langdale. Mi episodio favorito de los primeros, basado en una historia infantil magnífica de Dave Thomas, donde accidentalmente alguien de la clase mata a la mascota de la escuela. Presentamos a Sartana de los Muertos y sus bandidos esqueletos, y mostramos cómo su guitarra mágica trae de vuelta a la vida a los muertos. Sigo amando la moral gris de este episodio, y que el héroe real, con un gran sacrificio, es realmente Cebra Burro (diseño de Sandra Equihua). Este episodio fue dirigido por Dave Thomas, con storyboards de Brandon Kruse y Dave Thomas.

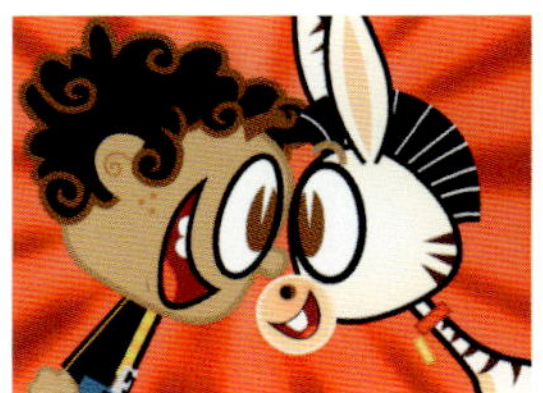

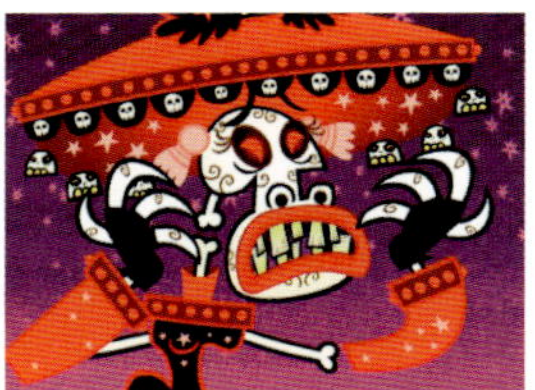

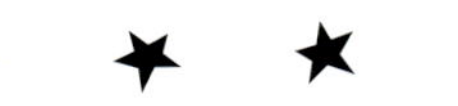

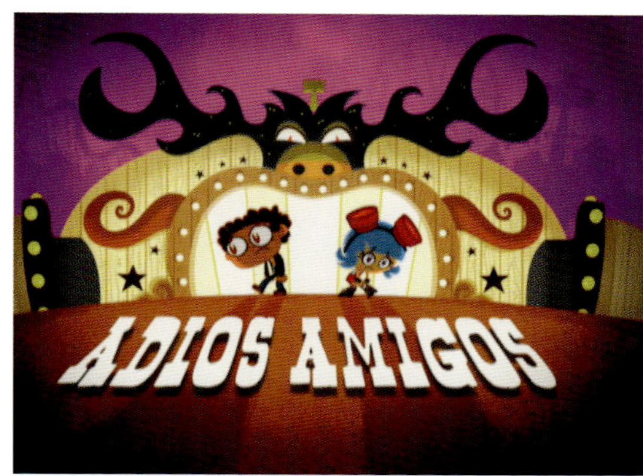

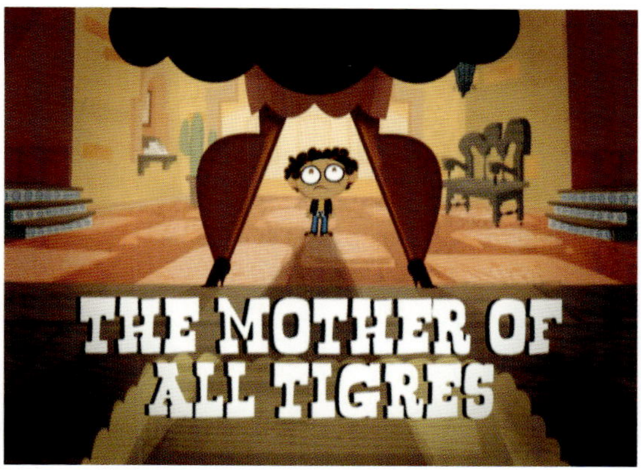

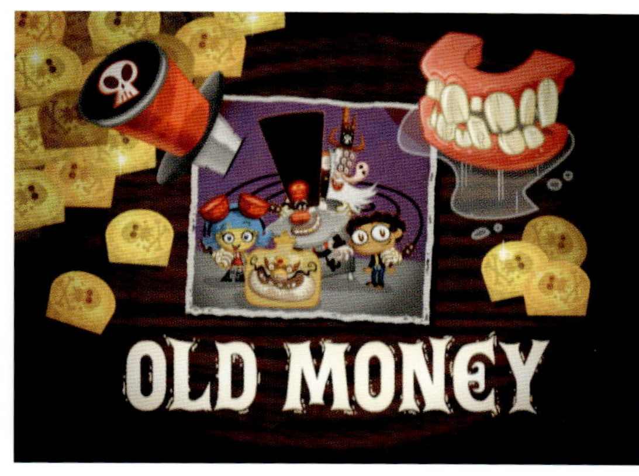

★ **04B Adios Amigos:** This story is by Dave Thomas, Scott Kreamer, and I. Another funny and morally gray script by Scott Kreamer, this episode had the first reveal of the Titanium Titan, the old but insane sidekick to White Pantera. I adore his super tragic telenovela-style backstory and his jealousy of Manny and his mother in the eyes of Rodolfo, whom he loves. Once Manny and Frida are separated, there are a series of amazing visual gags of Manny missing Frida. There was extra-amazing art direction by Roman Laney and colors by Tod Polson in this one, which was directed by Dave Thomas, with hilariously inventive boards by Ricky Garduno.

★ **04B Adios amigos:** Esta historia es de Dave Thomas, Scott Kreamer y mía. Otro divertidísimo guion de moral gris de Scott Kreamer. En este episodio vemos por primera vez al Titán de Titanio, el viejo pero loco compañero de White Pantera. Adoro su pasado trágico, tan de telenovela, y los celos que le tiene a Manny y a su madre por el loco amor que le tiene a Rodolfo. Cuando Manny y Frida se separan, hay una serie de imágenes maravillosas muy impactantes de Manny echando de menos a Frida. La dirección de arte de Roman Laney fue más que excepcional así como los colores de Tod Polson, junto a la dirección de Dave Thomas y el storyboard súper ingenioso de Ricky Garduno.

★ **05a The Mother of All Tigres:** This story, by Scott M. Gimple and I, and written by Scott M. Gimple and Doug Langdale, was really hard. We had to introduce Maria Rivera, have our audience fall in love with her (like Rodolfo), and understand and sympathize with her when she chooses to leave her husband, Miracle City, and her only son. We approached it like a crazy telenovela. The final fight with El Oso happens in a location inspired by one of my favorite places in Mexico City, the floating gardens and canals of Xochimilco. The episode was directed by Dave Thomas, with amazing boards by Eddie Trigueros.

★ **05a La madre de todos los tigres:** Esta historia, creada por Scott M. Gimple y por mí, y escrita por Scott M. Gimple y Doug Langdale, fue realmente difícil. Tuvimos que presentar a María Rivera, hacer que nuestra audiencia se enamorara de ella (como Rodolfo), la comprendiera y simpatizara con ella cuando decide dejar a su esposo, Ciudad Milagro y a su único hijo. La abordamos como una telenovela loca. La pelea final con El Oso ocurre en una ubicación inspirada en uno de mis lugares favoritos de la Ciudad de México: los jardines flotantes y los canales de Xochimilco. El episodio fue dirigido por Dave Thomas, con el increíble storyboard de Eddie Trigueros.

★ **05b Old Money:** This episode, with a story by Scott M. Gimple and I, and a super-funny script by Scott M. Gimple and Doug Langdale, was really hard because of the number of characters and its epic scope. It was inspired by Peckinpah's *The Wild Bunch* and me visiting my retired and super-charming grandfather in Mexico City every summer as a kid. He had been a general in the Mexican army, and he and his shady friends looked like retired supervillains to me. And they probably were! The episode was directed by Dave Thomas, with boards by Fred Gonzales.

★ **05b Dinero viejo:** Este episodio, con una historia de Scott M. Gimple y mía, y un guion súper divertido de Scott M. Gimple y Doug Langdale, fue realmente difícil por la cantidad de personajes y su épico alcance. Se inspiró en La pandilla salvaje de Peckinpah y en mis visitas a mi abuelo jubilado y súper encantador en la Ciudad de México todos los veranos cuando era niño. Había sido general del ejército mexicano. Él y sus turbios amigos, me parecían supervillanos retirados. ¡Y probablemente lo eran! El episodio fue dirigido por Dave Thomas, con storyboards de Fred Gonzales.

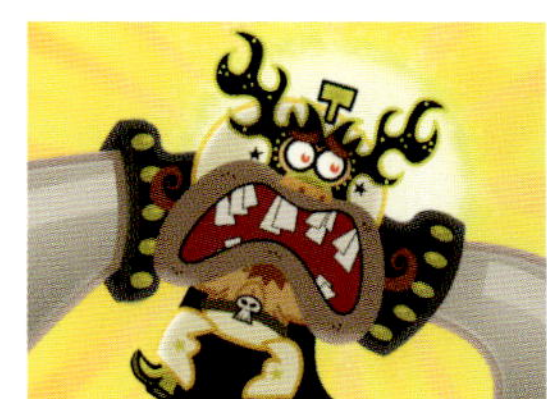
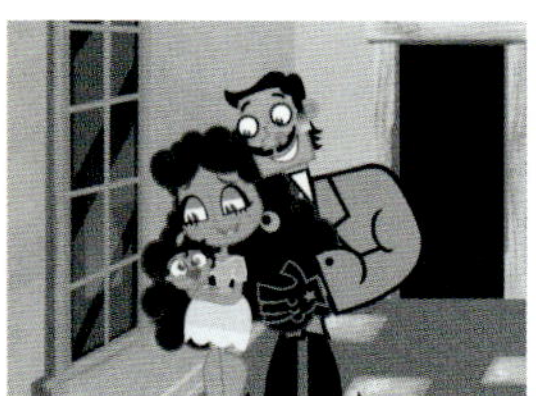
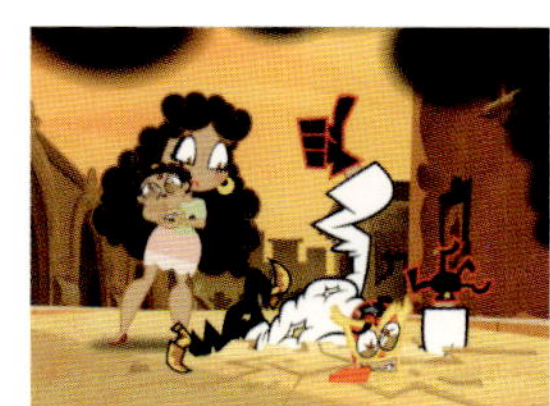
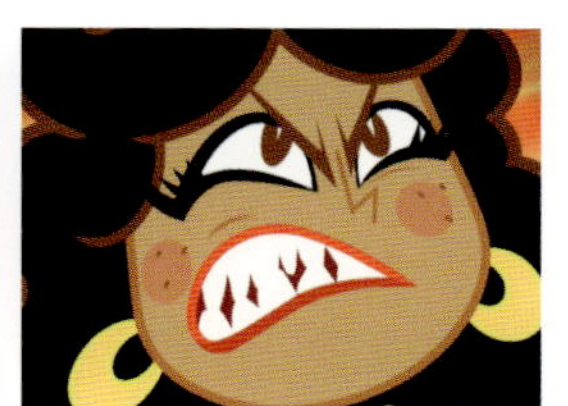
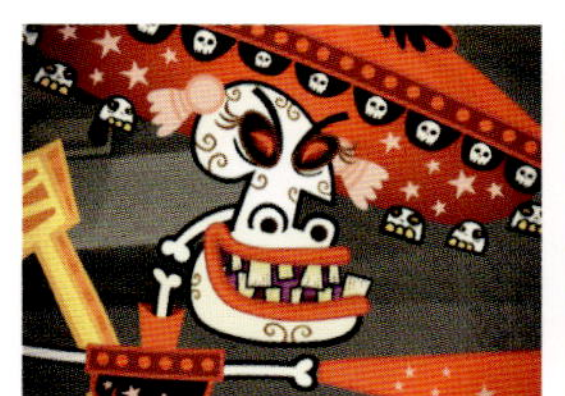
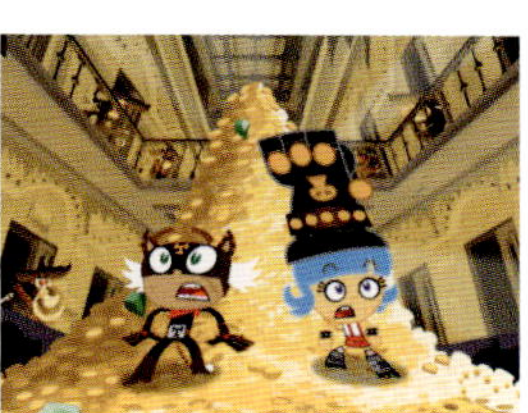

Episodes/Episodios

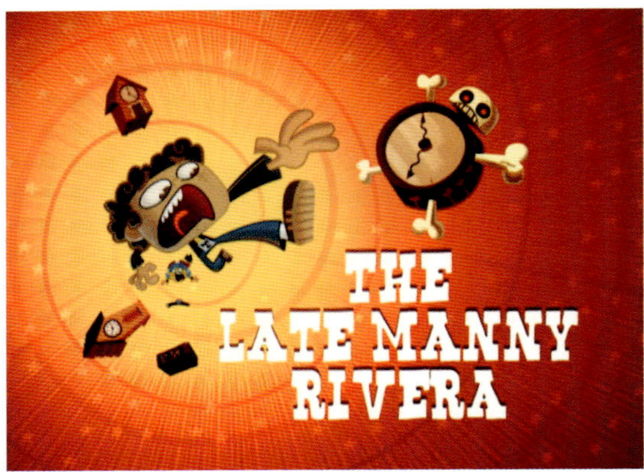

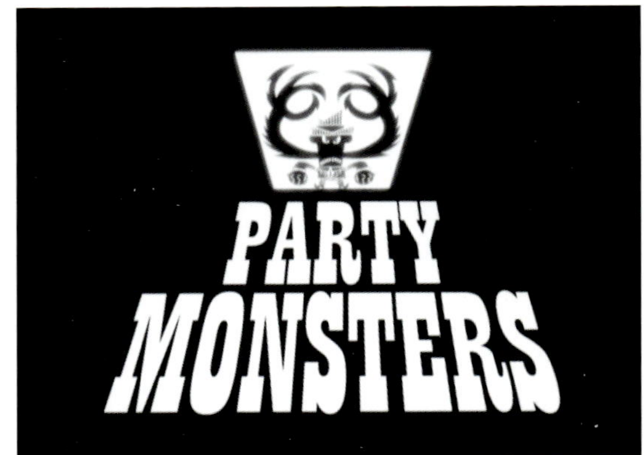

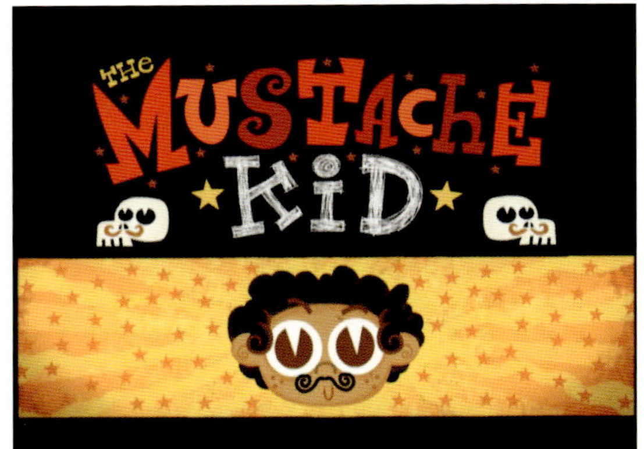

06a The Late Manny Rivera: This story, by Scott Kreamer and I, with a hilarious script by Scott Kreamer, was inspired by all the endless adventures Sandra and I had trying to make it to school on time going from Tijuana to San Diego (and across the US/Mexico border *every morning for years*). The school's principal and vice principal were both inspired by the people I had in high school. A true ticking-clock romp, the episode was directed by Dave Thomas, with hilarious boards by Eddie Trigueros.

06a Tarde otra vez: Esta historia, creada por Scott Kreamer y por mí, con un divertidísimo guion de Scott Kreamer, se inspiró en todas las interminables aventuras que Sandra y yo tuvimos tratando de llegar a tiempo a la escuela, yendo de Tijuana a San Diego (y atravesando la frontera entre Estados Unidos y México todas las mañanas durante años). El director y el subdirector de la escuela se inspiraron en los que tuve en la escuela secundaria. Un verdadero juego de cronómetro, el episodio fue dirigido por Dave Thomas, con un storyboard hilarante de Eddie Trigueros.

06b Party Monsters: This episode, with story by Dave Thomas, Tracy Berna, and I, and script written by Tracy Berna and Doug Langdale, was inspired by all the dangerous and unsupervised abandoned house parties we used to go to as kids in Tijuana and San Diego. It was also where we first introduced Don Baffi (*baffi* is "mustache" in Italian) and the Mustache Mafia. I will forever regret not doing another episode with the Master Force trio. This one was directed by Dave Thomas, with boards by action show director Ben Jones!

06b Fiesta monstruosa: Este episodio, con historia de Dave Thomas, Tracy Berna y mía, y un guion escrito por Tracy Berna y Doug Langdale, se inspira en todas las fiestas peligrosas y sin supervisión en casas abandonadas a las que solíamos ir cuando éramos niños en Tijuana y San Diego. También fue en el que presentamos por primera vez a Don Baffi (*baffi* es "bigote" en italiano) y a la Mafia Mostacho. Siempre me arrepentiré de no haber hecho otro episodio con el Trío Fuerza Maestra. ¡Este fue dirigido por Dave Thomas, con storyboards del director de acción Ben Jones!

07a The Mustache Kid: This episode, with story by Scott Kreamer and I, and another hilarious script by Kreamer, was inspired by my little-kid obsession of growing a mustache like my grandfather. And when I was in high school, they made me shave every day! It was also where we introduced first Raul the mustache, a character I still can't believe they let us get away with. I adore the growing relationship between Dr. Chipotle Jr. and his Guacamole Monster. The episode was directed by Dave Thomas, with amazing boards by Ricky Garduno.

07a El niño mostacho: Este episodio, con historia de Scott Kreamer y mía, y otro guion graciosísimo de Kreamer, se inspiró en mi obsesión cuando era niño por dejarme bigote como mi abuelo. Y cuando estaba en la preparatoria, ¡me obligaban a afeitarme todos los días! También fue donde presentamos por primera vez a Raúl el Mostacho, un personaje que todavía no puedo creer que nos permitieran desarrollar. Adoro la evolución de la relación entre Dr. Chipotle Jr. y su Monstruo Guacamole. El episodio fue dirigido por Dave Thomas, con un storyboard increíble de Ricky Garduno.

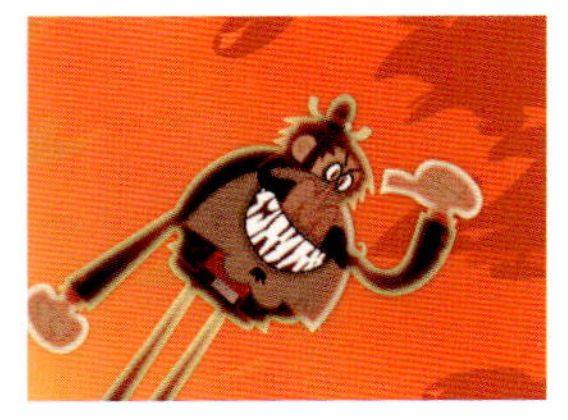
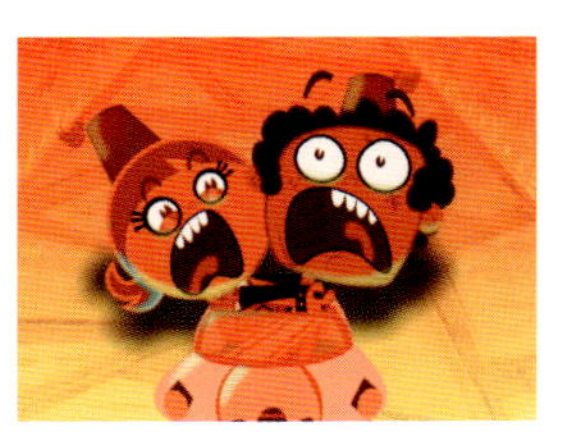
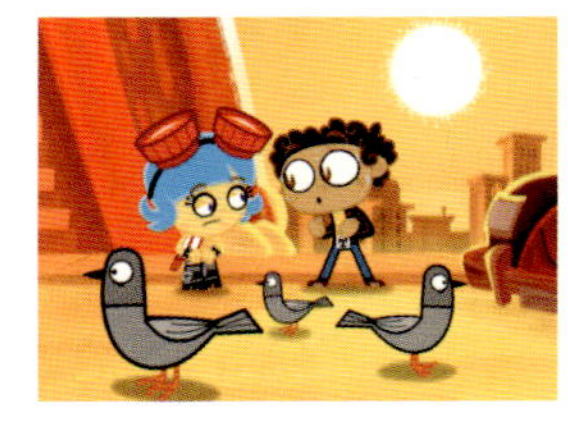
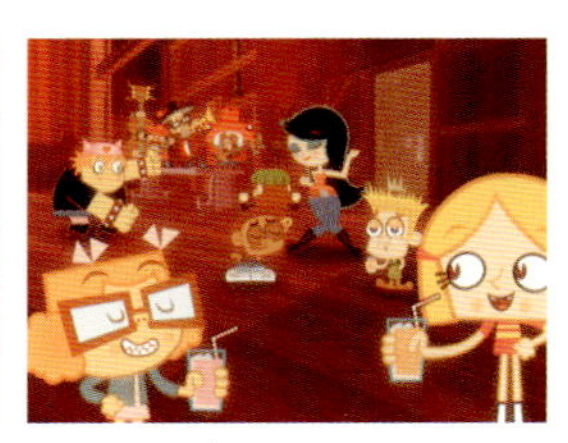
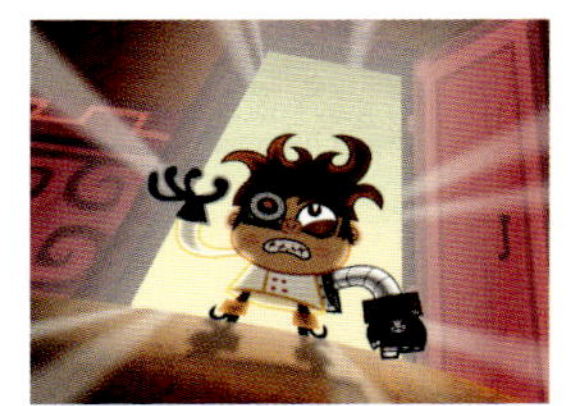
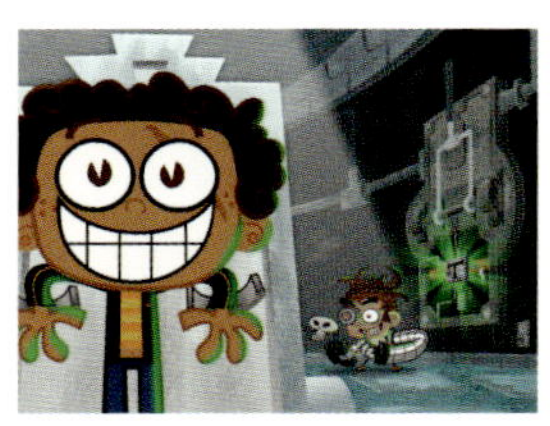

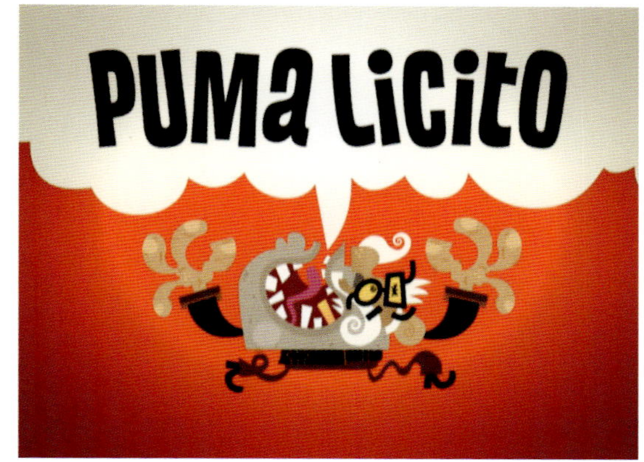

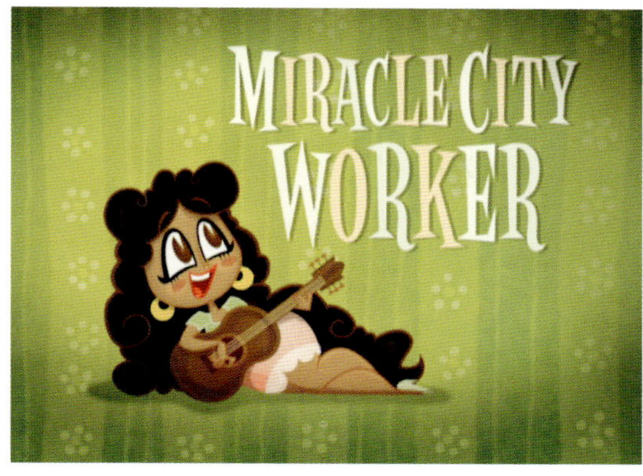

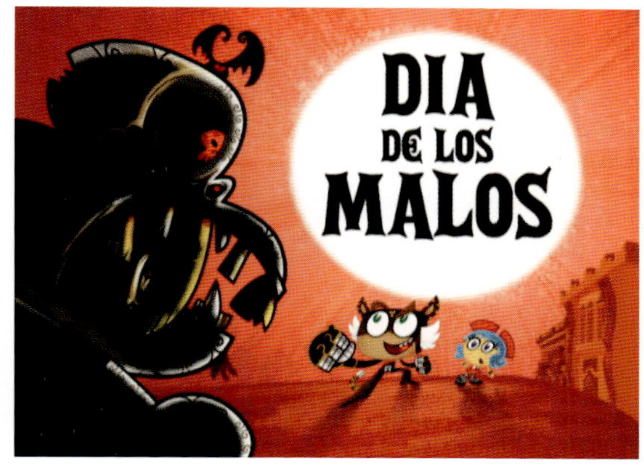

07b Puma Licito: This is another hilarious and morally gray script by Scott Kreamer (he loved writing Granpapi), who also had a funny cameo as the homeless guy sleeping on the park bench. This cartoon has some of my favorite crazy Granpapi character layout drawings by Fred Osmond and special poses by Gabe Swarr and Katie Rice. I also adore Maria finally seeing her giant portrait in her ex-husband's bedroom. The episode was directed by Dave Thomas with boards by Brandon Kruse.

07b Puma bueno: Este es otro guion hilarante y moralmente gris de Scott Kreamer (le encantaba escribir Granpapi), quien también tuvo un cameo divertido como el vagabundo que duerme en el banco del parque. Esta caricatura tiene algunos de mis dibujos favoritos y locos de Granpapi, hechos por Fred Osmond y con poses especiales de Gabe Swarr y Katie Rice. También adoro que María al fin vea su retrato gigante en el dormitorio de su exmarido. El episodio fue dirigido por Dave Thomas con storyboards de Brandon Kruse.

08a Miracle City Worker: This super-funny script was written by Scott M. Gimple and Doug Langdale. This story was inspired by Doug's mother inviting a bunch of bald, happy hippies from a halfway house to come live with them for a while. We also introduced El Cucharón, a really sweet and funny reformed villain. And I think it's the first appearance of Dr. Chipotle Sr. The episode was directed by Dave Thomas and Gabe Swarr, with awesome boards by Luke Cormican.

08a Trabajador de Ciudad Milagro: Este guion súper divertido fue escrito por Scott M. Gimple y Doug Langdale. La historia se inspiró en la madre de Doug que invitó a un grupo de hippies de un centro de rehabilitación a vivir con ellos por un tiempo. También presentamos a El Cucharón, un villano reformado realmente dulce y divertido. Y creo que es la primera aparición del Dr. Chipotle Sr. El episodio fue dirigido por Dave Thomas y Gabe Swarr, con un storyboard magnífico de Luke Cormican.

08b Dia de los Malos: This episode's story is by Dave Thomas and Tracy Berna, with a really fun but hard script by Tracy Berna and Doug Langdale. The amount of new superhero parents and children character designs for this one was insane! Sartana's dinosaur skeleton army also came out great. Super fun, this one was one of the hardest episodes to make. It was directed by Dave Thomas, with boards by Luke Cormican.

08b Día de los malos: La historia de este episodio es de Dave Thomas y Tracy Berna, con un guion muy divertido pero duro de Tracy Berna y Doug Langdale. ¡La cantidad de nuevos diseños de personajes de padres e hijos de superhéroes para este episodio fue una locura! El ejército de esqueletos de dinosaurios de Sartana también salió genial. Súper divertido, este fue uno de los episodios más difíciles de hacer. Fue dirigido por Dave Thomas, con storyboards de Luke Cormican.

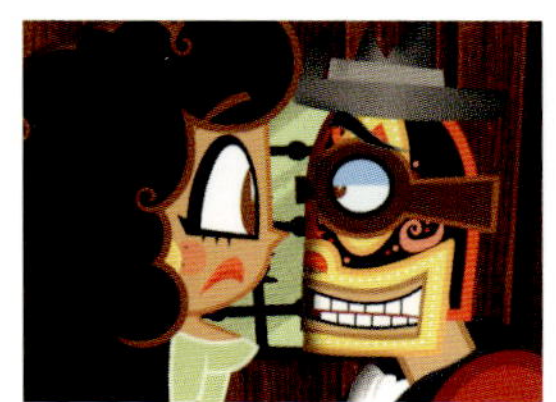
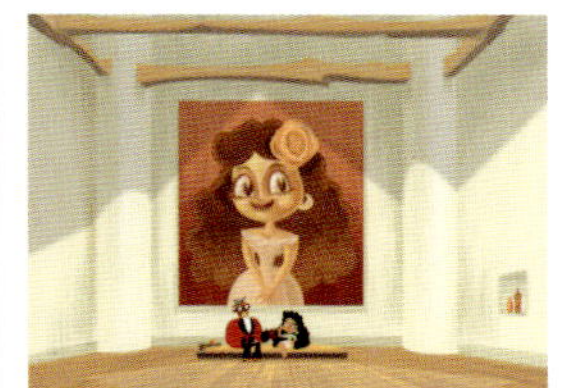
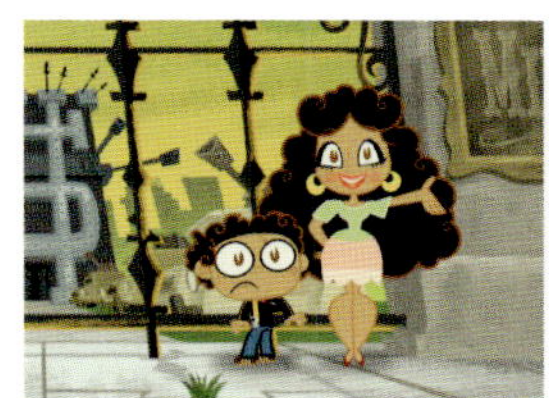
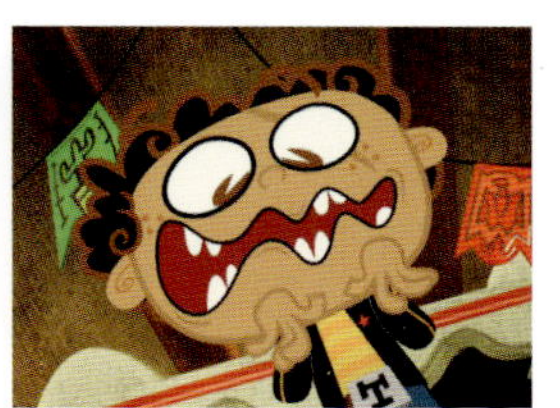
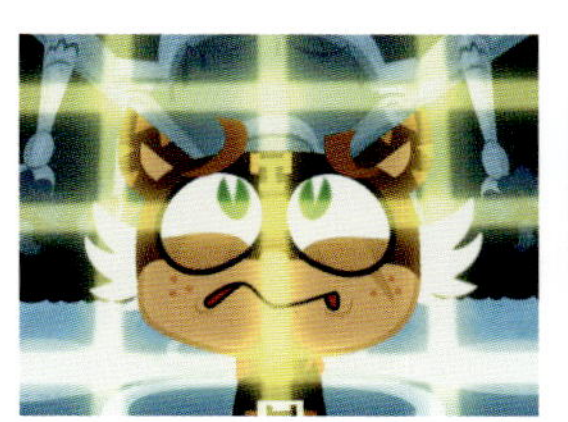
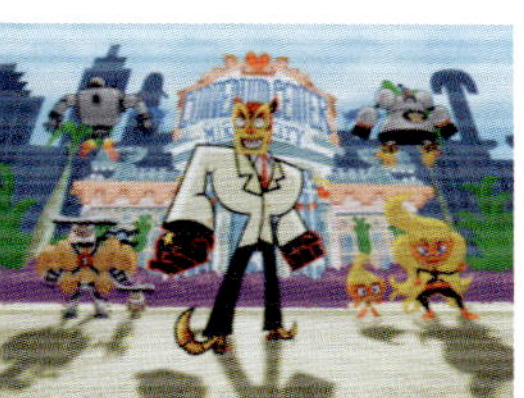

Episodes/Episodios

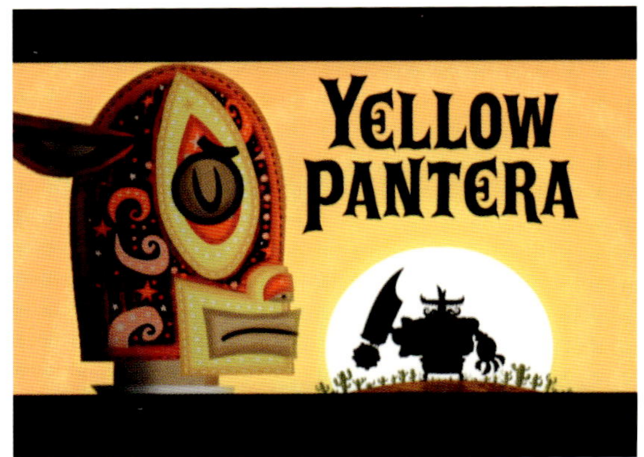

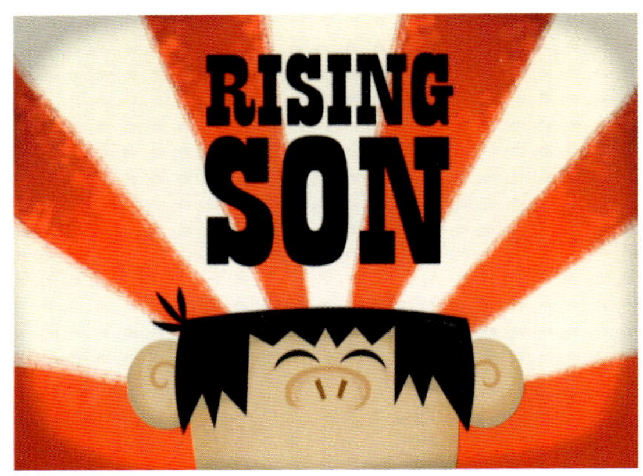

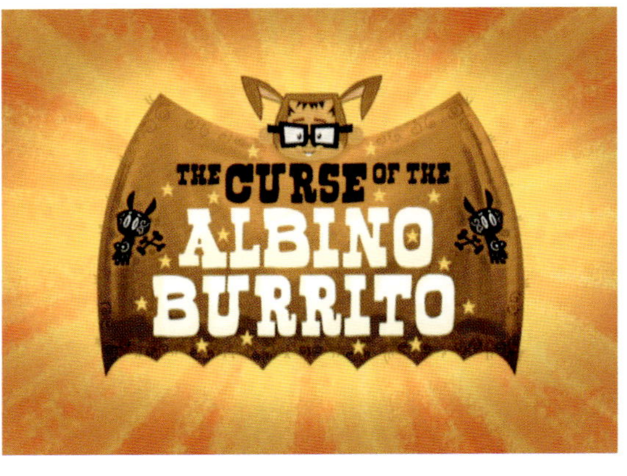

★ **09a Yellow Pantera:** One of my favorite episodes, the story is by Scott Kreamer and I, with another hilarious script by Kreamer. It was inspired by the first time I called my father a coward and immediately regretted it. He didn't yell at me but instead broke my heart by explaining the sacrifices a good father has to make for his family. With spectacular art direction by Roman Laney and his team, we finally introduced El Mal Verde, one of the big bad guys who eats superheroes. The episode was directed by Dave Thomas, with spectacular boards by Eddie Trigueros.

★ **09a Pantera amarilla:** Uno de mis episodios favoritos, la historia es de Scott Kreamer y mía, con otro guion hilarante de Kreamer. Me inspiré en la primera vez que llamé cobarde a mi padre y de inmediato me arrepentí. No me gritó, sino que me rompió el corazón al explicarme los sacrificios que un buen padre debe hacer por su familia. Con una espectacular dirección de arte de Roman Laney y su equipo, al fin presentamos a El Mal Verde, uno de los grandes malos que se come a los superhéroes. El episodio fue dirigido por Dave Thomas, con un espectacular storyboard de Eddie Trigueros.

★ **09b Rising Son:** Inspired by my first-ever girlfriend and her brother (in kindergarten in Mexico City!), who were from Japan, the story is by Tracy Berna and I, and was written by Tracy Berna and Doug Langdale. Seventh Samurai is, of course, a nod to *Seven Samurai*, my favorite film by Akira Kurosawa. Toshiro/Cyber Sumo was inspired by a bunch of the animes I saw in Mexico City, like *Astro Boy*, *Gigantor*, *Mazinger Z*, and *Robotech*. And the Ninja Monster Clan was inspired by my kid obsession with all things ninja, especially the films of Sho Kosugi. This was directed by Dave Thomas, with great boards by Fred Gonzales.

★ **09b Sol naciente:** Inspirada en mi primera novia y su hermano (¡en la guardería en la Ciudad de México!), que eran de Japón, la historia es de Tracy Berna y mía, y fue escrita por Tracy Berna y Doug Langdale. El Séptimo Samurái es, por supuesto, un guiño a *Los siete samuráis*, mi película favorita de Akira Kurosawa. Toshiro/Cyber Sumo se inspiró en varios animes que vi en la Ciudad de México, como *Astro Boy*, *Gigantor*, *Mazinger Z* y *Robotech*. Y el Clan Ninja Monstruoso se inspiró en la obsesión de chico por todo lo relacionado con los ninjas, en especial las películas de Sho Kosugi. Fue dirigido por Dave Thomas, con excelentes storyboards de Fred Gonzales.

★ **10a The Curse of the Albino Burrito:** This story is by Tracy Berna and I, with a fantastic script by Tracy Berna and Doug Langdale—and was inspired by me being taken advantage of as a little brother and as one of the youngest of all my cousins in Mexico City. This episode, like Davi, started out as a complete disaster but turned out amazing in the end—just like the Albino Burrito himself! I especially love how happy Granpapi is happy to die by the hand of his very own Giant Robot Granpapi. A true villain until the end! This was directed by Dave Thomas with boards by Fred Gonzales.

★ **10a La maldición del Burrito Albino:** Esta historia es de Tracy Berna y mía, con un guion fantástico de Tracy Berna y Doug Langdale, y se inspiró en que se aprovecharan de mí por ser el hermano menor y el más joven de todos mis primos en la Ciudad de México. Este episodio, como Davi, comenzó como un completo desastre, pero al final resultó increíble, ¡como el mismísimo Burrito Albino! Me encanta especialmente lo feliz que está Granpapi de morir a manos de su propio robot gigante Granpapi. ¡Un auténtico villano hasta el final! Este fue dirigido por Dave Thomas con storyboards de Fred Gonzales.

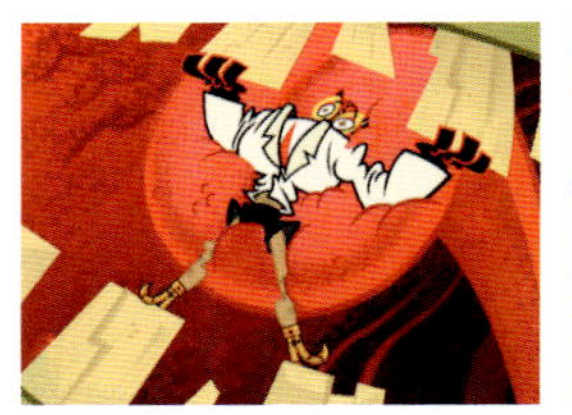

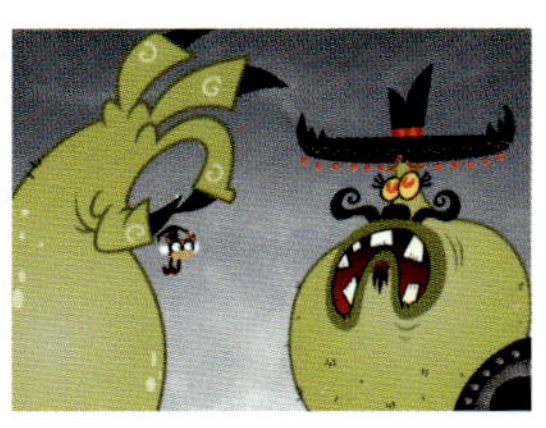

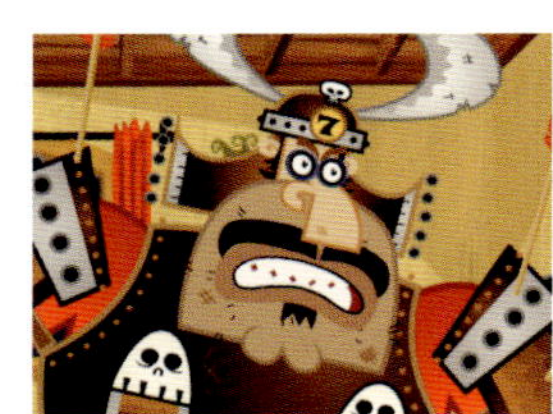

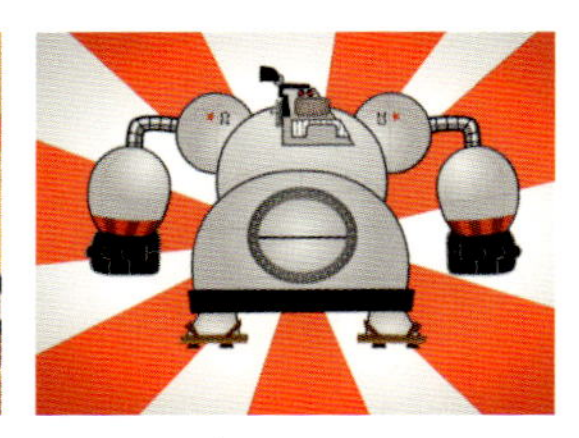

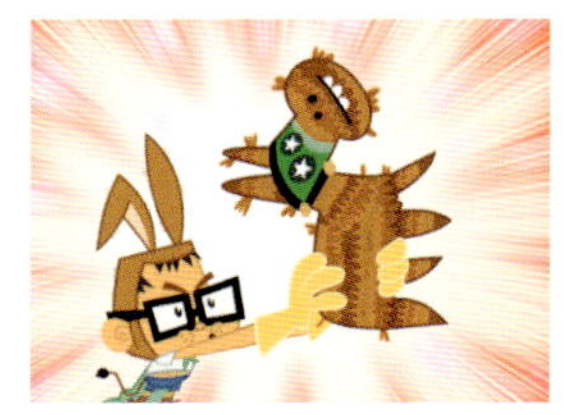

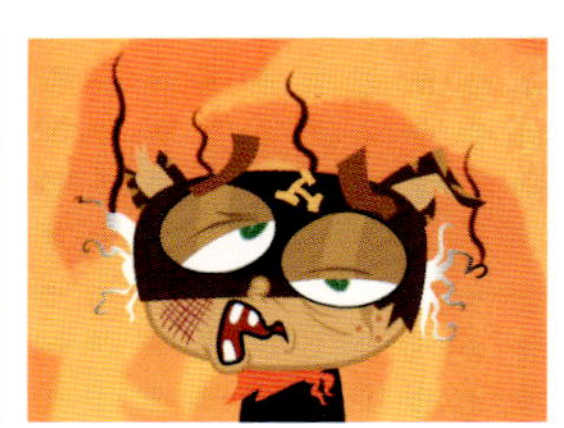

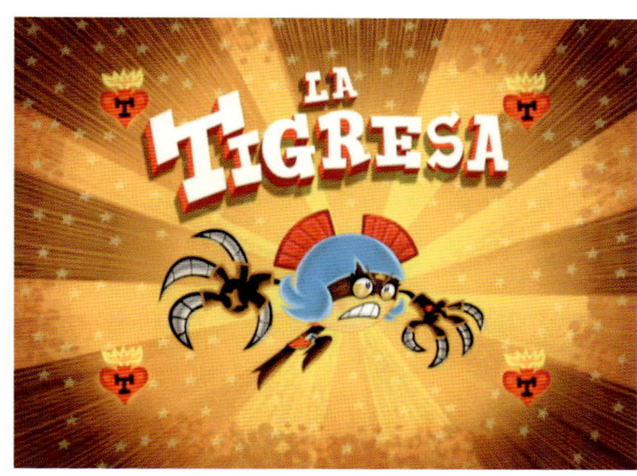

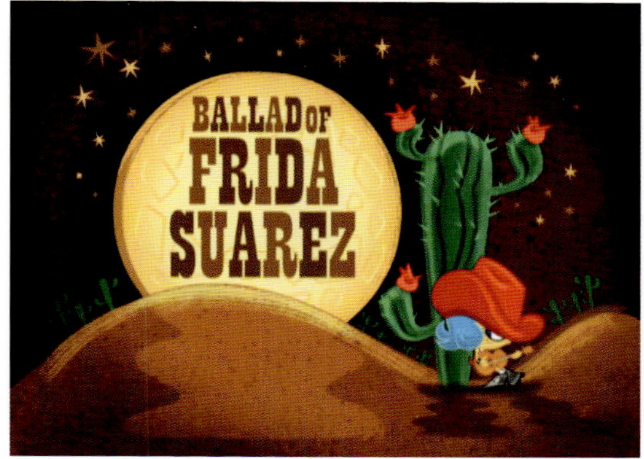

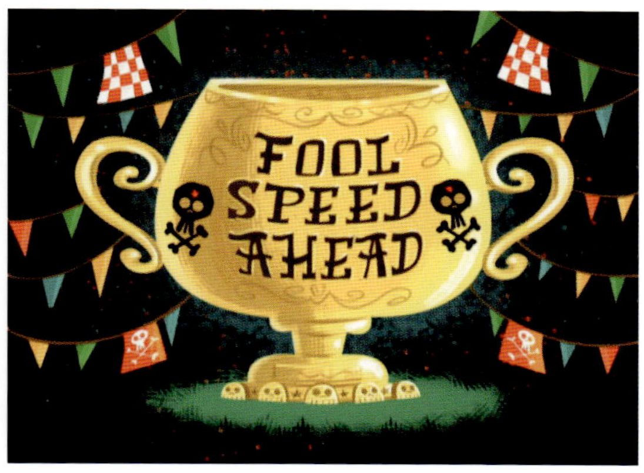

10b La Tigresa: This story is by Scott M. Gimple and I, with an awesome script written by Scott M. Gimple and Doug Langdale. This episode turned out to be a fan favorite! I really wanted to give Frida an episode as a renegade super-antiheroine. Anyone could steal Manny's belt, so it made sense that Frida would eventually try it, leading to chaotic results. I really wish we had done at least another two Tigresa episodes. It's one of my favorites, and it was directed by Dave Thomas, with more fantastic boards by Fred Gonzales.

10b La Tigresa: Esta historia es de Scott M. Gimple y mía, con un guion impresionante escrito por Scott M. Gimple y Doug Langdale. ¡Este episodio resultó ser uno de los favoritos de los fans! Tenía muchas ganas de darle a Frida un episodio como una súper antiheroína ruda. Cualquiera podía robar el cinturón de Manny, por lo que tenía sentido que Frida por fin lo intentara, lo que llevó a caóticos resultados. Realmente desearía que hubiéramos hecho al menos otros dos episodios de la Tigresa. Es uno de mis favoritos y fue dirigido por Dave Thomas, con un storyboard fantástico de Fred Gonzales.

11a Ballad of Frida Suarez: The story is by Scott M. Gimple and I, with a script by Scott M. Gimple and Doug Langdale. The core idea was Frida making a rock star Faustian deal (I love *Phantom of the Paradise*!) with Sartana at the expense of Manny. It was one of those ideas that seemed easy in my brain, but it turned out to be a nightmare to execute. The final cartoon is great, but the audience should never know how hard it all was, so *shhhh*—don't tell them! This was directed by Dave Thomas, with great boards by Dave Knott, Gabe Swarr, Luke Cormican, Eddie Trigueros, and Dave Thomas.

11a La balada de Frida Suárez: La historia es de Scott M. Gimple y mía, con guion de Scott M. Gimple y Doug Langdale. La idea principal era que Frida haría un contrato fáustico de estrella de rock (¡amo *El fantasma del paraíso*!) con Sartana, sin que Manny se enterara. Fue una de esas ideas que parecían sencillas en mi cabeza, pero resultó ser un infierno llevarla a cabo. La caricatura final es maravillosa, pero el público jamás debe de saber cuanto nos costó hacerla. Así que *shhhh*, ¡no se lo digán! Este episodio lo dirigió Dave Thomas, con storyboards magníficos de Dave Knott, Gave Swarr, Luke Cormican, Eddie Trigueros y Dave Thomas.

11b Fool Speed Ahead: This story is by Scott Kreamer and I, with another great script by Scott Kreamer! I really wanted us to do a supervillain race à la *Wacky Races* meets *Mad Max*. It was great to get so many villains interacting and actually working together but then betraying each other. I also adore getting to introduce El Oso's twin brother, El Osito, who is an actual bear. This was directed by Dave Thomas, with really great boards by Dave Thomas and Brandon Kruse.

11b A toda velocidad: Esta historia es de Scott Kreamer y mía, ¡con otro magnífico guion de Scott Kreamer! Yo tenía muchísimas ganas de hacer una carrera de supervillanos que fuera como un cruce entre *Los autos locos* y *Mad Max*. Era increíble contar con tantos supervillanos juntos, trabajando en equipo y a la vez traicionándose. Me encantó presentar al hermano gemelo de El Oso, El Osito, que es un oso de verdad. Este lo dirigió Dave Thomas, con un storyboard impresionante de Dave Thomas y Brandon Kruse.

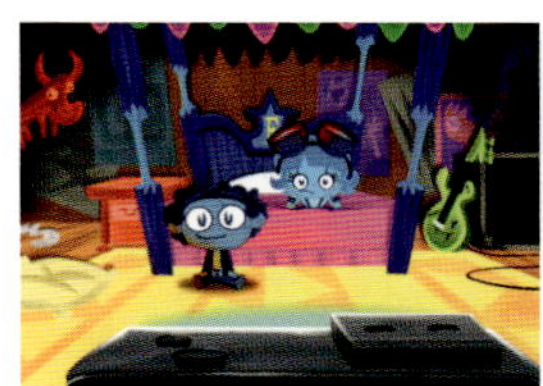
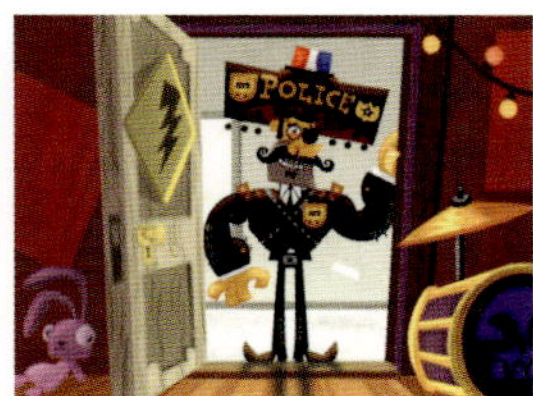

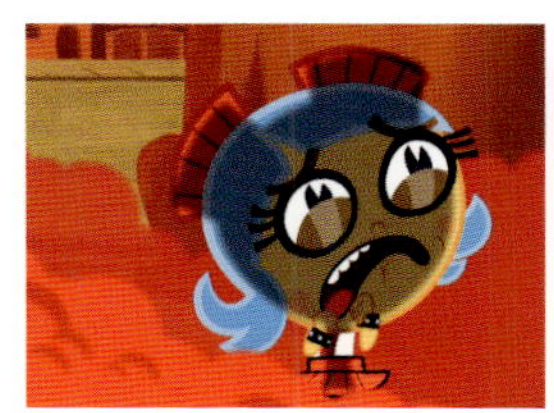
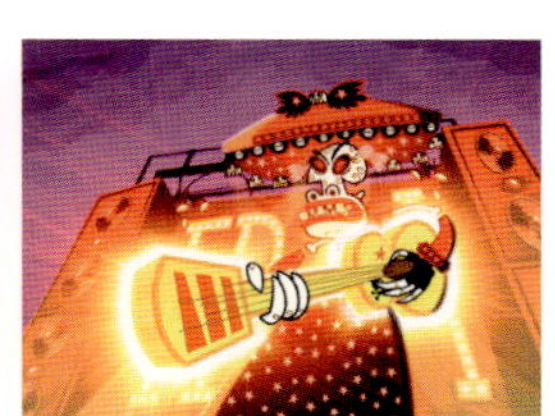
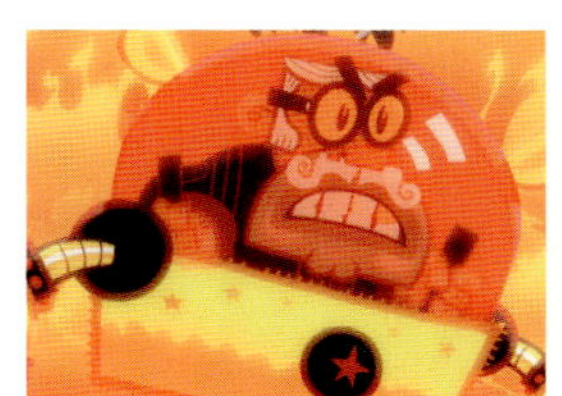
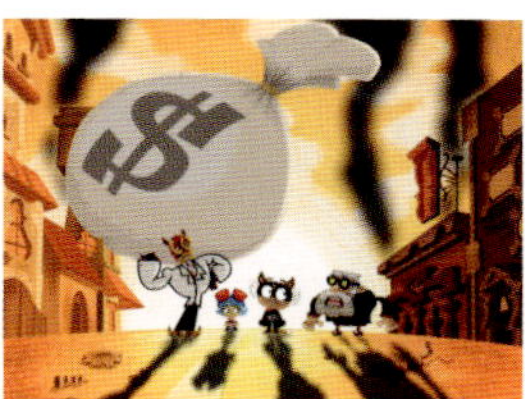

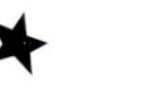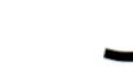

Episodes/Episodios

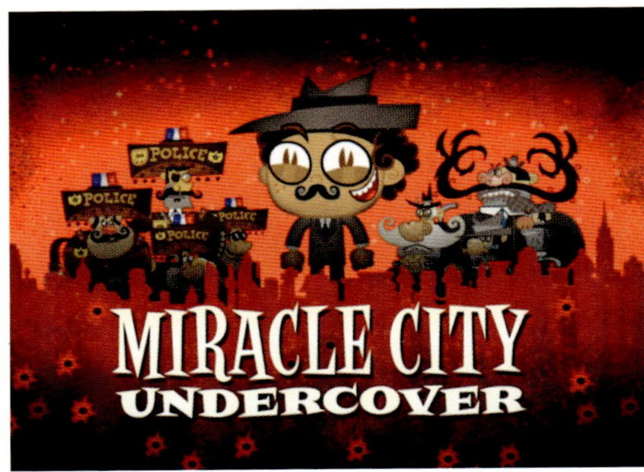

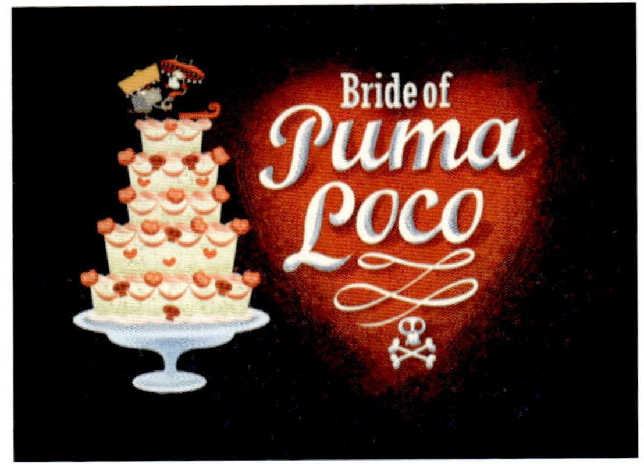

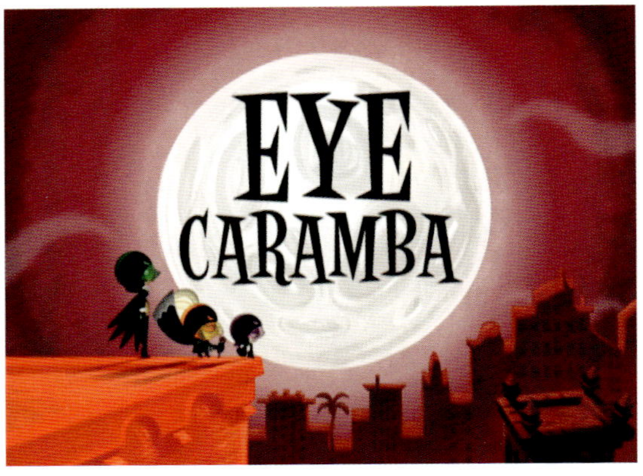

12a Miracle City Undercover: This story is by Scott Kreamer and I, with an awesome mob movie–inspired script by Scott Kreamer! I adore *The Godfather*, *Scarface*, and *Goodfellas* and really wanted to do our *El Tigre* version of that genre, with Raul the Mustache coming back—and we get a second Mustache Mafia short. The art direction in this one is pretty amazing, And the end mustache-and-mace fight is crazy good! This was directed by Dave Thomas, with hilarious boards by Eddie Trigueros.

12a De incógnito en Ciudad Milagro: Esta historia es de Scott Kreamer y mía, ¡con un guion tipo de la mafia de Scott Kreamer! Soy fan de *El padrino*, *Caracortada* y *Uno de los nuestros*, y realmente quería hacer nuestra versión de El Tigre de ese género, con la vuelta de Raúl el Mostacho… y tenemos otro corto Mafia Mostacho. La dirección de arte de este episodio es impresionante. ¡La batalla final es una locura! Este lo dirigió Dave Thomas, con los desternillantes storyboards de Eddie Trigueros.

12b Bride of Puma Loco: This story is by Scott Kreamer and I, with another banger script by Scott Kreamer! We finally introduced Monsterzuma, a big, old villain that would have become really important if we had more episodes. We finally got a glimpse of what a wedding between Sartana and Granpapi would look like. I especially love Rodolfo's idea of a bachelor party—and the fact that Frida was invited! This was directed by Dave Thomas, with boards by Dave Thomas, Brandon Kruse, and Sean Szeles.

12b La esposa de Puma Loco: Esta historia es de Scott Kreamer y mía, ¡con otro guion rompedor de Scott Kreamer! Por fin presentamos a Monsterzuma, un villano grande y mayor, que se hubiera vuelto muy importante si hubiésemos tenido más episodios. Por fin pudimos echarle un vistazo a lo que hubiera sido una boda entre Sartana y Granpapi. Amo especialmente la idea de Rodolfo en una despedida de soltero, ¡y el hecho de que inviten a Frida! Este lo dirigió Dave Thomas, con storyboards de Dave Thomas, Brandon Kruse y Sean Szeles.

13a Eye Caramba: This story was by Scott M. Gimple and I, with a really difficult script written by Tracy Berna and Doug Langdale. This was a hard one since the conflict needed so much setup, and there were so many main characters (the three Rivera men versus the three Flock women, plus Frida!). In the end, it's one of my favorites. I absolutely love the end gag with thirty-year-old El Tigre. This was beautifully directed by Dave Thomas, with, once again, amazingly inventive boards by Ricky Garduno.

13a Ojo caramba: Esta historia es de Scott M. Gimple y mía, con un guion muy difícil de escribir de Tracy Berna y Doug Langdale. Este fue muy difícil porque el conflicto necesitaba de un amplio planteamiento, hay muchos personajes (los tres hombres Rivera versus la banda de las tres mujeres villanas, ¡y Frida!). Al final es uno de mis favoritos. Dirigido con maestría por Dave Thomas y, de nuevo, con unos storyboards súper creativos de Ricky Garduno.

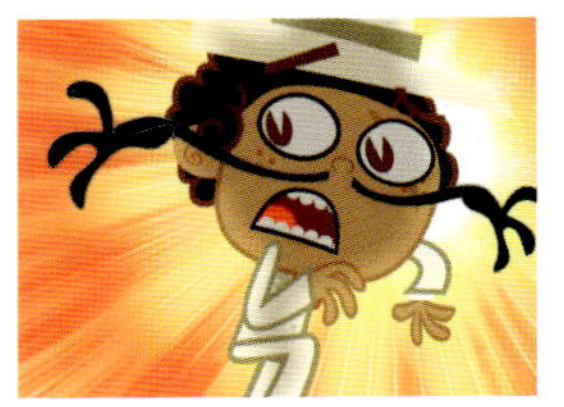

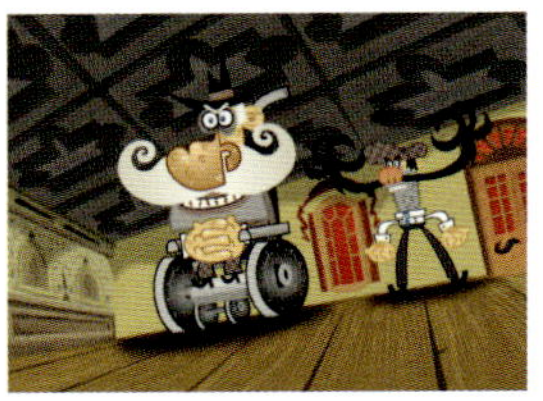

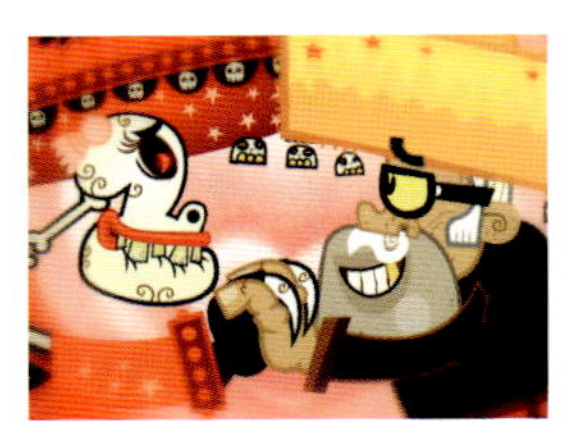

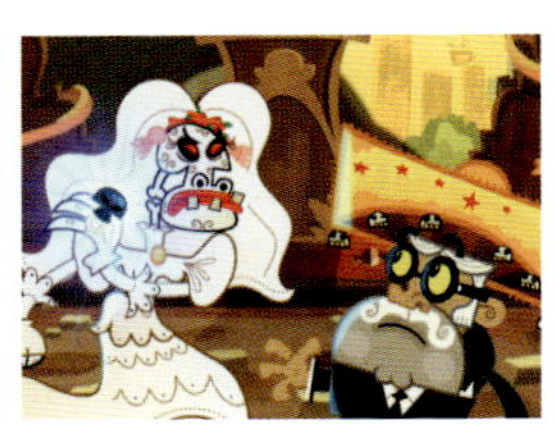

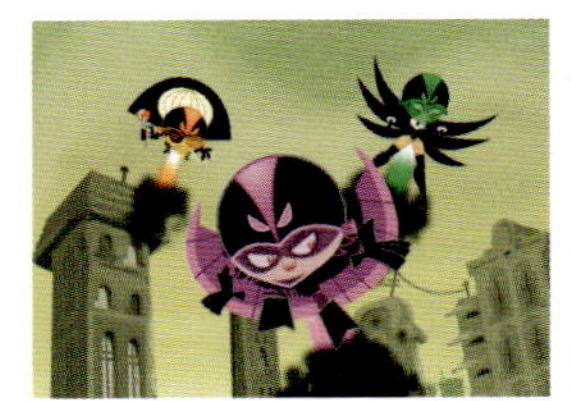

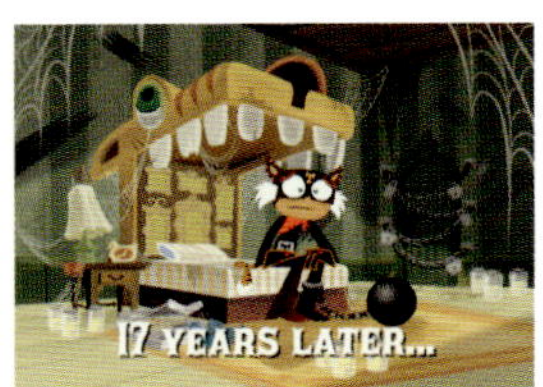

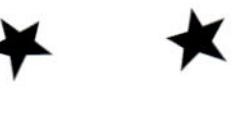

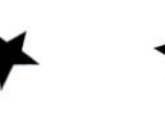

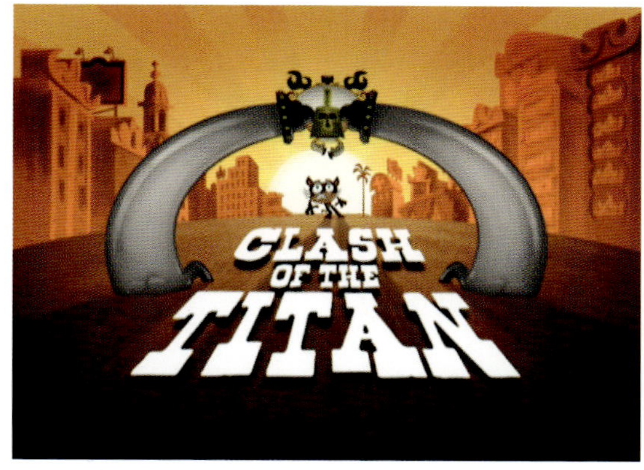

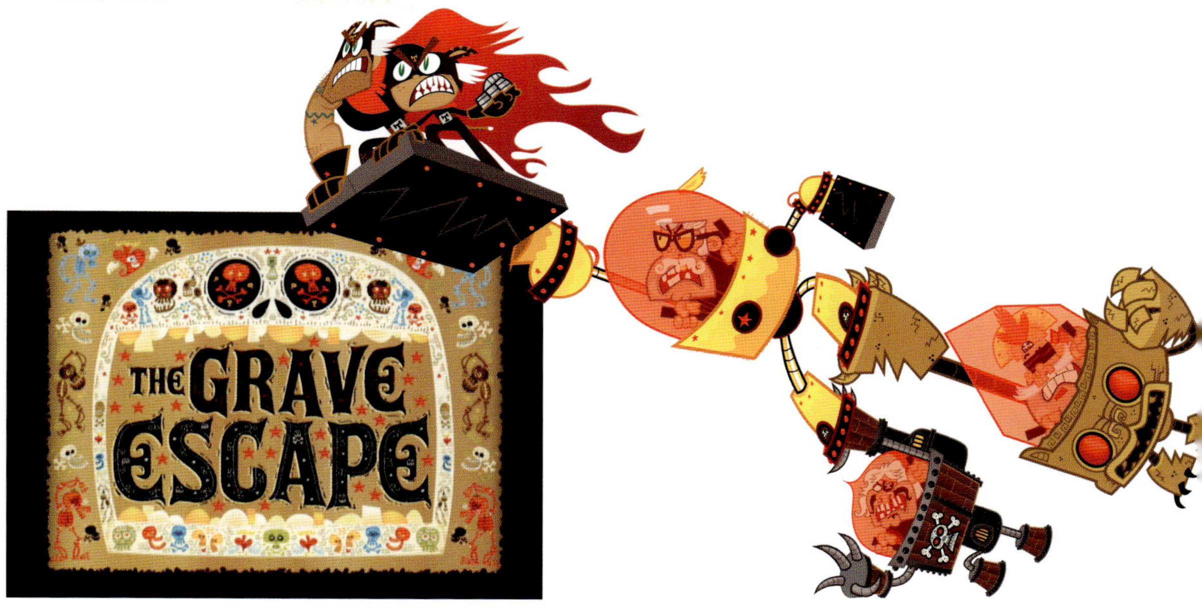

★ **13b Clash of the Titan:** This story is by Scott M. Gimple and I, with a crazy script written by Scott M. Gimple and Doug Langdale. This episode has the Titanium Titan's second appearance. I love redemption stories, especially when there's no redemption at all! By this short, it's pretty clear that the Titan has a "fatal attraction" to White Pantera. I also adore how the Titan keeps getting rid of Frida whenever he can. This was beautifully directed by Dave Thomas, with—again—amazing boards by Ricky Garduno.

★ **13b El choque del titán:** Esta historia es de Scott M. Gimple y mía, con un guion loquísimo escrito por Scott M. Gimple y Doug Langdale. En este episodio aparece por segunda vez el Titán de Titanio. Adoro las historias de redención, ¡sobre todo en las que no hay redención alguna! Con esta parte queda bastante claro que Titán tiene una "atracción fatal" por White Pantera. También adoro cómo el Titán intenta deshacerse de Frida cada vez que puede. Este lo dirigió de una manera preciosa Dave Thomas y, de nuevo, con storyboards de Ricky Garduno.

★ **14 The Grave Escape:** This, as expected, is my favorite episode of the series and our first and only holiday special. Instead of a Christmas or Halloween special, Nickelodeon allowed us to do a twenty-two-minute Day of the Dead extravaganza! This story is by Scott Kreamer and I, with a script by Doug Langdale and Scott Kreamer. I had this one in my head pretty much from day one, since a lot of it explained the entire show's mythology and lore. By this point I had written a forty-six-page outline of *The Book of Life* movie, so I was definitely trying to make it different while also trying out a bunch of new ideas. Getting Manny and Frida to "die" in order to get to the Land of the Dead was tricky. Finally meeting all the hero and villain ancestors was even better than I had hoped. And the Original El Tigre, who went mad from not picking a side, is still one of my favorite funny, tragic, and ultimately epic characters in the series. Roman Laney and the art team really went all out on this one, and this is one of the only episodes that makes me cry every time I revisit it. This was epically directed by Dave Thomas, with phenomenal boards by Ricky Garduno and Eddie Trigueros.

★ **14 Un escape de muerte:** Este, como es de esperar, es mi episodio favorito de la serie y nuestro primer y único especial de vacaciones. En vez de un especial de Navidad o de Halloween, Nickelodeon nos dejó hacer una locura de veintidós minutos… ¡sobre el Día de los Muertos! Esta historia es de Scott Kreamer y mía, con guion de Doug Langdale y Scott Kreamer. Lo tenía en la cabeza casi desde el día uno, porque explica toda la mitología y la sabiduría de la serie. En esta época, yo ya había escrito un borrador de cuarenta y seis páginas de *El libro de la vida* y estaba definitivamente intentando hacer algo diferente, mientras experimentaba con muchas ideas nuevas. Conseguir que Manny y Frida "murieran" para ir a la Tierra de los Muertos fue difícil. Conocer a todos los ancestros héroes y villanos, por fin, fue mejor de lo que me lo hubiera imaginado. Y El Tigre Original, que se volvió loco por no escoger un lado, sigue siendo uno de mis personajes favoritos de la serie, divertido, trágico e impactante. Roman Laney y todo el equipo de arte lo pusieron todo en este episodio, y es uno de los pocos en los que lloro cada vez que lo veo de nuevo. Con la dirección épica de Dave Thomas y storyboards magníficos de Ricky Garduno y Eddie Trigueros.

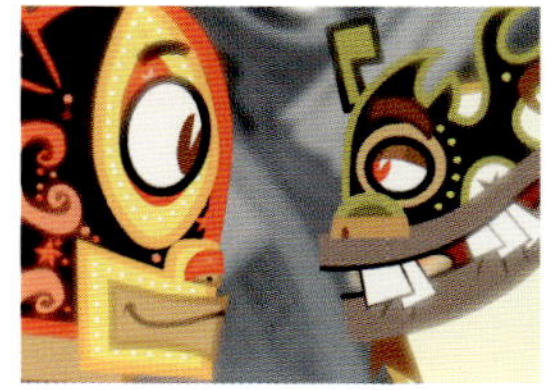
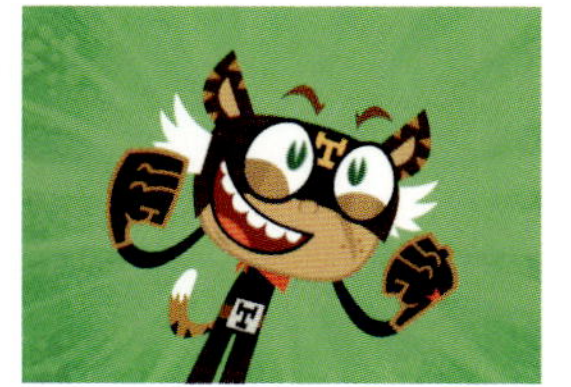
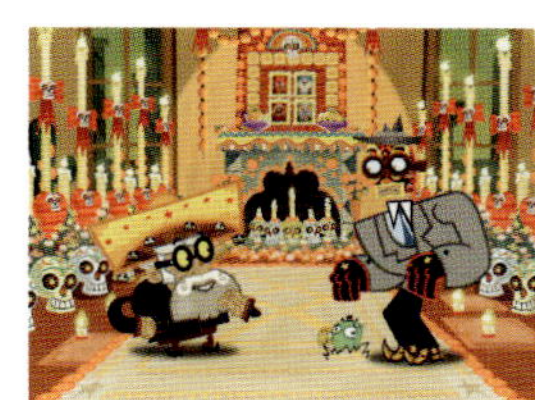
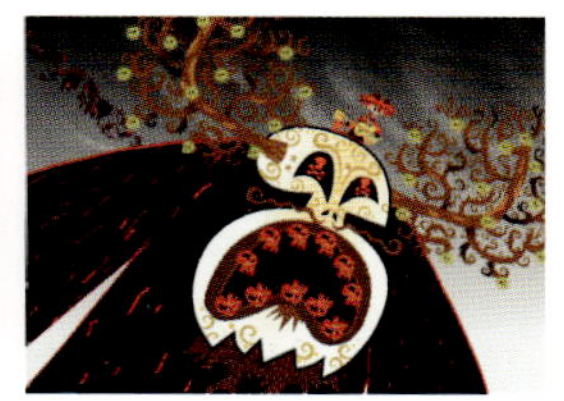
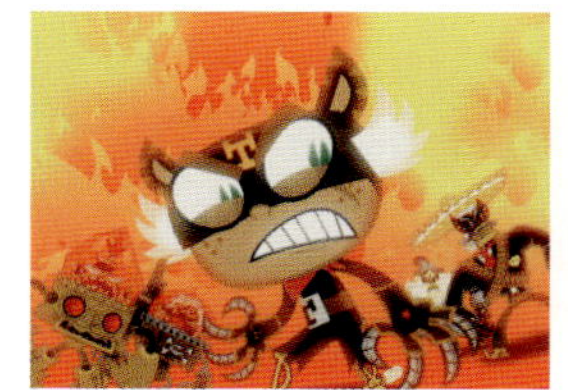
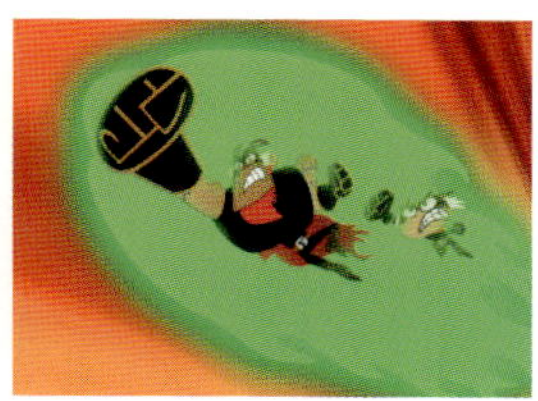

Episodes/Episodios

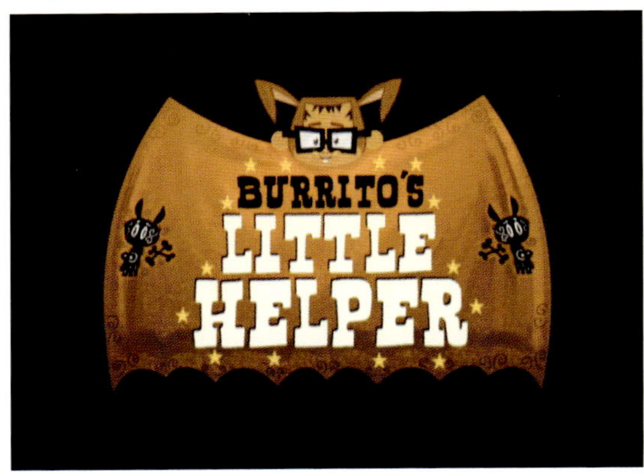

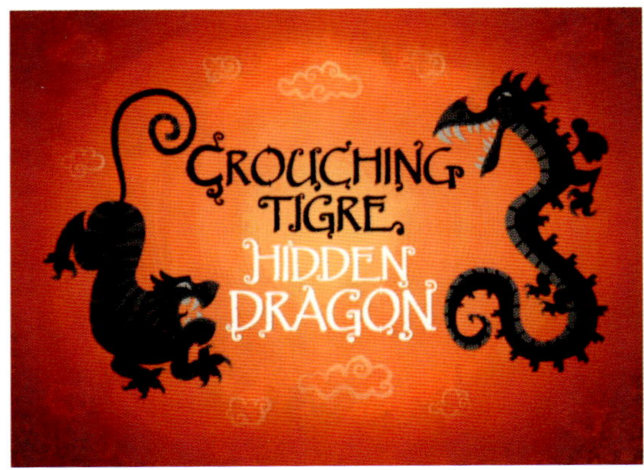

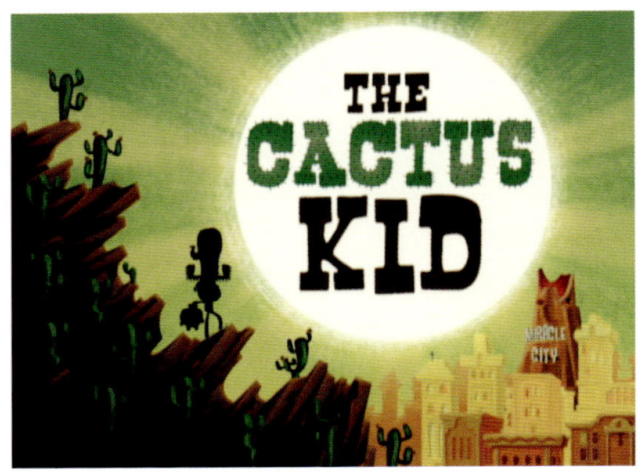

15a Burrito's Little Helper: This is an awesome morally gray story by Scott Kreamer, with a really funny script by Tracy Berna and Doug Langdale. The return of the Albino Burrito! I especially loved that we fleshed out the giant Alebrije Monster (from the show's main title) a bit more and gave him a girlfriend. This had fantastic art direction and a really cool final giant monster fight. This was directed by Dave Thomas, with boards by Fred Gonzales, who had boarded the previous Albino Burrito short.

15a El pequeño ayudante de Burrito: Esta es una historia moralmente gris maravillosa de Scott Kreamer, con un guion divertidísimo de Tracy Berna y Doug Langdale. ¡El regreso de Burrito Albino! Amé especialmente que le diéramos una novia al gigante Monstruo Alebrije (del título principal del show). Contamos con una dirección de arte fantástica y una batalla final de monstruos muy chula. Lo dirigió Dave Thomas, con storyboards de Fred Gonzales.

15b Crouching Tigre, Hidden Dragon: This episode has a fantastic script by Brandon Sawyer, with a story by Scott Kreamer and I as our homage to the *Super Friends* and *Justice League*. Our original League of Alliance Society had many more members, but we couldn't fit them all in. The giant Mictlan serpent at the end of *Maya and the Three* was definitely inspired by the Dragon Worm, which was inspired by Quetzalcoatl statues at the Museo Nacional de Antropología in Mexico City and was the final boss for this episode. This was directed by Dave Thomas, with great boards by Luke Cormican.

15b Tigre por fuera, dragón por dentro: Este episodio cuenta con un guion magnífico de Brando Sawyer, y con la historia de Scott Kreamer y mía, homenajeando a *Súper amigos* y la *Liga de la Justicia*. Nuestra Liga de la Alianza Sociedad original tenía más miembros, pero no logramos meterlos a todos. La serpiente gigante Mictlan del final de *Maya y los tres* está muy inspirada por el Gusano Dragón, que se basa en las estatuas Quetzalcoatl del Museo Nacional de Antropología de Ciudad de México, y era el jefe final de este episodio. Dirigido por Dave Thomas, con magníficos storyboards de Luke Cormican.

16a The Cactus Kid: This is a story by Scott Kreamer and I, with a script by Brandon Sawyer! This one came from a doodle that wouldn't get out of my head. It's about a country bumpkin, raised by two cacti, coming to the big city to prove himself—only to be used by Granpapi to make Manny jealous, ending in chaos and cacti carnage! It's really wild and full of gorgeous art everywhere. This was directed by Dave Thomas, with pretty crazy boards by Brandon Kruse and Dave Thomas.

16a El niño cactus: Esta historia es de Scott Kreamer y mía, ¡con guion de Brandon Sawyer! Nace de una cancioncita que yo no conseguía sacar de mi cabeza. Es sobre un pueblerino que fue educado por dos cactus, y que se va a la gran ciudad a demostrarse a sí mismo y termina siendo utilizado por Granpapi para darle celos a Manny. ¡Finaliza con caos, cactus y destrucción! Es muy salvaje. Está lleno de arte por todos lados. Dirigido por Dave Thomas, con storyboards loquísimos de Brandon Kruse y Dave Thomas.

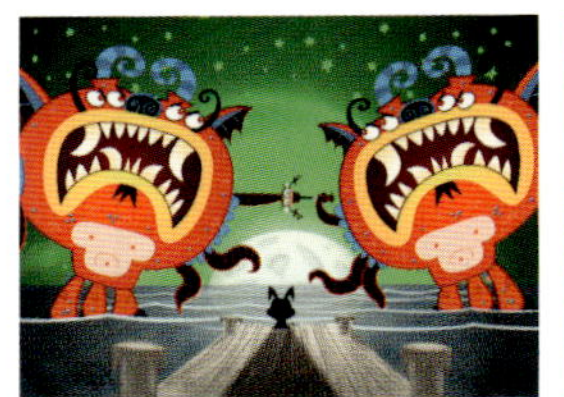
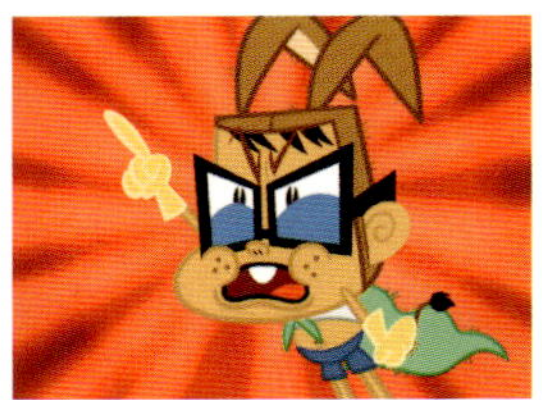
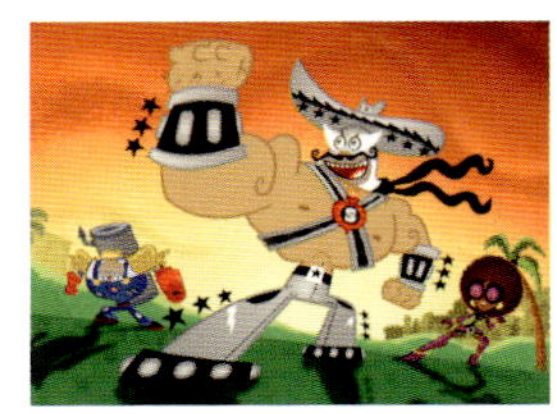
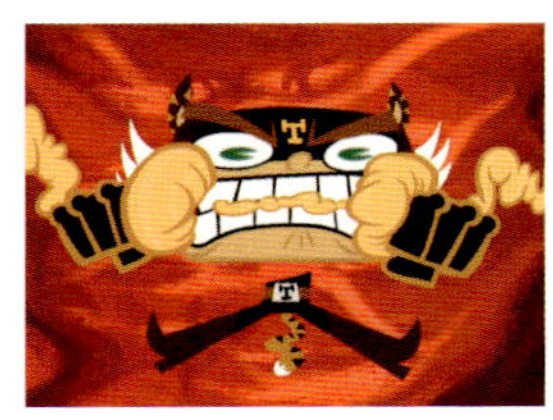
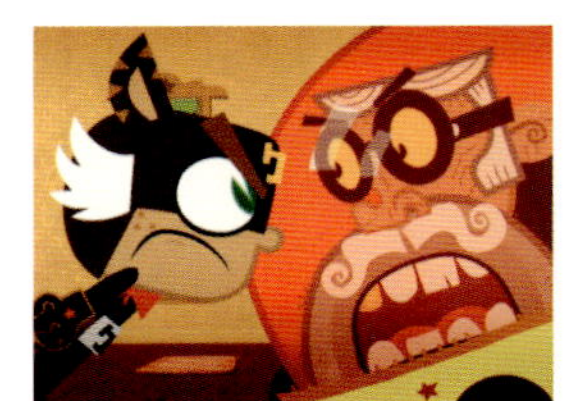
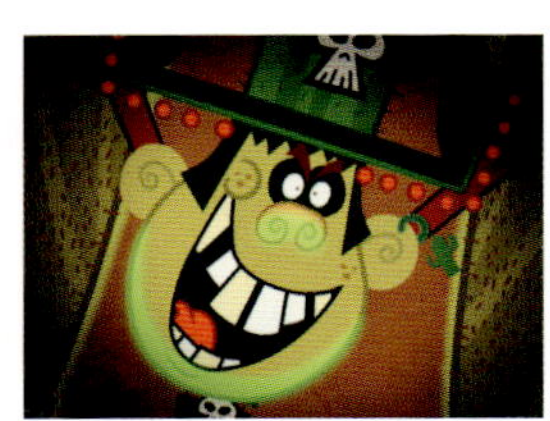

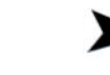
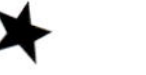
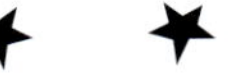

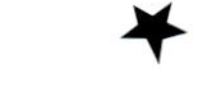

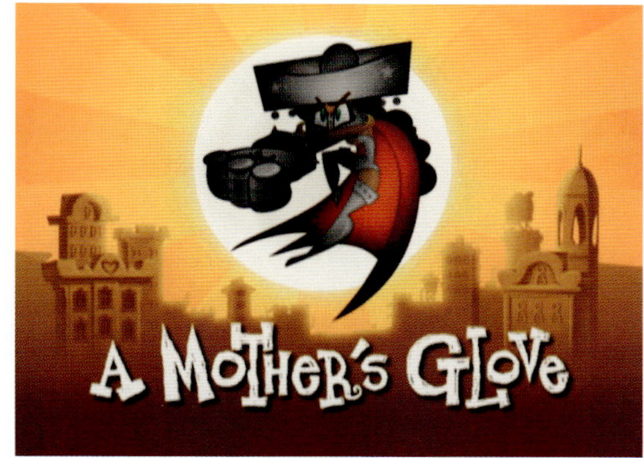

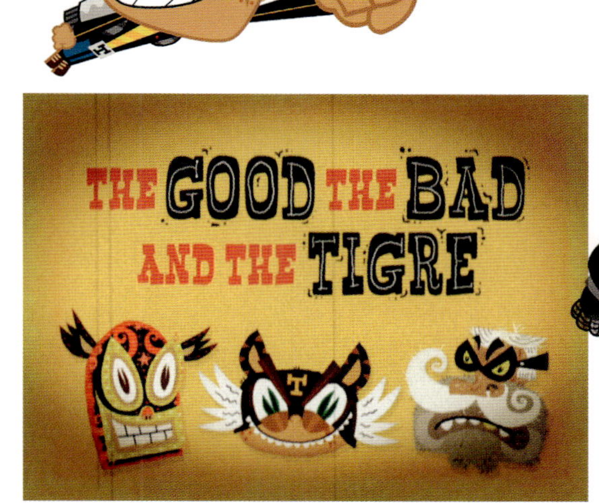

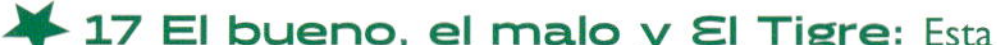

16b A Mother's Glove: This is a story by Brandon Sawyer and I, with a fantastic and hilarious script by Scott Kreamer. From the start, I knew Maria's spicy backstory as Plata Peligrosa, but we wanted to reveal it pretty late into the series so the audience would be familiar with her very kind self and be just as surprised as Manny when he found out. I especially adore her backstory sequence in the early '90s. This was directed by Dave Thomas, with spectacular boards by Sean Szeles.

16b Guante materno: Esta es una historia de Brandon Sawyer y mía, con un guion fantástico e hilarante escrito por Scott Kreamer. Desde el inicio, yo sabía la historia de fondo de María, como Plata Peligrosa, pero no queríamos que se viera hasta más entrada la historia en la serie, para que el público se acostumbrara a su forma de ser tan amable, y se sorprendiera tanto como Manny cuando lo descubrió. Adoro especialmente la secuencia sobre su historia de fondo a principios de los noventa. Este lo dirigió Dave Thomas, con storyboards espectaculares de Sean Szeles.

17 The Good, the Bad, and the Tigre: This story is by Scott Kreamer and I, with a fantastic script by Scott Kreamer! This was our first twenty-two-minute episode special. As a fan of the movie *Bloodsport* and the video game *Street Fighter*, I really wanted us to do an epic fight tournament mini movie with all our villains (and White Pantera as Black Pantera!). And we got to introduce Django of the Dead, a new villain that was going to be big in the next season. This episode was also extra special in that we did two endings, one where Manny choses to be "good" and one where he chose to be "evil," and the fans were able to call in and pick which ending they wanted. They picked "good," and that's what aired. I was told the voting was pretty close! The "evil" ending, very appropriately, can only be found on the internet. Full of fast-paced action, this episode is one of my favorites. This was directed by Dave Thomas, with great boards by Luke Cormican and Fred Gonzales.

17 El bueno, el malo y El Tigre: Esta historia es de Scott Kreamer y mía, ¡con un guion fantástico de Scott Kreamer! Este fue nuestro segundo especial de veintidós minutos. Como fan de la película *Contacto sangriento* y el videojuego *Street Fighter*, yo tenía muchas ganas de hacer una pelea épica, una mini película de un torneo con todos nuestros villanos (¡y White Pantera como Black Pantera!) Pudimos introducir a Django de los Muertos, un nuevo villano que iba a estar en la temporada siguiente. Este episodio también era extra especial porque le hicimos dos finales, uno donde Manny escoge ser "bueno" y otro donde escoge ser "malo". Los fans podían llamar y escoger el final que querían. Escogieron "el bueno" y ese es el que emitimos. ¡Me dijeron que las votaciones estuvieron muy reñidas! El final de "el malo", como no podía ser de otro modo, solo puede encontrarse en internet. Lleno de acción trepidante, este es uno de mis episodios favoritos. Lo dirigió Dave Thomas, con storyboards geniales de Luke Cormican y Fred Gonzales.

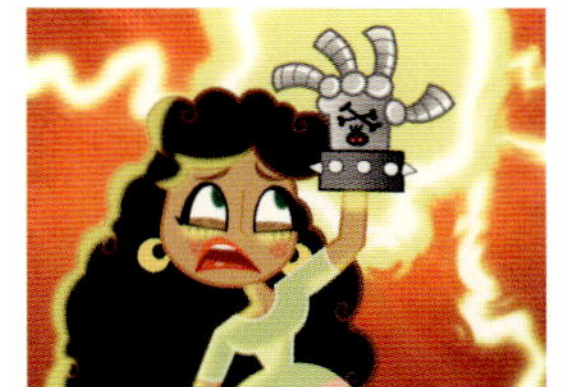
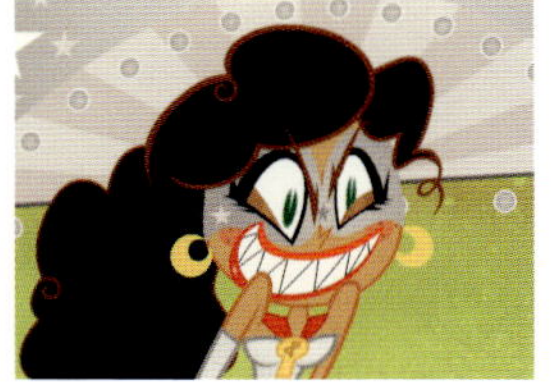
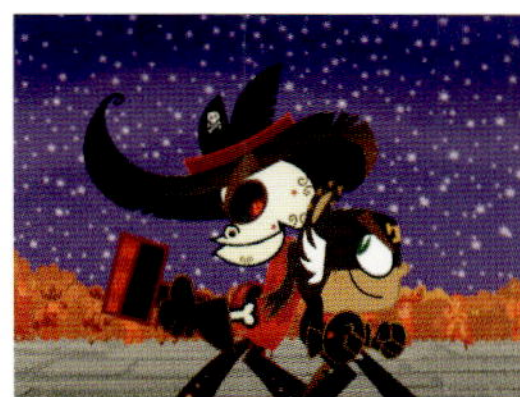
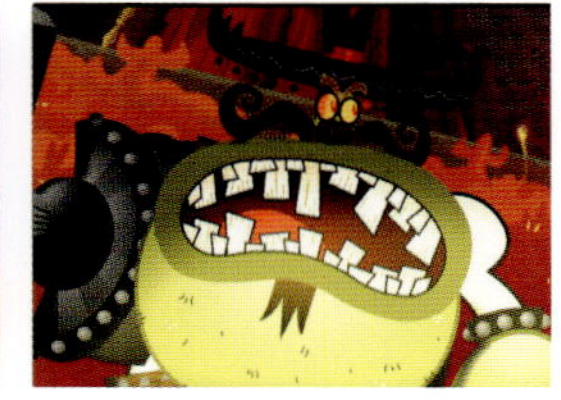
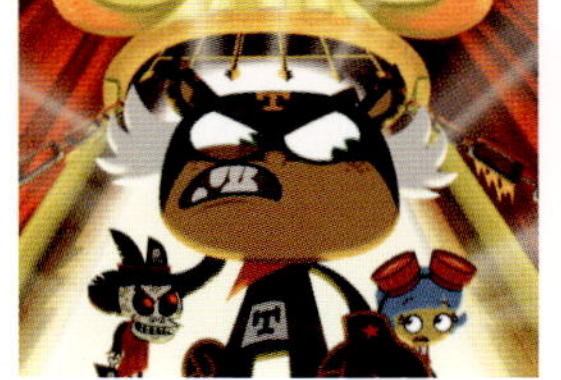
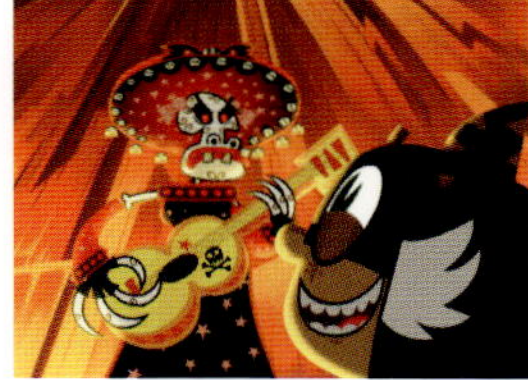

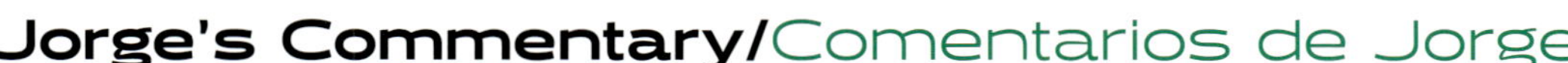

Episodes/Episodios

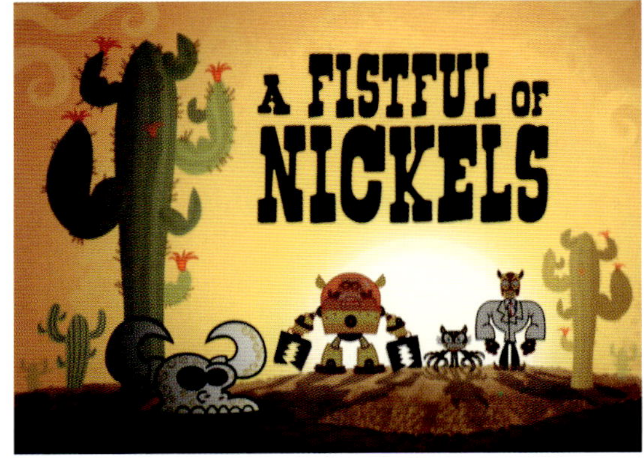

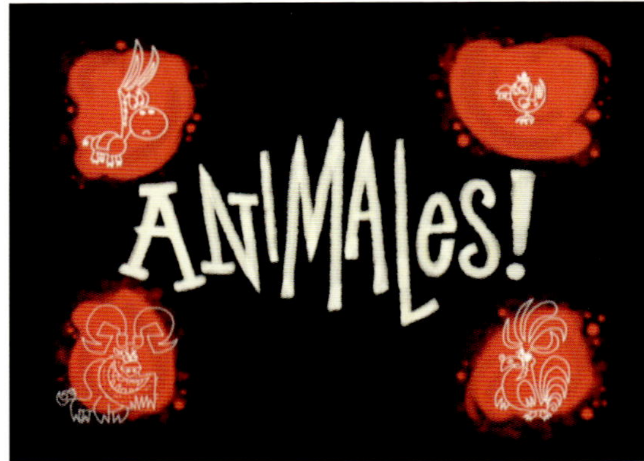

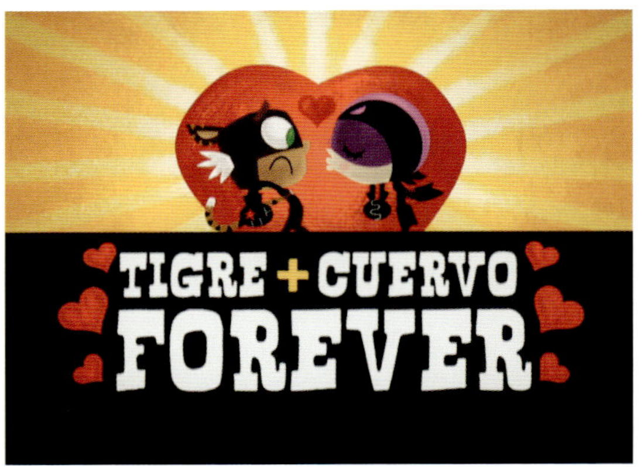

18a A Fistful of Nickels: This was written by Thomas Hart, Doug Langdale, and I. We were able to reuse the unaired fourteen-minute pilot and turn it into an actual episode. This saved us a ton of money and time that we spent on the other cartoons. But the pilot was deemed too spicy for air! We had to tone down some of the violence and take out a character that looked like the devil. This was gorgeously directed and storyboarded by Dave Thomas.

18a Un puñado de centavos: Este lo escribimos Thomas Hart, Doug Langdale y yo. Conseguimos reutilizar el piloto de catorce minutos que no se emitió y convertirlo en un episodio completo. Esto nos ahorró muchísimo dinero y tiempo que invertimos en otros episodios. ¡Pero el piloto era demasiado subido de tono para emitirse! Tuvimos que rebajar un poco la violencia y eliminar un personaje que se parecía al demonio. Fue gloriosamente dirigido por Dave Thomas.

18b Animales!: This seven-minute short was kind of an experiment: there was no script! Sean Szeles, Scott Kreamer, Dave Thomas, Gabe Swarr, Doug Langdale, and I brainstormed the idea. Then Dave Thomas did story-beat boards, and Sean Szeles fleshed everything out with his amazing boards. This mostly wordless cartoon has an amazing score from Shawn Patterson. Señor Chapi had only ever said, "Viva pantalones," and this time he ends with "Viva familia" after the final reveal of the family photo. I love this episode, and it was beautifully directed by Dave Thomas.

18b ¡Animales!: Esta pieza de siete minutos era un poco un experimento: ¡la hicimos sin guion! Sean Szeles, Scott Kreamer, Dave Thomas, Gabe Swarr, Doug Langdale y yo creamos la historia. Entonces Dave Thomas hizo varios dibujos de la historia y Sean Szelles rellenó todo con sus storyboards increíbles. Este corto, donde casi no se habla, cuenta con una música buenísima de Shawn Patterson. Hasta ahora, Señor Chapi solo había dicho "viva pantalones" y aquí termina con "viva familia" cuando se revela la foto familiar al final. Amo este episodio, bellamente dirigido por Dave Thomas.

19a Tigre + Cuervo Forever: This is based on a true story I actually lived as a kid, with an awesome and funny script by Tracy Berna and Doug Langdale. It's pretty obvious that Manny only has eyes for Frida, so any time we had him try to date other girls, it's super fun. On this one you really feel awful for Zoe/Black Cuervo, and I kind of wish we had punished Manny/El Tigre even more! This was directed by Dave Thomas, with awesome boards by Ricky Garduno.

19a Tigre + Cuervo para siempre: Este está basado en una historia real que me pasó de niño, con un increíble y divertidísimo guion de Tracy Berna y Doug Langdale. Es bastante evidente que Manny sólo tiene ojos para Frida, así que cada vez que intentamos que salga con otras chicas, es muy divertido. En este te sientes fatal por Zoe/Cuervo Negro, y de algún modo ¡deseo que hubiéramos castigado a Manny/El Tigre aún más! Lo dirigió Dave Thomas, con los maravillosos storyboards de Ricky Garduno.

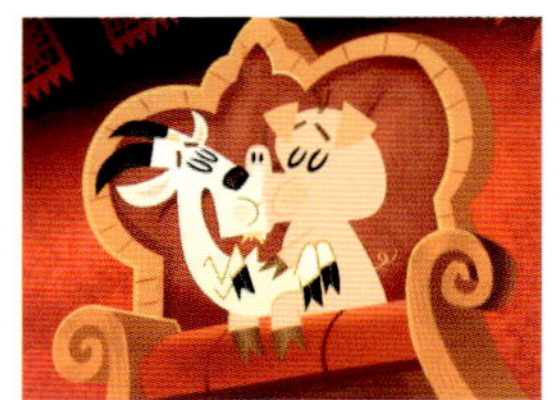
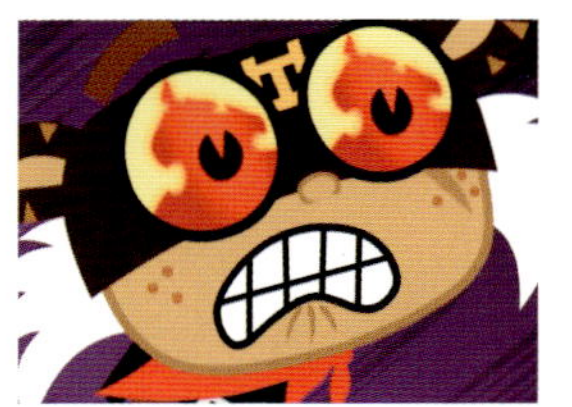
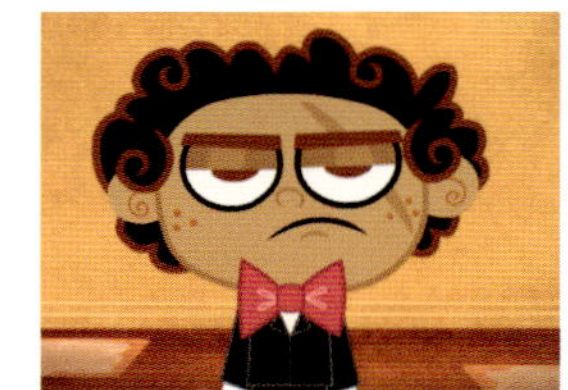
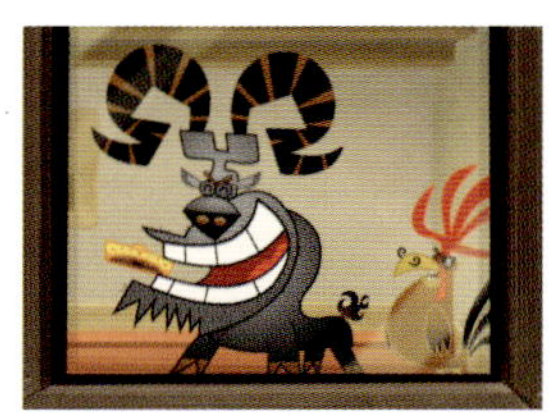
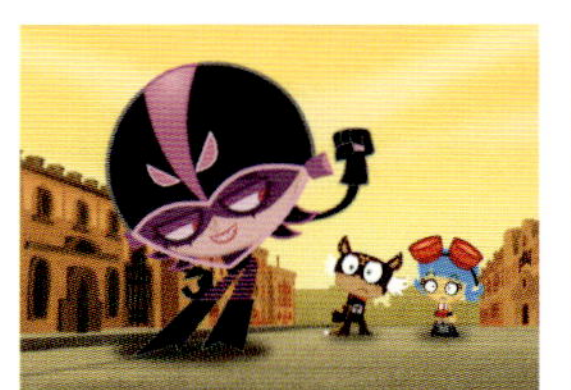
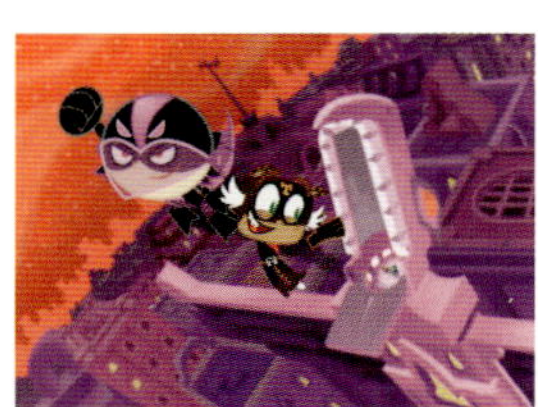

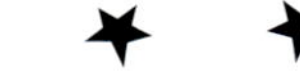

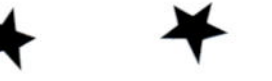

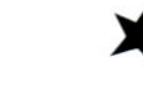

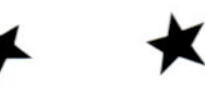

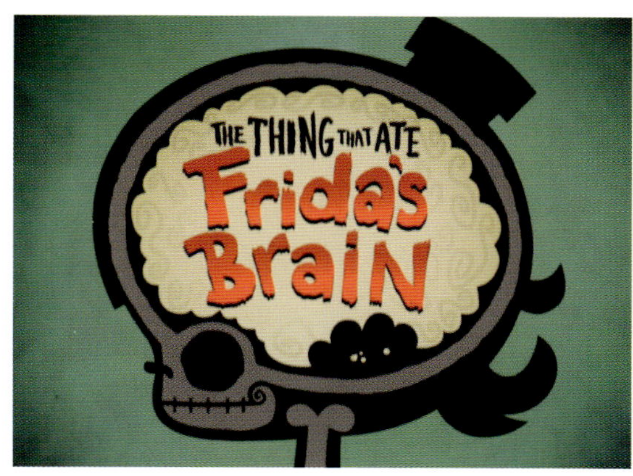

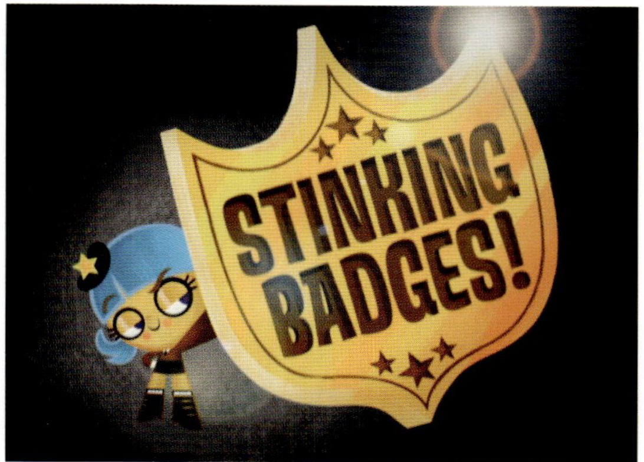

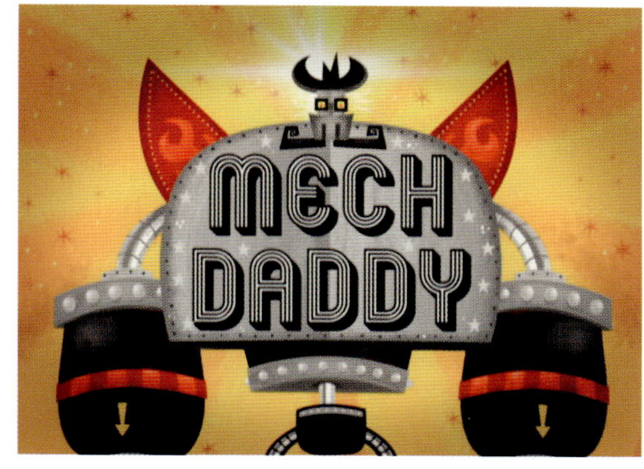

19b The Thing That Ate Frida's Brain: As a lover of zombie movies from all over the world, I knew we had to do our own zombie episode. This story is by Brandon Sawyer and I, with a fantastic script by Brandon Sawyer and Doug Langdale, and is another one of my favorites! There are a ton of really funny references to famous cartoon dances throughout history, and I adore that Frida ends up saving the day! This was the last short art directed by Roman Laney, since he then moved away, and it was beautifully directed by Dave Thomas, with spectacularly funny boards by Eddie Trigueros.

19b La cosa que se comió el cerebro de Frida: Como amante de las películas de zombis de todo el mundo, deseaba hacer nuestro episodio de zombis. Esta historia es de Brandon Sawyer y mía, con un guion maravilloso de Brandon Sawyer y Doug Langdale, ¡y es otro de mis favoritos! Está repleto de referencias divertidísimas a bailes de dibujos animados famosos de la historia, y adoro que Frida termine salvando a Manny. Este fue el último corto con dirección de arte de Roman Laney porque luego se mudó a otra ciudad, y tuvo la fantástica dirección de Dave Thomas y un storyboard divertidísimo de Eddie Trigueros.

20a Stinking Badges!: This is a story by Scott Kreamer and I, with a script by Scott Kreamer! This episode was inspired by Sandra Equihua being the only artist in her family, as her father and three sisters all studied medicine. I love all the guilt and heart in this morally gray story. Plus, we get to see her dad go nuts! This was the first short beautifully art directed by Gerald de Jesus and was also the first short directed by Gabe Swarr, with really funny boards by Luke Cormican and Gabe Swarr.

20a Medallas ¡apestosas!: Esta historia es de Scott Kreamer y mía, ¡con guion de Scott Kreamer! Este episodio está basado en la historia de Sandra Equihua, en cómo es la única artista de su familia y su padre y tres hermanas estudiaron medicina. Amo la culpa y el corazón de esta historia de moral gris. Además, ¡vemos como su padre se vuelve loco! Este es el primer corto en contar con la bellísima dirección de arte de Gerald de Jesús y también fue el primero que dirigió Gabe Swarr. Con un storyboard divertidísimo de Luke Cormican y Gabe Swarr.

20b Mech Daddy: This is perhaps the weirdest story Doug Langdale and I came up with, and I'm not exactly sure why they let us do it. But thank you, Nickelodeon! Tracy Berna and Doug Langdale wrote a hilarious script for this. Giant Robot Sanchez was our main Miracle City evil robot, and we figured he had earned his own episode, which was an homage to the giant robot animes I grew up with in Mexico City, like *Gigantor*, *Voltron*, and *Mazinger Z*. This was directed by Dave Thomas, with amazing boards by Fred Gonzales.

20b Papi mecánico: Esta es una de las historias más rocambolescas que a Doug Langdale y a mí se nos ocurrieron. Aún no sé bien porqué nos dejaron hacerla. ¡Pero gracias, Nickelodeon! Tracy Berna y Doug Langdale escribieron un guion divertidísimo para esto. El gigante Robot Sánchez era nuestro demonio-robot de Ciudad Milagro. Se había ganado su propio episodio, un homenaje a los robots grandes de anime con los que crecí en Ciudad de México, como *Gigantor*, *Voltron* y *Mazinger Z*. Este fue dirigido por Dave Thomas, con un storyboard gráfico magnífico de Fred Gonzales.

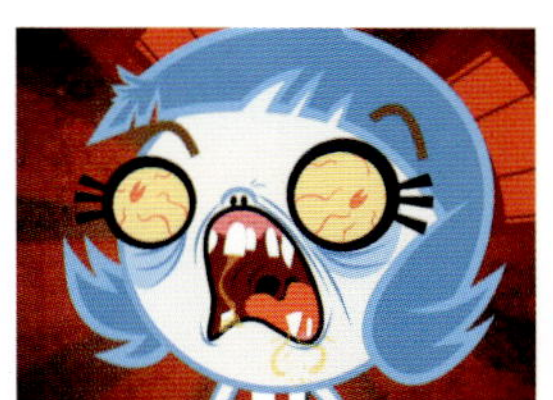

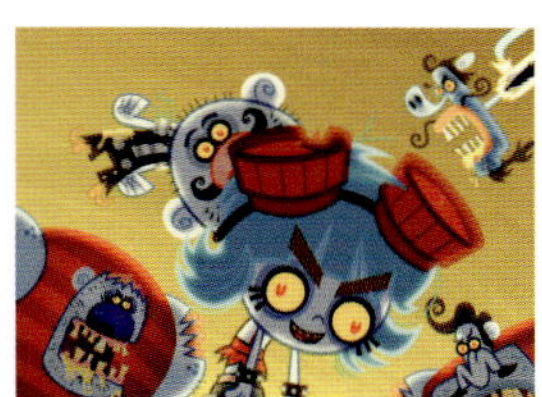

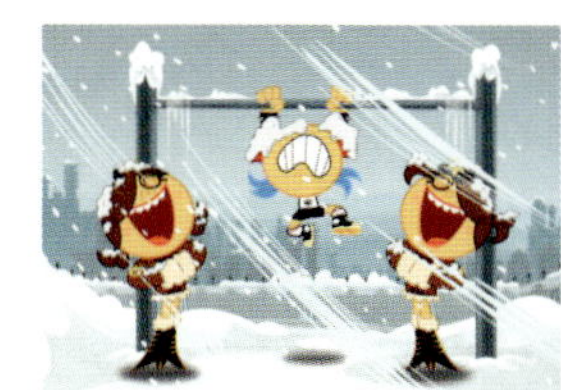

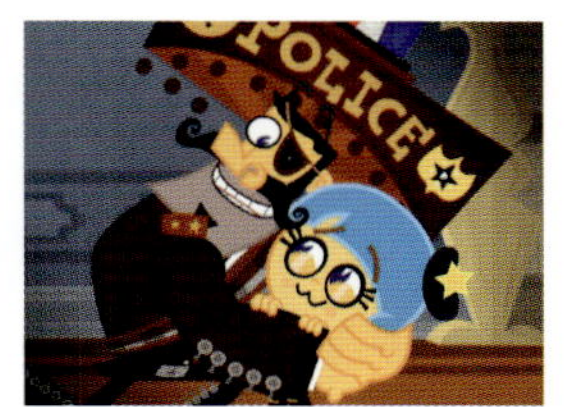

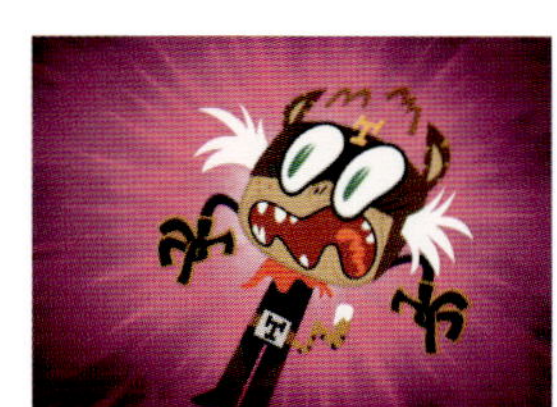

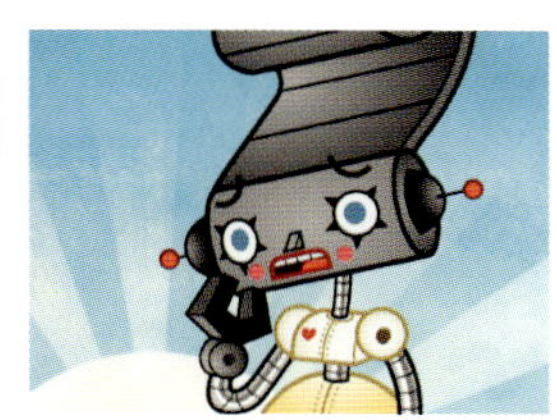

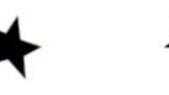

Episodes/Episodios

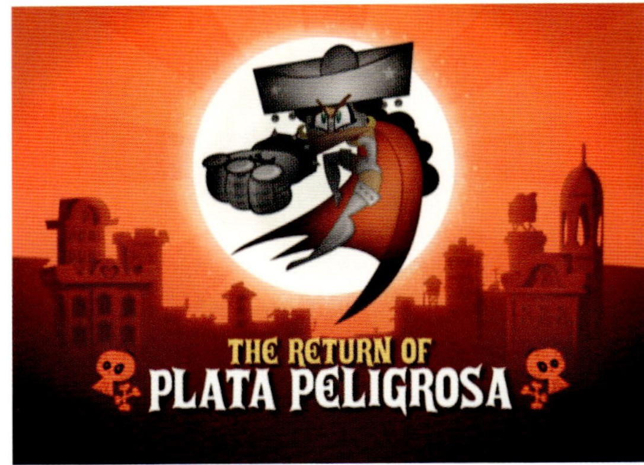

21a The Return of Plata Peligrosa: This episode is another one of my favorites, and it's maybe the sexiest short! The story is by Dave Thomas and Scott Kreamer, with a script by Scott Kreamer. Rodolfo and Maria reignite the fire of their spicy past, and it's epic and hilarious. I love that Rodolfo looks like an exotic dancer as White Pantera in this! This one was really hard, since the story became really complicated, but it all worked out thanks to our wonderful story crew. This was directed by Gabe Swarr, with boards by David Feiss, Katie Rice, Fred Osmond, and Gabe Swarr.

21a El regreso de Plata Peligrosa: Este episodio es otro de mis favoritos, ¡y tal vez sea el corto más sexy! La historia es de Dave Thomas y Scott Kreamer, con guion de Scott Kreamer. Rodolfo y María reviven la llama de su pasado picante. Es épico e hilarante. ¡Amo que Rodolfo se parezca tanto a un bailarín exótico como White Pantera! Este fue muy complicado, porque la historia se iba haciendo más difícil, pero logramos resolverlo todo gracias a nuestro magnífico equipo de artistas de storyboard. Lo dirigió Gabe Swarr, con storyboards de David Feiss, Katie Rice, Fred Osmond y Gabe Swarr.

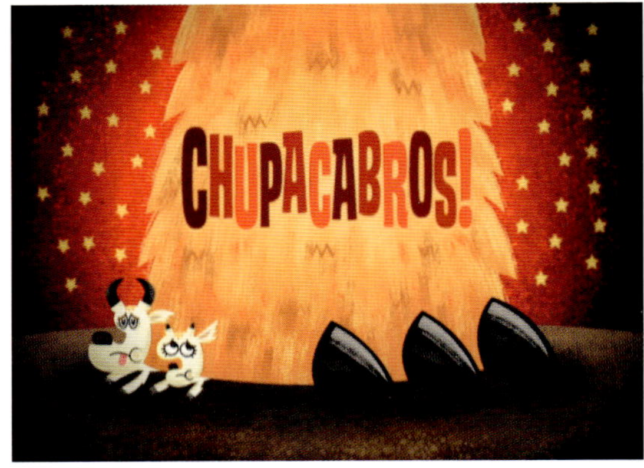

21b ChupacaBros!: This story is by Scott Kreamer and I, with a crazy script by Eddie Guzelian and Doug Langdale. Of course we had to do a chupacabra story! Little Chui was designed by Sandra Equihua, and I designed the big fat giant monster version. I love that Manny/El Tigre is saved by Chui, with his literal giant sacrifice. I'll never tell if the last moment was imagined by Manny and Frida and the goat farm is really "chupacabra heaven." REST IN POWER, Chui! This was directed by Dave Thomas, with hilarious boards by Sean Szeles.

21b ¡ChupacaBros!: Esta historia es de Scott Kreamer y mía, con un guion loquísimo de Eddie Guzelian y Doug Langdale. ¡Teníamos que hacer una historia de chupacabras! El pequeño Chui es un diseño de Sandra Equihua, y yo hice su versión monstruosa y gigante. Amo que a Manny/El Tigre lo salve Chui con su gigantesco sacrificio. Nunca diré si ese último momento fue imaginado por Manny y Frida, y la granja de cabras es realmente "el cielo chupacabras" ¡DESCANSA EN EL PODER, Chui! Este lo dirigió Dave Thomas, con un storyboard hilarante de Sean Szeles.

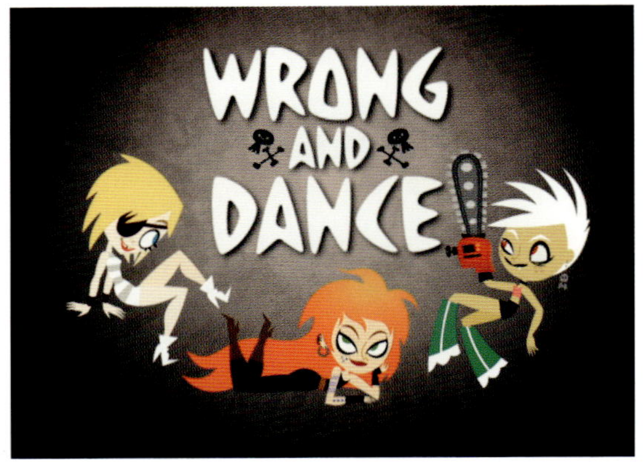

22a Wrong and Dance: This story is by Scott Kreamer and I, with another great script by Brandon Sawyer. Of course, Manny would have a crush on three baddest girls in school (inspired by *Kill Bill*; *Faster, Pussycat! Kill! Kill!*; and *Evil Dead II*). I especially adore the *Lucha de Amor* romance novel that poor Rodolfo is reading by his fireplace. This was directed by Dave Thomas, with a ton of inventive visual gags in the boards by Ricky Garduno.

22a Error y baile: Esta historia es de Scott Kreamer y mía, con otro maravilloso guion de Brandon Sawyer. Por supuesto, Manny tenía que estar enamorado de las tres chicas más malas del colegio (inspirándome en *Kill Bill*, *Faster, Pussycat! Kill! Kill!* y *Evil Dead II*). Adoro especialmente la novela "Lucha de amor" que el pobre Rodolfo lee al lado de su chimenea. Lo dirigió Dave Thomas, con muchísimas bromas visuales en el magnífico storyboard de Ricky Garduno.

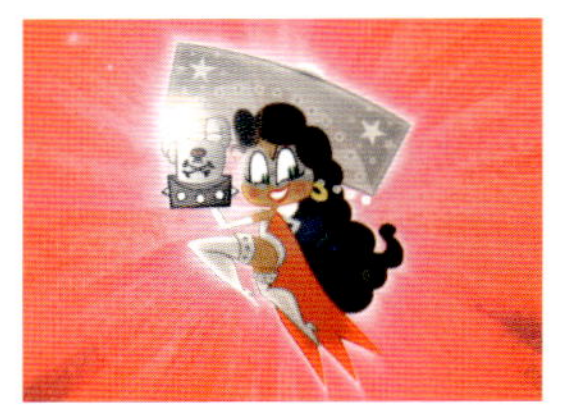
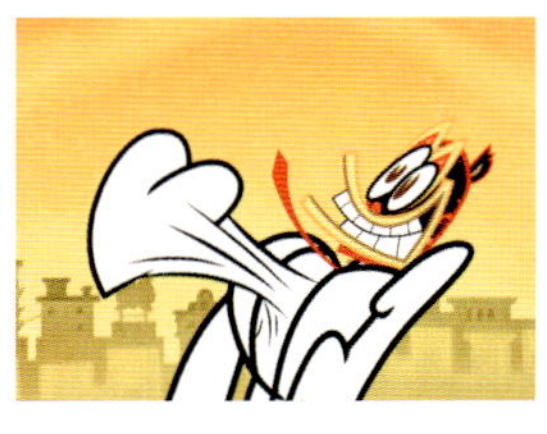
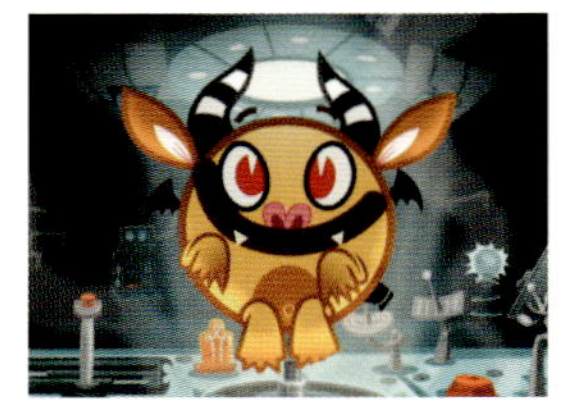
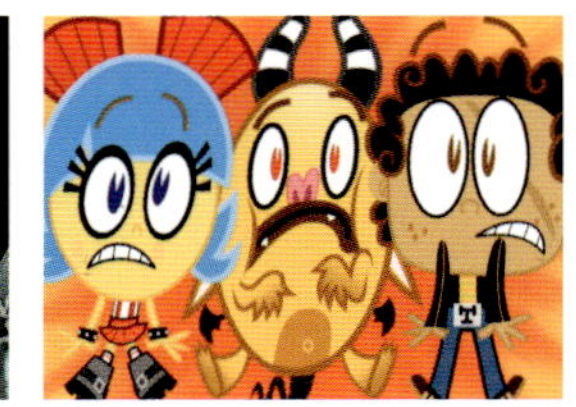
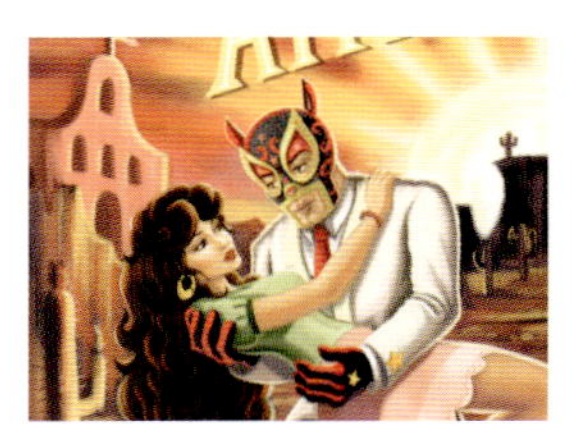
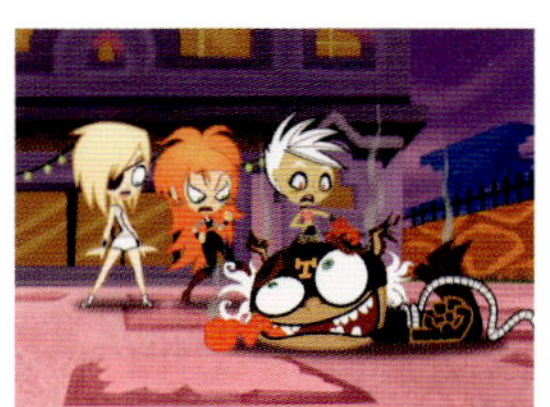

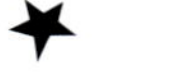

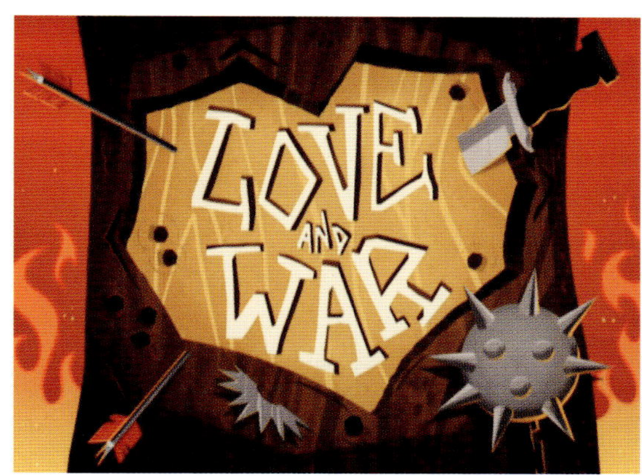

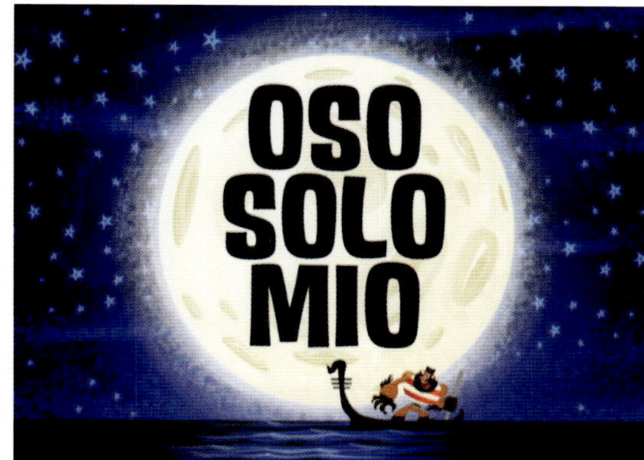

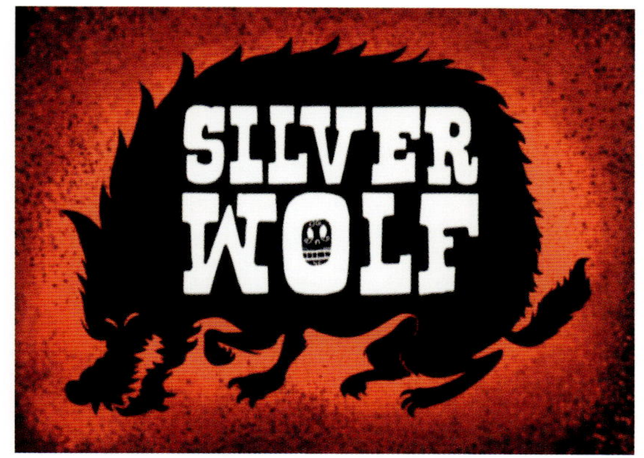

22b Love and War: This was a really weird love triangle idea I had, and then Tracy Berna and Doug Langdale turned it into a hilariously weird script. I especially love Dr. Chipotle Jr. and Sergio trying to woo Frida. I think this cartoon has the most amazing acting and facial expressions we had throughout the series, since we were trying to honor all of Eddie Trigueros's fantastic storyboard drawings. This was brilliantly directed by Dave Thomas.

22b Amor y guerra: Esta es una rarísima idea de triángulo amoroso que tuve, y que Tracy Berna y Doug Langdale convirtieron en un guion hilarante y muy peculiar. Amo como Dr. Chipotle Jr. y Sergio intentan conquistar a Frida. Creo que este episodio cuenta con las expresiones faciales más increíbles de la serie. Intentábamos honrar los fantásticos dibujos del storyboard de Eddie Trigueros. Lo dirigió brillantemente Dave Thomas.

23a Oso Solo Mio: This crazy story is by Scott Kreamer and I, with a hilarious script by Brandon Sawyer and Doug Langdale. This cartoon is perhaps the craziest episode in the series, as we finally explained where the hell El Oso came from. We structured it like a funny and tragic telenovela fairy tale for bears. This one has some of my favorite montage sequences too! This was hilariously directed by Gabe Swarr, with, once again, visually inventive and wild boards by Ricky Garduno.

23a Oso solo mío: Esta alocada historia es de Scott Kreamer y mía, con un guion hilarante de Brandon Sawyer y Doug Langdale. Este es uno de los episodios más locos de la serie. Al final escribimos el infierno del que viene El Oso. Lo estructuramos de manera que fuera divertido y trágico, como una telenovela de cuento para osos. ¡Este tiene algunos de mis montajes de secuencias favoritas! Lo dirigió de una forma muy divertida Gabe Swarr con, una vez más, la inventiva visual y un storyboard salvaje de Ricky Garduno.

23b Silver Wolf: Eddie Trigueros and I developed this story, and the script was written by Tracy Berna and Doug Langdale. This cartoon is another one of my favorite shorts! Silver Wolf's outfit is based on the poster for the first *Mad Max*, and his bike is our loving homage to Katsuhiro Otomo's *Akira*. No one sees the final twist at the end coming, so if you haven't seen it, you are in for a treat! This was beautifully directed by Dave Thomas, with spectacular boards by Eddie Trigueros.

23b Lobo Plateado: Eddie Trigueros y yo desarrollamos esta historia, y el guion lo escribieron Tracy Berna y Doug Langdale. ¡Este dibujo es otro de mis favoritos! El disfraz de Lobo Plateado está basado en el póster del primer *Mad Max*, y su motocicleta es nuestro homenaje lleno de cariño a *Akira* de Katsuhiro Otomo. Nadie se espera el giro final, así que si no lo has visto ¡la que te espera! Este lo dirigió maravillosamente Dave Thomas, con un storyboard magnífico de Eddie Trigueros.

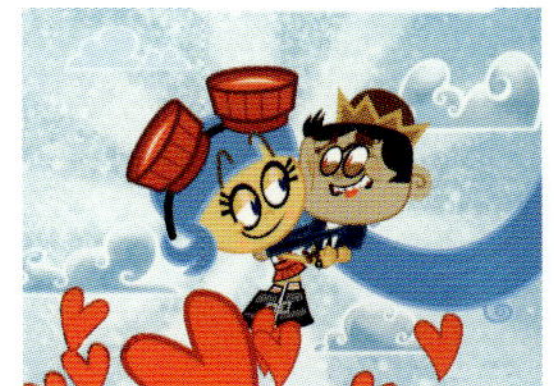
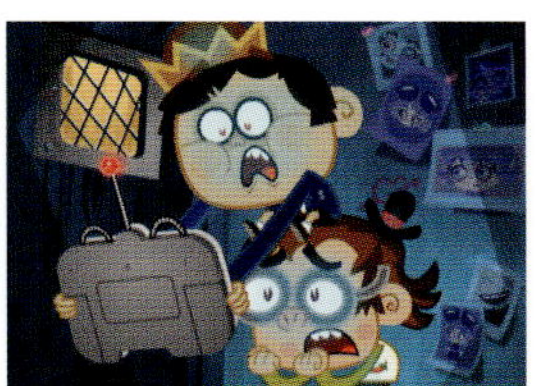
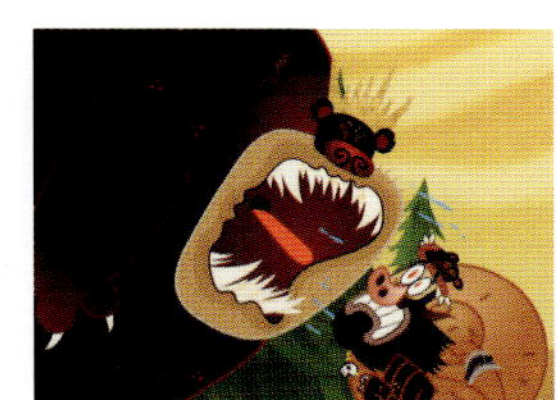
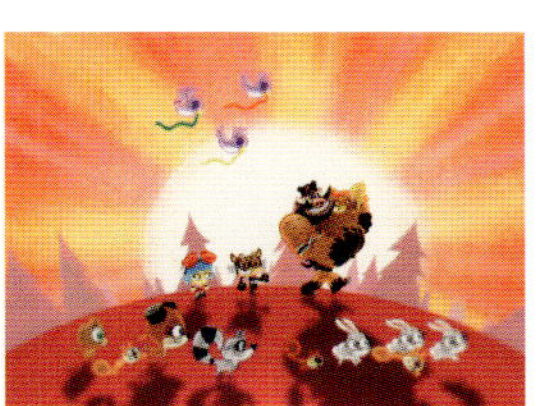
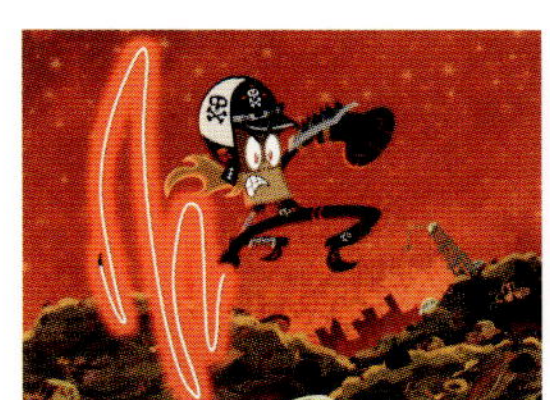
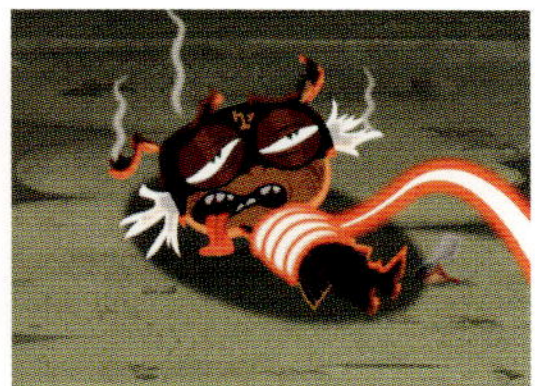

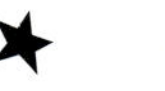

Episodes/Episodios

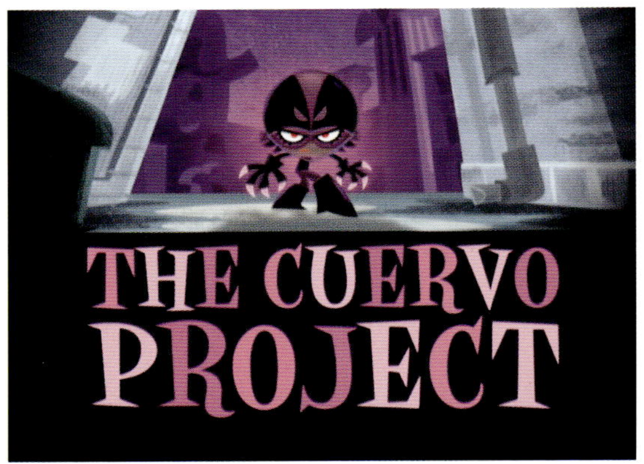

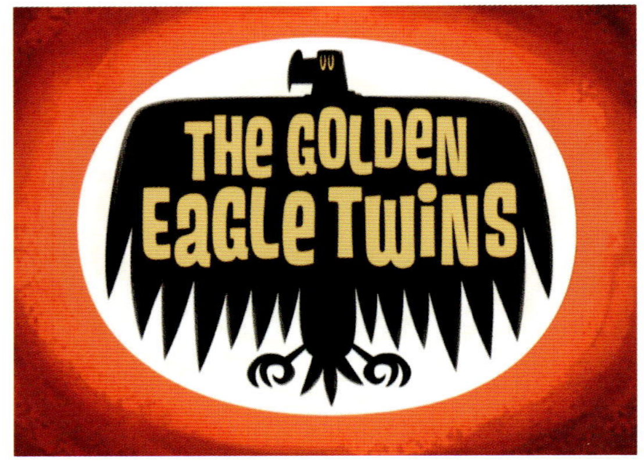

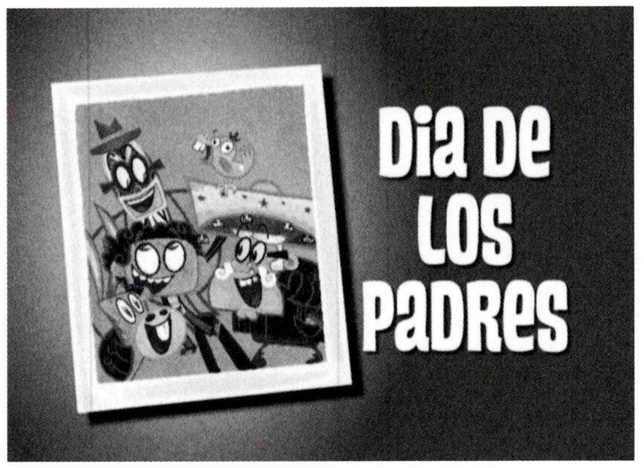

★ **24a The Cuervo Project:** This story is by me, with an awesome script by Henry Gilroy and Doug Langdale. Manny and Frida trying to figure out Zoe's secret identity as Black Cuervo was one of the early story ideas that just took a while to come together. There's more amazing Dave Thomas montages and a fantastic and legendary fight at the end. This was directed by Dave Thomas, with super funny and action-packed boards by the great Fred Gonzales.

★ **24a El proyecto Cuervo:** Esta historia es mía, y cuenta con un impresionante guion de Henry Gilroy y Doug Langdale. La idea de Manny y Frida intentando averiguar la identidad secreta de Zoe como Cuervo Negro es una de las que nos costó un tiempo desarrollar. Con montajes impresionantes de Dave Thomas y una pelea fantástica e impresionante al final. Dirigido por Dave Thomas y con un storyboard de Fred Gonzales repleto de acción.

★ **24b The Golden Eagle Twins:** This story is by Scott Kreamer and I, with a great script by Scott Kreamer—and it's another one of my favorites! False heroes who are even more evil than villains are fascinating to me—lots of juicy gray morality. I adore that Tigre and Frida save the day, the bad guys get away with it, and our hero ends up in a prison hospital. But he did the right thing, and that's enough for his dad to be proud of him. What's more super macho than that?! Gabe Swarr did an awesome job directing this cartoon, and Ricky Garduno and Luke Cormican did fantastic boards.

★ **24b Los gemelos Águila Dorada:** Esta historia es de Scott Kreamer y mía, con un guion magnífico de Scott Kreamer, ¡y también es uno de mis episodios favoritos! Los héroes falsos que son más diabólicos que los villanos me fascinan. Mucha moral gris. Adoro que Tigre y Frida logren salvarse, los malos se salgan con la suya y nuestro héroe termine en la cárcel de un hospital. Pero hicieron lo correcto, y eso es suficiente para que su padre esté orgulloso de él. ¿Qué hay más supermacho que eso!? Gabe Swarr hizo un trabaijo impresionante dirigiendo este episodio, y Ricky Garduno y Luke Cormican crearon un storyboard fantástico.

★ **25a Dia de Los Padres:** This story is by Scott Kreamer and I, with a script by Henry Gilroy and Doug Langdale. This was our little Father's Day special. We finally introduced the crazy Dr. Chipotle Sr. Sr. I think we cut the line where we reveal Dr. Chipotle Jr. created his father and grandfather as clones to have a family. I think it was too sad, especially since it's just a hilarious short that didn't need it. This was directed by Gabe Swarr, with really fun boards by Luke Cormican.

★ **25a Día de los padres:** Esta historia es de Scott Kreamer y mía, con guion de Henry Gilroy y Doug Langdale. Es nuestro pequeño especial del Día del Padre. Por fin introdujimos al loco Dr. Chipotle Sr. Creo que establecimos el límite cuando revelamos que Dr. Chipotle Jr. creó a su padre y a su abuelo para tener una familia. Esto era demasiado triste, en especial porque es un corto muy divertido, y no era necesario. Lo dirigió Gabe Swarr, con un storyboard maravilloso de Luke Cormican.

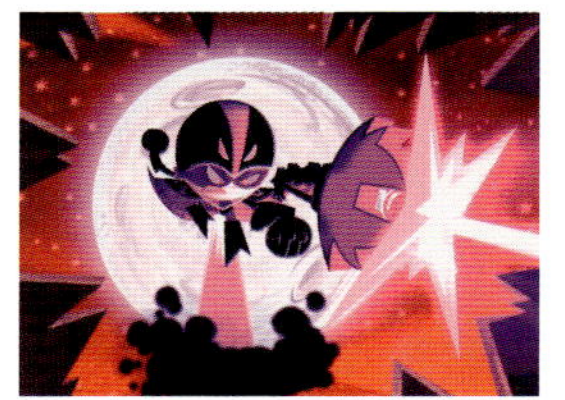
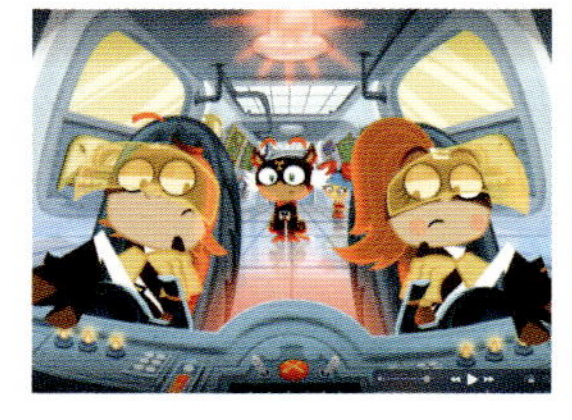
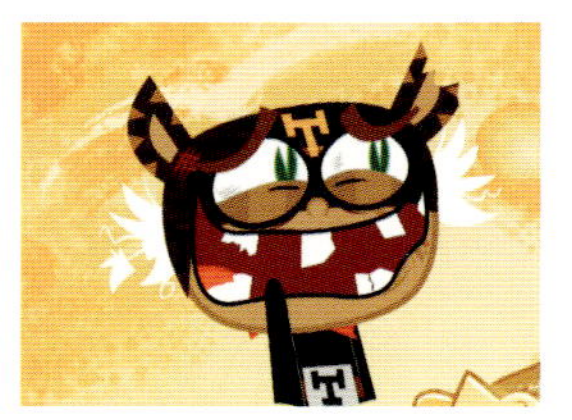
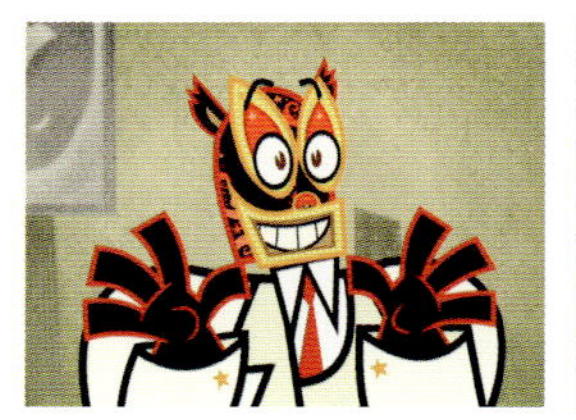
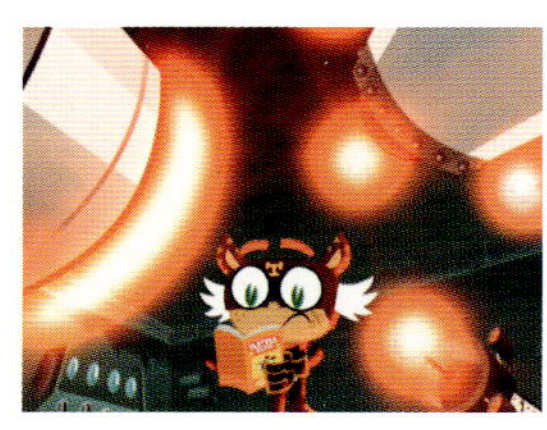

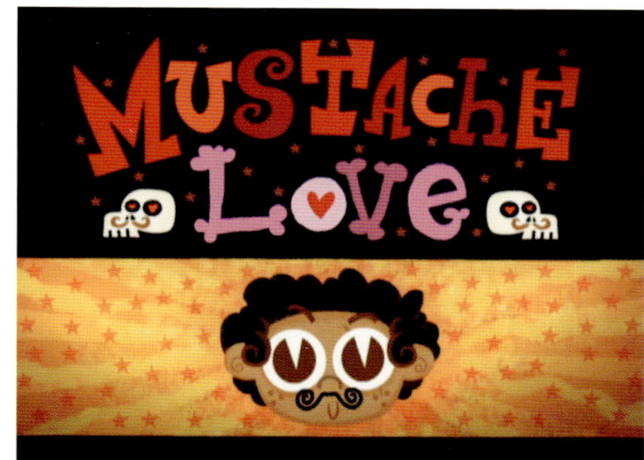

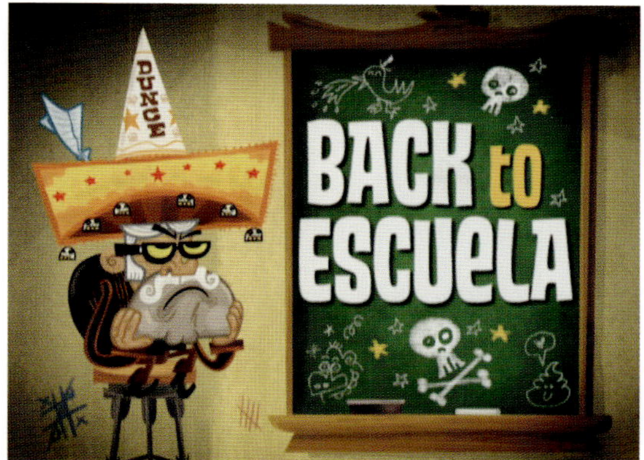

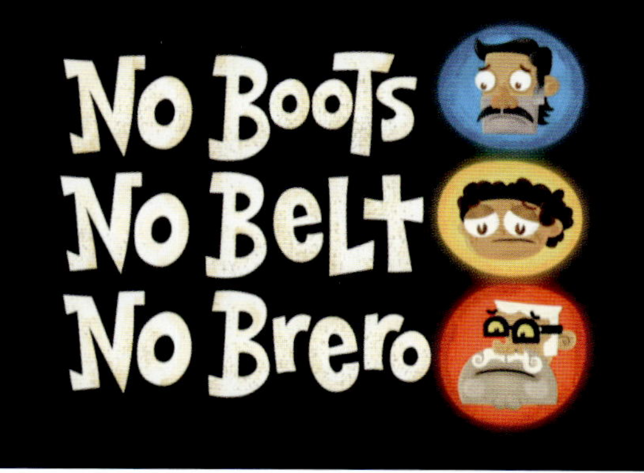

25b Mustache Love: This story is by Scott Kreamer and I, with a script by Scott Kreamer. This cartoon features the third and final appearance by Raul the Mustache, who has fallen in love with a beautiful set of eyebrows. There's some pretty bizarre and steamy stuff, with Manny dating an older girl who turns out to be a Mustache Mafia princess, but there are so many crazy gags and beautiful art in this one. And I love the wedding finale! This was directed by Dave Thomas, with fantastic boards by Sean Szeles.

25b Amor mostacho: Esta historia es de Scott Kreamer y mía, con guion de Scott Kreamer. Aquí encontramos la tercera y última aparición de Raúl el Mostacho, quien se ha enamorado de un bello par de cejas. Hay cosas extrañas y medio calientes, con Manny saliendo con una chica mayor que él que resulta ser una princesa de la Mafia Mostacho. Está lleno de golpes y un arte bellísimo. ¡Adoro la boda final! Este lo dirigió Dave Thomas, con un storyboard fantástico de Sean Szeles.

26a Back to Escuela: This story is by Scott Kreamer and I, with a script by Scott Kreamer. One of my favorite shorts, it was inspired by my love for Rodney Dangerfield's *Back to School*, and there's so many amazing character layout drawings by Katie Rice. There's also amazing visual gags, glorious art direction by Gerald de Jesus and the art team, a fantastic final fight, AND a hilariously violent ending. This was the last short brilliantly directed by Dave Thomas, with a spectacular and insane board by the one and only Eddie Trigueros.

26a De vuelta a la escuela: Esta historia es de Scott Kreamer y mía, con guion de Scott Kreamer es uno de mis cortos favoritos porque está inspirado en mi amor por *Vuelta al colegio* de Rodney Dangerfield. Está lleno de personajes maravillosos y dibujos de Katie Rice. También hay golpes visuales, una dirección de arte gloriosa de Gerald de Jesus y el equipo de arte, una pelea final fantástica y una hilarante pelea final. Este fue el último corto brillantemente dirigido por Dave Thomas, con el espectacular y loquísimo storyboard del único e inigualable Eddie Trigueros.

26b No Boots, No Belt, No Brero: This is the last episode of the series, and I could not be prouder of how we ended everything. The entire crew came together to give our little show a proper adios. We knew the show had not been picked up for another season, so Nickelodeon let us go wild with it. This story is by Doug Langdale, Scott Kreamer, Sandra Equihua, and I, with a final hilarious script by Doug Langdale. We tried to bring back as many heroes and villains as possible for the big finale, and it's perhaps one of the most ambitious eleven-minute cartoons ever made. The character and background count for this one was off the scale. There are hundreds of Easter eggs in this one, with lots of callbacks to the entire series. And we finally had Manny and Frida kiss, which was pretty racy at the time. This was gloriously directed by Gabe Swarr, with the last boards by the legend known as Ricky Garduno.

26b Ni cinturón, ni botas, ni sombrero: Este es el último episodio de la serie y yo no podría estar más orgulloso de cómo terminamos todo. El equipo entero se unió para darle a nuestro show una despedida como los dioses mandan. Sabíamos que el show no había sido escogido para otra temporada, así que Nickelodeon nos dio la libertad para volvernos locos. Esta historia es de Doug Langdale, Scott Kreamer, Sandra Equihua y mía, con un guion final hilarante de Doug Langdale. Intentamos traer de nuevo a todos los héroes y villanos que pudimos para la gran final. Tal vez es uno de los dibujos animados de once minutos más ambiciosos que se hayan hecho. La cantidad de personajes y de fondos fue un récord nuevo. Hay cientos de "Easter eggs" (mensajes ocultos) y muchísimos guiños a toda la serie. Al fin logramos que Manny y Frida se besen, algo muy subido de tono para la época. Fue gloriosamente dirigido por Gabe Swarr, con un storyboard de la leyenda conocida como Ricky Garduno.

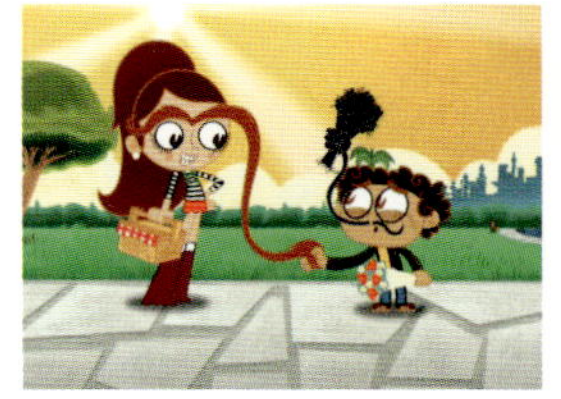

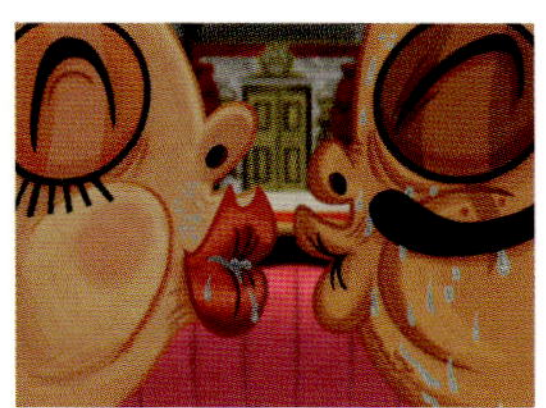

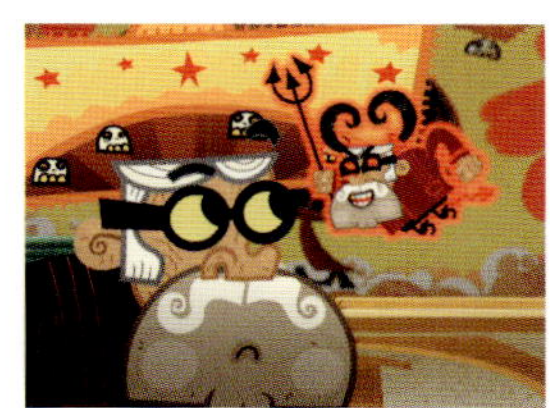

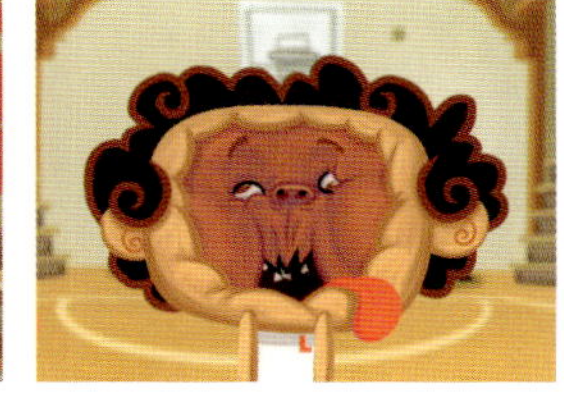

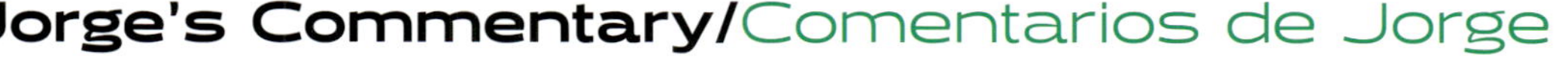

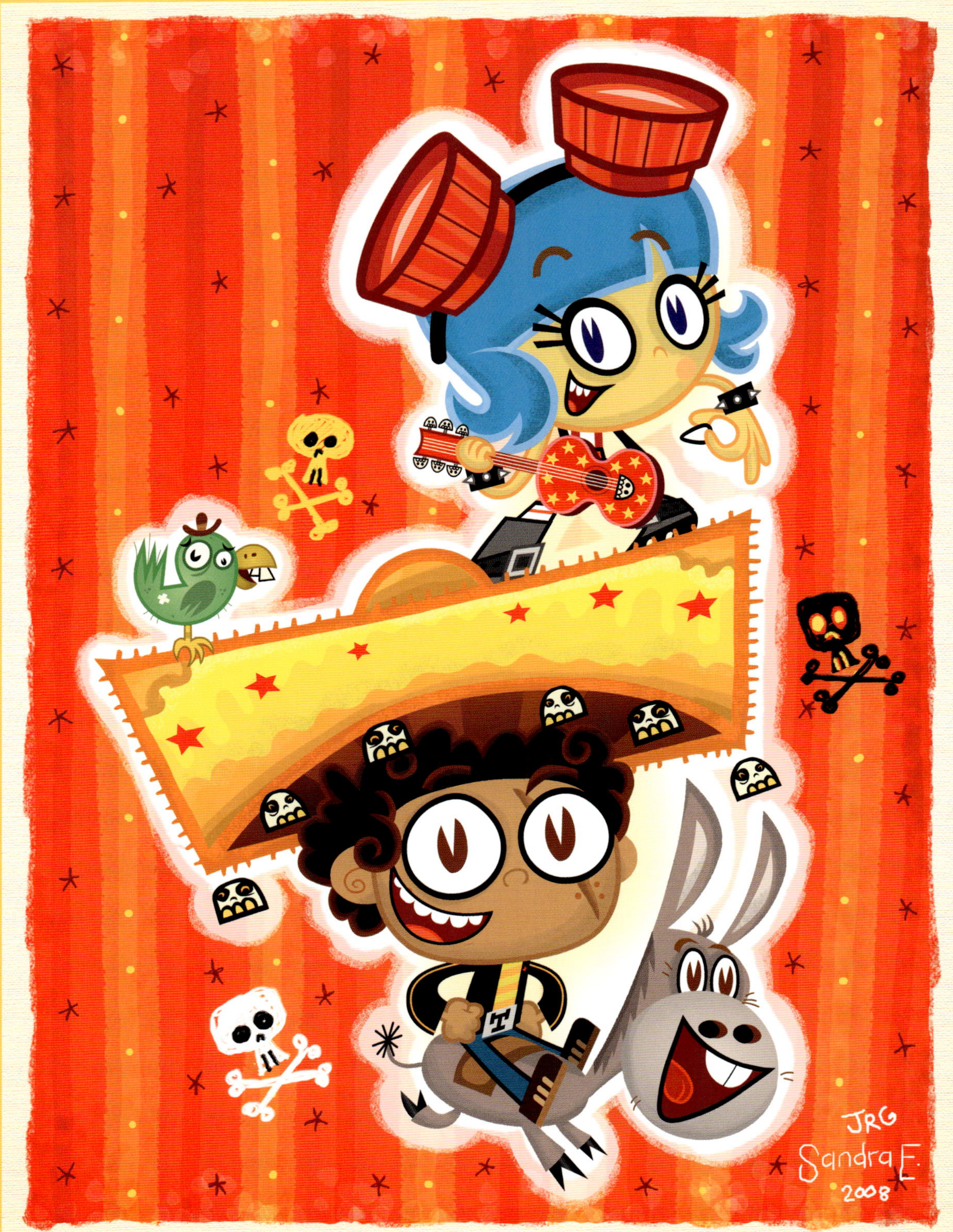

2008 Comic-Con poster art by Sandra and Jorge

Póster de la Comic-Con de 2008 de Sandra y Jorge

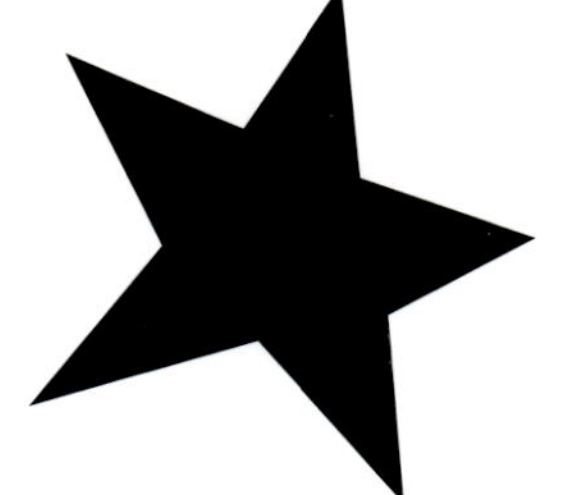

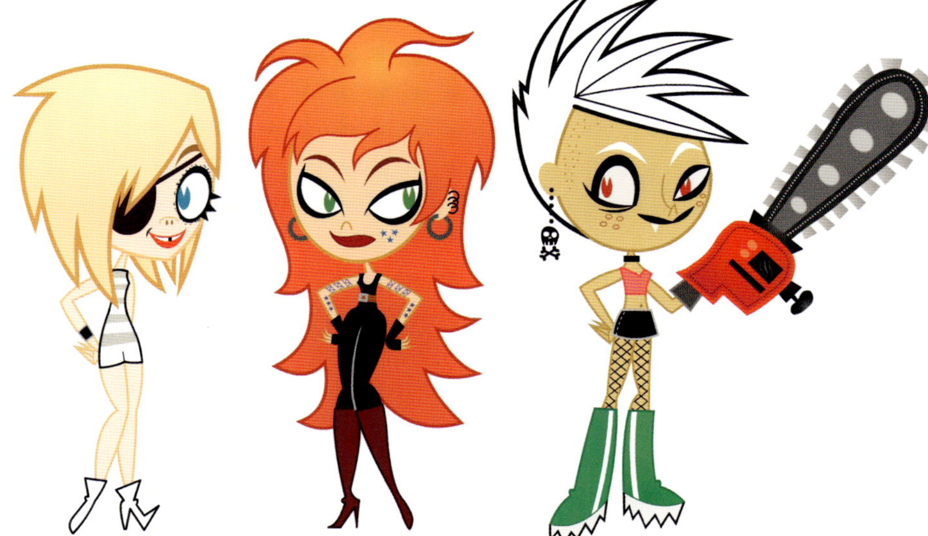

Afterword

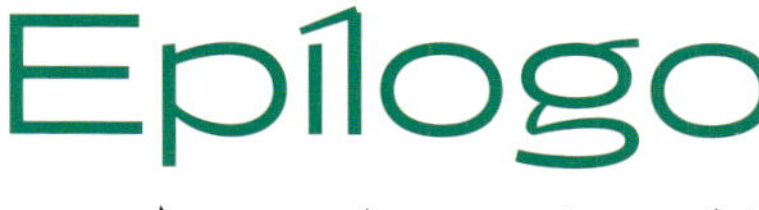

Epílogo

by Sandra Equihua

Creating *El Tigre* with Jorge was like birthing a happy, big-headed baby, and as soon as it was out, it slapped you and said, "YA READY? NO? DON'T CARE, LET'S GOOOOO!"

And just like that, Jorge and I started on an unpredictable and epic adventure!

I had no idea what an unforgettable couple of years we were about to go through. It was an artist's dream come true. Imagine working on a project that you're passionate about with your closest friends and absolutely loving it. It was surreal. It was FUN. The more episodes we worked on, the crazier the characters became and the sillier the episodes got.

One of my favorite things was seeing how much looser and more frantic Manny and Frida got both in personality and design throughout the show due to the situations we'd put them in. Exploding volcanoes? Check! Sexy parrots popping out of cakes? Check! Constant hyperventilation and spit-takes? Check!

But the design adventure didn't stop there. Designing on the show was nonstop! There were so many characters that "needed" to be done—the sky was the limit! Having had the experience to design so many female characters on the show,

Por Sandra Equihua

Crear *El Tigre* con Jorge fue como dar a luz a un bebé cabezón y feliz. Pero al salir, él te abofetea y te dice: "¿LISTO? ¿NO? ¡NO ME IMPORTA!, ¡VAMOOOOOS!".

¡Y así, Jorge y yo empezamos una aventura épica e impredecible!

No tenía ni idea de los años inolvidables que estábamos a punto de vivir. Fue el sueño de una artista hecho realidad. Imagina trabajar en un proyecto que te apasiona, con tus amigos más cercanos y amarlo completamente. Fue surrealista. Fue DIVERTIDO. Cuantos más episodios trabajábamos, más locos se volvían los personajes y más absurdos se volvían los episodios.

Una de mis cosas favoritas fue ver cuánto más desatados y frenéticos se volvieron Manny y Frida, tanto en personalidad como en diseño, a lo largo del show debido a las situaciones en las que los pusimos. ¿Volcanes en explosión? ¡Hecho! ¿Loros sexy saliendo de pasteles? ¡Hecho! ¿Hiperventilación constante y escupitajos? ¡Hecho!

Pero la aventura del diseño no terminó ahí. ¡Diseñar el show fue un no parar! Había tantos personajes que "necesitaban" hacerse que ¡el cielo era el límite! Después de haber tenido la experiencia de diseñar tantos personajes femeninos en la serie, junto con animales bonitos y accesorios extraños (por ejemplo:

along with cute animals and strange props (example: Maria as a fluffy cloud), I can honestly say that I was never, ever bored.

Every once in a while, I'd annoy the crew by taking pictures of them doing random things at random times. I'm glad I did, because time flies when you're doing something you love, and sometimes memories tend to fade. Those instances were captured and still serve as a reminder to keep making stuff and to stay in love with what we do.

Am I being too sentimental when I say that I felt as though our crew became a sort of family? Maybe, but we were! I stand strong with the idea that if a team has good chemistry, it tends to create something they can be proud of in the end. I truly feel like this applies to what we had on *El Tigre*. Everyone got a chance to leave their mark on it one way or another, all the way to the abrupt end!

Seeing our episodes now still makes me laugh out loud. A big part of it was because of the voices behind the characters. I have to say, we had extraordinary buffet of voice talent: crazy, funny Alanna Ubach as Manny, the hilarious Grey Griffin as Frida, amazing Eric Bauza as White Pantera, and the genius Carlos Alazraqui as Granpapi! I have to say, I'm partial to Grey as Frida because she's insane. Not Grey. Frida. Well, OK, maybe Grey too. A little. But then again, you kinda have to be a little loopy to be working in animation, no?

We hope you enjoyed flipping through this insane and gorgeous *El Tigre* "yearbook" of our stuff because it holds an example of the amazing magic the crew created to make this one-of-a-kind cult show. A lot of hard work and endless love went into it. If Jorge and I were asked to do it again, would we? Without a doubt ;)

This I swear!

María como una nube esponjosa), puedo decir honestamente que nunca jamás me aburrí.

De vez en cuando molestaba al equipo sacándoles fotografías, haciendo cosas al azar en momentos aleatorios. Me alegro de haberlo hecho porque el tiempo vuela cuando haces algo que amas y, a veces, los recuerdos tienden a desvanecerse. Capturamos esos momentos y todavía sirven de recuerdo para seguir haciendo cosas y seguir enamorados de lo que hicimos.

¿Estoy siendo demasiado sentimental cuando digo que sentí como si nuestro equipo se convirtiera en una especie de familia? Tal vez, pero ¡lo éramos! Me mantengo firme en la idea de que, si un equipo tiene buena química, al final se tiende a crear algo de lo que todos podemos estar orgullosos. Realmente siento que esto se aplica a lo que tuvimos en *El Tigre*. ¡Todo el mundo tuvo la oportunidad de dejar su huella de una forma u otra, hasta el abrupto final!

Ver nuestros episodios ahora todavía me hace reír a carcajadas. Gran parte de esto se debió a las voces detrás de los personajes. Debo decir que tuvimos un extraordinario buffet de talento en las voces: la loca y divertida Alanna Ubach como Manny, la hilarante Grey Griffen como Frida, el increíble Eric Bauza como White Pantera y el genio Carlos Alazraqui como Granpapi. Debo decir que mi preferida es Grey como Frida porque está loca. No Grey. Frida. OK, tal vez Grey también. Un poco. Pero claro, tienes que estar un poco loco para trabajar en animación, ¿o no?

Esperamos que hayas disfrutado hojeando este loco y hermoso "anuario" de *El Tigre* con nuestro material. Es una muestra de la increíble magia que el equipo creó para hacer este show de culto, único en su género. Pusimos mucho trabajo duro y amor infinito. Si a Jorge y a mí nos pidieran que lo volviéramos a hacer, ¿lo haríamos? Sin duda ;)

¡Esto lo juro!

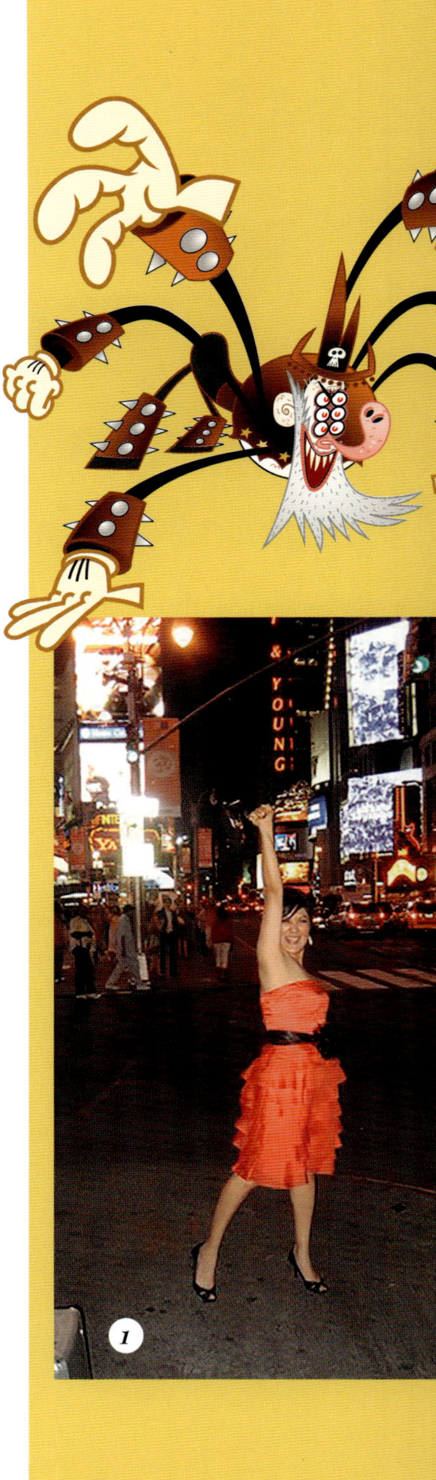

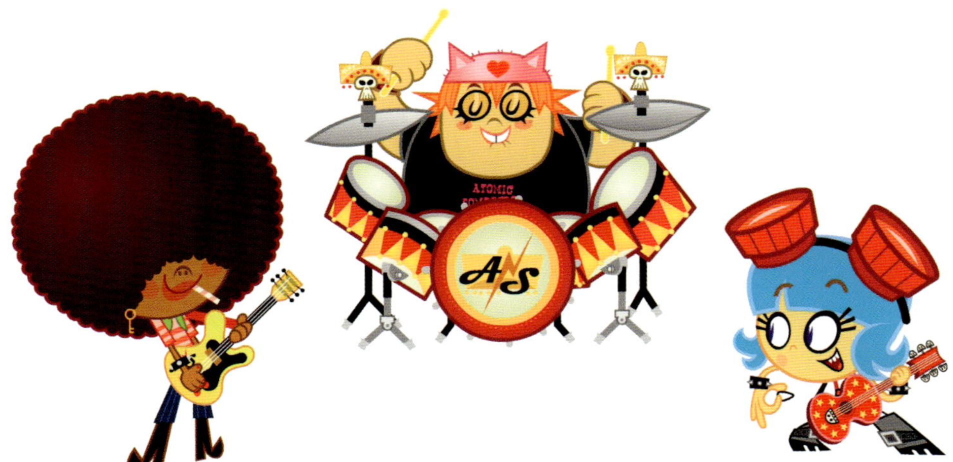

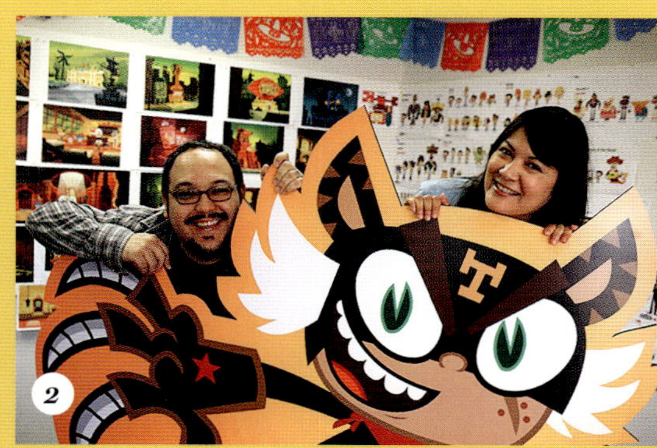

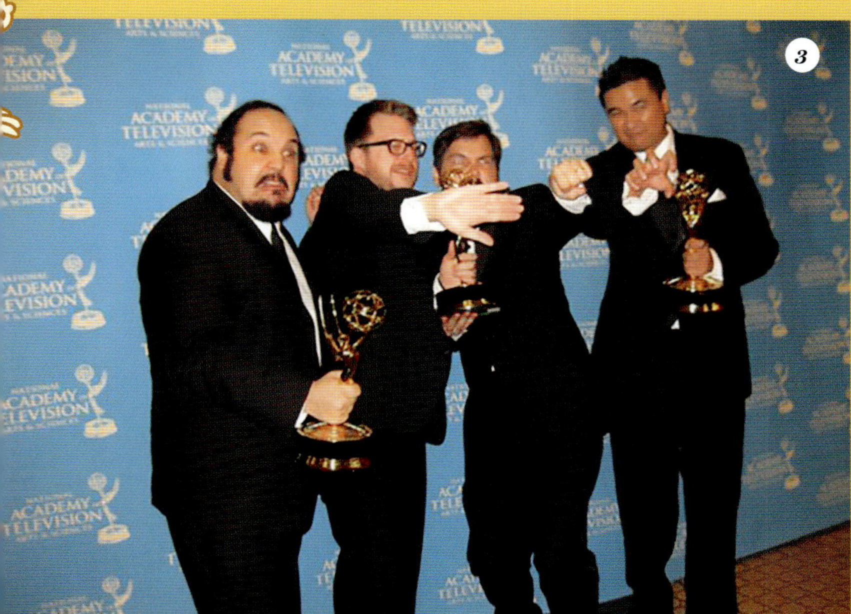

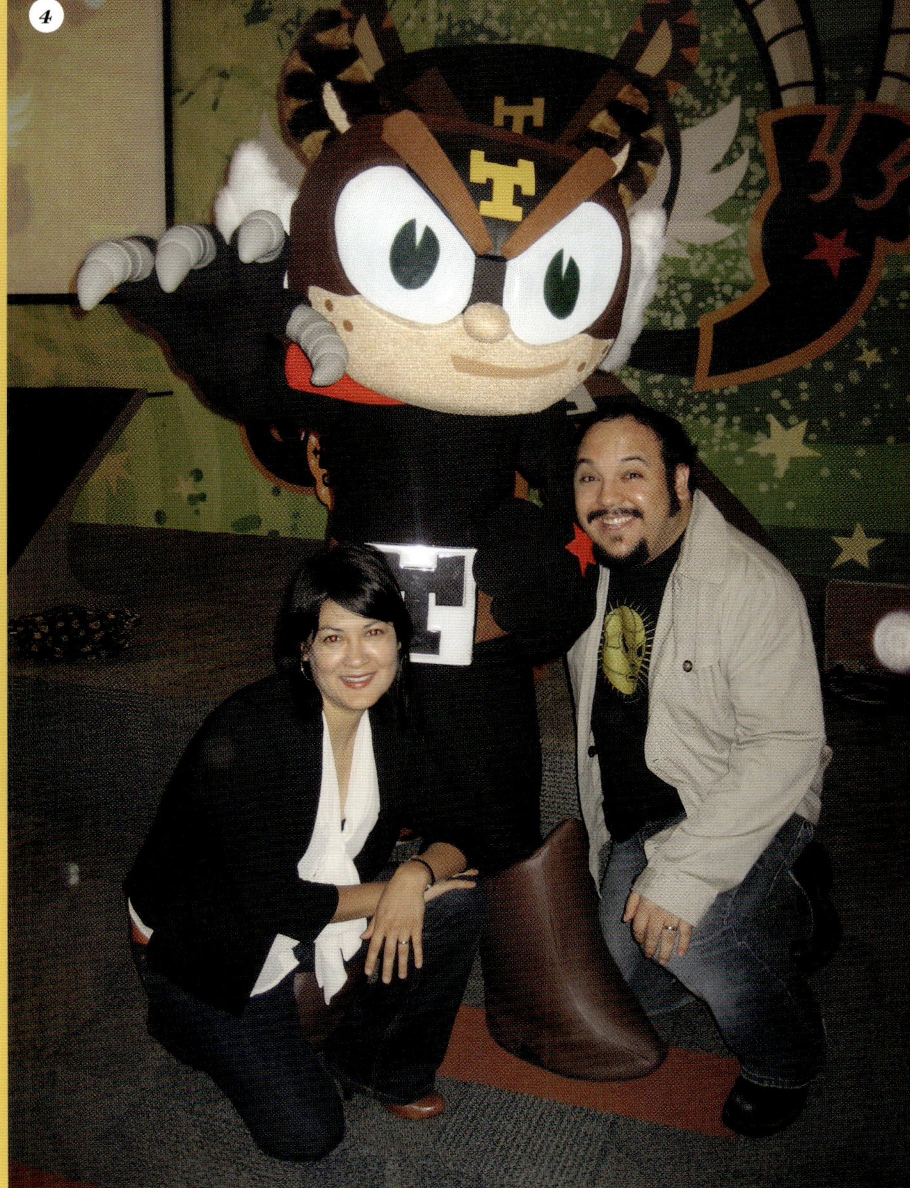

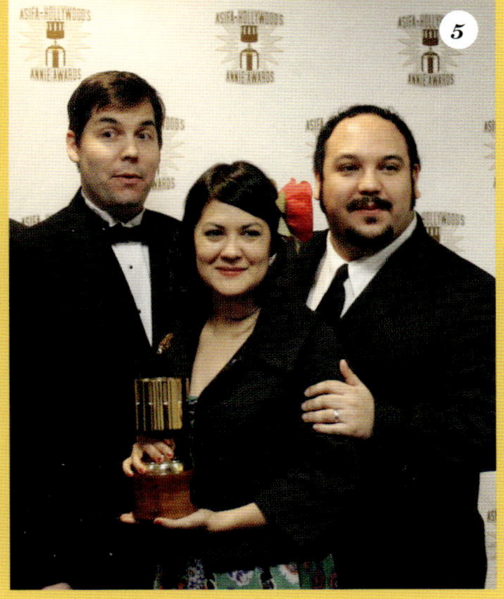

★ ***1:*** *Sandra wins her first Emmy in New York;* ***2:*** *Jorge and Sandra press picture;* ***3:*** *Jorge, Gabe Swarr, Dave Thomas, and Gerald de Jesus at the Emmys;* ***4:*** *Sandra and Jorge in Mexico City;* ***5:*** *Dave Thomas, Sandra, and Jorge at the Annies*

★ ***1:*** *Sandra gana su primer Emmy en Nueva York;* ***2:*** *Foto de prensa de Jorge y Sandra;* ***3:*** *Jorge, Gabe Swarr, Dave Thomas, y Gerald de Jesus en los Emmys;* ***4:*** *Sandra y Jorge en Ciudad de México;* ***5:*** *Dave Thomas, Sandra, y Jorge en los premios Annies*

Contributors/Colaboradores

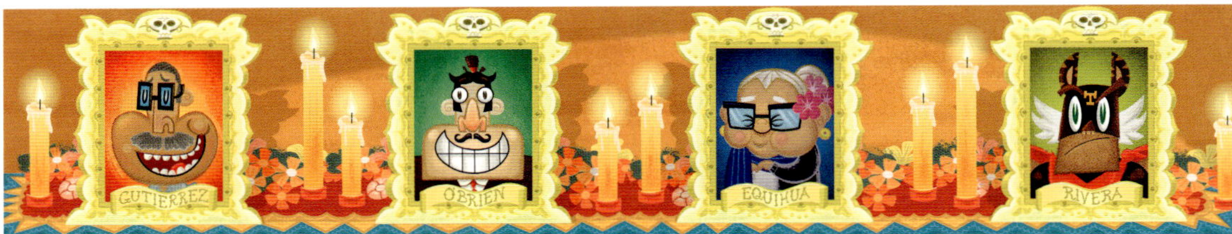

Chris McDonnell has served as author and designer for *Adventure Time: The Art of Ooo*; *Steven Universe: Art & Origins*; *BoJack Horseman: The Art Before the Horse; The Art of Invader Zim*; and *Steven Universe: End of an Era*. McDonnell also designed books on Ralph Bakshi, Bill Plympton, Wonder Woman, and more. He lives in Philadelphia.

Jorge R. Gutiérrez, born in Mexico City and raised in Tijuana, Mexico, is an animator, voice actor, painter, writer, and director who has completed various films, cartoons, illustrations, and paintings exploring his love affair with Mexican pop and folk culture. Along with his wife and muse, Sandra Equihua, he created the multiple Annie and Emmy Award–winning animated television series *El Tigre: The Adventures of Manny Rivera* for Nickelodeon. Gutiérrez cowrote and directed the animated film *The Book of Life* and created, cowrote, and directed the limited series *Maya and the Three*.

Sandra Equihua, born and raised in Tijuana, Mexico, is an illustrator, voice actor, producer, and character designer, who melds the influences of midcentury design and her Mexican heritage. She has designed characters for *El Macho*, *¡Mucha Lucha!*, *The Buzz on Maggie*, *Wow! Wow! Wubbzy!*, and *Maya and the Three*, and created the award-winning Nickelodeon series *El Tigre: The Adventures of Manny Rivera* with her husband, Jorge R. Gutiérrez, for which she was the first Mexican artist to win an Annie and Emmy Award for her character designs. She also won an Annie for her character designs for *The Book of Life*.

Chris McDonnell es es el autor y diseñador de *Adventure Time: The Art of Ooo (Hora de aventura: el arte de Ooo)*; *Steven Universe: Art & Origins (Steven Universe: arte y orígenes)*; *BoJack Horseman: The Art Before the Horse (BoJack Horseman: El arte antes del caballo)*; *The Art of Invader Zim (El arte de Invasor Zim)* y *Steven Universe: End of an Era (Stephen Universe el final de una era)*. McDonnell también ha diseñado libros sobre Ralph Bakshi, Bill Plympton, Wonder Woman y muchos más. Vive en Filadelfia, Estados Unidos.

Jorge R. Gutiérrez, nacido en la Ciudad de México y criado en Tijuana es animador, actor de voces, pintor, escritor y director. Es autor de numerosas películas, dibujos animados, ilustraciones y pinturas, donde explora su amor por la cultura pop y folk mexicana. Junto a su mujer y musa, Sandra Equihua, crearon la serie de animación televisiva ganadora de varios premios Emmys y Annie: *El Tigre: Las aventuras de Manny Rivera*, para Nickelodeon. Gutiérrez coescribió y dirigió la película de animación *El libro de la vida* y creó, coescribió y dirigió la miniserie *Maya y los Tres*.

Sandra Equihua, nacida y criada en Tijuana, México, es ilustradora, actriz de doblaje, productora y diseñadora de personajes. Combina influencias del dibujo de mediados de siglo, con su herencia mexicana. Ha diseñado personajes para *El Macho*, *¡Mucha Lucha!*, *La mosca Maggie*, *Wow! Wow! Wubbzy!* y *Maya y los tres*. Es la creadora de la multipremiada serie de Nickelodeon *El Tigre: Las aventuras de Manny Rivera*, junto a su marido Jorge R. Gutiérrez, por la que fue la primera artista mexicana en ganar un premio Annie y un Emmy por su diseño de personajes. También obtuvo un Annie por su diseño de personajes en *El libro de la vida*.

Crew/Equipo

Executive Producers/
Productores ejecutivos
Sandra Equihua
Jorge R. Gutiérrez

Supervising Producer/
Productor supervisor
Dave Thomas

Line Producer/
Productor en línea
Melissa Kurtz
Tim Yoon

Story Editor/
Editor de historias
Doug Langdale

Directors/Directores
Gabe Swarr
Dave Thomas

Assistant Directors/
Asistentes de dirección
Fred Osmond
Gabe Swarr

Writers/Escritores
John Behnke
Tracy Berna
Sandra Equihua
Henry Gilroy
Scott M. Gimple
Jorge R. Gutiérrez
Eddie Guzelian
Rob Humphrey
Scott Kreamer
Doug Langdale
Bill Motz
Bob Roth
Brandon Sawyer

Cast/Elenco
Alanna Ubach
Grey Griffin
Eric Bauza
Carlos Alazraqui
April Stewart
Susan Silo
John DiMaggio
Candi Milo
Richard Steven Horvitz
Daran Norris
Jeff Bennett
Jon Polito
Rene Mujica
Charlie Adler
Pamela Adlon
Efren Ramirez
Víctor Gardel
Danny Trejo
Jack Angel
Phil LaMarr
Clancy Brown
Bruce Campbell
Hector Elizondo
Miguel Ferrer
George Takei
Miguel Sandoval
Jessica DiCicco
Erica Luttrell
Danny Cooksey
Lisa Kaplan
Jorge R. Gutiérrez
Sandra Equihua

Music/Música
Shawn Patterson

Casting/Casting
Maryanne Dacey
Sarah Noonan

Production Design/
Diseño de producción
Jorge R. Gutiérrez

Art Direction/
Dirección artística
Roman Laney
Gerald de Jesus

Character Designers/
Diseñadores de personajes
Character Color Stylists/
Estilistas de color
de personajes
Sandra Equihua
Jorge R. Gutierrez
Steve Lambe

Art Department/
Departamento de arte
Mindy Allen
Joey Banaskowitz
Denise Chavez
Gary Conrad
Luke Cormican
Gerald de Jesus
Sandra Equihua
David Feiss
Ricky Garduno
Fred Gonzales
Jorge R. Gutiérrez
Joseph Holt
Jamie Huang
Ben Jones
Kevin Kaliher
Dave Knott
Brandon Kruse
Roman Laney
Ray Morelli
Kyle Neswald
Fred Osmond
Katie Rice
Gabe Swarr
Sean Szeles
Dave Thomas
Eddie Trigueros
Katrien Verbiest

Sound Department/
Departamento de sonido
Justin Brinsfield
Matt Corey
Maryanne Dacey
Bill Devine
Mishelle Fordham
Chad Gillies
Chris Gresham
Vincent Guisetti
Matthew Thomas Hall
Brandon Howlett
Jimmy Lifton
D.J. Lynch
Brian Magrum
Rob McIntyre
Steve Neal
Ian Nyeste
Michael Petak
Monique Reymond
Sergio Silva
Aran Tanchum
Paulette Victor-Lifton
Oracle Post

Visual Effects/
Efectos visuales
Ernest Chan
Christian Evans
Kenneth Janeski
Jared Kuvent

Animation Department/
Departamento de animación
Sang-Ryul Ahn
Jeremiah Alcorn
Marius Alecse
Hyobin An
Paco Sordo Artaraz
Jason Aston
Seung-Hwa Au
Zachary Aufdemberg
Kyung-Mi Bae
Jong-Cheol Baek
Myungseon Baek
Seong-hoon Baek
Ki-Yong Bai
Sung Chul Ban
Chris Battle
Eric Bauza
Noel Belknap
Nick Butera
Yun-Jung Byun
Dave Chapman
Denise Chavez
Borja Chicarro
Nam Kyung Cho
Soon Yeop Cho
Sungku Cho
Yun Kyoung Cho
Bo-Yeol Choi
Changwook Choi
Eunjeong Choi
Geum-Hwa Choi
Jeong-Kyu Choi
Sang-Joon Choi
So Yen Choi
Youn Kyung Choi
Wang Chou
Samuele Cisternino
Gillian Comerford
Seth Cooper
Todd Cronin
James Crowley
Eoghan Dalton
Granger Davis
Gerald de Jesus
Tyree Dillihay
John Dlug
Diarmuid Donohoe
Tim Dowling
Ken Doyle
James Dylan Crowley
Kerry Dwyer
Robert Etchingham
Sandra Equihua
Lance Falk
Carole Fannon
Ashley Fisher
Mark Flood
Tom Foxmarnick
Danforth France
Greg Franklin
Matthew Gadbois
Brock Gallagher
Tom Galvin
Sung-Kwon Gang
Craig Gerber
David Gerhard
Ernie Gilbert
Kathryn Gilmore
Tom Gray
Aoife Greenham
Eoin Greenham
Roger Grogan
Jorge R. Gutiérrez
Bong Hee Han
Mi Hyun Han
Moon-Sub Han
Songryol Han
Won Hee Han
Yvonne Hennessy
Phil R. Hernandez
Anna Hollingsworth
Joseph Holt
Mi-young Hong
Aaron Horvath
Michael Huang
Bryan Huff
Gi-ho Hwang
Sookyung Jang
Eun-Young Ji
Mihyung Ji
Yong Joon Jin
Fran Johnston
Jason Jones
Hong-dae Joo
Byungjoon Jun
Sanghoon Jun
Yong Hwan Jun
Charles Jung
Inchul Jung
Kwon Jung
Sungum Jung
Tom Kanchanapinyokul
Simon Kelleghan
Craig Kellman
Adam Kelly
Richard Kelly
Monica Kennedy
Ian Kenny
Bo-Ram Kim
Eul-sung Kim
Eun-kyung Kim
Eunah Kim
Giyun Kim
Hyun-Jung Kim
Ik-Hawn Kim
Jae Woong Kim
Jeong-Hwa Kim
Ji-Hee Kim
Jong-Nam Kim
Jun Chan Kim
Jung-ho Kim
Ki Hee Kim
Kyoung Sook Kim
Kyung Ja Kim
Minsu Kim
Mi-young Kim
Sang Hee Kim
Seung Chul Kim
Yeonhee Kim
Young-Ran Kim
Young-sik Kim
Yoon-Bai Kim
Hyeonjoo Ko
Soo Yung Ko
Joe Kossuth
Ryan Kramer
James Krenzke
Nicholas Lakiotes
Steve Lambe
Roman Laney
Eun Young Lee
In Ja Lee
Kyoung Nam Lee
Seung-Ah Lee
Stella Lee
Sun-Mi Lee
Su-yeon Lee
Yeonhwa Lee
Yoon-hee Lee
Yung Sun Lee
Robert Lilly
Chris Lynch
Rory Madge
Kristen McCormick
Stephen McGann
Catherine McIntyre
Jeff Mednikow
Kirk Millett
Kyung-Seok Min
Kyung Wook Min
Gary Montalbano
Su Moon
Ray Morelli
Youn-Joo Nam
Kyle Neswald
Hal Newman
Carol Nolan
Stephen O'Connor
Dong-Whan Oh
Paul O'Flanagan
Damon O'Keefe
Fred Osmond
David O'Sullivan
Mick O'Sullivan
Pamela Palma
Eun-Soo Park
Hyungsam Park
In Chan Park
Jin Mi Park
JoonYoung Park
Mi-Young Park
Sun-Mi Park
Taesoo Park
Donata Pellizzari
Susan Pendred
Marco Pinna
Tim Pixton
Tod Polson
Grainne Quinlan
David Quion
Stephanie Ramirez
Sun-Young Rho
Katie Rice
Leo Riley
Devin Roth
Bob Rutan
Chulho Seo
Yeun-Sook Seo
Hosoon Shin
Seok Ho Shin
Seung-woo Shin
Kyle Shockley
Ji-Young Si
Ed Skudder
Peter Slattery
Edward Smith
Dae-Hee So
Crystal Stromer
Gil-Suk Sun
Andy Suriano
Oran Suta
Gabe Swarr
Sean Szeles
Jamie Teehan
Dave Thomas
Chris Toms
Fawn Veerasunthorn
Jamie Velasquez
Katrien Verbiest
Angelo Vilar
Allan White
Mac Whiting
Ray Woods
Whanjun Yeo
Kyungwon Yim
Ok-Ja Yoo
Yung Gyoon Yoo
Steven S.H. Yoon
Hyun-Jon Yu
Kyoung-Sang Yu
Seung-Hee Yu
Bardel Entertainment
Boulder Media, Limited
CCI Digital
Cyber Chicken
Future Thought Prod.
Six Point Harness

Casting Department/
Departamento de casting
Lorena Gallego
Aszur Hill

Editorial Department/
Departamento editorial
Anna Adams
Jeffrey Michael Adams
André Boutilier
Kimberly Bowman
Amy Wu Casler
Elizabeth Dee Edwards
Christian Evans
Kali Jacobs
Greg Kibler
Nadia Heeyeon Kim
C.J. Kinyon
Jon Kinyon
Alissa Kueker
Peter Lewis
Myra Lopez
Molly Minus
Oliver Pearce
Ed Rowin
Jason Stiff
Anne Tweedy
Lisa Yang

Additional Crew/
Equipo adicional
Jeff Adams
Laura Chirico
Mathias Dougherty
Barbara Duffy
Vera Duffy
Des Fitzgerald
Mikey Gonzalez
Robin Hewitt
Margaret Hou
Michael D. Jacobson
Danill Khorunzhiy
Agatha Sarim Kim
Scarlet Sookyung Kim
Doug Langdale
Julie Morgavi
Andrea Romano
Lisa Schaffer
Kellie Smith
Jason Stiff
Lisa Thibault
Brandy E. Trigueros
Cho Dae Won
Hong Mi Young

Special Thanks/
Gracias especiales
Margie Cohn
Eric Coleman
Alison Dexter
Audrey Diehl
Peter Gal
Brown Johnson
Rich Magallanes
Mark Taylor
Cyma Zarghami

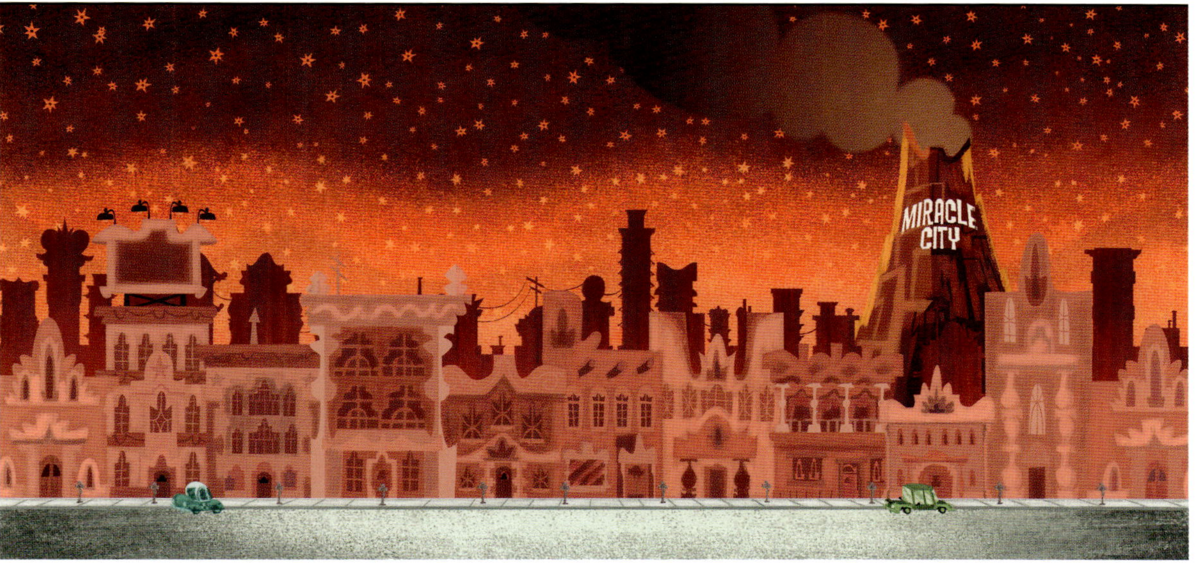

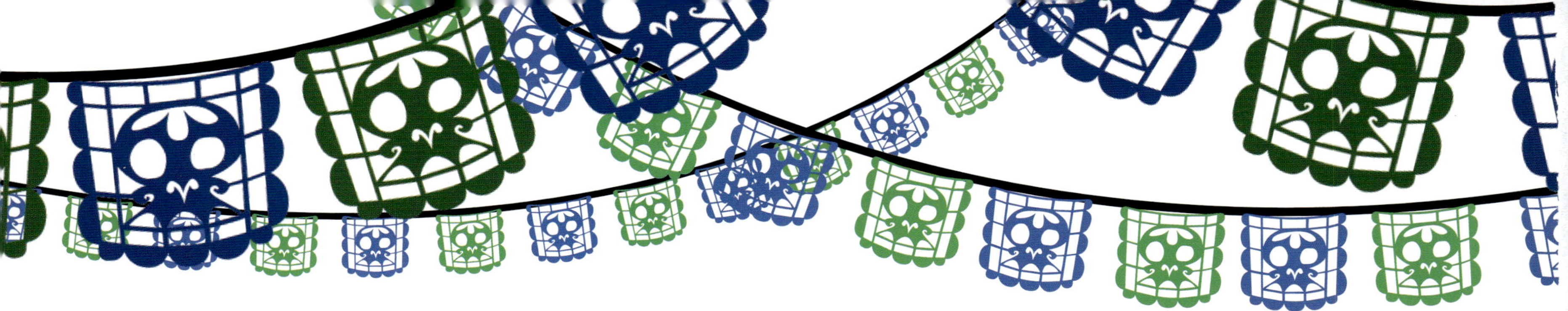

Creative Director: Iain R. Morris
Designer: Chris McDonnell
Managing Editor: Jan Hughes
Production Manager: Denise LaCongo

Translation: Silvia Perea Labayen

Library of Congress Control Number: 2023945799

ISBN: 978-1-4197-6213-0

Printed and bound in China
10 9 8 7 6 5 4 3 2 1

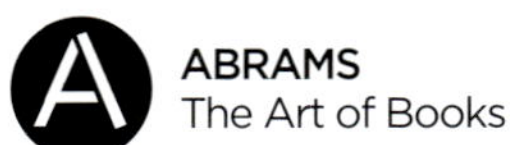

nickelodeon

195 Broadway
New York, NY 10007
abramsbooks.com

Many thanks to Jorge, Sandra, Esther Tejano, Tim Yoon, the entire crew of *El Tigre* and everyone at Nickelodeon; the team at Abrams: Eric Klopfer, Jan Hughes, Iain R. Morris, Krista Keplinger, and Ana Ruiz Brictson; Silvia Perea Labayen; Jeff Whitman at Paramount; and special thanks to Jobina, Quinton, Felix, and my heroic/villainous students and colleagues at University of the Arts.
—Chris McDonnell

Muchas gracias a Jorge, Sandra, Esther Tejano, Tim Yoon, todo el equipo de *El Tigre* y todos en Nickelodeon; el equipo de Abrams: Eric Klopfer, Jan Hughes, Iain R. Morris, Krista Keplinger y Ana Ruiz Brictson; Silvia Perea Labayen; Jeff Whitman en Paramount; y un agradecimiento especial a Jobina, Quinton, Felix y a mis estudiantes y colegas heroicos/villanos de la Universidad de las Artes.
—Chris McDonnell

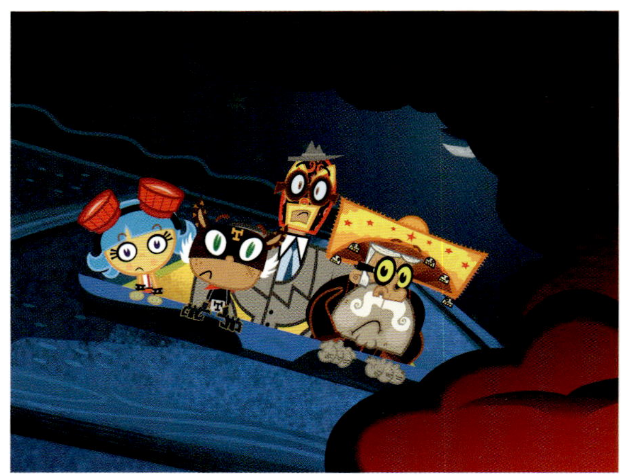

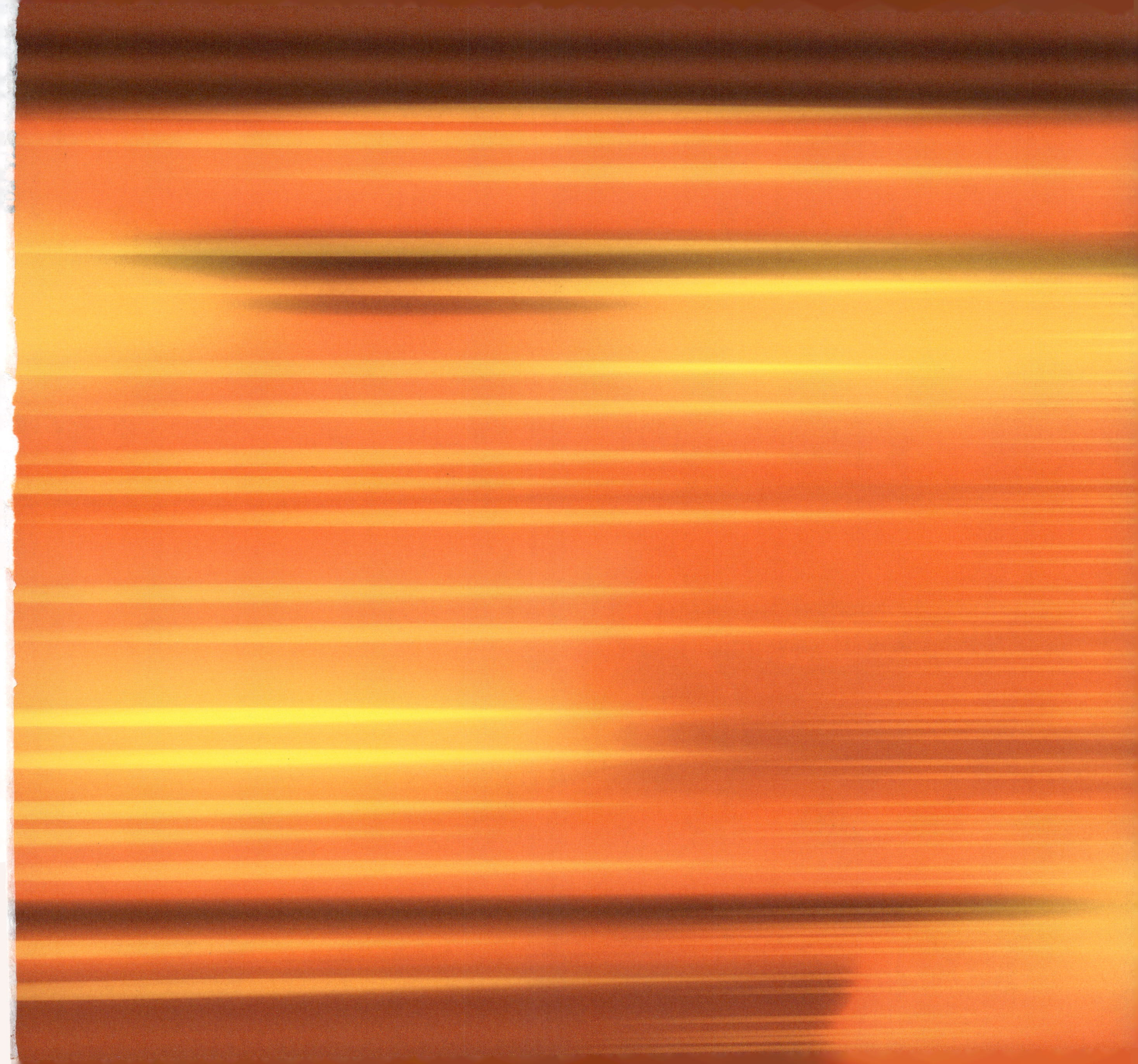

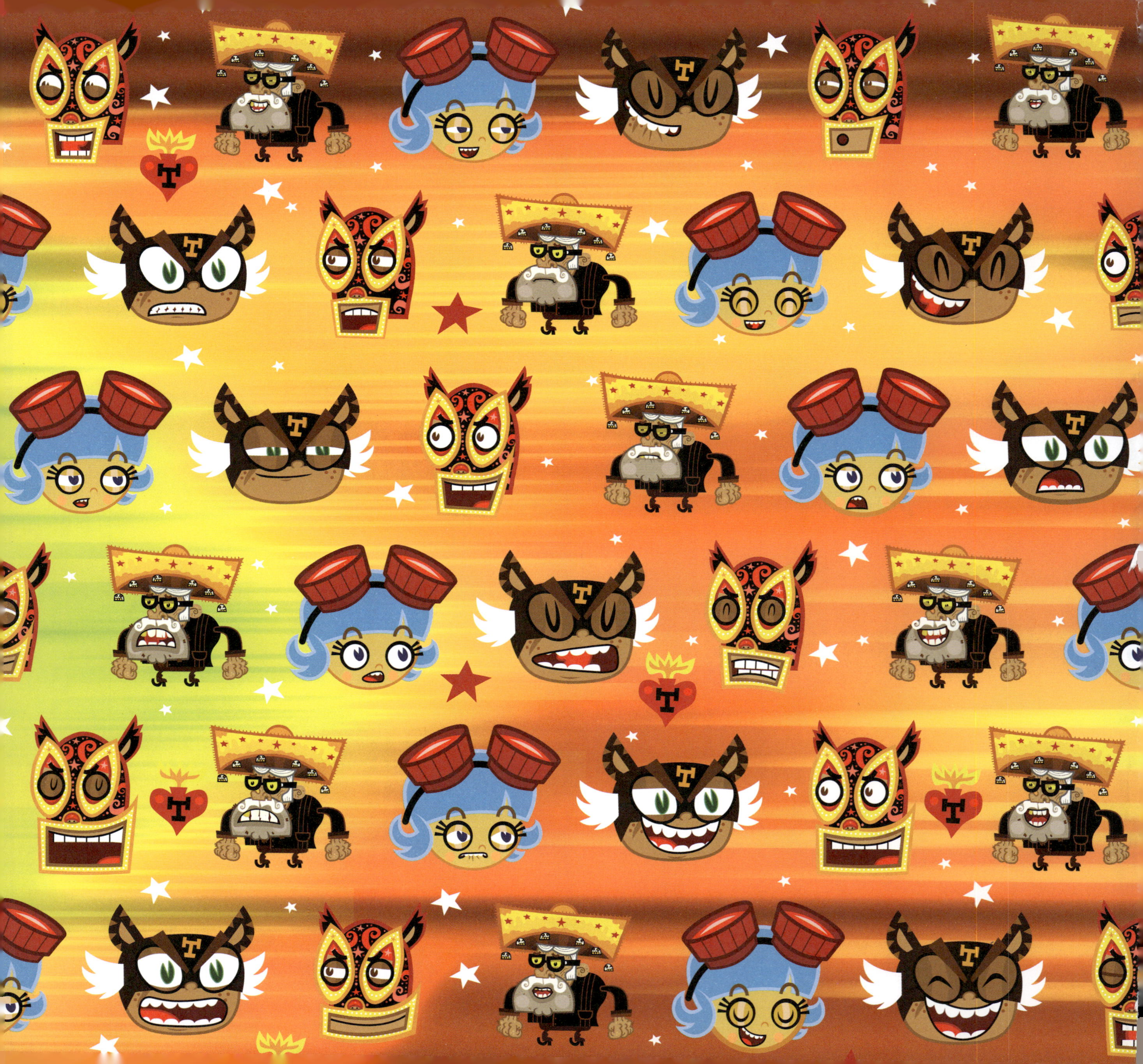